Jan Christian Urban

Freiheitsbeschränkungen aus Gründen von Ethik und Moral

Tectum Verlag

Jan Christian Urban

Freiheitsbeschränkungen aus Gründen von Ethik und Moral

Zugl. Diss. Universität Osnabrück 2014
ISBN: 978-3-8288-3521-4

Druck und Bindung: CPI buchbücher.de, Birkach
Printed in Germany

Besuchen Sie uns im Internet
www.tectum-verlag.de

MIX
Papier aus verantwortungsvollen Quellen
FSC® C003147
FSC
www.fsc.org

Bibliografische Informationen der Deutschen Nationalbibliothek
Die Deutsche Nationalbibliothek verzeichnet diese Publikation in der Deutschen Nationalbibliografie; detaillierte bibliografische Angaben sind im Internet über http://dnb.ddb.de abrufbar.

Meiner Familie
in Dankbarkeit gewidmet

Inhalt

Vorwort

Diese Arbeit entstand während meiner Zeit als wissenschaftlicher Mitarbeiter am European Legal Studies Institute der Universität Osnabrück und wurde im Sommersemester 2014 von der Juristischen Fakultät der Universität als Dissertation angenommen. Das Manuskript wurde Mitte April 2014 fertiggestellt. Vereinzelt konnte noch jüngere Rechtsprechung und Literatur eingearbeitet werden.

An dieser Stelle möchte ich die Gelegenheit nutzen, einigen Menschen zu danken, ohne deren konstruktive Kritik und Unterstützung diese Arbeit nicht zustande gekommen wäre.

An erster Stelle gilt ein besonderer Dank meinem akademischen Lehrer, Herrn Prof. Dr. *Oliver Dörr* LL.M., für die stets hilfreichen Anregungen und die umfassende Betreuung. Zugleich gewährte er mir bei der Erstellung dieser Arbeit genügend Freiräume. Durch die Tätigkeit an seinem Lehrstuhl habe ich außerordentlich viel gelernt. Weiterer Dank gebührt Herrn Prof. Dr. *Thomas Groß* für die überaus zügige Erstellung des Zweitgutachtens.

Darüber hinaus danke ich meinen ehemaligen Kollegen, Herrn Dr. *Jan Bernd Seeger*, Herrn *Marco Athen*, Frau Dr. *Daniela Heinemann* sowie Frau Dr. *Stephanie Rupprecht* und Frau *Anna Katharina Kraemer* für die tolle Arbeitsatmosphäre, die freundschaftliche Unterstützung und die zahlreichen hilfreichen Diskussionen. Weiterhin möchte ich Frau *Marja Villmer* für die mir zuteil gewordene Hilfe danken.

Mein persönlicher Dank gilt insbesondere Frau *Franziska Langner*, die mich bei der Erstellung dieser Arbeit unterstützt und mir stets die erforderliche Kraft gegeben hat. Ich danke auch meinem Bruder und nicht zuletzt meinen Eltern, die mit ihrer vielfältigen und großzügigen Unterstützung meine juristische Ausbildung und die Erstellung dieser Arbeit erst ermöglicht haben. Ihnen und meiner gesamte Familie sei diese Arbeit daher gewidmet.

Düsseldorf, im November 2014 — Jan Christian Urban

Abkürzungsverzeichnis

Abs.	Absatz
AEUV	Vertrag über die Arbeitsweise der Europäischen Union
a.F.	alte Fassung
AfP	Zeitschrift für Medien- und Kommunikationsrecht
AnwSt (R)	Revisionen gegen Urteile eines Anwaltsgerichtshofes beim Bundesgerichtshof und Generalbundesanwalt
AöR	Archiv des öffentlichen Rechts
Art	Artikel
ASOG Bln	Allgemeines Gesetz zum Schutz der öffentlichen Sicherheit und Ordnung in Berlin
BadWürttPG	Polizeigesetz Baden-Württemberg
BayRS	Bayerische Rechtssammlung
BayVBl	Bayerische Verwaltungsblätter
BbgPolG	Gesetz über die Aufgaben, Befugnisse, Organisation und Zuständigkeit der Polizei im Land Brandenburg
BFH	Bundesfinanzhof
BGB	Bürgerliches Gesetzbuch
BioPatRL	Biopatentrichtlinie
BISD	WTO Basic Instruments & Selected Documents
BRAO	Bundesrechtsanwaltsordnung
BT-Drucks.	Bundestags-Drucksache
BVerfG	Bundesverfassungsgericht
BVerfGE	Entscheidungen des Bundesverfassungsgerichts
BVerwG	Bundesverwaltungsgericht
BVerwGE	Entscheidungen des Bundesverwaltungsgerichts
bzw.	beziehungsweise
CCPR	The International Covenant on Civil and Political Rights

DR	Decisions and Reports/European Commission of Human Rights
DStR	Deutsches Steuerrecht
DSU	The Dispute Settlement Understanding
DVBl	Deutsches Verwaltungsblatt
EGE	European Group on Ehtics in Science and New Technologies
EGMR	Europäischer Gerichtshof für Menschenrechte
EheG	Ehegesetz
EKD	Evangelische Kirche in Deutschland
EKMR	Europäische Kommission für Menschenrechte
EMRK	Europäische Konvention zum Schutz der Menschenrechte und Grundfreiheiten
ESchG	Embryonenschutzgesetz
EthRG	Ethikratgesetz
EuGRZ	Europäische Grundrechte-Zeitschrift
EuR	Europarecht
EUV	Vertrag über die Europäische Union
f.	folgende
ff.	fortfolgende
FamRZ	Zeitschrift für das gesamte Familienrecht
FG	Finanzgericht
GA	Generalanwalt
GastG	Gaststättengesetz
GATS	General Agreement on Trade in Services
GATT	General Agreement on Tariffs and Trade
Geo. J. Int.'l L.	Georgetown Journal of International Law
GewArch	Gewerbeachriv
GewO	Gewerbeordnung
GG	Grundgesetz
GK	Große Kammer
GLJ	German Law Journal
GPR	Gemeinschaftsprivatrecht
GRC	Europäische Grundrechtecharta
GRURInt	Gewerblicher Rechtsschutz und Urheberrecht Internationaler Teil
HanseLR	Hanse Law Review
HRC	Human Rights Committee
HRLJ	Human Rights Law Journal

HSOG	Hessisches Gesetz über die öffentliche Sicherheit und Ordnung
ICCPR	The International Covenant on Civil and Political Rights
IGH	Internationaler Gerichtshof
ILM	International Legal Materials
IPbpR	Internationaler Pakt über bürgerliche und politische Rechte
i.S.d.	im Sinne des/der
JIEL	Journal of International Economic Law
JILP	Journal of International Law and Politics
JMStV	Jugendmedienschutz-Staatsvertrag
JöR NF	Jahrbuch des öffentlichen Rechts der Gegenwart Neue Folge
JR	Juristische Rundschau
JuS	Juristische Schulung
JuSchG	Jugendschutzgesetz
JWT	Journal of World Trade
JZ	Juristenzeitung
Kap	Kapitel
LKRZ	Zeitschrift für Landes- und Kommunalrecht Hessen/Rheinland-Pfalz/Saarland
LPartG	Lebenspartnerschaftsgesetz
LStVG	Gesetz über das Landesstrafrecht und das Verordnungsrecht auf dem Gebiet der öffentlichen Sicherheit und Ordnung
MedR	Medizinrecht
Mich. J. Int´l L.	Michigan Journal of International Law
Minn. J. Global Trade	Minnesota Journal of Global Trade
MRA	Menschenrechtsausschuss
NSOG/Nds. SOG	Niedersächsisches Gesetz über die öffentliche Sicherheit und Ordnung
NJ	Neue Justiz – Zeitschrift für Rechtsentwicklung und Rechtsprechung
NJOZ	Neue Juristische Online-Zeitschrift
NJW	Neue Juristische Wochenschrift
NStZ	Neue Zeitschrift für Strafrecht
NVwZ	Neue Zeitschrift für Verwaltungsrecht
NVwZ-RR	Neue Zeitschrift für Verwaltungsrecht Rechtsprechungs-Report

NWVerfGH	Verfassungsgerichtshof Nordrhein-Westfalen
NYULR	The New York University Law Review
NZG	Neue Zeitschrift für Gesellschaftsrecht
OBG	Gesetz über den Aufbau und die Befugnisse der Ordnungsbehörden – Ordnungsbehördengesetz
OWiG	Gesetz über Ordnungswidrigkeiten
ÖJZ	Österreichische Juristen-Zeitung
OVG	Oberverwaltungsgericht
p.	page
PAG	Gesetz über die Aufgaben und Befugnisse
der	
	Polizei
PID	Präimplantationsdiagnostik
PIDV	Präimplantationsdiagnostikverordnung
PolG	Polizeigesetz
PolG NRW	Polizeigesetz des Landes Nordrhein-Westfalen
ProstG	Prostitutionsgesetz
Rdn.	Randnummer
S.	Seite/Satz
SJZ	Süddeutsche Juristenzeitung
SOG	Gesetz zum Schutz der öffentlichen Sicherheit und Ordnung
SOG LSA	Gesetz über Aufbau und Befugnisse der Ordnungsbehörden (Sachsen-Anhalt)
SOG M-V	Gesetz über die öffentliche Sicherheit und Ordnung in Mecklenburg-Vorpommern
SPolG	Saarländisches Polizeigesetz
StGB	Strafgesetzbuch
StV	Der Strafverteidiger
SVR	Straßenverkehrsrecht
TRIPS	Trade-Related Aspects of Intellectual Property Rights
u.a.	und andere
UDHR	Universal Declaration of Human Rights
Va. J. Int'l L.	Virginia Journal of International Law
VersG	Versammlungsgesetz
VerwArch	Verwaltungsarchiv
WiVerw	Wirtschaft und Verwaltung
WTO	World Trade Organisation

WVK	Wiener Übereinkommen (oder Konvention) über das Recht der Verträge
YB	Yearbook of the European Commission on Human Rights
YEL	Yearbook of European Law
YJIL	The Yale Journal of International Law
ZaöRV	Zeitschrift für ausländisches öffentliches Recht und Völkerrecht
ZeuS	Zeitschrift für Europarechtliche Studien
ZfWG	Zeitschrift für Wett- und Glücksspielrecht
ZP	Zusatzprotokoll
ZRP	Zeitschrift für Rechtspolitik
ZUM	Zeitschrift für Urheber- und Medienrecht
ZVglRWiss	Zeitschrift für Vergleichende Rechtswissenschaft

Einleitung

A. Ethik und Moral als unbestimmte Rechtsbegriffe

> „Since the use of IVF (In-vitro-Fertilisation) treatment gives rise to sensitive moral and ethical issues against a background of fast-moving medical and scientific developments, and since the questions raised by the case touch on areas where there is no clear common ground amongst the Member States, the Court considers that the margin of appreciation to be afforded to the respondent State must be a wide one."[1]

> „According to the Government and the majority of the Commission, the interferences were 'necessary in a democratic society', 'for the protection of...morals'."[2]

Diese Zitate aus der Rechtsprechung des Europäischen Gerichtshofs für Menschenrechte (EGMR) verdeutlichen exemplarisch die Bedeutung von Ethik und Moral in der Europäischen Menschenrechtskonvention. Auch wenn außerrechtliche Vorstellungen wegen ihrer diffusen Unbestimmtheit und Relativität grundsätzlich nicht geeignet erscheinen, individuelle Rechte zu beschränken, sind sie keinesfalls Fremdkörper in der Rechtsordnung. Vielmehr können Grund- und Menschenrechte des Einzelnen zum Schutz von Ethik und Moral eingeschränkt werden, wenn diese Möglichkeit positivrechtlich normiert ist. Eine der rechtsphilosophischen Kernfragen, ob außerrechtliche moralische Normen Rechtsverbindlichkeit besitzen oder allein das geschriebene Recht Geltung für sich beansprucht, ist also zumindest dort hypothetisch, wo kodifiziertes Recht ausdrücklich auf außerrechtliche Wertvorstellungen verweist. Auch moderne Demokratien und pluralistische Gesellschaften verzichten nicht darauf, die geltenden Rechtsregeln um ethisch-moralische Anschauungen zu bereichern.

Jedoch ist es nicht immer eindeutig, welche Rechtsbegriffe als Einfallstore für außerrechtliche Wertvorstellungen dienen, da sie in den nationalen, europäischen und internationalen Rechtsordnungen variieren. Im deutschen Recht etwa ist die freie Entfaltung der Persönlichkeit durch das „Sittengesetz" in Art. 2 Abs. 1 GG beschränkt. Einfachgesetzliche Normen greifen diese Formulierung auf und ermächtigen die

1 EGMR, Urteil vom 01.04.2010, Nr. 57813/00, Rdn. 69 – *S.H. u.a./Österreich.*

2 EGMR, Urteil vom 07.12.1976, Nr. 5493/72, Rdn. 45 – *Handyside.*

Behörden zur Untersagung bestimmter Tätigkeiten, wenn sie sozial unwertig sind und gegen die „guten Sitten" bzw. die „öffentliche Ordnung" verstoßen oder der „Unsittlichkeit Vorschub leisten".

Im europäischen Recht sind Sittlichkeit, Ethik und Moral als geschriebene und ungeschriebene Schranken der Grundfreiheiten und Menschenrechte anzutreffen. So erlaubt Art. 36 S. 1 AEUV den Mitgliedstaaten, den grenzüberschreitenden Warenverkehr zum Schutz der „öffentlichen Sittlichkeit" einzuschränken. Daneben können - auch wenn der Wortlaut diese Interpretation nicht ohne weiteres offenbart - die „öffentliche Ordnung" sowie die „zwingenden Gründe des Allgemeinwohls" im Sinne der Cassis-Rechtsprechung des EuGH als Schranken der europäischen Grundfreiheiten Freiheitsverkürzungen aus Gründen von Ethik und Moral rechtfertigen.[3] Die Europäische Menschenrechtskonvention bedient sich einer anderen Terminologie und erlaubt in den Absätzen 2 der Artikel 8 bis 11 EMRK einseitige nationale Maßnahmen, die „zum Schutz der öffentlichen Moral in einer demokratischen Gesellschaft notwendig sind".

Die EU-Grundrechtecharta enthält zwar keine ausdrücklichen Beschränkungsmöglichkeiten zum Schutz der Moral; Art. 52 Abs. 3 der Charta bestimmt aber, dass die in ihr verbürgten Rechte dieselbe Tragweite haben, wie die entsprechenden Garantien aus der Konvention. Deshalb dürften auch die Grundrechtsgewährleistungen der Charta (ungeschriebenen) moralischen Schranken unterliegen.[4]

Schließlich kennt auch das Völkerrecht entsprechende Schranken- bzw. Ausnahmebestimmungen. So haben die Vertragsstaaten der Welthandelsorganisation (WTO) gemäß Art. XX (a) GATT bzw. Art. XIV (a) GATS das Recht, den grenzüberschreitenden Handel oder die grenzüberschreitende Erbringung von Dienstleistungen zum Schutz der „öffentlichen Moral" zu verkürzen.[5] Eine gleichlautende Befugnis enthalten schließlich die Gewährleistungen der Artikel 12, 14, 18, 19, 21 des

3 Für die „öffentliche Ordnung" vgl. EuGH, Urteil vom 14.10.2004, Rs. C-36/02, Slg. 2004, I-9609 - *Omega Spielhallen;* für die „zwingenden Gründe des Allgemeinwohls" vgl. EuGH, Urteil vom 14.02.2008, Rs. C-244/06, Slg. 2008, I-505 - *Dynamic Medien.*

4 Siehe dazu *Naumann*, EuR 2008, Heft 3, 424 (426); *Borowsky*, in: Meyer, GRCh Kommentar, Art. 52, Rdn. 30; *Schmitz*, EuR 2004, 691 (710); vgl. auch die Erläuterungen zu Art. 52 GRCh, ABl. EU vom 14.12.2007, C 303/02, S. 32, 33.

5 So kürzlich in Panel Report, *China-Measures Affecting Trading Rights and Distribution Services for certain Publications and Audiovisual Entertainment Products*, 12.08.2009, WT/DS363/R.

Internationalen Pakts über bürgerliche und politische und Rechte (IPbpR oder UN-Zivilpakt).

Unabhängig davon, welche Formulierung die jeweiligen Gesetzestexte wählen, ist offensichtlich, dass sie alle als unbestimmte Rechtsbegriffe in höchstem Maße subjektiv geprägt sind und in regionaler und zeitlicher Hinsicht variieren. Bereits auf nationaler Ebene ist kaum eine Einigkeit darüber zu erzielen, was (un-)moralisch oder (un-)sittlich ist. Auf europäischer und internationaler Ebene verschärft sich dieses Problem aufgrund unterschiedlichster kultureller, religiöser, politischer und historischer Gegebenheiten in den Staaten. Es ist also zu bezweifeln, dass die Ethik- und Moralbegriffe einer einheitlichen Definition zugänglich sind. Aufgrund ihrer unmittelbar freiheitsverkürzenden Wirkung, ist es jedoch rechtsstaatlich geboten, Instrumente zu entwickeln, um den praktischen Umgang mit ihnen zu erleichtern.

I. Der Unterschied zwischen Ethik und Moral

Ausgehend vom gewöhnlichen Verständnis sind Sitte und (öffentliche) Moral einerseits sowie Sittlichkeit, Ethik und Moralität andererseits zu unterscheiden. Unter Sitte und Moral versteht man die von der Bevölkerungsmehrheit aktuell geteilten Überzeugungen von richtigem (gutem) und falschem (schlechtem) Verhalten.[6] Moral kann auch als autoritärer Wert religiöser Überzeugungen angesehen werden, die von einer gleichsam „moralischen Institution" vorgegeben werden.[7] Sittlichkeit, Ethik und Moralität hingegen sind weder zeit- noch ortsgebundene Regeln der richtigen Lebensführung und sind damit grundsätzlich jeder Disposition entzogen.[8] Die Ethik versucht, allgemeingültige Aussagen über das gute und gerechte Handeln und zu treffen und die Grundlagen für die Verbindlichkeit von Handlungsprinzipien zu er-

6 *Vöneky*, Recht, Moral und Ethik, S. 113 f.; *Ellscheid*, in: Kaufmann/Hassemer/Neumann, Rechtsphilosophie und Rechtstheorie, C.4., S. 217; *Horn*, Rechtswissenschaft und Rechtsphilosophie, Rdn. 17.

7 *Ellscheid*, in: Kaufmann/Hassemer/Neumann, Rechtsphilosophie und Rechtstheorie, C.4., S. 217 f., der den Begriff der „autoritativ verwalteten Sittlichkeit" verwendet.

8 *Vöneky*, Recht, Moral und Ethik, S. 113 f.; in Bezug auf das „Sittengesetz" als Teil des Naturrechts, *Kunz/Mona*, Rechtsphilosophie, Rechtstheorie, Rechtssoziologie, 5.3., Rdn. 36-38; zur Unterscheidung von Ethik und Moral siehe auch *Auer*, Normativer Positivismus – Positivistisches Naturrecht, in: Heldrich/Prölls/Koller (Hrsg.), FS Canaris, S. 938.

mitteln.[9] Während also Sitte und Moral einem gesellschaftlichen Wandel unterliegen und von den jeweils herrschenden Auffassungen bedingt sind, überdauern Ethik und Sittlichkeit soziologische Veränderungen. Im Verhältnis von Ethik und Moral zueinander gilt demnach Folgendes: Ethik ist die philosophische Reflexion der geltenden Handlungsprinzipien und versucht, Begründungen und Wertemaßstäbe für existierende moralische Vorstellungen zu geben. Diese Maßstäbe, nach denen das gute und richtige menschliche Handeln zu beurteilen ist, dienen als der Moral übergeordneter Ordnungsrahmen, da sie die Grundlage für die Moral und für die Entwicklung eines Wertebewusstseins des Einzelnen sind.[10] Die jeweils in der Gesellschaft vorherrschende Sozialmoral muss sich also an dem von der Ethik ermittelten Werterahmen messen lassen und darf diesem nicht widersprechen. Auf die Rechtsordnung bezogen, könnte es sich bei der Verfassung, die elementare Wertentscheidungen einer Gesellschaft - insbesondere in Form von Grund- und Menschenrechten - statuiert, um ethische Wertmaßstäbe handeln, wohingegen etwa einfachgesetzliche Generalklauseln, die auf die herrschenden Anschauungen Bezug nehmen, Einfallstore für moralische Vorstellungen sein dürften. Dies setzt jedoch voraus, dass Recht und Moral überhaupt voneinander beeinflusst werden.

II. Das Verhältnis zwischen Recht und Moral

Hinsichtlich des Verhältnisses von Recht und Moral existieren zwei grundlegende Ansatzpunkte: Aus streng rechtspositivistischer Perspektive sind Rechtsnormen auf der einen und moralische Normen auf der anderen Seite zu unterscheiden und voneinander unabhängige Konzepte (sog. Trennungsthese). Grundaussage dieser Theorie ist jene: Das positive Recht ist, so wie es ist, von dem Recht zu unterscheiden, wie es sein sollte. Positives Recht sei oftmals unvollkommenes Recht, gelte aber allein aufgrund seiner Positivität. Zur Identifizierung des Rechts diene dessen faktische Wirksamkeit.[11] Darin liegt insofern ein

9 *Seelmann*, Rechtsphilosophie, B., Rdn. 35.

10 *Klem*, Die Rolle der Ethik in Bezug auf die Legitimation neuer Gründungspopulationen am Beispiel der Biotechnologie, S. 43; *Pusch*, in: Hermann-Knoblauch-Akademie (Hrsg.), Homo ethicus: was können, was dürfen wir?, S. 22.

11 *Mahlmann*, Rechtsphilosophie und Rechtstheorie, § 20, Rdn. 8 f.; *Ellscheid*, in: Kaufmann/Hassemer/Neumann, Rechtsphilosophie und Rechtstheorie, C.4.1.4., S. 221 f.

wahrer Kern, als einerseits nicht jede Rechtsnorm ethisch zu begründen ist und andererseits moralische Normen grundsätzlich nicht mit Zwang durchsetzbar sind, sondern lediglich eine Verbindlichkeit für diejenigen besitzen, die sie für sich verbindlich halten. Sie besitzen nur eine Verbindlichkeit aus sich selbst heraus. Allerdings darf nicht verkannt werden, dass das Recht faktisch oftmals auf außerrechtlichen Wertvorstellungen beruht und als Minimal- oder Kernmoral angesehen werden kann. Das gilt etwa für das Grundgesetz, das offensichtlich von moralischen Werten durchdrungen ist und eine objektive Wertordnung darstellt. Andererseits kann der Gesetzgeber aber die Rechtsanwender verpflichten, außerrechtliche Wertvorstellungen zu berücksichtigen. Dies geschieht in der Regel durch Generalklauseln oder unbestimmte Rechtsbegriffe. Es lassen sich also jedenfalls zwei Konstellationen herleiten, in denen Recht und Moral ineinanderfließen: Rechtsnormen können zum einen auf moralischen Anschauungen fußen bzw. einen sozialethischen Konsens aufgreifen. Zum anderen können Rechtsnormen jedoch auch auf außerhalb der Rechtsordnung stehende Sollensnormen verweisen und sie dadurch in das positive Recht inkorporieren. Dies entspricht dem naturrechtlichen Ansatz, wonach das Recht von moralischen Werten durchdrungen wird. Nach diesem - auch Verbindungstheorie genannten - Ansatz verweist der Begriff des Rechts notwendig auf moralische Maßstäbe, da eine normative Entscheidung ansonsten unvollkommen ist. Konsequenterweise ist etwa barbarisches Recht, wie das Recht einer Diktatur, kein Recht in diesem Sinne.[12] Zu berücksichtigen ist jedoch die hieraus resultierende Folge, nämlich, dass zwar die Moral das Recht bedingen kann - etwa indem der Gesetzgeber moralisch begründete Normen konkretisiert - anders herum jedoch das Recht keine Moral vorgeben kann, da diese keine faktische und mit den Mitteln des Rechts durchsetzbare Bindungswirkung entfaltet.

Vor diesem Hintergrund dürften Ethik und Moral als freiheitsbeschränkende Rechtsbegriffe eine „Zwitterstellung" einnehmen, da der Gesetzgeber einerseits auf diese, außerhalb der Rechtsordnung stehenden, Sollensnormen verweist (z.B. durch Generalklauseln) und sie andererseits, jedenfalls implizit, in Form positiven Rechts konkretisiert und insofern die vorherrschenden Überzeugungen in der Bevölkerung aufgreift und widerspiegelt (z.B. durch Strafnormen). In jedem Fall müssen die Moralbegriffe und die durch Moralvorstellungen unterfütterten Rechtsbegriffe der verschiedenen Rechtsordnungen einen gesell-

12 *Mahlmann*, Rechtsphilosophie und Rechtstheorie, § 20, Rdn. 6.

schaftlichen Wandel berücksichtigen und gegebenenfalls Diskussionen über oder die Kritik an traditionellen Werte erlauben.[13] Unklar bleibt weiterhin jedoch der konkrete Inhalt von Ethik und Moral. Woraus leiten sich die unverfügbaren, außerrechtlichen Wertvorstellungen ab und wie können die gegenwärtig vorherrschenden Anschauungen ermittelt werden? Selbst wenn man letztere eruieren kann, sind sie aufgrund des gesellschaftlichen Wandels keine statischen Begriffe und unterliegen einer erheblichen Dynamik, die wiederum das verfassungsrechtliche Bestimmtheits- und Rechtssicherheitsgebot tangiert.

III. Probleme einer gerichtlichen Kontrolle

Wenn bereits die Bedeutung von Ethik und Moral unklar ist, bleibt zu fragen, wie Gerichte und internationale Streitbeilegungsorgane in ethisch sensiblen Fragen Entscheidungen treffen. Es ist nicht vorstellbar, dass ein Gericht die Einschränkung individueller Freiheit aus Gründen von Ethik und Moral erlaubt, ohne sich bewusst zu sein, welche Wertvorstellungen überhaupt schützenswert sind. Ein Lösungsansatz könnte es sein, die konkrete Ermittlung und Auslegung außerrechtlicher Wertvorstellungen der Exekutive zu überlassen und die gerichtliche Kontrolle auf die Überprüfung rechtsstaatlicher Mindeststandards zu beschränken. Gleichzeitig darf sich aber die Aufgabe der Rechtsprechungsorgane nicht darauf beschränken, Freiheitsverkürzungen gleichsam als stiller Beobachter hinzunehmen, da insbesondere individuelle Menschenrechte auf eine effektive Durchsetzung angewiesen sind, um volle Wirksamkeit zu entfalten.

Dies gilt insbesondere vor dem Hintergrund des den Grund- und Menschenrechten zugrunde liegenden Freiheitskonzepts. Das Grundgesetz, das europäische Unionsrecht, die EMRK und der UN-Menschenrechtspakt gewährleisten jeweils die individuelle Freiheit des Einzelnen. Sie beruht auf dem Grundgedanken, dass jeder Mensch kraft seiner Natur frei ist, also grundsätzlich tun und lassen kann, was er will, solange und soweit er nicht seinerseits die individuelle Freiheit eines anderen oder die Interessen der Allgemeinheit tangiert. Ethik und Moral sind als gesellschaftliche Phänomene letztgenannten Interessen zuzuordnen und können die Freiheit deshalb begrenzen.

13 So genannte autonome bzw. kritische Moral, *Ellscheid*, in: Kaufmann/Hassemer/Neumann, Rechtsphilosophie und Rechtstheorie, C.4., S. 218-221.

Das WTO-Recht gewährleistet hingegen keine individuelle Freiheit, sondern die Freiheit des internationalen Handelsverkehrs und ist dementsprechend an Staaten adressiert. Sie fußt auch nicht auf einer philosophischen Grundidee, sondern auf ökonomischen Erwägungen wie insbesondere dem Nutzen von Synergieeffekten. Für die vorliegende Arbeit ist die Einbeziehung des Welthandelsrechts dennoch interessant, um zu untersuchen, ob sich aus den divergierenden Freiheitskonzepten Unterschiede im Umgang mit Ethik und Moral ergeben.

B. Forschungsstand

Weder im deutschen, noch im europäischen oder internationalen Recht sind Sitte, Sittlichkeit, Ethik oder Moral legaldefiniert. Es ist deshalb nicht überraschend, dass deren Bedeutung umstritten ist und vergleichsweise viele Quellen zu diesem Thema existieren. Diese beschränken sich jedoch im Wesentlichen auf einzelne Rechtsordnungen oder sind insgesamt wenig ergiebig.

Erbel beispielsweise untersucht die Auslegung des „Sittengesetzes" in Art. 2 Abs. 1 GG und blendet die einfachgesetzlichen Sittenbegriffe des deutschen Rechts aus.[14] Andere wiederum beschäftigen sich mit letztgenannten, nehmen aber keinen Bezug auf den europäischen und internationalen Kontext.[15] Darüber hinaus stammt der Großteil der Beiträge aus den 1980er-Jahren und ist insofern nicht mehr aktuell. Als wertvolle Ausnahmen sind die Habilitationen von *Vöneky*[16] und *Hörnle*[17] zu nennen. Während Erstgenannte den Schwerpunkt jedoch auf die Frage legt, ob Entscheidungen von unabhängigen Ethikkommissionen demokratisch legitimiert sind, legt Letztgenannte den Fokus auf den strafrechtlichen Schutz von Moralvorstellungen.

Zum europäischen Recht existieren einige umfassende Beiträge zum Umgang mit Ethik und Moral.[18] Sie untersuchen im Wesentlichen, wel-

14 *Erbel*, Das Sittengesetz als Schranke der Grundrechte.

15 *Gern*, NJW 1983, 1585 ff.; *Höfling*, NJW 1983, 1582 ff.; *Kirchberg*, NVwZ 1983, 141 ff.; *Starosta*, GewArch 1985, 290 ff.; *Dickersbach*, WiVerw 1986, Heft 1, 1 ff.

16 *Vöneky*, Recht, Moral und Ethik. Grundlagen und Grenzen demokratischer Legitimation für Ethikgremien.

17 *Hörnle*, Grob anstößiges Verhalten. Strafrechtlicher Schutz von Moral, Gefühlen und Tabus.

18 Siehe exemplarisch *Würkner*, NJW 1989, 369 ff.; *Koering-Joulin*, Public Morals, in: Delmas-Marty (Hrsg.), the European Convention for the Protection of

che Spielräume den Nationalstaaten bei der Auslegung und Anwendung von Ethik und Moral gewährt werden, lassen jedoch konkrete Versuche einer Begriffsbestimmung vermissen.

Im Vergleich dazu setzen sich die Beiträge zum Völkerrecht ausführlich mit der Bedeutung von Moral im Welthandelsrecht auseinander.[19] Die Quellen zum UN-Zivilpakt sind weniger ergiebig und bestehen im Wesentlichen aus den Werken von *Nowak*[20] und *Joseph/Schultz/Castan*[21], denen nichtsdestotrotz wertvolle Hinweise für die Auslegung und Anwendung der „öffentlichen Moral" zu entnehmen sind.

Auch wenn, wie gesehen, teilweise erschöpfende Materialien zu den Moral- und Sittenbegriffen der verschiedenen Rechtsordnungen existieren, lassen alle Autoren einen rechtsordungsübergreifenden Vergleich zwischen deutschem, europäischem und internationalem Recht vermissen. Diese Lücke will die vorliegende Arbeit schließen, indem sie die Handhabung von Ethik und Moral durch die Rechtsanwender im Geltungsbereich der verschiedenen Gesetze gegenüberstellt und wertend vergleicht.

C. Fragestellungen / Zielsetzungen

Im Rahmen der vorliegenden Arbeit geht es mithin um die zentrale Frage, ob und wie Ethik und Moral als Rechtsbegriffe einer dogmatisch haltbaren Definition zugeführt werden können. Dabei ist der Versuch zu unternehmen, trotz der Relativität außerrechtlicher Vorstellungen, objektive Kriterien zu benennen, mit deren Hilfe die bisherige Rechtspraxis in einen systematischen Zusammenhang gebracht werden kann. Das ist insbesondere vor dem Hintergrund eines internationalisierten Rechtssystems von Interesse, in dem das nationale Recht zunehmend von europäischem und internationalem Recht durchdrungen und be-

Human Rights, International Protection versus National Restrictions, S. 83 ff.; *Arai-Takahashi, Yutaka,* The Margin of Appreciation Doctrine and the Principle of Proportionality in the Jurisprudence of the ECHR; *Logemann*, Grenzen der Menschenrechte in demokratischen Gesellschaften; *Rubel*, Entscheidungsfreiräume in der Rechtsprechung des EGMR und des EuGH; *Prepeluh*, ZaöRV 2001, 771 ff.

19 *Feddersen*, Minn. J. Global Trade 1998, S.75; *Marwell*, NYULR 2006, 802 ff.; *Diebold*, JIEL 11 (2008), S. 43.

20 *Nowak*, U.N. Covenant on Civil and Political Rights.

21 *Joseph/Schultz/Castan*, The International Covenant on Civil and Political Rights.

einflusst wird. Zusammenfassend lässt sich dieses Vorhaben auf folgende Fragen zuspitzen: Welche konkrete Bedeutung haben Ethik und Moral in den verschiedenen Rechtsordnungen? Wie ist im europäischen und internationalen Recht deren Bedeutung zu ermitteln, wenn außerrechtliche Wertvorstellungen bereits innerhalb eines Staates voneinander abweichen? Sind einheitliche und wiederkehrende Kriterien erkennbar, anhand derer nationale und zwischenstaatliche Gerichte und Streitbeilegungsorgane bei Freiheitsbeschränkungen aus Gründen von Ethik und Moral entscheiden?

Zur Beantwortung dieser Fragen und aus Gründen der Übersichtlichkeit, sind die folgenden Ausführungen nach den verschiedenen Rechtsordnungen gegliedert. Die Untersuchung beginnt beim sprichwörtlich „kleinsten Nenner", dem deutschen Recht, widmet sich im Anschluss dem Unionsrecht sowie der EMRK und endet beim Völkerrecht in Gestalt des Welthandelsrechts und des UN-Zivilpakts. Abschließend werden die Untersuchungsergebnisse einem wertenden Vergleich zugeführt und die wichtigsten Erkenntnisse in thesenartiger Darstellung präsentiert.

1. Kapitel - Ethik und Moral im deutschen Recht

A. Typologie

I. Überblick

Ethisch-moralische Wertanschauungen manifestieren sich im deutschen Recht maßgeblich in den Begriffen des „Sittengesetzes", der „(Un-) Sittlichkeit", der „guten Sitten" sowie der „öffentlichen Ordnung". Das „Sittengesetz" ist im Grundgesetz mit seiner ausdrücklichen Nennung in Art. 2 Abs. 1 GG prominent vertreten. Als Bestandteil der Schrankentrias[22] kann es Eingriffe in das Recht auf die freie Entfaltung der Persönlichkeit rechtfertigen. Auch an anderer Stelle nimmt das Grundgesetz Bezug auf außerrechtliche Wertvorstellungen. So kann das Grundrecht auf die Unverletzlichkeit der Wohnung bei dringenden Gefahren für die „öffentliche Sicherheit oder Ordnung" eingeschränkt werden (Art. 13 Abs. 7 GG). Darüber hinaus können die Länder nach Art. 35 Abs. 2 GG Amtshilfe vom Bundesgrenzschutz anfordern, um die „öffentliche Ordnung" in bedeutenden Fällen aufrecht zu erhalten. Neben der „öffentlichen Sicherheit" ist die „öffentliche Ordnung" auch Schutzgut in den meisten Polizeigesetzen der Länder, des Bundespolizeigesetzes[23], sowie einer Vielzahl sonstiger Gefahrenabwehrgesetze. Darüber hinaus erlauben z.B. § 33a Abs. 2 Nr. 2 GewO oder § 4 Abs. 1 Nr. 1 GastG den Behörden ein Eingreifen, wenn eine Tätigkeit gegen die „guten Sitten" verstößt bzw. wenn jemand in seinen Räumlichkeiten der „Unsittlichkeit Vorschub leistet". Auch können ethisch-moralische Belange des Jugendschutzes für die Kunstfreiheit nach Art. 5 Abs. 3 S. 1 GG beschränkend wirken, wenn eine Schrift i.S.d. § 6 Nr. 3 GjS (Gesetz über die Verbreitung jugendgefährdeter Schriften und Medieninhalte) offensichtlich geeignet ist, Kinder und Jugendliche sittlich schwer zu gefährden.[24] In diesem Sinne sieht auch § 18 Abs. 1 Satz 2 JuSchG vor, Träger- und Telemedien in eine Liste jugendgefährdender Medien aufzunehmen, wenn sie geeignet sind die Entwicklung von Kindern oder Jugendlichen oder ihre Erziehung zu einer eigenverantwortlichen und gemeinschaftsfähigen Persönlichkeit

[22] Zu diesem Begriff *Di Fabio*, in: Maunz/Dürig, GG, Art. 2, Rdn. 37, 38.

[23] Detailliert dazu siehe Fn. 313 und 314.

[24] BVerfG, Beschluss vom 27.11.1990 - 1 BvR 402/87 - *Josephine Mutzenbacher*, BVerfGE 83, 130.

zu gefährden. Weiterhin schützen § 5 Abs. 1 JMStV und § 14 JuSchG mit nahezu identischem Wortlaut die körperliche, geistige und seelische Entwicklung von Kindern, die als beeinträchtigt gilt, wenn bestimmte Medieninhalte von einem gesellschaftlichen Wertekonsens abweichen. Dieser Konsens bezieht sich auf die Grundwerte der Verfassung, insbesondere die Achtung der Menschenwürde nach Art. 1 Abs. 1 GG, das Toleranzgebot nach Art. 3 GG sowie den Schutz von Ehe und Familie nach Art. 6 Abs. 1, 2 GG.[25] Auch ist ein Verwaltungsakt, der gegen die „guten Sitten" verstößt, nach § 44 Abs. 2 Nr. 6 VwVfG nichtig und damit rechtlich nicht existent.[26] Schließlich bezieht sich § 62 S. 2 VwVfG auf die Vorschriften des Bürgerlichen Gesetzbuches und somit auf Normen wie § 242 BGB oder § 138 Abs. 1 BGB, die außerrechtliche Sittenmaßstäbe kodifizieren. Somit entfalten die „guten Sitten" auch eine positive Handlungsanleitung für Hoheitsträger.

Aber nicht nur das Grundgesetz und das Ordnungsrecht verweisen auf ethisch-moralische Wertvorstellungen. Sie finden sich auch im Wahl-, Berufs-, und insbesondere im Medizin- und Bioethikrecht. Gerade der letztgenannte Sachbereich betrifft häufig ethisch hoch sensible Fragestellungen. Deshalb ist es z.B. gem. § 40 Abs. 1 i.V.m. § 42 Arzneimittelgesetz erst möglich, ein neues Medikament klinisch an Menschen zu erproben, wenn eine dafür zuständige Ethik-Kommission zugestimmt hat. Gleiches gilt in vergleichbaren Vorschriften des Medizinproduktegesetzes, des Transfusionsgesetzes, der Röntgenverordnung, sowie der Strahlenschutzverordnung.[27] Im Bereich der Embryonenforschung trifft der Deutsche Ethikrat als ständige Einrichtung Entscheidungen über die moralische Zulässigkeit bestimmter Forschungsvorhaben.[28] Gemäß § 2 Abs. 1 des Ethikratgesetzes ist es seine Aufgabe, über

> „[...] ethische, gesellschaftliche, naturwissenschaftliche, medizinische und rechtliche Fragen, sowie die voraussichtlichen Folgen für Individuum und Gesellschaft, die sich im Zusammen-

25 VG Berlin, Urteil vom 09.11.2011 – 27 A 64.07, ZUM 2012, 417 (422), m.w.N.

26 Zur Sittenwidrigkeit von Erlaubnissen für „*Peep-Shows*" gem. § 33a GewO *Kirchberg*, NVwZ 1983, 141.

27 § 20 Abs. 7, 8 MPG; §§ 8 Abs. 2 S. 1 Nr. 7 TFG; § 28b Abs. 1 Nr. 2, § 28g RöV; § 24 Abs. 1 Nr. 2, § 92 StrSchV. Für weitere Details siehe *Dehley/Hoffmann*, Die Struktur der öffentlich-rechtlichen Ethik-Kommissionen, S. 6.

28 Zuletzt zur sog. Chimärenforschung (genetische Mischwesen), Stellungnahme vom 27.09.2011, abrufbar unter:
http://www.ethikrat.org/dateien/pdf/stellungnahme-mensch-tier-mischwesen-in-der-Forschung.pdf (zuletzt abgerufen am 06.11.2014).

> hang mit der Forschung und den Entwicklungen insbesondere auf dem Gebiet der Lebenswissenschaften und ihrer Anwendung auf den Menschen ergeben [...]'"

zu beraten.[29] Auch wenn er gemäß § 2 Abs. 1 Nr. 2 EthRG lediglich Stellungnahmen und Empfehlungen für den Gesetzgeber erarbeitet, berühren diese zumindest mittelbar die Wissenschaftsfreiheit von Forschern und Forschungseinrichtungen. Es ist festzustellen, dass sich Ethik-Kommissionen in jüngerer Zeit großer Beliebtheit erfreuen, wenn es darum geht, kontroverse Sachverhalte zu diskutieren. Prominente Beispiele sind die erst kürzlich von der Bundeskanzlerin eingesetzte Ethik-Kommission zur Entscheidung über den Atomausstieg[30] sowie die Stellungnahme des Ethikrates zur Präimplantationsdiagnostik (PID).[31] Auch hier gilt das oben Gesagte: Die abgegebenen Empfehlungen sind zwar nicht rechtlich bindend, können aber eine politische oder gesetzgeberische Entscheidung, die freiheitsverkürzend wirkt, determinieren. Für die Präimplantationsdiagnostik wurde darüber hinaus in dem neu geschaffenen § 3a Embryonenschutzgesetz (EschG) die positive Entscheidung einer Ethik-Kommission zur Voraussetzung einer PID im Einzelfall gemacht.[32] Eine ablehnende Entscheidung greift damit unmittelbar in die Persönlichkeitsrechte der Eltern ein.

Auf den ersten Blick überraschend, wird teilweise auch im Wahlrecht auf die „guten Sitten" abgestellt. Beispielsweise regelt Art. 78 Abs. 2 der Hessischen Verfassung die Fälle, in denen eine Landtagswahl ungültig wird. Dort heißt es:

> „[...] machen eine Wahl ungültig: Unregelmäßigkeiten im Wahlverfahren und strafbare oder gegen die guten Sitten verstoßende Handlungen, die das Wahlergebnis beeinflussen."

[29] Ethikratgesetz vom 16.07.2007, BGBl I Nr. 31 vom 19.07.2007, S. 1385.

[30] Abschlussbericht der Ethik-Kommission vom 30.05.2011, abrufbar unter: http://www.bundesregierung.de/Content/DE/_Anlagen/2011/05/2011-05-30-abschlussbericht-ethikkommission.pdf?__blob=publicationFile&v=1 (zuletzt abgerufen am 06.11.2014).

[31] Stellungnahme des Ethikrates vom 08.03.2011, abrufbar unter: http://www.ethikrat.org/dateien/pdf/stellungnahme-praeimplantationsdiagnostik.pdf (zuletzt abgerufen am 06.11.2014).

[32] Siehe zur Zulässigkeit von Ethikkommissionen allgemein *Vöneky/Hagedorn/Clados/von Achenbach* (Hrsg.), Legitimation ethischer Entscheidungen im Recht, S. 51 ff.

Im Berufsrecht wird ebenfalls über ethische Standards diskutiert. Die Ärzteschaft beruft sich gleichsam traditionell selbstverpflichtend auf ihre Berufsethik.[33] Darüber hinaus greifen einige Vorschriften persönliche Gewissenskonflikte auf, die moralisch bedingt sind. So ist gemäß § 12 Abs. 1 Schwangerschaftskonfliktgesetz niemand verpflichtet, an einem Schwangerschaftsabbruch mitzuwirken. Hier wird der Terminus „Ethik" zwar nicht wörtlich verwendet, es ist aber ersichtlich, dass moralische Wertanschauungen Hintergrund dieser Bestimmung waren.[34]

Auch andere Berufszweige denken zunehmend über eine ethische Selbstverpflichtung nach. So gilt etwa für die Anwaltschaft, dass sie ihren Beruf gemäß § 43 BRAO gewissenhaft auszuüben und sich der Stellung des Berufes würdig zu erweisen hat. Damit einher ging ein aus dieser Vorschrift abgeleitetes Werbeverbot[35], welches mittlerweise zwar gelockert, jedoch nicht gänzlich aufgehoben wurde.[36] Erwähnenswert ist, dass im Mittelpunkt der Europäischen Konferenz der Bundesrechtsanwaltskammer vom Mai 2011 die Frage stand, wie viel ethische Bindung der freie Beruf des Rechtsanwalts bedürfe.[37] Die Teilnehmer einigten sich im Ergebnis darauf, dass Ethik und Moral als äußerste Grenzen freiheitlichen Handelns anzusehen seien.

Außerhalb des öffentlichen Rechts ist der Umgang mit dem Begriff der guten Sitten gängige Praxis.[38] Im Zivilrecht ist beispielsweise ein sittenwidriges Rechtsgeschäft nach § 138 Abs. 1 BGB nichtig. Zudem muss eine Leistung, bei deren Annahme der Empfänger gegen die gu-

33 Siehe dazu § 2 Berufsordnung für die deutschen Ärztinnen und Ärzte („ärztliche Ethik"); dazu VG Berlin, Urteil vom 30.03.2012 - VG 9 K 63.09 Rdn. 47, BeckRS 2012, 51943.

34 So auch im Hinblick auf § 218a StGB, BVerfG, Urteil vom 25.02.1975 - 1 BvF 1, 2, 3, 4, 5, 6/74 - *Schwangerschaftsabbruch I*, NJW 1975, 573 (578).

35 Z.B. BGH, Urteil vom 13.09.1993 - AnwSt (R) 6/93, NJW 1994, 141.

36 § 43b verpflichtet den Anwalt, die Werbung nicht so zu gestalten, dass sie auf die Erteilung eines Auftrags im Einzelfall gerichtet ist.

37 Abrufbar unter:

http://www.brak.de/w/files/01_ueber_die_brak/veranstaltungen/europaeische-konferenz/2011/kury.pdf (zuletzt abgerufen am 06.11.2014).

Der BGH appeliert an das Berufsethos der Strafverteidiger, BGH, Beschluss vom 23.04.2007 - GSSt 1/06, Rdn. 54, NJW 2007, 2419; die „Konjunktur der Ethikdiskussion" beschwört *Müller*, NJW 2009, 3745.

38 *Ipsen*, Niedersächsisches Polizei- und Ordnungsrecht, § 4, Rdn. 114.

ten Sitten verstößt, von diesem nach § 817 Abs. 1 BGB herausgegeben werden.[39]

Auch das Straf- und Nebenstrafrecht beruft sich auf sittliche Werte und Anschauungen, wenn es davon ausgeht, dass eine Tötung nach § 211 Abs. 2 Var. 4 StGB als Mord einzustufen ist, wenn ein Mensch einen anderen aus Motiven tötet, die „nach allgemeiner sittlicher Wertung auf tiefster Stufe stehen" und somit als niedere Beweggründe anzusehen sind.[40] Darüber hinaus regelt § 228 StGB, dass jemand, der eine Körperverletzung mit Einwilligung begeht, dennoch rechtswidrig handelt, wenn die Tat trotz der Einwilligung gegen die guten Sitten verstößt. Das Gesetz über Ordnungswidrigkeiten (OWiG) enthält in den §§ 116 ff. gleich mehrere Tatbestände, die mit „Verstöße gegen die öffentliche Ordnung" überschrieben sind. Dazu gehören z.B. Belästigungen der Allgemeinheit in § 118 OWiG sowie die Ausübung verbotener Prostitution nach § 120 OWiG.

Alle genannten Beispiele sind Einfallstore für außerrechtliche Wertungen. Das „Sittengesetz", die „guten Sitten" die „Unsittlichkeit" und die „öffentliche Ordnung" sind dabei als unbestimmte Rechtsbegriffe[41] äußerst unscharf und bereiten in ihrer praktischen Anwendung erhebliche Probleme. Aufgrund der nahezu unüberschaubaren Fülle an möglichen Anknüpfungspunkten beschränkt sich die folgende Darstellung auf diese Rechtsbegriffe.

II. Das Sittengesetz

1.) Definitionsversuche

Zunächst ist zu untersuchen, welche Bedeutung das „Sittengesetz" als Bestandteil der Schrankentrias in Art. 2 Abs. 1 GG hat. Trotz ihrer exponierten Stellung wurden nur zurückhaltende Versuche unternommen, die Bedeutung dieser Schranke zu ermitteln. Art. 2 Abs. 1 GG selbst definiert den Begriff des Sittengesetzes nicht, sondern setzt ihn voraus. Deshalb lässt sich sein Inhalt nicht ohne weiteres mit Hilfe des

39 Siehe auch die Verweise auf die Verkehrssitte, die guten Sitten und die sittliche Pflicht in §§ 242, 814, 826 BGB.

40 *Eschelbach*, in: Heintschel-Heinegg (Hrsg.), BeckOK StGB (Ed. 22, Stand: 08.03.2013), § 211, Rdn. 29, m.w.N.; umfangreiche Aufzählung (möglicher) niederer Beweggründe bei *Kühl*, in: Lackner/Kühl, StGB, § 211, Rdn. 5.

41 *Detterbeck*, Allgemeines Verwaltungsrecht, § 8, Rdn. 349.

Grundgesetzes bestimmen.[42] Eine rein rechtsphilosophische Auseinandersetzung mit dem Begriff ist hier wenig hilfreich, da er als Bestandteil des Verfassungsrechts Auswirkungen auf die gesamte Rechtsordnung hat.[43]

Für die Annäherung an den Begriff des „Sittengesetzes" ist zunächst auf dessen Wortlaut abzustellen, der grundsätzlich die äußerste interpretatorische Grenze darstellt.[44] Entsprechend der Definition in der Einleitung versteht der Duden unter „Sitte" die

> „für bestimmte Lebensbereiche einer Gemeinschaft geltende, dort übliche, als verbindlich betrachtete Gewohnheit, Gepflogenheit, die im Laufe der Zeit entwickelt, überliefert wurde."

oder eine

> „ethische, moralische Norm; Grundsatz, Wert, der für das zwischenmenschliche Verhalten einer Gesellschaft grundlegend ist."[45]

Es handelt sich dabei also um außerrechtliche Wertvorstellungen[46], die das gesellschaftliche Zusammenleben beeinflussen. Der Begriff „Sitten*gesetz*" geht jedoch darüber hinaus und statuiert ein unbedingtes moralisches Gebot. Es ist zweifelhaft, ob der Verfassungsgeber diesem Begriff eine derart weitreichende Bedeutung geben wollte, da die persönliche Freiheit des Einzelnen in der Konsequenz durch außerhalb der Rechtsordnung stehende Werte beschränkt werden könnte.[47] Aufschluss darüber gibt die Entstehungsgeschichte des Grundgesetzes. Die Intention des Verfassungsgebers war es, dem Grundgesetz mit Hil-

42 Der Bericht über den Verfassungskonvent auf Herrenchiemsee spricht auf S. 21 lediglich davon, dass *„ohnedies die Freiheit bestehe, innerhalb der Schranken der Rechtsordnung und der guten Sitten beliebig zu handeln"*, führt den Begriff der guten Sitten jedoch nicht weiter aus.

43 *Stern*, in: ders. Staatsrecht IV/1, § 99 VIII 3, S. 269. Er spricht vom *„Kap Hoorn der Rechtsphilosophie"*.

44 *Sachs*, in: ders., GG Kommentar, Einf., Rdn. 40.

45 Duden-Online, abrufbar unter:

http://www.duden.de/rechtschreibung/Sitte#Bedeutung1 (zuletzt abgerufen am 06.11.2014).

46 *Schmidt*, NJW 2000, 2874 (2876).

47 Dies wäre schon im Hinblick auf den Vorbehalt des Gesetzes und die Wesentlichkeitstheorie (Art. 20 Abs. 3 GG) bedenklich; siehe dazu BVerfG, Beschluss vom 21.12.1977 - 1 BvL 1/75, 1 BvR 147/75 - *Sexualkundeunterricht*, BVerfGE 47, 46 (79).

fe des „Sittengesetzes“ ein ethisches Fundament zu geben[48], das nicht erst positivrechtlich begründet werden muss, sondern bereits vorgegeben ist.[49] Dabei war die Einführung des „Sittengesetzes“ als Schranke für die Rechte aus Art. 2 GG im Parlamentarischen Rat nicht unumstritten. Der Abgeordnete *Dr. Bergsträßer* (SPD) fürchtete, dass gänzlich harmlose Verhaltensweisen durch einen engstirnigen Sittenrichter verboten werden könnten.[50] Dagegen wandte sich *Dr. v. Mangoldt* (CDU) mit der Behauptung, der sittliche Gehalt der Rechtsnormen könne gar nicht ausreichend kodifiziert werden. Vielmehr sei das „Sittengesetz“ neben der „verfassungsmäßigen Ordnung“ erforderlich, um nicht einer *„positivistischen Auslegung Vorschub zu leisten“*.[51] Das Sittengesetz verweise demnach auf das sog. „ethische Grundgesetz“.[52] Was damit gemeint ist, bleibt jedoch unklar. Auch eine Interpretation des „Sittengesetzes“ unter Berücksichtigung des systematischen Kontextes hilft an dieser Stelle nicht weiter. Vor dem Hintergrund einer zunehmend internationalen Rechtsordnung und wegen der Offenheit der Verfassung gewinnt die europa- bzw. völkerrechtskonforme Auslegung des Grundgesetzes an Bedeutung.[53] Dabei orientiert sich das Bundesverfassungsgericht insbesondere an den europäischen Verträgen[54] bzw. der

48 Zitiert nach JöR, NF Bd. 1, 1951, 57.

49 *Di Fabio*, in: Maunz/Dürig, GG, Art. 2, Rdn. 45.

50 Zitiert nach JöR, NF Bd. 1, 1951, 57.

51 Ebenda. Ablehnend einer rein positivistischen Auslegung von Normen gegenüber auch das BVerfG: *„Denn ein solcher Rechtfertigungsgrund, der einer Durchsetzung des Verbots, die Grenze zu überschreiten, schlechthin Vorrang vor dem Lebensrecht von Menschen gibt, sei wegen offensichtlichen, unerträglichen Verstoßes gegen elementare Gebote der Gerechtigkeit und gegen völkerrechtlich geschützte Menschenrechte unwirksam. Der Verstoß wirke so schwer, daß er die allen Völkern gemeinsamen, auf Wert und Würde des Menschen bezogenen Rechtsüberzeugungen verletze. In einem solchen Fall müsse das positive Recht der Gerechtigkeit weichen.“*, BVerfG, Beschluss vom 24.10.1996 – 2 BvR 1851, 1853, 1875 und 1852/94, Rdn. 143 – *Mauerschützen*, BVerfGE 95, 96; dies steht in der Tradition der Radbruschen Formel, nach der Rechtsnormen, die als gänzlich unerträglich oder ungerecht empfunden werden, keine Rechtsnormen im eigentlichen Sinne sind, siehe *Radbruch*, Gesetzliches Unrecht und übergesetzliches Recht, SJZ 1946, 105 (107).

52 Zitiert nach JöR, NF Band 1, 1951, 57.

53 Siehe dafür bspw. *Herdegen*, in: Maunz/Dürig, Grundgesetz, Art. 1 Abs. 1 GG, Rdn. 114.

54 *Sachs*, in: ders. GG Kommentar, Einf., Rdn. 44; Das Grundgesetz ist entsprechend europarechtskonform auszulegen, siehe nur *Schulze-Fielitz*, in: Dreier (Hrsg.), GG Kommentar, Art. 8, Rdn. 53; europarechtskonforme Auslegung

EMRK[55]. Im Ergebnis ist der Begriff der Sitten bzw. der Moral jedoch auch dort nicht einheitlich definiert, so dass eine europa- und völkerrechtsfreundliche Auslegung letztlich nicht möglich ist[56].

In der Literatur wird das „Sittengesetz" häufig als Verweis auf metaphysische überpositive Normen angesehen.[57] Diese entsprächen einem gesellschaftlichen Grundkonsens, der geeignet sei, die Freiheit des Einzelnen durch Verweis auf den gesitteten menschlichen Umgang zu beschränken.[58] *Di Fabio* bemerkt, dass sich das „Sittengesetz" von seiner Intention her nicht in den verfassungsrechtlichen Grundnormen erschöpfen könne, da seine Nennung ansonsten neben der „verfassungsmäßigen Ordnung" in Art. 2 Abs. 1 GG überflüssig wäre.[59] Auch *Stern* bezeichnet das positive Recht als lediglich „ethisches Minimum" und sieht die Funktion des „Sittengesetzes" darin, auf außerrechtliche, transzendente Gegebenheiten zu verweisen, die einem gesellschaftlichen Wandel unterliegen.[60] Nach diesen Ansichten könnte das kodifizierte Recht als ethischer Grundkonsens angesehen werden, der durch

als Rechtsfortbildung einordnend *Lücke*, EuR 2001, 112; aus der Rspr. insb. BVerfG, Beschluss vom 19.07.2011, 1 BvR 1916/09, Rdn. 81 - *Le Corbusier*, BVerfGE 129, 78.

55 BVerfG, Beschluss vom 26.03.1987 - 2 BvR 589/79 - *Unschuldsvermutung*, BVerfGE 74, 358 (370); BVerfG, Beschluss vom 14.10.2004, 2 BvR 1481/04 - *Bindungswirkung von EGMR-Urteilen*, NJW 2004, 3407 (3408); BVerfG, Urteil vom 04.05.2011, 2 BvR 2365/09 u.a. - *Sicherungsverwahrung*, NJW 2011, 1931 (1935); *Huber*, in: von Mangoldt/Klein/Starck (Hrsg.), GG Kommentar Band I, Art. 19 Abs. 4, Rdn. 538 f.; bezugnehmend auf den ICCPR sowie rechtsvergleichende Erwägungen anstellend BVerfG, Beschluss vom 14.11.1973 - 1 BvR 719/69, Rdn. 53, 59 - *Eheverbot der Geschlechtsgemeinschaft*, BVerfGE 36, 146 (162 f., 165).

56 Für die konkrete Auslegung des Moral- bzw. Sittlichkeitsbegriffs im Europa- und Völkerrecht siehe Kapitel 2 und 3.

57 *Nipperdey*, in: Bettermann/Nipperdey, Die Grundrechte IV/2 (1962), S. 820; *Di Fabio*, in: Maunz/Dürig, GG , Art. 2 Abs. 1, Rdn. 45; *Ipsen*, Staatsrecht II, § 18, Rdn. 788; *Murswiek*, in: Sachs, GG, Art. 2, Rn. 96; *Starck*, in: FS Geiger 1974, S. 259 (273) hält das Sittengesetz für einen Verweis auf überlieferte sittliche Vorstellungen; ablehnend *Erbel*, Sittengesetz, S. 258 ff.

58 So *Murswiek*, in: Sachs, GG, Art. 2, Rdn. 96.

59 So *Di Fabio*, in: Maunz/Dürig, GG, Art. 2, Rdn. 45; ebenso *Erbel*, Sittengesetz, 206; *Starck*, in: v. Mangoldt/Klein/Starck (Hrsg.), GG Kommentar Band I, Art. 2 Abs. 1, Rdnr. 37.

60 *Stern*, in: ders. Staatsrecht IV/1, § 99 VIII 3, S. 270.

das „Sittengesetz" und gesellschaftliche Enwicklungen dynamisch modifiziert wird.

Folgt man diesem Verständnis, bleibt aber unklar, wie sich die genannten außerrechtlichen Werte konkret ermitteln lassen und woraus sie sich ergeben. *Di Fabio* fragt deshalb zu Recht, ob das „Sittengesetz" aus praktischer Sicht eine empirische Untersuchung dessen voraussetzt, was im relevanten Zeitpunkt herrschender gesellschaftlicher Konsens ist, oder ob ein philosophischer Diskurs den Inhalt der Schranke erklären und ausfüllen könne.[61]

Einige Autoren stellen auf biblische Texte und Gebote sowie die überlieferte abendländische Kultur ab, um den Begriff des „Sittengesetzes" mit Leben zu füllen.[62] Der christliche Glaube könne als Wertmaßstab für die Bestimmung dessen, was sittlich ist, herangezogen werden. Diese Annahme beruhe auf der Tatsache, dass ein Großteil der Bevölkerung Mitglied einer christlichen Religionsgemeinschaft sei.[63] Zum anderen verweise das Grundgesetz selbst in seiner Präambel auf *„die Verantwortung vor Gott"*, womit den grundsätzlichen Wertentscheidungen des Christentums nicht bloß programmatische, sondern auch rechtliche Bedeutung zukomme.[64]

Diese Ansicht ist schon wegen der staatlichen Neutralität und dem gesellschaftlichen Pluralismus nicht geeignet, das „Sittengesetz" als Rechtsbegriff abschließend und allgemeingültig zu definieren. Um einer völligen Konturlosigkeit des Begriffs entgegen zu wirken, ist zu

61 *Di Fabio*, in: Maunz/Dürig, GG, Art. 2, Rdn. 45; siehe dazu insbesondere die Rechtsprechung zum Gefahrenabwehrrecht bei 1.Kap.A.III. und IV.

62 *Risse*, Der verfassungsrechtliche Schutz der Homosexualität, S. 78, 79; *Peters*, in: FS v. Laun, 1959, S. 669 (676 f.); *Starck*, in: FS Geiger 1974, S. 259 (273); *Gern*, NJW 1983, 1585; *Starck*, in: FS Geiger 1974, S. 259 (273).

63 *Gern*, NJW 1983, 1585 (1589).

64 Dies folgert *Gern* aus der Tatsache, dass das BVerfG selbst in seinem Urteil zum KPD-Verbot hinsichtlich der Wiedervereinigungskomponente feststellt habe, dass der Präambel nicht bloß eine politische, sondern auch ein rechtliche Bedeutung zukomme, *Gern*, NJW 1983, 1585 (1589) mit Verweis auf BVerfG, Urteil vom 17.08.1956 - 1 BvB 2/51 - *KPD-Verbot*, BVerfGE 5, 85 (127); *Stern* weist jedoch darauf hin, dass es zur Bestimmung des Sittengesetzes gerade keiner ständigen Übung bedürfe, da dieses nicht festliege, sondern sich in ständigem Wandel befinde, *Stern*, in: ders. Staatsrecht IV/1, § 99 VIII 3, S. 270.

untersuchen, ob er anhand seines Sinns und Zwecks unter Berücksichtigung der praktischen Anwendung konkretisiert werden kann.[65]

2.) Fallgruppen

In der Rechtsprechung ist das „Sittengesetz" als Grundrechtsschranke i.S.d. Art. 2 Abs. 1 GG lediglich im Zusammenhang mit Homosexualität ausdrücklich in Erscheinung getreten. Darüber hinaus ist es in Einzelfällen zwar erwähnt, jedoch nicht zur Grundlage einer konkreten Freiheitsverkürzung herangezogen worden.[66] Teilweise wurde das „Sittengesetz" auch als ein abstrakter - der Verfassung immanenter - Wert angesehen, der freiheitsverkürzend wirken kann. Dabei ging es maßgeblich um die Sexualmoral sowie die Grenzen des menschlichen Lebens.

a.) Sexualmoral

i.) Sexualität im Film

Die frühere Rechtsprechungspraxis, die das Verständnis des „Sittengesetzes" bis heute maßgeblich prägt, ging von einem im Rang über der positiven Rechtsordnung stehenden „Sittengesetz" aus. Exemplarisch dafür ist ein Urteil des Bundesverwaltungsgerichts aus dem Jahre 1954. Das Gericht hatte sich im sog. *„Sünderin-Fall"*[67] mit dem Verbot eines Films auseinander zu setzen, dessen Handlung sich mit Prostitution, Sexualität und Sterbehilfe beschäftigte und den sittlichen Anschauungen der 50er-Jahre - insbesondere dem Verständnis von Ehe und Familie - zuwiderlief.

Hervorzuheben ist die Aussage des Gerichts, dass die Kunstfreiheit nicht in Anspruch genommen werden dürfe, wenn dadurch Grundrechte Dritter oder Güter, die für den Bestand der staatlichen Gemeinschaft notwendig seien, gefährdet würden. Zu den letztgenannten zählte das BVerwG auch das „Sittengesetz" als „Schutzgut im Sinne der allgemeinen grundlegenden Anschauungen über die ethische Gebundenheit des einzelnen in der Gemeinschaft." Die bloße Darstellung von unsittlichen Verhaltensweisen genügte nach Ansicht des Gerichts jedoch nicht für ein Verbot des Films, weil dadurch keine grundrecht-

65 *Sachs*, in: ders., GG Kommentar, Einf., Rdn. 47, 48.

66 So BVerwG, Urteil vom 04.11.1965 - I C 6.63 - *Astrologie als Beruf*, BVerwGE 22, 286 (289).

67 BVerwG, Urteil vom 21.12.1954 - 1 C 14/53 - *Sünderin-Fall*, BVerwGE 1, 303.

lich geschützten Werte unmittelbar verletzt seien. Etwas Anderes könne gelten, wenn der Film durch das Gutheißen jenes Verhaltens Teile des Publikums zur Nachahmung anreize;[68] daran mangele es jedoch. Zwar könne das gezeigte Verhalten von Einzelnen als anstößig empfungen werden, das „Sittengesetz“ erfasse jedoch ausschließlich fundamentale ethische Wertvorstellungen, die von der Allgemeinheit geteilt würden. Moralische Anschauungen vereinzelter Bevökerungsgruppen unterfielen nicht dem Schutz der staatlichen Grundordnung und könnten eine Beschränkung der Kunstfreiheit nach Art. 5 Abs. 3 Satz 1 GG nicht rechtfertigen. Mangels tauglicher Rechtsgrundlage sei das Filmverbot mithin verfassungswidrig.[69]

Das „Sittengesetz“ war für das Gericht eine außerrechtliche Norm, die den Einzelnen im Rahmen der Gesellschaft ethisch bindet. Erstaunlich ist jedoch, dass das Bundesverwaltungsgericht das „Sittengesetz“ überhaupt heranzog, da dieses keine geschriebene Schranke der Kunstfreiheit darstellt. Anscheinend wurde es nicht ausschließlich als Schranke für die in Art. 2 Abs. 1 GG garantierten Freiheiten, sondern als eine allgemeingültige, verfassungsimmanente Grundrechtsschranke angesehen. Das ist zwar konsequent, weil fundamentalethische Wertungen jedermann zu jeder Zeit binden.[70] Dennoch widerspricht dies dem Grundsatz, dass schrankenlose Grundrechte nur durch oder aufgrund eines Gesetzes beschränkt werden dürfen, das seinerseits dem Schutz kollidierender Grundrechte oder sonstiger Verfassungsgüter dient. Das „Sittengesetz“ ist jedoch weder ein kollidierendes Grundrecht noch ein sonstiges Verfassungsgut, sondern eine ausdrücklich normierte Schrankenregelung, die nicht auf schrankenlose Grundrechte übertragen werden kann. Deshalb ist diese Ansicht heute abzulehnen[71] und wird, soweit ersichtlich, auch nicht mehr vertreten.

68 BVerwGE 1, 303 (307).

69 BVerwGE 1, 303 (308).

70 Auch *Murswiek*, in: Sachs, GG, Art. 2, Rdn. 96 gibt zu bedenken, dass das „Sittengesetz“ für alle Grundrechte gelten muss, wenn man es als Verweis auf unverfügbare überpositive Normen interpretiert.

71 In diesem Sinne entschied das BVerfG in einem Beschluss von 1973, dass das Grundrecht auf Eheschließug aus Art. 6 Abs. 1 GG nicht unter dem Vorbehalt des Sittengesetzes nach Art. 2 Abs. 1 GG stehe, BVerfGE 36, 146 (161) - *Eheverbot der Geschlechtsgemeinschaft*; siehe dazu auch *Lang*, in: Epping/Hillgruber, GG Kommentar, Art. 2, Rdn. 24.

ii.) Männliche Homosexualität

Ausdrücklich wurde das „Sittengesetz" als Schrankenreglung in Art. 2 Abs. 1 GG nur im *„Homosexuellen-Urteil" des* BVerfG aus dem Jahr 1957[72] herangezogen, in dem das Gericht die Strafbarkeit männlicher Homosexualität nach § 175 StGB a.F. für verfassungsmäßig erklärte. Es hob hervor, dass ein Bedürfnis bestehe, Handlungen zu sanktionieren, die *„eindeutig"* im Widerspruch zum „Sittengesetz" stünden, und stellte dies für männliche gleichgeschlechtliche sexuelle Handlungen fest. Das Grundgesetz selbst anerkenne die Möglichkeit zur Einschränkung der Persönlichkeitsentfaltung, da es dem „Sittengesetz" in Art. 2 Abs. 1 GG nicht bloß eine außerrechtliche, sondern *„auch eine rechtliche Bedeutung"* zuerkenne. Gesetze dürften nicht gegen das „Sittengesetz" verstoßen, sondern müssten sich vielmehr daran orientieren. Die Schranke habe nach Ansicht des BVerfG zwei Schutzrichtungen: Sie könne einerseits unsittliches Verhalten von Individuen beschränken und verpflichte den Staat andererseits dazu, keine dem „Sittengesetz" widersprechenden Gesetze zu erlassen bzw. unsittliches Verhalten zu sanktionieren. Insofern könne eine am „Sittengesetz" orientierte Norm eine Freiheitsbeschränkung legitimieren.[73]

Die Tatsache, dass das BVerfG gleichgeschlechtliche sexuelle Handlungen als *„eindeutig"* im Widerspruch zum „Sittengesetz" stehend ansah, überraschte, da es im Anschluss selbst relativierend zu bedenken gab, dass es Schwierigkeiten bereite, den konkreten Sinngehalt des „Sittengesetzes" festzustellen. Die Ansicht eines einzelnen Richters oder auch einzelner Bevölkerungsteile genüge nicht zur Bestimmung seines Inhalts. Von Gewicht seien insbesondere die Werte der großen christlichen Religionsgemeinschaften, da eine Mehrheit der Bevölkerung ihre sittlichen Ansichten aus ihren Lehren zöge. Entsprechend dieser christlichen Lehren sei Homosexualität unzweifelhaft als unsittlich einzustufen.[74] Zusätzlich begründete das BVerfG die Strafbarkeit männlicher Homosexualität durch eine historische Genese der einschlägigen Gesetzesbestimmungen seit 1869, in der das Gericht die Manifestation herrschender sittlicher Wertanschauungen erblickte: Die Tatsache, dass Homosexualität in der Gesetzgebung von 1869 bis zum

72 BVerfG, Urteil vom 10.05.1957 - 1 BvR 550/52 - *Homosexuelle*, BVerfGE 6, 389.

73 BVerfGE 6, 389 (434); es ist besonders paradox, dass weibliche Homosexualität nicht als gleich verwerflich angesehen wurde.

74 BVerfG 6, 389 (434 f.).

Entscheidungszeitpunkt als strafbewertes Verhalten eingestuft werde, erlaube die Schlussfolgerung, dass diese auch nach dem aktuellen sittlichen Empfinden als unsittlich gelte.[75] Insofern war § 175 StGB a.F. nach Ansicht des Gerichts verfassungsrechtlich nicht zu beanstanden.

Das BVerfG schloss von der strafbewehrten Sanktionierung der Homosexualität auf dessen sittliche Missbilligung. Folgt man dieser Ansicht, wird das „Sittengesetz" durch einen Gesetzgebungsakt ausgefüllt, dem ein gesellschaftliches Unwerturteil zugrunde liegt. Das „Sittengesetz" ist demnach die Manifestation außerrechtlicher Wertvorstellungen in Form einer rechtlichen Kategorie, aus der eine staatliche Schutzpflicht erwächst. Dem ist zuzustimmen. Zwar erfordert der Vorbehalt des Gesetzes aus Art. 20 Abs. 3 GG ein hinreichend bestimmtes Gesetz zur Einschränkung der Grundrechte; es handelt sich bei dem „Sittengesetz" jedoch um einen verfassungsrechtlichen Verweis auf ungeschriebenes Recht, der schon wegen seiner gleichrangigen Stellung neben der „verfassungsmäßigen Ordnung" und den „Rechten anderer" eine Bedeutung über das positivierte Recht hinaus haben muss. Das Gericht behielt sich vor, eine nachfolgende Veränderung sittlicher Anschauungen zu judizieren, da die Feststellung, dass sich die sittliche Bewertung homosexueller Betätigung in der Gesetzgebungspraxis nicht nachweisbar verändert hatte, gerade die gegenteilige Möglichkeit implizierte.[76] Insofern berücksichtigte das BVerfG richtigerweise die zeitliche Relativität moralischer Wertmaßstäbe.[77] Zweifelhaft war jedoch die Grundlage des Sittlichkeitsurteils, da die Richter für ihre Entscheidung religiöse Wertvorstellungen heranzogen. Zum einen darf sich der Staat aufgrund seiner Neutralitätspflicht nicht auf lediglich eine Religion berufen. Darüber hinaus gebietet die negative Religionsfreiheit nach Art. 4 Abs. 1 GG, dass religiöse Vorstellungen niemandem gegen seinen Willen aufgezwungen werden. Strafnormen, die ausschließlich darauf be-

75 BVerfG 6, 389 (436 f.).

76 In diese Richtung *Starck*, in: v. Mangoldt/Klein/Starck (Hrsg.), GG Kommentar Band I, Art. 2 Abs. 1, Rdn. 40.

77 BVerfG 6, 389 (436) – *Homosexuelle*; ein Beispiel für die gewandelten Vorstellungen ist auch BVerfG, Beschluss vom 11.10.1978 – 1 BvR 16/72 – *Transsexuelle I*, NJW 1979, 595. Dort erachtete das Gericht die Geschlechtsumwandlung eines Transsexuellen nicht als sittenwidrig; siehe auch BVerfG, Urteil vom 17.07.2002 – 1 BvF 1/01 und 1 BvF 2/01 – *Lebenspartnerschaftsgesetz*, BVerfGE 105, 313 (331), wonach eingetragene Lebensgemeinschaften mit Art. 6 Abs. 1 GG in seiner Eigenschaft als wertentscheidende Grundsatznorm vereinbar seien.

ruhen, sind insofern verfassungswidrig und müssen vor dem Hintergrund der 50er Jahre betrachtet werden. Nach heutigem Verständnis kann das „Sittengesetz" jedenfalls nicht als Einfallstor religiöser Überzeugungen interpretiert werden.

iii.) Voreehelicher Geschlechtsverkehr

In einer Rechtssache aus dem Jahre 1954 wurde dem BGH die Frage gestellt, ob der voreheliche Geschlechtsverkehr zwischen Verlobten in jedem Fall „unzüchtig" i.S.d. §§ 180, 181 StGB a.F. (Kuppelei) sei oder es auf die konkreten Umstände des Einzelfalles ankomme.[78] Dabei ging es im Kern zwar nicht um das „Sittengesetz" i.S.d. Art. 2 Abs. 1 GG. Das Gericht verwies aber zum einen abstrakt auf das „Sittengesetz"; zum anderen war auch die „Unzucht" ein moralisch geprägter Begriff, so dass dieses Urteil insofern von Interesse ist.

Der Senat erklärte, dass der Begriff der Unzucht auf außerrechtliche Wertmaßstäbe verweise, die durch diesen Verweis rechtliche Bedeutung gewinne. Er warf dem Reichsgericht vor, den Geschlechtsverkehr zwischen Verlobten stets für unsittlich zu beurteilen, ohne jemals die Frage nach dem Geltungsgrund, dem Inhalt und der Tragweite der §§ 180, 181 StGB a.F. zu stellen. Dadurch sei es zu einer Relativierung des Unzuchtbegriffs gekommen, sodass die Oberlandesgerichte fälschlicherweise seit 1945 davon ausgegangen seien, dass

> „[...] allein die Auffassung der Volkskreise bestimmend sei, in denen sich der Vorgang abspiele. Damit wird eine objektiv geltende und verpflichtende Wertordnung verneint und alles auf die wechselnden Meinungen oder Verhaltensweisen wechselnder Volksteile gestellt, die der Richter kaum feststellen kann und von denen er nicht weiß, ob hinter ihnen wirklich eine sittliche Überzeugung steht oder bloße Gleichgültigkeit [...]."[79]

Ebenso kritisierte der Senat das Abstellen auf die „gesunde Volksanschauung", weil dieser Begriff ebensowenig wie die „Unzucht" bestimmbar sei und ebenfalls auf außerrechtliche Wertungen verweise.[80] Auch stellte sich der BGH entschieden gegen die Feststellung des OLG Düsseldorf, dass erhebliche Teile der Bevölkerung den Geschlechtsverkehr zwischen Verlobten nicht für unzüchtig hielten und es nicht

78 BGH, Beschluss vom 17.02.1954 - GSSt 3/53 - *Kuppelei*, NJW 1954, 766.

79 BGH, NJW 1954, 766 (766 f.).

80 Ebenda.

die Aufgabe der Richter sei, über Fragen der Ethik zu entscheiden.[81] Für den BGH führe diese Ansicht zu einem inhaltlosen und zerstörerischen Relativismus, da eine Norm auf diese Weise allein durch die „soziale Wirklichkeit" bestimmt werde und dadurch ihre Befolgungspflicht verliere. Darüber hinaus sei es falsch, dass der richterlichen Entscheidung keine ethischen Wertungen zugrunde gelegt werden dürften, da das Recht gerade auf einer Übereinstimmung mit dem Sittengebot beruhe. Entscheidende Frage sei demnach, ob der Gesetzgeber den Richter durch §§ 180, 181 StGB a.F. auf eine Norm verwiesen habe, die der Ethik angehöre. In diesem Rahmen müsse zwischen Geboten der bloßen Sitte, der bloßen Konvention und der Sittlichkeit bzw. des Sittengesetzes unterschieden werden: Sittengebote besäßen nur eine geringe Verbindlichkeit für diejenigen, die sie freiwillig befolgten und würden nicht mehr gelten, wenn sich die zugrunde liegenden Anschauungen änderten. Eine Norm des Sittengesetzes hingegen gelte aus sich selbst heraus und beruhe auf der „vorgegebenen und hinzunehmenden Ordnung der Werte und der das menschliche Zusammenleben regierenden Sollenssätze", die unabhängig davon gelten, ob diejenigen, an die sie gerichtet sind, ihre Aussagen teilen oder nicht. Insbesondere die Tatsache, dass sich Anschauungen ändern könnten, sei nicht relevant.

Nach Ansicht des Großen Senats wolle die sittliche Ordnung, dass sich der Geschlechtsverkehr grundsätzlich in der Einehe vollziehe, weil der Sinn und die Folge des Verkehrs das Kind sei. Um seinetwillen und um der personhaften Würde und der Verantwortung der Geschlechtspartner willen sei dem Menschen die Einehe als Lebensform gesetzt. Zuwiderhandlungen verletzten mithin „ein elementares Gebot geschlechtlicher Zucht." Die unbedingte Geltung der ethischen Norm lasse auch keine Ausnahme für Verlobte zu, außer sie seien ernsthaft zur Ehe entschlossen und zwingende Hindernise würden sie an der Eheschließung hindern.[82]

Der BGH interpretierte den Begriff der „Unzucht" mithin als Verweis auf außerhalb der kodifizierten Rechtsordnung stehende ethische Sollenssätze, die unabhängig von der herrschenden Sozialmoral Geltung beanspruchen und von den Gerichten im Rahmen des gesetzgeberischen Auftrags anzuwenden sind. Demnach spiegelt sich das Sittengesetz insbesondere in der Menschenwürde und der Verantwor-

[81] Mitteilung von OLGRat *Schmitt*, Düsseldorf, NJW 1950, 958 (959).

[82] BGH, NJW 1954, 766 (767).

tung der Lebenspartner untereinander wider; es erfasst diejenigen Werte und Lebensumstände, die „ethisch gesollt" sind.[83] Dies entspricht dem Verständnis vom „Sittengesetz" bzw. der „Sittlichkeit", wie es in der Einleitung dargestellt wurde. Unklar bleibt jedoch, anhand welcher Kriterien das Gericht zwischen bloßen Sittengeboten und verbindlichen Sittengesetzen unterscheidet. Dass es sich bei der Einehe und dem daraus folgenden Verbot des vorehelichen Geschlechtsverkehrs um ein Sittengesetz und nicht um ein Sittengebot handelt, wird nicht nachvollziehbar begründet.

iv.) Geschwisterinzest

Auf vorherrschende gesellschaftliche Anschauungen hat das BVerfG jedoch in einer Entscheidung aus dem Jahre 2008 Bezug genommen, in der es die Strafbarkeit des Geschwisterinzests nach § 173 Abs. 2 S. 2 StGB für verfassungsmäßig erklärte.[84] Der Beschwerdeführer wurde auf der Grundlage dieser Norm zu einer Gefängnisstrafe verurteilt, weil er regelmäßig einvernehmlichen Geschlechtsverkehr mit seiner Schwester hatte und mit ihr vier Kinder zeugte.

Ebenso wie bei der rechtlichen Beurteilung der Strafbarkeit männlicher Homosexualität stellte das BVerfG zunächst die Entstehungsgeschichte des § 173 Abs. 2 S. 2 StGB dar, der auf kulturgeschichtlich überlieferten Verbotsnormen - unter anderem aus der Bibel und dem Koran (!) - beruhe.[85] Der Straftatbestand habe mehrfach in der Kritik gestanden, weil er bloße Unmoral bestrafe; sei jedoch aus guten Gründen nicht aus dem Strafgesetzbuch gestrichen worden (dazu sogleich). Im Weiteren berücksichtigte das BVerfG eine rechtsvergleichende Untersuchung des Max-Planck-Instituts für ausländisches und internationales Strafrecht, wonach der Geschwisterinzest in 13 von 20 untersuchten Staaten zwar nicht strafbar sei, aber in anderer Weise sanktioniert werde. Es heißt:

> „Die Begründungen zur Legitimation der Strafnormen reichen von religiösen, soziologischen, genetischen und moralischen bis hin zu ausdrücklich tabuorientierten Argumenten."[86]

83 Ebenso in Bezug auf *Peep-Shows* OVG Lüneburg, Urteil vom 17.11.1994 - 7 L 1951/92, Rn. 32, GewArch 1995, 109.

84 BVerfG, Beschluss vom 26.02.2008 - 2 BvR 392/07 - *Geschwisterinzest*, BVerfGE 120, 224.

85 BVerfGE 120, 224 f.

86 BVerfGE 120, 224 (230 f.).

In Deutschland sei die Strafrechtsentwicklung von zwei gegenläufigen Tendenzen geprägt: Der Trennung von Strafrecht und Moral auf der einen und der Stärkung der sexuellen Selbstbestimmung auf der anderen Seite.[87] Der Beschwerdeführer sah sich in eben diesem Recht aus Art. 2 Abs. 1 i.V.m. Art. 1 Abs. 1 GG, Art. 3 Abs. 1 sowie Art. 6 GG verletzt und rügte mittelbar die Verfassungswidrigkeit des § 173 Abs. 2 S. 2 StGB, da diese Norm lediglich Moralvorstellungen, nicht jedoch Rechtsgüter schütze.[88]

Im Rahmen seiner Urteilsbegründung stellte das BVerfG klar, dass § 173 Abs. 2 S. 2 StGB seiner Ansicht nach nicht bloß Moralvorstellungen schütze, sondern auch die Rechte anderer bzw. der Allgemeinheit. Dabei bezog sich das Gericht auf den Sinn und Zweck des Gesetzes: Zum einen diene § 173 Abs. 2 S. 2 StGB dem von Art. 6 GG geforderten Schutz von Ehe und Familie, der durch inzestuöse Beziehungen gefährdet werde.[89] Ebenso werde durch das Verbot die sexuelle Selbstbestimmung der Beteiligten geschützt, da Inzest nicht selten von psychischen Abhängigkeiten der Betroffenen begleitet werde.[90] Schließlich spielten eugenische Gesichtspunkte eine Rolle, da bei Kindern aus inzestuösen Beziehungen die Gefahr erblicher Schäden nicht ausgeschlossen sei.[91] Ausschlaggebend sei auch die gesellschaftliche Verankerung des Inzestverbots: Es gehe nicht um die Frage, ob es allein auf den Schutz von Moralvorstellungen abziele und damit möglicherweise verfassungsrechtlich unzulässig sei. Vielmehr sei der Tatbestand unter Berücksichtigung der zuvor genannten Strafzwecke

> „vor dem Hintergrund einer kulturhistorisch begründeten, nach wie vor wirkkräftigen gesellschaftlichen Überzeugung von der Strafwürdigkeit des Inzestes“

gerechtfertigt. Außerdem berücksichtige die Strafnorm des § 173 Abs. 2 S. 2 StGB die Intention des Gesetzgebers, eine wegen der Tabuisierung des Inzestes und der Gefahr einer Diskrmininierung der Inzestkinder bestehendes Unrechtsbewusstsein in der Gesellschaft aufzugreifen.[92]

87 BVerfGE 120, 224 (232-234).

88 BVerfGE 120, 224 (235 f.).

89 BVerfGE 120, 224 (243 f.).

90 BVerfGE 120, 224 (245-247).

91 BVerfGE 120, 224 (247 f.).

92 BVerfGE 120, 224 (248 f.).

Anders als bei der Unzucht des vorehelichen Geschlechtsverkehrs, war hier keine naturrechtliche Moralvorstellung maßgeblich, sondern der den Gesetzen zugrunde liegende gesellschaftliche Konsens. Unverständlich ist jedoch, dass das BVerfG die Moralvorstellungen der Gesellschaft einerseits als Schutzzweck verneinte, gleichzeitig aber den kulturhistorischen und auf gesellschaftlichen Überzeugungen gründenden Hintergrund der Strafnorm betonte und damit letztlich doch inzident auf das „Sittengesetz" abstellte.[93] Es war der Überzeugung, dass es sich bei dem Geschwisterinzest um ein gesellschaftliches Tabu handele und eine Tätigkeit, die diesem unterfalle, naturgemäß unsittlich sei. Das Vorhandensein eines solchen Tabus im Hinblick auf die Sexualmoral ist zu bezweifeln. Schon die Diskussionen über die Trennung von Strafecht und Moral in den 70er Jahren des 20. Jahrhunderts (s.o.) zeigen anschaulich, dass der Geschwisterinzest gerade kein unangreifbares Tabu ist, da über ein solches keine Diskussion möglich wäre. *Isensee* bringt es mit seiner Aussage auf den Punkt:

> „Ein Verbot, über dessen Inhalt rational diskutiert werden darf, bildet kein Tabu."[94]

Insofern war es vom BVerfG auch inkonsequent, einerseits ein Tabu aufzustellen, dieses jedoch andererseits mit dem Recht auf Privatsphäre des Beschwerdeführers abzuwägen. Das Gericht hob den weiten Beurteilungsspielraum des Gesetzgebers hervor und suggerierte damit, dass dieser bei ethisch sensiblen Sachverhalten in weiten Teilen einer gerichtlichen Kontrolle entzogen ist.[95] Dem kann jedoch nicht ohne weiteres gefolgt werden, da es vorliegend um einen Eingriff in die Intimsphäre des Beschwerdeführers ging. Nach Ansicht des Gerichts liege ein solcher Eingriff in den Kernbereich des Persönlichkeitsrechts nicht vor, da gleichsam die Familie, die Gesellschaft und das eventuell aus der Beziehung hervorgegangene Kind betroffen seien.[96]

Dies wurde von *Hassemer* in seinem abweichenden Votum zu Recht kritisiert. Seiner Ansicht nach werde der „legislative Spielraum im Strafrecht auf Kosten der Kontrollkompetenz des BVerfG überdehnt."[97] Das Gericht könne in § 173 Abs. 2 S. 2 StGB keine kulturhistorisch be-

93 *Vöneky*, Recht, Moral und Ethik, S. 120.

94 *Isensee*, Tabu im freiheitlichen Rechtsstaat, S. 47; kritisch dazu auch *Tolmein*, „Tabu verträgt keine Begründung", FAZ vom 16.04.2012, S. 29.

95 BVerfGE 120, 224 (240, 243, 245, 248, 250, 253).

96 BVerfGE 120, 224 (243).

97 BVerfGE 120, 224 (255).

gründeten Strafzwecke hineinlesen, die vom Gesetzgeber ursprünglich nicht verfolgt worden seien.[98] Auch der Verweis auf divergente Vorschriften im Ausland könne eine Strafnorm nicht verfassungsrechtlich rechtfertigen. Zudem seien auch die verfolgten Schutzzwecke nicht legitim. Der Gesundheitsschutz potentiell durch Inzest gezeugter Nachkommen setze voraus, deren mutmaßliche Interessen an einem Leben mit genetischem Defekt gegen die eigene Nichtexistenz abzuwägen. Zum einen sei der mutmaßliche Wille der ungeborenen Kinder nicht feststellbar, zum anderen werde dadurch das Lebensrecht behinderter Menschen negiert.[99] Auch sei der Schutz der sexuellen Selbstbestimmung kein von § 173 Abs. 2 S. 2 StGB verfolgtes Ziel, da die Strafbarkeit des Geschwisterinzests erst mit Volljährigkeit der Beteiligten greife und folglich weder inzestuöse Handlungen zwischen Minderjährigen, noch andere sexuellen Handlungen außer dem Beischlaf erfasse.[100]

Dem ist zuzustimmen. Zwar kann die sexuelle Selbstbestimmung auch bei Erwachsenen durch Zwang überwunden werden. Dann müssten von § 173 Abs. 2 S. 2 StGB jedoch erst recht sexuelle Handlungen zwischen Minderjährigen erfasst sein.[101] Dass die Strafbarkeit jedoch erst mit der Volljährigkeit einsetzt (§ 173 Abs. 3 StGB), missachtet gerade die Autonomie der Beteiligten. Es ist anzunehmen, dass dies auf das sozialethische Unwerturteil, das diesen Handlungen zukommt, zurückzuführen ist. Stehen ethisch-moralische Vorstellungen einer Handlung entgegen, tritt die Autonomie des Einzelnen - und damit das Selbstbestimmungsrecht - zurück. Das kann überzeugen, wenn dadurch zugleich Rechte Dritter geschützt werden. *Hassemer* veranschaulicht aber in nachvollziehbarer Weise, dass dies nicht der Fall war. Der vermeintlich von § 173 Abs. 2 S. 2 StGB verfolgte Schutz von Ehe und Familie wird *ad absurdum* geführt, da die Norm nicht die tatsächliche familiäre Situation berücksichtigt und auch Fälle erfasst, in denen gar kein funktionierender Familienverband existiert. Darüber hinaus ist der Beischlaf zwischen gleichgeschlechtlichen Geschwistern oder Stiefgeschwistern nicht strafbar. Im Kern sanktioniert § 173 Abs. 2 S. 2 StGB nicht die Fortpflanzung von Geschwistern, sondern den reinen sexuel-

98 BVerfGE 120, 224 (257).

99 BVerfGE 120, 224 (258 f.).

100 BVerfGE 120, 224 (260).

101 In diesem Sinne wohl auch *Hassemer*, ebenda, Rdn. 109.

len Akt, der - insbesondere bei der Verwendung von Verhütungsmitteln - nicht zwangsläufig zu einer Schwangerschaft führen muss.[102]

Insgesamt ist den Ausführungen *Hassemers* zuzustimmen. Die Strafbarkeit des Geschwisterinzests gründet letztendlich allein auf gesellschaftlichen Moralvorstellungen, die fälschlicherweise als ein Tabu ausgestaltet sind. Der Gesetzgeber selbst hat die vom BVerfG vorgebrachten Schutzzwecke nicht ausdrücklich vorgesehen; die Gerichte sind aber nicht befugt, weitere Zwecke in eine Norm hineinzulesen. Zum einen ist der Richter über Art. 20 Abs. 3 GG an den gesetzgeberischen Willen gebunden. Zum anderen genießt der Gesetzgeber eine Einschätzungsprärogative[103], die hinsichtlich der Geeignet- und Erforderlichkeit einer Strafnorm denknotwendig auf die von ihm vorgesehenen Zwecke abstellt. Schieben die Gerichte nun andere Ziele nach oder tauschen sie aus, gefährden sie das Prinzip der Gewaltenteilung. Die Geeignetheit der eigentlichen Regelung und die Zuerkennung gesetzgeberischer Spielräume werden in Frage gestellt und damit *ad absurdum* geführt.[104] Aus diesen Gründen, und insbesondere wegen der widersprüchlichen Ausgestaltung des § 173 Abs. 2 S. 2 StGB, ist der Geschwisterinzest insgesamt verfassungswidrig.

v.) Transsexualität

Im Jahre 1978 befasste sich das BVerfG mit der Verfassungsbeschwerde eines sog. männlichen Transsexuellen, der nach der Anpassung seines äußeren Erscheinungsbildes beantragte, seinen Geschlechtseintrag im Geburtenbuch von „männlich" in „weiblich" zu ändern. Dieser Antrag blieb erfolglos, obwohl er - nach mehreren Hormonbehandlungen und Operationen - körperlich und geistig als Frau angesehen werden konnte.[105] Zunächst betonte das Gericht, dass die Menschenwürde und das Recht auf freie Entfaltung der Persönlichkeit gewährleisteten, den Personenstand eines Menschen dem Geschlecht zuzuordnen, dem er nach seiner psychischen und physischen Konstitution angehöre. Gleichwohl

102 *Hassemer*, ebenda, Rdn. 106; kritisch zur Legitimation des § 173 Abs. 2 S. 2 StGB auch *Fischer*, in: ders.(Hrsg.), StGB, § 173 Rdn. 2 ff.; *Hörnle*, Grob anstößges Verhalten, S. 113, 452 ff. Ihrer Ansicht nach schießen Tabuverbote *„über den zweckrationalen Kern hinaus"*.

103 Dazu bei 1.Kap.B.II. 2.).

104 Im Hinblick darauf überzeugend *Wernsmann*, NVwZ 2000, 1360 (1363).

105 BVerfG, Beschluss vom 11.10.1978 - 1 BvR 16/72 - *Transsexuelle I*, BVerfGE 49, 286.

werde das Grundrecht aus Art. 2 Abs. 1 GG nur im Rahmen des „Sittengesetzes“ gewährleistet. Da die Geschlechtsumwandlung vorliegend jedoch medizinisch indiziert war, war sie nach Ansicht des Gerichts nicht als Verstoß gegen das „Sittengesetz“ anzusehen.[106]

Im Hinblick auf die oben dargestellte Rechtsprechung zur Homosexualität ist bemerkenswert, dass das Gericht die Konsequenz einer geänderten Geschlechtsbezeichnung im Geburtenbuch - nämlich die mögliche Eheschließung mit einem männlichen Partner - als sittlich unproblematisch ansah. Es betonte, dass dies zwar von der Bevölkerung anders gesehen werden könne, rational nicht zu begründende Auffassungen einer Eheschließung jedoch nicht entgegenstehen könnten. Relativierend betonte das Gericht, dass der männliche Transsexuelle ohnehin keine homosexuelle Verbindung suche. Es überrascht, dass diesem Problem keine weiteren Zeilen gewidmet wurden. Die Richter waren sich der sensiblen Problematik zwar bewusst, umgingen eine ethisch-moralische Auseinandersetzung jedoch mit dem schlichten Verweis auf wissenschaftliche Erkenntnisse.[107] Möglicherweise lag diese Entscheidung darin begründet, dass eine solche Ehe nach außen hin - also im gesellschaftlichen Bereich - nicht ohne weiteres als möglicherweise homosexuelle Verbindung aufgefasst werden konnte. Der männliche Transsexuelle wirkt und sieht aus wie eine Frau, so dass die Gesellschaft nicht gleichermaßen tangiert wird, wie bei eindeutig gleichgeschlechtlichen Partnerschaften.

Heute wird eine eingetragene Lebenspartnerschaft zwischen Transsexuellen unproblematisch ermöglicht, ohne dass dazu ethisch-moralische Erwägungen angestellt werden[108], da der rechtliche Stand von Transsexuellen mittlerweile durch das sog. Transsexuellengesetz[109] geregelt ist. Damit befreite der Gesetzgeber die Transsexualität von ihrem sittlichen Makel, woran auch entgegenstehende Anschauungen in Teilen der Bevölkerung nicht zu ändern vermögen.

106 BVerfGE 49, 286 (298 f.).

107 BVerfGE 49, 286 (300).

108 Siehe aus jüngerer Zeit BVerfG, Beschluss vom 11.01.2011 - 1 BvR 3295/07 - *Lebenspartnerschaft von Transsexuellen*, NJW 2011, 909.

109 Gesetz über die Änderung der Vornamen und die Feststellung der Geschlechtszugehörigkeit in besonderen Fällen vom 10.09.1980, BGBl I Nr. 56 vom 16.09.1980, S. 1654, zuletzt geändert durch Gesetz vom 17.07.2009.

vi.) Zusammenfassung

Die dargestellten Fallgruppen aus der Rechtsprechung bringen zum Ausdruck, dass das „Sittengesetz" in Art. 2 Abs. 1 GG nicht lediglich freiheitsverkürzend wirkt, sondern den Gesetzgeber auch verpflichten kann, geänderten ethisch-moralischen Wertanschauungen in der Gesellschaft Rechnung zu tragen. Anschaulich wird dies im Bereich der Sexualmoral. Verhaltensweisen, die ehemals als unwertig und damit strafbar angesehen wurden, sind im Rahmen der sog. großen Strafrechtsreform 1969[110] abgeschafft oder entschärft worden. Das betraf unter anderem die Tatbestände Ehebruch (§ 172 StGB a.F.), die im Homosexuellen-Urteil einschlägige Unzucht zwischen Männern (§ 175 StGB a.F.), widernatürliche Unzucht (§ 175b StGB a.F.), Kuppelei (§ 180 StGB a.F.), sowie die Verführung Minderjähriger (§ 184 StGB a.F.). Heute ist die männliche Homosexualität als solche nicht mehr strafbar[111] und wird auch nicht mehr am Maßstab des „Sittengesetzes" gemessen. Gleiches gilt für die Kuppelei sowie ehemalige Eheverbote. Wie gezeigt, ist auch die Transsexualität nunmehr gesetzlich geregelt, ohne sich dem Makel der Unsittlichkeit auszusetzen. Bis auf den Inzest haben demnach alle besprochenen Fälle den grundsätzlichen Makel der Unsittlichkeit verloren. Deshalb ist davon auszugehen, dass das „Sittengesetz" als Schranke i.S.d Art. 2 Abs. 1 GG im Bereich der Sexualität – jedenfalls im privaten Bereich – heute eine nur noch untergeordnete Rolle spielt.

Für Sexualität der Öffentlichkeit gilt dies hingegen nicht. Davon zeugen Tatbestände wie §§ 116 ff. OWiG. Danach sind beispielsweise die Belästigung der Allgemeinheit (§ 118 OWiG), die Vornahme grob anstößiger Handlungen mit sexuellem Bezug (§ 119 OWiG) sowie die Ausübung verbotener Prostitution oder die Werbung für Prostitution (§ 120 Abs. 1 OWiG) weiterhin verboten. In diesen Fällen muss die individuelle Freiheit hinter dem Sittlichkeitsempfinden der Allgemeinheit zurückstehen.

110 1. Strafrechtsreformgesetz vom 25.06.1969, BGBl I Nr. 52 vom 30.06.1969, S. 645.

111 Die vollständige Straffreiheit spezifisch männlicher homosexueller Betätigung wurde durch das 29. StÄG vom 31.05.1994 erreicht, siehe BGBl I Nr. 33 vom 10.06.1994, S. 1168; § 175 StGB wurde aufgehoben.

b.) Grenzbereiche menschlichen Lebens

Wenn die Sexualität auch gleichsam traditionell zu den ethisch und moralisch besonders aufgeladenen Themen in einer Gesellschaft gehört, ist sie nicht das einzige Einfalltor für außerrechtliche Sollenssätze. Auch das menschliche Leben und seine Grenzen tangieren ethisch-moralische Vorstellungen. Das verdeutlichen insbesondere die heutigen Fortschritte in der Fortpflanzungsmedizin sowie aktuelle Fragestellungen der Sterbehilfe. Auch die rechtliche Bewertung von Schwangerschaftsabbrüchen hat regelmäßig zu Wertedebatten geführt. In diesen Fällen ging es zwar nicht ausdrücklich um das „Sittengesetz" als Rechtsbegriff i.S.d. Art. 2 Abs. 1 GG; als Schnittstelle zwischen Wertvorstellungen und positiviertem Recht kann moralisch zu bewertendes Verhalten trotzdem in diesem Zusammenhang untersucht werden, zumal sich die Rechtsprechung häufig auf die „Sittlichkeit" als abstrakte Sollensnorm beruft.

i.) Selbstmord

Der BGH hatte im Jahre 1954 zu beurteilen, ob der Selbstmord einer Person einen Unglücksfall i.S.d. § 330c a.F. StGB (heute § 323c StGB) darstellte und damit einen Dritten zur Hilfeleistung verpflichtete. Wie schon zuvor, kam er mit Hilfe einer historischen Genese der einschlägigen Vorschrift zu dem Ergebnis, dass gegenseitige Hilfe in Notfällen seit jeher einem sittlichen Gebot entspreche und als auszuübende Nächstenliebe insbesondere auch Bestandteil der christlichen Lehre sei.[112] Dieser Anschauung war es auch geschuldet, dass das Gericht jeden Selbstmord als „vom Sittengesetz streng missbilligt" ansah, „da niemand selbstherrlich über sein eigenes Leben verfügen und sich den Tod geben darf." Demnach sei ein Dritter, der einem Selbstmordversuch beiwohne, zur Hilfeleistung verpflichtet, die in diesen Fällen ein vom Gesetzgeber zur Rechtspflicht erhobenes Sittengebot darstelle.[113]

Die Terminologie des Gerichts war hier widersprüchlich. Dem Grunde nach besitzen Sittengebote nur Verbindlichkeit für diejenigen, die sie freiwillig befolgen und gelten nicht mehr, wenn sich die zugrunde liegenden Anschauungen ändern.[114] Wenn sie jedoch zur Rechtspflicht erhoben werden, entfalten sie absolute Geltung für jeden und avancie-

112 BGH, Beschluss vom 10.03.1954 – GSSt 4/53, NJW 1954, 1049.

113 BGH, NJW 1954, 1049 (1050).

114 Siehe für die Unterscheidung zwischen Sittengebot und Sittengesetz bei 1.Kap.A.II. 2.) a.) iii.).

ren denknotwendig zu einem Sittengesetz. Die Argumentation des Gerichts lässt darauf schließen, dass es die Hilfeleistung bei einem Selbstmordversuch als verbindliches Sittengesetz ansah und nicht als bloßes Sittengebot.

Diese Auffassung wurde ca. 20 Jahre später vom OLG Düsseldorf angezweifelt.[115] Es betonte, dass der Selbstmord als solcher - unabhängig von seiner sittlichen Wertung - straflos sei und dem Selbstmörder dadurch von der Rechtsordnung Respekt entgegengebracht werde. Erwähnenswert ist hier, dass das Gericht ausdrücklich ein moralisches Dilemma offenlegte. Derjenige, der von einem bevorstehenden Selbstmordersuch weiß und das „Opfer“ retten will, müsste es letztlich vor sich selbst schützen. Wenn sich der Dritte jedoch entschließt, den freien Willen des Selbstmörders zu respektieren, so kann ihm dadurch nicht die Schuld eines Totschlags angelastet werden. Der Respekt gegenüber dem Selbstmörder macht auch eine Strafbarkeit wegen unterlassener Hilfeleistung fraglich, da diese als unzumutbar angesehen werden könnte.[116]

Die christlich-religiöse Bewertung des Selbstmords wurde vom OLG nicht aufgegriffen. Stattdessen stellte es die Selbstbestimmung des Selbstmörders in den Vordergrund und traf damit eine eindeutige Abwägungsentscheidung zugunsten positivrechtlicher Kriterien. Es ist unklar, ob die Gerichte weiterhin an der sittlichen Bewertung des Selbstmords festhalten. Der BGH ließ dies in einer Entscheidung aus dem Jahre 1984 offen, verneinte aber eine Strafbarkeit des Arztes, der lebensverlängernde Maßnahmen unterließ, da dieser eine zu respektierende Gewissensentscheidung gegen die Behandlung getroffen habe.[117] Es wäre darüber hinaus ein Wertungswiderspruch, wenn man die Sterbehilfe durch Unterlassen für straflos halten würde, die unterlassene Hilfeleistung beim Suizid jedoch nicht. Jedenfalls ist der selbstbestimmte Wille des Selbstmörders, seinem Leben ein Ende zu setzen,

115 OLG Düsseldorf, Beschluss vom 06.09.1973 - 1 Ws 333-336/73, NJW 1973, 2215.

116 OLG Düsseldorf, NJW 1973, 2215 (2216); den selbstverantwortlichen und nachvollziehbaren Selbsttötungswillen wollten auch die Teilnehmer des 56. Deutschen Juristentages beachtet wissen, NJW 1986, 3069 (3073, dort unter IV.1.).

117 BGH, Urteil vom 04.07.1984 - 3 StR 96/84, NJW 1984, 2639 (2642).

heute grundsätzlich höher zu gewichten als ein diesbezügliches Unsittlichkeitsurteil.[118]

ii.) Schwangerschaftsabbrüche

Schwangerschaftsabbrüche betrafen seit jeher ethische Fragen.[119] In einem berühmten Urteil des BVerfG aus dem Jahre 1975 ging es um die Frage, ob die sogenannte Fristenregelung des Fünften Strafrechtsreformgesetzes, wonach der Schwangerschaftsabbruch in den ersten zwölf Wochen seit der Empfängnis unter bestimmten Voraussetzungen straffrei bleibt, mit dem Grundgesetz vereinbar ist.[120] Das Gericht anerkannte, dass diese Materie besondere Probleme ethischer und moraltheologischer Art aufwerfe, da es um Grundfragen menschlicher Existenz gehe.[121] In der rechtlichen Beurteilung ging es um eine Abwägung des Lebensschutzes des *nasciturus* sowie der Rechte der Schwangeren. Nach Ansicht des Gerichts gebe es jedenfalls Konstellationen, in denen eine Schwangerschaft der Frau nicht zuzumuten sei und ihr Abbruch gerechtfertigt sein könne. Neben der eugenischen- und Notlagenindikation könne dies auch aus restriktiv zu handhabenden ethischen Gründen der Fall sein.[122] Die Tatsache, dass der Schwangerschaftsabbruch unter den Voraussetzungen des § 218a Abs. 1 StGB nicht strafrechtlich sanktioniert sei, führe in der Bevölkerung jedoch zu der Überzeugung, dass dieser grundsätzlich sozialethisch gebilligt werde. Das Gericht sah hierin die Gefahr eines unzulässigen „Schlusses von der rechtlichen Sanktionslosigkeit auf das moralische

[118] Siehe dazu *Wohlers*, in: Kindhäuser/Neumann/Paeffgen, StGB, § 323c, Rdn. 5 m.w.N.; *Schenke*, Polizei- und Ordnungsrecht, § 3, Rdn. 57; *Herdegen*, in: Maunz/Dürig, Art. 1 Abs. 1, Rdn. 89; *Dreier*, in: ders. (Hrsg.), GG Kommentar Bd. I, Art. 1 Abs. 1, Rdn. 157; *Hillgruber*, Der Schutz des Menschen vor sich selbst, S. 84 f.; *Hufen*, NJW 2001, 849 (851, 856); OLG München, Beschluss vom 31.07.1987 - 1 Ws 23/87, NJW 1987, 2940 (2945).

[119] BVerfG, Urteil vom 27.10.1998 - 1 BvR 1110/97 u.a. - *Bayerisches Schwangerenhilfeergänzungsgesetz*, NJW 1999, 841 (844, 852). Dort wurden im Gesetzgebungsverfahren ethische Auffassungen geäußert und regionale Moralvorstellungen berücksichtigt.

[120] BVerfG, Urteil vom 25.02.1975 - 1 BvF 1 - 6/74 - *Schwangerschaftsabbruch I*, NJW 1975, 573.

[121] BVerfG, NJW 1975, 573 (574).

[122] BVerfG, NJW 1975, 573 (577).

Erlaubtsein". [123] Davon könne jedoch nicht ausgegangen werden. Vielmehr gab das Gericht zu bedenken,

> „[...] daß der Mensch in der Schöpfungsordnung einen eigenen selbständigen Wert besitzt, der die unbedingte Achtung vor dem Leben jedes einzelnen Menschen, auch dem scheinbar sozial ‚wertlosen', unabdingbar fordert und der es deshalb ausschließt, solches Leben ohne rechtfertigenden Grund zu vernichten."[124]

Ein gesellschaftlicher Wertewandel könne hieran nichts ändern. § 218 a StGB sei demnach in der Fassung des Fünften Strafrechtsreformgesetzes mit Art. 2 Abs. 2 Satz 1 i.V.m. Art. 1 Abs. 1 GG insoweit unvereinbar, als er den Schwangerschaftsabbruch auch dann von der Strafbarkeit ausnehme, wenn keine Gründe ersichtlich seien, die vor der Wertordnung des Grundgesetzes Bestand hätten.

Damit meinte das BVerfG ethische Gründe, die letztlich nur dann Geltung für sich beanspruchen, wenn Leib oder Leben der Schwangeren gefährdet sind. In diesen Fällen sei die Fortführung der Schwangerschaft unzumutbar.[125] Das Urteil verdeutlicht, dass die Menschenwürde und das Recht auf Leben und körperliche Unversehrtheit die Fundamente sozialethischer Anschauungen bilden. Dabei handelt es sich um Prinzipien der Staatsgestaltung, die dem Grundgesetz zugrunde liegen und zur Abgrenzung zum totalitären Regime des Nationalsozialismus dienen.[126] Das „Sittengesetz" i.S.d. Art. 2 Abs. 1 GG verweist gerade auf jene Wertordnung, da es an das ethische Fundament des Grundgesetzes erinnern soll.[127]

Diese Feststellung hat jedoch - wie schon angedeutet - nicht zur Folge, dass die Abwägungsentscheidung stets zugunsten des ungeborenen Lebens ausfallen muss. In diese Richtung ging ein Urteil des BVerfG aus dem Jahre 1993. Es betonte erneut, dass es Gründe gebe, die eine Schwangerschaft für die Frau unzumutbar machten. In diesen Fällen

123 BVerfG, NJW 1975, 573 (579 f.).

124 BVerfG, NJW 1975, 573 (582).

125 BVerfG, NJW 1975, 573, LS. 5.

126 So ausdrücklich BVerfG, NJW 1975, 573 (582).

127 Siehe schon bei 1.Kap.A.II. 1.).

sei der Schwangerschaftsabbruch straffrei, woran auch anderweitige moralische oder religiöse Auffassungen nichts ändern könnten.[128]

Wenn das Leben oder das allgemeine Persönlichkeitsrecht der Frau gefährdet sind, treten ethisch-moralische Erwägungen also im Rahmen der Abwägung zurück. Dies spricht dafür, dass die Fundamentalethik, die denknotwendig auch den Schutz des werdenden Lebens umfasst, keine absolute Geltung beansprucht, sondern gegenüber gleichwertigen kodifizierten Werten wie dem Schutz des bestehenden Lebens nachrangig sein kann. Entscheidend dürfte hierbei die Schwere des Sittenverstoßes im Verhältnis zum Stellenwert des kollidierenden Interesses sein.

iii.) PID

Bei kaum einer Materie wird der Konflikt zwischen Recht und Moral gegenwärtig so deutlich wie bei der Präimplantationsdiagnostik[129]. Wie beim Schwangerschaftsabbruch werden grundlegende existenzielle Fragen aufgeworfen: Wann beginnt das Leben? Wie wird es definiert? Und wann ist die „Entsorgung“ nicht verwendeter Embryonen mit der Menschenwürde vereinbar?[130] Die Beantwortung dieser Fragen hängt insbesondere von gesellschaftlichen Wertvorstellungen ab, wie an den öffentlich vertretenen Positionen deutlich wird. Gerade die Kirchen lehnen die PID ab, da sie dem christlichen Menschenbild zuwider laufe.[131]

Aufsehen erregte insofern ein Urteil des BGH, der einen Arzt vom Vorwurf der missbräuchlichen Anwendung von Fortpflanzungstechniken und der missbräuchlichen Verwendung menschlicher Embryonen i.S.d. § 1 Abs. 1 Nr. 2 und § 2 Abs. 1 Embryonenschutzgesetz freigesprochen hat, obwohl die PID zu diesem Zeitpunkt noch nicht ge-

128 BVerfG, Urteil vom 28.05.1993 - 2 BvF 2/90 u.a. - *Schwangerschaftsabbruch II*, BVerfGE 88, 203 (256 f.).

129 Unter der PID versteht man die Zellentnahme von außerhalb des Körpers gezeugten Embryonen, um sie auf schwerwiegende Krankheiten zu untersuchen.

130 Einen guten Überblick über die Debatte gibt *Lungstras*, NJ 2010, 485, m.w.N.

131 Siehe z.B. die Erklärung zur PID der Rates der EKD vom 15.02.1011, abrufbar unter:

http://www.ekd.de/presse/pm40_2011_verbot_pid.html (zuletzt abgerufen am 06.11.2014).

setzlich geregelt war.[132] Nach Ansicht des Gerichts werde dadurch nicht die Tür für „unbegrenzte Selektion anhand genetischer Merkmale“ geöffnet, da diese im Embryonenschutzgesetz verboten sei.[133] Überraschenderweise erwähnte der BGH ethisch-moralische Bedenken nicht einmal. Er bemerkte lediglich, dass der Arzt Embryonen, die die befürchteten Krankheiten aufwiesen, absterben ließ. Dies sei jedoch unschädlich, da das gesamte Handeln des Arztes auf die Herbeiführung einer Schwangerschaft gerichtet gewesen sei.[134]

Nunmehr existiert mit § 3a ESchG eine Rechtsgrundlage[135], nach der eine PID dann nicht rechtswidrig ist, wenn die Frau, von der die Eizelle stammt, einer Untersuchung des *in vitro* hergestellten Embryos zustimmt und vorher über die Untersuchung beraten wurde. Dennoch werden ethische Bedenken nicht vollständig ausgeklammert: Bevor eine PID zugelassen wird, ist nach § 3a Abs. 3 Nr. 2 ESchG die positive Entscheidung einer Ethik-Kommission erforderlich.

Die zugrunde liegenden Wertvorstellungen dienen in diesem Rahmen nicht ausschließlich als bloße Auslegungshilfe bestehender Normen, sondern wirken - im Falle einer ablehnenden Entscheidung - unmittelbar freiheitsverkürzend. Wegen des offensichtlichen Unbehagens des Gesetzgebers, ein verbindliches Sittlichkeitsurteil zu fällen, lagert er dieses auf Ethik-Kommissionen aus und institutionalisiert damit sittliche Gebote, ohne den Sittenbegriff zu konkretisieren. Die Entscheidung einer pluralistisch besetzten Kommission dient mithin als Surrogat für inhaltliche Werturteile. Ob dies mit der Verfassung vereinbar ist, bleibt abzuwarten. Bislang hatte das Bundesverfassungsgericht noch keine Gelegenheit, sich dazu zu äußern. Von maßgeblicher Bedeutung dürfte jedenfalls sein, ob die Entscheidung der Ethik-Kommission in einem formalisierten, gerichtlich überprüfbaren Verfahren konkretisiert wird.[136] Denn in diesen Fällen erlaubt das BVerfG zur Einschränkung von Grundrechten auch die Heranziehung unbe-

132 BGH, Urteil vom 06.07.2010 - 5 StR 386/09, NStZ 2010, 579.

133 Ebenda, Rdn. 29.

134 Ebenda, Rdn. 19 f.

135 Siehe das Gesetz zur Regelung der Präimplantationsdiagnostik (PräimpG), BR-Drs. 480/11 vom 02.09.2011.

136 Siehe dazu S. 136 f.

stimmter Rechtsbegriffe, obwohl diese ebenso eine Einzelfallbeurteilung und -abwägung erfordern.[137]

iv.) Sterbehilfe

Geht es beim Schwangerschaftsabbruch und der PID um den Beginn des menschlichen Lebens, steht die Rechtsordnung auch bei der Beendigung des Lebens, namentlich der Sterbehilfe, vor ethisch-moralischen Problemen.

Das VG Karlsruhe hatte 1987 zu entscheiden, ob die Polizei mittels polizeirechtlicher Verfügung gegen eine „aktive Sterbehilfe“ einschreiten durfte. Die Polizeibehörde vertrat den Standpunkt, dass die Vernichtung menschlichen Lebens einen Verstoß gegen die öffentliche Ordnung nach § 1 BadWürttPolG darstelle. Darüber hinaus sei durch Art. 2 Abs. 2 GG das Leben der eigenen Disposition entzogen.[138] Diese Ansicht wurde vom VG bestätigt. Insbesondere könne sich niemand auf das Recht auf freie Entfaltung der Persönlichkeit nach Art. 2 Abs. 1 i.V.m. Art. 1 Abs. 1 GG berufen, der sich gerade nicht entfalten, sondern töten will. Ebenso hänge auch die Menschenwürde nicht davon ab, ob der Einzelne sich ihrer bewusst sei oder sie wahren möchte; deshalb gelte Entsprechendes auch für das Recht auf Leben. Mithin könne aus der Rechtsentwicklung der letzten 30 Jahre sowie einem etwaigen Wandel von Sitte und Moral nicht auf ein Recht auf „Gnadentod“ geschlossen werden.[139] Würde die Polizei nicht einschreiten, würde sie sich vielmehr vorwerfen lassen müssen, moralisch mitverantwortlich für den Tod des Sterbewilligen zu sein. Es bestehe somit keine moralische Verpflichtung der Polizei, ihm einen erlösenden Tod zu gewähren.[140]

Bis heute ist die Sterbehilfe rechtlich und moralisch höchst umstritten. Dieser Tatsache ist es geschuldet, dass neben abstrakter Moral auch persönliche Gewissensentscheidungen der Beteiligten von der Rechtsprechung mit einbezogen und im Einzelfall anerkannt werden. So entschied das OLG München, dass die Mitarbeiter von Pflegeeinrichtungen die Mitwirkung an einer Durchführung der Sterbehilfe – eben-

137 BVerfG, Beschluss vom 18.07.1972 – 1 BvL 32/70 und 25/71 – *Numerus Clausus I*, BVerfGE 33, 303 (341); ebenso *Kahl*, VerwArch 2008, 452 (475).

138 VG Karlsruhe, Urteil vom 11.12.1987 – 8 K 205/87, NJW 1988, 1536.

139 Ebenda, NJW 1988, 1536 (1537).

140 Ebenda, NJW 1988, 1536 (1538 f.).

so wie bei Schwangerschaftsabbrüchen[141] - aus ethischen Gründen verweigern können.[142]

Ein viel beachtetes Urteil fällte der BGH im dem Jahre 2010, indem er die Unterscheidung zwischen verbotener „aktiver" und erlaubter „passiver" Sterbehilfe aufgab. Die Grenze zwischen Strafbarkeit und Straflosigkeit könne nach Ansicht des Gerichts nicht „sinnvoll nach Maßgabe einer naturalistischen Unterscheidung von aktivem und passivem Handeln bestimmt werden". Es sei sachgerechter, die Beendigung lebensverlängernder Maßnahmen allgemein unter dem Oberbegriff des „Behandlungsabbruchs" zusammenzufassen. Für dessen Zulässigkeit sei allein der tatsächliche oder auch nur mutmaßliche Patientenwille maßgeblich.[143] Demnach sei eine Pflegeeinrichtung nicht befugt, entgegen dem Selbstbestimmungsrecht des Patienten aus Art. 2 Abs. 1 i.V.m. Art. 1 Abs. 1 GG, die künstliche Ernährung fortzusetzen oder wiederaufzunehmen.[144]

Hier wurde dem Willen des Betroffenen erstmals absoluter Vorrang eingeräumt, und das Selbstbestimmungsrecht - im Rahmen einer Abwägung - höher gewichtet als etwaige ethische Bedenken gegen den erlaubten Behandlungsabbruch. Es ging mithin darum, dem Patienten einen würdigen Tod zu ermöglichen. Dabei überlagerten die persönlichen Freiheitsrechte des Patienten die moralische Wertentscheidungen über der Sterbehilfe.

In einer jüngeren Entscheidung entschied das VG Berlin, dass es Ärzten von der Ärztekammer nicht generell verboten werden dürfe, sterbewilligen Patienten Medikamente für einen Suizid zu überlassen.[145] Zwar könne die Ärztekammer die Regeln der beruflichen Ethik durchsetzen, zu denen die sittlich bindenden Grundregeln des Berufs gehörten.[146] Ein generelles Verbot der Suizidbeihilfe verstoße aber gegen die Grundrechte des behandelnden Arztes, namentlich seine Berufs- (Art. 12 GG) und Gewissensfreiheit (Art. 4 GG) in Fällen,

> „in denen ein Arzt aufgrund einer lang andauernden, engen persönlichen Beziehung in einen Gewissenkonflikt geraten

141 Siehe hinsichtlich der ärztlichen Berufsethik 1.Kap.A.I.

142 OLG München, Urteil vom 13.02.2003 - 3 U 5090/02, NJW 2003, 1743 (1745).

143 BGH, Urteil vom 25.06.2010 - 2 StR 454/09, NStZ 2010, 630 (631).

144 BGH, NStZ 2010, 630 (632).

145 VG Berlin, Urteil vom 30.03.2012 - VG 9 K 63.09, BeckRS 2012, 51943.

146 Ebenda, Rdn. 47.

> würde, weil die Person, die freiverantwortlich die Selbsttötung wünsche, unerträglich und irreversibel an einer Krankheit leide und alternative Mittel der Leidensbegrenzung nicht ausreichend zur Verfügung stünden."[147]

Bezüglich solcher Konstellationen herrsche in der Ärzteschaft kein einheitliches ethisches Verbot der Beihilfe zum Suizid. Das Gericht berief sich dazu auf eine Untersuchung des Nationalen Ethikrates aus dem Jahre 2004, in der sich 75 von 251 befragten Palliativmedizinern gegen die Beihilfe zum Suizid ausgesprochen hatten, 30% von 282 befragten Ärzten konnten sich jedoch aktive Sterbehilfe aus humanitären Gründen vorstellen. Auch der Ethikrat selbst konnte keine einstimmige Entscheidung fällen. Darüber hinaus zitiert das Gericht eine Stellungnahme des 66. Deutschen Juristentages, wonach

> „[...] die Mitwirkung des Arztes an dem Suizid eines Patienten mit unerträglichem, unheilbarem und mit palliativmedizinischen Mitteln nicht ausreichend zu linderndem Leiden als eine ethisch vertretbare Form der Sterbebegleitung toleriert wird."[148]

Insgesamt sei die Beihilfe zum Suizid in Deutschland nicht strafbar; auch bestehe diesbezüglich keine eindeutige Antwort in der ärztlichen Ethik. Deshalb sei in entsprechenden Konstellationen der Gewissensfreiheit des Arztes aus Art. 4 Abs. 1 GG ein Vorrang vor der staatlichen Schutzpflicht aus Art. 2 Abs. 2 GG einzuräumen.[149]

Diese Entscheidung zeigt, wie sich das Menschenbild - weg vom christlich und gottgegebenen Geschenk, das jeder Disposition entzogen ist - zu einem selbstbestimmten Dasein entwickelt hat, das auch das Recht umfasst, in Würde zu sterben.[150] Dieser grundrechtlich geschützten Freiheit ist nunmehr Vorrang vor der auf außerrechtlichen Wertvorstellungen beruhenden Sozialschädlichkeit des freibestimmten Todes eingeräumt. Solange der Betroffene selbstbestimmt handelt, ist weder der eigene Selbstmord, noch die Beihilfe zum Suizid vom „Sittengesetz" missbilligt.

147 VG Berlin, BeckRS 2012, 51943, Rdn. 57-60.

148 Ebenda, Rdn. 57.

149 Ebenda, Rdn. 60.

150 *Herdegen*, in: Maunz/Dürig, Art. 1 Abs. 1, Rdn. 89; *Hufen*, NJW 2001, 849 (856); *Dreier*, in: ders. (Hrsg.), GG Kommentar Bd. I, Art. 1 Abs. 1, Rdn. 157; in diese Richtung auch *Hillgruber*, Der Schutz des Menschen vor sich selbst, S. 84 f.

v.) Zusammenfassung

Die dargestellte Rechtsprechung zeigt einen veränderten Umgang mit Moralvorstellungen in der Rechtsordnung und gibt zugleich Aufschluss über deren Anwendungsbereich. Frühe Entscheidungen über die Grenzen des menschlichen Lebens waren stark von einem christlichen Menschenbild geprägt, wonach der Einzelne nicht über sein Leben verfügen durfte. Deshalb waren der Selbstmord, der Schwangerschaftsabbruch, die PID und die Sterbehilfe unmoralisch und rechtswidrig. In neuerer Zeit verschob sich der Fokus auf die persönlichen Freiheitsrechte des Individuums. Das Selbstbestimmungsrecht, das Recht auf die freie Entfaltung der Persönlichkeit und die individuelle Menschenwürde des Einzelnen aus Art. 2 Abs. 1 und Art. 1 Abs. 1 GG sind keiner staatlichen Schutzpflicht um jeden Preis unterworfen. Vielmehr sind sie Ausdruck des Schutzes und des Respekts vor dem bewussten und eigenverantwortlichen Handeln des Einzelnen. Im Rahmen der Abwägung treten ethisch-moralische Vorstellungen somit mehr und mehr hinter positivrechtlich kodifizierte Freiheiten zurück.

Anders liegt der Fall beim Schutz des entstehenden Lebens. So ist die Zulässigkeit der PID trotz gesetzlicher Regelung nach wie vor äußerst umstritten. Das moralische Dilemma des Gesetzgebers offenbart sich plastisch in der in § 3a Abs. 3 Nr. 2 ESchG zwingend vorgesehenen Entscheidung einer Ethik-Kommission über die Zulässigkeit einer PID im Einzelfall. Anstatt eine Entscheidung in der Sache zu treffen, lagert der Gesetzgeber die moralische Entscheidung verfahrensrechtlich auf unabhängige und staatsferne Gremien aus. Deren, auf außerrechtlichen Anschauungen beruhenden Urteile, können die Freiheit der Eltern zugunsten des werdenen Lebens unmittelbar verkürzen.

3.) Zwischenergebnis

a.) Das „Sittengesetz“ als Verweis auf fundamentale Wertentscheidungen des Grundgesetzes

Ethik und Moral spielten in Gestalt des „Sittengesetzes“ insbesondere bei der rechtlichen Beurteilung der menschlichen Sexualität, der Grenzen des menschlichen Lebens sowie der Menschenwürde eine Rolle. Die Analyse der Rechtsprechung hat gezeigt, dass es sich bei dem „Sittengesetz“ i.S.d. Art. 2 Abs. 1 GG um eine auf außerrechtliche Wertvorstellungen verweisende, verbindliche Sollensnorm handelt, die den Rechtsanwender verpflichtet, die fundamentalen Wertvorstellungen, die der Verfassung zugrunde liegen, zu berücksichtigen. Die Fundameltalethik des Grundgesetzes wird durch diesen positivrechtlichen

Menschen und seiner körperlichen Unversehrtheit geprägt ist; er erschöpft sich mithin nicht in den gesetzlichen Kodifizierungen.

Daraus ist jedoch nicht zu schließen, dass diese außerrechtlichen Wertungen absolute Geltung entfalten.[163] Das „Sittengesetz" in Art. 2 Abs. 1 GG ist vielmehr die einzige Grundrechtsschranke, die ausdrücklich auf die fundamentale Sozialethik verweist und den Rechtsanwendern eine diesbezügliche Schutzpflicht auferlegt. Grundrechte ohne eine derartige Schranke dürfen mangels ausdrücklichen Schrankenvorbehalts und wegen des Vorbehalts des Gesetzes nicht unter Heranziehung außerrechtlicher Maßstäbe beschränkt werden.[164]

b.) Das Verhältnis zur „verfassungsmäßigen Ordnung"

Im Verhältnis zur Schranke der „verfassungsmäßigen Ordnung" in Art. 2 Abs. 1 GG ist das o.g. Verständnis vom „Sittengesetz" gleichsam zwingend. Denn würde das „Sittengesetz" ausschließlich auf kodifizierte Grund- und Menschenrechte verweisen, hätte es neben der „verfassungsmäßigen Ordnung" in Art. 2 Abs. 1 GG - die als „die Gesamtheit aller formell und materiell verfassungsmäßigen Rechtssätze" definiert ist[165] - keinerlei eigenständige Bedeutung.[166] Auch das BVerfG ging in seinem *Homosexuellen-Urteil*[167] davon aus, dass das „Sittengesetz" eine formal selbständige Schranke für die individuelle Freiheit des Einzelnen bilde. Es heißt dort:

> So wirkt das Sittengesetz, das formal eine selbständige Schranke gegenüber dem Einzelnen bei der freien Entfaltung seiner Persönlichkeit bildet, auf die verfassungsmäßige Ordnung ein,

163 *Murswiek*, in: Sachs, GG, Art. 2, Rdn. 96 mit Verweis auf *Scholz*, AöR 100 (1975), 265 (284), der diesbezüglich jedoch unklar bleibt.

164 *Di Fabio*, in: Maunz/Dürig (Hrsg.), GG Bd. I, Art. 2 Abs. 1, Rdn. 47.

165 *Murswiek*, in: Sachs, GG, Art. 2, Rdn. 89; st. Rspr., BVerfG, Urteil vom 16.01.1957 - 1 BvR 253/56 - *Elfes*, BVerfGE 6, 32 (37 f.); BVerfG, Beschluss vom 05.11.1980 - 1 BvR 290/78 - *Falknerjagdschein*, BVerfGE 55, 159 (165); BVerfG, Beschluss vom 27.01.1983 - 1 BvR 1008/79, 322/80, 1091/81 - *Versorgungsausgleich II*, BVerfGE 63, 88 (108f.); BVerfG, Beschluss vom 06.06.1989 - 1 BvR 921/85 - *Reiten im Walde*, BVerfGE 80, 137 (153); BVerfG, Beschluss vom 09.03.1994 - 2 BvL 43, 51, 63, 64, 70, 80/92, 2 BvR 2031/92 - *Cannabis*, BVerfGE 90, 145 (171 f.).

166 Ebenso *Starck*, in: v. Mangoldt/Klein/Starck (Hrsg.), GG I, Art. 2 Abs. 1, Rdn. 37; siehe auch bereits in Fn. 59.

167 Siehe bei Fn. 72.

somit diese den Gesetzgeber beschränkt, wenn er seinerseits in die freie Entfaltung der Persönlichkeit eingreifen will.[168]

Teilweise wird dieser Beurteilung in der Literatur zugestimmt.[169] Insgesamt überwiegt jedoch die Ansicht, dass dem „Sittengesetz" faktisch keine eigenständige Bedeutung mehr zukomme, da es vollständig in der „verfassungsmäßigen Ordnung" aufgegangen sei.[170] *Dreier* bezweifelt zudem, dass das BVerfG sich in seinem *Homosexuellen-Urteil* tatsächlich auf das „Sittengesetz" berufen habe. Vielmehr habe es im Wege einer historischen Gesetzesanalyse auf die Schranke der „verfassungsmäßigen Ordnung" abgestellt und eine „kausalgenetische Erklärung" für die damals streitige Norm des § 175 StGB a.F. abgegeben.[171] Dies erscheint insofern nachvollziehbar, als das BVerfG zwar den sittlichen Hintergrund für die Strafbarkeit homosexueller Betätigung hervorgehoben, die Einschränkung des Art. 2 GG letztlich aber auf § 175 StGB a.F. gestützt hat, der als - aus damaliger Sicht - formell und materiell mit der Verfassung in Einklang stehender Norm, von der „verfassungsmäßigen Ordnung" erfasst war. Das ändert jedoch nichts an der Tatsache, dass das „Sittengesetz" - und damit außerrechtliche Moralanschauungen - nach Ansicht des BVerfG als verfassungsrechtliche Grundlage für § 175 StGB a.F. gedient haben. Die Strafnorm war damit Ausdruck von gesellschaftlichen Wertvorstellungen, die der Verfassung immanent sind. Auch *Zippelius* und *Würtenberger* halten das „Sittengesetz" jedoch für praktisch unbedeutend. Sie vertreten die Ansicht, dass über die Schranke der „verfassungsmäßigen Ordnung" bereits eine vollständige Positivierung sozialethischer Werte stattgefunden habe.[172] Wieder andere halten es darüber hinaus für undenkbar, dass grundrechtliche Freiheiten allein durch subjektive Wertvorstellungen eingeschränkt werden können. Vielmehr sei es notwendig, Beschrän-

168 BVerfGE 6, 389 (434) – *Homosexuelle.*

169 *Di Fabio*, in: Maunz/Dürig, GG Bd. I, Art. 2 Abs. 1, Rdn. 46 m.w.N. geht davon aus, dass das „Sittengesetz" die Anforderungen, die an ein Gesetz im Sinne der „verfassungsmäßigen Ordnung" zu stellen sind, konkretisiert.

170 Z.B. *Lang*, in: Epping/Hillgruber, GG Kommentar, Art. 2, Rdn. 24; *Schmidt*, NJW 2000, 2874; *Kunig*, in: v. Münch/Kunig, GGK I, Art. 2 Rdn. 28; *Kube*, JuS 2003, 111 (115 f.); *Murswiek*, in: Sachs, GG-Kommentar, Art. 2, Rdn. 99; *Dreier*, in: ders. (Hrsg.), GG Kommentar, Art. 2 Abs. 1 Rdn. 60; warnend hingegen *Isensee*, Tabu im freiheitlichen Rechtsstaat, S. 38, 83; a.A. auch *Starck*, in: v. Mangoldt/Klein/Starck (Hrsg.), GG I, Art. 2 Abs. 1, Rdn. 41.

171 *Dreier*, in: ders. (Hrsg.), GG Kommentar Band I, Art. 2 I, Rdn. 60.

172 *Zippelius/Würtenberger*, Deutsches Staatsrecht, § 22, Rdn. 19.

kungen durch Gesetze zu konkretisieren, die wiederum der „verfassungsmäßigen Ordnung" unterfielen.[173] Schließlich kritisiert *Kunig*, dass sich der Staat durch den Verweis auf außerhalb der geschriebenen Rechtsordnung stehende Normen, die ohne förmliches Gesetzgebungsverfahren zustande kommen, seines Normsetzungsmonopols entäußere.[174] Er spricht sich deshalb für eine Streichung des „Sittengesetzes" in Art. 2 Abs. 1 GG aus.[175]

Zwar ist es nicht von der Hand zu weisen, dass der Begriff des „Sittengesetzes" in höchstem Maße unbestimmt ist.[176] Auch wenn die kodifizierten Grund- und Menschenrechte, und allen voran die Menschenwürde und das Recht auf Leben, die Ausdruck eines „transzendeten Normbestandes"[177] sind, einen Hinweis auf die Bedeutung der fundamentalen Ethik des Grundgesetzes geben, ist die weitere Bedeutung des „Sittengesetzes" nicht abschließend zu ermitteln.[178] Darüber hinaus vermied es auch das BVerfG, in der Entscheidung zum Geschwisterinzest auf das „Sittengesetz" zu rekurrieren, obwohl die Heranziehung

173 *Lorenz*, in: Dolzer/Kahl/Waldhoff/Graßhof (Hrsg.), BK, Art. 2 Abs. 1, Rdn. 134; auf die Verpflichtung des Gesetzgebers zur Konkretisierung im Bereich des Jugendschutzes hinweisend BVerfGE 83, 130 (142, 143) – *Josephine Mutzenbacher*; Konkretisierung verfassungsimmanenter Schranken, BVerfG, Beschluss vom 23.06.2004 - 1 BvQ 19/04 – *Inhaltsbezogenes Versammlungsverbot*, BVerfGE 111, 147 (157f.) ; ebenso *Di Fabio*, in: Maunz/Dürig, GG, Art. 2, Rdn. 46.

174 *Kunig*, in: v. Münch/Kunig, GGK I, Art. 2, Rdn. 26.

175 *Kunig*, in: v. Münch/Kunig, GGK I, Art. 2, Rdn. 27; so wohl auch in der Tendenz *Schwabe*, ZRP 1991, 361 (362).

176 Aufgrund der spärlichen Kasuistik kann nicht von einer hinreichenden Konkretisierung ausgegangen werden, die sonstige unbestimmte Rechtsbegriffe üblicherweise vor der Verfassungswidrigkeit „rettet"; für den Tatbestand der Beleidigung in § 185 StGB, BVerfG, Beschluss vom 10.10.1995 - 1 BvR 1476, 1 BvR 1980/91, 1 BvR 102/92 und 1 BvR 221/92 – *Soldaten sind Mörder*, NJW 1995, 3303 (3304). Die Bedenken hinsichtlich der Unbestimmtheit äußerte schon der Abgeordnete Prof. Dr. *Bergsträsser* im Grundsatzausschuss des Parlamentarischen Rates, 23. Sitzung des Grundsatzausschusses vom 19.11.1948, ParlRat V/2, Nr. 30, S. 603 (607); die Unbestimmtheit von Verweisungsnormen im Hinblick auf die „öffentliche Ordnung" im Polizeirecht gibt auch *Hill*, DVBl. 1985, 88 (92) zu bedenken; OVG Bautzen, Urteil vom 18.08.2010 - 2 A 142/09, NVwZ-RR 2011, 152 (153).

177 Begriff entlehnt bei *Starck*, in: v. Mangoldt/Klein/Starck (Hrsg.), GG I, Art. 2 Abs. 1, Rdn. 37.

178 Ebenso *Di Fabio*, Maunz/Dürig, GG Bd. I, Art. 2 Abs. 1, Rdn. 45.

außerrechtlicher Wertmaßstäbe evident war.[179] Allerdings ist eine Vielzahl der grundrechtlichen Schranken unbestimmt. Das ist unbedenklich, da die Schrankenvorbehalte den Gesetzgeber lediglich dazu ermächtigen, auf ihrer Grundlage grundrechtsbeschränkende Eingriffsnormen zu erlassen. Darüber hinaus liefe es der praktischen Wirksamkeit des Rechts entgegen, das „Sittengesetz" als Schranke wegen ihrer Unbestimmtheit und der Tatsache, dass ein Großteil ethischer Normen positivrechtlich kodifiziert ist, schlicht zu ignorieren.[180] Der Verfassungsgesetzgeber wollte mit der Normierung des „Sittengesetzes" die Sozialmoral zum Bestandteil der Rechtsordnung machen und als äußerste Grenze individueller Freiheit aufstellen.[181] Es ist deshalb nicht überzeugend zu behaupten, dass die Väter der Verfassung sich nicht bewusst gewesen seien, dass es der Schranke des „Sittengesetzes" nicht bedurft habe.[182] Im Gegenteil wurde sie eingeführt, um auf die fundamentale Ethik des Grundgesetzes zu verweisen und einer positivistischen Auslegung Vorschub zu leisten.[183] Das „Sittengesetz" formuliert einen diesbezüglichen eindeutigen Auftrag für die Rechtsanwender. Deshalb ist auch die Forderung verfehlt, das „Sittengesetz" mittels Gesetzgebungsakts auszufüllen. Zum einen unterfiele dieser der „verfassungsmäßigen Ordnung", zum anderen führte das gerade zu einer Auslegung allein anhand des positiven Rechts. Insofern dient das „Sittengesetz" auch heute als *„ethische Leuchtposition"* bzw. *„Minimum ethischer Werthaltung"*.[184] Wenn auch als überwiegend deklaratorischer Verweis, erinnert das „Sittengesetz" an die ethische Gebundenheit des Einzelnen[185], an die Menschenrechtstradition und das Bekenntnis des

179 Siehe bei 1.Kap.A.II. 2.) a.) iv.); BVerfGE 120, 224 (248 f.) – *Geschwisterinzest*; Vöneky, Recht, Moral und Ethik, S. 119 f.

180 *Kahl*, VerwArch 2008, 451 (479); ähnlich *Ipsen*, Staatsrecht II, § 18, Rdn. 788; dagegen, das „Sittengesetz" zu ignorieren auch *Suchomel*, Partielle Disponibilität der Würde des Menschen, S. 225.

181 *Hillgruber*, Der Schutz des Menschen vor sich selbst, S. 169 m.w.N.

182 So aber *Hillgruber*, in: Umbach/Clemens, (Hrsg.), GG Bd. I, Art. 2 I, Rdn. 220.

183 Siehe bei 1.Kap.A.II. 1.); darauf hinweisend auch *Starck*, in: v. Mangoldt/Klein/Starck (Hrsg.), GG I, Art. 2 Abs. 1, Rdn. 38.

184 So ausdrücklich *Stern*, in: ders. Staatsrecht IV/1, § 104 VI 1, S. 970; ähnlich wohl auch *Vöneky*, Recht, Moral und Ethik, S. 120.

185 *Cornils*, Allgemeine Handlungsfreiheit, in: Isensee/Kirchhof, HdStR Bd. VII, § 168, Rdn. 87.

Volkes zu unverletzlichen und unveräußerlichen Menschenrechten, wie es in Art. 1 Abs. 2 GG niedergelegt ist.[186]

Darüber hinaus bindet es den Gesetzgeber, der bei dem Erlass von Rechtsnormen die Gebote des „Sittengesetzes" zu beachten hat.[187] Das „Sittengesetz" dürfte also als Kodifizierung der *Radbruchschen Formel* anzusehen sein, nach der Rechtsnormen, die als gänzlich unerträglich oder ungerecht empfunden werden, keine Rechtsnormen im eigentlichen Sinne darstellen.[188]

Außerdem ist nicht auszuschließen, dass zukünftige Sachverhalte verstärkt Bezug zu grundsätzlichen ethisch-moralischen Fragestellungen aufwerfen, die von der „verfassungsmäßigen Ordnung" allein nicht zufriedenstellend erfasst werden können.[189] In dieser Hinsicht sind zweierlei Konstellationen denkbar: Entweder die betreffende Materie ist aufgrund ihrer Aktualität bzw. eines stetigen technischen Wandels nicht zufriedenstellend geregelt oder ein Verhalten verstößt nicht gegen die individuelle Menschenwürde eines Einzelnen, sondern gegen den objektiven Wert- und Achtungsanspruch des Menschen als Gattungswesen. Die Achtung vor dem Menschen und dem menschlichen Leben kann verletzt sein, wenn der subjektiv-rechtliche Würdegehalt als solches nicht angetastet ist. Dieses Problem stellt sich insbesondere bei der Embryonenforschung und der Fortpflanzungsmedizin. In beiden Fällen geht es um das noch entstehende Leben, das mangels Existenz kein Träger der Menschenwürde sein kann. Dennoch verstößt der missbräuchliche Umgang mit der menschlichen Existenz gegen das der

186 *Starck*, in: Mangoldt/Klein/Starck (Hrsg.), GG I, Art. 2 Abs. 1, Rdn. 41; *Di Fabio*, in: Maunz/Dürig, GG-Kommentar, Art. 2, Rdn. 46; *Detjen*, Die Werteordnung des Grundgesetzes, S. 70; BVerwG, Urteil vom 28.02.2007 - 3 C 38/05, Rdn. 35 - *Anspruchsausschluss wegen Unwürdigkeit*, BVerwGE 128, 155; VG Gera, Urteil vom 07.01.2010 - 5 K 757/08 Ge, S. 8, abrufbar unter:

http://www.thovg.thueringen.de/OVGThueringen/rechtsp.nsf/6c24af328dcfcb8cc1256ab9002dd3c7/35f7401ee7198f6ec12576f800375e04/$FILE/08-5K-00757-U-A.pdf (zuletzt abgerufen am 06.11.2014);

VG Berlin, Urteil vom 08.10.2010 - 4 K 5.10, Rdn. 24 - *Verweigerung von Ausgleichsleistungen wegen Tätigkeit als Wehrmachtsrichter*, www.juris.de (zuletzt abgerufen am 06.11.2014);

187 BVerfGE 6, 389 (434) - *Homosexuelle*.

188 BVerfGE 95, 96 - *Mauerschützen*, Rdn. 143; siehe schon das Zitat in Fn. 51.

189 Im Hinblick auf eine solche dynamisch zu verstehende Moral *Ellscheid*, in: Kaufmann/Hassemer/Neumann, Rechtsphilosophie und Rechtstheorie, C.4., S. 220 f.

Verfassung zugrunde liegende Menschenbild. Dieses unterfällt nicht der „verfassungsmäßigen Ordnung" und kann nur vom „Sittengesetz" aufgefangen werden.[190]

III. (Un)Sittlichkeit und gute Sitten im besonderen Ordnungsrecht

Neben dem „Sittengesetz" mit Verfassungsrang in Art. 2 Abs. 1 GG sind sittliche Anschauungen Tatbestandsmerkmale des besonderen Ordnungsrechts. So kann gemäß § 33a Abs. 2 Nr. 2 GewO die Erlaubnis für eine gewerbsmäßige Schaustellung von Personen versagt werden, wenn zu erwarten ist, dass diese den „guten Sitten" zuwiderläuft. Eine andere Formulierung wählt § 4 Abs. 1 Nr. 1 GastG, indem er die Versagung einer Gaststättenerlaubnis vorschreibt, wenn der Antragssteller nicht die erforderliche Zuverlässigkeit besitzt, was unter anderem dann der Fall ist, wenn Tatsachen die Annahme rechtfertigen, dass er der „Unsittlichkeit" Vorschub leisten wird. Ebenfalls ist im Gaststättengesetz in § 5 Abs. 1, 2 die Befugnis geregelt, gegenüber Gewerbetreibenden Auflagen zu erlassen, wenn Gefahren für die „Sittlichkeit" drohen. Schließlich nennen die §§ 4 Abs. 1 Nr. 2, 21 Abs. 2, 23 Abs. 2 GastG die „Sittlichkeit" als Tatbestandsmerkmal. In jüngerer Zeit haben einige Bundesländer eigene Gaststättengesetze erlassen.[191] Bemerkenswert ist, dass in diesen Landesgesetzen die „Sittlichkeit" nicht mehr genannt ist. Möglicherweise ist dies ein Indiz für die geminderte Bedeutung sittlicher Anschauungen im gewerblichen Ordnungsrecht. Das Bestattungsrecht nimmt hingegen weiterhin ausdrücklich Bezug auf sittliche Vorstellungen. So schreibt Art. 5 Satz 1 BayBestG vor, dass mit Leichen und Ascheresten Verstorbener nur so verfahren werden darf, dass die „Würde des Verstorbenen" und das „sittliche Empfinden der Allgemeinheit" nicht verletzt werden. Neben der ausdrücklichen Kodifizierung der Sittlichkeit, kann sie nach Ansicht der Rechtsprechung zudem als ungeschriebenes Tatbestandsmerkmal in § 1 GewO hineingelesen werden, da eine gänzlich unsittliche Tätigkeit nicht von der Gewerbefreiheit erfasst sei.[192]

190 Ebenso *Hörnle*, Grob anstößiges Verhalten, S. 64 f.

191 Baden-Württemberg, Brandenburg, Bremen, Niedersachsen, Saarland, Sachsen, Thüringen.

192 VG Hamburg, Beschluss vom 06.02.2009 - 8 E 3301/08 - *Kommerziell betriebene Suizidbegleitung*, MedR 2009, 550 (553, 554), dazu sogleich.

Die Unbestimmtheit der Begrifflichkeiten erfordert eine nähere Konkretisierung ihres Sinngehalts. Mangels Legaldefinition ist eine Bestimmung nicht ohne weiteres möglich. Ein erster Ansatzpunkt ist das traditionelle Verständnis, wonach „Sitte" in rechtlicher Hinsicht

> „[...] die von Herkommen und Erziehung geformte und selbständig fortgebildete Anschauung aller verständig, billig und gerecht denkenden Menschen innerhalb eines Rechts- und Kulturkreises"[193]

ist. Das Abstellen auf den gesamten Rechts- und Kulturkreis führt dazu, dass es nicht darauf ankommt, was einzelne Bevölkerungskreise für sittlich oder unsittlich halten. Maßgeblich sind vielmehr die Wertvorstellungen der Gesellschaft als Ganzes.[194] Zum einen ist fraglich, inwiefern eine vertretene Meinung als die herrschende zu identifizieren ist, zum anderen lässt diese Definition offen, wer die billig und gerecht denkenden Menschen sind und welche konkreten Anschauungen sie haben.[195] Faktisch wäre es allein der Richter, der im Einzelfall bestimmt, was billig und gerecht ist.[196] *Ennuschat* will deshalb die Definition der „öffentlichen Ordnung" aus dem Polizeirecht entsprechend heranziehen.[197] Demnach umfassten die „guten Sitten"

> „die Gesamtheit der im Rahmen der verfassungsmäßigen Ordnung liegenden ungeschriebenen Regeln für das Verhalten des Einzelnen in der Öffentlichkeit, deren Beachtung nach den jeweils herrschenden Anschauungen als unerlässliche Voraussetzung eines geordneten staatsbürgerlichen Zusammenlebens betrachtet wird."[198]

193 Siehe bereits RG, Urteil vom 09.02.1928, RGZ 120, 144 (148); BGH, Urteil vom 17.03.1959 - 1 StR 562/58, NJW 1959, 1092; BAG, Urteil vom 01.04.1976 - 4 AZR 96/75, NJW 1976, 1958; das BVerfG definierte die „guten Sitten" i.R.d. § 826 BGB als *„die Anschauungen der anständigen Leute davon, was im sozialen Verkehr zwischen Rechtsgenossen sich gehört"*, BVerfG, Beschluss vom 15.01.1958 - 1 BvR 400/51 - *Lüth*, BVerfGE 7, 198 (215); Palandt, § 138, Rn. 2.

194 *Ennuschat*, in: Tettinger/Wank/Ennuschat, GewO, § 33a, Rdn. 34.

195 So auch probelmatisch beim „Sittengesetz", siehe S. 34 f.; *Marcks*, in: Landmann/Rohmer, GewO, § 33a, Rdn. 19.

196 Kritisch auch *Dickersbach*, Sittenwidrigkeit im Gewerberecht, WiVerw 1986, 1 (7).

197 *Ennuschat*, in: Tettinger/Wank/Ennuschat, GewO, § 33a, Rdn. 36.

198 Siehe die Legaldefinition in § 3 Nr. 2 SOG LSA (Sachsen-Anhalt); ähnlich BVerwG, Urteil vom 29.01.1985 - 1 C 10/83, NVwZ 1985, 826 wonach der Inhalt der guten Sitten den sozialethischen Wertvorstellungen entnommen

Auch dieser Verweis auf ungeschriebene und wandelbare ethisch-moralische Anschauungen stellt auf die überwiegend vertretene Auffassung ab, missachtet jedoch nachweisbare Divergenzen in der Gesellschaft. Ebenso diffus ist die Definition von „Sitte“ durch den Duden als einen für das zwischenmenschliche Leben verbindlichen Wert.[199]

Um nicht dem Vorwurf der Unbestimmtheit ausgesetzt zu sein, sind die Sittenbegriffe im besonderen Ordnungsrecht, also die „guten Sitten“, die „(Un)sittlichkeit“ und das „sittliche Empfinden“, am Maßstab des Grundgesetzes - sprich unter Berücksichtigung des Sittengesetzes i.S.d. Art. 2 Abs. 1 GG - auszulegen.[200] Es handelt sich bei den Sittenbegriffen mithin um einen Verweis auf außerrechtliche Wertvorstellungen, die in den fundamentalen Grund- und Menschenrechten, wie dem Recht auf Leben und der Menschenwürde, ihren Ausdruck finden.[201] Somit ist der Anwendungsbereich der Sitten im besonderen Ordnungsrecht zumindest ansatzweise umrissen. Dafür spricht, dass auch die Rechtsprechung bei der Auslegung der Sittlichkeit im Gefahrenabwehrrecht ausdrücklich Bezug auf das Sittengesetz i.S.d. Art. 2 Abs. 1 GG nimmt.[202] Das „Sittengesetz“ und die „guten Sitten“ beschreiben demnach ein inhaltsgleiches Prinzip[203] und haben weitgehend dieselbe Bedeutung, da letztgenannte lediglich eine spezialgesetzliche Ausprägung des „Sittengesetzes“ i.S.d. Art. 2 Abs. 1 GG darstellen. Gleiches müsste konsequenterweise für das Verhältnis zwischen den „guten Sitten“ i.S.d. § 33a Abs. 2 Nr. 2 GewO und der „Unsittlichkeit“ i.S.d. § 4 Abs. 1 Nr. 1 GastG gelten. Dafür spricht das Gebot der Widerspruchsfreiheit der Rechtsordnung. Dieses verlangt, dass die Interpretation verschiedener Normen nicht zu Ergebnissen führen darf, die einander logisch oder wertungstechnisch widersprechen.[204]

werde, die in der Rechtsgemeinschaft als maßgebliche Ordnungsvoraussetzungen anerkannt seien.

199 Siehe bei 1.Kap.A.II. 1.).

200 Siehe z.B. BayVerfGH, Entscheidung vom 30.01.2006 - Vf. 5-VII-05, NVwZ-RR 2006, 585 (586).

201 Siehe bei 1.Kap.A.II. 3.).

202 So z.B. das VG Augsburg, Beschluss vom 04.09.2009 - Au 7 S 09.1266, 7 S 09.1266, Rdn. 74, BeckRS 2009, 38727.

203 So *Gern*, NJW 1983, 1585 (1589); siehe auch VG Berlin, Urteil vom 01.12.2000 - 35 A 570/99, NJW 2001, 983 (986).

204 BVerfG, Urteil vom 07.05.1998 - 2 BvR 1876/91, 1083, 2188, 22000/92, 2624/94 - *Landesrechtliche Abfallabgabe*, BVerfGE 98, 83 (97); BVerfG, Urteil vom 27.02.2005 - 1 BvR 668/04 - *Vorbeugende Telekommunikationsüberwa-*

Eine unterschiedliche Interpretation wäre unbedenklich, wenn die jeweiligen Gesetze divergierende Schutzzwecke verfolgten; die hier diskutierten einfachgesetzlichen Sittenbegriffe haben jedoch dieselbe Schutzrichtung, da es sich bei beiden Begriffen um Tatbestandsvoraussetzungen des besonderen Ordnungsrechts, genauer gesagt, des Gefahrenabwehrrechts handelt. Insofern dürften sie übereinstimmend zu interpretieren sein. Es wäre nicht nachvollziehbar, eine Tätigkeit wegen Verstoßes gegen die „guten Sitten" im Gewerberecht zu verbieten, sie jedoch im Gaststättenrecht zu erlauben.

Die aufgestellte These, dass die Sittenbegriffe im Gewerbe- und Gaststättenrecht inhaltsgleich sind, muss anhand der Rechtssprechungspraxis überprüft werden. Die Fälle, in denen die „guten Sitten" bzw. die „Unsittlichkeit" als Eingriffstatbestände bemüht werden, sind vielfältig. Abweichend von der Annahme, mit der Einführung des § 33a in die Gewerbeordnung mit Gesetz vom 25.07.1984[205] habe ein Wertewandel dergestalt stattgefunden, dass die Vorschrift nur noch in Bezug auf geschlechtsbezogene Schaustellungen von Personen eine Daseinsberechtigung habe[206], ist der Anwendungsbereich faktisch weiter. Die nachfolgenden Ausführungen zeigen, dass es bei den „guten Sitten" und der „Unsittlichkeit" *grosso modo* - ebenso wie beim „Sittengesetz" - nicht nur um Sexualität und ihre Ausprägungen, sondern auch um Aspekte der Menschenwürde geht.

1.) Sexualmoral

Die Rechtsprechung über Sachverhalte mit sexuellem Bezug ist zahlreich. Maßgeblich sind hier die Entscheidungen zu *Peep-Shows* (a), der Prostitution (b) und *Swinger-Clubs* (c).

chung, BVerfGE 113, 348 (372); der BayVGH, Urteil vom 29.04.2002, Rdn. 22, GewArch 2002, 296 zog die Wertungen des ProstG für die Auslegung der „Unsittlichkeit" im Rahmen des § 4 Abs. 1 Nr. 1 GastG heran; so auch BVerwG, Urteil vom 29.01.1985 - 1 C 27/83, NVwZ 1985, 827 (828); VG Minden, Urteil vom 01.10.1987 - 2 K 2320/86, NVwZ 1988, 666; in diesem Sinne auch *Caspar*, NVwZ 2002, 1322 (1325) sowie *Gurlit*, GewArch 2008, 426 (427).

205 Gesetz zur Änderung des Titels III der Gewerbeordnung und anderer gewerberechtlicher Vorschriften, BGBl I Nr. 33 vom 31.07.1984, S. 1008.

206 BT-Drucks. 10/1125 vom 15.03.1984, S. 29.

a.) Peep-Shows

Das Bundesverwaltungsgericht definierte den Begriff der „guten Sitten" nach § 33a Abs. 2 Nr. 2 GewO in seinem ersten *Peep-Show* Urteil im Jahre 1981[207] abweichend vom zivilrechtlichen Verständnis. Nach dieser sogenannten „neuen Formel"[208] sei er

> „ein unbestimmter, nicht abschließender Rechtsbegriff, der den nationalen Behörden weder einen Beurteilungs- noch einen Ermessensspielraum zuerkennt und dessen Anwendung in vollem Umfang gerichtlicher Nachprüfung unterliegt."[209]

Nach diesem Verständnis verweise er auf sozialethische Wertvorstellungen, die in der Gesellschaft als maßgebliche Ordnungsvoraussetzungen anerkannt seien. Deren Kern bildeten die ethischen Wertungen, die dem Grundgesetz zugrunde lägen, wobei der Achtung und dem Schutz der Menschenwürde der höchste Stellenwert zukomme.[210] Das BVerwG stellte darauf ab, dass die Darstellerin bei der *Peep-Show* - gleich einer Ware im Automaten - zum Lustobjekt degradiert werde und dadurch in ihrer Würde verletzt sei. Ob sie freiwillig handele, sei aufgrund der Objektivität der Menschenwürde - die der Disposition des Einzelnen entzogen sei - unbeachtlich. *Peep-Shows* verstießen mithin *per se* gegen die „guten Sitten" und könnten nach § 33a Abs. 2 GewO untersagt werden.[211] Beachtung verdient die Aussage, die Untersagung einer Veranstaltung wegen Verstoßes gegen die „guten Sitten" im Rahmen des § 33a Abs. 2 GewO hänge nicht von einem etwaigen Öffentlichkeitsbezug ab, da der Gesetzgeber davon ausgegangen sei, dass die von dieser Vorschrift erfassten Veranstaltungen stets sozialrelevant seien.[212]

207 BVerwG, Urteil vom 15.12.1981 - 1 C 232.79 - *Peep-Show*, BVerwGE 64, 274.

208 So *Marcks*, in: Landmann/Rohmer, GewO, § 33a, Rdn. 19.

209 BVerwGE 64, 274 (276); ebenso BVerwG, Urteil vom 16.12.1981 - 1 C 32/78, NJW 1982, 665; VG Neustadt, Beschluss vom 21.05.1992 - 7 L 1271/92 - *Zwergenweitwurf*, NVwZ 1993, 98 (99), dazu sogleich.

210 BVerwGE 64, 274 (276 f.); BVerfG, Urteil vom 16.01.1957 - 1 BvR 253/56 - *Ausreisefreiheit*, NJW 1957, 297 (298); BVerfG, Beschluss vom 16.07.1969 - 1 BvL 19/63 - *Repräsentativstatisktik*, NJW 1969, 1707; BVerfG, Urteil vom 21.06.1977 - 1 BvL 14/76 - *Lebenslange Freiheitsstrafe*, BVerfGE 45, 187 (227). Dieses Ergebnis ergibt sich auch aus dem Erfordernis einer verfassungskonformen Auslegung des einfachen Rechts.

211 BVerwGE 64, 274 (278 f.).

212 BVerwGE 64, 274 (276); in diese Richtung auch BVerfG, Beschluss vom 09.07.1986 - 1 BvR 413/86 - *Peep-Show*, NJW 1987, 3246, wonach das Gericht

Die Bezugnahme auf die Menschenwürdegarantie ist im Rahmen einer verfassungsrechtlichen Auslegung des Sittenbegriffs nachvollziehbar, da der Begriff der „guten Sitten“ nicht wie das „Sittengesetz“ von einem Eingriffstatbestand abzugrenzen ist, der das positive Recht erfasst. Bedenklich ist aber, dass eine vermeintlich „unsittliche“ Veranstaltung allein aus diesem Grund und unabhängig davon, ob Dritte betroffen waren, untersagt werden konnte. Für diese Bewertung spricht einerseits die Gesetzesbegründung des § 33a Abs. 2 GewO[213] sowie die Tatsache, dass die Rechtsanwenders unbestimmte Rechtsbegriffe autonom auszulegen haben. Andererseits regelt § 33a Abs. 2 GewO „Schaustellungen von Personen“ und verlangt damit bereits vom Wortlaut her einen Öffentlichkeitsbezug. Darüber hinaus stellen die „guten Sitten“ *per definitionem* auf gesellschaftliche Wertvorstellungen ab, sodass es naheliegt, ein moralisch fragwürdiges Verhalten nicht ungeachtet etwaiger divergierender Ansichten in der Bevölkerung als solches objektiv moralisch zu bewerten. Zudem wurde der Darstellerin die Dispositionsbefugnis über ihr Handeln und somit das Selbstbestimmungsrecht abgesprochen. Dieser Aspekt führte insbesondere in der Literatur zu einer lebhaften Diskussion, da die Menschenwürde nach richtiger Ansicht in ihrer subjektiven Dimension gerade darin besteht, eigenverantwortlich über sich selbst bestimmen zu können.[214] Die objektive Dimension der Menschenwürde ist wegen ihrer Unantastbarkeit jeglicher Disposition entzogen und begründet nach Art. 1 S. 2 GG eine staatliche Schutzpflicht; es ist jedoch zweifelhaft, ob sie gegen den eigenverantwortlich und selbstbestimmt handelnden Würdeträger selbst gerichtet werden kann[215], da die Menschenwürde ansonsten zur Eingriffsnorm umfunktioniert und der Mensch zum „Objekt erzieherisch-fürsorglicher Maßnahmen im Namen vermeintlich herrschender Vor-

die sittliche Bewertung von *Peep-Shows* durch das BVerwG zu respektieren habe.

213 BT-Drucks. 10/1125 vom 15.03.1984, S. 29. Der Gesetzgeber wollte das Öffentlichkeitserfordernis offensichtlich restriktiv angewendet wissen.

214 Dem BVerwG zustimmend *Gern*, NJW 1983, 1585 (1589 f.); *Starosta*, GewArch 1985, 290 (291, 292); aus der Rspr. VG Berlin, Urteil vom 17.07.1985 - 4 A 70.83, GewArch 1986, 89; VGH Mannheim, Urteil vom 11.11.1987 - 6 S 793/86, NVwZ 1988, 640 (641); kritisch *Höfling*, NJW 1983, 1582 (1584); *Höfling*, in: Sachs (Hrsg.), GG, Art. 1, Rdn. 38; *Hörster*, JuS 1983, 93; *Köhne*, GewArch 2004, 285 (286f.); *Hillgruber*, Der Schutz des Menschen vor sich selbst, S. 104 f.; *Stober*, NJW 1984, 2499 (2500); OVG Hamburg, Beschluss vom 20.02.1985 - Bs VI 2/85, NVwZ 1985, 841.

215 *Höfling*, in: Sachs (Hrsg.), GG, Art. 1, Rdn. 50.

stellungen von würdigem Verhalten"[216] gemacht wird.[217] Diese Bedenken verfangen jedoch nicht, wenn das Verhalten trotz Einwilligung als eindeutiger Verstoß gegen den sozialethischen Konsens anzusehen ist.[218] Davon kann wegen der weitgehenden Liberalität in Fragen der Sexualmoral bei *Peep-Shows* nicht mehr ausgegangen werden.

Diesen Gedanken griff das BVerwG in einem anderen Verfahren aus dem Jahre 1990 auf. Die Vorinstanz hatte einen Verstoß gegen die „guten Sitten" noch mit den Argumenten abgelehnt, dass die Darstellerin freiwillig handele und die *Peep-Show* in einem Vergnügungsviertel von der Bevölkerung grundsätzlich akzeptiert werde.[219] Dem trat das BVerwG mit der Begründung entgegen, der Makel der Unsittlichkeit einer *Peep-Show* entfalle nicht bereits dann, wenn diese in einem Vergnügungsviertel stattfinde.[220] Daraus, dass sie von der Bevölkerung in gewissen Grenzen - beispielsweise im Rotlichtviertel - hingenommen werde, könne noch nicht geschlossen werden, dass sie sittlich unbedenklich sei.[221] Auch dass die Frauen freiwillig tätig waren und sich selbst nicht entwürdigt fühlten, spielte nach Ansicht des Gerichts keine Rolle, da sich die Sittenwidrigkeit einer *Peep-Show* nicht nach den Anschauungen der Beteiligten richte. Nach Ansicht des Senats kam es für die sittliche Beurteilung von *Peep-Shows* nicht auf eine etwaige Verletzung des subjektiv-rechtlichen Würdegehalts der Darstellerinnen an, sondern auf die objektive moralische Bewertung der Veranstaltung, die sich aus den vorherrschenden sozialethischen Überzeugungen ergebe.[222] Im Urteil heißt es dementsprechend:

> „Nach Auffassung des erkennenden Senats sind die Peep-Show-Veranstaltungen der Klägerin unabhängig von der ge-

216 So ausdrücklich *Dreier*, in: ders. (Hrsg.), GG Kommentar, Bd. I, Art. 1 I, Rdn. 152 m.w.N.

217 *Teifke*, Das Prinzip Menschenwürde, S. 81 f.

218 Ähnlich *Teifke*, Das Prinzip Menschenwürde, S. 85.

219 Das OVG hielt *Peep-Shows* für *„etwas Anrüchiges und sittlich-moralisch Zweifelhaftes"*, das für den Alltag abzulehnen sei, im Vergnügungsmilieu aber toleriert werde, zitiert nach BVerwG, Urteil vom 30.01.1990 - 1 C 26/87, Rdn. 6, 20 - *Peep Show*, GewArch 1990, 212.

220 BVerwG, GewArch 1990, 212, Rdn. 16; BVerwG, Beschluss vom 21.04.1998 - 1 B 43/98, Rdn. 4, GewArch 1998, 419.

221 BVerwG, GewArch 1990, 212, Rdn. 17.

222 BVerwG, GewArch 1990, 212, Rdn. 18.

nannten Wertentscheidung des Grundgesetzes [Anm.: der Menschenwürde] sittenwidrig."[223]

Demnach sei die zunächst erteilte behördliche Erlaubnis gemäß § 44 Abs. 2 Nr. 6 VwVfG sittenwidrig. Das Gericht sah sich zu dieser Klarstellung veranlasst, weil das BVerwG 1981 wegen seiner dogmatischen Argumentation scharf kritisiert wurde (s.o.). Um dem zu entgehen, betonte es, *Peep-Shows* seien auch ethisch zu missbilligen, wenn keine individuelle Würdeverletzung vorliege. Als Indikatoren für diese Beurteilung dienten die Behördenpraxis, die Rechtsprechung sowie die von ihr ausgelösten Reaktionen in der Öffentlichkeit.[224] Da auch die Prostitution unabhängig davon, an welchem Ort sie praktiziert werde, sittenwidrig sei, könne für „*Peep-Shows*" nichts anderes gelten.[225] Die Unsittlichkeit ergebe sich nicht aus der Entwürdigung der Frau, sondern aus der sexuell stimulierenden Ausrichtung der Veranstaltung, die darauf abziele, den Zuschauern in Einzelkabinen die Selbstbefriedigung zu ermöglichen.[226]

Nach dieser Auffassung verweisen die „guten Sitten" auf die sozialethischen Wertvorstellungen in der Rechtsgemeinschaft, die unabhängig von einer etwaigen Verletzung der individuellen Menschenwürde festzustellen sind. Im Rahmen des Gefahrenabwehrrechts hat der Staat die Pflicht einzuschreiten, wenn eine unsittliche Tätigkeit in die Öffentlichkeit tritt und sozialethische Belange der Gesellschaft tangiert. Vorliegend ist jedoch zu kritisieren, dass das BVerwG der sozialethischen Missbilligung der *Peep-Show* ohne Begründungsaufwand Vorrang vor dem Selbstbestimmungsrecht der Darstellerinnen einräumte, obwohl deren sexuelle Selbstbestimmung als Kerngehalt des Persönlichkeitsrechts nach Art. 1 Abs. 1 i.V.m. Art. 2 Abs. 1 GG und Ausdruck des subjektiv-rechtlichen Würdegehalts nach Art. 1 Abs. 1 S. 2 GG zu achten war.[227]

223 BVerwG, GewArch 1990, 212, Rdn. 16.

224 Ebenda, Rdn. 19.

225 Ebenda, Rdn. 20. Das Gericht bezieht sich auf die Rechtsprechung vor dem Urteil des VG Berlin in der Rechtssache *Café Pssst!*, welches die Prostitution als nicht mehr grundsätzlich sittenwidrig beurteilte, siehe bei 1.Kap.A.III. 1.) b.).

226 BVerwG, GewArch 1990, 212, Rdn. 21; darauf nimmt auch die Gesetzesbegründung zu § 33a GewO in seiner heutigen Fassung Bezug wenn es dort heißt, dass "*auch Darbietungen vor nur einem Zuschauer (z.B. in einer Kabine) [...] erfasst werden.*", siehe BT-Drucks. 10/1125 vom 15.03.1984, S. 29.

227 *Herdegen*, in: Maunz/Dürig, GG, Art. 1 Abs. 1, Rdn. 28.

Auch das OVG Lüneburg sprach sich für die normative Natur der „guten Sitten" aus, nahm jedoch davon Abstand, sie anhand der herrschenden sozialethischen Wertvorstellungen auszulegen. Eine tatsächliche Übung oder Gewohnheit sei zur Bestimmung des Begriffs nicht ausschlaggebend.[228] Er verweise vielmehr auf das „ethisch Gesollte", das ausschließlich durch richterliche Auslegung zu ermitteln sei. Diese Aufgabe könne nicht an das Volk delegiert werden.[229] Auch eine demoskopische Untersuchung sei nicht imstande, einen sozialethischen gesellschaftlichen Konsens in Gerechtigkeits- und Billigkeitsfragen herauszufiltern[230], da in einer repräsentativen Demokratie vielmehr die Meinung der gewählten Mehrheit ausschlaggebend sei.[231] Würde der Gesetzgeber *Peep-Shows* für nicht mehr unsittlich halten, könne er auslegungsbedürftige Generalklauseln vermeiden und die fraglichen Veranstaltungen aus dem Anwendungsbereich des § 33a Abs. 2 Nr. 2 GewO herausnehmen. Solange dies nicht passiert sei, teile der Gesetzgeber die sittliche Beurteilung von *Peep-Shows*.[232]

Diese Argumentation ist nicht überzeugend. Anders als bei der Strafbarkeit männlicher Homosexualität nach § 175 StGB a.F., die den Behörden bei der Anwendung des Gesetzes praktisch keinen Spielraum beließ[233], hat nicht der Gesetzgeber für *Peep-Shows* den Anwendungsbereich des § 33a Abs. 2 GewO eröffnet, sondern die Ordnungsbehörden und die Rechtsprechung selbst, indem sie diese unter den Begriff der „guten Sitten" subsumierten. Zwar hat der Gesetzgeber in seiner Begründung zu § 33a Abs. 2 GewO anscheinend *Peep-Shows* im Blick gehabt. Dennoch beschreibt diese Begründgung selbst einen Wertewandel, sodass der Anwendungsbereich des § 33a Abs. 2 GewO letztlich offen formuliert ist. [234] Auch ist unklar, wie der Gesetzgeber eine Tätigkeit aus dem Anwendungsbereich einer Generalklausel „herausnehmen" soll. Eine Aufzählung aller nicht unsittlichen Verhaltensweisen im Ordnungrecht wäre offensichtlich widersinnig. Darüber hinaus verweist das vom Gericht proklamierte „ethisch Gesollte" auf überge-

228 OVG Lüneburg, Urteil vom 17.11.1994 - 7 L 1951/92, Rn. 32, GewArch 1995, 109.

229 Ebenda, Rdn. 32; so auch *Dickersbach*, WiVerw 1986, Heft 1, 1 (4).

230 OVG Lüneburg, GewArch 1995, 109, Rdn. 30 ff.

231 Ebenda, Rdn. 33.

232 Ebenda, Rdn. 34.

233 Siehe bei 1.Kap.A.II. 2.) a.) ii.).

234 BT-Drucks. 10/1125 vom 15.03.1984, S. 29.

setzliche Wertvorstellungen, die gleich dem Naturrecht praktisch nicht zu ermitteln sind. Entsprechend des sog. Methodendualismus in der Rechtsphilosophie war Ausgangspunkt dieser Annahme wohl folgender: Aus der Erkenntnis, dass etwas tatsächlich vorhanden ist, folgt nicht schon, dass es auch existieren soll.[235] Dennoch ist auch das „ethisch Gesollte" nicht unabhängig von einer gesellschaftlichen Faktizität und kann damit zu einem „ethisch Gewünschten" werden. Aus rechtspolitischen und -soziologischen Gründen sollten sich die Gerichte jedenfalls vergewissern, dass ihre Beurteilung in der Gesellschaft konsensfähig ist. Eine Rechtsnorm hat nämlich die besten Aussichten, von den Adressaten akzeptiert zu werden, wenn sich diese darauf verlassen können, dass Verhaltensweisen, die von der Mehrheit ethisch gebilligt oder mißbilligt werden, auch vom Recht in gleicher Weise behandelt werden."[236]

Die Auffassung des OVG wurde jedoch vom BVerwG bestätigt.[237] Das Gericht nahm an, die Ausfüllung des Begriffs der „guten Sitten" habe ebenso zu erfolgen, wie bei anderen unbestimmten, wertausfüllenden Begriffen. Der Richter habe die Aufgabe, das geltende Recht auszulegen und anzuwenden. Dies könne er nicht an das Volk oder einen repräsentativen Teil desselben delegieren, weshalb demoskopische Erhebungen zur Sittlichkeit oder Unsittlichkeit bestimmter Tätigkeiten seine Entscheidung nicht beeinflussen könnten. Dass die Hälfte der Bevölkerung *Peep-Shows* möglicherweise tatsächlich für nicht sittenwidrig halte, sei demnach kein zwingender Hinweis darauf, dass solche nicht gegen die guten Sitten verstießen.[238]

Es bleibt hier zumindest zu bezweifeln, dass eine demoskopisch ermittelte Moralvorstellung die ethische Beurteilung durch den Richter nicht beeinflussen kann. Dies gilt insbesondere, weil auch das vermeintlich „ethisch Gesollte" einem gesellschaftlichen Wandel unterliegt, wie es aus der Gesetzesbegründung zu § 33a Abs. 2 GewO hervorgeht.[239] Die Empirie kann und soll die Entscheidung des Richters nicht ersetzen, sondern ihm lediglich als Auslegungsmaßstab dabei helfen, den unbe-

235 *Wapler*, Wertrelativismus und Positivismus, in: Pauly (Hrsg.), Rechts- und Staatsphilosophie des Relativismus, S. 36.

236 *Zippelius*, Gründung der Gerechtigkeit auf Gewissen und Konsens, in: ders. (Hrsg.), Verhaltenssteuerung durch Recht und kulturelle Leitideen, S. 73.

237 BVerwG, Beschluss vom 23.08.1995 – 1 B 46/95, GewArch 1996, 19.

238 Ebenda, Rdn. 12 f.

239 BT-Drucks. 10/1125 vom 15.03.1984, S. 29.

stimmten Sittenbegriff im Lichte aktueller Anschauungen auszulegen. Zudem ist dem Selbstbestimmungsrecht der Darstellerinnen aus Art. 2 Abs.1 i.V.m. Art. 1 Abs. 1 GG ein zu geringer Stellenwert beigemessen.[240] Die sexuelle Selbstbestimmung als Bestandteil der Intimsphäre gehört zum Kerngehalt des Persönlichkeitsrechts und genießt deshalb Vorrang vor der sittlichen Bewertung von *Peep-Shows*, auch wenn diese von Einzelnen als unsittlich angesehen wird. Es stellt jedenfalls nach heutiger Rechtslage einen Widerspruch dar, einerseits die Ausübung der Prostitution zu legalisieren (dazu sogleich), andererseits *Peep-Shows* als „wesensgleiches Minus“ wegen ihrer Unsittlichkeit zu untersagen.

b.) Prostitution

Der Wertewandel in Fragen der Sexualmoral lässt sich anschaulich am Beispiel der Prostitution belegen. In der Vergangenheit wurde deren Ausübung ausnahmslos als sittenwidrige Tätigkeit angesehen.[241] Die Gerichte gingen davon aus, dass sich der gesellschaftlichen und verfassungsrechtlichen Wertordnung entnehmen lasse, dass sie

> „als eine sittenwidrige und in verschiedener Hinsicht sozialwidrige Tätigkeit mit der Menschenwürde nicht zu vereinbaren“[242]

sei und demnach nicht zum Wirtschaftsleben zähle. Die Berufsfreiheit aus Art. 12 GG reiche nicht weiter als die Garantien des Art. 2 Abs. 1 GG und sei damit im Bereich der Prostitution durch das „Sittengesetz“ beschränkt. Dabei gingen die Gerichte noch 1990 kategorisch davon aus, dass über diese Frage kein Zweifel bestehe.[243]

240 Ebenso *Pielow*, in: ders., BeckOK GewO, § 1, Rdn. 167.

241 Als gemeinschaftsschädlich bezeichnete das BVerfG, Urteil vom 04.11.1965 – I C 6.63 – *Beruf*, BVerGE 22, 286 (289) die Gewerbsunzucht; siehe auch BGH, Urteil vom 06.07.1976 – VI ZR 122/75, NJW 1976, 1883 (1885); BGH, Beschluss vom 28.04.1987 – *Geprellter Dirnenlohn*, JR 1988, 125, 126; BayVerfGH, Entscheidung vom 16.11.1982 – Vf. 26 – VII/80 u.a., NJW 1983, 2188 (2190).

242 BVerwG, Urteil vom 15.07.1980 – 1 C 45/77, BVerwGE 60, 284 (289).

243 So das BVerwG in einem Beschluss vom 14.11.1990 – 1 B 74/90, NVwZ 1991, 373 (374). Es sei *„geklärt“*, dass jemand, der in seiner Gaststätte die Möglichkeit zu gewerblichem Geschlechtsverkehr ermögliche, der Unsittlichkeit i.S.d. § 4 I Nr. 1 GastG Vorschub leiste; ebenso VGH München, Urteil vom 27.05.1992 – 4 B 91.190, NVwZ-RR 1993, 373 (375); VG Berlin, Beschluss vom 17.03.1998 – 4 A 114.98, GewArch 1998, 200.

Nach heutigen Wertmaßstäben ist diese Anschauung nicht mehr haltbar[244], wovon neuere Entscheidungen und insbesondere das Inkrafttreten des Prostitutionsgesetzes zeugen. Bahnbrechend war hier ein Urteil des VG Berlin aus dem Jahr 2000[245] in der Sache *Café Pssst!*, wonach die bisherige Rechtsprechung zur Unsittlichkeit der Prostitution nicht (mehr) gültig sei.[246] Dabei machte das Gericht umfangreiche Ausführungen zum Begriff der „guten Sitten": Ebenso wie die „öffentliche Ordnung" diene er dazu, das Zusammenleben in der Weise zu ordnen, dass die Allgemeinheit vor sozialrelevanten, nach außen in Erscheinung tretenden Verhaltensweisen geschützt werde, die das Gemeinwohl beeinträchtigen könnten. Zur Ermittlung dieser Verhaltensweisen sei auf tatsächliche, empirisch feststellbare Ordnungsvorstellungen abzustellen und nicht auf das normativ Gesollte.[247] Die „Unsittlichkeit" i.S.d. § 4 Abs. 1 Nr. 1 GastG habe gerade nicht die Funktion, die Handlungsweisen der Menschen als solche moralisch zu bewerten und sei

> „nicht als Moralbegriff oder ethische Forderung zu verstehen."[248]

Ein Verstoß gegen die Sittlichkeit liege demnach bei geschlechtlichen Handlungen nur vor, wenn junge Menschen in ihrer Sexualentwicklung beeinträchtigt, Dritte ungewollt belästigt, oder die sozialethischen Wertvorstellungen der Rechtsgemeinschaft verletzt seien.[249] Selbst wenn man eine Sozialrelevanz der Prostitution annähme, könne – al-

244 *Lehmann*, GewArch 2010, 291f.

245 VG Berlin, Urteil vom 01.12.2000 - 35 A 570.99 - *Café Pssst!*, NJW 2001, 983.

246 Ebenda, Rdn. 24.

247 Deshalb konsultierte das Gericht im Vorfeld seiner Entscheidung zahlreiche Wissenschaftler, Verbände, Gewerkschaften und Kirchenvertreter (insgesamt fünfzig) hinsichtlich ihrer sozialethischen Bewertung der Prostitution, ebenda, Rdn. 14.

248 Ebenda, Rdn. 18; so auch schon prägnant BVerwG, Urteil vom 16.09.1975 – I C 44/74, NJW 1976, 986 f.: *„Unisttlichkeit i.S. von § 4 I Nr. 1 GastG ist vielmehr ein Rechtsbegriff, für dessen Auslegung und Anwendung bedeutsam ist, daß das Gaststättengesetz gewerbliches Ordnungsrecht ist. [...] Im übrigen ist es nicht Zweck dieser Rechtsnormen, die Sittlichkeit um ihrer selbst willen zu wahren oder den Menschen ein Mindestmaß an Sittlichkeit vorzuschreiben [...]."*

249 VG Berlin, NJW 2001, 983, Rdn. 22, 23; ebenso BVerwG, GewArch 1975, 385, Rdn. 12 verwendet das Gericht hier den Begriff *„insbesondere"*, so dass zweifelhaft bleibt, ob geschlechtliche Handlungen unter gewissen Umständen, auch ohne nach außen zu treten, geeignet sein können, Belange der Allgemeinheit zu berühren.

lein gestützt auf Art. 1 Abs. 1 GG - noch nicht von deren Unsittlichkeit ausgegangen werden, wenn keine Ermittlungen über die konkreten Umstände der jeweiligen „Dienstleistungsform" angestellt worden seien.[250] Denn zum Schutz der Menschenwürde gehöre auch das Selbstbestimmungsrecht des Menschen. Der Staat könne nicht bestimmen, wie man sich „richtig" zu verhalten habe.[251]

An dieser Stelle wurde eine bemerkenswerte Wechselwirkung zwischen der Menschenwürde, dem „Sittengesetz" in Art. 2 Abs.1 GG und der „Unsittlichkeit" in § 4 Abs. 1 Nr. 1 GastG deutlich. Eine Tätigkeit kann nicht *per se* als unsittlich angesehen werden, wenn sie sich als Manifestation des von Art. 1 Abs.1 GG i.V.m. Art. 2 Abs. 1 GG geschützten Selbstbestimmungsrechts darstellt, auch wenn sie sich an den Schranken des Art. 2 Abs. 1 GG und damit am „Sittengesetz" messen lassen muss.[252] Das heißt, für die Beurteilung, ob durch die Prostitutionsausübung der „Unsittlichkeit" Vorschub geleistet wird, ist maßgeblich danach zu fragen, ob die jeweiligen Frauen oder Männer diese Tätigkeit freiwillig ausüben. Wenn dies der Fall ist, verdrängt das Selbstbestimmungsrecht im Rahmen der Abwägung eine potentielle Unsittlichkeit.

In diesem Sinne stellte das VG fest, dass auch das „Sittengesetz" aus Art. 2 Abs. 1 GG keinen Widerruf der Gaststättenerlaubnis rechtfertigen könne, sofern die Prostitution - unabhängig von ihrer moralischen Bewertung -

> „freiwillig und ohne kriminelle Begleiterscheinungen ausgeübt werde."[253]

Das Gericht vollzog sodann einen von ihm festgestellten geschichtlichen Wandel sittlicher Anschauungen. Dabei berief es sich abermals auf die Empirie als maßgeblichen Beurteilungsmaßstab und hielt das

250 VG Berlin, NJW 2001, 983, Rdn. 25, 26. Interessant ist hier auch, dass das Gericht ausdrücklich von einer Dienstleistung spricht und die Prostitution demnach möglicherweise als von Art. 12 Abs. 1 GG geschützt ansieht, was nur konsequent wäre. Es enthält sich jedoch ausdrücklich zu dieser Frage, siehe a.a.O. Rdn. 100.

251 Ebenda, Rdn. 26; ebenso *v. Olshausen*, NJW 1982, 2221 (2222); *Gusy*, DVBl. 1982, 984 (986); *Höfling*, NJW 1983, 1582 (1583f.); kritisch auch *Hoerster*, JuS 1983, 93 (95) wegen der Befürchtung relativistischer Tendenzen bei der Bestimmung des Menschenwürdegehalts.

252 VG Berlin, NJW 2001, 983, Rdn. 26.

253 VG Berlin, NJW 2001, 983, Rdn. 27.

Anstandsgefühl eines einzelnen Richters für unzureichend, da Grundrechtseingriffe ein formalisiertes, gerichtlich kontrollierbares Verfahren erforderten. Grundlagen der empirischen Untersuchung seien die Behördenpraxis, die Rechtsprechung sowie die von ihnen ausgelösten Reaktionen in der Öffentlichkeit.[254] Zwar beurteile die Rechtsprechung Prostitution durchgehend als unsittlich, die Behörden hingegen duldeten die Einrichtung von Bordellen, was in den Medien und der Öffentlichkeit akzeptiert werde.[255] Das Verwaltungsgericht bezog in seine Erwägungen zudem das seinerzeit in Planung befindliche ProstG ein, das vorsah, die Ausübung der Prostitution als Beruf anzuerkennen. Laut einer Umfrage des Institutes *Dimap* gaben 68% der Befragten an, dieses Vorhaben zu befürworten.[256] Auch die konsultierten Expertengruppen äußerten, dass

> „die in sexuellen Fragen bevormundende und von Doppelmoral geprägte Sichtweise der 50er und 60er Jahre"

sich gewandelt habe und sich derzeit in Richtung

> „Pragmatismus und Ehrlichkeit sowie Toleranz, Respekt und Fürsorge"[257]

für andere bewege. Insgesamt wurde der Begriff der „Unsittlichkeit" richtigerweise als empirisch unterfütterter Rechtsbegriff und nicht als abstrakter ethischer Wert behandelt: Auch wenn die Prostitution aus christlich-ethischer Sicht möglicherweise abzulehnen war, wurde die Möglichkeit ihrer Ausübung in den Räumen einer Gaststätte mithin nicht mehr als Vorschubleisten der „Unsittlichkeit" i.S.d. § 4 Abs. 1 Nr. 1 GastG angesehen.[258] Dies spiegelte den herrschenden Wertekonsens in der Gesellschaft wider, auf den die „Unsittlichkeit" in § 4 Abs. 1 Nr. 1 GastG gerade verweist.

Ein anderes Ergebnis wäre spätestens seit dem Erlass des Prostitutionsgesetzes inkonsequent und unhaltbar.[259] Dennoch bleibt der Makel

254 VG Berlin, NJW 2001, 983, Rdn. 29 m.w.N.; ebenso BVerwG, Urteil vom 30.01.1990 - 1 C 26/87, Rn. 19 - *Peep Show*, BVerwGE 84, 314; BVerwG, Urteil vom 06.11.2002 - 6 C 16.02, Rn. 7 - *Swinger-Club*, NJW 2003, 2470.

255 VG Berlin, NJW 2001, 983, Rdn. 30, 31.

256 Ebenda, Rdn. 34; siehe das Prostitutionsgesetz vom 20.12.2001, BGBl I Nr. 74 vom 27.12.2001, S. 3983.

257 Ebenda, Rdn. 37.

258 Siehe auch BVerwG, Beschluss vom 23.03.2009 - 8 B 2/09, Rdn. 8, NVwZ 2009, 909.

259 Ebenda, Rdn. 6.

der Unsittlichkeit der Prostitution in der Rechtsprechung teilweise bestehen. So wird die „gewerbliche Unzucht" von den Finanzgerichten aus Gründen der Sittlichkeit nicht als Gewerbe angesehen und damit anders behandelt als sittlich unbedenkliche Tätigkeiten.[260] Auch ist zu beachten, dass Prostitution weiterhin untersagt bzw. sanktioniert wird, wenn sie in sog. Sperrbezirken ausgeübt wird oder Minderjährige in Kontakt mit ihr kommen. Entsprechende Verbote sind in § 184e StGB sowie § 184f StGB geregelt. Darin spiegelt sich wider, dass sittlich fragwürdige Tätigkeiten - wenn sie in den Raum der Öffentlichkeitssphäre treten und Rechte Dritter betreffen - weiterhin reglementiert sind[261] und wegen ihrer Sozialschädlichkeit das Selbstbestimmungsrecht verdrängen.

c.) Swinger-Clubs

In Anlehnung an das obige Urteil des VG Berlin in der Sache *Café Pssst!* entschied der Bayerische Verwaltungsgerichtshof, dass jemand, der einen sog. *Swinger-Club* betreibt, nicht stets i.S.d. § 4 Abs. 1 Nr. 1 GastG der „Unsittlichkeit" Vorschub leiste.[262] Bemerkenswert ist, in welcher Weise der BayVGH das Recht auf freie Entfaltung der Persönlichkeit nach Art. 2 Abs. 1 GG in die Entscheidung mit einbezog. Demnach müsse der Begriff der „Unsittlichkeit" i.S.d. § 4 Abs. 1 Satz 1 Nr. 1 GastG unter Berücksichtigung des Rechts auf die Gestaltung der Persönlichkeit ausgelegt werden. Dieses umfasse das Recht auf Selbstbestimmung, auch im Bereich des Sexuallebens.[263] Wurde dieses Recht in den *Peep-Show* Fällen als nicht maßgeblich betrachtet, war es nun ein Fundament der Argumentation des Gerichts. Es betonte, dass in die sexuelle Identität und das Sexualleben nicht ohne Weiteres unter Be-

[260] Siehe dazu Sächsisches FG, Urteil vom 14.04.2010 - 8 K 2066/08, Rdn. 17; BFH, Urteil vom 23.02.2000 - X R 142/95, Rdn. 11 (allerdings noch vor dem Urteil in der Sache *Café Pssst!*); vgl auch *Gurlit*, GewArch 2008, 426 (427 f.) m.w.N.

[261] Siehe z.B. OVG Koblenz, Beschluss vom 05.07.2005 - 6 B 10673/05 - *Anbahnung der Prostitution im Sperrgebiet*, NVwZ-RR 2005, 713; kritisch *Hörnle*, Grob anstößiges Verhalten, S. 463 ff.

[262] BayVGH, Urteil vom 29.04.2002 - 22 B 01.3183 - *Swinger-Club*, GewArch 2002, 296.

[263] BayVGH, GewArch 2002, 296, Rdn. 15; *Di Fabio*, in: Maunz/Dürig, GG, Art. 2, Rdn. 200; *Lang*, in: Epping/Hillgruber, BeckOK GG Art. 2, Rdn. 39; BVerfG, Beschluss vom 13.06.2007 - 1 BvR 1783/05 - *Roman „Esra"*, NJW 2008, 39 (42); BVerfG, Urteil vom 03.03.2004 - 1 BvR 2378/98 und 1 BvR 1084/99 - *Großer Lauschangriff*, NJW 2004, 999 (1002).

zugnahme auf außerrechtliche Wertvorstellungen eingegriffen werden könne, da jene zur Intimsphäre gehörten. Es sei vielmehr verfassungsrechtlich geboten, lediglich Verhaltensweisen, die nach außen in Erscheinung treten und damit der Privat- oder Sozialsphäre zugerechnet werden, im Rahmen des § 4 Abs. 1 Nr. 1 GastG zu beurteilen. Dementsprechend erklärte das Gericht, dass der Begriff der Unsittlichkeit allein unter gefahrenabwehrrechtlichen Gesichtspunkten ausgelegt werden solle.[264] Neben Gefährdungen des Jugendschutzes und des Allgemeinwohls könnten die sozialethischen Wertvorstellungen, die in der Rechtsgemeinschaft als maßgebliche Ordnungsvoraussetzungen anerkannt seien, eine Unsittlichkeit begründen. Abzustellen sei dabei auf eine vorherrschende Überzeugung, die sich – in Parallelität zum „Sittengesetz" i.S.d. Art. 2 Abs. 1 GG – zu einer

> „anerkannten Norm für sozial relevantes Verhalten verdichtet hat."[265]

Damit stellte das Gericht auf die Wertungen des Grundgesetzes ab. Im Ergebnis sei durch den Betrieb eines *Swinger-Clubs* keine Verletzung der Menschenwürde zu befürchten, da alle Beteiligten freiwillig und unentgeltlich handelten. Auch sei eine Trennung der Teilnehmer in Betrachter und Darsteller, denen eine eher objekthafte Rolle zukomme, nicht möglich, so dass die in Frage stehenden Tätigkeiten nicht mit einer als unsittlich anzusehenden öffentlichen Vorführung des Geschlechtsverkehrs vergleichbar seien.[266]

Sodann unterschied das Gericht zwischen der individualethischen und sozialethischen Beurteilung des Sachverhalts und betonte, dass erstgenannte nicht zu einer Untersagung der in Frage stehenden Tätigkeiten führen könne.[267] Dies war konsequent, da dem Begriff der „Unsittlichkeit" in § 4 Abs. 1 Nr. 1 GastG ansonsten ein moralisches Werturteil zugrunde läge, welches Eingriffe in die Intimsphäre ermöglichen würde. Nach Ansicht des Gerichts könne auch eine sozialethische Bewertung unter Einbeziehung der Anschauungen aller Bundesbürger nicht eindeutig festgestellt werden. Insgesamt stünden die Liberalität der Sexualmoral, die Meinungspluralität, die Zeitgebundenheit von Anschauungen und Gewohnheiten sowie der fehlende Öffentlichkeitsbezug einem sozialethischen Unwerturteil entgegen. Dies folge aus einer

264 BayVGH, GewArch 2002, 296, Rdn. 16.

265 Sie muss eindeutig herrschende Auffassung sein, ebenda Rdn. 17.

266 Ebenda, Rdn. 19.

267 BayVGH, GewArch 2002, 296, Rdn. 10.

Untersuchung der Behördenpraxis, nach der für *Swinger-Clubs* in Großstädten entweder Gaststättenerlaubnisse erteilt oder sie zumindest geduldet würden, was von der Bevölkerung akzeptiert werde.[268] Darüber hinaus indizierten die Wertungen des ProstG und die Rechtsprechung des EuGH, dass selbst einvernehmliche, unentgeltliche sexuelle Handlungen nicht unsittlich seien. Das Gericht folgerte daraus, dass für *Swinger-Clubs* nichts Anderes gelten könne.[269]

Hier zeigte sich erneut, in welcher Weise gesellschaftliche Wertvorstellungen die richterliche Entscheidung beeinflussen können. Der Wandel sozialethischer Anschauungen und die daraus resultierende Verpflichtung des Staates, Veränderungen zu berücksichtigen, veranlasste das Gericht, *Swinger-Clubs* nicht (mehr) als unsittlich im Sinne des § 4 Abs. 1 Nr. 1 GastG anzusehen. Darüber hinaus wurde dem Recht auf sexuelle Selbstbestimmung der Beteiligten richtigerweise ein hoher Stellenwert eingeräumt. Soweit alle Beteiligten freiwillig handeln, ist nicht von einer Verletzung der Menschenwürde auszugehen. Auch eine – davon unabhängige – ethische Missibilligung kann keine Untersagung rechtfertigen, da *Swinger-Clubs* keinen Öffentlichkeitsbezug aufweisen und damit von der „Unsittlichkeit" i.S.d. § 4 Abs. 1 Nr. 1 GastG als gefahrenrechtlichem Begriff nicht erfasst werden.[270]

2.) Zwergenweitwurf

In dem bekannten *Zwergenweitwurf*-Urteil des VG Neustadt aus dem Jahre 1992[271] musste die Selbstbestimmung des Einzelnen hinter dem objektiven Gehalt der Menschenwürde zurückstehen. Beim *Zwergenweitwurf* lassen sich kleinwüchsige Menschen zur Belustigung des Publikums von anderen möglichst weit werfen. Auch wenn diese Darbietung nach Auffassung des Gerichts einen gewissen akrobatischen Charakter i.S.d. § 33a Abs. 1 S. 2 GewO aufweise, erscheine sie insgesamt als „derbe Volksbelustigung" und verstoße im Ergebnis gegen die „guten Sitten". Unter Bezugnahme auf das erste *Peep-Show*-Urteil des BVerwG hob das VG hervor, dass der Begriff der „guten Sitten" sich an

268 BayVGH, GewArch 2002, 296, Rdn. 20.

269 Ebenda, Rdn. 21. Dieses Urteil wurde in Bezug auf die Wertungen im Rahmen des § 4 Abs. 1 Nr. 1 GastG bestätigt von BVerwG, Urteil vom 06.11.2002 – 6 C 16/02, NVwZ 2003, 603.

270 BVerwG, NVwZ 2003, 603 (604); *Schoch*, Jura 2006, 664 (667); *Schenke*, Polizei- und Ordnungsrecht, § 3, Rdn. 67.

271 VG Neustadt, Beschluss vom 21.05.1992 – 7 L 1271/92, NVwZ 1993, 98.

den vorherrschenden sozialethischen Überzeugungen orientiere, die im Grundgesetz – und insbesondere in der Achtung und dem Schutz der Menschenwürde – ihren Niederschlag gefunden hätten. Demnach verstoße ein Verhalten, das den im Grundgesetz verankerten Wertvorstellungen widerspreche, gegen die „guten Sitten" i.S.d. § 33a Abs. 2 Nr. 2 GewO. Nach Ansicht des Gerichts verletzte der Ablauf des *Zwergenweitwurfs* die Würde des Kleinwüchsigen, da er wie ein Sportgerät behandelt werde und nicht seine akrobatischen Fähigkeiten im Vordergrund stünden, sondern die Demonstration der körperlichen Überlegenheit derjenigen, die ihn werfen. Dadurch werde der Geworfene zum bloßen Objekt herabgewürdigt. Das Werfen eines Menschen zu kommerziellen Zwecken allein begründe schon ein Sittenwidrigkeitsurteil. Die Tatsache aber, dass der Geworfene kleinwüchsig ist und als „Zwerg" bezeichnet werde, führe zu einer besonderen Anstößigkeit. Dass der Kleinwüchsige freiwillig handele, sei nicht aussschlaggebend, da die Menschenwürde als objektiver Wert der Verfassung nicht zur Disposition des Einzelnen stehe und dem Staat eine diesbezügliche Schutzpflicht zukomme. Würde diese den Kleinwüchsigen nicht auch gegen seinen Willen vor Verletzungen seiner Würde schützen, verlöre Art. 1 Abs. 1 GG an normativer Kraft.[272] Aus diesem Grund laufe die Veranstaltung den guten Sitten zuwider und könne gem. § 15 Abs. 2 i.V.m. § 33a Abs. 2 Nr. 2 GewO untersagt werden.[273]

Grundlage dieser Entscheidung war – wie schon im ersten *Peep-Show*-Urteil – die Annahme, dass der Einzelne notfalls auch gegen seinen Willen geschützt werden müsse. Dies erscheint in einer freiheitlichen Demokratie als problematisch. Zwar hat der Staat aus Art. 1 Abs. 1 S. 2, 2. Alt. GG einerseits die Aufgabe, seine Bürger vor Verletzungen ihrer Würde zu schützen[274]; andererseits hat er jedoch auch das der Menschenwürde immanente Selbstbestimmungsrecht nach Art. 1 Abs. 1 S. 2 GG zu achten.[275] Insofern schied vorliegend eine Verletzung der individuellen Menschenwürde aus, da die Akteure mit freiem und eigenverantwortlichen Willen handelten. Derjenige, der sich selbstbestimmt und freiwillig in einer für andere unwürdigen Weise darstellt, kann

272 VG Neustadt, NVwZ 1993, 98 (99); kritisch hierzu wiederum die in Fn. 251 zitierten Autoren.

273 VG Neustadt, NVwZ 1993, 98 (100).

274 Siehe nur *Herdegen*, in: Maunz/Dürig, GG-Kommentar, Art. 1 Abs. 1, Rdn. 78.

275 *Cornils*, Allgemeine Handlungsfreiheit, in: Isensee/Kirchhof, HdStR Bd. VII, § 168, Rdn. 87.

wegen der ihm innewohnenden Autonomie schon nicht zum Objekt herabgewürdigt werden.[276] Diese Entscheidungsfreiheit erstreckt sich zwar nicht auf den objektiv-rechtlichen und unantastbaren Gehalt der Menschenwürde, der als Bestandteil der fundamentalen Wertordnung der Verfassung von den „guten Sitten" in § 33a Abs. 2 Nr. 2 GewO erfasst wird und dem Staat eine Schutzpflicht auferlegt[277]; dennoch erscheint es fragwürdig, diesen Aspekt der Menschenwürde gegen den Würdeträger selbst zu richten, wenn er in Ausübung seines subjektiven Würdegehalts handelt.[278] Nicht alles, was abstoßend oder geschmacklos erscheint, ist zugleich eine Verletzung der Menschenwürde. Es ist vielmehr im Einzelfall zu entscheiden, ob ein Verhalten derart gegen den fundamentalen Wert- und Achtungsanspruch des Menschen und mithin gegen die sozialethischen Anschauungen in der Gesellschaft verstößt, dass es unabhängig von einer Einwilligung als Sittenverstoß anzusehen ist.[279] Das war vorliegend wegen der respektlosen und demütigenden Behandlung des Kleinwüchsigen der Fall.

3.) Sterbehilfe

Die Sterbehilfe betrifft zwar weder ausdrücklich die „Unsittlichkeit" i.S.d. § 4 Abs. 1 Nr. 1 GastG, noch die „guten Sitten" i.S.d. § 33a Abs. 2 Nr. 2 GewO. Dennoch verdeutlicht die sie betreffende anhaltende Diskussion, dass die Sittlichkeit, auch wenn sie nicht kodifiziert ist, Geltung im einfachen Recht beansprucht. So wurde die kommerziell angebotene Suizidbegleitung vom VG Hamburg im Jahre 2009 unter Bezugnahme auf Sittlichkeitserwägungen nicht als erlaubtes Gewerbe nach § 1 GewO anerkannt.[280] Das VG hatte zu entscheiden, ob die Polizei eine geplante Hilfe zum Suidiz auf der Grundlage der polizeirechtlichen Generalklausel nach § 3 Abs. 1 HH SOG unterbinden konnte.

276 *Steiner*, Der Schutz des Lebens durch das Grundgesetz, S. 15 f.; dagegen auch *Herdegen*, in: Maunz/Dürig, Art. 1 Abs. 1, Rdn. 32.

277 *Teifke*, Das Prinzip Menschenwürde, S. 85.

278 *Höfling*, in: Sachs (Hrsg.), GG, Art. 1, Rdn. 50; kritisch auch *Cornils*, Allgemeine Handlungsfreiheit, in: Isensee/Kirchhof, HdStR Bd. VII, § 168, Rdn. 79; *Dreier*, in: ders. (Hrsg.), GG Kommentar, Bd. I, Art. 1 Abs. 1, Rdn. 152; *Herdegen*, in: Maunz/Dürig, GG-Kommentar, Art. 1 Abs. 1, Rdn. 32, 79; siehe zur entsprechenden Kritik an der ersten *Peep-Show*-Entscheidung bei 1.Kap.III. 1.) a.).

279 Ähnlich *Teifke*, Das Prinzip Menschenwürde, S. 85.

280 VG Hamburg, Beschluss vom 06.02.2009 - 8 E 3301/08, Rdn. 46 - *Kommerziell betriebene Suizidbegleitung*, MedR 2009, 550.

Zunächst anerkannte es die Motivation des Betroffenen, die Autonomie hinsichtlich eines selbstbestimmten Lebensendes zu stärken.[281] Dennoch sei die kommerziell betriebene Sterbehilfe nicht erlaubt und damit von der Gewerbefreiheit nach § 1 GewO nicht geschützt. Unerlaubte Tätigkeiten i.S.d. Gewerberechts seien nicht ausschließlich solche, die durch Strafgesetze verboten sind, sondern auch sozial unwertige Tätigkeiten, die den allgemein anerkannten sittlichen und moralischen Wertvorstellungen zuwiderliefen.[282] Das VG stellte fest, dass gerade die kommerzielle Beihilfe zum Suizid, in gleicher Weise wie die Kommerzialisierung der Sexualität, sozial unwertig und bislang sogar tabu gewesen sei.[283] Von einem solchen Tabu sei auszugehen, wenn das fragliche Verhalten aufgrund seiner Sozial- und Gemeinschaftsschädlichkeit, ungeachtet der sonstigen verschiedenartigen Anschauungen innerhalb der pluralistischen Gesellschaft, schon nicht dem Schutzbereich des Art. 12 Abs. 1 GG unterfalle.[284]

Dies war zunächst konsequent, da § 1 GewO als spezialgesetzliche Konkretisierung des Art. 12 GG nicht in Widerspruch zur Berufsfreiheit treten darf. Eine Tätigkeit, die aufgrund ihrer moralischen Bewertung aus der Freiheitsverbürgung des Art. 12 Abs. 1 GG herausfällt, kann nicht durch eine die Berufsfreiheit konkretisierende Norm wie § 1 GewO geschützt werden.

Das Gericht stellte zur Bestimmung derjenigen Tätigkeiten, die ihrem Wesen nach als verboten anzusehen sind, auf die Gesamtheit der Mitglieder einer Gesellschaft und damit auf einen herrschenden sozialethischen Konsens ab. Dieser lasse es nicht zu, die existenzielle Not lebensmüder Menschen auszunutzen. Entgegen der grundsätzlich posi-

281 VG Hamburg, MedR 2009, 550, Rdn. 45.

282 Siehe dazu auch *Kahl,* in: Landmann/Rohmer, GewO, § 1, Einl. Rdn. 38, 41; *Ennuschat,* in: Tettinger/Wank, GewO, § 1, Rdn. 41; grundsätzlich BVerwG, Urteil vom 04.11.1965 - I C 6.63, BVerwGE 22, 286.

283 VG Hamburg, MedR 2009, 550, Rdn. 46, 51; ebenso *Pielow,* in: ders., BeckOK GewO, § 1, Rdn. 168a.

284 VG Hamburg, MedR 2009, 550, Rdn. 47; BVerfG, Urteil vom 28.03.2006 - 1 BvR 1054/01 - *Oddset,* NJW 2006, 1261 (1262); näher dazu *Scholz,* in: Maunz/Dürig, GG, Art. 12, Rdn. 35-37; für den Schutz von der Rechtsordnung missbilligter Schwangerschaftsabbrüche, BVerfG, Urteil vom 27.10.1998 - 1 BvR 2306/96 u.a. - *Bayerisches Schwangerenhilfeergänzungsgesetz,* NJW 1999, 841 (842); das Eigentumsrecht nach Art. 14 Abs. 1 GG für Leichen bezweifelnd VGH München, Beschluss vom 21.02.2003 - 4 CS 03.462, NJW 2003, 1618 (1620).

tiv bewerteten Sterbehilfe als solcher, widerspreche gerade deren kommerzieller Charakter im vorliegenden Fall dem Menschenbild des Grundgesetzes und damit den anerkannten moralischen und sittlichen Wertvorstellungen.[285]

Es wird deutlich, dass hier die „Sittlichkeit" als ungeschriebenes Tatbestandsmerkmal in § 1 GewO hineingelesen wurde, um einen Eingriff zum Schutz des grundgesetzlich manifestierten Menschenbildes als Ausdruck sozialethischer Anschauungen zu rechtfertigen. Grundsätzlich ist nicht zu beanstanden, die herrschenden Anschauungen in der Gesellschaft mit den fundamentalen Werten der Verfassung gleichzusetzen. Nicht nachvollziehbar ist hingegen die dogmatische Herleitung des Gerichts. Eine Tätigkeit sei seiner Ansicht nach nicht von der Gewerbefreiheit des § 1 GewO geschützt, wenn sie sozial unwertig sei.[286] Davon sei auszugehen, wenn sie als „allgemein gemeinschaftsschädliche Tätigkeit" nicht dem Schutzbereich von Art. 12 Abs. 1 GG unterfalle.[287] Damit ist aber noch keine Aussage über den Bedeutungsgehalt der Sittenwidrigkeit bzw. Sozialschädlichkeit getroffen. Vielmehr handelt es sich um einen Zirkelschluss, der die Schwierigkeit offenbart, das ungeschriebene Tatbestandsmerkmal der Sittlichkeit zu konkretisieren. Darüber hinaus enthalten Art. 12 Abs. 1 GG und § 1 GewO keinen ausdrücklichen Verweis auf außerrechtliche Wertvorstellungen, so dass sie keinen - auch nicht ungeschriebenen - Sittlichkeitsvorbehalten unterliegen. Es widerspricht insbesondere dem aus Art. 20 Abs. 1 und Abs. 3 GG abgeleiteten Grundsatz vom Vorbehalt des Gesetzes, eine grundgesetzlich geschützte Tätigkeit ohne eine solche gesetzliche Ermächtigung bereits aus dem Schutzbereich eines Grundrechts „herauszusubsumieren". In einer freiheitlichen Demokratie sind die Rechte des Einzelnen grundsätzlich umfassend gewährt und dürfen nur aufgrund einer gesetzgeberischen Entscheidung zum Schutz kollidierender Rechte Dritter und/oder Allgemeininteressen beschränkt werden. In jedem Fall ist dazu ein Parlamentsgesetz erforderlich. Die Heranziehung ungeschriebener Schrankenvorbehalte genügt diesen Anforderungen nicht.

285 VG Hamburg, MedR 2009, 550, Rdn. 49.

286 Ebenda, Rdn. 46; ebenso VGH BW, Urteil vom 06.06.2007, 6 S 1590/06, Rdn. 26; *Ennuschat*, in: Tettinger/Wank/Ennuschat, GewO, § 1 Rdn. 41.

287 VG Hamburg, MedR 2009, 550, Rdn. 47.

4.) Öffentliche Ausstellung menschlicher Leichen

Die Rechtsprechung zur Ausstellung konservierter Leichen („Körperwelten") macht besonders deutlich, dass die Sittlichkeitsbegriffe im Ordnungsrecht durch den objektiven Wertgehalt der Menschenwürde unterfüttert werden. Auch wenn es nachfolgend nicht um die „guten Sitten" oder die „Unsittlichkeit" im Gewerbe- bzw. Gaststättenrecht ging, ist das Bestattungsrecht als Bestandteil des besonderen Gefahrenabwehrrechts hilfreich, um diese Begriffe zu verstehen. Im hier relevanten Art. 5 Satz 1 des Bayerischen Bestattungsgesetzes heißt es:

> „Mit Leichen und Aschenresten Verstorbener darf nur so verfahren werden, daß keine Gefahren für die öffentliche Sicherheit oder Ordnung, insbesondere für die Gesundheit und für die Belange der Strafrechtspflege zu befürchten sind und die Würde des Verstorbenen und das sittliche Empfinden der Allgemeinheit nicht verletzt werden."

Diesbezüglich entschied der VGH München, dass die Ausstellung „Körperwelten" teilweise zu untersagen sei.[288] Zunächst stellte das Gericht fest, dass die Präsentation plastinierter Leichen zur medizinischen Anschauung von Körperfunktionen - solange sie mit Einwilligung der Verstorbenen erfolge - der Wissenschaftsfreiheit entspreche und damit zulässig sei.[289] Grenzen finde diese Freiheit jedoch in der Menschenwürde, die in ihrer Ausprägung als postmortaler Persönlichkeitsschutz[290] das Andenken des Verstorbenen in seinem Wirken und seiner Selbstdarstellung als Gegenstand der öffentlichen Erinnerung mit einbeziehe.[291] Es wird deutlich, dass die Argumentation von Erwägungen der Pietät geleitet ist, die ihrerseits als ungeschriebenes Schutzgut dem Bestattungsgesetz zugrunde liegt. Diese ist es auch, die der öffentlichen Ausstellung Grenzen setzt. Der VGH betonte, dass

> „die Instrumentalisierung einer Leiche zu kreativer Gestaltung und Ausformung eigener, den Rahmen der Didaktik verlassender Ideen und Aussagen, als Tabubruch"

anzusehen sei. Da insoweit der Boden der Wissenschaftsfreiheit verlassen und vielmehr derjenige der Kunstfreiheit nach Art. 5 Abs. 3 GG be-

288 VGH München, Beschluss vom 21.02.2003 - 4 CS 03.462, NJW 2003, 1618.

289 Ebenda, NJW 2003, 1618 (1619).

290 Dazu maßgeblich BVerfG, Beschluss vom 24.02.1971 - 1 BvR 435/68 - *Mephisto*, BVerfGE 30, 173 (194).

291 VGH München, NJW 2003, 1618 (1620).

treten werde, erscheine dies „höchst problematisch". Im Rahmen der Ausstellung Verstorbener könne die Wissenschaftsfreiheit die Sittlichkeitsgebote zwar überfügeln; die Kunstfreiheit hingegen müsse dahinter zurücktreten. Nach Ansicht des Gerichts betraf dies beispielsweise das *„mystische Plastinat (Harry Potter)"*, den *„Schubladenmann"* sowie den *„Fechter"*. Durch die Verwendung des menschlichen Körpers gleich einem Stoff sei in diesen Fällen die Würde des Verstorbenen betroffen. Seien darüber hinaus die äußeren Modalitäten der Ausstellung herabwürdigend, sei zusätzlich das sittliche Empfinden der Allgemeinheit verletzt.[292] Einschränkend gab der VGH jedoch zu bedenken, dass ein Verstoß gegen das Sittengesetz noch nicht anzunehmen sei, wenn etwas unüblich, ungewöhnlich oder von vielen unerwünscht sei.[293] Es spiele aber eine Rolle, ob der Aussteller die Gebote der Pietät[294] hinsichtlich der präparierten Leichen beachtet habe[295], die ein Schutzgut des Art. 5 S. 1 BayBest seien. Zu beurteilen sei insbesondere die Benennung der einzelnen Plastinate sowie, ob in ihrer Darstellung ein didaktischer Zweck erkennbar sei. Gegen die Gebote der Pietät verstoße es jedenfalls, Souvenirs zu rein kommerziellen Zwecken zu verkaufen.[296]

Ebenso entschied das VG Augsburg in einem Rechtsstreit im Jahre 2009, dass die öffentliche Ausstellung des Geschlechtsakts zwischen plastinierten Leichen gegen die Menschenwürde verstoße und einen nicht zu rechtfertigenden Tabubruch darstelle.[297] Das VG gab zu bedenken, dass die Menschenwürdegarantie als Abwehrrecht gegen den Staat konzipiert sei und den Freiheitsbereich des Einzelnen erweitern solle. Demnach solle die selbstbestimmte Entscheidung des Rechtsträgers stets maßgeblich sein, auch wenn sie in den Augen der Allgemeinheit als unmoralisch angesehen werde. Dennoch sei nicht jegliches Verhalten, in das die Beteiligten einwilligten, hinzunehmen, da die

292 VGH München, NJW 2003, 1618 (1620).

293 Ebenda, mit Bezug auf BVerwG, Urteil vom 26.06.1974 - VII C 36/72 - *Friedhofszwang für Feuerbestattungen*, NJW 1974, 2018 (2020).

294 Pietät bedeutet so viel wie ehrfürchtiger Respekt, taktvolle Rücksichtnahme, siehe *Duden online*, abrufbar unter:

http://www.duden.de/rechtschreibung/Pietaet (zuletzt abgerufen am 06.11.2014).

295 VGH München, NJW 2003, 1618 (1620).

296 VGH München, NJW 2003, 1818 (1621).

297 VG Augsburg, Beschluss vom 04.09.2009 - Au 7 S 09.1266, Rdn. 60, 70, BeckRS 2009, 38727.

Rechtsordnung ansonsten nur noch eine unverbindliche Verhaltensanforderung darstellen würde. Das zeige ein Vergleich mit der Strafbarkeit der Tötung auf Verlangen nach § 216 StGB sowie die Strafbarkeit der Körperverletzung trotz Einwilligung nach § 228 StGB.[298] Aus Art. 1 Abs. 2 S. 2 GG folge eine staatliche Schutzpflicht die hier eingreife, weil die Verwendung der Leichen zu künstlerischen Zwecken einen Menschenwürdeverstoß darstelle.[299] Insofern komme es nicht auf eine Einwilligung der Beteiligten an.[300]

In den Entscheidungen zur Ausstellung menschlicher Leichen wird deutlich, dass die Behörden über den Verweis auf das „sittliche Empfinden der Allgemeinheit" insbesondere die Gebote der Pietät zu beachten haben. Dabei handelt es sich rechtlich gesehen um den objektiven Menschenwürdegehalt in Gestalt des postmortalen Würdeschutzes, gegen den eine kommerzielle Ausstellung menschlicher Leichen zu ausschließlich künstlerischen Zwecken verstößt. Daran ändert auch die Einwilligung der Beteiligten nichts, da der Respekt vor der Integrität und Individualität des Menschen als ethischer Mindeststandard der Gesellschaft nicht zur Disposition steht.[301] Außerdem ist die fragliche Ausstellungsform unabhängig von einer etwaigen Würdeverletzung sittenwidrig, denn auch die Störung der Totenruhe nach § 168 StGB oder die Störung einer Bestattungsfeier nach § 167a StGB sind als Ausdruck des Respekts vor den Verstorbenen strafbar. Es wäre ein Wertungswiderspruch, einerseits die Missachtung des postmortalen Würdeschutzes kraft gesetzlicher Wertung als ethisch missbilligtes Verhalten strafrechtlich zu sanktionieren und andererseits im Rahmen des Bestattungsrechts zu erlauben.

Es bleibt jedoch unklar, warum die Wissenschaftsfreiheit nach Ansicht der Gerichte sittliche Bedenken verdrängen können soll, die Kunstfreiheit hingegen nicht. Ein möglicher Erklärungsansatz wäre folgender: Die Wissenschaftsfreiheit in Art. 5 Abs. 3 GG umfasst das Streben nach

298 VG Augsburg, BeckRS 2009, 38727, Rdn. 75.

299 Ebenda, Rdn. 76.

300 Ebenda, Rdn. 77.

301 Entsprechend für § 228 StGB *Eschelbach*, in: Heintschel-Heinegg (Hrsg.), BeckOK StGB, § 228, Rdn. 21; kritisch zur Pietät als Grundrechtsschranke *Isensee*, Tabu im freiheitlichen Rechtsstaat, S. 38; für das Vorhandensein äußerster Schranken persönlicher Freiheit auch *Dreier*, in: ders (Hrsg.), GG Kommentar, Bd. I, Art. 1 I, Rdn. 154;

Erkenntnis mit wissenschaftlichen Mitteln.[302] Eine kommerzielle Nutzung der menschlichen Leichen steht dabei - anders als bei der „Körperwelten-Ausstellung" - nicht im Vordergrund. Darüber hinaus ist die wissenschaftliche Auseinandersetzung mit dem menschlichen Körper gerade pietätvoll, da die Herstellung eines Plastinats in diesen Fällen „der Schaffung von Einblicken in das Körperinnere, d.h. die physischen Gegebenheiten und Funktionszusammenhänge, dient" und somit „der biologische Teil des Menschseins dargestellt" wird. Es geht mithin um die Erkenntnis des Menschen über sich selbst.[303] Darüber hinaus werden seit jeher menschliche Leichen in der Wissenschaft obduziert, um Erkenntnisse über die Anatomie zu gewinnen. Wird der Leichnam hingegen zum Kunstwerk umfunktioniert, dient er als bloßer „Werkstoff" künstlerischer Gestaltung. Er wird dadurch seiner Individualität beraubt und zum Objekt herabgewürdigt. Ein Leichnam ist zwar technisch gesehen tatsächlich kein „Mensch" im Sinne eines Würdeträgers. Allerdings entfaltet die Würde des Menschen über die Figur des postmortalen Schutzes nach Art. 1 GG Wirkung über den Tod hinaus.

Dagegen spricht jedoch, dasss im Grundgesetz keine hierarchische Ordnung zwischen den verschiedenen Grundrechten zu erkennen ist. Sowohl die Wissenschafts- als auch die Kunstfreiheit werden jeweils schrankenlos gewährleistet. Außerdem dürfte es nicht ausgeschlossen sein, dass die „Körperwelten-Ausstellung" jedenfalls auch das Ziel verfolgt, einen wissenschaftlichen Einblick in das Körperinnere zu erlauben. Die vorgenommene Unterscheidung zwischen den kollidierenden Grundrechten erscheint mithin willkürlich und wenig überzeugend.

5.) (Un)sittlichkeit und gute Sitten als gefahrenabwehrrechtliche Begriffe

Zusammenfassend ist festzustellen, dass sich die „guten Sitten", die „Unsittlichkeit" und das „sittliche Empfinden" in materieller Hinsicht dem Grunde nach nicht unterscheiden.[304] Da sie verfassungskonform auszulegen sind, verweisen diese Begriffe, ebenso wie das „Sittengesetz" gemäß Art. 2 Abs. 1 GG, auf die sozialethischen Wertvorstellungen, die von der gesamten Rechtsgemeinschaft geteilt werden und in

302 Siehe nur BVerfG, Beschluss vom 11.01.1994 - 1 BvR 434/87 - *Jugendgefährdende Schriften*, BVerfGE 90, 1 (11 ff.).

303 So VG Augsburg, BeckRS 2009, 38727, Rdn. 59.

304 Ebenso *Dickersbach*, WiVerw 1986, Heft 1, 1 (3).

der Menschenwürde aus Art. 1 GG sowie dem Recht auf Leben und körperliche Unversehrtheit aus Art. 2 Abs. 2 GG ihren Widerhall finden. Dennoch sind diese einfachgesetzlichen Sittenbegriffe unter Berücksichtigung ihres Sinn und Zwecks, nämlich der Gefahrenabwehr, auszulegen. Das heißt, dass sie nicht in innere, intime Lebenssachverhalte eingreifen dürfen, sondern das Zusammenleben der Menschen ordnen sollen, soweit deren Verhalten sozialrelevant ist und das Allgemeinwohl beeinträchtigt. Es müssen also Verhaltensweisen betroffen sein, die dem verfassungsrechtlich verbürgten Menschenbild widersprechen oder wegen ihres Öffentlichkeitsbezugs einem sozialethischen Unwerturteil unterliegen.[305] Letzteres ergibt sich für § 33a Abs. 2 GewO schon aus dessen Wortlaut („Schaustellung"). Dabei liegt ein Öffentlichkeitsbezug auch schon vor, wenn nur eine Person die Vorführung sieht. Nach Ansicht der Rechtsprechung waren danach *Peep-Shows*, Zwergenweitwürfe, die kommerzielle Sterbehilfe sowie pietätlose Tätigkeiten wie die künstlerisch-kommerzielle Ausstellung von Leichnamen stets sittenwidrig. Dem Staat obliegt in diesen Fällen die Pflicht, den sozialethischen Wertekonsens – unabhängig von einer Einwilligung der Beteiligten – zu schützen. Das folgt neben der Unantastbarkeit der Menschenwürde auch aus Art. 1 Abs. 1 i.V.m. Art. 2 Abs. 1 GG, da das Selbstbestimmungsrecht selbst seine Schranke im „Sittengesetz" findet. Allerdings sind die sozialethischen Anschauungen immer nur eine Momentaufnahme und unterliegen einer gesellschaftlichen Faktizität. So verstoßen die Ausübung der Prostitution sowie *Swinger-Clubs* wegen des hohen Stellenwerts der sexuellen Selbstbestimmung heutzutage nicht (mehr) *per se* gegen herrschende Wertvorstellungen. Für die Prostitution geht dies schon aus der gesetzgeberischen Wertung des ProstG hervor, welche die Prostitution von ihren „sittlichen Makel" befreit. Darüber hinaus genießt die sexuelle Selbstbestimmung als Kernbereich des allgemeinen Persönlichkeitsrechts aus Art. 1 Abs. 1 i.V.m. Art. 2 Abs. 1 GG und Bestandteil der Intimsphäre Vorrang vor der sittlichen Unwertigkeit des Verhaltens.[306] Findet dieses jedoch in der Öffentlichkeitssphäre statt und weist einen Sozialbezug

305 So für den Begriff der „Unsittlichkeit" in § 4 Abs. 1 Nr. 1 GastG BVerwG, NVwZ 2003, 603 (604); BVerwG, Beschluss vom 23.03.2009 – 8 B 2.09, Rdn. 4 – *Gaststättenrechtliche Erlaubnis in einem Bordell*, NVwZ 2009, 909 f.; ebenso *Kahl*, in: Landmann/Rohmer, GewO, § 1 Rdn. 5: Die Zielsetzung des Gewerberechts sei es, *„den Bürger und die Allgemeinheit vor sonstigen nachteiligen Auswirkungen durch bestimmte erwerbswirtschaftliche Tätigkeiten zu schützen."*

306 So auch *Gern*, NJW 1983, 1585 (1589); in diese Richtung auch *Klimpel*, Bevormundung oder Freiheitsschutz?, S. 230 f.

auf, tangiert es die Wertvorstellungen der Rechtsgemeinschaft und kann deshalb untersagt werden.[307]

Daneben existiert ein weiterer Unterschied zum „Sittengesetz" in Art. 2 Abs. 1 GG: Verstöße gegen die Menschenwürde werden im Rahmen der Schrankentrias des Art. 2 Abs. 1 GG dogmatisch gesehen von der „verfassungsmäßigen Ordnung" erfasst; im Ordnungsrecht hingegen nehmen die Sittenbegriffe i.S.d. § 33a Abs. 2 GewO, § 4 Abs. 1 Nr. 1 GastG und Art. 5 Satz 1 BayBestG selbst unmittelbar auf Art. 1 Abs. 1 GG Bezug, da es an einem Äquivalent zur „verfassungsmäßigen Ordnung" fehlt, von dem sich die Begriffe abgrenzen müssten.[308] Dementsprechend stellte die Rechtsprechung beim Zwergenweitwurf und dem ersten *Peep-Show* Urteil darauf ab, dass die Darsteller zum Objekt herabgewürdigt werden und insofern gegen die „guten Sitten" verstoßen werde. Dabei missachtete sie jedoch, dass die „guten Sitten" in verfassungskonformer Auslegung auch berücksichtigen müssen, dass die Menschenwürde gemäß Art. 1 Abs. 1 S. 2 , 1. Alt. GG als Abwehrrecht gegen den Staat Eingriffe zum Schutz des Menschen vor sich selbst verbietet, wenn dieser frei und eigenverantwortlich handelt. Die Würde des Einzelnen besteht gerade in der Fähigkeit, über sich selbst zu bestimmen, auch wenn dies im Einzelfall unvernünftig oder unmoralisch erscheint. Derjenige, der sich selbst herabwürdigt, kann denknotwendig nicht zum Objekt des Handelns anderer gemacht werden. Es ist insofern zu bezweifeln, ob die Menschenwürde gegen den Würdeträger selbst gerichtet werden kann.[309]

Unabhängig von einer etwaigen individuellen Würdeverletzung können bestimmte Verhaltensweisen jedoch gegen die sittlichen Anschauungen von dem objektiven Wert des Menschen und der Achtung seiner Individualität verstoßen. Dieser objektive Gehalt der Menschenwürde ist neben der Würde des Einzelnen Ausdruck des „gattungsethischen Selbstverständnisses", also der „Würde des Menschen als

307 So richtigerweise BVerwG, Urteil vom 06.11.2002 – 6 C 16.02 – *Swinger-Club*, NVwZ 2003, 603 (604); VG Berlin, NJW 2001, 983, Rdn. 22, 23.

308 Auch *Detjen*, Die Werteordnung des Grundgesetzes, S. 71 hält die Menschenwürdegarantie „zweifellos" für einen sittlichen Wert.

309 *Höfling*, in: Sachs (Hrsg.), GG, Art. 1, Rdn. 38, 50; *Höfling*, NJW 1983, 1582 (1584); *Hörster*, JuS 1983, 93; *Stober*, NJW 1984, 2499 (2500); *Klimpel*, Bevormundung oder Freiheitsschutz?, S. 230 f.; *Köhne*, GewArch 2004, 285 (286f.); *Herdegen*, in: Maunz/Dürig, GG Kommentar, Art. 1 Abs. 1 Rdn. 32; VG Oldenburg, Urteil vom 17.10.1984 – 2 A 18/83, GewArch 1985, 124; OVG Hamburg, Beschluss vom 20.02.1985 – Bs VI 2/85, GewArch 125.

Gattungswesen"[310], die auch bei einem selbstbestimmten, unwürdigen Verhalten nicht verloren geht.[311] Die Verletzung der objektiven Gewährleistung kann nicht von einer Einwilligung gedeckt sein, da sie nicht zur Disposition des Einzelnen steht. Insofern ist es nicht zu beanstanden, dass die Rechtsprechung die kommerzielle Ausstellung von Plastinaten zu künstlerischen Zwecken wegen des Verstoßes gegen das „sittliche Empfinden der Allgemeinheit" i.S.d. § 5 S. 1 BayBest untersagte. Die Pietät – also der ehrfürchtige Respekt bzw. die taktvolle Rücksichtnahme auf die Verstorbenen und ihre Angehörigen[312] als Ausdruck des postmortalen Würdeschutzes – genießt aufgrund der Verweisungsnorm im Bestattungsrecht Vorrang vor dem Selbstbestimmungsrecht der Beteiligten. Gleiches gilt für Zwergenweitwürfe, bei denen der Mensch zum Sportgerät degradiert und seiner menschlichen Qualität beraubt wird.

Insgesamt ist jedoch zu differenzieren: Sittliche Erwägungen dürfen vom Rechtsanwender nur herangezogen werden, wenn der Gesetzgeber einen entsprechenden Auftrag kodifiziert hat. Anders als beispielsweise in § 5 S. 1 BayBest, steht etwa die Gewerbefreiheit nach § 1 GewO unter keinem ausdrücklichen Sittlichkeitsvorbehalt. Behörden und Gerichte sind also nicht gesetzlich ermächtigt, außerrechtliche Moralvorstellungen zur Einschränkung der Freiheit heranzuziehen. Insofern verstößt die Annahme, die kommerzielle Sterbehilfe werde wegen ihrer Unwertigkeit nicht von der Gewerbefreiheit aus § 1 GewO geschützt, gegen den Vorbehalt des Gesetzes aus Art. 20 Abs. 3 GG.

IV. Die öffentliche Ordnung

1.) Definitionsversuche

Neben den guten Sitten findet sich im Gefahrenabwehrrecht auch der Begriff der „öffentlichen Ordnung". Sie ist Schutzgut vieler landesrechtlichen Polizeigesetze[313], des Bundespolizeigesetzes[314] sowie des

310 So *Höfling*, in: Sachs (Hrsg.), GG, Art. 1, Rdn. 50 m.w.N.; BVerfGE 87, 209 (228) – *Tanz der Teufel*; BVerwG, GewArch 2007, 247, Rdn. 25 – *Omega*, kritisch *Herdegen*, in: Maunz/Dürig, GG Kommentar, Art. 1 I Rdn. 32.

311 BVerfGE 87, 209 (228) – *Tanz der Teufel*; BVerwG, GewArch 2007, 247, Rdn. 25 a) – *Omega*.

312 Duden, abrufbar unter: http://www.duden.de/rechtschreibung/Pietaet (zuletzt abgerufen am 06.11.2014).

313 § 1 Abs. 1 PolG (BW); Art. 6 LStVG (Bayern), Art. 2 Abs. 1, 11 Abs. 1 PAG (Bayern); §§ 1 Abs. 1, 17 Abs. 1 ASOG Bln. (Berlin); §§ 1 Abs. 1, 10 Abs. 1

sonstigen Gefahrenabwehrrechts. Auch Art. 35 Abs. 2 GG stellt auf diesen Begriff ab und orientiert sich dabei an den Begriffsdefinitionen des Polizeirechts.[315] Unter der „öffentlichen Ordnung" versteht man traditionell den

> „Inbegriff der Regeln, deren Befolgung nach den jeweils herrschenden sozialen und ethischen Anschauungen als unentbehrliche Voraussetzungen für ein gedeihliches Miteinanderleben der innerhalb eines Polizeibezirks wohnenden Menschen angesehen wird."

Diese Definition geht zurück auf die Begründung zu § 14 PrPVG aus dem Jahre 1931[316] sowie ein Urteil des Preußischen Oberverwaltungsgerichts von 1933[317] .

Das Gericht spricht von „Regeln, die für das Zusammenleben unentbehrlich sind", benennt diese jedoch nicht näher. Aus der frühen Rechtsprechung lässt sich entnehmen, dass beispielsweise Damenboxkämpfe der Rolle und dem Wesen der Frau und damit der „öffentlichen Ordnung" widersprächen.[318] Ebenso sei das geordnete Zusammenleben gestört, wenn religiöse Gefühle dadurch verletzt würden, dass eine katholische Prozession singend an einer evangelischen Kirche vorbeiziehe, während dort ein Gottesdienst stattfinde.[319] Bezug-

BbgPolG (Brandenburg); §§ 1, 3 Hamburger SOG; §§ 1 Abs. 1, 11 HSOG (Hessen); §§ 1 Abs. 1, 13 SOG M-V (Mecklenburg-Vorpommern); §§ 2 Nr. 1.a), 11 Nds. SOG (Niedersachsen); §§ 1 Abs. 1, 8 Abs. 1 PolG NRW, §§ 1 Abs. 1, S. 1, 14 Abs. 1 OBG NRW (Nordrhein-Westfalen); §§ 1 Abs. 1, 9 Abs. 1 POG Rheinland-Pfalz; §§ 1 Abs. 2, 8 Abs. 1 SPolG (Saarland); §§ 1 Abs. 1, 3 Abs. 1 SächsPolG (Sachsen); §§ 3 Nr. 2, 3a), 13 SOG LSA (Sachsen-Anhalt); §§ 2 Abs. 1, 12 Abs. 1 PAG (Thüringen), §§ 2 Abs. 1, 5 Abs. 1 OBG (Thüringen); Ausnahmen sind das bremische und schleswig-holsteinische Polizeigesetz.

314 § 14 Abs. 2, S. 1 BPolG.

315 *Epping*, in: Epping/Hillgruber, BeckOK GG, Art. 35 Rdn. 17; *Gubelt*, in: v. Münch/Kunig, GGK I, Art. 35 Rdn. 22.

316 Preußisches Polizeiverwaltungsgesetz vom 01.06.1931, zitiert nach *Drews/Wacke/Vogel/Martens*, Gefahrenabwehr, § 16, S. 245; *Schenke*, Polizei- und Ordnungsrecht, § 3 II 2, Rn. 63.

317 PrOVG, Urteil vom 09.11.1933 - III. C. 109/33, PrOVGE 91, 139 (140); den Begriff der „öffentlichen Ordnung" schon früher verwendet von PrOVG, Urteil vom 08.10 1892 - Rep. I. A. 34/92, PrOVGE 23, 409.

318 PrOVGE 91, 139 (140, 141).

319 PrOVGE 23, 409 (414 f.).

nehmend auf das Preußische OVG entschied der VGH München noch im Jahre 1983, dass das Anstands- und Sittengefühl der Bevölkerung durch *„Damen-Schlamm-Catch oben ohne“* verletzt sei.[320] Demgegenüber entschied das BVerwG, dass eine Tanzlustbarkeit, die während der Trauer für einen Staatsmann stattfinde, das Trauerempfinden und mithin die „öffentliche Ordnung“ nicht stören könne.[321]

Das Bundesverfassungsgericht hat die vom PrOVG geprägte Definition der öffentlichen Ordnung aufgegriffen und sie in seinem *Brokdorf-Beschluss* und nachfolgenden Entscheidungen als

> „die Gesamtheit der ungeschriebenen Regeln verstanden, deren Befolgung nach den jeweils herrschenden und mit dem Wertgehalt des Grundgesetzes zu vereinbarenden sozialen und ethischen Anschauungen als unerläßliche Voraussetzung eines geordneten menschlichen Zusammenlebens innerhalb eines bestimmten Gebiets angesehen wird“[322]

interpretiert. Das Gericht begreift die „öffentliche Ordnung“ demnach als Verweis auf außerrechtliche Wertvorstellungen, die mit den Wertentscheidungen des Grundgesetzes vereinbar sind bzw. sich dort widerspiegeln müssen. Heute findet sich im Gesetz über den Aufbau und die Befugnisse der Ordnungsbehörden in Sachsen-Anhalt eine Legaldefinition, wonach die „öffentliche Ordnung“ als

> „die Gesamtheit der im Rahmen der verfassungsmäßigen Ordnung liegenden ungeschriebenen Regeln für das Verhalten des Einzelnen in der Öffentlichkeit, deren Beachtung nach den jeweils herrschenden Anschauungen als unerlässliche Voraussetzung eines geordneten staatsbürgerlichen Zusammenlebens [...].“[323]

320 VGH München, Beschluss vom 09.12.1983 – 22 CE 83 A/3074 – *Damen-Schlamm-Catch*, NVwZ 1984, 254.

321 BVerwG, Urteil vom 26.02.1970 – I C 11.69, DVBl. 1970, 504 (506). Das Gericht weist in diesem Zusammenhang darauf hin, dass in Zeiten des Wandels eine gewisse Rechtsunsicherheit im Umgang mit der „öffentlichen Ordnung“ hinzunehmen sei, da der Begriff einer Wertausfüllung bedürfe. Dies führe noch nicht zur Unbestimmtheit der polizeilichen Generalklausel.

322 BVerfG, Beschluss vom 14.05.1985 – 1 BvR 233, 341/81 – *Brokdorf*, NJW 1985, 2395 (2398).

323 Siehe § 3 Nr. 2 SOG LSA (Sachsen-Anhalt); ebenso § 54 Nr. 2 OBG (Thüringen); zur Kritik an der Definition siehe *Erbel*, DVBl. 2001, 1714 (1717). Sein Gegenvorschlag lautet: *„Zur Wahrung der öffentlichen Ordnung sind die ungeschriebenen gesellschaftlichen Regeln einzuhalten, die mit dem Gesetz in Einklang*

angesehen wird. Die ursprüngliche Fassung wird dadurch leicht modifiziert[324], jedoch ohne grundlegende Abweichungen. Ebenso wird hier festgelegt, dass sich die außerrechtlichen Werte im Rahmen der verfassungsmäßigen Ordnung halten müssen. Demnach bildet das Grundgesetz den äußersten rechtlichen Rahmen und gleichsam ein Korrektiv für Eingriffe aus Gründen der „öffentlichen Ordnung". Unabhängig von der Legaldefinition spricht die Tatsache, dass die „öffentliche Ordnung" stets im Zusammenhang mit der „öffentlichen Sicherheit"[325] genannt wird, dafür, dass sie sich allein auf außerrechtliche Normen bezieht. Als Rechtfertigungsgründe für Freiheitsbeschränkungen kommen dann nur solche Verhaltensregeln in Betracht, die nicht durch Rechtsnormen, sondern ausschließlich durch außergesetzliche „Sozialnormen" begründet werden.[326] Die „öffentliche Ordnung" ist demnach kein absoluter, für immer abgegrenzter Begriff, sondern unterliegt einem stetigen Wandel unter dem Eindruck sich verändernder Anschauungen.[327] Dies lässt sich in der Rechtsprechung nachweisen.

2.) Fallgruppen

Die heutigen Anwendungsfälle für die „öffentliche Ordnung" sind vergleichsweise überschaubar. In erster Linie geht es dabei in der Sache um spielerisches Töten (a), *Mixed-Martial-Arts*-Kämpfe (b) sowie gesellschaftlich missbilligte Versammlungen und Äußerungen (c).

a.) Laserdrome und Paintball

Im Jahre 2001 hatte das BVerwG zu beurteilen, ob die Untersagung eines sog. *Laserdromes* auf der Grundlage der polizeirechtlichen Generalklausel wegen einer Gefährdung der „öffentlichen Ordnung" untersagt

stehen und nach überwiegender Auffassung für ein befriedetes Zusammenleben unentbehrlich und rechtlich durchzusetzen sind."

324 Darauf hinweisend auch *Erbel*, DVBl. 2001, 1714 (1717).

325 Die „öffentliche Sicherheit" ist ausschließlich auf die Einhaltung von positiv-rechtlichen Normen gerichtet, siehe *Denninger*, in: Lisken/Denninger (Hrsg.), Handbuch des Polizeirechts, E, Rn. 35.

326 So *Gusy*, Polizei- und Ordnungsrecht, § 3 II, Rn. 96, 97. Ein Verstoß gegen geschriebene Rechtsnormen würde dem Begriff der öffentlichen Sicherheit unterfallen; *Erbel*, DVBl. 2001, 1714 (1715); *Ipsen*, Niedersächsisches Polizei- und Ordnungsrecht, § 4, Rn. 114; *Fechner*, JuS 2003, 734; *Kahl*, VerwArch 2008, 451 (462).

327 So auch *Denninger*, in: Lisken/Denninger (Hrsg.), E, Rn. 35; *Drews/Wacke/Vogel/Martens*, Gefahrenabwehr, § 16, S. 249.

werden durfte.[328] Beim *Laserdrome* handelte es sich um ein Labyrinth, in dem menschliche Spieler mit maschinenpistolenähnlichen Laserzielgeräten bewaffnet versuchten, feste Sensorempfänger oder aber die Sensorempfänger, die die Gegenspieler im Brust- und Rückenbereich trugen, zu treffen. Es wurde eine Verfügung erlassen, mit der untersagt wurde, Spielabläufe zu ermöglichen, die ein gezieltes Beschießen von Menschen mittels Laserstrahlen und somit ein sog. „spielerisches Töten" zum Gegenstand hatten.[329] Diese Schlussfolgerungen beruhten auf den tatsächlichen Feststellungen der Tatsacheninstanz.

Nach Ansicht des Gerichts ist die polizeirechtliche Generalklausel grundsätzlich ein die Berufsfreiheit einschränkendes Gesetz i.S.d. Art. 12 Abs. 1 Satz 2 GG. Sie genüge dem Gesetzesvorbehalt jedoch nicht mehr, wenn die Entscheidung darüber, ob durch eine Berufstätigkeit die „öffentliche Ordnung" verletzt würde von

> „einer verwickelten, in das Gebiet der Weltanschauungen hineinreichenden, abwägenden Wertung einer Mehrzahl verschiedener Schutzinteressen"

abhänge. Neue Erscheinungsformen der Berufsausübung dürften nicht vollständig mit Mitteln des Polizeirechts unterdrückt werden, sondern benötigten einer spezialgesetzlichen Regelung.[330] Die künftige Bewertung einer Tätigkeit als unmoralisch oder unethisch sei demnach allein vom Gesetzgeber vorzunehmen. Gleichwohl hieß es in dem Beschluss weiter, der Begriff der „öffentlichen Ordnung" sei zwar in höchstem Maße auslegungsbedürftig, jedoch durch Rechtsprechung und Lehre nach Inhalt, Zweck und Ausmaß hinreichend präzisiert und somit in seiner Bedeutung geklärt.[331] Er verweise insbesondere auf grundrechtliche Maßstäbe, wie namentlich die Menschenwürde, das Recht auf Leben und die körperliche Unversehrtheit sowie das staatliche Gewaltmonopol.[332] Durch das *Laserdrome* sei zwar die individuelle Menschenwürde des Einzelnen nicht verletzt, da sich die Spieler chancengleich gegenüberstünden und insofern nicht zum bloßen Objekt herabgewürdigt seien, wohl aber der fundamentale Wert- und Achtungsan-

328 BVerwG, Beschluss vom 24.10.2001 - 6 C 3.01 - *Omega*, BVerwGE 115, 189.

329 Ebenda, Rdn. 6; die Verfügung wurde gestützt auf § 14 OBG NW.

330 BVerwGE 115, 189, Rdn. 53; ebenso schon für den Bereich der Sitte und Moral BVerwG, Urteil vom 23.02.1960 - I C 240.58, Rdn. 12 - *Kondomautomat*, BVerwGE 10, 164.

331 BVerwGE 115, 189, Rdn. 56.

332 Ebenda, Rdn. 62.

spruch, der jedem Menschen zukomme. Die simulierten Tötungshandlungen führten zur Bagatellisierung der Gewalt und seien wegen der möglichen Auswirkungen einer solchen Tendenz auf die allgemeinen Wertvorstellungen und das Verhalten in der Gesellschaft mit der Menschenwürdegarantie unvereinbar.[333] Schließlich komme es auf eine Einwilligung der Beteiligten nicht an, da die aus Art. 1 Abs. 1 und Art. 2 Abs. 2 S. 1 GG herzuleitende Werteordnung der Verfassung nicht zur Disposition stehe.[334]

Dieser Fall zeigt, dass die „öffentliche Ordnung" für die Beschränkung individueller Freiheiten herangezogen wird, wenn durch bestimmte Tätigkeiten die in der Gesellschaft vorherrschenden Wertvorstellungen - mithin Werte der Sozialmoral - gefährdet sind. Diese spiegeln sich in den elementaren Grund- und Menschenrechten wie der Menschenwürde sowie dem Schutz des Lebens wider[335], die eine objektive Werteordnung bilden. Da das Leben nach der gesellschaftlichen Grundüberzeugung zu schützen und zu respektieren ist, war das spielerische Töten als Verstoß gegen diese Wertordnung anzusehen. Hierdurch wird das Verhältnis zwischen der Fundamentalethik des Grundgesetzes und der durch die „öffentlichen Ordnung" geschützten Sozialmoral deutlich: Die Fundamentalethik des Grundgesetzes reflektiert die herrschenden Anschauungen und bildet insofern den übergeordneten Maßstab für die moralische Bewertung richtigen oder falschen Verhaltens. Die „öffentliche Ordnung" als Ausdruck der vorherrschenden

333 BVerwGE 115, 189, Rdn. 65, 68; im Anschluss an den EuGH bestätigt durch BVerwG, Urteil vom 13.12.2006 - 6 C 17.06, Rdn. 25 - *Omega*, www.juris.de (zuletzt abgerufen am 06.11.2014): *„Ein solches simuliertes Töten zu Unterhaltungszwecken wird nach dem Gesagten dem gebotenen Respekt vor der Individualität, Identität und Integrität der menschlichen Persönlichkeit nicht gerecht."*

334 Ebenda, Rdn. 68.

335 Ebenso für *Laserdromes* OVG Koblenz. Es betont, *„Ausdruck der Wertvorstellungen der überwiegenden Mehrheit der Bevölkerung sind die im Grundgesetz geschützte Menschenwürde und das Recht auf Leben und körperliche Unversehrtheit"*, OVG Koblenz, Beschluss vom 21.06.1994 - 11 B 11428/94, NVwZ-RR 1995, 30 (31); OVG Münster, Urteil vom 27.09.2000 - 5 A 4916/98, Rdn. 16, GewArch 2001, 71 betonte, die außerrechtlichen Maßstäbe, auf die die *„öffentliche Ordnung" verweise, seien die Gesamtheit der Wertvorstellungen, die eine Gesellschaft in einem bestimmten Zeitpunkt ihrer geistig-kulturellen Entwicklung erreicht und in der Verfassung fixiert habe"*.

Moral ist mithin im Lichte dieser fundamentalethischen Wertungen auszulegen, die den äußersten Werterahmen vorgeben.[336]

Zu beachten ist jedoch, dass die „öffentliche Ordnung“ nicht mit den kodifizierten Grundrechtsgehalten gleichzusetzen ist, da sie auch ein „Mehr“ oder „Weniger“ sein kann. Vorliegend erfasste die „öffentliche Ordnung“ eine Tätigkeit, die nur abstrakt geeignet war, die Werte der Verfassung langfristig, sprich mit Wirkung für die Zukunft zu gefährden. Anders als das Gericht in seinem Beschluss annahm, kann die Beschränkung einer solchen Tätigkeit mangels spezialgesetzlicher Normierung auf die Generalklausel gestützt werden. Das gilt insbesondere, wenn sie geeignet ist, den Respekt vor der Menschenwürde oder dem Recht auf Leben zu mindern und der Verrohung Vorschub zu leisten. Der Staat hat dann wegen der Wertungen aus Art. 1 Abs. 1 GG und Art. 2 Abs. 1 GG weder einen Abwägungs- noch einen Ermessensspielraum, sondern ist zum Einschreiten verpflichtet.[337]

Die tatsächlichen Wertungen dieses Urteils wurden von den Fachgerichten im Hinblick auf die vergleichbaren *Paintball*-Spiele bezweifelt.[338] Das VG Dresden[339] beispielsweise sah in den *Paintball*-Anlagen keine Gefährdung der „öffentlichen Ordnung“. Es stellte darauf ab, dass sich die von der polizeirechtlichen Generalklausel geschützten sozialethischen Gebote an den derzeit gültigen Anschauungen messen lassen müssten[340], und hob insofern auf einen empirischen Ansatz ab. Untersuchungen hätten ergeben, dass die Teilnahme an *Paintball*-Spielen keine Auswirkungen auf die Persönlichkeit hätten. Von einem Abstumpfen oder einer veränderten sittlich-ethischen Anschauung der Beteiligten könne demnach nicht ausgegangen werden. Eine möglicherweise irgendwann in der Zukunft entwürdigende Behandlung von

336 *Hillgruber*, in: Umbach/Clemens (Hrsg.), GG, Art. 2, Rdn. 218; allgemein zum Verhältnis von Ethik und Moral *Klem*, Die Rolle der Ethik in Bezug auf die Legitimation neuer Gründungspopulationen am Beispiel der Biotechnologie, S. 43; *Pusch*, in: Hermann-Knoblauch-Akademie (Hrsg.), Homo ethicus: was können, was dürfen wir?, S. 22.

337 BVerwG, Urteil vom 13.12.2006 - 6 C 17.06, Rdn. 29, www.juris.de (zuletzt abgerufen am 06.11.2014).

338 Anm.: Beim *Paintball* beschießen sich zwei gegenerische Teams mittels Druckluft- oder Gasdruckmarkierern, die äußerlich Maschinenpistolen ähneln, mit Farbgeschossen.

339 VG Dresden, Urteil vom 26.01.2007 - 14 K 2097/03 - *Paintball*, www.juris.de (zuletzt abgerufen am 06.11.2014).

340 Ebenda, Rdn. 45.

Menschen könne nicht gegenwärtig mit Mitteln des Polizeirechts einer eingetretenen oder bevorstehenden Rechtsgutsverletzung gleichgesetzt und untersagt werden. Ansonsten müsse jedes Verhalten, dass tendentiell geeignet wäre, die ethische Integrität einer Person für die Zukunft zu verändern, in der Öffentlichkeit und sogar im Privaten untersagt werden können.[341] Darüber hinaus enthalte das *Paintball*-Spiel keine Elemente, die als Verstoß gegen die Wertmaßstäbe des Grundgesetzes zu werten seien. Das spielerische Ausschalten von Gegnern finde sich auch in anderen Spielen und insbesondere bei Sportarten wie Boxen, Fechten oder Karate.[342] In der Folge sei kein gesellschaftlicher Konsens dahingehend feststellbar, dass Spiele, in denen das Töten oder Verletzen von Menschen simuliert werde, anstößig seien. Anders sehe die Beurteilung aus, wenn es im jeweiligen Spiel ausschließlich um die Lust am Töten oder die Ausübung von Grausamkeiten gehe. Dies sei bei *Paintball* nicht festzustellen.[343]

Ebenso wurde es vom VG Minden[344] gesehen. Seiner Ansicht nach sei der Wert- und Achtungsanspruch des Menschen beim *Paintball* nicht betroffen. Durch die simulierten Tötungen seien keine Tabugrenzen überschritten, auch wenn möglicherweise die Gefahr bestehe, dass die Hemmschwelle Einzelner für die Zukunft herabgesetzt werden könne.[345] Wenn dies moralisch anders beurteilt werden sollte, sei dies vom Gesetzgeber ausdrücklich zu normieren.[346]

Anders als das BVerwG ließen die Verwaltungsgerichte es nicht ausreichen, dass *Paintball*-Spiele erst in der Zukunft möglicherweise schädliche Auswirkungetn zeigten und zum Zeitpunkt der Entscheidung lediglich eine abstrakte Gefährdung der Menschenwürde darstellten. Sie forderten eine konkrete Verletzung der „öffentlichen Ordnung", die an den Wertmaßstäben des Grundgesetzes unter Berücksichtigung sozialempirischer Feststellungen zu messen sei. Das ist insofern richtig, als sich die „öffentliche Ordnung" auf diejenigen aktuell

341 VG Dresden - *Paintball*, Rdn. 48 f.

342 Ebenda, Rdn. 53.

343 Ebenda, Rdn. 55 f.; ebenso BayVGH, Urteil vom 27.11.2012 - 15 BV 09.2719, Rdn. 31 f., DVBl. 2013, 525.

344 VG Minden, Urteil vom 27.11.2007 - 1 K 2883/06 - *Paintball*, NvwZ-RR 2008, 378.

345 VG Minden, NWvZ-RR 2008, 378 (379).

346 Bezugnehmend auf den „bloßen" Entwurf eines § 118a OWiG zu menschenverachtenden Spielen VG Minden, NVwZ-RR 2008, 378 (380).

vorherrschenden Werte bezieht, die als Voraussetzung für ein gedeihliches Zusammenleben gelten.[347] Die Gerichte können sich demnach nicht auf eine methaphysische Ethik berufen, sondern müssen jedenfalls aktuelle Gesellschaftsströmungen berücksichtigen. Zu bezweifeln ist aber, dass die „öffentliche Ordnung" bei „bloßen" Gefährdungen der Werteordnung noch nicht anwendbar sein soll. Denn eine konkrete Verletzung der Menschenwürde unterfiele bereits der „öffentlichen Sicherheit", die alle positivrechtlich normierten Rechtsgüter schützt. Darüber hinaus ist es mit dem Schutzanspruch der Menschenwürde aus Art. 1 S. 2 GG nicht vereinbar, mit dem staatlichen Eingriff darauf zu warten, bis die Würde tatsächlich verletzt ist. Im Gegenteil verpflichtet Art. 1 S.2 GG den Staat gerade dazu, auch künftige Gefährdungen und „Vorstufen" einer Würdeverletzung zu unterbinden.[348] Dass die Beteiligten in die Verletzung ihrer individuellen Würde eingewilligt hatten, war unbeachtlich, da die objektive Wertordnung des Grundgesetzes nicht zur Disposition steht. Dennoch verbleiben abschließend Zweifel an der Unsittlichkeit von *Paintball* und *Laserdromes*, denn das Verletzen von Menschen wird etwa beim Boxen und anderen Kampfsportarten nicht nur simuliert, sondern tatsächlich praktiziert, ohne dass dem Gegener dabei seine Qualität als Mensch abgesprochen wird oder diesen Tätigkeiten verrohender Charakter zugesprochen wird. Im Gegenteil ist der simulierte Kampf ein Ausdruck gegenseitigen Respekts und ein schlichtes „Sich-Messen" an den Fähigkeiten des anderen. Da sowohl beim *Paintball* als auch beim *Laserdrome* letztlich der sportliche Wettstreit im Vordergrund steht und die „simulierten Tötungen" nur abstrahiert erfolgen, dürfte von einer tatsächlichen Verrohung der Teilnehmer nicht auszugehen sein.[349] Diese Feststellung befreit die Rechtsanwender jedoch nicht davon, stets eine Einzelfallbewertung unter Berücksichtigung der jeweiligen Umstände vorzunehmen.

347 BVerfG, Beschluss vom 14.05.1985 – 1 BvR 233, 341/81 – *Brokdorf*, NJW 1985, 2395 (2398).

348 Siehe nur exemplarisch *Starck*, in: Mangoldt/Klein/Starck, GG Kommentar, Art. 1 Abs. 1, Rdn. 40.

349 Kritisch auch *Suchomel*, Partielle Disponibilität der Würde des Menschen, S. 232; *Teifke*, Das Prinzip Menschenwürde, S. 83 f. m.w.N.

b.) Mixed-Martial-Arts Kämpfe

Vom VG Gießen wurde im Jahr 2011 untersucht, ob sog. *Mixed-Martial-Arts*-Kämpfe[350] wegen Verletzung der Menschenwürde gegen die „öffentliche Ordnung“ nach § 11 des Hessischen Gesetzes über die öffentliche Sicherheit und Ordnung (HSOG) verstießen.[351] Das Gericht stellte fest, dass diesbezüglich kein eindeutiger Wertekonsens in der Gesellschaft bestehe.[352] Im Gegensatz zur Veranstaltung von *Laserdromes* sei auch nicht zu befürchten, dass es durch *Mixed-Martial-Arts*-Kämpfe zu einer Bagatellisierung von Gewalt komme oder dass die Hemmschwelle bei den Zuschauern sinke. Auch werde der unterlegene Gegner nicht zum bloßen Objekt von Gewalthandlungen degradiert, da das Regelwerk die Beendigung des Kampfes durch Abklopfen, die Anweisung des Ringrichters, des Ringarztes sowie der jeweiligen Trainer ermögliche. Demnach sei weder eine Verletzung der Menschenwürde noch die Leugnung des fundamentalen Wert- und Achtungsanspruchs des Menschen festzustellen.[353]

Eine andere Bewertung ergibt sich nach Ansicht der Rechtsprechung jedoch, wenn Jugendschutzbelange betroffen sind. So entschied das BVerfG, dass *Mixed-Martial-Arts*-Kämpfe durchaus geeignet seien, Gewalttätigkeiten gegen Menschen in verharmlosender Weise darzustellen und das allgemeine Sittlichkeitsgefühl grob zu verletzen.[354] Einschlägig sind hier aber Vorschriften des Jugendmedien-Staatsvertrages (§ 4 Abs. 1 Nr. 5 JMStV), sodass ein Eingriff nur auf der Grundlage der öffentlichen Sicherheit erfolgen kann.

Die Gerichte legten die „öffentliche Ordnung“ in diesen Entscheidungen erneut am Maßstab der Grundgesetzes aus und bezogen sich auf das Nichtvorhandensein eines gesellschaftlichen Konsenses über die Unsittlichkeit der Kämpfe. Allerdings handelte es sich lediglich um

350 Bei *Mixed-Martial-Arts* handelt es sich um eine Kombination der fünf olympischen Sportarten Boxen, Freistilringen, griechisch-römisches Ringen, Taekwando und Judo mit anderen Kampfsporttechniken wie Karate und Kickboxen.

351 VG Gießen, Beschluss vom 03.03.2011 - 4 L 444/11.GI - *Martial-Arts*, LKRZ 2011, 238.

352 Ebenda, Rdn. 8.

353 Ebenda, Rdn. 10.

354 BVerfG, Einstweilige Anordnung vom 08.12.2010 - 1 BvR 2743/10, Rdn. 16 - *Sendeverbot für Ultimate Fighting*; zur Moralwidrigkeit gewalttätiger Medieninhalte siehe auch *Hörnle*, Grob anstößiges Verhalten, S. 406.

summarische Prüfungen im Rahmen des einstweiligen Rechtsschutzes, sodass die Entscheidungsgrundlage für die Ermittlung der gesellschaftlichen Anschauungen nicht offengelegt wurde. Aus prozessökonomischen Gründen und wegen des Gebots effektiven Rechtsschutzes aus Art. 19 Abs. 4 GG können hierbei keine empirischen Untersuchungen verlangt werden.

c.) Neonazi-Demonstrationen

Das OVG Münster tendierte dahin, die „öffentliche Ordnung" bei Demonstrationen Rechtsradikaler als Verweis auf eine dem Grundgesetz immanente Werteordnung anzusehen und damit eine diesbezügliche Untersagung nach § 15 Abs. 1 VersG zu rechtfertigen.[355] Allerdings bezog es neben der Menschenwürde das der Völkerverständigung dienende verfassungsrechtliche Friedensgebot sowie die in Art. 20 GG kodifizierten Strukturprinzipien der Demokratie, des Föderalismus und der Rechtsstaatlichkeit in den Kreis der von der „öffentlichen Ordnung" erfassten verfassungsimmanenten Werte mit ein.[356] In diesen Werten manifestiere sich die Absage an jegliche Form von Totalitarismus, Rassenideologie und Willkür, wie sie für das nationalsozialistische Unrechtsregime kennzeichnend gewesen seien.[357] Eine Versammlung, die sich zum Nationalsozialismus bekenne, könne unter Rückgriff auf die „öffentliche Ordnung" gem. § 15 Abs. 1 VersG untersagt werden. Auch wenn sich das Gericht bei seiner Argumentation auf Art. 20 GG berief, stellte es doch auf einen dem Grundgesetz immanenten Wertekanon ab, der es gebiete, nationalsozialistische Meinungsäußerungen und Nazi-Demonstrationen bereits aus dem Schutzbereich von Art. 5 Abs. 1 und Art. 8 Abs. 1 GG herauszunehmen, obwohl sie nicht schlechthin gesetzlich verboten seien.[358] Die Wertentscheidungen des Grundgesetzes würden jedwede Unfrieden stiftende nationalistische Aufhetzung der Gemüter verbieten.[359]

355 OVG Münster, Beschluss vom 23.03.2001 - 5 B 395/01, NJW 2001, 2111; OVG Münster, Beschluss vom 30.04.2001 - 5 B 585/01, NJW 2001, 2114.

356 OVG Münster, NJW 2001, 2111.

357 Ebenda.

358 Ebenda, NJW 2001, 2111 (2012); so auch schon OVG Münster, Beschluss vom 25.01.2001 - 5 B 115/01, BeckRS 2001, 20583; ebenso OVG Münster, Beschluss vom 29.06.2001 - 5 B 832/01, NJW 2001, 2986 f.

359 Ebenda, NJW 2001, 2111 (2012).

Die Richtigkeit dieser Entscheidungen ist schon angesichts des hohen Stellenwertes der Meinungs- und Versammlungsfreiheit zweifelhaft.[360] Darüber hinaus ist es mit dem Rechtsstaatsprinzip und dem daraus abgeleiteten Grundsatz, dass der parlamentarische Gesetzgeber „wesentliche" Entscheidungen selbst regeln muss[361], nicht vereinbar, bestimmte unerwünschte Meinungen oder Versammlungen bereits unter Verweis auf außerrechtliche Wertmaßstäbe aus dem Schutzbereich der Grundrechtsgewährleistungen herauszunehmen.[362] *Dörr* kritisiert richtigerweise, dass es gerade das Wesen einer freiheitlichen Grundordnung ist, auch politisch Radikalen die Freiheitsverbürgungen nicht allein gestützt auf Tendenzgehalte oder Wertmaßstäbe schlechthin zu versagen.[363] Erforderlich ist vielmehr eine gesetzliche Regelung, die den Anforderungen an die Schrankenbestimmungen der Art. 8 Abs. 2 und Art. 5 Abs. 2 GG entspricht.

Dementsprechend ist das BVerfG dem OVG Münster mit der Aussage entgegen getreten, dass eine Beeinträchtigung der Meinungsfreiheit nur durch eine Rechtsgrundlage i.S.d. Art. 5 Abs. 2 GG erfolgen könne. Verfassungsimmanente Grenzen kämen als solche nicht in Betracht.[364] Auch das Verbot einer Versammlung könne nicht allein auf die „öffentliche Ordnung" gestützt werden.[365] Vielmehr seien dazu drohende Gefahren für elementare Rechtsgüter erforderlich. Der Schutz dieser Güter erfolge aber allein durch positiviertes Recht[366] und damit auf

360 Vgl. aber für das Verbot rechtsradikaler Meinungsäußerungen aufgrund eines nicht-allgemeinen Gesetzes i.S.v. Art. 5 Abs. 2 GG BVerfG, Beschluss vom 04.11.2009 - 1 BvR 2150/08, NJW 2010, 47 - *Wunsiedel*.

361 Zur „Wesentlichkeitstheorie" BVerfG, Beschluss vom 08.08.1978 - 2BvL 8/77 - *Kalkar I*, BVerfGE 49, 89 (126); BVerfG, Beschluss vom 27.11.1990 - 1 BvR 402/87 - *Josephine Mutzenbacher*, BVerfGE 83, 130 (142, 152); daran anknüpfend auch *Kahl*, VerwArch 2008, 451 (459).

362 Auch das BVerfG geht von dem grundsätzlichen Schutz radikaler Meinungen aus, BVerfG, NJW 2010, 47, Rdn. 50 - *Wunsiedel*.

363 *O. Dörr*, VerwArch 2002, 485 (489).

364 So ausdrücklich BVerfG, Beschluss vom 24.03.2001 - 1 BvQ 13/01 - *Protestmarsch nationaler Deutscher und Niederländer*, NJW 2001, 2069 (2070); ebenso BVerfG, Beschluss vom 23.06.2004 - 1 BvQ 19/04 - *Inhaltsbezogenes Versammlungsverbot*, NJW 2004, 2814 (2816).

365 Das folgt schon aus der sog. Polizeifestigkeit der Versammlung, vgl. dazu *Kniesel/Poscher*, in: Lisken/Denninger, Handbuch des Polizeirechts, K, Rdn. 19 f.

366 BVerfG, NJW 2001, 2069 (2071). Das BVerfG schließt das Verbot einer Versammlung gem. Art. 8 Abs. 2 GG aber nicht grundsätzlich aus, wenn ag-

Grundlage der „öffentlichen Sicherheit". Eine Berufung auf die „öffentliche Ordnung" - und damit auf außerrechtliche Wertvorstellungen - scheide aus.

Widersprüchlich erschien vor diesem Hintergrund jedoch die Entscheidung des BVerfG zu einer Versammlung am Holocaust-Gedenktag, dem 27. Januar.[367] Die Versammlung wurde zwar nicht vollständig verboten, jedoch nur unter der Auflage einer zeitlichen Verschiebung i.S.d. § 15 Abs. 1 VersG zugelassen. Die Versammlungsbehörde vertrat hierbei die Ansicht,

> "[...] dass mit einem rechtsextremen Aufzug an dem Holocaust-Gedenktag eine erhebliche und unerträgliche Beeinträchtigung des sittlichen Empfindens aller Bürgerinnen und Bürger verbunden wäre."[368]

Diese Erwägungen wurden vom Gericht nicht beanstandet.[369] Die „öffentliche Ordnung" könne zumindest dann herangezogen werden, wenn das Versammlungsrecht unterhalb der Schwelle eines Verbots eingeschränkt werde.[370] Sie könne insbesondere bei Versammlungen gefährdet sein, die an bestimmten Tagen mit eindeutigem Sinngehalt und gewichtiger Symbolkraft stattfänden und dadurch grundlegende soziale oder ethische Anschauungen verletzten. Davon sei bei einer Neonazi-Demonstration am Holocaust-Gedenktag auszugehen.[371]

In dieser Entscheidung wurde die „öffentliche Ordnung" in erheblichem Maße ethisch und moralisch aufgeladen. Schutzgut war im Wesentlichen die Pietät gegenüber den Opfern des Nationalsozialismus als außerrechtliche Wertvorstellung. Da die Versammlung hier nicht vollständig verboten, sondern mit einer Auflage zugelassen wurde, war die Entscheidung im Ergebnis nicht zu beanstanden.

gressive, das Zusammenleben der Bürger konkret beeinträchtigende Begleitumstände hinzutreten.

367 BVerfG, Einstweilige Anordnung vom 26.01.2001 - 1 BvQ 9/01, Rdn. 14 - *Holocaust-Gedenktag*, NJW 2001, 1409.

368 BVerfG, NJW 2001, 1409, Rdn. 11b).

369 BVerfG, NJW 2001, 1409, Rdn. 13.

370 Ebenda, Rdn. 14 f.

371 Ebenda, Rdn. 15.

d.) Verhältnis zur öffentlichen Sicherheit

Trotz der aufgezeigten Anwendungsfälle stellt sich die Frage, ob die „öffentliche Ordnung" neben dem Schutzgut der „öffentlichen Sicherheit" in dogmatischer Hinsicht einen eigenen Anwendungsbereich besitzt.[372] Insbesondere in den *Laserdrome*- und *Paintball*-Fällen wurden Untersagungen abwechselnd auf beide Eingriffstatbestände gestützt. Unter der „öffentlichen Sicherheit" i.S.d. Gefahrenabwehrrechts versteht man die Unverletzlichkeit der objektiven Rechtsordnung, der subjektiven Rechte und Rechtsgüter des Einzelnen, wie insbesondere Leben, körperliche Unversehrtheit und Freiheit, sowie der Einrichtungen und Veranstaltungen des Staates und sonstiger Träger der Hoheitsgewalt.[373] Aufgrund der Tatsache, dass heutzutage nahezu alle Lebensbereiche in umfangreichem Maße verrechtlicht sind[374] und von der Rechtsprechung eine gesetzgeberische Entscheidung über gesellschaftliche Wertvorstellungen verlangt wird, könnte die „öffentliche Ordnung" vollständig im Begriff der „öffentlichen Sicherheit" aufgegangen[375] oder sogar überflüssig sein.[376]

Dennoch besteht die Funktion der „öffentlichen Ordnung" gerade darin, als Reserve- oder Auffangtatbestand neu entstehende oder bislang spezialgesetzlich nicht geregelte Gefahren zu erfassen.[377] So ist die „öffentliche Ordnung" - wie im *Laserdrome*-Urteil - anwendbar, wenn der Wert- und Achtungsanspruch des Menschen als objektiv-rechtlicher Gehalt der Menschenwürde mit Wirkung für die Zukunft abstrakt gefährdet ist, ohne dass es bereits zu einer konkreten Würdeverletzung gekommen ist.[378] Die „öffentliche Ordnung" verweist mithin auf das sozialethische Fundament der Menschenwürde, das dem von der „öffentlichen Sicherheit" erfassten positiven Recht zugrunde liegt.[379] Sie

372 In der Literatur wird die Verfassungsmäßigkeit der „öffentlichen Ordnung" angezweifelt, siehe *Kunig*, in: v. Münch/Kunig, GGK I, Art. 2, Rdn. 26; *Waechter*, NVwZ 1997, 729 ff.

373 Siehe nur *Depenheuer*, in: Maunz/Dürig, GG, Art. 8, Rdn. 154.

374 So auch *O. Dörr*, VerwArch 2002, 485 (492).

375 *Fechner*, JuS 2003, 734.

376 So auch *Waechter*, NVwZ 1997, 729 (734).

377 *Battis/Grigoleit*, NVwZ 2001, 121 (128); *Suchomel*, Partielle Disponibilität der Würde des Menschen, S. 241; *Hill*, DVBl 1985, 88 (96); *Fechner*, JuS 2003, 734 (735, 738); *Erbel*, DVBl. 2001, 1717 (1716); *O. Dörr*, VerwArch 2002, 485 (492).

378 BVerwGE - *Omega*, Rdn. 65, 68.

379 *Suchomel*, Partielle Disponibilität der Würde des Menschen, S. 227 f. m.w.N.

dient als Korrektiv für Verhaltensweisen, die zwar gesetzlich nicht untersagt, dem allgemeinen sozialethischen Empfinden nach jedoch zu missbilligen sind. Dementsprechend beschreibt *Denninger* die Sozialnormen, auf die der Begriff der „öffentlichen Ordnung" verweist, zu Recht als etwas, das „nicht, nicht mehr oder noch nicht" Recht ist.[380] Die Relevanz der „öffentlichen Ordnung" spiegelt sich letztendlich in der Tatsache wider, dass einige Landesgesetzgeber den Begriff als eigenständiges Eingriffsinstrument neben der „öffentlichen Sicherheit" beibehalten wollen. Ansonsten hätten sie (das betrifft NRW und Nds.) den Begriff der „öffentlichen Ordnung" - nachdem sie ihn aus den Polizeigesetzen gestrichen hatten[381] - nicht wieder eingeführt.[382] Eine effektive Gefahrenabwehr wäre kaum denkbar, wenn sozialethische Vorstellungen stets durch einen Gesetzgebungsakt ausgefüllt werden müssen.[383] Denn es wäre schlicht unmöglich bzw. unzumutbar, alle potentiellen Fälle, in denen das gesellschaftliche Zusammenleben gefährdet sein könnte, formalgesetzlich zu regeln.

380 *Denninger*, in: Lisken/Denninger, D, Rn. 35; *Rühl*, NVwZ 2003, 531 (532); ähnlich *Ipsen*, Niedersächsisches Polizei- und Ordnungsrecht, § 4, Rn. 114; ebenso *Waechter*, NVwZ 1997, 729.

381 Niedersachsen argumentierte, dass es nicht die Aufgabe des Staates sei, die Beachtung ungeschriebener Wertvorstellungen mit den Mitteln hoheitlicher Gewalt zu erzwingen, siehe die amtliche Begründung in Nds. LT-Drs. 12/4140, S. 47.

382 Niedersachsen, Nds. GVBl. 2003, Nr. 30 vom 18.12.2003, S. 414; siehe auch die Amtliche Begründung in Nds. LT-Drucks. 15/240, S. 8 f.: *„Aus der Sicht der polizeilichen und der kommunalen Praxis besteht die Notwendigkeit, mit dem Begriff der „öffentlichen Ordnung" eine „Auffangnorm" in das Gesetz aufzunehmen, um Störungen des Gemeinschaftslebens bei Fehlen einer spezialgesetzlichen Regelung begegnen zu können. Unter den Begriff der „öffentlichen Ordnung" fallen Wertvorstellungen von elementarer Bedeutung, die sich bei der ganz überwiegenden Mehrheit der Bevölkerung durchgesetzt haben und als unerlässliche Mindestanforderungen für ein gedeihliches menschliches Zusammenleben angesehen werden."*; Nordrhein-Westfalen, GV. NRW. 2010, Nr. 7 vom 23.02.2010, S. 131.

383 In diese Richtung aber wohl *Pieroth/Schlink/Kniesel*, Polizei- und Ordnungsrecht, § 8 Rdn. 50; ähnlich auch *Götz*, Allgemeines Polizei- und Ordnungsrecht, § 5 Rdn. 3 f.

3.) Die öffentliche Ordnung als Verweis auf den sozialethischen Grundkonsens der Gesellschaft

Das Rechtsstaatsprinzip und der Vorbehalt des Gesetzes aus Art. 20 GG verlangen, dass Einschränkungen individueller Rechte durch eine Ermächtigungsgrundlage erfolgen müssen, die hinreichend bestimmt oder bestimmbar ist.[384] Die „öffentliche Ordnung“ wurde durch die Jurisprudenz hinreichend konkretisiert. Sie betrifft heute in erster Linie *Laserdromes*, Versammlungen mit nationalsozialistischem Inhalt, sowie *Mixed-Martial-Arts*-Kämpfe. Dabei lädt die Rechtsprechung den Begriff der „öffentlichen Ordnung“ mit elementaren Wertvorstellungen auf, die für ein gedeihliches Zusammenleben unerlässlich sind.[385] Es geht dabei - ebenso wie schon bei den Sittenbegriffen des besonderen Ordnungsrechts - im Kern um die Gebote der Pietät, den objektiv-rechtlichen Gehalt der Menschenwürde, den Wert- und Achtungsanspruch des Menschen in einem abstrakten Sinne[386], den Respekt vor dem Leben sowie die der Verfassung immanente Abkehr von dem Unrechtsregime des Nationalsozialismus als gesellschaftlichem Mindestkonsens. Zu diesem Ergebnis kommt auch eine verfassungskonforme Auslegung der „öffentlichen Ordnung“ am Begriff des „Sittengesetzes“ aus Art. 2 Abs. 1 GG.

Die „öffentliche Ordnung“ als gefahrenabwehrrechtlicher Eingriffstatbestand wird in der Praxis zwar weitgehend von der „öffentlichen Sicherheit“ verdrängt, behält jedoch seine Daseinsberechtigung, da sie Sachverhalte erfasst, die mit den abschließenden Kodifizierungen des Gefahrenabwehrrechts nicht zu greifen sind. Sie dient als Auffangnorm für Störungen des Gemeinschaftslebens, die (noch) nicht von spezialgesetzlichen Regelungen erfasst werden, und ist bewusst als Generalklausel formuliert. Eine genauere Umschreibung der „öffentlichen Ordnung“ ist wegen dieses Schutzzwecks weder möglich noch erwünscht. Da die elementaren Wertvorstellungen der Allgemeinheit stets nur eine Momentaufnahme sind, ist die inhaltliche Unbestimmtheit der „öffentlichen Ordnung“ gleichsam zwingend. Voraussetzung für die Anwendbarkeit der „öffentlichen Ordnung“ ist jedoch, dass ein

384 *Huster/Rux*, in: Epping/Hillgruber, BeckOK GG, Art. 20, Rn. 159 f.; *Martens*, DÖV 1982, 89 (91); *Schenke*, Polizei- und Ordnungsrecht, § 3 II, Rn. 65.

385 VG Dresden – *Paintball*, siehe schon oben bei 1.Kap.A.IV. 2.) a.); OVG Münster, Urteil vom 27.09.2000, GewArch. 2001, 71.

386 *Hörnle*, Grob anstößiges Verhalten, S. 63; *Suchomel*, Partielle Disponibilität der Würde des Menschen, S. 233 m.w.N.

unsittliches Verhalten einen Öffentlichkeitsbezug aufweist, da der Eingriffstatbestand *per definitionem* und seinem Wortlaut nach („öffentlich") nur Sachverhalte erfasst, die wegen ihrer Außenwirkung überhaupt geeignet sind, das gesellschaftliche Zusammenleben zu beeinträchtigen.

V. Auslegung von Ethik und Moral im deutschen Recht

Die im deutschen Recht offen formulierten Tatbestände „Sittengesetz", „gute Sitten", „Unsittlichkeit", „öffentliche Ordnung" und „sittliches Empfinden" betreffen als unbestimmte Rechtsbegriffe maßgeblich die Sexualmoral im weitesten Sinne - sprich Homosexualität, Prostitution oder sexuelle Darbietungen - sowie die Grenzbereiche des menschlichen Lebens, insbesondere Schwangerschaftsabbrüche, die Sterbehilfe oder spielerisches Töten. Außerdem ist zu beobachten, dass bei der gefahrenabwehrrechtlichen Untersagung von Neonazi-Versammlungen moralische Beweggründe mit einfließen.

Die Sittenbegriffe stellen jeweils auf außerrechtliche Wertvorstellungen der Rechtsgemeinschaft ab. Sowohl für das „Sittengesetz" in Art. 2 Abs. 1 GG als auch die „öffentliche Ordnung" folgt diese Annahme aus der Kodifizierung neben der „verfassungsmäßigen Ordnung", respektive der „öffentlichen Sicherheit". Da die „guten Sitten", die „Unsittlichkeit" und das „sittliche Empfinden" im Gewerbe-, Gaststätten- und Bestattungsrecht verfassungskonform und somit im Lichte des „Sittengesetzes" nach Art. 2 Abs. 1 GG auszulegen sind, ist deren Bedeutung grundsätzlich dieselbe.[387] Es ist allerdings zu beachten, dass Eingriffe in innere Lebenssachverhalte wegen des hohen Stellenwerts des Selbstbestimmungsrechts häufig nicht gerechtfertigt werden können, sodass Freiheitsbeschränkungen in der Regel auf die objektiv-rechtlichen Gewährleistungen der Grundrechte als Ausdruck des sozialethischen Wertekanons zu stützen sind. Zu diesem gesellschaftlichen Wertekonsens, auf den auch das „Sittengesetz" und die „öffentliche Ordnung" verweisen[388], zählen der generelle Wert- und Achtungsanspruch des Menschen[389], der Respekt vor seiner körperlichen Integrität und dem

387 Für § 4 Abs. 1 Nr. 1 GastG beispielsweise *Metzner*, in: ders. Gaststättengesetz, § 4, Rdn. 65; *Dreier*, in: ders. (Hrsg.), GG Kommentar, Bd. I, Art. 2 I, Rdn. 60.

388 So auch *Murswiek*, in: Sachs, GG, Art. 2, Rdn. 98.

389 *Suchomel*, Partielle Disponibilität der Würde des Menschen, S. 227, 228; *Huster*, NJW 2000, 3477 (3478).

menschlichen Leben, die Pietät als Ausdruck des postmortalen Würdeschutzes[390] und die nicht näher benannten sozialethischen Normen, die für ein gedeihliches Zusammenleben unerlässlich sind, wie beispielsweise der soziale, religiöse und weltanschauliche Friede.[391] Eine Einwilligung der Beteiligten in das zu beschränkende Verhalten steht einem staatlichen Eingriff nicht in jedem Fall entgegen. Zwar haben die Rechtsanwender das in Art. 1 Abs. 1 i.V.m. Art. 2 Abs. 1 GG kodifizierte Selbstbestimmungsrecht in ihre Entscheidung einzubeziehen.[392] Dieses kann sich aber nur auf die persönliche Rechtsbeeinträchtigung erstrecken. So kann der Einzelne in eine „Selbstentwürdigung" einwilligen, da gerade selbstbestimmtes Handeln ohne äußere Zwänge Ausdruck der Menschenwürde ist und dem Menschen kein Mindestmaß an Sittlichkeit vorzuschreiben ist.[393] Wenn durch dieses Verhalten jedoch zugleich die objektive Wertordnung verletzt ist, darf und muss der Staat seiner diesbezüglichen Schutzpflicht nachkommen. Die Sittlichkeitsnormen des deutschen Rechts verpflichten den Staat, den Wertekanon des Grundgesetzes - gegebenenfalls auch gegen den Willen der Beteiligten - zu schützen.[394]

Die Rechtsanwender dürfen diese Werte jedoch aufgrund des Vorbehalts des Gesetzes aus Art. 20 Abs. 3 GG nur zur Einschränkung von Freiheiten heranziehen, wenn sie vom Gesetzgeber dazu ermächtigt wurden. Die Sittenbegriffe als positivrechtliche Verweisungsnormen auf außerrechtliche Wertvorstellungen werden diesem Vorbehalt gerecht. Im Rahmen der Art. 2 Abs. 1 GG, § 33a Abs. 2 Nr. 2 GewO, § 4 Abs. 1 Nr. 1 GastG, § 5 S. 1 BayBest und der Polizeigesetze der Länder, die einen Eingriff zum Schutz der „öffentlichen Ordnung" erlauben, ist die Heranziehung sozialethischer Wertvorstellungen mithin verfassungsgemäß. Im Gegensatz dazu ist es jedoch nicht zulässig, Ethik und Moral als ungeschriebene Tatbestandsmerkmale der Gewerbefreiheit in § 1 GewO hineinzulesen. Aus den gleichen Gründen ist es abzulehnen, bestimmte Tätigkeiten wegen ihrer sittlichen Verwerflichkeit be-

390 Angedeutet schon von *Suchomel*, Partielle Disponibilität der Würde des Menschen, S. 230.

391 *Seelmann*, Was schützt der liberale Rechtsstaat?, in:
Siep/Gutmann/Jakl/Städtler, Von der religiösen zur säkularen Begründung staatlicher Normen, S. 173, 175.

392 In diesem Sinne auch *Isensee*, Tabu im freiheitlichen Rechtsstaat, S. 39.

393 So zu Recht OVG Münster, Urteil vom 28.09.1979 - XIII A 2873/78, Rdn. 2, GewArch 1980, 56; *Herdegen*, in: Maunz/Dürig, GG, Art. 1 Abs. 1, Rdn. 28.

394 *Suchomel*, Partielle Disponibilität der Würde des Menschen, S. 229.

reits aus dem Schutzbereich grundrechtlich verbürgter Freiheiten herauszunehmen, da die Grundrechte keine Schutzbereichbegrenzungen aus ethisch-moralischen Gründen kennen. Lediglich auf der Rechtfertigungsebene können Eingriffe, die den Anforderungen des Vorbehalts des Gesetzes aus Art. 20 Abs. 3 GG entsprechen, zulässig sein.

Abschließend ist zu beachten, dass die gefahrenabwehrrechtlichen Sittenbegriffe einen gewissen Öffentlichkeitsbezug unsittlicher Verhaltensweisen erfordern, da sie alle ungeschriebenen, elementaren Wertvorstellungen erfassen, die für ein gedeihliches Zusammenleben unerlässlich sind. Das Zusammenleben kann denknotwendig nur beeinträchtigt sein, wenn ein Verhalten in die Öffentlichkeitssphäre tritt und die vorherrschenden Anschauungen der Allgemeinheit tangiert.[395] Diese Bewertung unterliegt einer gesellschaftlichen Faktizität und kann stets nur eine Momentaufnahme sein.

1.) Konsens als Auslegungtopos

Bei der Beurteilung, ob tatsächlich eine Verletzung sozialethischer Grundwerte vorliegt, genießen Behörden und Gerichte einen Spielraum. Wenn das Gesetz - wie bei den Sitten- und Moralbegriffen - dafür Raum lässt bzw. die Rechtsanwender dazu ermächtigt, haben sie jedoch die aktuell vorherrschenden und einem Wandel unterliegenden Wertvorstellungen zu beachten.[396] Insofern wird die zeitliche und regionale Relativität des sozialethischen Konsenses zum Auslegungstopos bei Freiheitsbeschränkungen aus Gründen von Ethik und Moral. Dieser Ansatz spiegelt sich in der Rechtsprechung zu den *Paintball*-Spielen wider. Insbesondere das VG Dresden stellte darauf ab, dass es im Zeitpunkt der Entscheidung keinen gesellschaftlichen Konsens über die soziale Unwertigkeit simulierter Kämpfe gab.[397] Gleiches gilt in Fragen der Sexualmoral. Während ehemals die männliche Homosexualität oder die Ausübung der Prostitution als eindeutig sittenwidrig eingestuft wurden, findet sich heutzutage für solch eine Wertung keine Mehrheit in der Bevölkerung.[398]

395 *Hillgruber*, Der Schutz des Menschen vor sich selbst, S. 170; *Drews/Wacke/Vogel/Martens*, Gefahrenabwehr, § 16, S. 248.

396 *Störmer*, Die Verwaltung 1997, 233 (240); *Gusy*, Polizei- und Ordnungsrecht, Rn. 97.

397 VG Dresden, Urteil vom 26.01.2007 - 14 K 2097/03, Rdn. 55.

398 VG Berlin, NJW 2001, 983, Rdn. 30, 31.

In der Literatur wird teilweise vertreten, dass die Gerichte zur Ermittlung des herrschenden Konsenses empirische Instrumente heranziehen sollen[399], da die Rechtsanwender ihre persönlichen Anschauungen nicht der Bevölkerung „überstülpen" oder gleichsam „als Sittenwächter für die Einhaltung der Moralordnung" auftreten dürfen.[400] Dem ist nur teilweise zuzustimmen. Einerseits können empirische Untersuchungen für die Frage, *was* konkret die herrschenden Wertvorstellungen verletzt, hilfreich sein.[401] Das gilt wegen ihres gefahrenabwehrrechtlichen Charakters für die ordnungsrechtlichen Sittenbegriffe mehr als für das „Sittengesetz". Andererseits sind die Gerichte keinesfalls verpflichtet, empirische Untersuchungen heranzuziehen, da es ihre originäre Aufgabe ist, den jeweiligen Sachverhalt autonom rechtlich zu beurteilen. Die Empirie kann demnach - wenn überhaupt - als Auslegungshilfe herangezogen werden.[402]

Zu beachten ist weiterhin, dass selbst ein empirisch festgestellter Gesellschaftskonsens keine Wirkung entfaltet, wenn er seinerseits gegen verfassungsrechtliche Wertungen verstößt.[403] Gleiches gilt, wenn der Gesetzgeber ein Unsittlichkeitsurteil der Bevölkerung aufgreift und ausdrücklich positivrechtlich normiert. Diese Regelungen gehen den subsidiären, ungeschriebenen Moralvorstellungen im Wege der Spezialität vor.

Wenn die Rechtsprechung ausnahmsweise ausdrücklich auf herrschende Gesellschaftsanschauungen verweist, erfolgt deren Ermittlung nicht einheitlich. Zum einen kann das Vorhandensein eines herrschenden Konsenses mittels rechtsvergleichender Untersuchungen festge-

399 *Wolf/Stephan/Deger*, PolG für Baden-Württemberg, § 1, Rdn. 66; *Pieroth/Schlink/Kniesel*, Polizei- und Ordnungsrecht, § 8, Rn. 48; *Erbel* schlägt die Auswertung faktischer Indizien, demoskopische Verfahren, das Einholen mehrheitlicher Wertvorstellungen der Volksrepräsentanten in den kommunalen Volksvertretungen und neue technische Wege durch Computer oder das Internet vor, *Erbel*, Öffentliche Sicherheit und Ordnung, S. 1719; *Kahl*, VerwArch 2008, 451 (462 f.).

400 *Achterberg*, in: FS Scupin, 1973, S. 9 (32 ff., 41); *Erbel*, Öffentliche Sicherheit und Ordnung, S. 1719.

401 *Suchomel*, Partielle Disponibilität der Würde des Menschen, S. 240; *Erbel*, DVBl. 2001, 1714 (1719); *Fechner*, JuS 2003, 734.

402 Gänzlich abgelehnt vom VG Karlsruhe, Urteil vom 12.09.2013 - 3 K 496/12, Rdn. 38, www.dejure.org (zuletzt abgerufen am 06.11.2014).

403 *Drews/Wacke/Vogel/Martens*, Gefahrenabwehr, § 16, S. 249; *Störmer*, Die Verwaltung 1997, 233 (240).

stellt werden. Von dieser Methode machen die Gerichte Gebrauch, wenn sie ihre Entscheidung auf einen Staatenkonsens stützen (dazu sogleich). Darüber hinaus gewinnen sie ihre Erkenntnisse aus Stellungnahmen und Befragungen von Interessengruppen, die meinungsstarke Bevölkerungsteile repräsentieren. Dass solche Untersuchungen lediglich Indizcharakter haben, zeigt sich daran, dass die späteren Entscheidungen nicht zwingend durch die gewonnenen Erkenntnisse beeinflusst werden. Beispielsweise hielt das BVerfG die Eheschließung eines männlichen Transsexuellen mit einem männlichen Partner, ungeachtet möglicher gegenteiliger Anschauungen in der Bevölkerung, für nicht sittenwidrig. Seiner Ansicht nach sei ein Unsittlichkeitsurteil nicht rational zu begründen, da gesicherte wissenschaftliche Erkenntnisse vorlägen, dass der männliche Transsexuelle keine homosexuelle Beziehung suche.[404] Der wissenschaftliche Konsens war also in der Lage, die möglicherweise gegensätzlichen Anschauungen in der Gesellschaft zu überlagern.

Auch der BGH hielt es in seiner Entscheidung über den vorehelichen Geschlechtsverkehr aus dem Jahre 1954 für entbehrlich, auf die in der Gesellschaft vorherrschenden Anschauungen abzustellen. Der voreheliche Verkehr sei unabhängig davon unzüchtig, dass sich die diesbezüglichen Anschauungen in der Gesellschaft wandelten.[405] Es spielte somit keine Rolle, dass Liberalisierungstendenzen in der Gesellschaft erkennbar waren. Ausschlaggebend war vielmehr, was die Richter im Rahmen autonomer Auslegung für „unzüchtig" hielten.

Bei der rechtlichen Beurteilung der Strafbarkeit des Geschwisterinzests hingegen stellte das BVerfG sogar auf einen zwischenstaaatlichen Konsens ab und berief sich dafür auf eine Untersuchung des Max-Planck-Instituts. Danach sei der Geschwisterinzest in 13 von 20, und damit in einer Mehrheit der Staaten, wenn auch nicht zwangsläufig strafbar, jedenfalls aber in anderer Weise sanktioniert.[406] Darüber hinaus habe der Gesetzgeber als repräsentatives Organ der Bevölkerung, unabhängig von divergierenden Ansichten in der Gesellschaft, einen Spielraum festzulegen, was er für unwert halte.[407] In diesem Verfahren wurde das Unwerturteil des Gesetzgebers durch den internationalen Staatenkonsens gestützt, was die Transparenz der Gerichtsentscheidung erhöhte.

404 BVerfG, NJW 1979, 595 – *Transsexuelle I*, Rdn. 54.

405 BGH, NJW 1954, 766 (767) – *Kuppelei*.

406 BVerfGE 120, 224 (230 f.) – *Geschwisterinzest*.

407 Ebenda, BVerfGE 120, 224 (240, 243, 245, 248, 250, 253).

Darüber hinaus waren möglicherweise entgegenstehende innerstaatliche Gesellschaftsanschauungen schon nicht geeignet, den legislativen Spielraum zu verdrängen.

Einen anderen Ansatz wählte das VG Dresden bezüglich der Frage, ob die Veranstaltung von *Paintball* gegen die „öffentliche Ordnung" verstieß. Es verglich *Paintball* mit anderen Tätigkeiten wie Karate, Boxen oder Fechten, in denen das spielerische Töten von Menschen praktiziert werde. Deren Akzeptanz in der Bevölkerung führe zu dem Schluss, dass kein gesellschaftlicher Konsens darüber existiere, dass Spiele, in denen das Töten oder Verletzen von Menschen simuliert werde, stets anstößig seien.[408] Mithin verstieß die Veranstaltung von *Paintball*-Spielen nicht gegen die „öffentliche Ordnung" im Sinne des Polizeirechts. Die Existenz eines Konsenses wurde hier nicht anhand empirischer Untersuchungen ermittelt, sondern durch die Gegenüberstellung von Vergleichsgruppen. Ähnliches gilt für die Veranstaltung von sog. *Mixed-Martial-Arts*-Kämpfen, die zwar nach Ansicht des Gerichts ein höheres Gewaltpotential aufwiesen als andere Kampfsportarten wie Judo oder Karate; es herrsche aber in der Gesellschaft kein einheitliches Unwerturteil bezüglich der *MMA*-Kämpfe. Deshalb sei nicht davon auszugehen, dass sie die herrschenden Wertvorstellungen verletzten.[409] Da die gefundenen Vergleichsgruppen hier nicht dieselbe Verwerflichkeit wie die in Frage stehende Tätigkeit aufwiesen, beurteilte das Gericht letztere isoliert. Die mangelnde Übereinstimmung in der Bevölkerung über deren sittliche Beurteilung führte dann zu einer Liberalisierung. Daraus kann jedoch noch keine Gesetzmäßigkeit in der Form abgeleitet werden, dass das Nicht-Vorliegen eines Konsenses automatisch zu einer Liberalisierung führt. Gerade bei strafbewehrten Verhaltensweisen oder sonstigen gesetzgeberischen Wertentscheidungen kann der fehlende Konsens den Willen der Legislative nicht überlagern.

Im Hinblick auf die Methodik der Konsensermittlung ist das Urteil des VG Berlin in der Sache *Café Pssst!* besonders hervorzuheben. Für das VG kam es für die sittliche Bewertung der Prostitutionsausübung maßgeblich auf Wertvorstellungen an, die empirisch und transparant nachweisbar sind. Es kam mittels einer demoskopischen Untersuchung zu dem Ergebnis, dass die Mehrheit der Befragten Prostitution nicht für unsittlich halte. Das Gericht zog diese Tatsache als Auslegungshilfe für

408 VG Dresden, Urteil vom 26.01.2007 - 14 K 2097/03 - *Paintball*, Rdn. 55.

409 VG Gießen, LKRZ 2011, 238 - *Mixed-Martial-Arts*, Rdn. 8.

die „Unsittlichkeit" i.S.d. § 4 Abs. 1 Nr. 1 GastG heran, relativierte die Bedeutung des gefundenen Konsenses jedoch dadurch, dass dieser in einer repräsentativen Demokratie durch legitimierte Entscheidungsträger bestätigt werden müsse, um volle rechtliche Geltung zu erlangen. Deshalb befragte das Gericht zusätzlich zahlreiche Vertreter gesellschaftlicher Interessengruppen wie beispielsweise Wissenschaftler, Gewerkschaften und Kirchenvertreter zur ethischen Bewertung der Prostitution[410] und stützte seine Entscheidung letztlich auf einen Experten- und Gesellschaftskonsens.

Dem VG Berlin ist beizupflichten, dass die Empirie ein probates Mittel ist, um einen sozialethischen Konsens zu ermitteln, wenn Rechtsnormen ausdrücklich auf ihn verweisen und den Rechtsanwender dadurch ermächtigen, einen solchen zu berücksichtigen. Er kann als Indiz für die Auslegung der Sitten- und Moralbegriffe heranzuziehen sein[411], ist für die Richter aber nicht verbindlich, da der sozialethische Konsens auch durch autonome Auslegung ermittelt werden kann.

2.) Unterscheidung zwischen „wahrer" und „konventioneller" Moral?

Davon ausgehend, ist zu fragen, ob es eine sinnvolle Unterscheidung zwischen verschiedenen Moralverständnissen gibt, wie es teilweise in der Literatur vertreten wird. *Hörnle* benennt diese in anschaulicher Weise als „wahre Moral" einerseits und als „konventionelle Moral" andererseits.[412] „Wahre" Moral bezeichnet Werte, die unabhängig von ihrer faktischen Bedeutung in der Gesellschaft zu schützen sind.[413]

410 VG Berlin, NJW 2001, 983 - *Café Pssst!*, Rdn. 14 ff.

411 Im Hinblick auf die ärztliche Ethik ebenso VG Berlin, Entscheidung vom 30.03.2012 - VG 9 K 63.09, Rdn. 47, MedR 2013, 58: *„Mit der Bindung an die ärztliche Ethik nimmt das Standesrecht Bezug auf bestehende außerrechtliche Normen des Berufsstandes. Dies bedeutet, dass Regeln der ärztlichen Ethik nicht einfach durch Beschlüsse ärztlicher Standesorganisationen geschaffen werden können, sondern sich auf die von den Berufsangehörigen als verbindlich anerkannten sittlichen Normen und damit auf eine weitgehend gemeinsame Standesauffassung beziehen müssen."* *Suchomel*, Partielle Disponibilität der Würde des Menschen, S. 231 spricht sich für empirische Nachweise aus, wenn ein Tabubruch sich nicht - wie in Fällen der Nekrophilie oder des Kannibalismus - aufgrängt; ebenda, S. 239, 240; *Erbel*, DVBl. 2001, 1714 (1719); *Fechner*, JuS 2003, 734.

412 *Hörnle*, Grob anstößiges Verhalten, S. 53 m.w.N.; siehe auch *Suchomel*, Partielle Disponibilität der Würde des Menschen, S. 226.

413 *Suchomel*, Partielle Disponibilität der Würde des Menschen, S. 227.

Wenn die Gerichte - wie beispielsweise bei der sozialethischen Bewertung des vorehelichen Geschlechtsverkehrs zwischen Verlobten - auf das „ethisch Gesollte" oder die „guten Sitten" als moralische Kategorie abstellten, folgten sie einem derartigen Moralverständnis.[414] Dabei spielte die Existenz eines gegenteiligen gesellschaftlichen Konsenses keine Rolle, da die jeweiligen Werte und ihre Beurteilung von den faktischen Gegebenheiten unabhängig waren. „Wahre Moral" kann nach diesem Verständnis nur sein, was der Gesetzgeber als solche positivrechtlich geregelt hat. Auch können die objektiven Wertungen des Grundgesetzes, die in keinem Fall zur Disposition stehen, eine solche Moral widerspiegeln.

Die „konventionelle" Moral hingegen verweist nach *Hörnle* auf aktuelle Verhaltenserwartungen, die von der Mehrheit geteilt und befolgt werden. Mit anderen Worten geht es also um ein Moralverständnis, das von herrschenden Anschauungen abhängig ist. Allem Anschein nach folgen die Gerichte diesem Verständnis, wenn sie auf den Wandel gesellschaftlicher Anschauungen oder den „aktuell vorherrschenden Konsens" als entscheidende Kriterien zur sittlichen Beurteilung eines Sachverhalts abstellen.[415]

Diese Unterscheidung ist für die praktische Auslegung der Sitten- und Moralbegriffe im deutschen Recht nicht geeignet. Wenn „wahre Moral" nur das sein kann, was vom Gesetzgeber kodifiziert wurde, erfasst sie jedenfalls Strafnormen oder solche Rechtsnormen, die erkennbar ein Unwerturteil aufgreifen und gesetzlich festlegen. Die Sitten- und Moralbegriffe des deutschen Rechts verweisen auf grundrechtliche Wertentscheidungen als einen unverfügbaren Kernbestand sozialethischer Werte und können insofern als Ausdruck „wahrer Moral" angesehen werden. Das ist an den Entscheidungen zum *Laserdrome* und zur Körperwelten-Ausstellung zu sehen. In diesen Entscheidungen stützten sich die Gerichte auf den objektiven Wert- und Achtungsanspruch des Menschen sowie die Gebote der Pietät, die als Aspekte der „wahren Moral" einer fundamentalethischen Grundüberzeugung entspringen und jeder Disposition entzogen sind.

Allerdings ist es den Rechtsanwendern überlassen, im Einzelfall festzustellen, welches Verhalten gegen den sozialethischen Konsens ver-

414 BGH, NJW 1954, 766 (767) - *Kuppelei;* ebenso für die Unsittlichkeit von *Peep-Shows* OVG Lüneburg, GewArch 1995, 109, Rdn. 32.

415 BVerwG, GewArch 1990, 212, Rdn. 18 f. - *Peep-Show;* VG Berlin, NJW 2001, 983, Rdn. 14 - *Café Pssst!*

stößt. So stellten die Gerichte für die Beurteilung, ob dieser verletzt war, darauf ab, welche Auswirkungen die Veranstaltungen auf die Allgemeinheit hatten und ob sie deren sittliches Empfinden tatsächlich verletzen konnten. Insofern berücksichtigten sie im Rahmen der Subsumtion des fraglichen Verhaltens die herrschenden Anschauungen als Ausdruck „konventioneller Moral".

Es zeigt sich also, dass eine saubere Trennung zwischen „wahrer" und „konventioneller" Moral in der Rechtspraxis nicht möglich ist. Diese beiden Begriffe stehen nicht in einem Exklusivitätsverhältnis, sondern ergänzen sich im Rahmen der Rechtsauslegung und -anwendung. Auch wenn die Sitten- und Moralbegriffe ihren Rechtsgrund in den unverfügbaren Geboten der Sittlichkeit und Ethik als die nicht zeit- und ortsgebundenen Regeln einer richtigen Lebensführung haben[416], hängt die Frage ihrer Verletzung von den herrschenden sozialethischen Wertvorstellungen in der Rechtsgemeinschaft ab. Mit anderen Worten erfordert die Subsumtion eines Verhaltens unter den herrschenden Wertekonsens der Gesellschaft die Heranziehung der im Zeitpunkt der Entscheidung geltenden Mehrheitsanschauungen. Anderenfalls wäre es nicht möglich, die Sitten- und Moralbegriffe dynamisch zu interpretieren und auf einen Wertewandel zu reagieren.[417]

3.) Rechtliche Tabus?

Besondere Aufmerksamkeit verdient in diesem Zusammenhang das Abstellen auf vermeintliche Tabus. Neben empirischen Untersuchungen rekurrieren die Gerichte teilweise auf Ethik und Moral als Tabu begründende Merkmale, die bereits die Anwendbarkeit grundrechtlicher Gewährleistungen und einfachgesetzlicher Freiheiten ausschließen. Es ist zu bezweifeln, ob dies in einer pluralistischen Demokratie zulässig ist.

In der Praxis hat die Rechtsprechung insbesondere den Geschwisterinzest[418], die kommerzielle Sterbehilfe[419], die Ausstellung plastinierter Leichen[420] sowie Nazi-Demonstrationen[421] wegen Verstoßes gegen Ta-

416 *Vöneky*, Recht, Moral und Ethik, S. 113 f.; *Suchomel*, Partielle Disponibilität der Würde des Menschen, S. 227.

417 In diese Richtung auch *Di Fabio*, Grundrechte als Werteordnung, JZ 2004, 1 (4).

418 BVerfGE 120, 224 (243) – *Geschwisterinzest*.

419 VG Hamburg, MedR 2009, 550.

420 VGH München, NJW 2003, 1618 (1620).

bus untersagt.[422] Im Fall der kommerziellen Sterbehilfe hielt sie sogar bereits die Schutzbereiche der Grundrechte teilweise aufgrund des sozial unwertigen Charakters der in Frage stehenden Tätigkeiten für nicht eröffnet.[423] Was genau die Gerichte im rechtlichen Sinne unter einem Tabu verstehen, bleibt jedoch unklar. Gemeinhin ist damit die *„Unantastbarkeit"* oder *„Unverletzlichkeit"* bestimmter Werte oder auch ein

> „ungeschriebenes Gesetz, das aufgrund bestimmter Anschauungen innerhalb einer Gesellschaft verbietet, bestimmte Dinge zu tun"[424]

gemeint. Ein Tabu entfaltet aus sich selbst heraus Wirkung und bedarf keiner Begründung. Es „gilt, weil es gilt"[425] und wird von der positivierten Rechtsordnung nicht erfasst, da es weder rational begründbar, noch einer Rechtfertigungsprüfung im rechtsstaatlichen Sinne zugänglich ist.[426] *Isensee* unterscheidet zwei Arten von Tabus: das kulturelle, das ungefragt aus Überlieferungen und Vorstellungen übernommen und zugunsten eines gedeihlichen Zusammenlebens hingenommen, sowie das didaktische, welches gleichsam „von oben" aufoktroyiert und mit Zwangsmitteln durchgesetzt wird. Als Beispiel für ein didaktisches Tabu nennt er Auschwitz.[427] Demnach könnten die Strafbarkeit der „Auschwitzlüge" oder das Gutheißen des NS-Regimes als Ausprägungen eines solchen Tabus angesehen werden.

421 OVG Münster, NJW 2001, 2111, ebenso *Hörnle*, Grob anstößiges Verhalten, S. 334; *Bertram*, NJW 1994, 2002 (2004).

422 Auch *Hörnle* vermutet dass das Inzestverbot, sowie Straftaten den Umgang mit Toten betreffend (§§ 167a, 168 StGB) einem Tabu entspringen, *Hörnle*, Grob anstößiges Verhalten, S. 108 f.; für die Veranstaltung von *Paintball* einen Tabubruch ausdrücklich ablehnend, VG Minden, NWwZ-RR 2008, 378 (379).

423 VG Hamburg, MedR 2009, 550, Rdn. 47.

424 Duden Online, abrufbar unter:
http://www.duden.de/rechtschreibung/Tabu (zuletzt abgerufen am 06.11.2014);
ähnlich *Hörnle*, Grob anstößiges Verhalten, S. 112, 114.

425 *Isensee*, Tabu im freiheitlichen Rechtsstaat, S. 9; ebenso *Tolmein*, „Tabu verträgt keine Begründung", FAZ vom 16.04.2012, S. 29.

426 *Isensee*, Tabu im freiheitlichen Rechtsstaat, S. 14 f.

427 Ebenda, S. 31-34.

Der einzige Anknüpfungspunkt, den das Grundgesetz für die Annahme eines rechtlichen Tabus enthält, ist der Schutz der Menschenwürde. Der Wortlaut des Art. 1 Abs. 1 GG deutet auf ein solches hin, da jene *„unantastbar"* ist.[428] Tatsächlich berühren nahezu alle genannten und von der Rechtsprechung unter ein Tabu subsumierten Fälle die Würde des Menschen in verschiedenen Ausprägungen. Die gewerblich ausgeübte Sterbehilfe kommerzialisiert das menschliche Leben und steht damit dem grundgesetzlichen Menschenbild entgegen.[429] Gleiches gilt für die Ausstellung plastinierter Leichen ohne wissenschaftlichen Zweck[430], die Glorifizierung des Nationalsozialismus und seiner menschenverachtenden Verbrechen[431] sowie damit zusammenhängend die Leugnung des Holocausts[432]. Da eine Beeinträchtigung der Menschenwürde nicht gerechtfertigt werden kann und jegliche Abwägung mit ihr untersagt ist, dürfte ein Verstoß gegen Art. 1 Abs. 1 GG tatsächlich als rechtliches Tabu anzusehen sein. Hier ist jedoch zwischen dem subjektiv-rechtlichen und objektiv-rechtlichen Gehalt der Menschenwürde zu unterscheiden.[433] Während ein Individuum in eine vermeintlich „unwürdige" Behandlung einwilligen kann, da Art. 1 Abs. 1 GG im Kern gerade auch das Selbstbestimmungsrecht gewährleistet, ist der objektive Wert- und Achtungsanspruch jeder Disposition entzogen.[434] Tabuisiert ist demnach nur eine Verletzung des auch für den Würdeträger selbst unverfügbaren objektiven Gehalts der Menschenwürde.

Zu beachten ist, dass Rechtsnormen oft nur zeitlich bedingte Tabus kodifizieren, da das ihnen zugrunde liegende Unwerturteil einem gesellschaftlichen Wandel ausgesetzt ist: So ist festzustellen, dass vormals geltende „Tabus" insbesondere im Hinblick auf die Sexualmo-

428 Dies andgeeutet ebenda, S. 58; davon abgesehen gilt insbesondere die staatliche Folter als Tabu, *Schädler*, in: Hannich, Karlsruher Kommentar zur StPO, MRK, Art. 3, Rdn. 2; ebenso OLG Frankfurt a.M., Beschluss vom 28.02.2007 - 1 W 47/06 - *Fall Daschner*, NJW 2007, 2494 (2495, 2499).

429 VG Hamburg, MedR 2009, 550, Rdn. 49.

430 VGH München, NJW 2003, 1618 (1620).

431 OVG Münster, NJW 2001, 2111.

432 Siehe den Wortlaut des § 130 Abs. 3 StGB.

433 So auch schon *Suchomel*, Partielle Disponibilität der Würde des Menschen, S. 227.

434 Ebenda, S. 299.

ral[435], die gleichgeschlechtliche Lebenspartnerschaft, das spielerische Töten, das Unterlassen lebensverlängernder Maßnahmen[436] sowie den Selbstmord[437] von der Rechtsprechung konsequent beseitigt wurden, da das Selbstbestimmungsrecht des Einzelnen die Unwertigkeit der fraglichen Handlungen überlagerte[438] und kein gesellschaftlicher Konsens für die Unsittlichkeit dieser Tätigkeiten mehr feststellbar war. An dieser Stelle darf man jedoch nicht dem Irrtum verfallen, dass dadurch die unverfügbaren Verfassungswerte aufgeweicht werden; vielmehr unterliegt nur das jeweilige Subsumtionsergebnis einer zeitlichen Relativität. Mit anderen Worten: Nur weil etwa der selbstbestimmte Selbstmord heutzutage nicht mehr als Sittenverstoß angesehen wird, bedeutet dies nicht, dass die fundamentalethischen Verfassungswerte keine Geltung mehr beanspruchen. Die Menschenwürde sichert *naturaliter* weiterhin den Wert des Menschen; nur wird der Suizid nicht mehr als Verstoß gegen diese Wertentscheidung angesehen.

Eines der letzten Tabus, das von der Rechtsprechung aufrecht erhalten wird, ist die Strafbarkeit des Geschwisterinzests. Zum einen ist seine Tabuisierung zweifelhaft, weil - unabhängig von dessen faktischer Strafbarkeit - eine kritische Diskussion über die Daseinsberechtigung des § 173 Abs. 2 Satz 2 StGB geführt wird.[439] Diese Tatsache veranschaulicht, dass die Strafnorm keine unerschütterlichen, für das gesellschaftliche Zusammenleben unentbehrlichen Werte aufgreift, da ein

435 VG Berlin, NJW 2001, 983; die Abschaffung der Strafbarkeit männlicher Homosexualität beruht auf dem 29. StÄG vom 31.05.1994, BGBl I Nr. 33 vom 10.06.1994, S. 1168.

436 BGH, Urteil vom 25.06.2010 - 2 StR 454/09, NStZ 2010, 630.

437 OLG Düsseldorf, Beschluss vom 06.09.1973 - 1 Ws 333-336/73, NJW 1973, 2215.

438 Zum gleichen Ergebnis kommend *Isensee*, Tabu im freiheitlichen Rechtsstaat, S. 37, 38 m.w.N.

439 Für *Hörnle* sind Strafnormen wie der § 173 Abs. 2 Satz 2 StGB - die ausschließlich Moralvorstellungen schützen - nicht verfassungsgemäß, *Hörnle*, NJW 2008, 2085 (2087 f.); siehe auch *Hörnle*, Grob anstößiges Verhalten, S. 452 m.w.N.; *Sachs* nennt die Strafbarkeit des Geschwisterinzests *„skurril"*, *Sachs*, NJW 2009, 1441 (1446); für die heutige Funktionslosigkeit des Inzesttabus *Roxin*, StV 2009, 544 (548 f.); *Isensee* hingegen hält den Inzest zusammen mit sexuellem Missbrauch von Kindern, Kannibalismus und Leichenschändung für archaische Tabus, die der verfassungsrechtlichen Prüfung standhalten, weil sie den *ordre public* der deutschen Rechtskultur widerspiegelten, *Isensee*, Tabu im freiheitlichen Rechtssstaat, S. 80.

Tabu *per definitionem* nicht hinterfragt werden darf.[440] Zum anderen geht § 173 Abs. 2 StGB weit über einen Schutz der unantastbaren Menschenwürde hinaus und leidet insgesamt an einem Begründungsdefizit. Diese Tatsache ist auch dem Bundesverfassungsgericht nicht entgangen, da es die

> „kulturhistorisch begründeten, nach wie vor wirkkräftigen gesellschaftlichen Überzeugung von der Strafwürdigkeit des Inzestes, wie sie auch im internationalen Vergleich festzustellen ist"[441],

zur Rechtfertigung des Grundrechtseingriffs bemühte. Ein Hinweis auf bloße kulturhistorische Gegebenheiten genügt in einem Rechtsstaat jedoch nicht zur Begründung eines rechtlichen Tabus in Form einer Strafnorm als stärksten denkbaren Eingriff. Vielmehr muss sich ein rechtliches Tabu aus den kodifizierten Grundwerten der Verfassung ableiten lassen. Darüber hinaus betrifft der Geschwisterinzest die sexuelle Selbstbestimmung als höchstpersönlichen Kernbereich der Intimsphäre, der jedenfalls Vorrang gegenüber außerrechtlichen Wertvorstellungen genießt.

Schließlich darf selbst ein vermeintlich tabuisiertes Verhalten nicht aus dem Schutzbereich von Grundrechten herausfallen, wenn diese nicht unter einem Sittlichkeitsvorbehalt stehen. So hat das VG Hamburg fälschlicherweise angenommen, dass die kommerziell betriebene Sterbehilfe (bzw. Suizidbegleitung) als gesellschaftliches Tabu nicht als Beruf i.S.d. Art. 12 Abs. 1 GG von der Berufsfreiheit zu schützen sei.[442] Dieses Ergebnis ist ebenso abzulehnen wie die Annahme, der Betrüger genieße nicht den Schutz von Art. 12 Abs. 1 GG. Auch er kann sich auf die Berufsfreiheit berufen, nur eben nicht für den Betrug, der nach § 263 StGB sanktioniert ist. Ein gesetzliches Verbot für die kommerzielle Sterbehilfe kennt das Strafrecht hingegen nicht. Demnach konnte sich das VG auf keine gesetzliche Grundlage stützen, um bereits den Schutzbereich des Art. 12 Abs. 1 GG derart einzuschränken.

440 In diese Richtung schon *Seelmann*, Was schützt der liberale Rechtsstaat?, in: Siep/Gutmann/Jakl/Städtler, Von der religiösen zur säkularen Begründung staatlicher Normen, S. 173, der Tabus als „unhinterfragbare und unverrechenbare Normen, die dennoch traditionell den meisten Menschen intuitiv unmittelbar einleuchten".

441 BVerfG BVerfGE 120, 224 (248 f.) – *Geschwisterinzest*.

442 VG Hamburg, MedR 2009, 550, Rdn. 49.

Im Umkehrschluss gilt aber, dass Strafnormen, die den sozialethischen Konsens in der Gesellschaft aufgreifen, rechtliche Tabus kodifizieren. Die nach § 216 StGB sanktionierte Tötung auf Verlangen beispielsweise erwächst dem gesellschaftlichen Interesse an der Achtung des menschlichen Lebens[443] und schützt damit den sozialethischen Grundkonsens. Voraussetzung für die Begründung eines Tabus, das über einen Menschenwürdeschutz hinausgeht, bleibt jedoch, dass die fragliche Strafnorm verfassungskonform ist und von der überwiegenden Mehrheit der Gesellschaft nicht in Frage gestellt wird. So wäre beispielsweise die Strafbarkeit der männlichen Homosexualität heutzutage kein gültiges Tabu (mehr), da der Tatbestand wegen Verstoßes gegen Art. 1 Abs. 1 i.V.m. Art. 2 Abs. 1 GG und Art. 3 GG verfassungswidrig wäre und den Anschauungen in einer pluralistischen Gesellschaft widerspräche.

4.) Schutzpflicht des Staates

Die sozialethischen Wertvorstellungen der Gesellschaft spiegeln sich in den Grundrechten wider und bilden eine objektive Wertordnung, die im Rahmen der Sitten- und Moralbegriffe kraft verfassungsrechtlichen Auftrags vom Staat zu schützen ist. Das gilt trotz der Tatsache, dass die Grundrechte vorwiegend als Abwehrrechte gegen den Staat konzipiert sind. Denn die persönliche Freiheit des Einzelnen reicht nur so weit, wie nicht Rechte oder Interessen der Allgemeinheit berührt sind. Ist ein subjektives Recht etwa zum Schutz der „guten Sitten" oder der „öffentlichen Ordnung" einschränkbar, geht es nicht mehr nur um die individuelle Freiheit des Einzelnen, sondern um seine Rolle und sein Verhalten als Mitglied der Rechtsgemeinschaft. Die staatliche Schutzpflicht kommt also bei einer Rechte- bzw. Interessenkollision zwischen mehreren Rechtssubjekten zum Tragen.[444] Besonders evident wird dieser Konflikt im Rahmen der Menschenwürde, da einerseits die autonome Persönlichkeitsentfaltung nach Art. 1 Abs. 2 S. 2 GG zu achten[445], gleichzeitig aber deren objektiv-rechtlicher Gehalt nach Art. 1 Abs. 2 S. 2 GG zu schützen ist, der nicht zur Disposition steht.[446] Um diese Konstellationen ging es insbesondere in den Urteilen zu *Peep-Shows*, dem Zwergenweitwurf, den *Laserdromes* sowie der Ausstellung plasti-

443 *Neumann*, in: Kindhäuser/Neumann/Paeffgen, StGB, § 216 Rdn. 1.

444 *Isensee*, Abwehrrecht und Schutzpflicht, in: Isensee/Kirchhof, HdStR Bd. IX, § 191, Rdn. 192 f.

445 BVerfGE 87, 209 (228) – *Tanz der Teufel*.

446 *Suchomel*, Partielle Disponibilität der Würde des Menschen, S. 229.

nierter Leichen. Unabhängig davon, dass die Beteiligten in die unwürdige Behandlung oder Darstellung einwilligt haben und deshalb keine Verletzung ihrer individuellen Menschenwürde vorlag, wurden diese Tätigkeiten als Verstoß gegen den objektiven Wert- und Achtungsanspruch des Menschen als Ausdruck einer sozialethischen Grundüberzeugungen der Gesellschaft angesehen.[447] Da die Veranstaltungen frei zugänglich waren, besaßen sie das erforderliche Maß an Sozialrelevanz, um das sittliche Empfinden der Allgemeinheit und damit das gedeihliche Zusammenleben empfindlich zu stören. Auf eine konkrete Verletzung von Rechtsgütern Dritter kam es denklogisch nicht an.

Unabhängig davon, ob man diese Wertungen im Einzelnen teilt oder nicht, verdeutlichen die Entscheidungen jedenfalls, dass die staatliche Schutzpflicht Vorrang vor dem Selbstbestimmungsrecht des Einzelnen haben kann, wenn ein Verhalten derart sozialschädlich ist, dass es von der Allgemeinheit nicht hingenommen werden muss.

B. Gerichtliche Kontrolldichte

Bei Freiheitsbeschränkungen aus Gründen von Ethik und Moral beurteilt der jeweilige Rechtsanwender, ob die sozialethischen Grundnormen im Einzelfall verletzt sind. Diese Entscheidung ist eine von moralischen Überzeugungen geprägte, subjektive Wertung. Zum einen trifft die Exekutive gleichsam die „Vorentscheidung", welche Sachverhalte am Maßstab von Sittlichkeit, Ethik und Moral zu prüfen sind; zum anderen beurteilt sie, ob ein Verhalten oder ein Zustand gegen die ethischen Wertungen des Grundgesetzes verstößt. Aufgrund der Subjektivität dieser Entscheidung drängt sich die Frage nach der Reichweite der gerichtlichen Kontrolle auf, insbesondere wenn das Moralverständnis des Richters oder der Kammer von demjenigen der Verwaltungsbehörde abweicht. Entscheidende Kriterien sind die Rolle der rechtsprechenden Gewalt im Staatsgefüge (I.) sowie die Frage, ob der Exekutive bei der Auslegung und Anwendung der Sittenbegriffe gerichtlich nur eingeschränkt kontrollierbare Entscheidungsspielräume verbleiben (II.).

447 BVerwGE 64, 274 (278 f.) – *Peep-Show*; VG Neustadt, NVwZ 1993, 98 (99 f.) – *Zwergenweitwurf*; BVerwGE 115, 189, Rdn. 65, 68 – *Laserdrome*; VGH München, NJW 2003, 1618 (1620) – *„Körperwelten"*.

I. Institutionelle Rahmenbedingungen

In einer repräsentativen Demokratie legt ausschließlich der Gesetzgeber die für das gesamte Bundesgebiet und für alle Staatsgewalten verbindlichen Rechtsregeln fest.[448] Er hat somit auch bei ethisch sensiblen Sachverhalten grundsätzlich einen Spielraum festzulegen, was er für den Schutz der Moral für erforderlich hält.[449] Insofern sind kodifizierte moralische Werte von den Rechtsanwendern und der Rechtsprechung gemäß Art. 20 Abs. 3 GG zu befolgen. Daneben hat der Staat aus Art. 19 Abs. 4 GG sowie dem Rechtsstaatsprinzip aus Art. 20 Abs. 3 GG eine Justizgewährleistungspflicht.[450] In deren Rahmen hat die Judikative die Aufgabe, im Gefüge der geteilten Staatsgewalten Entscheidungen der Legislative und der Exekutive zu überprüfen und insbesondere unbestimmte Rechtsbegriffe zu konkretisieren.[451] Gerade die unscharf formulierten Sittenbegriffe des deutschen Rechts bedürfen einer Konkretisierung anhand praktischer Sachverhalte, die von der Exekutive vorzunehmen und von den Gerichten zu kontrollieren ist. Diese Kontrolle erschöpft sich grundsätzlich nicht in der bloßen Auslegung unbestimmter Rechtsbegriffe, sondern erstreckt sich auf die Überprüfung der Zweck- und Rechtmäßigkeit exekutiver Entscheidungen. Die rechtsprechende Gewalt verwirklicht dadurch das Wertesystem des Grundgesetzes und stellt auf diese Weise insbesondere die Geltung und Wirksamkeit der Grundrechte sicher.[452] Verfassungsrechtlich ist diese Aufgabe durch den grundrechtlichen Justizgewährleistungsanspruch und die nach Art. 97 GG garantierte sachliche und persönliche Unabhängigkeit der Richter[453] garantiert.

448 Siehe nur *Wernsmann*, NVwZ 2000, 1360 (1362), m.w.N.

449 Insbesondere im Hinblick auf die Strafbarkeit des Geschwisterinzests siehe BVerfGE 120, 224 (240, 243, 245, 248, 250, 253) – *Geschwisterinzest*; zum legislativen Spielraum mehr unter 1.Kap.B.II. 2.).

450 Zum Justizgewährleistungsanspruch, der Kehrseite der Justizgewährleistungspflicht BVerfG, Beschluss vom 30.04.2003 – 1 PBvU 1/02 – *Rechtsschutz gegen den Richter I*, BVerfGE 107, 395 (401) .

451 *Hoffmann-Riem*, in: Hoffmann-Riem/Schmidt-Aßmann/Voßkuhle, Grundlagen des Verwaltungsrechts Bd. 1, § 10, Rdn. 81.

452 *Hillgruber*, in: Maunz/Dürig, GG-Kommentar, Art. 92, Rdn. 10; BVerfG, Beschluss vom 11.04.1972 – 2 BvR 75/71 – *Eidesverweigerung aus Glaubensgründen*, BVerfGE 33, 23 (32).

453 *Morgenthaler*, in: Epping/Hillgruber, BeckOK GG, Art. 92, Rdn. 20 f.

II. Exekutive und legislative Spielräume

Daneben ist im Einzelfall entscheidend, ob und inwiefern die jeweiligen Rechtsanwender Entscheidungsspielräume für sich geltend machen können. Diese indizieren eine zurückgenommene richterliche Kontrolle und sind in zweierlei Ausprägungen denkbar: als Beurteilungs- und Ermessensspielräume auf Seiten der Exekutive sowie als Wertungs-, Regelungs- und Gestaltungsspielräume auf Seiten des Gesetzgebers.

1.) Exekutiver Beurteilungsspielraum

Die Spielräume der Exekutive sind gekennzeichnet durch eine weniger strenge Gesetzesbindung sowie eine dementsprechend geminderte verwaltungsgerichtliche Kontrolle[454] und sind grundsätzlich voneinander zu trennen. In dogmatischer Hinsicht sind sie entweder als sog. Beurteilungsspielräume auf der Tatbestandsebene einer Norm oder - gleichsam spiegelbildlich - in Form von Verwaltungsermessen auf der Rechtsfolgenseite zu verorten.[455] Im Rahmen der vorliegenden Arbeit liegt der Fokus der Betrachtung auf erstgenannten, da die „guten Sitten“, die „Unsittlichkeit“, das „Sittengesetz“ sowie die „öffentliche Ordnung“ als auslegungsbedürftige unbestimmte Rechtbegriffe[456] auf der Tatbestandsebene von Eingriffsnormen anzutreffen sind.

a.) Unbestimmte Rechtsbegriffe

Unbestimmte Rechtsbegriffe sind Tatbestandsmerkmale einer Rechtsnorm, die nicht eindeutig formuliert und nur durch Auslegung und Konkretisierung zu definieren sind.[457] Sie werden verwendet, wenn das sprachliche Ausdrucksvermögen zur Benennung genauerer Anforderungen nicht ausreicht, um auf außerrechtliche Maßstäbe zu verweisen oder wenn Verwaltungsentscheidungen zwingend ein am Einzelfall orientiertes subjektives Werturteil erfordern, das nicht durch ein

454 *Jestaedt*, in: Erichsen/Ehlers (Hrsg.), Allgemeines Verwaltungsrecht, § 11, Rdn. 10; *Maurer*, Allgemeines Verwaltungsrecht, § 7, Rdn. 6.

455 Zur Terminologie bereits *Bachof*, JZ 1955, 97 (98 f.); *Pache*, Tatbestandliche Abwägung und Beurteilungsspielraum, S. 34; zur Unterscheidung von unbestimmtem Rechtsbegriff und Ermessen z.B. BVerwG, Urteil vom 25.07.1985 - 3 C 25.84, NJW 1986, 796 (798 f.).

456 Siehe bei Fn. 209.

457 Siehe nur *Aschke*, in: Bader/Ronellenfitsch, BeckOK VwVfG, § 40, Rdn. 22, 24.

sprachliches „Korsett“ determiniert sein soll.[458] Der Gesetzgeber kann unbestimmte Rechtsbegriffe mithin verwenden, wenn er aufgrund von Wertunsicherheiten nicht in der Lage ist, der Verwaltung bis ins letzte Detail bestimmbare Leitlinien an die Hand zu geben oder wenn eine Entscheidung Wert- und Prognoseentscheidungen im Einzelfall erfordert. Die Verwaltungsbehörden sind dadurch in der Lage, flexibel auf eine Vielzahl - im Voraus nicht absehbarer - Konstellationen zu reagieren.[459]

Prominentes Beispiel für einen besonders weit gefassten unbestimmten Rechtsbegriff ist die polizeirechtliche Generalklausel, die mit ihrem Schutzgut „öffentliche Sicherheit und Ordnung“ dynamisch auf die jeweils aktuell geltenden Vorschriften und Anschauungen verweist.[460] Es wäre gleichsam unmöglich und unzumutbar, jeden erdenklichen Fall auf der Grundlage hypothetischer Überlegungen regeln zu wollen. Im Gegenteil liefe eine über die Maßen bestimmte Norm Gefahr, bei einer Veränderung von technischen, soziologischen oder moralischen Verhältnissen ihre Geltung und Wirkungskraft zu verlieren.[461] Häufig ist es sinnvoll, der sachnäheren Verwaltung Entscheidungsfreiräume zu gewähren, da sie besonderen Sachverstand hat. In dogmatischer Hinsicht ist der verwaltungsbehördliche Beurteilungsspielraum auf Art. 20 Abs. 2 S. 2 GG und § 114 VwGO zu stützen. Letztgenannte Norm erfasst zwar ausdrücklich nur Ermessensentscheidungen auf der Rechtsfolgenseite einer Norm, ist aufgrund der Parallelen zwischen Beurteilungs- und Ermessensspielraum jedoch entsprechend heranzuziehen.[462] Gleichsam typische Beispiele für unbestimmte Rechtsbegriffe

458 *Maurer*, Allgemeines Verwaltungsrecht, § 7, Rdn. 23; *Schoch*, Jura 2004, 612 (613); zur verfassungsrechtlichen Zulässigkeit unbestimmter Rechtsbegriffe siehe nur BVerfG, Beschluss vom 17.04.1991 - 1 BvR 419/81 und 213/83 - *Gerichtliche Prüfungskontrolle*, BVerfGE 84, 34 (50), st. Rspr.

459 *Schmidt-Aßmann/Groß*, NVwZ 1993, 617 (620) nennen es *„eine regelungsadäquate bewußte Konkretisierungsermächtigung an die Exekutive [...]“*; *Schoch*, Jura 2004, 612 (613); BVerfG, Urteil vom 08.08.1978 - 2 BvL 8/77 - *Kalkar I*, BVerfGE 49, 89 (137).

460 *Sachs*, in: Stelkens/Bonk/Sachs, Verwaltungsverfahrensgesetz, § 40, Rdn. 157 mit weiteren Beispielen; BVerfG, Beschluss vom 23.05.1980 - 2 BvR 854/79 - *Taubenfütterungsverbot*, BVerfGE 54, 143 (144 f.).

461 *Decker*, in: Posser/Wolff, BeckOK VwGO, § 114, Rdn. 30; ähnlich *Stettner*, NVWZ 1989, 806.

462 *Pache*, Tatbestandliche Abwägung und Beurteilungsspielraum, S. 47, m.w.N.; *Schmidt-Aßmann/Groß*, NVwZ 1993, 617 (624); *Wolff*, in: So-

sind neben der bereits erwähnten „Gefahr für die öffentliche Sicherheit oder Ordnung" als Schutzgut der Polizeigesetze (beispielsweise §§ 2, 11 Nds. SOG oder § 14 OGB NRW), die „Unzuverlässigkeit" eines Gewerbetreibenden nach § 35 GewO bzw. § 4 Abs. 1 Nr. 1 GastG oder eben die „guten Sitten" nach § 33a Abs. 2 Nr. 2 GewO. Es liegt auf der Hand, dass es im Einzelfall erhebliche Schwierigkeiten bereitet festzulegen, wann jemand „unzuverlässig" ist, eine Gefahr für die „öffentliche Sicherheit oder Ordnung" vorliegt oder eine Schaustellung den „guten Sitten" zuwider läuft. Deshalb erfordern diese Begriffe eine wertende Beurteilung der zuständigen Stellen im konkreten Fall.

Die Anwendung einer Norm gliedert sich dabei in vier Abschnitte; die Ermittlung und Feststellung der entscheidungsrelevanten Tatsachen (1), das Auffinden und Heranziehen einer anwendbaren Rechtsvorschrift (2), die Subsumtion des konkreten Sachverhalts unter die Tatbestandsvoraussetzungen der Norm (3) sowie die Bestimmung der jeweiligen Rechtsfolge (4).[463] Die jeweilige Entscheidung hängt von spezifischen Fachkenntnissen oder komplexen subjektiven Wertungen ab, die zunächst mehrere denkbare Lösungen zulassen.[464] Für Rechtsbegriffe, die einen Bezug zu ethisch-moralischen Wertvorstellungen aufweisen, gilt jenes in besonderem Maße. Die Sitten- und Moralbegriffe des deutschen Rechts verweisen auf den sozialethischen Gesellschaftskonsens als Fundament grundgesetzlicher Wertungen und sind insofern zumindest bestimmbar. Dennoch existiert keine einheitliche Definition oder Anwendungsregel, wann von einer Verletzung dieser Anschauungen auszugehen ist. Dies ist problematisch, da es im Sinne der Rechtssicherheit nur eine „richtige" Entscheidung geben kann. Entweder eine Schaustellung läuft den „guten Sitten" i.S.d. § 33a Abs. 2 Nr. 2 GewO zuwider oder eben nicht; entweder ein Gewerbetreibender ist „unzuverlässig" oder nicht. Trotz aller Schwierigkeiten muss sich die Behörde mithin auf eine Entscheidung festlegen.[465] Unklar ist aber, *was* im konkreten Fall die richtige Entscheidung ist. Schwierigkeiten bereitet insbesondere eine Prognoseentscheidung, die Gefahr läuft, sich *ex*

dan/Ziekow, VwGO Kommentar, § 114, Rdn. 351; *Kopp/Schenke*, VwGO Kommentar, § 114, Rdn. 23.

463 *Schoch*, Jura 2004, 612 (613).

464 *Pache*, Tatbestandliche Abwägung und Beurteilungsspielraum, S. 43; *Kopp/Schenke*, VwGO Kommentar, § 114, Rdn. 23.

465 *Redeker*, NVwZ 1992, 306 f.; *Maurer*, Allgemeines Verwaltungsrecht, § 7, Rdn. 29, 30; *Pache*, Tatbestandliche Abwägung und Beurteilungsspielraum, S. 37; *Kopp/Schenke*, VwGO Kommentar, § 114, Rdn. 24.

post als falsch herauszustellen.[466] Da die Ermittlung der entscheidungserheblichen Tatsachen sowie das Auffinden der anwendbaren Rechtsnorm ohne Einschränkungen möglich ist, liegt das Problem der Anwendung unbestimmter Rechtsbegriffe auf Erkenntnisebene, sprich bei der Subsumtion, dem dritten Schritt der Normanwendung.[467] Es sind die Verwaltungsbehörden, die darüber entscheiden, ob der ermittelte Sachverhalt überhaupt im Lichte der fraglichen Sittenbegriffe zu beurteilen ist und die korrekt ausgelegten Tatbestandsvoraussetzungen der einschlägigen Rechtsvorschrift verwirklicht.[468]

b.) Verfassungsmäßigkeit unbestimmter Rechtsbegriffe

Die aufgezeigten Schwierigkeiten bei der Anwendung unbestimmter Rechtsbegriffe berühren eine Vielzahl von Verfassungsgrundsätzen, die allesamt aus dem Rechtsstaatsprinzip gemäß Art. 20 Abs. 2 Satz 2 und Abs. 3 GG abzuleiten sind: das Gewaltenteilungsprinzip (i), den Vorbehalt des Gesetzes und den Bestimmtheitsgrundsatz (ii) sowie die Gesetzmäßigkeit der Verwaltung (iii).[469] Möglicherweise stehen diese sich teilweise überschneidenden Prinzipien der Verwendung von unbestimmten Rechtsbegriffen entgegen.

i.) Gewaltenteilung

Das auf *Montesquieu* zurückgehende und nunmehr in Art. 20 Abs. 2 Satz 2 GG geregelte Gewaltenteilungsprinzip erfordert, dass die drei Staatsgewalten materiell und organisatorisch voneinander getrennt sind. Diese Trennung vollzieht sich in einer Art „Aufgaben- bzw. Arbeitsteilung", wonach die Normsetzung den Parlamenten, die Verwaltung und Regierung der Exekutive und die Rechtsprechung den Ge-

466 Dieses Problem stellt sich insbesondere im Polizeirecht bei der Beurteilung, ob eine Gefahr vorliegt, siehe *Aschke*, in: Bader/Ronellenfitsch, BeckOK VwVfG § 40, Rdn. 33; BVerwG, Urteil vom 30.07. 2002 - 6 CN 5. 01, Rdn. 28.

467 *Redeker*, NVwZ 1992, 306 f.; *Schoch*, Jura 2004, 612 (614, 616); *Maurer*, Allgemeines Verwaltungsrecht, § 7, Rdn. 29, 62; BVerfG, Urteil vom 08.08.1978 - 2 BvL 8/77 - *Kalkar I*, BVerfGE 49, 89 (137); BVerfG, Beschluss vom 16.12.1992 - 1 BvR 167/87 - *Private Grundschule*, BVerfGE 88, 40 (56).

468 *Pache*, Tatbestandliche Abwägung und Beurteilungsspielraum, S. 43; *Schulze-Fielitz*, JZ 1993, 772.

469 Zu den Ausprägungen des Rechtsstaatsprinzips und insbesondere zum Bestimmtheitsgebot *Papier/Möller*, AöR 122, 177 (178 f.); allgemein dazu *Huster/Rux*, in: Epping/Hillgruber, BeckOK GG, Art. 20, Rdn. 142 ff.

richten übertragen ist.[470] Diese drei Staatsgewalten müssen in organisatorischer Hinsicht selbständig sein und dürfen nicht durch dieselben Personen repräsentiert werden.[471] Staatliche Aufgaben sollen nach Möglichkeit von demjenigen Organ erfüllt werden, das nach seiner Organisation, Zusammensetzung, Funktion und Verfahrensweise über die besten Voraussetzungen dazu verfügt.[472] Dennoch bestehen zwischen den Gewalten gewisse Abhängigkeiten. So sind die Exekutive und Judikative gemäß Art. 20 Abs. 3, 2. HS. GG an die von der Legislative erlassenen Gesetze gebunden; diese wiederum muss ihre Tätigkeiten im Rahmen der verfassungsmäßigen Ordnung ausüben, Art. 20 Abs. 3, 1. HS. GG. Dadurch ist die Teilung der staatlichen Macht sowie ein System wechselseitiger Begrenzung und Kontrolle[473] sichergestellt. Unabhängig davon sind vereinzelte Vermischungen verfassungsrechtlich zulässig. Beispielsweise kann der Exekutive gemäß Art. 80 Abs. 1 Satz 2 GG gestattet werden, Rechtsverordnungen zu erlassen, wenn Inhalt, Ausmaß und Zweck der erteilten Ermächtigung bestimmt sind. Zudem hat das Parlament vereinzelte Exekutiv-Befugnisse, wie beispielsweise bei der Feststellung des Verteidigungsfalles (Art. 115a GG) oder des Haushaltsplans (Art. 110 GG). In jedem Fall ist den drei Gewalten aber ein Kernbreich eigener Verantwortung zu belassen[474], da die grundsätzliche Trennung und Balance der Staatsgewalten ansonsten gefährdet wäre. Für die Rechtspraxis heißt das: Der Gesetzgeber kann der Exekutive zwar im Sinne der normativen Ermächtigungslehre[475] eine Letztentscheidungskompetenz einräumen, aber

470 *Sachs*, in: ders. GG-Kommentar, Art. 20, Rdn. 82.

471 *Schmidt-Aßmann*, in: Isensee/Kirchhof, Handbuch des Staatsrechts Band II, § 26, Rdn. 52, 53; *Sachs*, in: ders. GG-Kommentar, Art. 20, Rdn. 90, 91.

472 *Herdegen*, in: Maunz/Dürig, GG-Kommentar, Art. 79, Rdn. 140; BVerfG, Urteil vom 27.04.1959 - 2 BvF 2/58 - *Mitbestimmung des Personalrats*, NJW 1959, 1171; BVerfG, Urteil vom 18.12.1984 - 2 BvE 13/83 - *Mittelstreckenraketen*, NJW 1985, 603 (605); BVerfG, Urteil vom 14.07.1998 - 1 BvR 1640/97 - *Rechtschreibreform*, BVerfGE 98, 218 (251 f.).

473 BVerfG, Urteil vom 12.12.1970 - 2 BvF 1/69, 2 BvR 629/68 und 308/69 - *Abhörurteil*, BVerfGE 30, 1 (28) .

474 *Schmidt-Aßmann/Groß*, NVwZ 1993, 617 (622); *Herdegen*, in: Maunz/Dürig, GG-Kommentar, Art. 79, Rdn. 141; *Huster/Rux*, in: Epping/Hillgruber, BeckOK GG, Art. 20, Rdn. 148; BVerfG, Beschluss vom 10.10.1972 - 2 BvL 51/69 - *Hessisches Richtergesetz*, BVerfGE 34, 52 (59); BVerfG, Beschluss vom 17.07.1996 - 2 BvF 2/93 - *Südumfahrung Stendal*, BVerfGE 95, 1 (15).

475 Siehe dazu bei 1.Kap.B.II. 1.) d.).

> „will er [...] gegenüber von ihm anerkannten subjektiven Rechten die gerichtliche Kontrolle zurücknehmen, hat er zu berücksichtigen, dass im gewaltenteilenden Staat grundgesetzlicher Prägung die letztverbindliche Normauslegung und auch die Kontrolle der Rechtsanwendung im Einzelfall grundsätzlich den Gerichten vorbehalten ist."[476]

Mit anderen Worten darf die Verwendung unbestimmter Rechtsbgegriffe nicht zur Folge haben, dass die Gerichte ihrer Kontrollmöglichkeit vollständig beraubt werden. Die institutionelle Funktion der Rechtsprechung wird durch die Unbestimmtheit der Sittenbegriffe nicht in Frage gestellt, da diese grundsätzlich voll gerichtlich überprüfbar sind.[477] Dennoch fordert Art. 19 Abs. 4 GG einschränkend, dass sich der Bedeutungsgehalt einer Rechtsgrundlage zumindest mit Hilfe der allgemein anerkannten Auslegungregeln ermitteln lässt, damit die Gerichte die jeweilige Normanwendung überprüfen können.[478] Die Sittenbegriffe des deutschen Rechts verweisen auf einen sozialethischen Wertekonsens, der in den grundgesetzlichen Gewährleistungen zum Ausdruck kommt, und sind insofern bestimmbar. Deren Existenz gefährdet mithin nicht den Kontrollauftrag der Gerichte.

ii.) Vorbehalt des Gesetzes und Bestimmtheitsgrundsatz

Problematisch ist hingegen deren Vereinbarkeit mit dem Vorbehalt des Gesetzes. Dieser verlangt als - in Art. 20 Abs. 3 GG nicht ausdrücklich genanntes - immanentes Merkmal des Rechtsstaatsprinzips[479], dass die öffentliche Gewalt ihr Handeln auf eine rechtmäßige und hinreichende gesetzliche Grundlage stützt. Zumindest für die Rechte der Bürger beschränkendes Handeln gilt der Grundsatz „Kein Handeln ohne Ge-

476 BVerfG, Beschluss vom 31.05.2011 - 1 BvR 857/07, Rdn. 73 - *Investitionszulagengesetz 1999*, NVwZ 2011, 1062 (1065).

477 *Aschke*, in: Bader/Ronellenfitsch, BeckOK VwVfG, § 40, Rdn. 25; *Sachs*, in: Stelkens/Bonk/Sachs, Verwaltungsverfahrensgesetz, § 40, Rdn. 147; *Decker*, in: Posser/Wolff, BeckOK VwGO, § 114, Rdn. 35.

478 *Sachs/Jasper*, NvwZ 2012, 649 (651) mit Verweis auf BVerfG, Beschluss vom 03.10.1961 - 2 BvR 4/60 - *Einbürgerung*, BVerfG, Beschluss vom 10.10.1961 - 2 BvL 1/59 - *Kapitalverkehrssteuergesetz*, BVerfGE 13, 153 (160 f.).

479 *Herzog/Grzeszick*, in: Maunz/Dürig, GG Kommentar, Art. 20, Rdn. 75; *Huster/Rux*, in: Epping/Hillgruber, BeckOK GG, Art. 20, Rdn. 159 ff.; BVerfG, Beschluss vom 10.05.1988 - 1 BvR 482/84 und 1166/85 - *Heilpraktikergesetz*, BVerfGE 78, 179 (197).

setz".[480] Der Vorbehalt des Gesetzes hat zwei Schutzrichtungen: Im Verhältnis zum Bürger ist zum einen erforderlich, dass Rechtsnormen so klar und eindeutig zu formulieren sind, dass das staatliche Handeln berechenbar ist. Im Sinne der Rechtssicherheit soll der Bürger sein Handeln an den geltenden Rechtsnormen ausrichten und sich darüber klar sein können, welche Rechtsfolgen sich aus seinem Tun ergeben.[481] Rechtsnormen müssen mithin bestimmt genug formuliert sein. Dennoch führt die Unbestimmtheit und Auslegungsbedürftigkeit eines Rechtsbegriffes allein noch nicht zu einem Verstoß gegen den Vorbehalt des Gesetzes oder den Bestimmtheitsgrundsatz.[482] Wie im Rahmen des Art. 19 Abs. 4 GG ist es ausreichend, wenn sich die Bedeutung eines Rechtsbegriffes mit Hilfe der allgemein anerkannten Auslegungregeln ermitteln lässt oder deren Inhalt durch eine gefestigte Judikatur geklärt ist.[483] Wie soeben aufgezeigt, sind die Sittenbegriffe des deutschen Rechts insgesamt hinreichend bestimmbar und insofern verfassungsrechtlich unbedenklich.[484]

Im Verhältnis zur Exekutive verlangt der Vorbehalt des Gesetzes zum anderen in inhaltlicher Hinsicht, dass der Gesetzgeber eine gewisse Regelungsdichte vorgibt; er darf bestimmte Fragen nicht auf die Ad-

480 *Wolff/Brink*, in: Bader/Ronellenfitsch, BeckOK VwVfG, § 35, Rdn. 54; *Schulze-Fielitz*, in: Dreier (Hrsg.), GG-Kommentar Bd. II, Art. 20, Rdn. 105; BVerfGE 98, 218 (251) - *Rechtschreibreform*; spezialgesetzlich geregelt in Art. 103 Abs. 2 GG: „*Nulla poena sine lege*".

481 BVerwG, Urteil vom 16.03.2006 - 7 C 3/05, NVwZ 2006, 928 (931) - *Altlasten*; *Papier/Möller*, AöR 122, 177 (178 f.).

482 BVerfG, Beschluss vom 09.11.1988 - 1 BvR 243/86 - *Hinterbliebenenversorgung*, NJW 1989, 1599; BVerfG, Beschluss vom 09.05.1989 - 1 BvL 35/86 - *Streitwert in Ehescheidungssachen*, NJW 1989, 1985; BVerfG, Beschluss vom 14.11.1989 - 1 BvL 14/85, 1 BvR 1276/84 - *Rückkehrverbot für Mietwagen*, BVerfGE 81, 70 (88).

483 *Pache*, Tatbestandliche Abwägung und Beurteilungsspielraum, S. 36.

484 Siehe stellvertretend für die Verfassungsmäßigkeit der „öffentlichen Ordnung" BVerwG, Urteil vom 26.02.1970 - I C 11.69, Rdn. 11, JuS 1970, 538; BVerfG, Beschluss vom 23.05.1980 - 2 BvR 854/79 - *Taubenfütterungsverbot*, BVerfGE 54, 143 (144); BVerfG, Beschluss vom 14.05.1985 - 1 BvR 233, 341/81 - *Brokdorf*, BVerfGE 69, 315 (352 f.); BVerfG, Beschluss vom 19.12.2007 - 1 BvR 2793/04 - *Auflagen gegen Versammlungen*, NVwZ 2008, 671 (673).

ministrative übertragen, sondern muss sie selbst entscheiden.[485] Aufgrund der unmittelbaren demokratischen Legitimation des Parlaments darf sich jenes nicht seiner Verantwortung entziehen, indem es grundlegende Entscheidungen des Gemeinwesens der Exekutive überlässt.[486] Diese Verpflichtung findet ihre Entsprechung im Prinzip der Gewaltenteilung; beide Verfassungsgrundsätze verlangen in einer Zusammenschau, dass der Gesetzgeber alle „wesentlichen" Entscheidungen selbst trifft.[487] Wesentlich sind Entscheidungen über grundsätzliche Fragen, die den Bürger unmittelbar betreffen, die Regelung grundrechtsrelevanter Bereiche sowie sonstige Entscheidungen in grundlegenden normativen Bereichen.[488] Insbesondere wenn die Ausübung der Grundrechte aus ethisch-moralischen Gründen erschwert oder verhindert wird, handelt es sich um eine solche wesentliche Entscheidung. Das gilt auch, wenn Verwaltungsbehörden Grundrechte beschränken, um im Rahmen ihrer staatlichen Schutzpflicht die Rechte Dritter oder die Interessen der Allgemeinheit zu schützen.[489] Zwar sind die hier untersuchten Vorschriften - wie die GewO oder das GastG - durchweg als Parlamentsgesetze ergangen; wenn aber die Legislative unbestimmte Rechtsbegriffe wie die „guten Sitten" oder die „Unsittlichkeit" verwendet und deren konkrete Ausgestaltung der Exekutive überlässt, könnte der Vorwurf erhoben werden, dass die „wesentliche" Entscheidung faktisch in den Händen der Verwaltung liegt.[490] Zu bedenken ist jedoch, dass der Gesetzgeber nicht verpflichtet ist, jeden erdenklichen Fall detailliert zu regeln. Er kann vielmehr entscheiden, ob er eine spe-

485 *Herzog/Grzeszick*, in: Maunz/Dürig, GG Kommentar, Art. 20, Rdn. 75; *Sommermann*, in: v. Mangoldt/Klein/Starck, GG-Kommentar Bd. II, Art. 20 Abs. 3, Rdn. 273;

486 BVerfG, Beschluss vom 28.10.1975 - 2 BvR 883/73 und 379, 497, 526/74 - *Justizverwaltungsakt*, BVerfGE 40, 237 (248 f.); BVerfG, Beschluss vom 21.12.1977 - 1 BvL 1/75, 1 BvR 147/75 - *Sexualkundeunterricht*, BVerfGE 47, 46 (78 f.); *Huster/Rux*, in: Epping/Hillgruber, BeckOK GG, Art. 20, Rdn. 160.

487 BVerfGE 47, 46 (79) - *Sexualkundeunterricht*; *Aschke*, in: Bader/Ronellenfitsch, BeckOK VwVfG, § 40, Rdn. 106.

488 Zu dieser Aufzählung mit weiteren Nachweisen *Kirchhof*, in: Maunz/Dürig, GG-Kommentar, Art. 83, Rdn. 33; siehe auch *Sommermann*, in: v. Mangoldt/Klein/Starck, GG-Kommentar Bd. II, Art. 20 Abs. 3, Rdn. 276 ff.; BVerfGE 40, 237 (248 f.) - *Justizverwaltungsakt*.

489 *Schulze-Fielitz*, in: Dreier (Hrsg.), GG-Kommentar Bd. II, Art. 20, Rdn. 116 m.w.N.

490 *Papier/Möller*, AöR 122, 177 (179 f.); *Geiger*, SVR 2009 Heft 2, 41 (42); kritisch dazu *Herzog*, NJW 1999, 25 (26).

zifische Einzelfallregelung selbst vornimmt oder die Ausgestaltung der Rechtsregeln mittels unbestimmter Rechtsbegriffe oder Generalklauseln den Rechtsanwendern überlässt.[491] Zu beachten ist lediglich, dass grundrechtsbeschränkende Eingriffsbefugnisse nicht vollständig in das Ermessen der Exekutive gestellt sind. Für Freiheitsbeschränkungen aus Gründen von Ethik und Moral ist dies nicht zu befürchten, da die Gerichte einerseits in der Regel vollumfänglich kontrollieren, ob die Verwaltung die Sittenbegriffe korrekt ausgelegt und angewendet hat[492] und andererseits selbst gerichtsfreie Beurteilungsspielräume nicht gänzlich der judikativen Kontrolle entzogen sind[493].

iii.) Rechtsbindung der Verwaltung

Die „guten Sitten", die „öffentliche Ordnung" oder das „Sittengesetz" suggerieren aufgrund ihrer Offenheit, dass der Exekutive bei deren Anwendung ein besonders weiter Spielraum eingeräumt ist. Ein solcher wurde jedenfalls für die Anwendung der polizeirechtlichen Generalklausel anerkannt.[494] In deren Rahmen könne die Verwaltung ein von ihr zu bestimmendes öffentliches Interesse verfolgen. Diese Entscheidung impliziert, dass auch die Sittlichkeitsvorschriften aufgrund ihrer Struktur keine konkrete Verwaltungsentscheidung determinieren.

Die Verwaltung als vollziehende Gewalt ist bei ihren Handlungen jedoch gemäß Art. 20 Abs. 3 GG an „Gesetz und Recht" gebunden. Dadurch ist sichergestellt, dass sich der parlamentarisch gebildete Volkswille im Handeln der Behörden widerspiegelt und die staatliche Macht ausschließlich im Rahmen des geltenden Rechts ausgeübt wird.[495] Dazu ist denknotwendig vorauszusetzen, dass der Inhalt einer Vorschrift bestimmt oder bestimmbar ist. Es kann keine effektive Bindungswirkung geben, wenn der Inhalt einer Rechtsnorm nicht ermittelt werden kann. Umgekehrt darf die Exekutive nicht bloß ein vom Gesetzgeber vorgegebenes Programm ohne eigene Entscheidungsbefugnisse abspulen.

491 *Schmidt*, in: Müller-Glöge/Preis/Schmidt (Hrsg.), Erfurter Kommentar zum Arbeitsrecht, Art. 2 GG, Rdn. 29.

492 Dazu unter 1.Kap.B.II. 1.) d.) vii.).

493 Dazu unter 1.Kap.B.II. 1.) e.).

494 Z.B. die polizeiliche Generalklauel BVerfG – *Taubenfütterungsverbot*, BVerfGE 54, 143 (144 f.).

495 *Jestaedt*, in: Erichsen/Ehlers, Allgemeines Verwaltungsrecht, § 11, Rdn. 5; *Herzog/Grzeszick*, in: Maunz/Dürig, GG-Kommentar, Art. 20, Rdn. 1.

Insgesamt variiert die konkrete Gesetzesbindung mithin abhängig von der Struktur und Regelungsdichte einer Norm.[496]

Zwar ist der verfassungsrechtliche Kontrollmaßstab der moralisch aufgeladenen „guten Sitten", der „Unsittlichkeit" oder der „öffentlichen Ordnung" eindeutig; es ist aber nicht ohne Weiteres erkennbar, welche Sachverhalte von den einschlägigen Vorschriften erfasst sind, so dass die Bindungswirkung aus Art. 20 Abs. 3 GG bei deren Anwendung leerlaufen könnte.[497]

Dennoch ist zu berücksichtigen, dass Art. 20 Abs. 3 GG nicht lediglich die Bindung an das „Gesetz" - also an alle formellen Parlamentsgesetze[498] - sondern auch die Bindung an das „Recht" vorschreibt. Letztgenanntes verweist vor dem Hintergrund der NS-Vergangenheit auf überpositives Recht und die Idee der Gerechtigkeit,[499] ist also eine „Klammer zwischen Positivität und ethischer Rechtfertigung von Normen"[500]. Gesetz und Recht sind demnach nicht identisch und können auseinanderfallen.[501] Das „Recht" kommt zum Tragen, wenn das kodifizierte Gesetz Gerechtigkeitsansprüche verfehlt und steht mithin in der Tradition der *Radbruchschen Formel*, nach der Rechtsnormen, die als gänzlich unerträglich oder ungerecht empfunden werden, keine Rechtsnormen im eigentlichen Sinne sind.[502] Möglicherweise ist kodifi-

496 *Schoch*, Jura 2004, 612 (613); *Jestaedt*, in: Erichsen/Ehlers (Hrsg.), Allgemeines Verwaltungsrecht, § 11, Rdn. 6.

497 *Papier/Möller*, AöR 122, 177 (180).

498 *Sommermann*, in: v. Mangoldt/Klein/Starck, GG-Kommentar Bd. II, Art. 20 Abs. 3, Rdn. 264; *Herzog/Grzeszick*, in: Maunz/Dürig, GG-Kommentar, Art. 20, Rdn. 60;

499 BVerfG, Beschluss vom 14.02.1973 - 1 BvR 112/65 - *Soraya*, BVerfGE 34, 269 (286 f.); *Sachs*, in: ders. GG-Kommentar, Art. 20, Rdn. 103-104; *Herzog/Grzeszick*, in: Maunz/Dürig, GG-Kommentar, Art. 20, Rdn. 63; *Schulze-Fielitz*, in: Dreier (Hrsg.), GG-Kommentar, Bd. II, Art. 20, Rdn. 94; *Stern*, Staatsrecht, Bd. I, 2. Aufl., 1984, § 20 IV, S. 798 f.; teilweise wird das Begriffspaar „Gesetz und Recht" als Tautologie angesehen, siehe *Jarass*, in: ders./Pieroth, GG, Art. 20, Rdn. 38; als ein Verweis auf die gesamte verfassungsmäßige Ordnung einschließlich untergesetzlicher Rechtsnormen *Sommermann*, in: v. Mangoldt/Klein/Starck, GG-Kommentar Bd. II, Art. 20 Abs. 3, Rdn. 265; oder auf Gewohnheits- und Richterrecht bzw. grundlegende Prinzipien der Rechtsordnung, siehe *Sachs*, in: ders. GG-Kommentar, Art. 20, Rdn. 106; *Zippelius/Würtenberger*, Staatsrecht, § 12 III 4 c, S. 106.

500 *Vöneky*, Recht, Moral und Ethik, S. 129.

501 BVerfGE 34, 269 (286 f.) - *Soraya*; *Vöneky*, Recht, Moral und Ethik, S. 129.

502 Siehe schon bei Fn. 51.

ziertes Recht, das aufgrund seiner Unbestimmtheit die zulässigen Grenzen der Gesetzesbindung streift, im Lichte dieser naturrechtlichen Anforderungen mit der Gesetzesbindung der Verwaltung nach Art. 20 Abs. 3 GG in Einklang zu bringen. In der Praxis werden Verhaltensweisen, die zwar rechtlich nicht verboten sind, aufgrund ihrer Sozialschädlichkeit jedoch gleichsam unerträglich erscheinen, mit Hilfe der auf herrschende Moralvorstellungen verweisenden Sittlichkeitsnormen untersagt. Aufgrund der Bindung an das „Recht" ist die Exekutive mithin verpflichtet, gesellschaftliche Moralvorstellungen zu berücksichtigen. Insofern konkretisiert[503] das „Recht" im Sinne des Art. 20 Abs. 3 GG die Bindung der Verwaltung bzw. „fängt eine mangelnde Bindung durch das anzuwendende Gesetz auf".

Es ist jedoch zu konstatieren, dass von Art. 20 Abs. 3 GG in praktischer Hinsicht keine über dem Recht stehenden Sittengebote erfasst sein können. Dies widerspräche dem Prinzip der repräsentativen Demokratie, wonach die Parteien und die Parlamente Gerechtigkeitsanforderungen als kodifizierte Gesetze formulieren.[504] Es ist mithin der Gesetzgeber, der Moral- und Gerechtigkeitsvorstellungen herausarbeiten und in anwendbare positive Rechtsnormen überführen muss. Der Grundgesetzgeber selbst ist diesem Erfordernis nachgekommen und hat fundamentale Gerechtigkeitsansprüche in Form des Grundrechtskatalogs, der Wesensgehaltsgarantie sowie des in Art. 3 Abs. 1 GG verankerten Verbots staatlicher Willkür kodifiziert. Auch die Fundamentalethik des Grundgesetzes und der sozialethische Gesellschaftskonsens sind durch die Verweisungsnormen des „Sittengesetzes" in Art. 2 Abs. 1 GG und die einfachgesetzlichen Sittenbegriffe kodifizierte Schranken für die individuelle Freiheit und beauftragen die Rechtsanwender, die objektive Wertordnung zu schützen. Das „Recht" in Art. 20 Abs. 3 GG ist mithin nicht mehr als ein moralischer Appell an den Gesetzgeber.[505] Es verpflichtet den Rechtsanwender zur verfassungskonformen Auslegung unbestimmter Rechtsbegriffe auf der Grundlage des geltenden Rechts.[506] Insofern verstößt die Offenheit der Sittenbegriffe im deutschen Recht nicht gegen den Grundsatz der Rechtmäßigkeit der Verwaltung.

503 So z.B. BVerfGE 34, 269 (286 f.) – *Soraya.*

504 *Herzog/Grzeszick*, in: Maunz/Dürig, GG-Kommentar, Art. 20, Rdn. 66.

505 So zu Recht *Herzog/Grzeszick*, in: Maunz/Dürig, GG-Kommentar, Art. 20, Rdn. 67; *Sommermann,* in: v. Mangoldt/Klein/Starck, GG, Bd. 2, Art. 20 Rdn. 269.

506 So *Schulze-Fielitz*, in: Dreier (Hrsg.), GG-Kommentar Bd. II, Art. 20, Rdn. 94.

In verfassungsrechtlicher Hinsicht ist die Verwendung unbestimmter Rechtsbegriffe insgesamt unbedenklich. Zum einen handelt es sich bei auf ethisch-moralischen Wertanschauungen beruhenden Eingriffsbefugnissen um Parlamentsgesetze; zum anderen sind die Sittenbegriffe als Verweis auf die fundamentalen Wertentscheidungen des Grundgesetzes hinreichend bestimmbar. Schließlich sind die offen formulierten Sittenbegriffe aufgrund von Art. 19 Abs. 4 GG ohnehin voll überprüfbar; nur in Ausnahmefällen ist der Exekutive ein gerichtsfreier Beurteilungsspielraum gewährt.[507]

c.) Vollständige gerichtliche Kontrolle als Regelfall

Grundsätzlich verlangt Art. 19 Abs. 4 Satz 1 GG, dass jede Behördenentscheidung in letzter Instanz einer vollständigen gerichtlichen Kontrolle unterliegt.[508] Mit anderen Worten sind die deutschen Gerichte verpflichtet, einen Sachverhalt tatsächlich und wirksam sowohl in rechtlicher als auch tatsächlicher Hinsicht zu prüfen.[509] Die Kontrolle erstreckt sich nach richtiger Ansicht mithin auf die Bestimmung des Sinngehalts der Norm als auch auf die Feststellung der Tatsachengrundlagen und die Anwendung des unbestimmten Rechtsbegriffs auf die im Einzelfall festgestellten Tatsachen.[510] Die Effektivität dieser Kon-

507 Zur „Regel-Ausnahme-Formel" *Schmidt-Aßmann/Groß*, NVwZ 1993, 617 (620) m.w.N.

508 BVerfG, Beschluss vom 28.03.1983 - 2 BvR 239, 612/80 - *Hafturlaub*, NJW 1984, 33 (35); BVerfG, Beschluss vom 22.10.1991 - 1 BvR 393/85, 1 BvR 610/85 - *Numerus Clausus*, NVwZ 1992, 361.

509 *Schmidt-Aßmann/Groß*, NVwZ 1993, 617 (620); BVerfG, Beschluss vom 08.07.1982 - 2 BvR 1187/80 - *Sasbach*, BVerfGE 61, 82 (111): *„Dazu gehört vor allem, daß der Richter - bezogen auf das als verletzt behauptete Recht - eine hinreichende Prüfungsbefugnis über die tatsächliche und rechtliche Seite des Rechtsschutzbegehrens hat sowie über eine zureichende Entscheidungsmacht verfügt, um einer erfolgten oder drohenden Rechtsverletzung wirksam abzuhelfen. Unbeschadet normativ eröffneter Gestaltungs-, Ermessens- und Beurteilungsspielräume sowie der Tatbestandswirkung von Hoheitsakten schließt dies grundsätzlich eine Bindung der rechtsprechenden Gewalt an tatsächliche oder rechtliche Feststellungen seitens anderer Gewalten hinsichtlich dessen, was im Einzelfall Rechtens ist, aus."*; BVerfG, Beschluss vom 31.05.1988 - 1 BvR 520/83 - *Unterhaltsleistung ins Ausland*, BVerfGE 78, 214 (226); BVerfG, Urteil vom 20.02.2001 - 2 BvR 1444/00 - *Wohnungsdurchsuchung*, BVerfGE 103, 142 (156).

510 BVerfG, Beschluss vom 17.04.1991 - 1 BvR 419/81, 1 BvR 213/83 - *Berufsbezogene Prüfungen*, NJW 1991, 2005 (2006); BVerwG, Urteil vom 25.11.1993 - 3 C 38/91 - *Weinprüfung*, NVwZ 1995, 707 (708); BVerfGE 103, 142 (156) - *Wohnungsdurchsuchung*; *Sachs*, in: Stelkens/Bonk/Sachs, Verwaltungsver-

trolle darf nicht dadurch ausgehebelt werden, dass der Gesetzgeber der Exekutive zu zahlreiche oder weitgreifende Beurteilungsspielräume für ganze Sachbereiche oder gar Rechtsgebiete einräumt. Davon ist allerdings nicht schon auszugehen, wenn der Gesetzgeber unbestimmte Rechtsbegriffe verwendet. Die Unbestimmtheit einer Norm gewährt der Exekutive noch keinen gerichtsfreien Spielraum, da dem Grunde nach jeder verwendete Rechtsbegriff mehrdeutig ist.[511] Darüber hinaus ist es die originäre Aufgabe der Gerichte, Rechtsnormen sowie die in ihnen enthaltenen unbestimmten Rechtsbegriffe auszulegen.[512] Dass eine streitige Materie komplex ist, eine besondere Sachkunde erfordert oder eine subjektive Bewertung des zugrunde liegenden Sachverhalts erfordert, ändert daran nichts.[513] Jedoch ist Voraussetzung für den Nachvollzug administrativer Entscheidungen, dass den Gerichten rechtliche Maßstäbe zur Verfügung stehen, anhand derer das Verwaltungshandeln zu messen ist.[514] Auch diesbezüglich bestehen keine Bedenken: Die Sittenbegriffe des deutschen Rechts verweisen auf grundgesetzliche Wertungentscheidungen, die den rechtlichen Prüfungsmaßstab bilden.

Entscheidend ist letztlich die Frage, wem die Letztentscheidungskompetenz über die Auslegung und Anwendung einer Vorschrift zukommt. Um diese der Verwaltung zu übertragen, bedarf es stets eines hinreichend gewichtigen, am Grundsatz eines wirksamen Rechtsschutzes ausgerichteten Sachgrundes.[515] *Sachs* und *Jasper* kritisieren, dass dieser weniger sein könne als ein Gesetzesvorbehalt und in der Folge

fahrensgesetz, Rdn. 147 und *Decker*, in: Posser/Wolff, BeckOK VwGO, § 114, Rdn. 33 m.w.N.; *Schmidt-Aßmann*, in: Maunz/Dürig, GG-Kommentar, GG Art. 19 Abs. 4, Rdn. 183; *Erbguth*, Allgemeines Verwaltungsrecht, § 14, Rdn. 29 m.w.N.; *Kahl*, VerwArch 2008, 451 (474).

511 *Pache*, Tatbestandliche Abwägung und Beurteilungsspielraum, S. 37.

512 Ebenda; BVerwG, Urteil vom 13.12.1979 - 5 C 1.79, BeckRS 1979, 30426590, dort bei II.; BVerfG, Beschluss vom 17.04.1991 - 1 BvR 419/81 und 213/83 - *Gerichtliche Prüfungsentscheidung*, BVerfGE 84, 34 (49); BVerwG, NVwZ 1995, 707 (708) - *Weinprüfung*; *Redeker*, NVwZ 1992, 305 (307)

513 BVerwG, Urteil vom 25.11.1993 - 3 C 38/91, NVwZ 1995, 707 (708); VGH Mannheim, Urteil vom 08.11.2001 - 2 S 1198/99, NVwZ-RR 2002, 581 (582); *Kopp/Schenke*, VwGO Kommentar, § 114, Rdn. 24a.

514 *Hoffmann-Riem*, in: Hoffmann-Riem/Schmidt-Aßmann/Voßkuhle, Grundlagen des Verwaltungsrechts Band I, § 10, Rdn. 81.

515 BVerfG, NJW 1984, 33 (35) - *Hafturlaub*; BVerwG, Urteil vom 01.03.1990 - 3 C 50/86, NVwZ 1991 568 (569); BVerfG, NVwZ 2011, 1062 (1064) - *Investitionszulagengesetz 1999*.

einer *„carte blanche“* für den Gesetzgeber gleichkomme, da bei Vorliegen eines solchen Sachgrundes sogar die Einschränkung von Grundrechten in den Beurteilungsspielraum der Verwaltungsbehörden gestellt werden könne.[516] Die Rechtsprechungspraxis entscheidet diesbezüglich jedoch restriktiv und nimmt das Vorliegen eines solchen Grundes im Wesentlichen aus pragmatischen Gründen an.[517]

d.) Beurteilungsspielraum mit eingeschränkter Kontrolldichte als Ausnahme

Der Verwaltung können Spielräume belassen bleiben, wenn ihr die Konkretisierung, Ergänzung und Handhabung des vorgegebenen rechtlichen Maßstabs - also die Letztentscheidungskompetenz - in der Rechtsnorm selbst ausdrücklich übertragen wurde oder dies durch Auslegung zu ermitteln ist (normative Ermächtigungslehre).[518] Das BVerfG formuliert es wie folgt:

> „Gerichtliche Kontrolle kann nicht weiter reichen als die materiell-rechtliche Bindung der Instanz, deren Entscheidung überprüft werden soll. Sie endet deshalb dort, wo das materielle Recht in verfassungsrechtlich unbedenklicher Weise das Entscheidungsverhalten nicht vollständig determiniert und der Verwaltung einen Einschätzungs- und Auswahlspielraum belässt.“[519]

Ob also ein Spielraum der Verwaltung existiert, bestimmt sich nach dem zugrunde liegenden - Art. 19 Abs. 4 GG konkretisierenden - ma-

516 *Sachs/Jasper*, NVwZ 2012, 649 (653).

517 *Pache*, Tatbestandliche Abwägung und Beurteilungsspielraum, S. 145.

518 *Hoffmann-Riem*, in: Hoffmann-Riem/Schmidt-Aßmann/Voßkuhle, Grundlagen des Verwaltungsrechts Band I, § 10, Rdn. 90; *Schmidt-Aßmann*, in: Maunz/Dürig, GG-Kommentar, Art. 19 Abs. 4, Rdn. 185; *Schmidt-Aßmann/Groß*, NVwZ 1993, 617 (621); *Maurer*, Allgemeines Verwaltungsrecht, § 7, Rdn. 33; *Schoch*, Jura 2004, 612 (616); *Rossen-Stadtfeld*, ZUM 2008, 457 (463); *Krumm*, DStR 2011, 2429 (2434); *Kopp/Schenke*, VwGO Kommentar, § 114, Rdn. 23, 24; aus der Rechtsprechung insb. BVerfGE 61, 82 (111) - *Sasbach*; BVerfGE 88, 40 (56) - *Private Grundschule*; BVerwG, Urteil vom 25.11.1993 - 3 C 38/91, NVwZ 1995 707 (708); BVerfG, NVwZ 2011, 1062 (1065) - *Investitionszulagengesetz 1999*.

519 BVerfG, NVwZ 2011, 1062 (1065) - *Investitionszulagengesetz 1999*; ähnlich auch schon BVerfGE 88, 40 (61) - *Private Grundschule*; BVerfGE 103, 142 (156 f.) - *Wohnungsdurchsuchung*.

teriellen Recht.[520] Es ist kaum eindeutig festzustellen, ob der Gesetzgeber der Exekutive tatsächlich einen gerichtsfreien Beurteilungsspielraum einräumen wollte, da Normen selten ausdrücklich vorschreiben, dass die gerichtliche Kontrolle beschränkt ist.[521] Die bloße Unbestimmtheit einer Norm allein genügt für eine solche Annahme nicht, da die Rechtsprechung nach Art. 20 Abs. 3 GG an ihre Aufgabe aus Art. 19 Abs. 4 GG – und damit auch an unbestimmte Rechtsbegriffe – gebunden ist; sie kann nicht eigenständig über ihre Kontrollkompetenzen disponieren.[522] Vor diesem Hintergrund ist der postulierte Grundsatz, dass eine Letztentscheidungskompetenz entweder ausdrücklich geregelt oder durch Auslegung zu ermitteln sein muss, in sich widersprüchlich.[523] Denn das Erfordernis der ausdrücklichen Ermächtigung verliert seine Schlagkraft, wenn eine durch Auslegung zu ermittelnde Letztentscheidungskompetenz ebenfalls zu einem nur eingeschränkt gerichtlich überprüfbaren Spielraum ermächtigen kann. Da die Gerichte selbst die einschlägigen Rechtsnormen auslegen, können sie letztendlich die Existenz administrativer Freiräume beeinflussen.[524] Allerdings erkennt das Bundesverfassungsgericht diese Gefahr und ermahnt die Gerichte, nicht voreilig eine Letztentscheidungskompetenz der Verwaltung anzunehmen. Solch eine Vorgehensweise könne sogar einen Verstoß gegen die Rechtsschutzgarantie des Art. 19 Abs. 4 GG darstellen.[525] Demnach dürfen die Gerichte nur in begründeten Fällen davon ausgehen, dass ihre Kontrolle eingeschränkt ist.

520 BVerwG, Urteil vom 07.10.1988 – 7 C 65/87, NJW 1989, 1749 (1750); *Redeker*, NVwZ 1992, 307; *Schmidt-Aßmann/Groß*, NVwZ 1993, 617 (619); *Wolff*, in: Sodan/Ziekow, VwGO Kommentar, § 114, Rdn. 353; *Pache*, Tatbestandliche Abwägung und Beurteilungsspielraum, S. 503 f.

521 Eine Ausnahme ist z.B. § 71 Abs. 5 Satz 2 GWB: *„Die Würdigung der gesamtwirtschaftlichen Lage und Entwicklung ist hierbei der Nachprüfung des Gerichts entzogen."* sowie ausdrücklich Art. 10 Abs. 2 Satz 2 GG. Indizien sind auch Formulierungen wie *„nach behördlicher Bestätigung"*, *„nach Auffasung der Behörde"*, *„wenn die Behörde der Auffassung ist"* oder *„wenn die Behörde ein dringendes Bedürfnis feststellt"* siehe für diese Beispiele *Schmidt-Aßmann/Groß*, NVwZ 1993, 617 (622); *Kopp/Schenke*, VwGO Kommentar, § 114, Rdn. 24.

522 Überzeugend *Schmidt-Aßmann/Groß*, NVwZ 1993, 617 (618, 623).

523 BVerfG, NVwZ 2011, 1062 (1065) – *Investitionszulagengesetz 1999*.

524 Auf diese Gefahr hinweisend *Sachs/Jasper*, NvwZ 2012, 649 (652).

525 *Sachs/Jasper*, NvwZ 2012, 649 (652), mit Verweis auf BVerfG, NVwZ 2011, 1062 (1065) – *Investitionszulagengesetz 1999*.

Für die Sittenbegriffe des deutschen Rechts ist es zunächst nicht ersichtlich, dass der Gesetzgeber der Verwaltung bei deren Auslegung und Anwendung einen Beurteilungsspielraum mit eingeschränkter Kontrolle einräumen wollte. Der Wortlaut der einschlägigen Rechtsnormen stützt eine solche Vermutung jedenfalls nicht. Auch genügt - wie bereits erwähnt - die unklare Formulierung der Begriffe als solche nicht; dass die Sittenbegriffe unbestimmt sind, kann höchstens ein Indiz dafür sein, dass die Verwaltung bei deren Anwendung und Auslegung Freiräume genießt. Weitere Ansatzpunkte für eine zurückgenommene gerichtliche Kontrolle sind nicht ersichtlich.

Unabhängig von ausdrücklichen Regelungen ist ein gerichtsfreier Beurteilungsspielraum der Verwaltung in Ausnahmefällen auch denkbar, wenn die Rechtsprechung schlicht nicht in der Lage ist, die behördliche Entscheidung vollumfänglich nachzuvollziehen, und damit an ihre Funktionsgrenzen stößt. Die Judikative scheint dies als einen „hinreichend gewichtigen Sachgrund" im oben genannten Sinne anzusehen.[526] Ein Konflikt mit Art. 19 Abs. 4 GG liegt in solchen Fällen nicht vor, da das Grundrecht auf effektiven Rechtsschutz naturgemäß nicht mehr gewährleisten kann, als die Gerichte zu leisten imstande sind.[527] Darüber hinaus garantiert Art. 19 Abs. 4 GG lediglich den Rechtsweg; es ist nicht vorgesehen, dass die Gerichte das zugrunde liegende Verwaltungsverfahren erneut vollständig durchlaufen. Auch verstößt die Judikative nicht gegen das Gewaltenteilungsprinzip aus Art. 20 Abs. 2 S. 2 GG, da jenes gerade vorsieht, dass jede staatliche Stelle diejenige Aufgabe wahrnimmt, für die sie am besten geeignet ist.[528] Im Verwaltungsrecht und insbesondere dem von Prognoseentscheidungen abhängigen Gefahrenabwehrrecht sind dies in der Regel die sachnäheren Verwaltungsbehörden.

Aufbauend auf dieser Argumentation haben sich in der Rechtspraxis im Wesentlichen fünf Konstellationen herausgebildet, in denen der

526 So zumindest angedeutet von BVerfG, NVwZ 2011, 1062 (1064) - *Investitionszulagengesetz 1999*: *„Es fehlt im Übrigen auch, ohne dass es darauf mangels der erforderlichen gesetzlichen Regelung noch entscheidend ankäme, an einem tragfähigen Sachgrund für das hier beanspruchte behördliche Letztentscheidungsrecht. Jedenfalls gelangt die Rechtsprechung bei der Überprüfung einer behördlichen Zuordnungsentscheidung zur Klassifikation der Wirtschaftszweige nicht an die Grenzen ihrer Funktionsfähigkeit."*

527 *Maurer*, Allgemeines Verwaltungsrecht, § 7 Rdn. 34; so wörtlich auch BVerfGE 84, 34 (50) - *Gerichtliche Prüfungskontrolle*.

528 Siehe bei 1.Kap.B.II. 1.) b.) i.).

Exekutive ein nur beschränkt gerichtlich kontrollierter Spielraum gewährt wird: Prognose- und Prüfungsentscheidungen, Beamtenernennungen sowie -beurteilungen, Entscheidungen weisungsfreier und pluralistisch besetzter Gremien sowie planerische oder verwaltungspolitische Entscheidungen.[529]

i.) Prognoseentscheidungen

Die in der Praxis relevanteste Fallgruppe eines gerichtsfreien Beurteilungsspielraumes ist die der Prognoseentscheidungen.[530] Darunter ist die Wahrscheinlichkeitsbeurteilung des Eintritts eines bestimmten Ereignisses in absehbarer Zukunft zu verstehen.[531] Die Rechtmäßigkeit der jeweiligen Behördenentscheidung ist auf der Grundlage der zum Zeitpunkt des Einschreitens bekannten Tatsachenlage zu treffen und kann lediglich *ex-post* gerichtlich überprüft werden. *Naturaliter* ist dieses Wahrscheinlichkeitsurteil von erheblichen Unsicherheiten begleitet, die es rechtfertigen können, den Entscheidungsträgern einen Spielraum zu gewähren.[532] Abzustellen ist bei der nachträglichen Prüfung deshalb auf die Sicht eines objektiven, besonnenen Amtswalters zum Zeitpunkt des Verwaltungshandelns.[533] Deshalb wird eine Entscheidung noch nicht rechtswidrig, weil sie sich im Nachhinein als fehlerhaft herausstellt; der Richter darf seine eigene Prognose nicht an die

529 Siehe zur nicht abschließenden Aufzählung *Schoch*, Jura 2004, 612 (616); *Jestaedt*, in: Erichsen/Ehlers (Hrsg.), Allgemeines Verwaltungsrecht, § 11, Rdn. 45-50.

530 Z.B. BVerwG, Urteil vom 07.06.78 - 7 C 63/76 - *Spielraum des Verordnungebers*, NJW 1978, 2609 (2612); BVerwG, Urteil vom 15.04.1988 - 7 C 94/86 - *Erteilung von Taxigenehmigungen*, NJW 1988, 3221 (3222); BVerwG, Urteil vom 07.09.1989 - 7 C 44/88 - *Erteilung von Taxigenehmigungen*, NJW 1990, 1376 (1377); BVerfGE 88, 40 (60 f.) - *Private Grundschule*; BVerwG, Urteil vom 28.11.2007 - 6 C 42.06, Rdn. 30, abrufbar unter:

http://www.bverwg.de/enid/9d.html?search_displayContainer=9990 (zuletzt abgerufen am 06.11.2014); BVerfG, Beschluss vom 19.12.2007 - 1 BvR 2793/04 - *Auflagen gegen Versammlungen*, NVwZ 2008, 671 (673).

531 *Schmidt-Aßmann*, in: Maunz/Dürig, GG-Kommentar, Art. 19 Abs. 4, Rdn. 198.

532 *Pache*, Tatbestandliche Abwägung und Beurteilungsspielraum, S. 142; *Jestaedt*, in: Erichsen, Allgemeines Verwaltungsrecht, § 11, Rdn. 50.

533 OVG Lüneburg, Beschluss vom 14.06.2006 - 11 ME 172/06, Rn. 8 m.w.N., NVwZ-RR 2006, 613; VG Meiningen, Urteil vom 08.02.2011 - 2 K 453/09 Me, 2 K 453/09, BeckRs 2011, 48937 unter III.2.a).

Stelle des Rechtsanwenders setzen.[534] Dies ist nachvollziehbar, wenn man sich vor Augen führt, dass das im Nachhinein entscheidende Gericht einen deutlichen Wissensvorsprung vor der aus einer *ex-ante* Sicht entscheidenden Behörde hat. Die Frage, ob die Entscheidung der Exekutive aus damaliger Sicht recht- und zweckmäßig war, kann mithin nicht verlässlich überprüft und beantwortet werden.

Eine sich im Nachhinein als falsch herausstellende Entscheidung wird vielmehr nur rechtswidrig, wenn sie auf Prognosefehlern beruhte.[535] Kontrolliert werden die Tatsachengrundlage und die korrekte Benennung der Prognosefrage, sowie ob das zugrunde gelegte Verfahren angemessen und wissenschaftlich vertretbar war sowie konsistent und plausibel angewendet wurde.[536] Es handelt sich dabei um eine bloß formale Evidenz- und Vertretbarkeitskontrolle.

ii.) Beamtenrechtliche Beurteilungen

Ebenso wie Prognoseentscheidungen hängen auch beamtenrechtliche Leistungs- und Befähigungsbeurteilungen von subjektiven Wertungen und Momentaufnahmen ab.[537] Die Beurteilung, ob ein Beamter die Befähigung und fachliche Leistung für die von ihm angestrebte Laufbahn besitzt, ist nicht objektiv festzustellen, sondern divergiert stets abhängig von den konkreten Anforderungen des jeweiligen Amtes. So entschied das Bundesverwaltungsgericht:

> „Diese Anforderungen im einzelnen zu bestimmen, aus ihnen den ‚Durchschnitt' der Beamten als Maßstab für eine durchschnittliche, überdurchschnittliche oder unterdurchschnittliche Beurteilung zu ermitteln [...] und an ihnen zu ermessen, mit welchen Fähigkeiten und Leistungen der einzelne Beamte den

534 BVerwG, NJW 1988, 3221 (3222) – *Erteilung von Taxigenehmigungen;* BVerwG, Urteil vom 29.01.1991 - 4 C 51/89, LS. 7, NVwZ-RR 1991, 601; ähnlich auch *Pache,* Tatbestandliche Abwägung und Beurteilungsspielraum, S. 69.

535 *Decker,* in: Posser/Wolff, BeckOK VwGO, § 114, Rdn. 36.6 m.w.N.; BVerwG, Urteil vom 06.12.1985 - 4 C 59/82, NJW 1986, 1508 (1509).

536 *Schmidt-Aßmann,* in: Maunz/Dürig, GG-Kommentar, Art. 19 Abs. 4, Rdn. 200; siehe dazu auch bei 1.Kap.B.II. 1.) e.).

537 St. Rspr., siehe nur BVerwG, Urteil vom 13.05.1965 – 2 C 146.62 – *Dienstliche Beurteilung,* BVerwGE 21, 127 (129 f.); BVerwG, Urteil vom 24.11.1994 – 2 C 21/93, NVwZ-RR 1995, 340; BVerwG, Beschluss vom 06.03.2001 – 1 WB 117.00, unter II., BVerwG, 114, 80 (82); siehe auch *Pache,* Tatbestandliche Abwägung und Beurteilungsspielraum, S. 136 f. mit weiteren Beispielen aus der Rechtsperchung.

‚Durchschnitt' der ihm ranggleichen Beamten erreicht, überschreitet oder unterschreitet, ist Sache des Dienstherrn."[538]

Neben der zwingend subjektiven Beurteilung persönlicher Wesensmerkmale kann ein Beurteilungsspielraum auch aus dem Organisationsermessen des Dienstherrn resultieren. Seine verwaltungspolitischen und -organisatorischen Entscheidungen sind gerichtlich nur beschränkt kontrollierbar.[539] Diese Einschränkungen der gerichtlichen Kontrolle entspringen pragmatischen Überlegungen, da der Dienstherr schlichtweg besser in der Lage ist, die konkrete Situation oder Person zu bewerten. Die verwaltungsgerichtliche Kontrolle beschränkt sich auf die Überprüfung, ob der Rechtsanwender den anzuwendenden unbestimmten Rechtsbegriff oder den gesetzlichen Rahmen, in dem er sich frei bewegen kann, verkannt hat oder ob er von einem unrichtigen Sachverhalt ausgegangen ist, sachfremde Erwägungen angestellt, gegen Verfahrensvorschriften verstoßen oder allgemeingültige Wertungsmaßstäbe nicht beachtet hat.[540] Um jedoch dem Justizgewährleistungsanspruch aus Art. 19 Abs. 4 GG gerecht zu werden, müssen jedenfalls die angesprochenen Wertmaßstäbe, auf die sich der Dienstherr stützt, erläutert, konkretisiert und plausibel gemacht werden.[541]

iii.) Prüfungsentscheidungen

Die Rechtsprechung hält insbesondere die Bewertung von Prüfungsleistungen für gerichtlich nur eingeschränkt nachvollziehbar.[542] Dabei differenzieren die Gerichte zwischen fachlichen und prüfungsspezifischen Wertungen. Während erstgenannte einer vollen gerichtlichen Prüfung unterliegen und gegebenenfalls mit Hilfe eines Sachverständigen kontrolliert werden können, existiert für letztere ein Wertungsspielraum. Dieser erstreckt sich auf den Anforderungsgrad einer Prüfung sowie die Gewichtung von richtigen und falschen Antworten im Prüfungsrahmen. Nur der Prüfer kann auf der Grundlage bisheriger Erfahrungen und Vergleichswerte vertretbar entscheiden, wie die Leis-

538 BVerwGE 21, 127 (129 f.) – *Beamtenrechtliche Beurteilung*.

539 Ebenda; OVG Münster, Beschluss vom 06.06.2012 - 6 B 522/12, Rdn. 20, BeckRS 2012, 52070.

540 BVerwG, Urteil vom 27.11.1980 - 2 C 38/79 - *Verfassungstreue*, NJW 1981, 1386 (1388).

541 *Schmidt-Aßmann*, in: Maunz/Dürig, GG-Kommentar, Art. 19 Abs. 4 , Rdn. 194.

542 BVerfGE 84, 34 (50) – *Gerichtliche Prüfungskontrolle*.

tung des jeweiligen Prüflings einzuordnen ist.[543] Ebenso wie bei beamtenrechtlichen Beurteilungen geht es hierbei mithin um die Einordnung eines Prüflings als unter-/überdurchschnittlich oder dem Durchschnitt entsprechend. Zum einen ist ein Gericht nicht in der Lage, diese Entscheidung vollumfänglich nachzuvollziehen; zum anderen würde die isolierte Bewertung eines Prüfungskandidaten außerhalb des Vergleichsrahmens das verfassungsrechtliche Prinzip der Chancengleichheit verletzen.[544] Die Behörde hat jedoch bei ihrer Entscheidung allgemeine Bewertungsgrundsätze zu beachten, die wiederum voll gerichtlich überprüfbar sind. So dürfen vertretbare Lösungen mit überzeugender Argumentation und folgerichtiger Begründung nicht als falsch gewertet werden.[545]

iv.) Prüfungsähnliche Entscheidungen und Entscheidungen weisungsfreier Ausschüsse und Gremien

Ebenso wie Prüfungsentscheidungen sind andere berufsbezogene Beurteilungen teilweise der gerichtlichen Kontrolle entzogen. Das gilt für sog. prüfungsähnliche Entscheidungen, wie beispielsweise die Frage, ob ein Schüler in die nächsthöhere Klasse versetzt werden soll[546] oder ob ein Bewerber die Berufsbefähigung zur Aufnahme in die Architektenrolle erlangt hat.[547] Im letztgenannten Fall ist der Beurteilungsspielraum der Exekutive mit dem umfassenden Rechtschutzauftrag der Gerichte aus Art. 19 Abs. 4 GG vereinbar, wenn

> „[...] ein Gesetz praktikabilitätsorientiert die seinen Regelungsgegenstand bildenden Rechtsfolgen daran knüpft, ob insbesondere ein Gremium in sinnvoll vorgeschriebener Zusammensetzung und Verfahrensweise unter Anwendung sachgerechter Bewertungsmaßstäbe Eignung und Befähigung eines Prüflings oder Bewerbers bejaht oder verneint: Normbestand und Kont-

543 *Schmidt-Aßmann*, in: Maunz/Dürig, GG-Kommentar, Art. 19 Abs. 4, Rdn. 193.

544 BVerfGE 84, 34 (52) – *Gerichtliche Prüfungskontrolle*; BVerfG, Beschluss vom 17.04.1991 – 1 BvR 1529/84 und 138/87 – *Multiple-Choice-Verfahren*, BVerfGE 84, 59 (77); *Redeker*, NVwZ 1992, 305 (307).

545 BVerfGE 84, 34 (LS 3, und 55) – *Gerichtliche Prüfungskontrolle*; BVerwG, Urteil vom 09.12.1992 – 6 C 3/92, NVwZ 1993, 677 (679).

546 BVerfG, Urteil vom 24.04.1959 – *Versetzung*, NJW 1959, 1842 (1843).

547 BVerwG, Urteil vom 13.12.1979 – 5 C 1.79 V 71/71, BVerwGE 59, 213 (215 f.) – *Architektenrolle*; ähnlich BVerwG, Urteil vom 06.11.1995 – 2 C 21/94 – *Richterwahlausschuss*, NJ 1996, 434 (435).

rollgegenstand ist bei richtiger Gesetzesauslegung dann (nur), ob eine solchermaßen korrekt zustande gekommene qualifizierte Entscheidung vorliegt und mit welchem Inhalt."[548]

Die Gerichte beschränken sich mithin auf eine formale Evidenzkontrolle, da die fachlich qualifizierten Mitglieder des Entscheidungsgremiums besser beurteilen können, ob ein Bewerber die Anforderungen einer bestimmten Tätigkeit erfüllt. Dies gilt für andere Gremien, deren fachlich legitimierte Mitglieder in einem besonderen Verfahren urteilen, entsprechend.[549]

Die ausdrückliche normative Ermächtigung liegt in diesen Fällen in der Tatsache begründet, dass der Gesetzgeber die konkrete Entscheidung bewusst an einen sachverständigen und weisungsunabhängigen, mit mehreren Mitgliedern besetzten Ausschuss delegiert hat, dessen Bewertung er als letztverbindlich respektieren will. Das jeweilige Gremium nimmt in diesen Fällen die Rolle eines Sachverständigen ein. Darüber hinaus gewährleistet ein pluralistisch besetztes Gremium, dass widerstreitende Positionen bereits im Vorfeld gegenübergestellt und abgewogen werden; die Entscheidung wird dadurch „versachlicht".[550] Zwar ist diese Abwägungentscheidung dem Grunde nach vollständig gerichtlich überprüfbar; die Gerichte respektieren jedoch, dass das eingesetzte Gremium einen faktischen „Entscheidungsvorrang" genießt.[551]

Den Entscheidungsträgern, die sich - wie etwa die Bundesprüfstelle für jugendgefährdende Medien (BPjM)[552] - im grundrechtssensiblen Bereich bewegen, ist ebenfalls ein gerichtsfreier Spielraum zuerkannt. Dies ist dem Gedanken geschuldet, dass eine die Medien- und Kunst-

548 BVerwGE 59, 213 (216 f.) - *Architektenrolle.*

549 BVerwG, Urteil vom 16.01.1986 - 3 C 66.84 - *Sortenzulassung,* NVwZ 1986, 648 (651); BVerwG, Urteil vom 03.03.1987 - 1 C 39/84 - *Sittliche Jugendgefährdung,* NJW 1987, 1431 (1433); BVerwG, Urteil vom 03.03.1987 - 1 C 16/87, NJW 1987, 1429 f.; BVerwG, Urteil vom 02.04.2008 - 6 C 15/07 - *Bundesnetzagentur,* NVwZ 2008, 1359 (1360f.); zu letzterer siehe auch die Nachweise bei *Sachs/Jasper,* NVwZ 2012, 649;einschränkend für die Beurteilung, ob eine Indizierung mit der Kunstfreiheit vereinbar ist BVerfGE 83, 130 (148) - *Josephine Mutzenbacher.*

550 So *Aschke,* in: Bader/Ronellenfitsch, BeckOK VwVfG, § 40, Rdn. 118 mit Verweis auf BVerwG, Urteil vom 23.01.2008 - 6 A 1/07 - *G 10 Kommission,* NJW 2008, 2135 (2139).

551 BVerwG, Urteil vom 26.11.1992 - 7 C 20/92 - *Indizierung durch die BPjS,* NJW 1993, 1491 (1492).

552 Ehemals „Bundesprüfstelle für jugendgefährdende Schriften (BPjS)".

freiheit einschränkende Entscheidung, mit einer gewissen Staatsferne von einem sich selbstverwaltenden Organ getroffen werden soll.[553] Hauptargument für die Anerkennung eines Beurteilungsspielraumes ist in diesen Fällen - ebenso wie bei Prüfungsentscheidungen in Schulden oder Universitäten - die Grundrechtssicherung der entscheidenden Stellen.[554]

v.) Planerische oder verwaltungspolitische Entscheidungen

Auch Behördenentscheidungen, die planerische oder verwaltungspolitische Belange betreffen, erfordern einen gerichtsfreien Spielraum der Verwaltung.[555] Gleichsam „Paradebeispiele" für solche Sachverhalte sind die Bauleitplanung, bei der den Baubehörden stets ein sogenanntes Planungsermessen eingeräumt wird.[556] Auch wenn die Bezeichnung als „Ermessen" einen Freiraum auf der Rechtsfolgenseite suggeriert, umfasst er die Ermittlung und Abwägung aller relevanten Belange der Bauleitplanung im Sinne eines Abwägungsgebots. Eine Trennung zwischen Tatbestand und Rechtsfolge ist bei entsprechenden Normen nicht möglich, da sie nicht final bestimmte Handlungsermächtigungen enthalten, sondern lediglich weit in der Zukunft liegende Ziele formulieren.[557] Im Planungsrecht überprüfen die Gerichte trotz grundsätzlicher Zurückhaltung die Rechtfertigung des Plans, die Planungsziele, die Planungsrichtlinien und zwingenden rechtlichen Schranken sowie die Einhaltung des Abwägungsgebots.[558] In dessen Rahmen kommt

553 BVerwG, NJW 1993, 1491 (1492), *Aschke*, in: Bader/Ronellenfitsch, BeckOK VwVfG, § 40, Rdn. 119.

554 Ebenso bei der G 10-Kommission, siehe ebenda, Rdn. 120; BVerwG, NJW 2008, 2135 (2139 f.).

555 Siehe nur BVerwG, Urteil vom 14.12.1994 - 11 C 18/9 3- *Militärische Tiefflüge*, NJW 1995, 1690 (LS 1 und 1691); BVerfG, Urteil vom 07.05.2008 - 2 BvE 1/03 - *Lufraumüberwachung Türkei*, BVerfGE 121, 135 (158); BVerwG, Urteil vom 29.10.2009 - 7 C 22/08 - *Nachteilige Auswirkungen auf internationale Beziehungen*, NVwZ 2010, 321 f.; weitere Beispiele bei *Kopp/Schenke*, VwGO Kommentar, § 114, Rdn. 26 sowie bei *Sachs/Jasper*, NVwZ 2012, 649; dazu auch *Pache*, Tatbestandliche Abwägung und Beurteilungsspielraum, S. 30 ff.

556 BVerwG, Urteil vom 05.12.1986 - 4 C 13/85 - *Verkehrsflughafen München II*, NVwZ 1987, 578 (582); OVG Schleswig, Urteil vom 19.02.2004 - 1 LB 43/03, NVwZ-RR 2005, 156; *Hornmann*, in: Spannowsky/Uechtritz, BeckOK BauGB, § 14, Rdn. 56.

557 *Aschke*, in: Bader/Ronellenfitsch, BeckOK VwVfG, § 40, Rdn. 28.

558 Ebenda, Rdn. 30.

den Behörden jedoch ein Wertungs- und Gestaltungsspielraum zu, der sich

> „[...] nicht auf einen bestimmten geistig-seelischen Vorgang zurückführen läßt, sondern verschiedene Elemente – insbesondere des Erkennens, des Wertens und Bewertens sowie des Wollens – umfaßt.“[559]

Insbesondere die baurechtliche Planung wird als offener Prozess betrachtet, in den eine Vielzahl komplexer räumlicher und sachlicher Gegebenheiten einfließt, die mit Blick auf die Zukunft und die Erreichung technisch-wirtschaftlicher Ziele berücksichtigt und gewichtet werden müssen.[560] Die Komplexität und Ergebnisoffenheit rechtfertigen es, der Verwaltung einen Gestaltungsspielraum einzuräumen.

vi.) Einordnung von Ethik und Moral in die dargestellten Kategorien

Alle dargestellten Fallgruppen haben als übergeordnetes Kriterium gemeinsam, dass die Rechtsprechung nicht imstande ist, eine getroffene Behördenentscheidung in allen Einzelheiten, unter denselben Voraussetzungen und Kenntnissen, die dem Entscheidungsträger zur Verfügung standen, nachzuvollziehen. Sie stößt an die Grenzen dessen, was ihr nach Art. 19 Abs. 4 GG auferlegt ist. Falls die oben genannten Kriterien auf Freiheitsbeschränkungen aus Gründen von Ethik und Moral übertragbar sind, ist auch in diesen Fällen ein nur eingeschränkt überprüfbarer Beurteilungsspielraum anzunehmen. Das ist im Wesentlichen für zwei Konstellationen denkbar.

Möglicherweise hat die Exekutive einen Beurteilungsspielraum für ethisch-moralische Entscheidungen, die eine Prognose erfordern. Das betrifft die Anwendung der „öffentlichen Ordnung“ im Rahmen der polizeirechtlichen Generalklausel sowie die Tatbestände des besonderen Gefahrenabwehrrechts. Unter einer Gefahr im Sinne des Polizeirechts versteht man

> „[...] eine Sachlage, bei der im einzelnen Fall die hinreichende Wahrscheinlichkeit besteht, dass in absehbarer Zeit ein Schaden für die öffentliche Sicherheit oder Ordnung eintreten wird.“[561]

559 BVerwG, Urteil vom 12.12.1969 – IV C 105/.66, BVerwGE 34, 301 (304).

560 *Gerhardt,* in: Schoch/Schneider/Bier (Hrsg.), VwGO Kommentar, § 114, Rdn. 28.

561 Siehe nur § 2 Nr. 1a) NSOG; § 3 Abs. 3 Nr. 1 SOG M-V.

Die Entscheidung, ob ein Verstoß gegen herrschende Wertvorstellungen und mithin eine Gefahr für die „öffentliche Ordnung" vorliegt, erfordert nach dem eindeutigen Wortlaut eine Prognose, da die hinreichende Wahrscheinlichkeit eines Gefahreintritts bereits zum Eingriff ermächtigt.[562] Auch die Beurteilung, ob eine Schaustellung nach § 33a Abs. 2 Nr. 2 GewO „den guten Sitten zuwiderlaufen wird" oder ein Antragssteller nach § 4 Abs. 1 Nr. 1 GastG in seinen Räumlichkeiten der „Unsittlichkeit Vorschub leisten wird" ist - wie der jeweilige Wortlaut der Normen klarstellt - aus der *ex ante* Sicht vorzunehmen und beruht auf einem Wahrscheinlichkeitsurteil. Es handelt sich bei moralisch motivierten Maßnahmen des Gefahrenabwehrrechts zwar insgesamt um eine Prognoseentscheidung; die Prognose als solche bezieht sich jedoch ausschließlich auf das Vorliegen einer Gefahr und nicht auf das „ethische Moment".[563] Die Entscheidung, ob ein Verhalten herrschende Moralvorstellungen verletzt, ist nicht prognostischer Natur, sondern kann bereits im Entscheidungszeitraum sicher festgestellt werden. Insofern ist ein gerichtlich eingeschränkt kontrollierbarer Beurteilungsspielraum bei Prognoseentscheidungen zum Schutz sittlicher Anschauungen abzulehnen.

Für Gremien oder Ausschüsse, die ethisch-moralische Werturteile treffen, könnte jedoch ein Entscheidungsfreiraum zulässig sein.[564] Dazu zählt insbesondere die institutionelle Verlagerung von sittlichen Entscheidungen auf Ethik-Kommissonen, etwa am Beispiel der PID. Bei diesen Kommissionen handelt es sich um vom Gesetzgeber plural zusammengesetzte Kollegialorgane, die weisungsfrei und unabhängig entscheiden. In § 3a Abs. 3 Satz 1 Nr. 2 des Embryonenschutzgesetzes heißt es dazu:

> „Eine Präimplantationsdiagnostik nach Absatz 2 darf nur [...] nachdem eine interdisziplinär zusammengesetzte Ethikkommission an den zugelassenen Zentren für Präimplantationsdiagnostik die Einhaltung der Voraussetzungen des Absatzes 2 geprüft und eine zustimmende Bewertung abgegeben hat [...] vorgenommen werden."[565]

562 *Götz*, Allgemeines Polizei- und Ordnungsrecht, § 6, Rdn. 9; *Denninger*, in: Lisken/Denninger, Handbuch des Polizeirechts, E, Rdn. 46.

563 Siehe nur *Götz*, Allgemeines Polizei- und Ordnungsrecht, § 6 Rdn. 9.

564 Ebenso *Pache*, Tatbestandliche Abwägung und Beurteilungsspielraum, S. 138.

565 Abrufbar unter:

Die Details zur Zusammensetzung der Ethik-Kommission sollen nach § 3a Abs. 3 Satz 3 EschG in einer Bundesverordnung geregelt werden. Laut einem ersten Entwurf ist die über die PID entscheidende Ethik-Kommission mit acht Mitgliedern zu besetzen: mit vier Medizinern, einem Ethiker, der auch Theologe sein kann, einem Juristen sowie zwei Vertretern von Patientenorganisationen und chronisch kranker und behinderter Menschen.[566] Aus § 6 Abs. 4 des Entwurfs einer PIDV ergibt sich jedoch auch, dass die Ethik-Kommission keinen Ermessensspielraum besitzt. Zudem stehen den Betroffenen gemäß § 6 Abs. 5 gegen eine ablehnende Entscheidung der Widerspruch und die Anfechtungsklage zur Verfügung, so dass die Gremienentscheidung zumindest nicht vollständig der gerichtlichen Kontrolle entzogen ist. Dennoch ist die Ethik-Kommission keinen Weisungen unterworfen und zeichnet sich durch eine besondere Expertise aus. Der Referentenentwurf der PIDV stellt klar, dass sich die Prüfungs- und Bewertungsbefugnis der Ethik-Kommission auf das Vorliegen der in § 3a ESchG genannten Voraussetzungen erstreckt.[567] Zur Erfüllung dieser Aufgabe kann sie auf eigene wissenschaftliche Erkenntnisse oder Sachverständigengutachten zurückgreifen, um sich die notwendigen Fachkenntnisse zu verschaffen.[568] Dies indiziert, dass ihr die Entscheidung über die Zulässigkeit einer PID gerade wegen ihrer besonderen Sachkunde übertragen ist oder sie zumindest - wie vergleichbare Gremien - einen faktischen „Entscheidungsvorrang“[569] besitzt.

Gleiches gilt für Bewertungen der Bundesprüfstelle für jugendgefährdende Medien (BPjM). Sie trifft ein moralisches Urteil, da sie beurteilt, ob ein Medium aufgrund seines Inhalts geeignet ist, Jugendliche sitt-

http://www.gesetze-im-internet.de/bundesrecht/eschg/gesamt.pdf (zuletzt abgerufen am 06.11.2014).

566 Siehe § 4 zum Entwurf einer Verordnung über die rechtmäßige Durchführung einer Präimplantationsdiagnostik (PIDV) vom 11.07.2012, abrufbar unter:

http://www.bmg.bund.de/fileadmin/dateien/Downloads/Gesetze_und_Verordnungen/Laufende_Verfahren/P/PID/Referentenentwurf_PID_Verordnung_120711.pdf (zuletzt abgerufen am 06.11.2014).

567 Ebenda, S. 24 f.

568 Ebenda, S. 27.

569 Siehe dazu bei Fn. 551.

lich zu gefährden.[570] Auch wenn ihr Beurteilungsspielraum aufgrund der Grundrechtsrelevanz der Entscheidungen nicht grenzenlos sein kann, ist ihr insbesondere die Bewertung überlassen, ob eine Darstellung jugendgefährdend ist. Dabei hat sie die Belange der Jugendlichen mit den künstlerischen Aspekten des Streitobjekts abzuwägen.[571]

Es ist festzuhalten, dass die einen gerichtsfreien Beurteilungsspielraum begründenden Kriterien jedenfalls auf Gremienentscheidungen über ethisch sensible Fragen übertragbar sind. Der Exekutive ist in diesen Fällen mithin ein gerichtsfester Beurteilungsspielraum belassen.

vii.) Ethisch-moralische Entscheidungen als Fallgruppe sui generis?

Die bisherigen Gerichtsentscheidungen zu Freiheitsbeschränkungen aus Gründen von Ethik und Moral suggerieren, dass eine vollständige gerichtliche Kontrolle bei der Anwendung der Sittenbegriffe stattfindet[572]. Die Gerichte betonen insbesondere, dass der Begriff der „guten Sitten" i.S.d. § 33a Abs. 2 Nr. 2 GewO ein unbestimmter, ausfüllungsbedürftiger Rechtsbegriff sei, der der Verwaltung weder Ermessen noch einen Beurteilungsspielraum überlasse und dessen Anwendung in vollem Umfang gerichtlicher Nachprüfung unterliege.[573] Da das „Sittengesetz" und die „guten Sitten" inhaltsgleich sind, gilt diese Aussage konsequenterweise für beide Begriffe. Auch die Auslegung und Anwendung der „öffentlichen Ordnung" wurde einer umfassenden gerichtlichen Kontrolle unterzogen.[574] Gleiches gilt schließlich für die behördliche Beurteilung, ob das Ermöglichen der Prostitution in den Räumen einer Gaststätte stets der „Unsittlichkeit" im Sinne des § 4

570 BVerwG, NJW 1987, 1431 (1432) – *Indizierung einer das NS-Regime aufwertenden Schrift*; BVerwG, NJW 1987, 1429 f. – *Jugendschutz und Kunstfreiheit*; BVerfGE 83, 130 (147) – *Josephine Mutzenbacher*.

571 *Schoch*, Jura 2004, 612 (618) m.w.N.; BVerfGE 83, 130 (148) – *Josephine Mutzenbacher*.

572 *Marcks*, in: Landmann/Rohmer, BeckOK GewO, § 33a, Rdn. 19; siehe außerdem die in Fn. 209 zitierten Urteile; hinsichtlich der ärztlichen Ethik VG Berlin, Entscheidung vom 30.03.2012 – VG 9 K 63.09, Rdn. 47, MedR 2013, 58.

573 BVerwGE 64, 274 (276) – *Peep-Show*; BVerwG, Urteil vom 16.12.1981 – 1 C 32/78 – *Öffentliche Vorführung des Geschlechtsverkehrs*, NJW 1982, 665; *Kopp/Schenke*, VwGO Kommentar, § 114, Rdn. 27.

574 Siehe z.B. *Kopp/Schenke*, VwGO Kommentar, § 114, Rdn. 27 sowie die bei 1.Kap.A.IV. dargestellten Urteile.

Abs. 1 Satz 1 Nr. 1 GastG Vorschub leistet[575] oder eine öffentliche Ausstellung menschlicher Leichen das „sittliche Empfinden der Allgemeinheit" i.S.d. § 5 S. 1 BayBest verletzt.[576]

Dies ist konsequent, da die begriffliche Unbestimmtheit der Sittenbegriffe für sich genommen der Verwaltung noch keinen Freiraum gewährt. Auch ist der Exekutive durch den Gesetzgeber bei der Bewertung sittlicher fragwürdiger Verhaltensweisen keine ausdrückliche Letztentscheidungskompetenz im Sinne einer normativen Ermächtigung eingeräumt worden. Es ist jedoch zu erwägen, Freiheitsbeschränkungen aus Gründen von Ethik und Moral als Fallgruppe *sui generis* im oben dargestellten Sinne anzusehen. Verfassungsrechtlich bestehen hinsichtlich der Identifizierung neuer Fallgrupen keine Bedenken. Im Gegenteil betont das Bundesverfassungsgericht:

> „Soweit bisher in der Rechtsprechung und der Literatur bestimmte Typen von administrativen Letztentscheidungsermächtigungen identifiziert worden sind [...], handelt es sich hierbei nicht um einen rechtlich feststehenden Kanon. Der Gesetzgeber ist vielmehr frei, innerhalb der verfassungsrechtlich vorgegebenen Grenzen neue administrative Letztentscheidungsbefugnisse zu schaffen."[577]

Gestützt wird diese Annahme durch die jüngere Rechtsprechungstendenz des Bundesverwaltungsgerichts, der Verwaltung vermehrt gerichtsfreie Spielräume zu gewähren.[578] Um Freiheitsbeschränkungen aus Gründen von Ethik und Moral als Fallgruppe *sui generis* ansehen zu können, ist jedoch vorauszusetzen, dass die Gerichte tatsächlich nicht in der Lage sind, die jeweiligen Behördenentscheidungen lückenlos nachzuvollziehen, respektive dabei an ihre Funktionsgrenzen stoßen. Davon ist wiederum auszugehen, wenn den Richtern im Hinblick

575 Das BVerwG, Urteil vom 23.03.2009 - 8 B 2.09, NVwZ 2009, 909 (909 f.) hält diese Frage für vollständig geklärt; eine Beurteilungsermächtigung kann der Behörde mithin nicht mehr zugestanden werden.

576 VGH München, NJW 2003, 1618 (1620) - *„Körperwelten"*.

577 BVerfG, Beschluss vom 10.12.2009 - 1 BvR 3151/07 - *Behördliche Letztentscheidungsbefugnis*, NVwZ 2010, 435 (438); ebenso *Sachs/Jasper*, NVwZ 2012, 649 (653).

578 Siehe nur BVerwG, Urteil vom 02.04.2008 - 6 C 15/07, NVwZ 2008, 1359 (1360, 1361); BVerwG, Urteil vom 29.10.2009 - 7 C 22/08, NVwZ 2010, 321 (322).

auf die zu treffende Entscheidung keine adäquaten Erkenntnismöglichkeiten zur Verfügung stehen.[579]

Wie soeben dargestellt, ist dies jedenfalls für komplexe Entscheidungen von weisungsfreien und pluralistisch zusammengesetzten Gremien anzunehmen. Da die Sittenbegriffe des deutschen Rechts jedoch auf den Wertekonsens der Gesellschaft verweisen, sind die Gerichte in der Lage, diesen nach eigenem Verständnis auszulegen und anzuwenden. Es kommt im Ergebnis darauf an, ob sich die Behördenentscheidung mit dem Werteverständnis des Richters deckt. Allerdings ist insbesondere für die Auslegung der gefahrenabwehrrechtlichen Sittenbegriffe auf die aktuell vorherrschenden Verhaltenserwartungen abzustellen, die von der Mehrheit geteilt und befolgt werden. Insofern bedarf es einer wirksamen Methode, um diese zu ermitteln. Verlässlich dürften insofern wohl nur repräsentative empirische Untersuchungen in Form von demoskopischen Umfragen[580] oder eines öffentlichen Meinungsaustausches sein. Aus prozessökonomischen Gesichtspunkten ist dieser Ansatz aufgrund des hohen Aufwands und der hohen Kosten zwar nicht unproblematisch, faktisch aber realisierbar. Dies beweist das mehrfach zitierte Urteil des VG Berlin zur Ausübung der Prostitution in der Sache *Café Pssst!* in beeindruckender Weise.[581] Auch bei der Bewertung der Strafbarkeit männlicher Homosexualität sowie der Beurteilung des Geschwisterinzests holten die Gerichte Meinungen und Stellungnahmen repräsentativer Gesellschaftsgruppen sowie Umfrageergebnisse ein, um ihre Entscheidung darauf zu stützen.[582] Ebenso hob das VG Dresden bei der Beurteilung, ob *Paintball*-Spiele zur Verrohung und Abstumpfung führen, auf einen empirischen Ansatz ab.[583] Soweit es also um Streitigkeiten geht, zu denen Stellungnahmen von Experten oder repräsentative Umfragen verfügbar sind, sind die Gerichte in der Lage, auf dieser Grundlage ein eigenes sittliches Urteil zu fällen und

579 *Herzog*, NJW 1992, 2601 (2604) (In Bezug auf Prüfungsentscheidungen); *Ipsen*, AöR 1982, 259 (291 f.); *Kopp/Schenke*, VwGO Kommentar, § 114, Rdn. 25.

580 So wohl auch *Kunig*, in: v. Münch/Kunig, GK I, Art. 2, Rdn. 27; kritisch dazu *Metzner*, in: ders. Gaststättengesetz, § 4, Rdn. 66a, m.w.N.

581 VG Berlin, NJW 2001, 983 – *Café Pssst!*, siehe bei 1.Kap.A.III. 1.) a.).

582 BVerfG 6, 389 (424) – *Homosexualität*; BVerfGE 120, 224 (236 ff.) – *Geschwisterinzest*.

583 VG Dresden, Urteil vom 26.01.2007 – 14 K 2097/03, Rdn. 48; ebenso OVG Lüneburg, Urteil vom 18.2.2010 – 1 LC 244/07, GewArch 2010, 499 (501).

die Behördenentscheidung vollumfänglich zu kontrollieren.[584] Handelt es sich hingegen um neuartige Gewerbe oder bislang unbekannte Verhaltensweisen, treffen die Gerichte aufgrund eigener Überzeugung eine von empirischen Mitteln unabhängige Entscheidung.

e.) Verbleibender Kontrollauftrag der Gerichte bei Gremienentscheidungen

Abschließend ist zu fragen, welche Kontrollaufgaben der Rechtsprechung bei Entscheidungen verbleiben, die von unabhängigen und pluralistisch besetzten Gremien getroffen werden. Es ist zunächst festzustellen, dass die Kontrolle nicht vollständig entfällt, sondern lediglich reduziert ist. In der Rechtspraxis heißt das: Die Tatsachenermittlung, das Auffinden und Heranziehen der richtigen Rechtsnorm, die rechtmäßige Ausgestaltung des Verfahrens[585] sowie die Bestimmung der jeweiligen Rechtsfolge - mit Ausnahme von Ermessensentscheidungen - unterliegt einer vollständigen gerichtlichen Kontrolle; lediglich die konkrete Subsumtion des Sachverhalts unter die Tatbestandsmerkmale ist dem Gremium überlassen.[586] Dabei ergeben sich mitunter Schwierigkeiten bei der sauberen dogmatischen Trennung zwischen Sachverhaltsermittlung und Subsumtion, da ersteres gerade bei moralisch aufgeladenen Normen bereits mit einer Wertung einhergehen kann.[587] Gleiches gilt in Einzelfällen für die Unterscheidung zwischen der Bewertung eines Sachverhalts auf der Tatbestandsebene und der Ermessensausübung auf der Rechtsfolgenseite.[588] Die Frage, *welche* Wertvorstellungen im Ermessen zu berücksichtigen sind, ist subjektiv geprägt. Teilweise wird deshalb zu Recht vertreten, dass solche Infor-

584 Ebenso für die „Unsittlichkeit" in § 4 Abs. 1 Nr. 1 GastG auf die sozialethischen Wertvorstellungen abstellend *Metzner*, in: ders. Gaststättengesetz, § 4, Rdn. 65.

585 Dies gilt insbesondere für Ethik-Kommissionen, *Kahl*, VerwArch 2008, 452 (475).

586 *Pache*, Tatbestandliche Abwägung und Beurteilungsspielraum, S. 48 m.w.N.; *Schmidt-Aßmann/Groß*, NVwZ 1993, 617 (624).

587 Darauf hinweisend insbesondere *Schmidt-Aßmann/Groß*, NVwZ 1993, 617 (624 f.); *Wolff*, in: Sodan/Ziekow, VwGO Kommentar, § 114, Rdn. 356; *Kopp/Schenke*, VwGO Kommentar, § 114, Rdn. 23 sehen die Schwierigkeiten bei der Trennung zwischen der Auslegung unbestimmter Rechtsbegriffe und der Subsumtion des Sachverhalts darunter.

588 *Sachs/Jasper*, NVwZ 2012, 649; BVerwG, Urteil vom 02.04.2008 - 6 C 15/07, Rdn. 47, NVwZ 2008, 1359 (1364); BVerwG, Urteil vom 28.11.2007 - 6 C 42/06, Rdn. 28-30, NVwZ 2008, 575 (577 f.)..

mationen nicht mehr als Tatsachen im ursprünglichen Sinne anzusehen seien, sondern mit dem Werturteil verschmelzen und mithin der Beurteilungsermächtigung des Rechtsanwenders unterfielen.[589] Dem ist mit der Prämisse zuzustimmen, dass übergeordneter normativer Maßstab für die Auslegung und Anwendung von Sittenbegriffen die sozialethischen Wertungen des Grundgesetzes sein müssen. Die Gerichte sind befugt, die Richtigkeit der ermittelten „Tatsachengrundlage“ zu untersuchen und an diesen Werten zu messen.

Darüber hinaus kann die Judikative zwar nicht die Zweckmäßigkeit einer Gremienentscheidung überprüfen, wohl aber - gleich einer Ermessenskontrolle - feststellen, ob die Beurteilungsermächtigung ohne Rechtsfehler wahrgenommen wurde, sprich ohne eine Beurteilungsüberschreitung oder einen Beurteilungsfehlgebrauch.[590] Mit anderen Worten untersuchen die Gerichte erstens, ob tatsächlich ein Beurteilungsspielraum existierte, und zweitens, ob der Rechtsanwender seine Entscheidung unter Beachtung des vorgeschriebenen Verfahrens[591] und in dessen Rahmen willkürfrei und nachvollziehbar getroffen hat. Es handelt sich dabei um eine formalisierte Evidenz- und Vertretbarkeitskontrolle.[592] In diesem Sinne ist von der Vertretbarkeit einer Gremienentscheidung auszugehen, wenn das Gremium den Gehalt der anzuwendenden Begriffe und den gesetzlichen Rahmen, in dem es sich bewegen kann, erkannt hat, von einem zutreffenden und vollständig ermittelten Sachverhalt ausgegangen ist, die allgemein gültigen Beurteilungsmaßstäbe und die Regeln des inneren Entscheidungsverfahrens beachtet hat. Es dürfte sich schließlich nicht von sachfremden Erwägungen leiten lassen.[593]

589 *Dawin*, in: Schoch/Schmidt-Aßmann/Pietzner, VwGO, § 86, Rdn. 54.

590 *Pache*, Tatbestandliche Abwägung und Beurteilungsspielraum, S. 47; *Kopp/Schenke*, VwGO-Kommentar, § 114, Rdn. 28 ff.; *Aschke*, in: Bader/Ronellenfitsch, BeckOK VwVfG, § 40, Rdn. 132 f.

591 *Pache*, Tatbestandliche Abwägung und Beurteilungsspielraum, S. 503 f.

592 Dazu *Sachs*, in: Stelkens/Bonk/Sachs, VwVfG, § Rdn. 220 ff.; *Wolff*, in: Sodan/Ziekow, VwGO Kommentar, § 114, Rdn. 351; *Decker*, in: Posser/Wolff, BeckOK VwGO, § 114, Rdn. 36.1 ff.; BVerwG, Urteil vom 02.02.1984 - 3 C 75.82, unter II.4., BeckRS 1984, 30431252; BVerwG, Beschluss vom 18.05.1982 - 1 WB 148/78, BVerwGE 73, 376 (378).

593 So zu Recht *Schmidt-Aßmann*, in: Maunz/Dürig, GG-Kommentar, Art. 19 Abs. 4, Rdn. 192; ebenso *Wolff*, in: Sodan/Ziekow, VwGO Kommentar, § 114, Rdn. 354.

f.) Zwischenergebnis

Im Ergebnis ist den Behörden bei Freiheitsbeschränkungen aus Gründen von Ethik und Moral grundsätzlich kein gerichtsfreier Beurteilungsspielraum eingeräumt. Es ist jedoch zu differenzieren: Für Gremienentscheidungen müssen dieselben Beschränkungen der gerichtlichen Kontrolle gelten, wie in den anerkannten Fallgruppen. Das betrifft insbesondere Entscheidungen von Ethik-Kommissionen oder der Bundesprüfstelle für jugendgefährdende Schriften. In allen anderen Fällen der Auslegung und Anwendung ethisch unterfütterter Rechtsbegriffe sind Entscheidungen der Exekutive lückenlos nachzuvollziehen. Es ist verfassungsrechtlich nicht zulässig, wenn die Rechtsprechung ihr nur deswegen einen gerichtsfreien Beurteilungsspielraum einräumt, weil es um die Auslegung und Anwendung komplexer rechtlicher Wertentscheidungen geht.

2.) Legislativer Gestaltungsspielraum

In einer repräsentativen Demokratie kommt dem Gesetzgeber als unmittelbar demokratisch legitimiertem Staatsorgan die Aufgabe zu, gesellschaftliche Wertvorstellungen zu kodifizieren.[594] Dabei hat er im Rahmen der verfassungsrechtlichen Gewaltenteilung nach Art. 1 Abs. 3 i.V.m. Art. 20 Abs. 3 GG einen weiten Gestaltungsspielraum. Aufgrund der Diversität denkbarer Anwendungsfälle für Freiheitsbeschränkungen aus Gründen von Ethik und Moral vermeidet es der Gesetzgeber grundsätzlich, eindeutige Regelungen zu treffen. Stattdessen beschränkt er sich im Wesentlichen auf die Kodifizierung administrativer Eingriffsbefugnisse auf der Grundlage unbestimmter Rechtsbegriffe. Im Rahmen seines Gestaltungsspielraumes kann der Gesetzgeber die Dichte der kodifizierten Regelungen und die der Exekutive eingeräumten Freiheiten verändern und dadurch mittelbar die gericht-

594 BVerfG, Urteil vom 15.01.2002 - 1 BvR 1783/99 - *Schächten*, BVerfGE 104, 337 ff. (347). Dort heißt es, die vorherige Betäubung von Schlachttieren *„[...] ist ein legitimes Regelungsziel, das auch dem Empfinden breiter Bevölkerungskreise Rechnung trägt."* Ebenso BVerfGE 6, 389 (433 f., 437) - *Homosexualität*; BVerfGE 120, 224 (241, 248) - *Geschwisterinzest*; BGH, NJW 1954, 1049 (1050); *Starck*, in: v. Mangoldt/Klein/Starck (Hrsg.), GG Kommentar Band I, Art. 2 Abs. 1, Rdn. 40; das Prostitutionsgesetz und das Transsexuellengesetz beispielsweise veranschaulichen einen Wertewandel, der vom Gesetzgeber aufgegriffen und kodifiziert worden ist.

liche Kontrolldichte beeinflussen.[595] Faktisch ist in diesen Konstellationen nur die dazwischentretende administrative Entscheidung der gerichtlichen Kontrolle entzogen. Fälle, in denen sich der gesetzgeberische Wertungs-, Regelungs- oder Gestaltungsspielraum unmittelbar auf die gerichtliche Kontrolle auswirkt, sind nur denkbar, wenn der Gesetzgeber eine eindeutige Regelung trifft, die von den Behörden zu vollziehen ist. Anwendungsfälle sind hier im Wesentlichen eindeutige Verhaltensge- oder -verbote, wie sie beispielsweise im Strafrecht anzutreffen sind.

a.) Dogmatische Grundlagen

Der Regelungs- und Gestaltungsspielraum des Gesetzgebers resultiert aus seiner Funktion im demokratischen Staatsgefüge, abstrakt-generelle Regelungen zu treffen.[596] Gesetzgeberische Gestaltungsspielräume sind mithin Ausfluss des Gewaltenteilungsprinzips.[597] Dennoch genügt die Gesetzgebungsfunktion für sich genommen nicht, um einen nur eingeschränkt kontrollierbaren Spielraum der Legislative anzunehmen. Vielmehr ist die Frage, ob und wie dem Gesetzgeber ein solcher Gestaltungsspielraum zukommt, im Wesentlichen abhängig von der Eigenart der zu regelnden Materie, der Möglichkeit, sich über Auswirkungen und Entwicklungen einer Norm zu unterrichten, der Bedeutung der betroffenen Rechtsgüter sowie dem Vorhandensein verfassungsrechtlicher Kontrollmaßstäbe.[598] Wenn hinsichtlich einer bestimmten Regelungsmaterie – wie beispielsweise bei außen- oder wirtschaftspolitischen Richtlinien und Entscheidungen – keine gesetzlichen Vorgaben in der Verfassung existieren, kann das legislative Handeln konsequenterweise nur eingeschränkt oder überhaupt nicht an rechtli-

595 So zu Recht *Pache*, Tatbestandliche Abwägung und Beurteilungsspielraum, S. 502; *Herdegen*, in: Maunz/Dürig, GG-Kommentar, Art. 79, Rdn. 142.

596 *Grzeszick*, in: Maunz/Dürig, GG-Kommentar, Art. 20, Rdn. 122.

597 *Herdegen*, in: Maunz/Dürig, GG-Kommentar, Art. 79, Rdn. 142.

598 BVerfG, Urteil vom 14.07.1986 - BvE 2/84, 2 BvR 442/84 - *Parteispenden*, BVerfGE 73, 40 (92); BVerfG, Beschluss vom 19.10.1987 - 2 BvR 624, 1080, 2029/83 - *Lagerung chemischer Waffen*, BVerfGE 77, 170 (214 f.); BVerfG, Urteil vom 28.05.1993 - 2 BvF 2/90 und 4, 5/92 - *Schwangerschaftsabbruch II*, BVerfGE 88, 203 (262); BVerfG, Beschluss vom 09.03.1994 - 2 BvL 3, 51, 63, 64, 70, 80/92, 2 BvR 2031/92 - *Cannabis*, BVerfGE 90, 145 (173); BVerfGE 120, 224 (240) - *Geschwisterninzest*; BVerfG, Beschluss vom 21.12.2011 - 1 BvR 2007/10 - *Sonnenstudio-Verbot*, NJW 2012, 1062 (1063).

chen Maßstäben beurteilt werden.[599] Demgegenüber ist jedenfalls anzunehmen, dass Gesetzesvorhaben, die Grundrechte berühren, stets am Maßstab der Verfassung zu kontrollieren sind, da der Gesetzgeber gemäß Art. 20 Abs. 3 GG an die verfassungsmäßige Ordnung und die Wertentscheidungen der Verfassung gebunden ist. Es ist nicht in das alleinige Ermessen der Legislative gestellt, Grundrechtsgewährleistungen durch einfaches Parlamentsgesetz einzuschränken.[600] Denn die staatliche Justizgewährleistungspflicht nach Art. 19 Abs. 4 GG sowie die in Art. 93 Abs. 1 Nr. 2 bzw. Art. 100 GG geregelte, originäre Aufgabe des Bundesverfassungsgerichts, über die Verfassungsmäßigkeit von Gesetzen unter allen in Betracht kommenden Gesichtspunkten zu entscheiden, fungieren als Kontrollmechanismen.[601] Aus dem Gebot effektiven Rechtsschutzes folgt insbesondere, dass der Gesetzgeber den Rechtsschutzauftrag der Gerichte nicht unterlaufen darf, indem er eine Vielzahl Zahl an unbestimmten Rechtsbegriffen verwendet und der Exekutive dadurch übermäßige Letztentscheidungskompetenzen einräumt.[602] Als gleichsam letztes Korrektiv des legislativen Einschätzungs-, Wertungs- und Gestaltungsspielraums dient – wie für jedes staatliche Handeln – das Prinzip der Verhältnismäßigkeit.[603]

Andererseits ist auch die gerichtliche Kontrolle von Verfassungs wegen einzuschränken; zum einen ist die Judikative gemäß Art. 20 Abs. 3 GG an den Willen des Gesetzgebers gebunden, zum anderen folgt aus dem Gewaltenteilungsprinzip, dass die Legislative „das Programm festlegt, während die Rechtsprechung anwendet und zu Ende denkt."[604]. In der Folge bedeutet dies, dass eine gerichtliche Kontrolle

599 *Schlaich/Korioth*, Das Bundesverfassungsgericht, Rdn. 530; BVerfG, Urteil vom 01.03.1979 – 1 BvR 532, 533/77, 419/78, und BvL 21/78 – *Mitbestimmung*, BVerfGE 50, 290 (332).

600 *Stettner*, NVwZ 1989, 806 (808 f.).

601 *Wernsmann*, NVwZ 2000, 1360 (1361); siehe auch die frühe Entscheidung BVerfG, Urteil vom 20.03.1952 – 1 BvL 12, 15, 16, 24, 28/51 – *Normenkontrolle I*, BVerfGE 1, 184 (195).

602 BVerfG, NVwZ 2011, 1062 (1065) – *Investitionszulagengesetz 1999*; kritisch auch *Aschke*, in: Bader/Ronellenfitsch, BeckOK VwVfG, § 40, Rdn. 101; siehe dazu bei 1.Kap.B.II. 1.) b.).

603 BVerfGE 120, 224 (241) – *Geschwisterninzest*, sowie die abweichende Meinung von *Hassemer* ebenda BVerfGE 120, 224 (255); *Schmidt*, in: Müller-Glöge/Preis/Schmidt (Hrsg.), Erfurter Kommentar zum Arbeitsrecht, Art. 2 GG, Rdn. 28.

604 So *Wernsmann*, NVwZ 2000, 1360 (1362, 1363) mit Verweis auf *Brugger*, AöR 119 (1994), 1 (2, 11).

nur mit Einschränkungen stattfindet. Dennoch handelt es sich dabei nicht um eine allgemeingültige Faustformel, da letztendlich die Eigenart der Regelungsmaterie sowie die Umstände der Gesetzgebungstätigkeit maßgeblich sind.

b.) Regelungsmaterie und Umstände der Rechtssetzung

Wie bereits angedeutet, besitzt der Gesetzgeber bei (außen-) politischen Entscheidungen grundsätzlich einen Gestaltungsspielraum. Gleiches gilt für Regelungen auf dem Gebiet der Arbeitsmarkt-, Sozial- und Wirtschaftsordnung[605] sowie der Ausgestaltung abstrakter Rechtspositionen. So formulierte das Bundesverfassungsgericht hinsichtlich des Rechts auf ein Existenzminimum[606]:

> „Dieses Grundrecht aus Art. 1 Abs. 1 GG hat als Gewährleistungsrecht in seiner Verbindung mit Art. 20 GG neben dem absolut wirkenden Anspruch aus Art. 1 Abs. 1 GG auf Achtung der Würde jedes Einzelnen eigenständige Bedeutung. Es ist dem Grunde nach unverfügbar und muss eingelöst werden, bedarf aber der Konkretisierung und stetigen Aktualisierung durch den Gesetzgeber, der die zu erbringenden Leistungen an dem jeweiligen Entwicklungsstand des Gemeinwesens und den bestehenden Lebensbedingungen auszurichten hat. Dabei steht ihm ein Gestaltungsspielraum zu."[607]

Die konkrete Ausgestaltung grundrechtlicher Schutzpflichten ist mithin dem Grunde nach in das Ermessen der Legislative gestellt, soweit diesbezüglich keine konkreten verfassungsrechtlichen Vorgaben bestehen.[608] Der Spielraum ist erst überschritten, wenn der Gesetzgeber erforderliche Schutzvorkehrungen entweder überhaupt nicht getroffen

605 BVerfG, Beschluss vom 06.10.1987 - 1 BvR 1086, 1468, 1623/82 - *Arbeitnehmerüberlassung*, BVerfGE 77, 84 (160) („weite Gestaltungsfreiheit"); für die Regelung der Privatautonomie *Schmidt*, in: Kommentar zum Arbeitsrecht, Art. 2 GG, Rdn. 28.

606 Hinsichtlich des „Rechts auf ein Existenzminimum", BVerfG, Urteil vom 09.02.2010 - 1 BvL 1/09, NJW 2010, 505 (506).

607 BVerfG, NJW 2010, 505 (507) - *Existenzminimum.*

608 Siehe nur BVerfG, Beschluss vom 09.02.1998 - 1 BvR 2234/97 - *Nichtraucherschutz*, NJW 1998, 2961 (2962); BVerfGE 88, 203 (262) - *Schwangerschaftsabbruch II*; BVerfG, Beschluss vom 20.04.2011 - 1 BvR 1811/08, Rdn. 9 - *Gleichbehandlung von leiblichen und Adoptiveltern*, BeckRS 2011, 50152.

hat oder die erlassenen Regelungen und Maßnahmen erheblich hinter dem gebotenen Schutzziel zurückbleiben.[609]

In anderen Sachbereichen wiederum ist der legislative Wertungs,- Regelungs- und Gestaltungsspielraum von vornherein beschränkt. So bezeichnete das Bundesverfassungsgericht den Gestaltungsspielraum des Gesetzgebers bei der Regelung von Parteispenden als „besonders eng“.[610] Gleiches gilt für die Regelung des Wahlrechts, das die formale Chancengleichheit der politischen Parteien berührt.[611] *Stettner* gibt zu bedenken, dass es darüber hinaus Sachbereiche gebe, die einem gesetzgeberischen Spielraum stets entzogen seien. Insbesondere bezeichnet er das menschliche Leben und die Menschenwürde als solche „experimentierfeindlichen“ Sachbereiche, in denen das Experimentieren mit Regelungen aus Gründen des Sittengesetzes verboten sei.[612]

Aufgrund der Einzelfallabhängigkeit ist die Reichweite der gerichtlichen Kontrolle insgesamt kaum vorherzusagen. Anschauliches Beispiel hierfür ist die Rechtsprechung zu legislativen Prognoseentscheidungen.[613] Anders als bei den Beurteilungsspielräumen der Verwaltungsbehörden in ähnlich gelagerten Fällen[614], ist dem Gesetzgeber bei Prognosen nicht stets ein Gestaltungsspielraum eingeräumt. Das Bundesverfassungsgericht differenziert vielmehr nach den Umständen der Gesetzgebungstätigkeit und unterzieht die Normsetzung in einigen Fällen einer bloßen Evidenz- oder Vertretbarkeitsprüfung, in anderen wiederum einer intensiven inhaltlichen Kontrolle.[615] Während die Prognose des Gesetzgebers im erstgenannten Fall vom Gericht schlicht hinge-

609 OVG Münster, Urteil vom 18.09.2012 - 5 A 1941/10, Rdn. 105, BeckRS 2012, 57428.

610 BVerfGE 73, 40 (94) - *Parteispenden.*

611 NWVerfGH, Urteil vom 29.09.1994 - VerfGH 7/94 - *5%-Sperrklausel*, NVwZ 1995, 579 (581).

612 *Stettner*, NVwZ 1989, 806 (811).

613 BVerfGE 50, 290 (332 f.) - *Mitbestimmung*; BVerfG, Urteil vom 16.02.1983 - 2 BvE 1, 2, 3, 4/83 - *Bundestagsauflösung I*, BVerfGE 62, 1 (50); BVerfG, Beschluss vom 03.12.1985 - 1 BvL 15/84 - *Veröffentlichung von Anklageschriften*, NJW 1986, 1239 (1241); dazu auch *Spiecker gen. Döhmann*, Staatliche Entscheidungen unter Unsicherheit - juristische und ökonomische Vorgaben, in: Lege (Hrsg.), Gentechnik im nicht-menschlichen Bereich - was kann und was sollte das Recht regeln?, S. 51 (78 ff.).

614 Siehe bei 1.Kap.B.II. 1.) d.) i.).

615 BVerfGE 50, 290 (333) - *Mitbestimmung*, m.w.N.; *Stettner*, NVwZ 1989, 806 (807).

nommen wird, ersetzt es sie im Falle einer intensiven Kontrolle durch seine eigene.[616] Welchen Weg das Gericht beschreitet, hängt davon ab, auf welcher Grundlage die Prognoseentscheidung beruht: bezieht sich die Unsicherheit einer Prognose auf die Wirkungen einer geplanten Regelung, nicht aber deren Voraussetzungen, ist von einer vollständigen gerichtlichen Kontrolle auszugehen; ist der Gesetzgeber hingegen aufgrund einer unsicheren Tatsachenbasis, wie z.B. sozialwissenschaftlicher Art, nicht imstande, ein eindeutiges Regelungsziel zu formulieren, ist die gerichtliche Kontrolle reduziert.[617] Dies spiegelt sich insbesondere im Rahmen der Verhältnismäßigkeitsprüfung wider.

Im Rahmen der Verhältnismäßigkeit genießt der Gesetzgeber in der Regel einen weiten Spielraum auf allen „Ebenen".[618] Die Legitimität eines mit der Norm verfolgten Zwecks ist weitgehend in das Ermessen des Gesetzgebers gestellt: Solange der Zweck nicht der Verfassung widerspricht, ist er als legitim anzusehen. Insbesondere dürfen die Gerichte nicht ihre eigenen subjektiven Gerechtigkeitsanschauungen an die Stelle derjenigen des Gesetzgebers setzen oder Gesetzeszwecke in eine Norm hineinlesen, die der Gesetzgeber selbst gar nicht vorgesehen hat.[619] Auch die Geeignetheit einer Rechtsnorm ist unter Berücksichtigung des legislativen Prognose- und politischen Gestaltungsspielraums zu beurteilen.[620] Die Gerichte beschränken sich hier grundsätzlich auf eine reine Vertretbarkeitskontrolle, die jedoch durch unmittelbar aus der Verfassung abgeleitete Verfahrens- und Organisationspflichten kompensiert wird.[621] Erlässt der Gesetzgeber eine Regelung auf der Grundlage unsicherer Tatsachen, ist etwa auch die Erforderlichkeitskontrolle einer Maßnahme deutlich reduziert. Um zu

616 *Stettner*, NVwZ 1989, 806 (808).

617 *Spiecker gen. Döhmann*, Staatliche Entscheidungen unter Unsicherheit, in: Lege (Hrsg.), S. 51 (79).

618 *Grzeszick*, in: Maunz/Dürig, GG-Kommentar, Art. 20, Rdn. 122.

619 *Wernsmann*, NVwZ 2000, 1360 (1363); siehe auch die abweichende Meinung von *Hassemer* zu BVerfGE 120, 224 (257) – *Geschwisterinzest*.

620 *Wernsmann*, NVwZ 2000, 1360 (1363) mit Verweis auf BVerfG, Beschluss vom 10.04.1997 - 2 BvL 45/92, Rdn. 54 – *Räumliche Aufenthaltsbeschränkung*, BVerfGE 96, 10 (23); BVerfGE 104, 337 (347 f.) – *Schächten*; BVerfG, Beschluss vom 03.04.2001 - 1 BvL 32/97, Rdn. 52 – *Urlaubsanrechnung*, BVerfGE 103, 293 (307) [politischer Gestaltungsspielraum]; BVerfG, Beschluss vom 05.02.2002 - 2 BvR 305, 348/ 93, Rdn. 55 – *Sozialpfandbriefe*, BVerfGE 105, 17 (34) [Prognosespielraum].

621 BVerfGE 104, 337 (347 f.) – *Schächten*.

überprüfen, ob es sich um das relativ mildeste Mittel zur Erreichung eines Ziels handelt, muss der Gesetzgeber jedoch ein eindeutiges Ziel formulieren, da ansonsten ein Kontrollmaßstab fehlt.[622] Das Gericht kann *naturaliter* nicht überprüfen, ob mildere Mittel in Betracht kommen, wenn unklar ist, welches konkrete Ziel verfolgt wird, an dem sie zu messen sind. Maßgeblich ist darüber hinaus in jedem Fall, dass der Gesetzgeber das Übermaßverbot nicht missachtet hat.

c.) Legislativer Spielraum bei Freiheitsbeschränkungen aus Gründen von Ethik und Moral

Die Sittenbegriffe des deutschen Rechts sind inhaltlich nicht abschließend zu interpretieren und formulieren unbestimmte Zielvorgaben an die Rechtsanwender. Da der Gesetzgeber über die sozialethischen Verweisungsnormen außerrechtlichen Wertanschauungen unmittelbare Geltung verschaffen will, sprechen ihm die Gerichte einen weiten Wertungs-, Einschätzungs- und Gestaltungsspielraum zu.[623] Dies gilt in besonderem Maße für Strafrechtsnormen, die ein gesellschaftliches Werturteil kodifizieren. Die Legislative legt hier letztverbindlich fest, welche Handlungen nach herrschenden Wertvorstellungen derart verwerflich sind, dass sie sanktioniert werden müssen. Zu nennen ist in diesem Zusammenhang beispielsweise die Strafbarkeit des Geschwisterinzests, bei deren Beurteilung das Bundesverfassungsgericht wiederholt auf den Gestaltungsspielraum des Gesetzgebers rekurrierte. In den Worten des Gerichts manifestiere sich in § 173 Abs. 2 Satz 2 StGB ein sittliches Unwerturteil, dessen Beurteilung dem Gericht in weiten Teilen entzogen sei.[624] Überdies hieß es, dass der Gesetzgeber eigenständig festlegen könne, welche Modalitäten und Handlungsweisen er in diesem Rahmen sanktionieren wolle und welche nicht.[625] Die Verhältnismäßigkeitskontrolle sei insofern nur mit Einschränkungen vorzunehmen.[626] In deren Rahmen konzentrierten sich die Richter auf die Einhaltung des Übermaßverbots.[627]

622 *Spiecker gen. Döhmann*, Staatliche Entscheidungen unter Unsicherheit, in: Lege (Hrsg.), S. 51 (80).

623 Siehe beispielsweise BVerfGE 36, 146 (162, 166) – *Eheverbot der Geschlechtsgemeinschaft*; BVerfGE 120, 224 – *Geschwisterinzest*; BGH, NJW 1954, 1049 bei II.2.b).

624 BVerfGE 120, 224 (240, 243, 245, 248, 250, 253) – *Geschwisterinzest*.

625 BVerfGE 120, 224 (250, 253).

626 BVerfGE 120, 224 (240, 251).

627 BVerfGE 120, 224 (241).

Auch die männliche Homosexualität wurde als aus damaliger Sicht sozialschädliches Verhalten strafrechtlich sanktioniert. Dieses gesetzgeberische Unwerturteil wurde von der Rechtsprechung konsequenterweise ebenfalls nicht eigenständig bewertet.[628]

Hinsichtlich der Strafbarkeit von Schwangerschaftsabbrüchen überließ das Bundesverfassungsgericht dem Gesetzgeber einen Spielraum zur Ausgestaltung des konkreten Verfahrens bzw. des Regelungsrahmens:

> „Der Bundesgesetzgeber hat vielmehr ein novelliertes Schutzkonzept für das ungeborene Leben anhand von Hinweisen des BVerfG in Kraft gesetzt. Dabei kann die Einschätzung von Gefahren und die Beurteilung wirksamer Mittel zu ihrer Abwehr dem Gesetzgeber grundsätzlich vom BVerfG nicht vorgegeben werden. Dasselbe gilt für die Einschätzung der Wirksamkeit einzelner Bestandteile des Schutzkonzepts im Rahmen der Gesamtregelung."[629]

Dieser Spielraum resultiert aus der Freiheit des Gesetzgebers, seine grundgesetzlichen Schutzpflichten auf die von ihm für richtig empfundene Weise umzusetzen (siehe oben). Auch in anderen sittlich sensiblen Bereichen genießt der Gesetzgeber einen Gestaltungsspielraum. So räumt ihm das Bundesverfassungsgericht bei der Regelung von Bestattungen einen weiten Spielraum ein, in dessen Rahmen die Totenruhe und das sittliche Gefühl weiter Bevölkerungskreise berücksichtigt werden.[630] Mit dem Erlass der Bestattungsgesetze kodifizierte er mithin den geltenden Wertekonsens darüber, wie im Hinblick auf die Menschenwürde mit den sterblichen Überresten Verstorbener umzugehen ist.[631]

Ebenso wie bei den administrativen Beurteilungsspielräumen ist die Anerkennung legislativer Spielräume verfassungsrechtlich nicht zu beanstanden. Im Gegenteil befugt seine demokratisch herausragende Rolle den Gesetzgeber dazu, eigene Regelungsziele zu verfolgen. Solange sie sich in den Grenzen der verfassungsmäßigen Ordnung gemäß Art. 20 Abs. 3 GG bewegt, kann die Legislative als unmittelbar legitimiertes Staatsorgan Moralvorstellungen mittels Verweisungsnor-

628 BVerfG 6, 389 (437) – *Homosexualität.*

629 BVerfG, NJW 1999, 841 (848) – *Bayerisches Schwangerenhilfeergänzungsgesetz.*

630 BVerfG, Beschluss vom 28.02.1979 – 1 BvR 317/74 – *Friedhofszwang,* NJW 1979, 1493.

631 *Benda,* NJW 2000, 1769 (1771).

men in die Rechtsordnung inkorporieren. Die Einhaltung dieser Grenzen ist jedoch stets von den Gerichten überprüfbar.

III. Zusammenfassung

Es ist abschließend festzuhalten, dass Spielräume bei Freiheitsbeschränkungen aus Gründen von Ethik und Moral gleichermaßen der Exekutive wie der Judikative zustehen. Die Ausgestaltung gesellschaftlicher Wertvorstellungen ist insbesondere auf gesetzgeberischer Ebene von erheblichen Unsicherheiten geprägt. Die Legislative kann zwar abstrakt festlegen, dass ethische-moralische Anschauungen zu beachten und durchzusetzen sind, und verfügt dahingehend über einen gerichtlich nur eingeschränkt kontrollierbaren Gestaltungsspielraum; die konkrete Umsetzung von Sitte und Moral ist jedoch der Exekutive überlassen, da nicht im Voraus alle denkbaren Konstellationen einer abschließenden Regelung zugeordnet werden können.

Trotz der Unbestimmtheit der Sittenbegriffe, ist deren Auslegung und Anwendung durch die Rechtsanwender in der Regel voll gerichtlich überprüfbar. Nur in Ausnahmefällen existiert ein Beurteilungsspielraum. Davon ist lediglich bei Entscheidungen von unabhängigen und pluralistisch besetzten Gremien, wie den Ethik-Kommissionen, auszugehen. Sinn und Zweck der Einrichtung von Ethik-Kommissionen ist es, sittliche Entscheidungen zu institutionalisieren und verfahrensrechtlich einzubinden, wenn sie vielschichtige fachspezifische und moralische Fragestellungen betreffen. In allen anderen Fällen sind die Gerichte in der Lage, moralische Wertentscheidungen entweder selbst oder auf der Grundlage empirischer Untersuchungen zu fällen.

C. Ergebnis

I. Typologie von Ethik und Moral und die Bedeutung der Sittenbegriffe

Ausgangspunkt der vorliegenden Untersuchung ist das „Sittengesetz" in Art. 2 Abs. 1 GG. Es verweist auf die fundamentalethischen Überzeugungen der Gesellschaft, die den Verfassungswerten zugrunde liegen. Sie finden Ausdruck in der Menschenwürde sowie dem Recht auf Leben und körperliche Unversehrtheit, sind jedoch mit diesen nicht identisch, da die Nennung des „Sittengesetzes" neben der „verfassungsmäßigen Ordnung" ansonsten überflüssig wäre. Vielmehr beziehen sie sich auf den generellen Wert- und Achtungsanspruch des Menschen, Aspekte der Pietät sowie den Respekt vor der menschlichen Individualität und Integrität.

In verfassungskonformer Auslegung verweisen auch die „guten Sitten, die „Unsittlichkeit“, die „öffentliche Ordnung“ sowie das „sittliche Empfinden der Allgemeinheit“ als Rechtsbegriffe des Ordnungsrechts auf diese fundamentalen Werte. Die Sitten- und Moralbegriffe inkorporieren jene Wertanschauungen in die Rechtsordnung und sind als gesetzgeberische Ermächtigung zur Aufrechterhaltung eines gedeihlichen Zusammenlebens anzusehen.

Der Vorbehalt des Gesetzes verbietet es hingegen, (grund-)rechtliche Freiheiten auf der Grundlage ungeschriebener Sittlichkeitsvorbehalte einzuschränken. Nur der Gesetzgeber kann als unmittelbar demokratisch legitimiertes Organ den Rechtsanwender entweder mittels Verweisungsnormen verpflichten, außerrechtliche Wertvorstellungen zu beachten, oder ein gesellschaftliches Unwerturteil selbst aufgreifen und kodifizieren. Insbesondere Strafrechtsnormen spiegeln ein Unwerturteil wider und sanktionieren Verstöße gegen rechtliche und gesellschaftliche Tabus, wie etwa die Tötung auf Verlangen nach § 216 StGB. Davon abgesehen dürfte ein rechtliches Tabu nur in der Unantastbarkeit der Menschenwürde nach Art. 1 Abs. 1 GG zu sehen sein.[632]

II. Gerichtliche Kontrolle

Es spielt bei Freiheitsbeschränkungen aus Gründen von Ethik und Moral keine Rolle, ob die Rechtsanwender eine Entscheidung aufgrund eigener Überzeugungen oder auf der Grundlage empirischer Methoden treffen. Ungeachtet der Unbestimmtheit rechtlicher Sittenbegriffe ist die Beurteilung, ob ein Verhalten gegen die fundamentalen sozialethisch Vorstellungen verstößt, dem Grunde nach gerichtlich voll überprüfbar. Nur in Ausnahmefällen ist den Entscheidungsträgern mittels normativer Ermächtigung eine Letztentscheidungskompetenz eingeräumt. Letzteres ist insbesondere bei Verhandlungen und Beschlüssen weisungsfreier und pluralistisch besetzter Gremien, wie den Ethik-Kommissionen, anzunehmen.

Darüber hinaus hat auch der Gesetzgeber in den verfassungsrechtlichen Grenzen einen Wertungs,- Regelungs- und Gestaltungsspielraum bei der Rechtssetzung. Er ist Ausfluss des Gewaltenteilungsprinzips und beruht auf der unmittelbaren demokratischen Legitimation des Gesetzgebers. Der Spielraum ist bei der Regelung von Sachbereichen, zu denen keine rechtlichen Vorgaben existieren und bei Prognoseentscheidungen aufgrund unsicherer Tatsachenbasis grundsätzlich weit.

632 Siehe ausführlich bei 1.Kap.A.V. 3.).

Die Rechtsprechung beschränkt sich in diesen Fällen auf eine Vertretbarkeitskontrolle und die Prüfung des Übermaßverbots. Die gesetzgeberische Entscheidung, außerrechtliche Wertvorstellungen zu berücksichtigen, spiegelt sich grundsätzlich in der Kodifizierung unbestimmter Verweisungsnormen wider, die er der Konkretisierung durch die Exekutive überlässt. Auf diese Weise kann er Unsicherheiten „delegieren", darf jedoch den verfassungsrechtlichen Vorbehalt des Gesetzes nicht missachten. Für die Sittenbegriffe des deutschen Rechts gilt, dass sie trotz ihrer generellen Unbestimmtheit durch eine langjährige Rechtsprechungspraxis und -lehre hinreichend bestimmbar sind.

Hinsichtlich unmittelbar kodifizierter Werturteile, wie beispielsweise der (ehemaligen) Strafbarkeit der Homosexualität oder des Geschwisterinzests nach § 173 Abs. 2 Satz 2 StGB, genießt die Legislative insbesondere bei der Beurteilung der Verhältnismäßigkeit einen Spielraum, der lediglich auf seine Vertretbarkeit zu überprüfen ist. Diese Prüfung darf sich nur an den vom Gesetzgeber selbst vorgesehenen Normzwecken orientieren. Es ist unzulässig, der Legislative bestimmte Regelungsziele zu unterstellen, da sich ansonsten der Prüfungsmaßstab der Verhältnismäßigkeit „verschiebt".

2. Kapitel - Ethik und Moral im europäischen Recht

A. Typologie

Ethisch-moralische Wertvorstellungen sind dem europäischen - ebenso wie dem nationalen - Recht nicht fremd. Im Gegenteil enthalten sowohl die EU-Verträge als auch die Europäische Menschenrechtskonvention Normen, die als Einfallstore für außerrechtliche Wertmaßstäbe dienen.

I. Ethik und Moral im EUV und AEUV

1.) Überblick

Im Unionsrecht sind Ethik und Moral insbesondere durch die Belange der „öffentlichen Sittlichkeit" als Schranke der Warenverkehrsfreiheit in Art. 36 S. 1 AEUV anerkannt. Darüber hinaus könnten außerrechtliche Wertanschauungen als Bestandteile der „öffentlichen Ordnung" und zwingende Gründe des Allgemeinwohls i.S.d. *Cassis*-Rechtsprechung[633], wie etwa zum Schutz der Sozialordnung[634], bei Einschränkungen von Grundfreiheiten, auf der Rechtfertigungsebene zu berücksichtigen sein.[635] Abzulehnen ist die teilweise vertretene Auffassung, ungeschriebene Wertanschauungen würden bereits auf der Schutzbereichsebene Wirkung entfalten mit der Folge, dass Verhaltensweisen, die schlechthin unsittlich bzw. sozialschädlich sind, aus den Schutzbereichen der Marktfreiheiten herausfallen. Wegen der freiheitsrechtlichen Dimension der Grundfreiheiten und weil die europäischen Verträge keinen dogmatischen Anknüpfungspunkt für eine solche Vermutung enthalten, dienen Ethik und Moral lediglich als Rechtfertigungsgründe für Freiheitsbeschränkungen.[636] Korrespondierend achtet die Union die

633 EuGH, Urteil vom 20.02.1979, Rs. C-12/78, Slg. 1979, 649, Rdn. 8 - *Cassis de Dijon*.

634 Siehe an dieser Stelle nur EuGH, Rs. C-316/07 u.a., Slg. 2010, I-8069, Rdn. 76 - *Markus Stoß u.a.*

635 Für die „öffentliche Ordnung" als Schranke vgl. den Wortlaut von Art. 45 Abs. 3, 52 Abs. 1, 65 Abs. 1 b) AEUV.

636 Dazu *Ehlers*, in: ders. (Hrsg.), Grundrechte und Grundfreiheiten, § 10 II 3, Rdn. 23 m.w.N.; auch der EuGH hält beispielsweise die Prostitution für eine Dienstleistung i.S.d. Art. 59 Abs. 1 AEUV (ex-Art. 52 EGV), siehe EuGH, Rs. C-268/99, Slg. 2001, I-8615, Rdn. 50 - *Jany u.a.*

Gleichheit und Identität der Mitgliedstaaten sowie insbesondere die Aufrechterhaltung ihrer „öffentlichen Ordnung" (Art. 4 Abs. 2 EUV). Zudem verweist die seit dem Vertrag von Lissabon im Rang von Primärrecht stehende Grundrechtecharta in ihrer Präambel auf moralische Werte. Dort heißt es:

> „In dem Bewusstsein ihres geistig-religiösen und sittlichen Erbes gründet sich die Union auf die unteilbaren und universellen Werte der Würde des Menschen, der Freiheit, der Gleichheit und der Solidarität."

Demnach scheinen insbesondere die fundamentalen Grund- und Menschenrechte als von allen Mitgliedstaaten übereinstimmend kodifizierte Werte, Ausdruck eines außerrechtlichen Normenbestands zu sein. Einschränkend gewährt Art. 52 GRC die in der Charta verbürgten Rechte unter der Prämisse, dass sie denselben Bedingungen und Grenzen wie die entsprechenden Rechte in den europäischen Verträgen unterliegen (Abs. 2) bzw. dieselbe Bedeutung und Tragweite wie die entsprechenden EMRK-Garantien haben (Abs. 3). Die in der GRC gewährleisteten Rechte sind in ihrer Reichweite insofern durch ethisch-moralische Schranken der jeweiligen Vertragswerke begrenzt[637]: Beispielsweise wird das Recht auf die Achtung des Privat- und Familienlebens in Art. 7 GRC vorbehaltslos gewährleistet. Die entprechende Verbürgung in Art. 8 Abs. 2 EMRK hingegen kann zum Schutz der „Moral" in einer demokratischen Gesellschaft beschränkt werden. Jene Beschränkungsmöglichkeit ist entsprechend auf die Freiheit aus der Charta zu übertragen.

637 Vgl. ebenso *Naumann*, EuR 2008, 424 (426); für die den europäischen Verträgen entsprechenden Rechte *Borowsky*, in: Meyer, GRC, Art. 52, Rdn. 26; *Folz*, in: Vedder/Heintschel von Heinegg, EVV, Art. II-112, Rdn. 4; für die der EMRK entsprechenden Rechte *Folz*, in: Vedder/Heintschel von Heinegg, EVV, Art. II-112, Rdn. 7; *Borowsky*, in: Meyer, GRC, Art. 52, Rdn. 30; *Schmitz*, EuR 2004, 691 (710); vgl. auch die Erläuterungen zu Art. 52 GRC, ABl. EU vom 14.12.2007, C 303/02, S. 32, 33; Erläuterungen des Konvents zum vollständigen Wortlaut der Charta, Dokument CHARTE 4473/00 CONVENT 49 vom 11.10.2000, S. 10, 12, 13, 15, 41, abrufbar unter:

http://www.europarl.europa.eu/charter/pdf/04473_de.pdf (zuletzt abgerufen am 06.11.2014).

Vor Inkrafttreten der Europäischen Grundrechtecharta hat GA *Van Gerven*, Schlussanträge vom 11.06.1991 in der Rs. C-159/90, Rdn. 34 – *SPUC* das Erfordernis der „Notwendigkeit in einer demokratischen Gesellschaft" aus Art. 10 Abs. 2 EMRK als Schrankenbestimmung des Unionsgrundrechts der Meinungsäußerungsfreiheit anerkannt und geprüft.

Unabhängig von den grundrechtlichen Gewährleistungen existiert eine Ethik-Kommission, welche die EU-Kommission in Fragen der Wissenschaft und neuer Technologien berät[638], die *European Group on Ethics in Science and New Technologies* (EGE).[639] Sie beschäftigt sich traditionell mit der Nanotechnologie, dem Klonen von Tieren sowie der Gentechnik[640], da diese Sachbereiche besonders sensible ethische Fragen aufwerfen. Darüber hinaus ist weitgehend unklar, was „Sitte", „Moral" und die „öffentliche Ordnung" in rechtlicher Hinsicht bedeuten. Deshalb sind die Begriffe mit Hilfe konventioneller Auslegungsmethoden sowie anhand der Rechtsprechungspraxis zu untersuchen.

2.) Bedeutung der Interpretationsmethoden

Um die Bedeutung der genannten Begriffe zu ermitteln, ist zunächst auf Besonderheiten bei der Auslegung des Unionsrechts einzugehen. Die Interpretationsmethoden unterscheiden sich trotz der Tatsache, dass sie völkerrechtlicher Natur sind, teilweise von den traditionellen Auslegungsmethoden des Völkerrechts[641] (zu diesen siehe bei 2.Kap.A.II. 3.)). Der EuGH betonte in der Rechtssache *van Gend & Loos*, die europäischen Verträge (damals der EWG-Vertrag) seien etwas anderes als, ja sogar mehr als ein völkerrechtliches Abkommen.[642] Sie seien vielmehr eine Rechtsordnung *sui generis*, die gegenüber dem nationalen sowie dem Völkerrecht grundsätzlich autonom sei.[643] Rechtssubjekte des Unionsrechts seien - anders als im klassischen Völkerrecht - neben den Mitgliedstaaten auch die Individuen, der Einzelne.[644] Darüber hinaus haben die EU-Verträge den Charakter einer europäischen Verfassung mit der Folge, dass sich der EuGH den Methoden nationa-

638 Vgl. Art. 2 des Beschlusses 2010/1/EU der Kommission vom 23.12.2009, in: Abl. EU L 1/8 vom 05.01.2010, S. 8.

639 Ihr Mandat wurde jüngst für fünf Jahre verlängert, siehe Abl. EU C 12/9 vom 15.1.2011.

640 Vgl. die Liste an Publikationen unter: http://ec.europa.eu/bepa/european-group-ethics/publications/opinions/index_en.htm (zuletzt abgerufen am 06.11.2014).

641 Siehe nur *Schwarze*, in: ders. EU-Kommentar, Art. 19 EUV, Rdn. 36, m.w.N.

642 EuGH, Rs. C-26/62, Slg. 1963, 1 (24) - *van Gend & Loos*.

643 Ebenda, Slg. 1963, 1 (25); unter Bezugnahme auf die Rechtsprechung auch *O. Dörr*, in: Grabitz/Hilf/Nettesheim, Das Recht der EU, Art. 47 EUV, Rdn. 77.

644 EuGH, Rs. C-26/62, Slg. 1963, 1 (25) - *van Gend & Loos*.

ler Verfassungsinterpretation annähert.[645] Deshalb finden insbesondere die im Völkerrecht maßgeblichen Art. 31 bis 33 des Wiener Übereinkommens über das Recht der Verträge vom 23.05.1969 (Wiener Vertragsrechtskonvention, im Folgenden: WVK)[646] nicht uneingeschränkt Anwendung. Beispielsweise berücksichtigt der EuGH bei der Vertragsauslegung nicht die spätere Staatenpraxis i.S.d. Art. 31 Abs. 3 b) WVK[647]. Er und die Instanzgerichte müssen in ihrer Rechtsfindung vielmehr frei von dem mitgliedstaatlichen Verhalten sein.[648] Trotzdem verbleiben einige Besonderheiten, wie z.B. die Mehrsprachigkeit der Verträge sowie die Unionspraxis, so dass es insgesamt nicht verfehlt erscheint, die Auslegungsmethoden im Europarecht als „zwischen dem Völker- und Verfassungsrecht"[649] angesiedelt zu bezeichnen.

a.) Wortlaut

Naturgemäß ist bei der Auslegung von Verträgen zunächst auf deren verbindlichen Wortlaut abzustellen.[650] Die europäischen Normtexte existieren wegen ihres internationalen Charakters jedoch in einer Vielzahl von Sprachfassungen, wobei Art. 55 Abs. 1 EUV und Art. 358

645 *Schwarze*, in: ders. EU-Kommentar, Art. 19 EUV, Rdn. 36; *Streinz*, Europarecht, § 8, Rdn. 570; EuGH und mitgliedstaatliche Höchstgerichte sind somit als europäischer Verfassungsgerichtsverbund zu sehen, so *Bogdandy/Schill*, in: Grabitz/Hilf/Nettesheim, Das Recht der EU, Art. 4 EUV, Rdn. 41, 42; *Epiney*, in: Bieber/Epiney/Haag, Die Europäische Union, § 9, Rdn. 11.

646 BGBl. 1985 II, S. 926.

647 Vgl. *Epiney*, in: Bieber/Epiney/Haag, Die Europäische Union, § 9, Fn. 14 m.w.N.; *Ress*, Die Bedeutung der nachfolgenden Praxis für die Vertragsinterpretation nach der Wiener Vertragsrechtskonvention (WVRK), in: Bieber/Ress, Die Dynamik des Europäischen Gemeinschaftsrechts, S. 49 (70 f.); *Schwarze*, in: ders. EU-Kommentar, Art. 19 EUV, Rdn. 36.

648 *Epiney*, in: Bieber/Epiney/Haag, Die Europäische Union, § 9, Rdn. 13.

649 So *Nettesheim*, in: Oppermann/Classen/Nettesheim, Europarecht, § 10, Rdn. 165 f.

650 Z.B. EuGH, Rs. 76/72, Slg. 1973, 457, Rdn. 10 – *Michel S./Fonds national de reclassement social des handicapés*; EuGH, Rs. 77/72, Slg. 1973, 611, Rdn. 10 – *Capolongo/Azienda Agricola Maya*; EuGH, Rs. C-119/73, Slg. 1973, 1369, Rdn. 7 – *Deutsche Getreide- und Futtermittel Handelsgesellschaft/Einfuhr- und Vorratsstelle für Getreide und Futtermittel*; EuGH, Rs. C-192/73, Slg.1974, 731, Rdn. 7/10 – *Van Zuylen frères/Hag AG*; EuGH, Rs. C-338/90, Slg. 1992, I-2333, Rdn. 8, 11 – *Hamlin/Hauptzollamt Darmstadt*; EuGH, Rs. C-327/91, Slg. 1994, I-3641, Rdn. 34 f. – *Frankreich/Kommission*; EuGH, Rs. C-149/97, Slg. 1998, I-7053, Rdn. 14 f. – *Institute of the Motor Industry/Commissioners of Customs & Exercise.*

AEUV festlegen, dass jede verbindlich ist. Dies führt insbesondere dann zu Problemen, wenn sie voneinander abweichen. Der EuGH betrachtet alle Sprachfassungen zusammen[651], ohne dass er einer von ihnen Vorrang einräumt.[652] Bei Abweichungen zwischen den verschiedenen Fassungen sind die fraglichen Vorschriften zugunsten einer einheitlichen Interpretation anhand ihres Sinn und Zwecks auszulegen.[653] In der Praxis sind zwar nicht stets alle Sprachfassungen miteinander zu vergleichen. Ein einmal gefundenes Auslegungsergebnis muss sich jedoch auf eine repräsentative Anzahl anderer Sprachfassungen stützen lassen.[654] Falls alle übereinstimmen, wird vertreten, dass der Wortlaut einer Norm gemäß der *acte claire*-Doktrin dann allein maßgeblich sein soll, wenn er eindeutig, zwingend oder zumindest klar verständlich ist.[655] Konsequenterweise ist es aber möglich, auf andere Auslegungsmethoden zurückzugreifen, wenn der Wortlaut diese Voraussetzungen nicht erfüllt. Er ist dann maßgeblich am Sinn und Zweck einer Norm, sowie dem Willen der Mitgliedstaaten zu überprüfen.[656]

651 St. Rspr., vgl. nur EuGH, Rs. C-268/99, Slg. 2001, I-8615, Rdn, 47 - *Jany u.a.;* EuGH, C-36/98, Slg. 2001, I-779, Rdn. 47 - *Spanien/Rat;* EuGH, Rs. C-1/02, Slg. 2004, I-3219, Rn. 22 ff. - *Borgmann/Hauptzollamt Dortmund.*

652 EuGH, Rs. 80/76, Slg. 1977, 425, Rdn. 11 f. - *North Kerry Milk*; EuGH, Rs. C-149/97, Slg. 1998, I-7053, Rdn. 16 - *Institute of the Motor Industry.*

653 EuGH, Rs. C-283/81, Slg. 1982, 3415, Rdn. 18, 20 - *CILFIT/Ministero della Sanità; Luttermann*, EuGH, Rs. 100/84, Slg. 1985, 1169, Rdn. 16, 17 - *Kommission/Vereinigtes Königreich von Großbritannien und Nordirland;* EuGH, Rs. C-72/95, Slg. 1996, I-5403, Rdn. 28 - *Aannemersbedrijf P.K. Kraaijeveld BV u.a/Gedeputeerde Staten van Zuid-Holland;* EuGH, Rs. C-236/97, EuZW 1999, 154, Rdn. 26 - *Skatteministeriet/Aktieselskabet Forsikringsselskabet Codan.*

654 *Borchardt,* Grundlagen der EU, § 5, Rn. 401.

655 EuGH, Rs. 31/64, Slg. 1965, 112 (119) - *Gemeinschaftliche Versicherungskasse „De Sociale Vorzorg"/W.H. Bertholet;* EuGH, Rs. 33/64, Slg. 1965, 134 (142) - *Betriebskrankenkasse der Heseper Torfwerk GmbH/Egbertina van Dijk; Nettesheim,* in: Oppermann/Classen/Nettesheim, Europarecht, § 10, Rdn. 170, mit Verweis auf EuGH, Rs. 79/77, Slg. 1978, 611, Rdn. 6 - *Kühlhaus Zentrum AG/Hauptzollamt Hamburg-Harburg.*

656 EuGH, Rs. 6/60, Slg. 1960, 1165 (1194) - *Humblet/Belgischer Staat*; EuGH, Rs. 6/68, Slg. 1968, 612 (621) - *Zuckerfabrik Watenstedt/Rat;* EuGH, Rs. 6/74, Slg. 1974, 1287, Rdn. 9/11 - *Coenrad Moulijn/KOM;* EuGH, Rs. 292/82, Slg. 1983, 3782, Rdn. 12 - *Merck/Hauptzollamt Hamburg-Jonas; Anweiler,* Die Auslegungsmethoden des Gerichtshofs der Europäischen Gemeinschaften, S. 163; *Nettesheim* gibt zu bedenken, dass der EuGH auch den eindeutigen Wortlaut einer Norm in einigen Fällen durch eine teleologische Interpretation er-

b.) Autonom

Wegen der möglicherweise divergierenden Bedeutung einzelner Rechtsbegriffe in den mitgliedstaatlichen Rechtsordnungen, ist der Rückgriff auf das nationale Verständnis grundsätzlich ausgeschlossen.[657] Wenn also eine Vorschrift des Unionsrechts nicht ausdrücklich auf das Recht der Mitgliedstaaten verweist[658], ist sie unionsspezifisch bzw. autonom auszulegen.[659] Dies folgert der EuGH aus der besonderen Stellung des Unionsrechts.[660] Würden die Rechtsanwender für die Interpretation der unionsrechtsspezifischen Begriffe auf die nationalen Rechtsordnungen zurückgreifen, wäre im Ergebnis die einheitliche Anwendung[661] und Effektivität des Unionsrechts[662] gefährdet. Insgesamt begründet die autonome Auslegung die Nähe zur Verfassungsinterpretation, da nicht nachrrangiges nationales Recht zur Auslegung herangezogen wird, sondern das vorrangige Unionsrecht selbst übergeordneter Auslegungsmaßstab ist.[663]

gänzt, vgl. *Nettesheim*, in: Oppermann/Classen/Nettesheim, Europarecht, § 10, Rdn. 170.

657 *Epiney*, in: Bieber/Epiney/Haag, Die Europäische Union, § 9, Rdn. 14; EuGH, Rs. C-296/95, Slg. 1998, I-1605, Rn. 30 – *The Queen/EMU Tabac*; EuGH, Rs. C-426/05, Slg. 2008, I-685, Rn. 26 – *Tele2 Telecommunications/Telekom-Control-Kommission*.

658 Z.B. EuGH, Rs. 327/82, Slg. 1984, 107, Rn. 11, 14 – *Ekro BV/Produktschap voor Vee en Vlees*.

659 St. Rspr. EuGH, Urteil vom 18.10.2011, Rs. C-34/10, Rdn. 25 ff. m.w.N. – *Brüstle*, EuZW 2011, 908.

660 EuGH, Rs. 6/64, Slg. 1964, 1253 (1270) – *Costa/E.N.E.L.*; EuGH, Rs. 11/70, Slg. 1970, 1125, Rdn. 3 – *Internationale Handelsgesellschaft*; EuGH, Rs. 50/71, Slg. 1972, 53, Rdn. 6 – *Wünsche OHG/Einfuhr- und Vorratsstelle für Getreide und Futtermittel*; EuGH, Rs. 33/78, Slg. 1978, 2183, Rdn. 5, 8 – *Somafer SA/Saar-Ferngas AG*; so auch *Leible*, in: Grabitz/Hilf/Nettesheim, Das Recht der Europäischen Union, Art. 36 AEUV, Rdn. 17.

661 EuGH, Rs. 69/79, Slg. 1980, 75, Rdn. 6 – *Jordens-Vosters/Bestuur van de Bedrijfsvereniging voor de Leder- en Lederverwerkende Industrie*.

662 Entschieden z.B. für den Begriff der „öffentlichen Verwaltung" des heutigen Art. 45 Abs. 4 AEUV, EuGH, Rs. C-66/85, Slg. 1986, 2121, Rdn. 16 – *Lawrie-Blum/Land Baden-Württemberg*.

663 *Cremer*, in: Calliess/Ruffert, EUV/AEUV, Art. 55, Rdn. 4 bezeichnet dies als „quasi-verfassungsrechtlichen Ansatz". Als Äquivalent zur verfassungskonformen Auslegung sind nationale Vorschriften unionsrechtskonform auszulegen.

c.) Historisch

Eine untergeordnete Rolle spielt der ursprüngliche Wille des Unionsrechtsgesetzgebers.[664] Für das Primärrecht ist es allein deshalb schon problematisch, diesen heranzuziehen, weil die Materialien der Gründungsverträge nicht veröffentlicht sind.[665] *Epiney* weist zudem darauf hin, dass die Europäischen Verträge das Ergebnis eines Kompromisses zwischen einer Vielzahl von Staaten seien, so dass die Ermittlung eines bestimmten Willens schwierig sei.[666] Dieses Argument ist nicht stichhaltig, da die Situation bei nationalen Gesetzen und sonstigen völkerrechtlichen Verträgen nicht anders ist. Außerdem benennt Art. 32 WVK die vorbereitenden Arbeiten und Umstände des Vertragsschlusses ausdrücklich als ergänzende Auslegungsmittel, so dass diese zumindest subsidiär heranzuziehen sind. Falls sich der Wille der Mitgliedstaaten verlässlich ermitteln lässt, kann im Unionsrecht mithin nichts anderes gelten.

Weniger problematisch ist die Ermittlung des historischen Willens bei Sekundärrechtsakten der Union, die in einem geregelten Rechtssetzungsverfahren zustande gekommen sind. Falls sich die Motive und Absichten des Gesetzgebers in rechtlicher Form – beispielsweise als Erwägungsgrund[667] – im jeweiligen Normtext manifestiert haben, kann der gesetzgeberische Wille hinreichend bestimmt werden.

d.) Systematisch-teleologisch

Neben der historischen und am Wortlaut orientierten Interpretation ist die systematisch-teleologische Auslegung in der Praxis des EuGH maßgeblich.[668] Da gemäß Art. 1 Abs. 2 EUV und dem ersten Erwägungsgrundes der Präambel des AEUV das Ziel darin besteht, die In-

664 Ebenso mit Hinweis auf methodische Probleme *Nettesheim*, in: Oppermann/Classen/Nettesheim, Europarecht, § 10, Rdn. 174, 175.

665 *Borchardt*, in: Schulze/Zulegg/Kadelbach (Hrsg.), Europarecht, § 15, Rdn. 41; *Schwarze*, in: ders. EU-Kommentar, Art. 19 EUV, Rdn. 37; Abweichendes gilt für die Vorarbeiten zu den Verträgen von Maastricht, Amsterdam, Nizza und Lissabon, vgl. *Epiney*, in: Bieber/Epiney/Haag, Die Europäische Union, § 9, Rdn. 15.

666 *Epiney*, in: Bieber/Epiney/Haag, Die Europäische Union, § 9, Rdn. 15.

667 EuGH, Rs. C-104/01, Slg. 2003, I-3793, Rn. 73 – *Libertel/Benelux-Merkenbureau*; EuGH, Rs. C-540/03, Slg. 2006, I-5769, Rn. 38 – *Parlament/Rat*.

668 EuGH, Rs. 6/64, Slg. 1964, 1253 (1270) – *Costa/E.N.E.L.*; EuGH, Rs. 6/72, Slg. 1973, 215, Rdn. 22 – *Continental Can/Kommission*; EuG, Rs. T-9/92, Slg. 1993, II-493, Rdn. 39 – *Peugeot/KOM*.

tegration innerhalb der Europäischen Union voranzutreiben, ist der Gerichtshof bemüht, stets diejenige Auslegung zu bevorzugen, die am ehesten geeignet ist, den durch die EU-Verträge oder Sekundärrechtsakte gesetzten, normativen Zweck zu erreichen.[669] Um zur Verwirklichung der Vertragsziele beizutragen, ist im Sinne der teleologischen Auslegung mithin auf den objektiven Sinn und Zweck des jeweiligen Unionsrechts abzustellen.[670] Damit einher geht das Erfordernis einer möglichst einheitlichen und effektiven Auslegung des Primär- und Sekundärrechts.[671] Ein systematisches Argument der Interpretation kann es demnach sein, dass eine Auslegung entweder anderen Normen des Unionsrechts widerspricht oder - im Gegenteil - ihnen besonders gerecht wird.[672] Dabei ist das Augenmerk auf die Struktur der fraglichen Norm selbst, sowie auf ihre „Einbettung" in den jeweiligen Kontext zu legen.[673] Mithilfe der systematisch-teologischen Auslegung wird dem EuGH insgesamt ermöglicht, der Offen- und Lückenhaftigkeit der EU-Verträge Rechnung zu tragen und insbesondere dynamische Entwicklungen zu berücksichtigen.[674]

e.) Die Auslegung des unionsrechtlichen Sittenbegriffs

Die „öffentliche Sittlichkeit" als Schranke der Warenverkehrsfreiheit in Art. 36 AEUV stellt einen spezifischen europarechtlichen Begriff dar und muss - ebenso wie vergleichbare unbestimmte Rechtsbegriffe, wie

669 EuGH, Rs. C-434/97, Slg. 2000, I-1129, Rdn. 13 - *Kommission/Frankreich.*

670 *Borchardt,* in: Schulze/Zulegg/Kadelbach (Hrsg.), Europarecht, § 15, Rdn. 45.

671 *Borchardt,* Grundlagen der EU, § 5, Rdn. 404 f.; *Everling,* JZ 2000, 217 (220); *Schwarze,* in: ders. EU-Kommentar, Art. 19 EUV, Rdn. 38; *Bleckmann/Pieper,* in: Dauses, EU-Wirtschaftsrecht, B.I. Rechtsquellen, Rdn. 53; EuGH, Rs. C-246/80, Slg. 1981, 2311, Rdn. 16 - *Broekmeulen*; EuGH, verb. Rs. C-6/90 und 9/90, Slg. 1991, 5357, Rdn. 32, 33 - *Francovich*; EuGH, Rs. C-381/93, Slg. 1994, I-5145, Rdn. 20, 21 - *KOM/Frankreich*; EuGH, Rs. C-128/93, Slg. 1994, I-4583, Rdn. 31 - *Fischer*; EuG, Slg. 1995, II-2501, Rs. T-49/93, dRn. 85, 86 - *SIDE*; EuGH, Rs. C-46/93 und C-48/93, Slg. 1996, I-1029, Rdn. 39, 72 - *Brasserie du Pêcheur*; EuGH, Rs. C-499/04, Slg. 2006, I-2397 (2424), Rn. 32 - *Werhof/Freeway Traffic Systems.*

672 *Nettesheim,* in: Oppermann/Classen/Nettesheim, Europarecht, § 10, Rdn. 172.

673 *Epiney,* in: Bieber/Epiney/Haag, Die Europäische Union, § 10, Rdn. 16.

674 Ebenda, § 9, Rdn. 18, 19.

die „öffentliche Sicherheit und Ordnung"[675] – losgelöst vom nationalen Recht interpretiert werden.[676] Dennoch enthalten weder die Verträge noch die Bekanntmachungen der Europäischen Organe eine Legaldefinition des Begriffs.[677] Ein Rückgriff auf die soeben dargestellten Interpretationsmethoden ist unentbehrlich. Bei einem exemplarischen Vergleich der verschiedenen Sprachfassungen lässt sich folgendes feststellen: Der „öffentlichen Sittlichkeit" in der deutschen Sprachfassung entsprechen im Englischen die *„grounds of morality"*, im Französischen die *„raisons de moralité publique"*, im Spanischen die *„razones de moralidad"* und im Portugiesischen die *„razões de moralidade pública"*. Auf Niederländisch heißt es hingegen *„openbare zedelijkheid"* und auf Dänisch *„offentlige sædelighed"*. Während die deutsche, niederländische und dänische Fassung den Begriff der „Sittlichkeit" verwenden, stellen andere Sprachversionen auf den Begriff der „Moralität" ab. Wie bereits festgestellt, umfasst die Sittlichkeit nach deutschem Verständnis die von der gesamten Rechtsgemeinschaft getragenen, fundamentalen Wertvorstellungen in der Öffentlichkeit und unterscheidet sich nicht vom Begriff der Moralität.[678] Es ist demnach zu vermuten, dass beide Begriffe in den Rechtsordnungen der Mitgliedstaaten synonym verwendet werden und dieselbe Bedeutung haben.

In systematisch-teleologischer Hinsicht lässt sich für Art. 36 AEUV konstatieren, dass die Funktion des Ausnahmetatbestandes darin besteht, Beschränkungen des freien Warenverkehrs zum Schutz von zwingenden Erfordernissen zuzulassen, die vom Unionsrecht anerkannt sind.[679] Es handelt sich dabei nicht um einen normierten Schutz der Souveränität.[680] Ein Mitgliedstaat kann sich bei Freiheitsbeschränkungen mithin nur auf ethisch-moralische Wertmaßstäbe berufen, wenn diese unter die Schranke der „öffentlichen Sittlichkeit" als legi-

675 Vgl. die Definition der „öffentlichen Ordnung" in EuGH, Rs. 115/81 und 116/81, Slg. 1982, 1665 (1707 f.) – *Adoui/Belgischer Staat u.a.*

676 *Haratsch/Koenig/Pechstein*, Europarecht, Rdn. 836; *Leible/Streinz*, in: Grabitz/Hilf/Nettesheim, Das Recht der EU, Art. 36 AEUV, Rdn. 17; *Frenz*, Handbuch Europarecht Band 1, Rdn. 941.

677 *Becker*, in: Schwarze, EU-Kommentar, Art. 36 AEUV, Rdn. 9; *Kingreen*, in: Calliess/Ruffert, EUV/AEUV, Art. 34-36, Rdn. 196.

678 Siehe bei Einleitung A.I.

679 EuGH, Rs. 182/84, Slg. 1985, 3731, Rdn. 14 – *Miro*; *Schroeder*, in: Streinz, EUV/AEUV, Art. 36 AEUV, Rdn. 2.

680 *Leible/Streinz*, in: Grabitz/Hilf/Nettesheim, Das Recht der EU, Art. 36 AEUV, Rdn. 4.

timen Rechtfertigungsgrund subsumiert werden können. Die tatsächliche Verfolgung anderer, beispielsweise protektionistischer Ziele, ist damit ausgeschlossen.

Die Entstehungsgeschichte der EU-Verträge gibt wenig Aufschluss über die Bedeutung von Ethik und Moral im Unionsrecht. Einen Anhaltspunkt bietet jedoch die Präambel des EUV, in der es im zweiten Erwägungsgrund heißt:

> „Schöpfend aus dem kulturellen, religiösen und humanistischen Erbe Europas, aus dem sich die unverletzlichen und unveräußerlichen Rechte des Menschen [...] entwickelt haben".

Dies bedeutet möglicherweise, dass die „öffentliche Sittlichkeit und Ordnung" auf diejenigen religiösen und kulturellen Überzeugungen in Europa verweist, die als Fundament für elementare Grund- und Menschenrechte dienen. Ob diese Vermutung zutrifft und welche Überzeugungen dies sind, wird eine Analyse der Rechtsprechungspraxis des EuGH zeigen.

3.) Anwendungsfälle

Die Fälle, in denen die Rechtsprechung sich mit Freiheitsbeschränkungen aus Gründen von Ethik und Moral beschäftigte, sind vergleichsweise überschaubar. Auch divergiert die jeweilige Verortung moralischer Wertmaßstäbe. Während sich Mitgliedstaaten einerseits ausdrücklich auf die „öffentliche Sittlichkeit" im Rahmen des Art. 36 AEUV beziehen, berufen sich andere auf die „öffentliche Ordnung" oder die zwingenden Gründe des Allgemeinwohls, die als Beschränkungsmöglichkeiten für alle Grundfreiheiten anerkannt sind.

a.) Pornographie

Die menschliche Sexualität wird traditionell nach sittlichen Maßstäben beurteilt. Dementsprechend verdeutlichte der EuGH sein Verständnis der „öffentlichen Sittlichkeit" i.S.d. Art. 36 AEUV maßgeblich in der Sache *Henn und Darby*[681]. Die Beschwerdeführer hatten „unzüchtige" Filme und Magazine dänischen Ursprungs in das Vereinigte Königreich eingeführt, die vom Zoll beschlagnahmt wurden. Daraufhin wurden sie von englischen Gerichten wegen der betrügerischen Umgehung des Verbotes der Einfuhr anstößiger oder unzüchtiger Artikel strafrechtlich verurteilt. Das *House of Lords* legte dem EuGH unter an-

[681] EuGH, Rs. 34/79, Slg. 1979, 3795 – *Henn und Darby*.

derem die Frage vor, ob ein Mitgliedstaat die Einfuhr entsprechender Waren rechtmäßig unter Berufung auf die „öffentliche Sittlichkeit" verbieten könne.

Dazu führte Generalanwalt *Warner* in seinen Schlussanträgen aus, dass der Begriff der „öffentlichen Sittlichkeit" weder einer objektiven Beurteilung, noch einer für die gesamte Gemeinschaft geltenden Definition zugänglich sei. Er sei vielmehr eine Frage persönlicher Anschauung und divergiere in regionaler und zeitlicher Hinsicht.[682] Deshalb sei den nationalen Behörden ein weites Ermessen bei der Bestimmung des Begriffs und dem erstrebten Schutzniveau einzuräumen.[683] Eine Freiheitsbeschränkung aus Gründen der „öffentlichen Sittlichkeit" stehe jedoch nicht im alleinigen Ermessen des jeweiligen Mitgliedstaats, sondern unterliege einer Rechtfertigungsprüfung durch den EuGH.[684]

Der Europäische Gerichtshof legte zunächst die englischen Vorschriften aus und stellte fest, dass danach etwas als „anstößig" und „unzüchtig" anzusehen sei, wenn es als Verstoß gegen anerkannte Maßstäbe des Anstandes zu werten bzw. den Betrachter sittlich zu verderben geeignet sei.[685] Es sei mithin nicht zu bezweifeln, dass die nationalen Rechtsnormen unter die „öffentliche Sittlichkeit" nach Art. 36 S. 1 AEUV (damals Art. 36 S. 1 EWG) zu subsumieren seien.[686] Nach Ansicht des EuGH verweist der Sittenbegriff mithin auf die Regeln des Anstandes und züchtigen Verhaltens. Unter Anstand ist nach gewöhlichem Sprachgebrauch ein

> „gutes/schickliches Benehmen"

oder die

682 GA *Warner*, Schlussanträge in der Rs. 34/79, Slg. 1979, 3818 (3821 f.) – *Henn und Darby* mit Verweis auf EGMR, Urteil vom 07.12.1976, Nr. 5493/72, Rdn. 48 – *Handyside,* in dem der Gerichtshof den Begriff der „öffentlichen Moral" in Art. 10 EMRK entsprechend auslegte; ebenso *Hailbronner*, in: Hailbronner/Wilms, Recht der EU – Kommentar, Art. 30 EGV, Rdn. 65.

683 GA *Warner*, Schlussanträge in der Rs. 34/79, Slg. 1979, 3818 (3828) – *Henn und Darby; Hailbronner*, in: Hailbronner/Wilms, EGV, Art. 30, Rdn. 66; *Kingreen*, in: Calliess/Ruffert, EUV/AEUV, Art. 34-36 AEUV, Rdn. 196; für die Dienstleistungsfreiheit siehe EuGH, Rs. C-275/92, Slg. 1994, I-1039, Rdn. 61 – *Schindler*.

684 GA *Warner*, Schlussanträge in der Rs. 34/79, Slg. 1979, 3818 (3828) – *Henn und Darby*.

685 EuGH – *Henn u. Darby* (Fn. 681), Slg. 1979, 3795 (3811), Rdn. 6 f.

686 Ebenda, Slg. 1979, 3795 (3813, 3815), Rdn. 15, 22.

„gute Sitte"

zu verstehen.[687] Unzucht hingegen kann mit

> „ausschweifend, frivol, genusssüchtig, hemmungslos, lasterhaft, schamlos, sündig"

umschrieben werden.[688] Diese Begriffsmerkmale verweisen jeweils auf außerrechtliche Wertvorstellungen und Grundregeln des gedeihlichen Zusammenlebens. Sie unterscheiden sich insofern nicht von den Sittenbegriffen des deutschen Rechts und erfordern ebenso wie diese einen gewissen Öffentlichkeitsbezug, da anstößige Waren denklogisch niemanden verderben können, der nicht in Kontakt mit ihnen kommt.

Dieses Begriffsverständnis griff der EuGH in *Conegate*[689] auf. Auch hier ging es in der Sache um die Einfuhr von Sexpuppen und anderer erotischer Artikel in das Vereinigte Königreich. Der Gerichtshof stellte auf die Moralvorstellungen, nach denen sich das Zusammenleben in dem betreffenden Mitgliedstaat gestalten solle, ab und betonte erneut den nationalen Spielraum. Es sei

> „Sache jedes Mitgliedstaats, den Begriff der öffentlichen Sittlichkeit für sein Gebiet im Einklang mit seiner Wertordnung und in der von ihm gewählten Form auszufüllen".[690]

Ein Staat könne sich für die Rechtfertigung eines Einfuhrverbots jedoch nicht auf die „öffentliche Sitttlichkeit" berufen, wenn die gleichen Waren in seinem Hoheitsgebiet grundsätzlich frei hergestellt und vermarktet werden dürften.[691]

687 Siehe Duden Online, abrufbar unter: http://www.duden.de/rechtschreibung/Anstand (zuletzt abgerufen am 06.11.2014).

688 Siehe Duden Online, abrufbar unter: http://www.duden.de/rechtschreibung/unzuechtig (zuletzt abgerufen am 06.11.2014).

689 EuGH, Rs. C-121/85, Slg. 1986, 1007 – *Conegate.*

690 EuGH – *Conegate* (Fn. 689), Rdn. 14; ebenso GA *Léger*, Schlussanträge in der Rs. C-1/96, Slg. 1998, I-1251 (1270) – *Compassion in World Farming Ltd.; Schroeder*, in Streinz, EUV/AEUV, Art. 36 AEUV, Rdn. 10; *Hailbronner*, in: Hailbronner/Wilms, Art. 30 EGV, Rdn. 66; *Müller-Graff*, in: von der Groeben/Schwarze, EU/EG, Art. 30 EG, Rdn. 56. Es genügt jedoch nicht, wenn sich ein Mitgliedstaat lediglich auf Teile der öffentlichen Meinung stützt, vgl. EuGH, Rs. C-1/96, Slg. 1998, I-1251, Rdn. 67 – *Compassion in World Farming Ltd.*

691 EuGH – *Conegate* (Fn. 690), Rdn. 15 f., 20.

Dem Urteil lässt sich entnehmen, dass ein konsequenter normativer Schutz der „öffentlichen Sittlichkeit" im betreffenden Mitgliedstaat angestrebt sein muss. Eine bestimmte Tätigkeit kann mithin nicht als sittenwidrig eingestuft werden, wenn eigene Staatsangehörige dieser sanktionslos nachgehen dürfen. Die nationalen Normen müssen demnach tatsächlich vorherrschende Sittlichkeitsanschauungen repräsentieren. Da der EuGH keine inhaltlichen Maßstäbe an den Sittenbegriff vorgibt, ersetzt er ihn durch die Verfahrensanforderung eines konsequenten normativen Schutzes, die der europäischen Kontrolle unterliegt, und den nationalen Beurteilungsspielraum insofern beschränkt.[692]

b.) Prostitution

In der Rechtsprechungspraxis des EuGH stellte sich auch bei der Prostitution die Frage nach ihrer sittlichen Beurteilung. Die soziale Unwertigkeit der Prostitution kann entweder eine Beschränkung der Arbeitsnehmerfreizügigkeit nach Art. 45 AEUV zum Schutz der „öffentlichen Ordnung" rechtfertigen oder gar den Anwendungsbereich der Grundfreiheiten einengen.

Vor diesem Hintergrund beurteilte der Gerichtshof in der Rechtssache *Adoui und Cornuaille*[693] die Rechtmäßigkeit einer abgelehnten Aufenthaltserlaubnis für zwei Ausländerinnen, die in Belgien in einer „*in sittlicher Hinsicht bedenklichen*" Bar arbeiteten, in der sie sich im Fenster zur Schau stellten und die Möglichkeit besaßen, mit den Kunden allein zu sein.[694] Da der EuGH die Untersagung Anhand der Schranke der „öffentlichen Ordnung" prüfte, war davon auszugehen, dass er die Beschwerdeführerinnen als Arbeitnehmerinnen i.S.d. Art. 45 AEUV ansah. Insofern wird zunächst deutlich, dass die Schutzbereiche der Grundfreiheiten auch bei sozialschädlichen Tätigkeiten nicht von vornherein begrenzt werden.

Sowohl die Kommission als auch der Generalanwalt gingen davon aus, dass ein Mitgliedstaat gegen ein zum Privatleben gehörendes Verhalten einschreiten könne, wenn dieses sozialschädliche Außenwirkung habe. Davon sei insbesondere auf dem Gebiet der Sittlichkeit auszuge-

692 *Kingreen*, in: Calliess/Ruffert, EUV/AEUV, Art. 34-36 AEUV, Rdn. 196; *Becker*, in: Schwarze, EU-Kommentar, Art. 36 AEUV, Rdn. 9; *Frenz*, Handbuch Europarecht Band 1, Rdn. 941.

693 EuGH, verb. Rs. 115 und 116/81, Slg. 1982, 1665 – *Adoui und Cornuaille.*

694 Ebenda, Slg. 1982, 1665 (1668).

hen, namentlich bei sexuell anstößigen Tätigkeiten mit Sozialbezug.[695] Der EuGH hingegen beschränkte sich erneut auf die verfahrensrechtliche Dimension der „öffentlichen Ordnung“ und betonte:

> „Auch wenn das Gemeinschaftsrecht den Mitgliedstaaten hinsichtlich der Beurteilung von Verhaltensweisen, die als im Widerspruch zur öffentlichen Ordnung stehend angesehen werden können, keine einheitliche Werteskala vorschreibt, so ist doch festzustellen, daß ein Verhalten nicht als hinreichend schwerwiegend betrachtet werden kann, um im Gebiet eines Mitgliedstaats Beschränkungen der Einreise oder des Aufenthalts eines Angehörigen eines anderen Mitgliedstaats zu rechtfertigen, wenn der erstgenannte Staat gegenüber dem gleichen Verhalten, das von eigenen Staatsangehörigen ausgeht, keine Zwangsmaßnahmen oder andere tatsächliche und effektive Maßnahmen zur Bekämpfung dieses Verhaltens ergreift.“[696]

Letzteres sah der EuGH aber gegeben, da Belgien eigenen Staatsangehörigen die streitigen Tätigkeiten dem Grunde nach erlaubte. Da die „öffentliche Ordnung“ keinen konsequenten normativen Schutz erfuhr, war nicht von einer tatsächlichen hinreichend schweren Gefährdung derselben auszugehen.[697]

Vergleichbar entschied der EuGH in der Rechtssache *Jany u.a.*[698] Er stufte die Prostitution als selbständige Erwerbstätigkeit ein[699] und erklärte, dass es nicht seine Aufgabe sei, die Beurteilung der mitgliedstaatlichen Gesetzgeber hinsichtlich der rechtmäßigen Ausübung einer angeblich unsittlichen Tätigkeit zu ersetzen. Darüber hinaus sei die Prostitution nicht in jedem Mitgliedstaat verboten und werde teilweise sogar geduldet und reglementiert.[700] Dennoch sei ein staatliches Einschreiten zum Schutz der „öffentlichen Ordnung“ aufgrund der unterschiedlichen Werteordnung in den Mitgliedstaaten grundsätzlich möglich, wenn der betreffende Staat das fragliche Verhalten selbst konsequent kontrolliere und bekämpfe.[701] Da der Aufnahmestaat

695 EuGH – *Adoui und Cornuaille* (Fn. 693), Slg. 1982, 1665 (1702); GA *Capotorti*, Schlussanträge ebenda, Slg. 1982, 1665 (1721).

696 EuGH – *Adoui und Cornuaille* (Fn. 693), Slg. 1982, 1665 (1707 f.).

697 Ebenda, Slg. 1982, 1665 (1707 f.).

698 EuGH, Rs. C-268/99, Slg. 2001, I-8615, Rdn. 59 – *Jany u.a.*

699 Ebenda, Rdn. 50.

700 Ebenda, Rdn. 56 f.

701 Ebenda, Rdn. 59 f.

die Prostitution selbst erlaube, liege jedoch keine tatsächliche und hinreichend schwere Gefährdung durch die Prostitution vor.[702]

Insgesamt wurde deutlich, dass der EuGH die Ausübung der Prostitution nicht selbst am Maßstab sittlicher Anschauungen maß. Er anerkannte zwar, dass sie von einzelnen Mitgliedstaaten aufgrund ihres Öffentlichkeitsbezugs als sozialschädlich angesehen werden kann, enthielt sich jedoch einer eigenen Stellungnahme. Er verdeutlichte aber, dass die Prostitution mangels gegensätzlichen Konsenses in den Mitgliedstaaten grundsätzlich in den Anwendungsbereich der Grundfreiheiten fällt. Will ein Staat ihre Ausübung aus Gründen der „öffentlichen Ordnung" beschränken, darf er sie nicht gleichzeitig seinen eigenen Staatsangehörigen erlauben. Vielmehr muss er sie konsequent und willkürfrei bekämpfen.

c.) Glücksspiel

In den Glücksspiel-Urteilen spielten Ethik und Moral nur inzident eine Rolle. Die Entscheidungen verdeutlichten jedoch, dass außerrechtliche Wertvorstellungen auch für die Beschränkung von Grundfreiheiten herangezogen werden können, wenn sie nicht ausdrücklich als Rechtfertigungsgründe kodifiziert sind.[703] Ethik und Moral können insbesondere als „zwingende Interessen des Allgemeinwohls" ungeschriebene Rechtfertigungsgründe im Sinne der *Cassis*-Rechtsprechung[704] anzusehen sein. Was konkret als zwingendes Allgemeininteresse anzusehen ist, kann nicht abschließend definiert werden.[705] Dennoch ist anzunehmen, dass mittlerweile alle vom Unionsrecht anerkannten wichtigen Belange des Gemeinwohls zu den ungeschriebenen Rechtfertigungsgründen zählen.[706] Beispielsweise wurden bislang wirksame steuerliche Kontrollen, die Sicherheit des Straßenverkehrs, die Verbrechensbekämpfung, der Verbraucher- und Umweltschutz, die kulturellen Interessen eines Mitgliedstaates sowie die Lauterkeit des Handels-

702 EuGH - *Jany u.a.* (Fn. 698), Rdn. 62.

703 Das betraf vorliegend die Dienstleistung- und Niederlassungsfreiheit nach Art. 52 AEUV bzw. Art. 52 i.V.m. 62 AEUV.

704 EuGH, Rs. 120/78, Slg. 1979, 649, Rdn. 8 – *Cassis de Dijon*.

705 So *Kingreen*, in: Calliess/Ruffert, EUV/AEUV, Art. 34-36 AEUV, Rdn. 81.

706 *Becker*, in: Schwarze, EU-Kommentar, Art. 36 AEUV, Rdn. 37; *Leible/Streinz*, Das Recht der EU, Art. 34 AEUV, Rdn. 102; EuGH, Rs. C-390/99, Slg. 2002, I-607, Rdn. 43 – *Canal Satélite Digital*.

verkehrs vom EuGH als zwingendes Interesse anerkannt.[707] In seinen Glücksspiel-Urteilen verdeutlichte der EuGH, dass nunmehr auch der Schutz der Sozialordnung dazu gehört.[708] Seiner Ansicht nach rechtfertigten

> „[…] die sittlichen, religiösen oder kulturellen Besonderheiten und die mit Spielen und Wetten einhergehenden sittlich und finanziell schädlichen Folgen für den Einzelnen wie für die Gesellschaft ein ausreichendes Ermessen der staatlichen Stellen [...], im Einklang mit ihrer eigenen Wertordnung festzulegen, welche Erfordernisse sich aus dem Schutz der Verbraucher und der Sozialordnung ergeben."[709]

Er stellte also klar, dass Glücksspiele u.a. wegen ihrer Suchtgefahr geeignet seien, Menschen sittlich zu gefährden, und insofern die Sozialordnung in den Mitgliedstaaten bedrohten.[710] Die Tatsache, dass sittliche Gefahren mit Gefahren für die Sozialordnung bzw. die Gesellschaft gleichgesetzt werden, lässt den Schluss zu, dass Unsitte in diesem Zusammenhang als nach außen wirkende Beeinträchtigungen für das gedeihliche Zusammenleben zu verstehen ist.[711] Gestützt wird diese Annahme durch das Vorbringen der Mitgliedstaaten in *Schindler*:

> „Diese Rechtsvorschriften müssten aus zwingenden Gründen des Allgemeininteresses wie [...] des Schutzes der öffentlichen Sittlichkeit [...] als gerechtfertigt angesehen werden."[712]

Demnach ist die Sittlichkeit als zwingendes Interesse des Gemeinwohls i.S.d. *Cassis*-Rechtsprechung und Mindestvoraussetzung für das gesellschaftliche Zusammenleben anzusehen.

707 Vgl. die (nicht abschließende) Aufzählung m.w.N. bei *Kingreen*, in: Callies/Ruffert, EUV/AEUV, Art. 34-36, Rdn. 80; *Becker*, in: Schwarze, EU-Kommentar, Art. 36 AEUV, Rdn. 36 f. m.w.N.

708 Vertiefend dazu vgl. *O. Dörr/Urban*, JURA 2011, 681 m.w.N.

709 EuGH, Rs. C-316/07 u.a., Slg. 2010, I-8069, Rdn. 76 – *Markus Stoß u.a.*; EuGH, Rs. C-46/08, EuGH,Slg. 2010, I-8149, Rdn. 46 – *Carmen Media*; ebenso schon EuGH, Rs. C-243/01, Slg. 2003, I-13031, Rdn. 63 – *Gambelli*; EuGH, Rs. C-338/04 u.a., Slg. 2007, I-1891, Rdn. 47 – *Placanica*.

710 Lotterien für sittlich fragwürdig haltend auch schon EuGH, Rs. C-275/92, Slg. 1994, I-1039, Rdn. 32 – *Schindler*.

711 Vgl. auch EuGH – *Schindler* (Fn. 710), Rdn. 32, 60, 61; EuGH, Rs. C-124/97, Slg. 1999, I-6067, Rdn. 13 – *Läärä*; EuGH, Rs. C-67/98, Slg. 1999, I-7289, Rdn. 14, 19 – *Zenatti*; EuGH – *Markus Stoß u.a.* (Fn. 709), Rdn. 76.

712 EuGH – *Schindler* (Fn. 710), Rdn. 54; ebenso EuGH, Rs. C-6/01, Slg. 2003, I-8621, Rdn. 70 – *Anomar*.

d.) Laserdrome

Die deutschen Streitigkeiten über *Laserdromes*[713] erreichten den EuGH in Gestalt einer Vorlagefrage gem. Art. 267 AEUV[714]. Dabei wurde die Wertentscheidung der nationalen Richter im Wesentlichen bestätigt.[715] Nach Ansicht des EuGH war die nationalgerichtliche Entscheidung, dass die in ein Spiel eingebettete simulierte Tötung gegen den Wert- und Achtungsanspruch des Menschen verstoße und deshalb zu verbieten sei, zum Schutz der „öffentlichen Ordnung" nach Art. 62 i.V.m. 52 Abs. 1 AEUV gerechtfertigt.[716] Die Menschenwürde sei als allgemeiner Rechtsgrundsatz[717] vom Unionsrecht zu schützen und stelle ein legitimes Ziel zur Untersagung der Laserspiele dar.[718] Wie und in welchem Umfang ein betreffendes Grundrecht zu schützen sei, überlasse der Gerichtshof den Mitgliedstaaten, solange die nationalen Maßnahmen insgesamt verhältnismäßig seien.[719]

Der Schutz der Menschenwürde ist Ausdruck fundamentalethischer Wertvorstellungen in den Mitgliedstaaten[720] und als solcher von der „öffentlichen Ordnung" nach Art. 62 i.V.m. 52 Abs. 1 AEUV umfasst. Dabei ist zu beachten, dass diese in ihrer praktischen Anwendung mit der „öffentlichen Sittlichkeit" vergleichbar ist.[721] Die Ansichten über den Anwendungsbereich der „öffentlichen Ordnung" hängen, ebenso wie bei der „öffentlichen Sittlichkeit", von religiösen, kulturellen und geschichtlichen Gegebenheiten ab und können sich in zeitlicher und regionaler Hinsicht unterscheiden.[722] Ethisch-moralische Vorstellungen

713 Siehe bei 1.Kap.IV. 2.) a.).

714 BVerwG, Vorlagebeschluss vom 24.10.2001 - 6 C 3/01 - *Omega*, BVerwGE 115, 189.

715 EuGH, Rs. C-36/02, Slg. 2004, I-9609 - *Omega*.

716 Ebenda, Rdn. 32 und 41.

717 Die Menschenwürde wird nunmehr auch ausdrücklich von Art. 1 GRC gewährleistet.

718 EuGH - *Omega* (Fn. 715), Rdn. 34.

719 Ebenda, Rdn. 37, 38.

720 Vgl. bei 1.Kap.A.II. 3.).

721 Ebenso GA *Warner*, Schlussanträge in der Rs. 34/79, Slg. 1979, 3818 (3822) - *Henn u. Darby*.

722 Insbesondere im Hinblick auf die Menschenwürde als Bestandteil der „öffentlichen Ordnung" *Mastronardi*, Menschenwürde und kulturelle Bedingtheit des Rechts, in: Marauhn (Hrsg.), Die Rechtsstellung des Menschen im Völkerrecht: Entwicklung und Perspektiven, S. 55 (57-61).

fließen somit in die Beurteilung der jeweiligen Sachverhalte mit ein, auch wenn die Mitgliedstaaten nicht ausdrücklich darauf abstellen.[723] Deshalb ist den nationalen Behörden konsequenterweise ein Beurteilungsspielraum bei der Interpretation und Anwendung der „öffentlichen Ordnung“ einzuräumen.[724]

e.) Grenzbereiche menschlichen Lebens

Auch in den Grenzbereichen des menschlichen Lebens werden die Grundfreiheiten von ethischen Wertvorstellungen beeinflusst. So sind etwa Leichen, Leichenteile und Föten aus ethischen Gründen nicht als „Ware“ i.S.d. Art. 28 ff. AEUV anzusehen und können mithin nicht Gegenstand von Handelsgeschäften sein.[725]

Darüber hinaus hatte der EuGH in der Rechtssache *SPUC*[726] zu entscheiden, ob der ärztliche Schwangerschaftsabbruch als Dienstleistung i.S.d. Art. 56 AEUV anzusehen war. Die irische *Society for the Protection of Unborn Children Ireland Ltd.* (S.P.U.C.) vertrat die Ansicht, Abtreibungen könnten nicht als Dienstleistungen angesehen werden, da sie unmoralisch seien und die Zerstörung eines menschlichen Lebens zur Folge hätten.[727] Ebenso wie bei der sittlichen Beurteilung der Prostitution[728] äußerte sich der EuGH nicht zur moralischen Wertigkeit von Schwangerschaftsabbrüchen und betonte, dass moralische Argumente die rechtliche Einordnung einer Tätigkeit als Dienstleistung durch einen Mitgliedstaat nicht beeinflussen könnten.[729] Vielmehr hieß es im Urteil erneut:

> „[...] es ist nicht Sache des Gerichtshofes, die Beurteilung, die vom Gesetzgeber in den Mitgliedstaaten vorgenommen worden

723 Auch *Oliver* ist der Ansicht, dass bei *Omega* in Wirklichkeit Moralvorstellungen ausschlaggebend waren, vgl. *Oliver*, On Free Movement of Goods in the European Union, S. 246.

724 EuGH, Rs. 41/74, Slg. 1974, 1337, Rdn. 18/19 – *Van Duyn*; EuGH, Rs. 30/77, Slg. 1977, 1999, Rdn. 33/35 – *Bochereau*; EuGH – *Omega* (Fn. 715), Rdn. 31.

725 *Frenz*, Handbuch Europarecht, Band 1, Kap. 5, § 1, Rdn. 610; *Herrmann*, in: Grabitz/Hilf/Nettesheim, Art. 28 AEUV, Rdn. 41; Antwort der Kommission auf die schriftliche Anfrage Nr. 442/85 von Herrn *John Marshall*, ABl. 1985 C 263/19.

726 EuGH, Rs. C-159/90, Slg. 1991, I-4685 – *SPUC*.

727 Ebenda, Rdn. 19.

728 Siehe oben bei 2.Kap.A.I. 3.) b.).

729 EuGH – *SPUC* (Fn. 726), Rdn. 20.

ist, in denen die betreffenden Tätigkeiten legal ausgeübt werden, durch seine eigene Beurteilung zu ersetzen."[730]

Demnach ist der ärztliche Schwangerschaftsabbruch - unabhängig von anderweitigen Moralanschauungen - als Dienstleistung i.S.d. Art. 56 AEUV anzusehen, wenn er in einem Mitgliedstaat rechtmäßig ausgeübt werden darf.[731]

Ein viel beachtetes Urteil fällte der EuGH im Jahre 2011 in der Sache *Oliver Brüstle/Greenpeace e.V.*[732] Es ging um die Frage, ob ein Verfahren, das durch die Entnahme von Stammzellen aus einem menschlichen Embryo zu dessen Zerstörung führte, patentierbar war oder wegen Verstoßes gegen die „öffentliche Ordnung" oder die „guten Sitten" einem Patentverbot i.S.d. BioPatRL 98/44EG unterlag. Beide in der Richtlinie verwendeten Begriffe entsprechen nach Erwägungsgrund 39 „den in den Mitgliedstaaten anerkannten ethischen oder moralischen Grundsätzen"[733]. In diesem Sinne muss das Patentrecht „unter Wahrung der Grundprinzipien ausgeübt werden, die die Würde und die Unversehrtheit des Menschen gewährleisten"[734]. Deshalb regelt Art. 6 Abs. 2 c) BioPatRL 98/44EG, dass „die Verwendung von menschlichen Embryonen zu industriellen oder kommerziellen Zwecken" nicht patentierbar ist. Im Kern ging es also um die Frage, wie der Begriff des menschlichen Embryos zu verstehen war. Der EuGH wies auf das Erfordernis einer autonomen Auslegung hin und machte deutlich, dass der Begriff des Menschen nicht vom nationalen Recht abhängen könne.[735] Zwar sei den Mitgliedstaaten bei der Beurteilung, ob ein Patent gegen die „öffentliche Ordnung" oder die „guten Sitten" verstoße, ein weiter Spielraum eingeräumt, dieser sei jedoch durch die Regelbeispiele in Art. 6 Abs. 2 BioPatRL eingeschränkt. Insofern reduziere sich der Spielraum der Mitgliedstaaten in den Bereichen, in denen die menschliche Existenz betroffen sei, auf Null.[736] Der EuGH anerkenne zwar,

730 Ebenso EuGH - *Schindler* (Fn. 710), Rdn. 32; EuGH - *Läärä* (Fn. 711), Rdn. 35; EuGH - *Zenatti* (Fn. 711), Rdn. 33.

731 EuGH - *SPUC* (Fn. 726), Rdn. 21; ebenso für ärztliche Tätigkeiten als solche EuGH, Urteil vom 31.01.1984, Slg. 1984, 377, Rdn. 16 - *Luisi und Carbone*.

732 EuGH, Urteil vom 18.10.2011, Rs. C-34/10 - *Brüstle*, EuZW 2011, 908.

733 Erwägungsgrund (39) BioPatRL; vgl. auch Schlussanträge des GA *Bot* vom 10.03.2011 in der Rs. C-34/10 - *Brüstle*, Rdn. 77.

734 Vgl. die Regelbeispiele in Erwägungsgrund (16) und (38) BioPatRL.

735 EuGH - *Brüstle* (Fn. 732), Rdn. 25, 26.

736 Ebenda, Rdn. 29.

dass die Definition des menschlichen Embryos ein ethisch sensibles Thema sei und in den Mitgliedstaaten unterschiedlich behandelt werde; er beantworte jedoch keine ethische Frage, sondern lege den Begriff lediglich in rechtlicher Hinsicht systematisch und teleologisch aus.[737] Seiner Ansicht nach sei jede menschliche Eizelle vom Stadium ihrer Befruchtung an sowie jede unbefruchtete menschliche Eizelle, in die ein Zellkern aus einer ausgereiften menschlichen Zelle transplantiert oder die durch Parthenogenese zur Teilung und Weiterentwicklung angeregt werde, ein menschlicher Embryo i.S.d. Richtlinie.[738] Mit anderen Worten sei jede Zelle, aus der sich menschliches Leben entwickeln könne, als Embryo anzusehen. Ob dies auch für Stammzellen gelte, die von einem menschlichen Embryo im Stadium der Blastozyste gewonnen würden, obliege den nationalen Gerichten.[739] Diese Ausführungen des EuGH tangierten tiefgreifende kulturell und religiös bedingte Wertvorstellungen in den Mitgliedstaaten.

Das verdeutlichte auch Generalanwalt *Bot* in seinen Schlussanträgen.[740] Seiner Ansicht nach sei der Begriff des „menschlichen Embryos" unionsweit einheitlich auszulegen[741], auch wenn in der Frage

> „[…] die Grundthemen der Philosophien und Religionen wie auch die immerwährende Suche der Wissenschaft nach Erkenntnis […]"

zusammenträfen.[742] Diese grundlegenden Prinzipien der Ethik und Moral durchzögen das gesamte Unionsrecht und fänden insbesondere in den Erwägungsgründen der BioPatRL ihren Niederschlag. Die Union sei schließlich nicht nur ein regulierender Markt, sondern auch eine Union bestimmter Werte, die sich insbesondere in der Achtung der Menschenwürde ausdrückten.[743] Dennoch könne die Frage nach dem Beginn des Lebens nur auf der Grundlage philosophischer und religiöser Anschauungen, die streng subjektiv geprägt seien, beantwortet

737 EuGH – *Brüstle* (Fn. 732), Rdn. 30, 31.

738 Ebenda, Rdn. 35, 36. Anm.: Parthenogenese ist eine Form der eingeschlechtlichen Fortpflanzung, bei der Nachkommen aus unbefruchteten Eizellen entstehen.

739 Ebenda, Rdn. 37. Anm.: Die Blastozyste bezeichnet ein Entwicklungsstadium unmittelbar vor Einnistung der Eizelle in die Gebärmutter.

740 Schlussanträge des GA *Bot* vom 10.03.2011 in der Rs. C-34/10 – *Brüstle*.

741 Ebenda, Rdn. 7.

742 Ebenda, Rdn. 39 f.

743 Ebenda, Rdn. 45 f.

werden.[744] Deshalb treffe er darüber keine Aussage, sondern definiere nur den menschlichen Körper.[745]

Der Gerichtshof unterschied nicht, wie der Generalanwalt, zwischen dem Menschen als Wesen und dem menschlichen Körper. Seiner Ansicht nach sollte die Richtlinie vielmehr jede Patentierung verbieten, sobald die der Menschenwürde geschuldete Achtung dadurch beeinträchtigt werden könnte.[746] Da er die Menschenwürde, die denknotwendig einen „Menschen" voraussetzt[747], als Bewertungsmaßstab heranzog, definierte er zugleich den Beginn des Lebens. Er fällte mithin ein autonomes moralisches Urteil über die Existenz und den Respekt vor der Individualität und Integrität des Menschen, ohne den Mitgliedstaaten in diesen Fragen einen Beurteilungsspielraum einzuräumen. Da es vorliegend jedoch ausschließlich um technische Fragen des harmonisierten Patentrechts und insofern um die Definition eines rein europarechtlichen Rechtsbegriffs ging, ist davon auszugehen, dass der EuGH seine Erwägungen zum Beginn des Lebens nicht auf andere Rechtsbereiche erstrecken wird.[748] Erst recht ist nicht zu erwarten, dass er den Mitgliedstaaten dadurch eine Definition der Moral bzw. Sittlichkeit aufoktroyieren wird.

4.) Zwischenergebnis

a.) Keine inhaltliche Ausgestaltung von Ethik und Moral

Insgesamt wird in der Rechtsprechungspraxis des EuGH deutlich, dass die „öffentliche Sittlichkeit und Ordnung" auf spezifische nationale Wertvorstellungen verweist, die für ein gedeihliches Zusammenleben in den Mitgliedstaaten unerlässlich sind. Es ist darüber hinaus nicht möglich, diese Anschauungen inhaltlich zu vereinheitlichen oder abstrakt zu konkretisieren[749], da sie in den Mitgliedstaaten variieren und

[744] GA *Bot*, Schlussanträge in der Rs. C-34/10 – *Brüstle*, Rdn. 80-82.

[745] Ebenda, Rdn. 85, 108 f.

[746] EuGH – *Brüstle* (Fn. 732), Rdn. 34.

[747] So auch *Groh*, Anm. zu *Brüstle* (Fn. 732), EuZW 2011, 908 (911); umgekehrt ist kein menschliches Leben ohne Menschenwürde denkbar, *Höfling*, in: Sachs, GG, Art. 1 Rdn. 54; BVerfG, Urteil vom 25.02.1975 – 1 BvF 1, 2, 3, 4, 5, 6/74 – *Schwangerschaftsabbruch I*, BVerfGE 39, 1 (41) .

[748] Ebenso GA *Bot*, Schlussanträge in der Rs. C-34/10 – *Brüstle*, Rdn. 49.

[749] Dies betonend auch *Prepeluh*, ZaöRV 2001, 771 (794); *Leible* meint einerseits, die Tatsache, dass sich der EuGH nur selten mit dem Begriff der „öfffentlichen Sittlichkeit" befassen musste, liege unter anderem darin be-

einem zeitlichen und regionalen Wandel unterliegen.[750] Der EuGH verlangt jedoch richtigerweise, dass eine freiheitsbeschränkende Maßnahme nur Wertvorstellungen schützen kann, die in einem Mitgliedstaat von der Mehrheit geteilt und entsprechend konsequent normativ durchgesetzt werden.[751] Sie müssen sich demnach in den innerstaatlichen Rechtsordnungen widerspiegeln. Ob damit ein Kohärenzerfordernis[752] in dem Sinne gemeint ist, dass sich innerstaatliche Regeln zum Schutz von Ethik und Moral nicht widersprechen dürfen, entzieht sich an dieser Stelle einer abschließenden Beurteilung.[753] Darüber hinaus kann eine nationale Maßnahme, trotz der Relativität außerrechtlicher Wertvorstellungen, nur gerechtfertigt sein, wenn sie nicht zukünftige oder nur hypothetisch geltende Sittlichkeitsanforderungen schützt, sondern tatsächlich aktuell vorherrschende.[754] In Sachbereichen, die einem besonders rasanten gesellschaftlichen und wissenschaftlichen Wandel unterliegen, kann der Schutz von Ethik und Moral mithin nur eine Momentaufnahme sein.[755] Diesbezügliche Moralvorstellungen müssen stets neu ermittelt und bewertet werden. Abgesehen von diesen Rahmenbedingungen belässt der EuGH den Mitgliedstaaten grundsätzlich einen weiten Beurteilungsspielraum zur Interpretation und Anwendung der „öffentlichen Sittlichkeit und Ordnung". Sie können entscheiden, welche Verhaltensweisen sie im Lichte ihrer nati-

gründet, dass eine weitgehende Übereinstimmung der Wertordnungen der Mitgliedstaaten herrsche. Auf der anderen Seite anerkennt er, dass bereits innerhalb eines Mitgliedstaates und unter den Mitgliedstaaten unterschiedliche Vorstellung darüber exisierten, was sittlich sei und was nicht. *Leible*, in: Grabitz/Hilf/Nettesheim, Das Recht der Europäischen Union, Art. 36 AEUV, Rn. 18, 19.

750 GA *Warner*, Schlussanträge in der Rs. 34/79, Slg. 1979, 3818 (3828) - *Henn und Darby*; Erklärung der Kommission in EuGH - *Adoui und Cornuaille* (Fn. 693), Slg. 1982, 1665 (1702); EuGH - *Omega* (Fn. 966) Rdn. 31.

751 EuGH - *Conegate* (Fn. 926), Rdn. 15; So auch *Forsthoff*, in: Grabitz/Hilf/Nettesheim, Das Recht der EU, Art. 45 AEUV, Rdn. 96.

752 Vgl. dazu insbesondere die Glücksspielurteile des EuGH, z.B. EuGH - *Gambelli* (Fn. 709), Rdn. 67; EuGH - *Placanica* (Fn. 709), Rdn. 53; EuGH, Rs. 42/07, Slg. 2009, I-7633, Rdn. 61 - *Liga Portuguesa*; EuGH - *Markus Stoß u.a.* (Fn. 709), Rdn. 83; EuGH - *Carmen Media* (Fn. 709), Rdn. 65; EuGH, Rs. C-212/08, Slg. 2011, I-5633, Rdn. 76-77 - *Zeturf*.

753 Siehe dazu unten bei 2.Kap.B.I. 3.) b.).

754 EuGH - *Adoui und Cornuaille* (Fn. 937), Rdn. 8; EuGH - *Jany u.a* (Fn. 698), Rdn. 59; EuGH - *Omega* (Fn. 966), Rdn. 30.

755 GA *Bot* Schlussanträge in der Rs. C-34/10 - *Brüstle*, Rdn. 48.

onalen Besonderheiten als unmoralisch ansehen und in welchem Maße und in welcher Form sie die „Sittlichkeit“ schützen wollen.[756]

In dieser Hinsicht ist die Entscheidung in der Rechtssache *Brüstle gegen Greenpeace e.V.*, hervorzuheben, in welcher der EuGH - ausnahmsweise - für alle Mitgliedstaaten verbindlich festgelegt hat, in welchem Zellstadium von der Existenz eines menschlichen Embryos auszugehen war. Damit bestimmte er für den harmonisierten Bereich des Biopatentrechts den Beginn des Lebens und inzident die Reichweite der Menschenwürde, da ein „unwürdiges“ Leben nicht denkbar ist.[757] Dies kritisieren insbesondere *Laimböck* und *Dederer* mit dem Argument, der vom europäischen Gesetzgeber geschaffene bioethische Konsens erstrecke sich zwar auf die Sittenwidrigkeit einer Instrumentalisierung menschlicher Embryonen, nicht jedoch auf den Begriff des Embryos selbst.[758] Da der Würdebegriff von religiösen, kulturellen und damit wandelbaren Wertvorstellungen abhänge, wichen die Anschauungen über die Patentierbarkeit von Embryonen bzw. die Definition des Embryos in den Mitgliedstaaten stark voneinander ab.[759] Dem ist insofern zuzustimmen, als die Stellungnahmen der Mitgliedstaaten im Verfahren *Brüstle* belegen, dass diesbezüglich tatsächlich kein Konsens existiert.[760] Dennoch ist eine einheitliche Definition des menschlichen Embryos im Hinblick auf den *effet utile* und die neuartigen Gefahren für das menschliche Leben zum Schutz fundamentaler Wertanschauungen, die sich in den Erwägungsgründen der Biopatentrichtlinie und der Richtlinie selbst widerspiegeln, erforderlich. Es ist illusorisch anzunehmen, dass das Patentverbot für die kommerzielle Nutzung von Embryonen wirksam durchgesetzt werden kann, wenn jeder Mitglied-

756 Siehe nur EuGH - *Conegate* (Fn. 689), Rdn. 14.

757 Siehe die Nachweise in Fn. 747

758 *Laimböck/Dederer*, GRURInt 2011, 661 (662 f.).

759 Ebenda, S. 663 und 665; vgl. auch EuGH, Rs. 377/98, Slg. 2001, I-079, Rdn. 37 - *Niederlande/Parlament und Rat.*

760 Schlussanträge des GA *Bot* in der Rs. C-34/10 - *Brüstle* Rdn. 67. Auch für die Verwendung von Stammzellen, die unter Vernichtung von Embryonen gewonnen werden, besteht in der Union selbst kein Konsens, da entsprechende Forschungsvorhaben von der Union finanziell gefördert werden, vgl. Art. 6 Abs. 3 Beschluss Nr. 1982/2006 des Europäischen Parlaments und des Rates vom 18.12.2006 über das Siebte Rahmenprogramm der Europäischen Gemeinschaft für Forschung, technologische Entwicklung und Demonstration, ABl. EU L 412/1; diesen Widerspruch aufzeigend auch *Sattler de Sousa e Brito*, GRURInt 2011, 466 (467).

staat selbst definieren dürfte, was er für einen solchen hält. Außerdem ist nicht zu erwarten, dass die Entscheidung über das europäische Patentrecht hinaus Wirkung entfaltet.[761]

b.) Konkretisierung anhand von Sachbereichen

Auch wenn die „öffentliche Sittlichkeit und Ordnung" inhaltlich nicht abschließend zu definieren ist, zeigt die Rechtsprechungspraxis des EuGH, in welchen Fragen außerrechtliche Wertvorstellungen relevant werden können. In thematischer Hinsicht spielen Moralvorstellungen insbesondere im Bereich der Sexualmoral, der Glücksspiele und den Grenzbereichen des menschlichen Lebens eine wichtige Rolle.[762] So subsumierte der EuGH Zollvorschriften, die eine Einfuhr von „anstößigen" und „unzüchtigen" Artikeln untersagten, unter die Schranke der „öffentlichen Sittlichkeit" im Sinne des Art. 36 S. 1 AEUV.[763] Nach Ansicht der Kommission könne auch die Prostitution gesellschaftliche Wertvorstellungen tangieren, da sexuelles Verhalten in die Öffentlichkeitssphäre trete.[764] Der EuGH beschränkte sich auf die verfahrensrechtliche Dimension der Grundfreiheiten, gab damit jedoch inzident zu erkennen, dass er die moralische Bewertung der Prostitution zumindest für vertretbar hielt. Im Bereich des Glücksspiels anerkennt der EuGH in ständiger Rechtsprechung, dass dieses sittliche und finanziell schädliche Folgen für den Einzelnen und die Gesellschaft haben kann. Deshalb kann es gerechtfertigt sein, die Ausübung des Glücksspiels

761 Anders *Sattler de Sousa e Brito*, GRURInt 2011, 466 (467), die Auswirkungen auf die Forschungsgesetzgebung und Förderung im Bereich der Stammzellforschung in der EU und die Beurteilung der PID erwartet.

762 *Frenz*, Handbuch Europarecht Band 1, Rdn. 942 nennt als denkbare Beispiele noch Produkte mit verunglimpfendem Charakter in Bezug auf hohe kirchliche Würdenträger sowie gewaltverherrlichende Schriften oder Computerspiele; *Müller-Graff*, in: von der Groeben/Schwarze, EUV/EGV, Art. 30 EG, Rdn. 56 hält auch die kommerzielle Nutzung der Felle junger Seehunde für unmoralisch; hingegen wurde die Anwendbarkeit der „öffentlichen Sittlichkeit" im Zusammenhang mit religiösen Gefühlen bei der Sonntagsarbeit von Generalanwalt *Van Gerven*, Schlussanträge vom 29.06.1989 in der Rs. C-145/88, Slg. 1989, 3851 (3881) – *Torfaen* und bei dem Schutz der Gesundheit von Tieren abgelehnt, siehe EuGH, Rs. C-1/96, Slg. 1998, I-1251, Rdn. 66 – *Compassion in World Farming*; bei letzterem sah der EuGH die „öffentliche Sittlichkeit" jedoch als Bestandteil des Tierschutzes an. Siehe zur parallelen Problematik im Rahmen des WTO-Rechts bei 3.Kap.A.II. 6.) a.) iii.).

763 EuGH – *Henn und Darby* (Fn. 681) Rdn. 6 f., 15, 22.

764 EuGH – *Adoui und Cornuaille* (Fn. 161), Slg. 1982, 1665 (1702).

unter Berufung auf die zwingenden Gründe des Allgemeinwohls einzuschränken.[765] Schließlich ist den Staaten bei der Auslegung ethisch aufgeladener Menschenrechten wie der Menschenwürde und der damit zusammenhängenden Frage nach dem Beginn des Lebens - die sich im Bereich der Schwangerschaftsabbrüche und der Embryonenforschung stellt[766] - ein Spielraum zu belassen. Das gilt umso mehr, wenn in den Mitgliedstaaten diesbezüglich kein Konsens existiert.[767]

Mithin können außerrechtliche Moralvorstellungen die Grundfreiheiten entweder als geschriebene oder ungeschriebene Rechtfertigungsgründe beschränken oder deren Anwendungsbereich einengen. Letzteres ist jedoch - wenn überhaupt - nur in krassen Fällen denkbar, da die sittliche Beurteilung des Sachverhalts von allen Mitgliedstaaten geteilt und vom Unionsrecht anerkannt werden muss. Ansonsten hätte es jeder Mitgliedstaat in der Hand, unerwünschte Tätigkeiten auf der Grundlage von einfachgesetzlichen Definitionen aus dem Anwendungsbereich der Grundfreiheiten herauszusubsumieren.[768]

II. Ethik und Moral in der EMRK

1.) Überblick

Die EMRK enthält in den Absätzen 2 der Artikel 8 (Recht auf Privatleben), Artikel 9 (Gedanken-, Gewissens- und Religionsfreiheit), Artikel 10 (Freiheit der Meinungsäußerung) und Artikel 11 (Versammlungs- und Vereinigungsfreiheit) die Möglichkeit, Freiheitsbeschränkungen vorzunehmen, wenn diese „gesetzlich vorgesehen und zum Schutz der Moral in einer demokratischen Gesellschaft notwendig" sind. Gleiches gilt für das Recht auf Freizügigkeit im Vierten Zusatzprotokoll (Art. 2 Abs. 3, 4. ZP EMRK). Darüber hinaus beruft sich die Konvention in ihrer Präambel auf die Allgemeine Erklärung der Menschenrechte vom 10.12.1948. Dort regelt Art. 29 in vergleichbarem Wortlaut, dass jeder bei der Ausübung seiner Rechte und Freiheiten nur den Beschränkungen durch die Rechte anderer sowie den gerechten Anforderungen der

765 Siehe nur EuGH - *Markus Stoß u.a.* (Fn. 709), Rdn. 76; EuGH - *Zeturf* (Fn.752) Rdn. 39.

766 EuGH - *Omega Spielhallen* (Fn. 715) Rdn. 32, 41; EuGH - *SPUC* (Fn. 726) Rdn. 19; EuGH - *Brüstle/Greeenpeace e.V.* (Fn. 732) Rdn. 34.

767 GA *Van Gerven*, Schlussanträge in der Rs. C-159/90, Rdn. 29 - *SPUC*.

768 EuGH - *Schindler* (Fn. 710), Rdn. 31 f.; EuGH, Rs. C-340/94, Slg. 1997, I-461, Rdn. 25 - *De Jaeck*.

Moral, der öffentlichen Ordnung und des allgemeinen Wohles in einer demokratischen Gesellschaft genügen muss.[769]

Was unter „Moral" zu verstehen ist, bestimmt sich nach unterschiedlichen Vorschriften. Grundsätzlich unterliegt die Konvention als völkerrechtlicher Vertrag[770] - und somit der Begriff der „öffentlichen Moral" bzw. *„public morals"* - den völkerrechtlichen Auslegungsregeln der Art. 31 bis 33 WVK.[771] Daneben enthält die EMRK selbst spezifische Auslegungsregeln. Diese als *lex specialis* anzusehenden Vorschriften sowie die allgemeinen völkerrechtlichen Auslegungsmethoden sind ein erster Ansatzpunkt für die Bestimmung der „öffentlichen Moral" in den genannten Artikeln.

2.) Auslegungsregeln der EMRK

Die Artikel 16, 17 und 53 enthalten konventionsimmanente Regeln darüber, wie die Garantien der EMRK zu verstehen sind.

Art. 16 EMRK erlaubt den Vertragsstaaten, die Rechte der Artikel 10, 11 und 14 EMRK so auszulegen, dass sie die politische Tätigkeit von ausländischen Personen beschränken können. Diese Vorschrift eröffnet den Staaten die Möglichkeit, die Staatsangehörigkeit als zulässiges Differenzierungskriterium für Freiheitsbeschränkungen heranzuziehen.[772] Zum einen gilt dies jedoch nicht für Staatsangehörige eines Mitgliedstaates der EU[773], so dass der Anwendungsbereich der Norm faktisch weithin beschränkt ist. Zum anderen hilft sie aufgrund ihres vergleichsweise eindeutigen Bezugs auf die Herkunft nicht bei der Bestimmung eines unbestimmten Rechtsbegriffs wie dem der „Moral".

Art. 17 EMRK verbietet eine Deutung der Konvention, die es einem Staat, einer Gruppe oder einer Person erlaubt, eine Tätigkeit oder Handlung auszuüben, die darauf gerichtet ist, die Konventionsrechte

[769] Resolution 217 A (III) der Generalversammlung vom 10.12.1948, abrufbar unter:
http://www.ohchr.org/EN/UDHR/Pages/Language.aspx?LangID=ger (zuletzt abgerufen am 06.11.2014).

[770] *Frowein/Peukert*, EMRK-Kommentar, Einl. Rdn. 5.

[771] Vgl. nur *Villiger*, Vienna Convention, Art. 1, Rdn. 3; *Nowak*, CCPR, Introduction, Rdn. 17; *Meyer-Ladewig*, EMRK Handkomm., Einl., Rn. 35.

[772] *Cremer*, in: Dörr/Grote/Marauhn, EMRK/GG, Kap. 4, Rdn. 15.

[773] Vgl. EGMR, Urteil vom 27.04.1995, Nr. 15773/89 u.a., Rdn. 64 – *Piermont/France; Frowein/Peukert*, EMRK-Kommentar, Art. 16, Rdn. 1.

abzuschaffen oder stärker einzuschränken, als es die EMRK selbst vorsieht. Dies beugt einem Missbrauch der Konventionsgewährleistungen mit der Absicht, diese selbst abzuschaffen, vor. Insofern handelt es sich um eine besondere Schrankenklausel[774], auf deren Grundlage möglicherweise menschenverachtende Verhaltensweisen oder Äußerungen untersagt werden können. Ebenso wie Art. 16 liefert Art. 17 EMRK jedoch keine konkreten Anhaltspunkte für die unmittelbare Bestimmung des Moralbegriffs.

Anderes gilt für Art. 53 EMRK. Demnach ist die Konvention nicht so auszulegen, als beschränke sie Menschenrechte oder Grundfreiheiten, die in einem Vertragsstaat gelten bzw. die in einer anderen Übereinkunft, deren Partei der betreffende Staat ist, anerkannt sind. Art. 53 EMRK verleiht den Konventionsgarantien den Charakter menschenrechtlicher Mindeststandards, die durch die Auslegung und Anwendung der EMRK nicht unterlaufen werden dürfen.[775] Dieser Regel könnte Bedeutung zukommen, wenn eine auf moralische Gründe gestützte Freiheitsbeschränkung nach der Konvention gerechtfertigt ist und dadurch andere nationale oder europäische Grund- und Menschenrechte derart verkürzt, wie es nach deren spezifischen Regelungsrahmen nicht möglich ist.[776]

3.) Auslegung nach der WVK

Die konventionsspezifischen Auslegungsregeln sind augenscheinlich zu vage, als dass sie eine abschließende Beurteilung des Moralbegriffs ermöglichen könnten. Deshalb ist auf die allgemeinen Regeln des Völkerrechts abzustellen, die sich aus Art. 31-33 WVK ergeben.[777] Erster

774 *Meyer-Ladewig*, EMRK, Art. 18, Rdn. 1; *Cremer*, in: Dörr/Grote/Marauhn, EMRK/GG, Kap. 4, Rdn. 15; entschieden z.B. für die KPD, EKMR, Entscheidung vom 20.07.1957, Nr. 250/57, YB 1, 222, S. 5 - *KPD/Deutschland*.

775 *Frowein/Peukert*, EMRK-Kommentar, Art. 53; *Cremer*, in: Dörr/Grote/Marauhn, EMRK/GG, Kap. 4, Rdn. 15; *Meyer-Ladewig*, EMRK, Art. 53, Rdn. 2.

776 *Cremer* bezeichnet diese Norm mehr als Zusatzinhalt der EMRK denn als echte Auslegungsregel, vgl. *Cremer*, in: Dörr/Grote/Marauhn, EMRK/GG, Kap. 4, Rdn. 16.

777 Erstmals EGMR, Urteil vom 21.02.1975, Nr. 4451/70, Rdn. 29 - *Golder/Vereinigtes Königreich*; EGMR, Urteil vom 18.12.1986, Nr. 9697/82, Rdn. 51 - *Johnston u.a./Ireland*; EGMR, Urteil vom 08.07.1986, Nr. 9006/80 u.a., Rdn. 114, 117 - *Lithgow u.a./The United Kingdom*; EGMR, Urteil vom 29.01.2008, Nr. 13229/03 - *Saadi/Vereinigtes Königreich*, NVwZ 2009, 375

Ansatzpunkt ist hierbei der Wortlaut einer Norm. Er bildet naturgemäß das Fundament und den Ausgangspunkt jeder Auslegung. Das ergibt sich aus Art. 31 Abs. 1 WVK, der auf die *ordinary meaning* – also die geläufige bzw. gewöhnliche Bedeutung der vertraglichen Begriffe – abstellt.[778] Die einschlägigen Quellen verweisen übereinstimmend auf Definitionen aus englischen Wörterbüchern[779], die im Ergebnis wenig Klarheit versprechen. Das *Universal Dictionary of English Language* beispielsweise definiert "Moral" als

> „relating to, concerned with, the difference between right and wrong in matters of conduct."

Webster´s New International Dictionary hingegen versteht Moral als

> „conforming to a standard of what is good and right".

Diese Erklärungsversuche sind offensichtlich nicht geeignet, den rechtlichen Inhalt der „Moral" zu erklären. Die Natur eines solchen Begriffs, der maßgeblich von subjektiven Anschauungen geprägt ist, kann nicht abschließend anhand seiner *ordinary meaning* definiert werden.[780] Die Vielzahl an möglichen Anschauungen und Bedeutungen erfordert es, den Begriff gemäß Art. 31 Abs. 1 WVK nach Treu und Glauben unter Berücksichtigung von Sinn und Zweck der Menschenrechtskonvention zu ermitteln, wobei auf weitgehende Einheitlichkeit zu achten ist.[781] Demnach ist eine teleologische Auslegung der „öffentlichen Moral" unter Beachtung des jeweiligen Kontextes sowie des Vertrauensschutzes vorzunehmen.[782] Mithin ist die Konvention in erster Linie hinsichtlich ihres Ziels, einen möglichst umfassenden Schutz individueller

(376); *Ehlers*, Jura 2000, 372 (379); *Villiger*, EMRK, Rdn. 153; *Peters/Altwicker*, EMRK, § 2 Rdn. 40.

778 *Graf Vitzthum*, in: ders., Völkerrecht, 1. Abschnitt, Rdn. 123; *O. Dörr*, in: Dörr/Schmalenbach, WVK-Kommentar, Art. 31, Rdn. 41; *Villiger*, Vienna Convention, Art. 31, Rdn. 9.

779 Zur Bedeutung von *dictionaries* für die Ermittlung der *ordinary meaning* vgl. *Gardiner*, Treaty Interpretation, S. 166-169.

780 *Gardiner*, Treaty Interpretation, S. 173 fragt zu Recht: *„Ordinary to whom"*?.

781 *Hilf/Oeter*, WTO-Recht, § 5, Rdn. 67; Art. 31 Abs. 1 WVK bestimmt: *„Ein Vertrag ist nach Treu und Glauben auszulegen, entsprechend der üblichen Bedeutung, die den Begriffen des Vertrages in ihrem Zusammenhang und unter Berücksichtigung seines Zieles und Zweckes beizulegen ist."*

782 *Wildhaber/Breitenmoser*, in: IntKommEMRK, Art. 8, Rdn. 15.

Menschenrechte zu gewährleisten, auszulegen[783], wobei einige Besonderheiten zu beachten sind. Für den Fall, dass das auf diese Weise ermittelte Auslegungsergebnis offensichtlich absurd oder mehrdeutig ist, oder dem Sinn und Zweck des Vertragswerkes widerspricht, kann gemäß Art. 32 WVK[784] ergänzend auf die vorbereitenden Arbeiten und Umstände des Vertragsschlusses zurückgegriffen werden. Art. 32 WVK legt zwar nahe, dass dieser Rückgriff nur subsidiär erfolgt. In diesem Zusammenhang wird in der Literatur darauf hingewiesen, dass das Verfahren, in dem internationale Verträge zustande kommen, im Vergleich zu nationalen Gesetzgebungsverfahren weniger formalisiert und häufig komplexer sei.[785] Diese These ist aber nicht zu belegen. Vielmehr weist auch Art. 31 WVK Abs. 2 a) ausdrücklich darauf hin, dass sich der Zusammenhang völkervertraglicher Bestimmungen aus jeder sich auf den Vertrag beziehenden Übereinkunft, die zwischen allen Vertragsparteien anlässlich des Vertragsabschlusses getroffen wurde, herleiten lässt. Auf den historischen Willen der Vertragsparteien stellt auch Art. 31 Abs. 4 WVK ab, wenn er der ursprünglichen Absicht der vertragsschließenden Staaten hinsichtlich der Bedeutung eines Ausdrucks einen besonderen Stellenwert zuerkennt. Da gemäß Art. 31 Abs. 3 WVK später geänderte Anschauungen bzw. Absichten der Vertragsstaaten berücksichtigt werden müssen, ist daraus zugleich herzuleiten, dass die Geltung und praktische Wirksamkeit völkerrechtlicher Verträge maßgeblich von einem Konsens zwischen den Vertragsparteien abhängt.[786] Demnach kann der ursprüngliche Wille der Staaten nicht unbeachtlich für die Auslegung der Konvention sein.[787] Gerade der Be-

783 EGMR, Urteil vom 29.01.2008, Nr. 13229/03 - *Saadi/Vereinigtes Königreich*, NVwZ 2009, 375 (376).

784 Art. 32 WVK lautet:

„Auf zusätzliche Auslegungsmittel einschließlich der Materialien des Vertrages und der Umstände seines Abschlusses kann zurückgegriffen werden, um den Sinn, der sich aus der Anwendung des Art. 31 ergibt, zu bestätigen oder um den Sinn festzulegen, wenn die Auslegung gemäß Art. 31:

(a) den Sinn zweideutig oder undeutlich lässt, oder

(b) zu einem Resultat führt, das offenbar absurd oder unvernünftig ist."

785 *Grabenwarter/Pabel*, EMRK, § 5, Rdn. 6; *Badenhop*, Normtheoretische Grundlagen der Europäischen Menschenrechtskonvention, S. 63.

786 *Cremer*, in: Dörr/Grote/Marauhn (Hrsg.), EMRK/GG, Kap. 4, Rdn. 21. Er weist an dieser Stelle zudem darauf hin, dass es Ziel der Auslegung sein muss, „den übereinstimmenden Willen der Parteien zu erfassen".

787 Vgl. auch *Badenhop*, Normtheoretische Grundlagen EMRK, S. 63; Auf die Bedeutung der historischen Interpretation mit dem Argument hinweisend,

griff der „Moral“, der einem zeitlichen Wandel unterliegt, erfordert die Berücksichtigung geänderter Anschauungen und der Staatenpraxis. Er ist geradezu ein Paradebeispiel für den Charakter internationaler Verträge als *„living instruments“* bzw. *„instruments vivants“*, die unter Berücksichtigung aktuell herrschender Umstände und in Übereinstimmung mit dem zur Zeit der Interpretation geltenden Völkerrecht auszulegen sind.[788] Die „öffentliche Moral“ als Ausfluss aktueller gesellschaftlicher Anschauungen ist nicht abstrakt und endgültig zu bestimmen. Abgesehen davon, ergeben sich weitere Besonderheiten bei der praktischen Anwendung der Art. 31-33 WVK, da die Konvention vom EGMR selbst als *European Public Order* bezeichnet wird und insofern ähnlich einer Verfassung ausgelegt werden muss. Diese ist gekennzeichnet durch eine dynamisch-teleologische und autonome Auslegung der Begrifflichkeiten sowie der zurückhaltenden Anwendung des historischen Parteiwillens.[789]

a.) Wortlaut

Ebenso wie die EU-Verträge ist die Europäische Menschenrechtskonvention in mehreren Sprachen verfasst, von denen der englische und französische Text maßgeblich sind. Im Anschluss an Art. 59 EMRK heißt es:

> „Done at Rome this 4th day of November, 1950, in English and French. Both text being equally authentic, [...]“[790]

dass auch die teleologische Auslegung auf den Sinn und Zweck eines Vertrages abstellt, der naturgemäß ohne Berücksichtigung der ursprünglichen Absichten nicht ermittelt werden könne, *Cremer*, in: Dörr/Grote/Marauhn (Hrsg.), EMRK/GG, Kap. 4, Rn. 20, 21; auf den historischen Willen der Vertragsstaaten abstellend auch EGMR, Urteil vom 23.07.1968, Nr. 1474/62, Rdn. 11 – *Belgischer Sprachenfall;* EGMR, Urteil vom 28.08.1986, Nr. 9228/80, Rdn. 48 f. – *Glasenapp/Deutschland.*

788 Sog. Auslegung nach den *„present day conditions“*; *Lorenzmeier*, Völkerrecht, S. 44; IGH, *Namibia*, ICJ-Rep. 1971, 16 (30 f.); *Ipsen*, Völkerrecht, § 12 Rdn. 21; EGMR, Urteil vom 25.04.1978, Nr. 5856/72, Rdn. 31 – *Tyrer/Vereinigtes Königreich;* HRC, *Yoon v. Republic of Korea*, § 8.2, Communication No. 1321/2004 and 1322/2004, U.N. Doc. CCPR/C/88/D/1321-1322/2004 (2007); näher dazu sogleich.

789 So *Ress*, ZaöRV 2009, 289 (291 f.).

790 Teilweise ungenau übersetzt: *„Geschehen zu Rom, am 4. November 1950 in englischer und französischer Sprache, wobei jeder Wortlaut gleichermaßen verbindlich ist, [...]“*, bei *Frowein/Peukert*, EMRK-Kommentar, Art. 59.

Falls sich zwischen den Sprachen Unterschiede ergeben, ist zwischen ihnen ein harmonischer Ausgleich herbeizuführen.[791] Die Absätze 2 der Artikel 8 bis 11 EMRK sind nahezu wortgleich und lauten im Englischen:

> „[...] is necessary in a democratic society [...] for the protection of health or morals [...]."

Im Französischen lauten dieselben Passagen:

> „[...] dans une société démocratique, est nécessaire [...] à la protection de la santé ou de la morale [...]."

Beide Versionen sprechen, wie die deutsche Fassung, schlichtweg von „morals" bzw. „morale" und verweisen auf außerrechtliche Wertvorstellungen, die im Entscheidungszeitpunkt in der Gesellschaft vorherrschen. Darüber hinaus sind zwischen den unterschiedlichen Fassungen keine weiteren Divergenzen festzustellen, die Aufschluss über die nähere Bedeutung des Moralbegriffs geben könnten.

b.) Autonom

Die in der EMRK verwendeten Begriffe sind grundsätzlich autonom, also losgelöst von den nationalen Rechtsordnungen, auszulegen.[792] Das betrifft nicht nur spezifische Begrifflichkeiten der Konvention, sondern auch solche, die in den Rechtsordnungen der Vertragsstaaten Verwendung finden. Dies hat zur Konsequenz, dass die vom Wortlaut identischen Begriffe, durch die Anwendung unterschiedlicher Auslegungsmethoden im Einzelfall, unterschiedliche Bedeutung erlangen können.[793] Die Intention ist jedoch dieselbe wie im Unionsrecht: Um zu

[791] Würde die Auslegung der unterschiedlichen Sprachfassungen zu unterschiedlichen Ergebnissen führen, wäre gem. Art. 33 Abs. 4 WVK auf diejenige Bedeutung abzustellen, die am ehesten Sinn und Zweck des Vertrages entspräche. Auf dieses Erfordernis hinweisend *Grabenwarter/Pabel*, EMRK, § 5, Rdn. 4; *Rosenne*, The Meaning of „Authentic Text" in Modern Treaty Law, in: FS Mosler, 1983, S. 760 (772 f.).

[792] EGMR, Urteil vom 21.02.1984, Nr. 8544/79, Rdn. 50 - *Öztürk/Deutschland*; EGMR, Urteil vom 21.02.1986, Nr. 8793/79, Rdn. 42 - *James u.a./Vereinigtes Königreich*; EGMR, Urteil vom 27.09.1990, Nr. 12489/86, Rdn. 23 - *Windisch/Österreich*; EGMR (GK), Urteil vom 17.12.1996, Nr. 19187/91, Rdn. 67 - *Saunders/Vereinigtes Königreich*; einschränkend für den Begriff „strafrechtlich" EGMR, Urteil vom 08.06.1976, Nr. 5100/71 u.a, Rdn. 81 - *Engel u.a./Niederlande*.

[793] Dargestellt anhand der Rechtsprechung des EGMR zu Art. 6 und 7 EMRK in: *Badenhop*, Normtheoretische Grundlagen EMRK, S. 66.

gewährleisten, dass der durch die EMRK verbürgte Menschenrechtsschutz nicht relativiert und der Sinn und Zweck der Konvention gewahrt wird, ist es erforderlich, die Interpretation und Ausgestaltung ihrer Garantien der Disposition der Vertragsstaaten zu entziehen, soweit dies rechtlich möglich ist.[794] Das Ziel eines Menschenrechtsschutzes, der effektiv und nicht bloß theoretisch oder illusorisch ist[795], erfordert eine einheitliche Geltung der Verträge.[796] Allerdings sind die nationalen Rechtsordnungen bei der Auslegung der EMRK nicht gänzlich außer Acht zu lassen. Vielmehr werden die durch die Konvention garantierten Rechte bei ihrer Auslegung in Beziehung zu den Rechtsordnungen der Vertragsstaaten gesetzt.[797] Der EGMR vergleicht das Verständnis eines Rechtsbegriffs in den verschiedenen Staaten und stellt die Ergebnisse nebeneinander. Lassen sich Parallelen feststellen, legt das Gericht diese ermittelte Bedeutung seiner Entscheidung zugrunde. Falls nicht, belässt er den Staaten einen größeren Beurteilungsspielraum, den sog. *„margin of appreciation"*[798], der, wie noch zu sehen sein wird, gerade im Bereich ethisch-moralischer Wertvorstellungen eine überragende Rolle spielt.

c.) Historisch

Die historische Auslegung ist nach Art. 32 WVK grundsätzlich subsidiär. Somit ist ihr tendenziell ein geringer Stellenwert beizumessen. Auch der EGMR selbst rekurriert nur äußerst zurückhaltend auf die ursprünglichen Absichten der Vertragsstaaten. Dementsprechend heißt es in der Sache *Loizidou*, die Konvention

794 EGMR, Urteil vom 08.06.1976, Nr. 5100/71 u.a., Rdn. 81 - *Engel u.a./Niederlande*; EGMR - *Öztürk/Deutschland* (Fn. 792), Rdn. 49; in diesem Sinne auch *Blau*, ZeuS 2005, 397 (404).

795 Siehe EGMR, Urteil vom 09.10.1979, Nr. 6289/73, Rdn. 24 - *Airey/Irland*.

796 *Grabenwarter/Pabel*, EMRK, § 5, Rdn. 9; *Badenhop*, Normtheoretische Grundlagen EMRK, S. 66; *Jacobs & White*, The European Convention on Human Rights, S. 43.

797 *Frowein/Peukert*, EMRK-Kommentar, Einf. Rdn. 9, ohne genau zu sagen, was das bedeutet.

798 *Jacobs & White*, The European Convention on Human Rights, S. 43, 44; siehe aus der Rechtsprechung an dieser Stelle nur exemplarisch EGMR, Urteil vom 04.12.2008, Nr. 30562/04 u.a., Rdn. 102 - *S. und Marper/Vereinigtes Königreich*.

„cannot be interpreted solely in accordance with the intentions of the authors as expressed more than forty years ago."[799]

Dennoch können den vorbereitenden Arbeiten in der Regel wertvolle Hinweise zum Verständnis einzelner Rechtsbegriffe entnommen werden. Anders als bei den Gründungsverträgen der Europäischen Gemeinschaften existieren zu den Artikeln 8 bis 11 der EMRK sogenannte *preparatory works* oder *travaux préparatoires*. Ihr Aussagegehalt ist dabei divergent. Ihnen lässt sich im Hinblick auf Art. 8 EMRK lediglich entnehmen, dass die Möglichkeit, das Recht auf Achtung der Privatsphäre aus moralischen Gründen einzuschränken (Abs. 2), im ursprünglichen Entwurf nicht enthalten war. Die vorbereitenden Arbeiten schweigen jedoch dazu, mit welcher Motivation die Einführung der „öffentlichen Moral" erfolgte.

Im Laufe der Verhandlungen ist jedenfalls das Kriterium „in einer demokratischen Gesellschaft" bewusst eingeführt worden, um die Beschränkungsmöglichkeiten des Art. 8 EMRK nicht ausufern zu lassen.[800] Insofern war die „demokratische Gesellschaft" als Beschränkung der Rechtfertigungstatbestände und damit quasi als „Schranken-Schranke" konzipiert. Dies lässt den Schluss zu, dass dieses Tatbestandsmerkmal als Ausfluss des Verhältnismäßigkeitsgrundsatzes anzusehen und nicht losgelöst vom Moralbegriff zu berücksichtigen ist. Der Vorschlag, bestimmte Rechte aus dem Schutzbereich von Art. 8 EMRK herauszunehmen, weil sie für das Funktionieren einer demokratischen Gesellschaft nicht essentiell seien, wurde mithin obsolet.[801]

In den Verhandlungen über den Wortlaut des Art. 9 EMRK machte erstmals *Sir Edward Dowson* den Vorschlag, die Vorschrift angelehnt an den Wortlaut der entsprechenden Bestimmung im *Draft International Covenant on Human Rights* zu formulieren. In der Folge wurde die „öf-

799 EGMR, Urteil vom 23.03.1995, Nr. 15318/89, Rdn. 71 – *Loizidou/Türkey*.

800 Vgl. Preparatory Work on Art. 8 of the ECHR, Doc. DH (56) 12, S. 7 in Fn. 1, abrufbar unter:
http://www.echr.coe.int/NR/rdonlyres/71FBCA58-A6F3-493D-B79A-AE5026441FE9/0/ECHRTravauxART8DH5612EN1674980.pdf (zuletzt abgerufen am 06.11.2014).

801 Preparatory Work on Art. 8 of the ECHR, Doc. CDH (67), 5, S. 6, abrufbar unter:
http://www.echr.coe.int/NR/rdonlyres/BB336EB7-660E-48E2-BAF7-FB37BBC0C561/0/ECHRTravauxART8CDH675BIL1338891.pdf (zuletzt abgerufen am 06.11.2014).

fentliche Moral“ in Absatz 2 als Schranke des Rechts der Religions- und Gewissensfreiheit eingeführt.[802] Ebenso wie bei Art. 8 - und den Artikeln 10, 11 - wurde zusätzlich die „demokratische Gesellschaft“ als Korrektiv eingeführt, um bestehende nationale Gesetze nicht leer laufen zu lassen.[803] Ein anderer Vorschlag, nach dem die Religionsfreiheit nur in den Grenzen der „Gebote öffentlicher Moral“ gewährt werden sollte, ist unter anderem deshalb abgelehnt worden, weil diese Beschränkungsmöglichkeit zu allgemein formuliert worden sei.[804]

Für die Meinungsfreiheit wurde ein ganzer Katalog an Beschränkungen diskutiert. Unter anderem sollten ausdrücklich obszöne oder auch blasphemische Äußerungen untersagt werden dürfen.[805] Da ein solch selektiver Katalog abgelehnt wurde, ist anzunehmen, dass die „öffentliche Moral“ jedenfalls als Auffangtatbestand für derartige Fälle herangezogen werden kann.

Im Rahmen der Versammlungsfreiheit nach Art. 11 EMRK wurde gegen die Schranken der „öffentlichen Ordnung“ sowie der „öffentlichen Sicherheit“ vorgebracht, sie seien zu vage und unbestimmt.[806] Überraschenderweise wurde dieser Kritikpunkt bei der „öffentlichen Moral“ nicht genannt. Entweder wurde die Missbrauchsgefahr in diesem Fall geringer eingestuft oder der Begriff der „öffentlichen Moral“ wurde als bestimmbar angesehen. Die *travaux prépatoires* enthalten jedoch keine weitergehenden Anhaltspunkte, wie der Begriff zu verstehen ist.

d.) Dynamisch

Der EGMR betrachtet die Menschenrechtskonvention in Übereinstimmung mit den allgemeinen Auslegungsregeln als sog. *„living instrument“*[807], das heißt, sie ist dynamisch[808] unter Berücksichtigung sich

802 Preparatory Work on Art. 9 of the ECHR, Doc. DH (56) 14, S. 6, abrufbar unter:

http://www.echr.coe.int/NR/rdonlyres/48B05218-DC28-452E-850F-52781E47FBED/0/ECHRTravauxART9DH5614EN1338892.pdf (zuletzt abgerufen am 06.11.2014).

803 Ebenda, S. 16, dort Fn. 1.

804 Ebenda, Appendix, S. 24.

805 Preparatory Work on Art. 10 of the ECHR, Doc. DH (56) 15, Appendix, S. 24.

806 Preparatory Works on Art. 11 of the ECHR, Doc. DH (56) 16, Appendix, S. 15.

807 Erstmals EGMR – *Tyrer/Vereinigtes Königreich* (Fn. 788), Rdn. 31; EGMR – *Airey/Irland* (Fn. 795), Rdn. 26; EGMR, Urteil vom 13.06.1979, Nr. 6833/74,

wandelnder ethischer Anschauungen und sozialer Verhältnisse - mithin im Lichte des zum Zeitpunkt der Interpretation geltenden Vökerrechts - auszulegen.[809] Der Gerichtshof berücksichtigt aktuelle Gegebenheiten und hat darauf zu achten, ob sich in den Vertragsstaaten bestimmte einheitliche Maßstäbe entwickeln, die er zur Grundlage seiner Entscheidung machen kann.[810] Diese - im Völkerrecht übliche - Auslegungsmethode geht zurück auf das sog. Namibia-Gutachten des IGH, in dem er statuierte:

> [...] an international instrument has to be interpreted an applied within the framework of the entire legal system, prevailing at the time of the interpretation. In the domain to which the present proceedings relate, [...] the corpus iuris gentium has been considerably enriched, and this the Court, it is faithfully to discharge its functions, may not ignore."[811]

Dies entspricht dem in der Präambel der EMRK erklärten Ziel, die Menschenrechte und Grundfreiheiten zu wahren und zu entwickeln[812], und dient der Effektivität des Menschenrechtsschutzes.[813] Nicht zulässig hingegen ist es, ohne Mitwirkung der Vertragsstaaten gänzlich neue Begriffe oder Freiheitsgarantien in die Konvention einzuführen.[814]

Rdn. 41 - *Marckx/Belgien*; EGMR, Urteil vom 22.10.1981, Nr. 7525/76, Rdn. 60 - *Dudgeon/Vereinigtes Königreich*; EGMR, Urteil vom 17.10.1986, Nr. 9532/81, Rdn. 47 - *Rees/Vereinigtes Königreich*; EGMR, Urteil vom 18.12.1987, Nr. 11329/85, Rdn. 33 - *F./Schweiz*; EGMR, Urteil vom 07.07.1989, Nr. 14038/88, Rdn. 102 - *Soering/Vereinigtes Königreich*; EGMR, Urteil vom 18.02.1999, Nr. 24833/94, Rdn. 39 - *Matthews/Vereinigtes Königreich*; EGMR (GK), Urteil vom 28.07.1999, Nr. 25803/94, Rdn. 101 - *Selmouni/Frankreich*.

808 Vgl. zu diesem Begriff m.w.N. *Badenhop*, Normtheoretische Grundlagen EMRK, S. 68.

809 *Wildhaber/Breitenmoser*, in: IntKomm.EMRK, Art. 8, Rdn. 15; *Meyer-Ladewig*, EMRK Handkomm., Einl., Rdn. 37; Die Notwendigkeit einer solchen Interpretation gerade bei Begriffen wie „Moral" oder „öffentliche Ordnung" herausstellend, *Grabenwarter/Pabel*, EMRK, § 5, Rdn. 14.

810 EGMR, Urteil vom 29.05.1986, Nr. 8562/79, Rdn. 29 - *Feldbrugge/Niederlande*; EGMR (GK) - *Loizidou/Türkei* (Fn. 799), Rdn. 71.

811 IGH, *Namibia*, ICJ Rep. 1971, 16 (30 f.); siehe auch IGH, *Aegean Sea Continental Shelf Case*, ICJ Rep. 1978, 3 (34 f.).

812 Vgl. Erwägungsgrund 3 der Präambel.

813 EGMR - *Loizidou/Türkei* (Fn. 799), Rdn. 72.

814 EGMR, Urteil vom 18.12.1986, Nr. 9697/82, Rdn. 53 - *Johnston u.a./Irland*.

4.) Auslegung von „Moral"

Die „Moral" kann mit Hilfe der gewöhnlichen Auslegungsmethoden nicht abschließend definiert werden. Vom Wortlaut her verweist der Moralbegriff auf Wertvorstellungen, die nicht kodifiziert sind; er greift insofern außerrechtliche gesellschaftliche Sittlichkeitsvorstellungen auf. Da es - soweit ersichtlich - kein europaweites Moralverständnis gibt, ist eine einheitliche Interpretation des Begriffs in inhaltlicher Hinsicht unmöglich. Auch in den vorbereitenden Arbeiten zur Menschenrechtskonvention wurde die „Moral" dem Grunde nach nicht diskutiert, sondern lediglich um die „Notwendigkeit in einer demokratischen Gesellschaft" erweitert. Dies ist möglicherweise ein Hinweis darauf, dass nur Wertvorstellungen relevant sein können, die von einer Gesellschaftsmehrheit geteilt werden und sich im Rahmen der Konvention bewegen. In systematischer Hinsicht ist zu konstatieren, dass die „Moral" als Schranke für die Konventionsrechte in den Art. 8-11 restriktiv auszulegen ist, da Menschenrechte im Zweifel weit zu verstehen sind und nur ausnahmsweise eingeschränkt werden dürfen. Abgesehen von diesen vagen Vermutungen bleibt der Moralbegriff zunächst weitgehend unbestimmt. Insofern könnte die Rechtsprechungspraxis des EGMR inhaltliche Klarheit bieten.

5.) Anwendungsfälle

Zur näheren Konkretisierung des Moralbegriffs in den Absätzen 2 der Artikel 8 bis 11 EMRK der Konvention und zur Feststellung, wann und in welcher Weise auf Moralvorstellungen abgestellt wird, sind die Anwendungsfälle in der Rechtsprechung zu untersuchen. Sie betrafen Maßnahmen gegen pornographische Artikel, die Strafbarkeit männlicher Homosexualität, den strafbaren Geschwisterinzest sowie die Grenzbereiche des menschlichen Lebens.

a.) Pornographie

Die Kriterien einer Freiheitsbeschränkung aus moralischen Gründen wurden maßgeblich in der Sache *Handyside* entwickelt.[815] Der Beschwerdeführer war Verleger eines Schulbuchs, das in Teilen des Vereinigten Königreichs aufgrund seiner „Obszönität" beschlagnahmt wurde. Er selbst wurde zu einer Geldstrafe wegen Verstoßes gegen das Gesetz über obszöne Veröffentlichungen (*Obscene Publications Act*

[815] EGMR, Urteil vom 07.12.1976, Nr. 5493/72 - *Handyside/Vereinigtes Königreich.*

1959/1964) verurteilt. Bei dem Buch handelte es sich um ein Nachschlagewerk für Schüler, das unter anderem sexuelle Themen wie den Orgasmus, Onanie, Beischlaf oder Geschlechtskrankheiten behandelte. Zunächst konkretisierte der EGMR die Schranke der „Moral" im Rahmen der Meinungsfreiheit und erklärte, dass die Bekämpfung von

> „[...] ‚obscene' publications, defined by their tendency to ‚deprave and corrupt' [...]"

nur unter die Schranke der „Moral" nach Art. 10 Abs. 2 EMRK fallen könne.[816] Nach allgemeinem Sprachgebrauch bezeichnet „obszön" etwas, das „in das Schamgefühl verletzender Weise auf den Sexual-, Fäkalbereich bezogen", „unanständig" oder „schlüpfrig"[817] ist. Demnach müssen sich sexuelle Darstellungen, die in entsprechender Weise wirken und darüber hinaus verderblich und verführerisch sind, an moralischen Wertmaßstäben messen. Diese vom Gerichtshof herausgearbeiteten Merkmale der (Un-)Moral, also Obszönität, Verderblichkeit und Verführung verlangen - in Parallelität zum europäischen- und nationalen Recht - denklogisch einen sozialen Bezug. Unmoralisch kann also nur das sein, was in den Augen der Gesellschaft entsprechend aufgefasst wird und diese berührt. Der EGMR prüfte im Weiteren, ob die staatlichen Maßnahmen zum Schutz der „Moral" notwendig waren.[818] Er stellte zunächst klar, dass der Schutz durch die Konvention nur subsidiären Charakter habe und es in erster Linie den Staaten überlassen bleibe, die Gewährung der von ihnen garantierten Rechte sicherzustellen. Dies gelte insbesondere für die Schranke der „Moral" aus Art. 10 Abs. 2 EMRK, da der Begriff in den Vertragsstaaten nicht übereinstimmend definiert werde.[819] Deshalb stellte der Gerichtshof auf regionale Anschauungen im Vereinigten Königreich ab und betonte:

> „In particular, it is not possible to find in the domestic law of the various Contracting States a uniform European conception of morals. The view taken by their respective laws of the requirements of morals varies from time to time and from place to place, especially in our era which is characterised by a rapid

816 EGMR - *Handyside/Vereinigtes Königreich* (Fn. 815), Rdn. 46.

817 So Duden Online, abrufbar unter: http://www.duden.de/rechtschreibung/obszoen (zuletzt abgerufen am 06.11.2014).

818 EGMR - *Handyside/Vereinigtes Königreich* (Fn. 815), Rdn. 47.

819 Ebenda, Rdn. 48. Der Beurteilungsspielraum steht dem Gesetzgeber, sowie den Rechtsanwendern im Einzelfall zu.

> and far-reaching evolution of opinions on the subject. By reason of their direct and continuous contact with the vital forces of their countries, State authorities are in principle in a better position than the international judge to give an opinion on the exact content of these requirements as well as on the "necessity" of a "restriction" or "penalty" intended to meet them."[820]

Insgesamt beanstandete der EGMR die moralische Beurteilung des Buches durch die nationalen Behörden nicht, so dass dessen Beschlagnahme seiner Ansicht nach nicht gegen Art. 10 EMRK verstieß.[821]

Auch in der Rechtssache *Müller and others v. Switzerland*[822] ging es um anstößige sexuelle Darstellungen. Der Künstler *Josef Felix Müller* wurde im Jahre 1988 zu der Kunstausstellung *„Fri-Art 81"* eingeladen. Dort stellte er Werke zur Schau, auf denen sexuelle Vorgänge zwischen Männern und Tieren, insbesondere Masturbation, Fellatio und Sodomie dargestellt wurden. Die Präsentation dieser Bilder wurde von den Behörden mit der Begründung verboten, sie seien unzüchtig und pornographisch. Der Beschwerdeführer wurde wegen öffentlicher Ausstellung obszöner Gegenstände zu einer Geldstrafe verurteilt; zusätzlich wurde die Verwahrung der Bilder angeordnet.[823] Beide Maßnahmen sollten auf der Grundlage des damaligen § 204 des schweizerischen StGB dem Schutz der „Moral" und der Rechte anderer dienen.[824] Zunächst stellte der EGMR klar, dass die schweizerischen Vorschriften, die eine öffentliche Ausstellung „unzüchtiger" Gegenstände unter Strafe stellten, hinreichend bestimmt seien. Es sei für jeden im Sinne von Art. 10 Abs. 2 EMRK vorhersehbar, was mit „unzüchtig" gemeint sei. Darüber hinaus könne ein solcher Begriff, der *naturaliter* von sich ändernden gesellschaftlichen Anschauungen abhänge, nie absolute Bestimmtheit erreichen.[825] Der EGMR wiederholte, dass es (immer noch) nicht möglich sei, den Rechtsordnungen der Vertragsstaaten ein einheitliches Moralverständnis zu entnehmen, so dass den nationalen Behörden ein diesbezüglicher Beurteilungsraum zustehe.[826] Er kam zu

820 EGMR – *Handyside/Vereinigtes Königreich* (Fn. 815), Rdn. 48.

821 Ebenda, Rdn. 52, 59.

822 EGMR, Urteil vom 24.05.1988, Nr. 10737/84 – *Müller u.a./Schweiz.*

823 Ebenda, Rdn. 14.

824 Ebenda, Rdn. 30.

825 Ebenda, Rdn. 29, mit Verweis auf EGMR, Urteil vom 24.03.1988, Nr. 10465/83, Rdn. 61a) – *Olsson/Schweden.*

826 EGMR – *Müller u.a./Schweiz* (Fn. 822), Rdn. 35.

dem Ergebnis, dass die Beurteilung durch die schweizerischen Gerichte, dass die Bilder

> „[...] with their emphasis on sexuality in some of its crudest forms, were ‚liable grossly to offend the sense of sexual propriety of persons of ordinary sensitivity'[...]"

richtig sei, da sie

> „[...] depict in a crude manner sexual relations, particularly between men and animals [...]".[827]

Nach Ansicht des EGMR konnten die nationalen Urteile mithin berechtigterweise davon ausgehen, dass die Strafe gegen *Müller* zum Schutz der „öffentlichen Moral" in einer demokratischen Gesellschaft notwendig war.[828]

Der EGMR überließ es grundsätzlich den nationalen Behörden, den Begriff der Moral auszulegen und anzuwenden. Deshalb fällte er zwar vordergündig kein eigenes Sittlichkeitsurteil, anerkannte aber eine Freiheitsbeschränkung, wenn das „Anstandsgefühls normal empfindender Menschen" verletzt war. Unklar ist jedoch, ob er damit die „normal empfindenden Menschen" in einer bestimmten Region, in dem jeweiligen Vertragsstaat oder in Europa meinte. Jedenfalls hielt er es für berechtigt anzunehmen, dass das Anstandsgefühl von Darstellungen der Sexualität in ihrer „gröbsten Form" und „obszöner" Pornographie verletzt war. Da diesbezüglich kein gegensätzlicher europäischer Gesellschaftskonsens existierte, konnten die Staaten davon ausgehen, dass die nationalen Maßnahmen zum Schutz der „Moral" notwendig waren.

827 EGMR - *Müller u.a./Schweiz* (Fn. 822), Rdn. 36.

828 Dies bezweifelnd, *Würkner*, NJW 1989, 369 (371); auf die Relativität des Kriteriums „notwendig" hinweisend das abweichende Votum von *Spielmann*, EGMR - *Müller u.a./ Schweiz* (Fn. 822), Rdn. 10, der dafür plädiert, den Ermessensspielraum der nationalen Behörden in Fragen der Moral einzuschränken, da diese Schranke ansonsten uferlos würde. Der Schranke der „Moral" unterfallen sexuelle Darstellungen von Politikern nicht, da der satirische Charakter in einem solchen Fall im Vordergrund steht, vgl. EGMR, Urteil vom 25.01.2007, Nr. 68354/01, Rdn. 33, 38 - *Vereinigung bildender Künstler/Österreich.*

b.) Homosexualität

In der Rechtssache *Dudgeon*[829] wendete sich der Beschwerdeführer gegen in Nordirland geltende Gesetze, die einvernehmliche homosexuelle Handlungen zwischen Männern unter 21 Jahren (auch im privaten Bereich) unter Strafe stellten und sah sich dadurch in seinem Recht aus Art. 8 EMRK verletzt. Der EGMR stellte fest, dass das Thema Homosexualität in Irland besonders kontrovers diskutiert werde und es dabei insbesondere um das Verhältnis zwischen Moral und Recht gehe. Dies zeige sich anhand der Stellungnahmen zu einer geplanten Reform des Strafrechts, mit der das irische Recht den liberaleren Regelungen in Wales und England angepasst werden sollte. Dort sei die Homosexualität zwischen Männern über 21 nicht (mehr) strafbar.[830] Ein Teil der irischen Bevölkerung war der Ansicht, Homosexualität sei als solche unmoralisch und aus diesem Grunde strafrechtlich *per se* zu sanktionieren. Andere unterschieden hingegen zwischen der Privat- und Öffentlichkeitssphäre. Während homosexuelle Handlungen im privaten Bereich der persönlichen Freiheit unterfielen, müsse die Jugend vor denselben geschützt werden.[831] Letztendlich wurde die Reform abgelehnt, denn:

> „Consultation showed that strong views are held in Northern Ireland, both for and against in the existing law. Although it is not possible to say with certainty what is the feeling of the majority of people in the province, it is clear that is substantial body of opinion there (embracing a wide range of religious as well as political opinion) is opposed to the proposed change...[...]."[832]

Insgesamt, so der EGMR, zeigten die Stellungnahmen, dass die fraglichen Strafgesetze weiterhin dem Schutz der „Moral" im Sinne der in Nordirland vorherrschenden Moralvorstellungen dienten. Sie schützten insbesondere auch Kinder und Jugendliche. Die Rechte und Freiheiten anderer seien damit eine Ausprägung der „Moral". Im Urteil hieß es,

> „However, it is somewhat artificial in this context to draw a rigid distinction between "protection of the rights and freedoms of others" and "protection of morals". The latter may imply safe-

829 EGMR – *Dudgeon/Vereinigtes Königreich* (Fn. 807).

830 Ebenda, Rdn. 17 ff.

831 Siehe Stellungnahme des verantwortlichen Ministers ebenda, Rdn. 24 f.

832 Ebenda, Rdn. 26.

> guarding the moral ethos or moral standards of a society as a whole (see paragraph 108 of the Commission's report), but may also, as the Government pointed out, cover protection of the moral interests and welfare of a particular section of society, for example schoolchildren [...]. "[833]

Der Gerichtshof anerkannte, dass die Sanktionierung von Homosexualität sowie jede Form sexuellen Verhaltens in einer demokratischen Gesellschaft grundsätzlich gerechtfertigt sein könne, da das Strafrecht unter anderem dem Schutz der öffentlichen Ordnung und Sitte diene und den Bürger vor anstößigen und verletzenden Tätigkeiten bewahren solle. Dieser moralische Ethos der Gesellschaft sowie einzelner Bevölkerungsgruppen könne unter Umständen bis in private Lebensbereiche vordringen.[834] Der EGMR nahm keine eigene moralische Bewertung der Homosexualität vor[835], sondern beließ diese Aufgabe den nationalen Behörden. Diese könnten bei ihrer Entscheidung, im Rahmen des ihnen eingeräumten Ermessenspielraums, die in der nordirischen Gesellschaft vorherrschenden Moralanschauungen berücksichtigen.[836] Dennoch zeige ein Blick auf die Rechtslage in den anderen Vertragsstaaten, dass mittlerweile ein gesellschaftlicher Konsens dahingehend bestehe, Homosexualität nicht mehr strafrechtlich zu sanktionieren. Aus diesem Grund seien die nordirischen Gesetze nicht zum Schutz der Moral „notwendig" und verletzten den Beschwerdeführer in seinem Recht aus Art. 8 EMRK.[837]

Anders als in der Rechtssache *Dudgeon* nahm der EGMR in der Sache *A.D.T. gegen das Vereinigte Königreich*[838] eine Unterscheidung zwischen der örtlichen Sphäre der vermeintlich unmoralischen Tätigkeit vor. Um eine staatliche Maßnahme unter Berufung auf den Schutz der „Moral" zu rechtfertigen, genügte es nicht mehr, wenn das fragliche Verhalten ausschließlich im Privaten stattfand. Nach Ansicht des Gerichtshofs sei die Tatsache, dass die Beteiligten homosexuelle Handlungen vorgenommen und gefilmt hätten, noch keine Gefährdung der „Moral" i.S.d. Art. 8 Abs. 2 EMRK, da keine unbeteiligten Dritten damit konfrontiert

833 Stellungnahme des verantwortlichen Ministers EGMR – *Dudgeon/Vereinigtes Königreich* (Fn. 807), Rdn. 46 f.

834 Ebenda, Rdn. 49.

835 Ebenda, Rdn. 54.

836 Ebenda, Rdn. 56 f.

837 Ebenda, Rdn. 60, 63.

838 EGMR, Urteil vom 31.07.2000, Nr. 35765/97 – *A.D.T./Vereinigtes Königreich.*

worden seien. Im Gegenteil habe die in Frage stehende Tätigkeit ausschließlich im Privaten stattgefunden. Da es sich bei der Sexualität um einen Aspekt der Intimsphäre handele, sei der Spielraum des Vertragsstaates erheblich einzuschränken.[839] Weil des Weiteren auch keine gesundheitlichen Risiken bestanden, hielt der EGMR die Bestrafung der Beschwerdeführer für konventionswidrig.[840]

Auch wenn der Gerichtshof hier dem Grunde nach anerkannte, dass bestimmte sexuelle Praktiken das moralische Ethos der Gesellschaft – mithin die „vom Bewusstsein sittlicher Werte geprägte Gesinnung"[841] – beeinträchtigen können, sind Sanktionen nicht zu rechtfertigen, wenn die Mehrheit der Vertragsstaaten keine Notwendigkeit dafür sieht. Darüber hinaus fehlt es schon an einer Beeinträchtigung gesellschaftlicher Wertvorstellungen, wenn sich das fragliche Verhalten ausschließlich im Privaten Bereich und mit Zustimmung aller Beteiligten abspielt. Insofern kann die Schranke der „Moral" Freiheitsbeschränkungen nur rechtfertigen, wenn ein unmoralisches Verhalten einen gewissen Öffentlichkeitsbezug aufweist, da anderenfalls die Intimsphäre höher zu gewichten ist.

c.) Geschwisterinzest

Nachdem der Geschwisterinzest gemäß § 173 Abs. 2 S. 2 StGB vom Bundesverfassungsgericht für verfassungsgemäß erklärt wurde, reichte der Betroffene Beschwerde beim EGMR mit der Behauptung ein, durch die deutsche Strafvorschrift in seinem Recht auf Achtung des Privatlebens aus Art. 8 EMRK verletzt zu sein.[842] Der EGMR überprüfte die Norm daraufhin, ob sie einen legitimen Zweck verfolgte sowie ob die durch sie verursachte Einschränkung der EMRK „durch ein Gesetz vorgesehen" und „in einer demokratischen Gesellschaft notwendig" war.[843] Als legitimes Ziel der Strafbarkeit des Geschwisterinzests anerkannte der Gerichtshof ohne weitere Begründung den Schutz der „Moral" und der Rechte anderer.[844] Seine weitere Prüfung beschränkte sich

839 EGMR – *A.D.T./Vereinigtes Königreich* (Fn. 838), Rdn. 37.

840 Ebenda, Rdn. 38 f.

841 Duden Online, abrufbar unter: http://www.duden.de/suchen/dudenonline/ethos (zuletzt abgerufen am 06.11.2014).

842 EGMR, Urteil vom 12.04.2012, Nr. 43547/08 – *Stübing/Deutschland.*

843 Ebenda, Rdn. 56.

844 Ebenda, Rdn. 57.

auf die „Notwendigkeit“ der Norm, wobei er - im Sinne der ständigen Rechtsprechung - darauf hinwies, dass der staatliche Beurteilungsspielraum zu berücksichtigen sei.[845] Dieser sei einerseits zwar eingeengt, da es um intime Aspekte des Privatlebens gehe. Andererseits existiere in den Staaten kein Konsens hinsichtlich der Strafbarkeit des Geschwisterinzests. Es sei jedoch eine Tendenz zu erkennen, dass sexuelle Beziehungen zwischen Geschwistern weder von den Rechtsordnungen, noch den Gesellschaften der Vertragsstaaten gebilligt würden. Da es darüber hinaus um ethisch-moralische Fragen gehe, genieße Deutschland insgesamt einen weiten Beurteilungsspielraum.[846] Diesen hätten die nationalen Gerichte nicht überdehnt, so dass die Strafbarkeit nach § 173 Abs. 2 S. 2 StGB insgesamt keinen Verstoß gegen die Konvention darstelle.[847]

Der Gerichtshof konkretisierte den Moralbegriff in dieser Entscheidung zwar nicht, machte aber deutlich, dass die Strafvorschriften zum Geschwisterinzest ethisch-moralische Belange betreffen. Die einschlägigen deutschen Strafnormen kodifizierten seiner Ansicht nach also herrschende Gesellschaftsanschauungen.

d.) Grenzbereiche des menschlichen Lebens

Die folgenden drei Fälle behandeln im weitesten Sinne die Grenzbereiche des menschlichen Lebens und beschäftigen sich mit der Sterbehilfe, Schwangerschaftsabbrüchen sowie künstlicher Befruchtung.

i.) Sterbehilfe

Wie beim Geschwisterinzest ging es bei der Sterbehilfe weniger um die Konkretisierung des Moralbegriffs als vielmehr um die Bestimmung der Reichweite des nationalen Beurteilungsspielraums. Prominente Verfahren sind die Rechtssachen *Pretty*[848], *Haas/Schweiz*[849] und *Koch/Deutschland*[850]. Auch wenn einige Stellungnahmen verdeutlichten,

845 EGMR - *Stübing/Deutschland* (Fn. 842), Rdn. 58.

846 Ebenda, Rdn. 59-61.

847 Ebenda, Rdn. 66, 67; zustimmend der Deutsche Ethikrat, abrufbar unter: http://www.ethikrat.org/presse/pressespiegel/2012/april/pressespiegel-12-04-2012?set_language=en (zuletzt abgerufen am 06.11.2014).

848 EGMR, Urteil vom 29.04.2002, Nr. 2346/02 - *Pretty/Vereinigtes Königreich.*

849 EGMR, Urteil vom 20.01.2011, Nr. 31322/07 - *Haas/Schweiz.*

850 EGMR, Urteil vom 19.07.2012, Nr. 497/09 - *Koch/Deutschland.*

dass moralische Aspekte inzident eine Rolle spielten[851], zog der EGMR ausschließlich den Schutz des Lebens als Rechtfertigungsgrund heran.[852] Hinsichtlich der Reichweite des nationalen Beurteilungsspielraums betonte der EGMR, dass dieser bei der Bestimmung, ob eine freiheitsbeschränkende Maßnahme „in einer demokratischen Gesellschaft notwendig" sei, von der streitigen Materie und dem Stellenwert betroffener Interessen abhänge.[853] Er sei insbesondere eingeengt, wenn in den Intimbereich (z.B. das Sexualleben) einer Person eingegriffen werde.[854] Da es vorliegend jedoch um die sensible Abwägung zwischen dem Leben und dem Recht auf Selbstbestimmung gehe, könne der Vertragsstaat selbst entscheiden, wie er die Interessen gewichte.[855] Dieser Spielraum sei besonders weit, wenn in den Staaten kein Konsens in dieser Frage existiere.[856]

ii.) Schwangerschaftsabbrüche

In *Open Door and Dublin Well Woman*[857] ging es um irische Gesellschaften, die Frauen über Schwangerschaftsabbrüche in Großbritannien informierten, obwohl diese in Irland verboten waren. Der Oberste Gerichtshof ordnete die Unterlassung dieser Tätigkeit an, da sie das Recht auf Leben des ungeborenen Kindes verletze. Ebenso wie bei der Sterbehilfe ging es hier zwar vordergründig um den Schutz des Lebens, der EGMR war jedoch der Ansicht, dass der verfassungsrechtliche Schutz des ungeborenen Lebens in Irland auf einer moralischen Wertvorstellung der Bevölkerung beruhe.[858] Gerade wenn moralische Fragen den Glauben und die Anschauungen über den Charakter des

851 Siehe z.B. die Stellungnahme der Katholischen Bischofskonferenz in EGMR – *Pretty/ Vereinigtes Königreich* (Fn. 848), Rdn. 29.

852 Ebenda, Rdn. 69; ebenso in EGMR – *Haas/Schweiz* (Fn. 849), Rdn. 38-49.

853 EGMR – *Pretty/Vereinigtes Königreich* (Fn. 848), Rdn. 70; EGMR – *Haas/Schweiz* (Fn. 849), Rdn. 53.

854 EGMR – *Pretty/Vereinigtes Königreich* (Fn. 848), Rdn. 71 unter Bezugnahme auf EGMR – *Dudgeon/Vereinigtes Königreich* (Fn. 807); siehe näher dazu bei 2.Kap.B.II. 3.) b.) iii.).

855 EGMR – *Pretty/Vereinigtes Königreich* (Fn. 848), Rdn. 74.

856 EGMR – *Haas/Schweiz* (Fn. 849), Rdn. 55; der EGMR stellte in EGMR – *Koch/Deutschland* (Fn. 850), Rdn. 26, 70 fest, dass der assistierte Suizid in 36 Ländern des Europarates strafbar und nur in vier Ländern legal sei.

857 EGMR, Urteil vom 29.10.1992, Nr. 14234/88 u.a. – *Open Door u.a./Irland.*

858 Ebenda, Rdn. 63.

menschlichen Lebens tangierten, komme den Vertragsstaaten ein weiter Beurteilungsspielraum zu.[859]

Aus diesem Grund räumte der EGMR Irland in der Rechtssache *A, B und C*[860] konsequenterweise erneut einen Spielraum für die rechtliche Beurteilung des Schwangerschaftsabbruchs ein, da es um eine Frage moralischer oder ethischer Natur gehe, über die insgesamt kein europäischer Gesellschaftskonsens bestehe.[861]

iii.) Fortpflanzungsmedizin

Einen weiten Ermessensspielraum erkannte der EGMR den Staaten auch für die Regelung der künstlichen Befuchtung mittels In-Vitro-Fertilisation (IVF)[862] zu. Dieser resultiere zum einen aus dem Fehlen eines diesbezüglichen Konsenses in den Vertragsstaaten und der Tatsache, dass der Bereich der Fortpflanzungsmedizin einem schnelllebigen Wandel, bedingt durch einen rasanten medizinischen Fortschritt, unterliege; zum anderen werfe die IVF schwierige ethische und moralische Fragen über die Abwägung widerstreitender Interessen auf, bei deren Beantwortung den Staaten ein weiter Spielraum zustehe.[863]

[859] EGMR - *Open Door u.a./Irland* (Fn. 857), Rdn. 68; Die Kontroverse hinsichtlich der moralischen Beurteilung von Schwangerschaftsabbrüchen zeigt sich insbesondere in den zahlreichen diesbezüglichen abweichenden Meinungen der Mitglieder der Europäischen Kommission für Menschenrechte, vgl. Bericht der Kommission vom 07.03.1991, Series A Nr. 246, Rdn. 30 ff. - *Open Door u.a./Irland.*

[860] EGMR, Urteil vom 16.12.2010, Nr. 25579/05 - *A, B und C/Irland.*

[861] Ebenda, Rdn. 232-237; mangelnder Konsens bei der Zulässigkeit einer Adoption durch Homosexuelle EGMR, Urteil vom 26.02.2002, Nr. 35615/97 - *Fretté/Frankreich;* den Beurteilungsspielraum für das Recht auf Heirat für Transsexuelle einengend EGMR, Urteil vom 11.07.2002, Nr. 28957/95, Rdn. 119, 120 - *Christine Goodwin/Vereinigtes Königreich;* weiter Spielraum für den Schutz des ungeborenen Lebens EGMR, Urteil vom 08.07.2004, Nr. 53924/00, LS. 1 und Rdn. 82 - *Vo/Frankreich.*

[862] Bei der IVF werden der Frau Eizellen entnommen und in einem Reagenzglas mit den Spermien des Mannes zusammengebracht. Die auf diese Weise entstandenen Embryonen werden anschließend in die Gebärmutter der Frau eingepflanzt und wachsen dort heran.

[863] EGMR, Urteil vom 07.03.2006, Nr. 6339/05, Rdn. 59-62 - *Evans/Vereinigtes Königreich;* EGMR, Urteil vom 01.04.2010, Nr. 57813/00, Rdn. 97 - *S. H. u.a./Österreich;* ähnlich hinsichtlich der Elternrechte von Transsexuellen EGMR (GK), Urteil vom 22.04.1997, Nr. 21830/93, Rdn. 44 - *X, Y and Z/United Kingdom.*

Trotzdem stellte der Gerichtshof im Verfahren *S.H. u.a. gegen Österreich* hinsichtlich des gesetzlichen Verbots, gespendete Samen- oder Eizellen für die IVF zu benutzen, eine Verletzung der Art. 8 i.V.m. Art. 14 EMRK fest, da die Regelungen der künstlichen Befruchtung in einer Gesamtbetrachtung als inkohärent erschienen.[864]

Die Große Kammer des EGMR stellte sich dieser Entscheidung entgegen.[865] Sie stellte fest, dass die Regelung in § 3 Abs. 1 Fortpflanzungsmedizingesetz, welcher die Verwendung von Eizell- und Samenspenden bei In-vitro-Befruchtungen verbot, nicht gegen Art. 8 EMRK verstoße. Erneut bekräftigte sie, dass der Beurteilungsspielraum der Konventionsstaaten auf der einen Seite eng gefasst sei, wenn die Existenz oder Identität eines Individuums in Frage stehe, andererseits weit gewährt werde, wenn es um ethisch oder moralisch sensible Themen gehe. Außerdem seien die nationalen Stellen eher in der Lage, zu beurteilen, was zum Schutz der „Moral" notwendig sei.[866] Anders als zuvor, sei in den Vertragsstaaten der Konvention zwar der Trend zu erkennen, die IVF mit sog. Keimzellenspenden zu erlauben. Dies spiegele möglicherweise einen europäischen Konsens wider, beruhe jedoch nicht auf gefestigten Grundsätzen, sondern sei nur ein Entwicklungsstadium in einem besonders dynamischen Rechtsgebiet. Deshalb sei der Beurteilungsspielraum Österreichs nicht zwangsläufig eingeengt.[867] Der somit weit gewährte Spielraum umfasse die Entscheidung, überhaupt ein gesetzliches Verbot zu erlassen und die entsprechenden Details zum Ausgleich der betroffenen Interessen zu regeln.[868]

In der Sache *Costa und Pavan/Italien*[869] äußert sich der EGMR erstmals zur Zulässigkeit der PID. Das beschwerdeführende Paar hatte bereits eine behinderte Tochter und nahm in einem anderen Fall eine Abtreibung vor, als festgestellt wurde, dass der Fötus an einer Krankheit litt. Deshalb wollte es eine IVF vornehmen lassen und mit Hilfe der PID sicher gehen, ein gesundes Kind zu bekommen. Letztgenannte war jedoch nach italienischem Recht verboten. Dem Paar blieb nur die Möglichkeit, eine Schwangerschaft herbeizuführen und erneut eine Abtreibung vorzunehmen, wenn sich herausstellen sollte, dass das Kind er-

864 EGMR – *S.H. u.a./Österreich* (Fn. 863), Rdn. 74, 85.

865 EGMR (GK), Urteil vom 03.11.2011, Nr. 57813/00 – *S.H. u.a./Österreich*.

866 Ebenda, Rdn. 94 m.w.N.

867 Ebenda, Rdn. 96.

868 Ebenda, Rdn. 97.

869 EGMR, Urteil vom 28.08.2012, Nr. 54270/10 – *Costa und Pavan/Italien*.

krankt. Der Gerichtshof sah darin eine Verletzung von Art. 8 EMRK. Zum einen herrsche in den Staaten eine große Übereinstimmung dahingehend, die PID zu erlauben. Darüber hinaus sei das italienische Recht inkohärent, da eine spätere Abtreibung zulässig sei, der „leichtere" Weg einer künstlichen Befruchtung mit Hilfe der PID jedoch nicht.[870]

6.) Zwischenergebnis

a.) Keine inhaltliche Ausgestaltung von „Moral"

Wie gesehen, existieren vergleichsweise wenige Urteile, die sich mit Freiheitsbeschränkungen aus ethischen oder moralischen Gründen beschäftigen. Es ist zu erkennen, dass der EGMR den Begriff der „öffentlichen Moral" in den Absätzen 2 der Artikel 8 bis 11 EMRK abstrakt als Verweis auf nationale Wertvorstellungen interpretiert und ihn in inhaltlicher Hinsicht nicht definiert.[871] Stattdessen betont er in ständiger Rechtsprechung, dass es kein übereinstimmendes Moralverständnis in den Vertragsstaaten gebe.[872] Im Gegenteil änderten sich die Anschauungen abhängig von Ort und Zeit, insbesondere in einer schnelllebigen Gesellschaft.[873] Aufgrund ihrer Nähe zum Sachverhalt und der Gesellschaft, sei den nationalen Behörden und Gerichten deshalb in Fragen der „Moral" ein weiter Beurteilungsspielraum (*margin of appreciation*) dahingehend einzuräumen, was ihrer Ansicht nach zu deren Schutz in einer demokratischen Gesellschaft notwendig sei.[874] Der Gerichtshof überlässt es somit ihnen, den konkreten Inhalt dieses Begriffs im Einzelfall festzulegen[875] und beschränkt sich auf die Kontrolle der Zweck-

870 EGMR - *Costa und Pavan/Italien* (Fn. 869), Rdn. 64.

871 *Prepeluth*, ZaöRV Vol. 61 (2001), 771 (778).

872 Vgl. nur EGMR - *Evans/Vereinigtes Königreich* (Fn. 863), Rdn. 62; insbesondere auf das Übergangsstadium in Bezug auf die Gewährung von Elternrechte für Transsexuelle hinweisend EGMR, Urteil vom 22.04.1997, Nr. 21830/93, Rdn. 44 - *X, Y und Z/Vereinigtes Königreich.*

873 EGMR - *Handyside/Vereinigtes Königreich* (Fn. 815), Rdn. 48; EGMR - *Evans/Vereinigtes Königreich* (Fn. 863), Rdn. 62; ebenso EGMR - *S. H. u.a./Österreich* (Fn. 863), Rdn. 97.

874 EGMR - *Dudgeon/Vereinigtes Königreich* (Fn. 807), Rdn. 50-53; EGMR, Urteil vom 26.10.1988, Nr. 10581/83, Rdn. 45 - *Norris/Irland.*

875 EGMR - *Open Door u.a./Irland* (Fn. 857), Rdn. 68; hier betont der Gerichtshof, das der *margin of appreciation* besonders weit sei, wenn es um Fragen des menschlichen Lebens gehe.; EGMR - *Handyside/Vereinigtes Königreich* (Fn. 873), Rdn. 48; EMGR - *Müller u.a./Schweiz* (Fn. 822), Rdn. 35.

mäßigkeit einer staatlichen Maßnahme sowie auf die Prüfung, ob sie tatsächlich *„notwendig"* war.[876] Davon ist insbesondere auszugehen, wenn sich aktuelle Wertvorstellungen nicht ermitteln lassen, beispielsweise weil es sich um eine komplexe ethische Fragestellung handelt, oder die Sachmaterie einem rasanten gesellschaftlichen und wissenschaftlichen Wandel unterliegt.[877]

Grabenwarter geht richtigerweise davon aus, dass es nicht der Moralbegriff als solcher sei, dessen Verständnis sich abhängig von Ort und Zeit wandelt, sondern vielmehr die Meinung darüber, was als *„notwendig"* in einer demokratischen Gesellschaft angesehen werde. Nicht der Normbestand habe sich verändert, sondern die vom Rechtsanwendungsorgan zu subsumierenden außerrechtlichen Bedingungen, auf die die Konvention verweise.[878] Im Hinblick auf die deutsche Rechtslage, erscheint dies nachvollziehbar. Auch dort sind die außerrechtlichen und fundamentalethischen Grundanschauungen unveränderlich; es ändert sich nur die Beurteilung, ob ein bestimmtes Verhalten dagegen verstößt, oder nicht. Auch die Rechtsprechungspraxis des EGMR stützt diese Aussage. Durch die Unbestimmtheit des Moralbegriffs und die Verlagerung auf die Frage der „Notwendigkeit", kann dem Grundsatz evolutiver Auslegung der Menschenrechte Rechnung getragen werden. Dementsprechend ist *Koenig-Joulin* der richtigen Ansicht:

> „[...] fuzziness ensures the evolution of morals, and consequently that of the law."[879]

Insofern kann ein Verhalten, das in der Vergangenheit als unmoralisch angesehen wurde, nach aktuellen Maßstäben unbedenklich sein.[880] Ge-

876 EGMR – *Handyside/Vereinigtes Königreich* (Fn. 873), Rdn. 49.

877 EGMR – *S. H. u.a./Österreich* (Fn. 863), Rdn. 97; EGMR – *X, Y und Z/Vereinigtes Königreich* (Fn. 872), Rdn. 44.

878 Er sieht darin keine Besonderheit einer dynamischen Auslegung, vgl. *Grabenwarter/Pabel*, EMRK, § 5, Rdn. 14; ebenso *Grewe*, ZaöRV 2001, 459 (467), er sieht das „Notwendigkeits"-Merkmal als Korrektiv der Schranken in den Absätzen 2 von Art. 8 bis 11 EMRK, das eine jeweils zeitgemäße Interpretation zulasse, also quasi als Schranken-Schranke. *Badenhop*, Normtheoretische Grundlagen EMRK, S. 70, 71 stimmt *Grabenwarter* zu, wenn ein Begriff tatsächlich dynamisch auf „jeweils herrschende" Anschauungen verweist, wie z.B. die „öffentliche Ordnung".

879 *Koering-Joulin*, Public Morals, in: Delmas-Marty (Hrsg.), The European Convention of Human Rights. International Protection versus National Restrictions, S. 83.

nauso ist jedoch zu berücksichtigen, wenn die gesellschaftlichen Anschauungen zwar liberaler geworden sind, eine bestimmte Tätigkeit dennoch weiterhin als unmoralisch oder unsittlich eingestuft wird.[881] Im Hinblick auf den Faktor Zeit ist mithin maßgeblich, ob bestimmte Wertvorstellungen zum Zeitpunkt des Erlasses der nationalen Maßnahme tatsächlich vorherrschten.[882] Darüber hinaus berücksichtigt der EGMR, ob in den Vertragsstaaten ein gesellschaftlicher Konsens in der Frage existiert. Ist dies nicht der Fall, belässt er den Staaten einen großen Beurteilungsspielraum.[883] Umgekehrt engt die Existenz eines solchen Konsenses den *margin of appreciation* ein.[884] So kann beispielsweise ein bestimmtes Verhalten, das in den Gesellschaften einer Mehrzahl der Vertragsstaaten nicht (mehr) für unmoralisch gehalten wird, nicht einseitig von einem Staat zum Schutz der „Moral" eingeschränkt werden.

Neben der zeitlichen Komponente, ist auch die regionale Relativität außerrechtlicher Anschauungen beachtlich. So spielte es für den Gerichtshof in *Handyside* keine Rolle, dass sich das vermeintlich unsittliche Buch in Dänemark sowie in Staaten außerhalb des Europarates im freien Umlauf befand[885]. In *Dudgeon* anerkannte er sogar regionale Unterschiede innerhalb eines einzigen Staates. Kann ein Vertragsstaat glaubhaft machen, dass in Teilen der Gesellschaft spezifische und ernst zu nehmende Moralanschauungen vorherrschen, sind diese für die Beurteilung einer Freiheitsbeschränkung maßgeblich.[886] Ein starkes Indiz für die Existenz bestimmter moralischer Anschauungen sind die nationalen Verfassungen, die einen gesellschaftlichen Wertekonsens widerspiegeln. Verankert ein Vertragsstaat beispielsweise den Schutz des ungeborenen Lebens in der Verfassung, ist davon auszugehen,

880 So beispielsweise in EGMR – *Dudgeon/Vereinigtes Königreich* (Fn. 807), Rdn. 60 mit Verweis auf EGMR – *Marckx/Belgien* (Fn. 807), Rdn. 41; EGMR – *Tyrer/Vereinigtes Königreich* (Fn. 788), Rdn. 31.

881 EGMR – *Müller u.a./Schweiz* (Fn. 822), Rdn. 36.

882 EGMR – *A., B. und C./Irland* (Fn. 1147) Rdn.63, 64.

883 Vgl. dazu *Koering-Joulin*, Public Morals, in: Delmas-Marty(Hrsg.), The European Convention of Human Rights. International Protection versus National Restrictions, S. 84, 85.

884 Ebenso *Jacobs & White*, The European Convention on Human Rights, S. 43 f. Insgesamt zur Rolle des gesellschaftlichen Konsenses auf europäischer Ebene siehe bei 2.Kap.B.II. 3.) c.).

885 EGMR – *Handyside/Vereinigtes Königreich* (Fn. 815), Rdn. 57.

886 EGMR – *Dudgeon/Vereinigtes Königreich* (Fn. 807), Rdn. 57.

dass sich darin ein ethisches Werturteil manifestiert.[887] Herrscht in den Vertragsstaaten darüber hinaus jedoch übereinstimmend die Überzeugung, dass die Sanktion eines Verhaltens nicht mehr zum Schutz der „Moral" notwendig ist, ist dies höher zu gewichten als einzelne nationale Wertanschauungen. Darüber hinaus muss ein freiheitsbeschränkender Staat nachweisen, dass er im Hinblick auf das untersagte oder reglementierte Verhalten eine einheitliche Rechtspraxis verfolgt. Aus der Rechtsprechung und der Literatur lassen sich als Beispiele für die Nichtnachweisbarkeit einer einheitlichen Rechtsanwendung folgende Fälle nennen: Die unterschiedliche Handhabung oder Nichtanwendung von Gesetzen innerhalb eines Staates, innerstaatliche Kontroversen hinsichtlich der streitigen Thematik, Veränderungen in der Gesetzgebung, nationale Reformen oder Überprüfungsverfahren.[888] Insofern ähnelt die Wiederspruchsfreiheit des staatlichen Handelns dem Kohärenzerfordernis im Unionsrecht.[889]

b.) Konkretisierung anhand von Sachbereichen

Auch wenn der EGMR die Interpretation und Anwendung der „öffentlichen Moral" grundsätzlich den Vertragsstaaten überlässt, zeigt die Rechtsprechungspraxis - ebenso wie im Unionsrecht - welche Sachbereiche gesellschaftliche Wertvorstellungen tangieren. Die Fälle, in denen die „Moral" als Rechtfertigungsgrund aus den Absätzen 2 der Artikel 8 bis 11 EMRK eine Rolle spielt, betreffen die Sexualmoral, die Strafbarkeit von Homosexualität sowie die Grenzbereiche des menschlichen Lebens, die bei der Sterbehilfe, Schwangerschaftsabbrüchen und der Fortpflanzungsmedizin im Fokus stehen.

Was (un)moralisch ist, hängt im Bereich sexueller Darstellungen oder der Pornographie davon ab, ob diese „obszön" und geeignet sind, das Scham- und Anstandsgefühl der Gesellschaft zu verletzen.[890] Das gilt nach Ansicht des Gerichtshofs insbesondere für pornographische Darbietungen, die Sexualität in ihrer „rohesten Form", z.B. Sodomie, zei-

[887] Vgl. beispielsweise EGMR – *Open Door/Irland* (Fn. 857), Rdn. 63.

[888] Siehe dazu mit weiteren Nachweisen *Prepeluh*, ZaöRV 2001, 771 (777); z.B. EGMR - *Handyside/Vereinigtes Königreich* (Fn. 815), Rdn. 54-56.; EGMR, Urteil vom 26.04.1979, Nr. 6538/74, Rdn. 60 – *Sunday Times/Vereinigtes Königreich*; EGMR, Urteil vom 24.02.1994, Nr. 15450/89, Rdn. 54 - *Casado Coca/Spanien*.

[889] Siehe unten bei 2.Kap.B.I. 3.) b.).

[890] EGMR – *Handyside/Vereinigtes Königreich* (Fn. 873), Rdn. 46.

gen.[891] Bei der Strafbarkeit männlicher Homosexualität anerkannte der EGMR, dass diese als „anstößig" oder „verletzend" empfunden werden und insofern gegen den gesellschaftlichen Ethos - mithin die vom Bewusstsein sittlicher Werte geprägte Gesinnung" - verstoßen könne, wenn sie in die Öffentlichkeitssphäre trete.[892] Dennoch hielt der Gerichtshof die Sanktionierung für nicht „notwendig", da homosexuellem Verhalten zum Zeitpunkt der Entscheidung größeres Verständnis und höhere Toleranz entgegen gebracht wurde.[893] Der Wertekonsens in den Vertragsstaaten stand der nationalen Maßnahme insofern entgegen.[894]

Hinsichtlich der Strafbarkeit des Geschwisterinzests äußerte sich der EGMR zwar inhaltlich nicht zum Moralbegriff, machte aber deutlich, dass sie zum Schutz der „Moral" und der Rechte anderer notwendig sein kann. Insofern anerkannte der Gerichtshof, dass der Geschwisterinzest außerrechtliche Wertvorstellungen der Gesellschaft aufgreift.

In den Grenzbereichen des menschlichen Lebens stellte der EGMR nicht immer ausdrücklich auf den Rechtfertigungsgrund der „öffentlichen Moral" im Sinne der Absätze 2 der Artikel 8 bis 11 EMRK ab, verdeutlichte jedoch, dass der Schutz des ungeborenen Lebens und das gesetzliche Verbot bestimmter Fortpflanzungstechniken moralische Werturteile widerspiegeln.[895] Die Abwägung der kollidierenden Rechte ist in diesen Fällen in das Ermessen der Vertragsstaaten gestellt und entsprechend einzuengen, wenn es um die Existenz und Identität eines Menschen geht oder in den Intimbereich eingegriffen wird. Nur wenn

891 EGMR - *Müller u.a./Schweiz* (Fn. 822), Rdn. 36.

892 EGMR - *Dudgeon/Vereinigtes Königreich* (Fn. 807), Rdn. 49.

893 Ebenda, Rdn. 60; der EGMR verweist für die Bedeutung des Konsenses auf EGMR - *Marckx/Belgien* (Fn. 807), Rdn. 41 und EGMR - *Tyrer/Vereinigtes Königreich* (Fn. 788), Rdn. 31.

894 EGMR - *Dudgeon/Vereinigtes Königreich* (Fn. 807), Rdn. 60, 63.

895 EGMR - *Open Door/Irland* (Fn. 857), Rdn. 63; EGMR - *A, B und C/Irland* (Fn. 860), Rdn. 233; EGMR - *Evans/Vereinigtes Königreich* (Fn. 863), Rdn. 59-62; EGMR - *S. H. u.a./Österreich* (Fn. 863), Rdn. 97; EGMR - *X, Y und Z/Vereinigtes Königreich* (Fn. 872), Rdn. 44; nach *Koering-Joulin*, Public Morals, in: Delmas-Marty (Hrsg.), The European Convention of Human Rights. International Protection versus National Restrictions, S. 91 f., 97 können moralische Erwägungen auch inzident in die Beurteilung durch den EGMR einfließen.

in den Vertragsstaaten diesbezüglich kein Konsens besteht, hat der beschränkende Staat einen weiten Spielraum.[896]

D. Gerichtliche Kontrolle

Nachdem die Bedeutung der „öffentlichen Sittlichkeit" und der „Moral" als Schranken in den europäischen Verträgen und der EMRK verdeutlicht wurde, sind die weiteren dadurch aufgeworfenen Fragen einer tiefergehenden Analyse zu unterziehen. Auch wenn die Staaten grundsätzlich selbst über die Auslegung und Anwendung der Sitten- und Moralbegriffe entscheiden können, ist dieser Ermessensspielraum auf der Rechtfertigungsebene von einer europäischen Kontrolle begleitet. Schließlich gilt der Grundsatz, dass eine Beschränkung der Grundfreiheiten nicht der alleinigen Zuständigkeit der Staaten überlassen werden kann.[897] Wie die gerichtliche Kontrolle im Einzelfall ausgestaltet ist, ist Gegenstand der folgenden Untersuchung.

I. Unionsrecht

1.) Institutionelle Rahmenbedingungen

Zunächst ist zu untersuchen, ob und inwiefern nationale Entscheidungsfreiräume den institutionellen Rahmenbedingungen der europäischen Verträge entspringen. Im Fokus stehen dabei die Aufgaben und Funktionen der europäischen Rechtsprechungsorgane. Diese ergeben sich im Wesentlichen aus Art. 19 EUV sowie den Regelungen über die verschiedenen Verfahrensarten in den Artikeln 258, 259, 261, 263 und 267 AEUV. Gemäß Art. 19 Abs. 1 UAbs. 1 Satz 2 EUV sichert der Gerichtshof die

> „Wahrung des Rechts bei der Auslegung und Anwendung der Verträge."[898]

[896] Vgl. EGMR – *A, B und C/Irland* (Fn. 860), Rdn. 232; EGMR – *Haas/Schweiz* (Fn. 849), Rdn. 55.

[897] GA *Van Gerven*, Schlussanträge in der Rs. C-145/88, Slg. 1989, 3851 (3881) – *Torfaen Borough Council*; vgl. ebenso GA *Warner*, Schlussanträge in der Rs. 34/79, Slg. 1979, 3795 (3828) – *Henn und Darby*.

[898] Sowie nach übereinstimmender Anschauung auch des Sekundärrechts, vgl. nur *Thiele*, EU-Prozessrecht, § 1, Rdn. 15; *Pechstein*, EU-Prozessrecht, Rdn. 2; *Nettesheim*, in: Oppermann/Classen/Nettesheim, Europarecht, § 7, Rdn. 152.

Die Wahrung des Rechts umfasst mehrere Aufgabenbereiche. Im institutionellen Gefüge der Europäischen Union fungiert der Gerichtshof als „dritte Gewalt“ und achtet auf die Einhaltung des durch die Kompetenzverteilung des AEUV festgelegten Gleichgewichts zwischen dem Rat, der Kommission und dem Europäischen Parlament.[899] Darüber hinaus kontrolliert er das Handeln der Unionsorgane, indem er ihre Rechtsakte im Rahmen der Nichtigkeitsklage nach Art. 263 AEUV und der Untätigkeitsklage nach Art. 265 AEUV daraufhin überprüft, ob sie von den festgelegten Kompetenzen gedeckt sind.[900] Außerdem überprüft er, ob die Verfahrensvorschriften einhalten werden und ob die Akte mit höherrangigem Recht vereinbar sind.[901] Im Rahmen des Vorabentscheidungsverfahrens nach Art. 267 AEUV kontrolliert er darüber hinaus, ob das nationale Recht mit dem Unionsrecht vereinbar ist.[902] Die konkrete Funktion des Gerichthofs variiert je nach Verfahrensart.[903] Entscheidet er über eine mögliche Vertragsverletzung nach Art. 258 f. AEUV oder Klagen von Unionsorganen oder Mitgliedstaaten gegen andere Unionsorgane, wie im Falle von Nichtigkeits- oder Untätigkeitsklagen nach Art. 263 AEUV bzw. Art. 265 AEUV, kommt ihm eine verfassungsrechtliche Funktion zu.[904] Bei Nichtigkeitsklagen von natürlichen oder juristischen Personen sowie bei Amtshaftungsklagen nach Art. 340 AEUV, hat der EuGH hingegen wohl verwaltungsgerichtlichen Charakter.[905]

Die Kontrolle der Mitgliedstaaten erfolgt im Rahmen des Vertragsverletzungsverfahrens i.S.d. Art. 258 f. AEUV und des Vorabentschei-

899 So *Wegener*, in: Calliess/Ruffert, EUV/AEUV, Art. 19 EUV, Rdn. 3; zurückhaltender *Pechstein*, EU-Prozessrecht, Rdn. 4-6; EuGH, Rs. C-70/88, Slg. 1990, I-2041, Rdn. 23 – *Parlament/Rat*.

900 Vgl. EuGH, Rs. 294/83, Slg. 1986, 1357 (1372) – *Les Verts*.

901 Hinsichtlich der der Kommission obliegenden Pflicht zur loyalen Zusammenarbeit EuGH, Rs. C-2/88, Slg. 1990, I-3365, Rdn. 23 – *Zwartveld u.a.*; Kontrolle des Unionsgesetzgebers in EuGH, Rs. C-376/98, Rdn. 84 – *Tabakrichtlinie*, GRUR Int. 2001, 41 (47).

902 *Wegener*, in: Calliess/Ruffert, EUV/AEUV, Art. 19 EUV, Rdn. 10.

903 Nach *Pache*, Tatbestandliche Abwägung und Beurteilungsspielraum, S. 373, kann der EuGH in Gestalt eines Verfassungs-, Finanz-, Arbeits-, Zivil-, Straf- oder Verwaltungsgerichts auftreten; auf weitere mögliche Funktionen hinweisend *Wegener*, in: Calliess/Ruffert, EUV/AEUV, Art. 19 EUV, Rdn. 3.

904 *Classen*, in: Opperman/Classen/Nettesheim, Europarecht, § 14, Rdn. 6; *Everling*, JZ 2000, 217 (220).

905 *Classen*, in: Opperman/Classen/Nettesheim, Europarecht, § 14, Rdn. 7.

dungsverfahrens nach Art. 267 AEUV. Dabei hat der Gerichtshof stets darauf hinzuwirken, einen möglichst effektiven Individualrechtsschutz für natürliche und juristische Personen sicherzustellen.[906] Zur Wahrung des Rechts gehört darüber hinaus die Fortentwicklung des Unionsrechts, das von jeher auf eine dynamische Entwicklung angelegt ist.[907] Deshalb wird der Gerichtshof auch als „Motor der Integration" bezeichnet.[908] In seinen Entscheidungen legt er das Unionsrecht einschließlich der Sekundärrechtsakte aus, wobei ihm jedoch kein Auslegungsmonopol im eigentlichen Sinne zukommt; vielmehr sind es zunächst die jeweiligen nationalen Rechtsanwender, die das Unionsrecht naturgemäß erst auslegen müssen, um es anwenden zu können.[909] Das kann aus dem Wortlaut des Art. 19 EUV geschlossen werden, der dem EuGH die Wahrung des Rechts „bei" der Auslegung und Anwendung der Verträge zuweist.[910] Demzufolge sind dem jeweiligen Rechtsanwender gewisse Freiräume bei der Anwendung und Auslegung des Unionsrechts zu gewähren.[911] Das gilt auch für grundsätzlich autonom auszulegende unionsrechtliche Begriffe wie die „öffentliche Sittlichkeit". Wohl aber obliegt dem Gerichtshof die Letztentscheidungsbefugnis im konkreten Einzelfall, wobei er sich auf eine Rechtsaufsicht

906 *Huber*, in: Streinz, EUV/AEUV, Art. 19 EUV, Rdn. 11.

907 So *Borchardt*, Grundlagen der EU, § 5, Rdn. 408; für die Rechtsfortbildung seien insbesondere die Entwicklung der Unionsgrundrechte sowie des Staatshaftungsrecht genannt, vgl. *Frenz*, Handbuch Europarecht, Band 5, Rdn. 2217; *Everling*, JZ 2000, 217 (219, 220); zu den Grundrechten exemplarisch EuGH, Rs. 11/70, Slg. 1970, 1125, Rdn. 3, 4 – *Internationale Handelsgesellschaft*; EuGH, Rs. 46/87 und 227/88, Slg. 1989, 2859, Rdn. 17 – *Hoechst*; EuGH, Rs. 249/86, Slg. 1989, 1263, Rdn. 10 – *Wanderarbeitnehmer*; zur Staatshaftung EuGH, Rs. C-6 und 9/90, Slg. 1991, I-5357, Rdn. 35 – *Francovich;* EuGH Rs. C-46 und 48/93, Slg. 1996, I-1029, Rdn. 22, 23 – *Brasserie du pêcheur*; EuGH, Rs. C-224/01, Slg. 2003, I-10239, Rdn. 51 – *Köbler*; EuGH, Rs. C-173/03, Slg. 2006, I-5177, Rdn. 45 – *Traghetti.*

908 Anerkannt und bestätigt von BVerG, Beschluss vom 08.04.1987 – 2 BvR 687/85, Rdn. 60 – *Kloppenburg-Beschluss*, BVerfGE 75, 223 (243) und BVerfG, Urteil vom 12.10.1993 – 2 BvR 2159/92, Rdn. 156 – *Maastricht*, BVerfGE 89, 155 (209).

909 *O. Dörr/Lenz*, Europäischer Verwaltungsrechtsschutz, Rdn. 17; darauf hinweisend auch *Pechstein*, EU-Prozessrecht, Rdn. 6; *Anweiler*, Auslegungsmethoden, S. 7, *Rubel*, Entscheidungsfreiräume in der Rechtsprechung des EGMR und des EuGH, S. 156.

910 *Pache*, Tatbestandliche Abwägung und Beurteilungsspielraum, S. 377.

911 *Rubel*, Entscheidungsfreiräume in derRechtsprechung des EGMR und des EuGH, S. 156.

und -kontrolle beschränkt.[912] Diese erfordert die Ermittlung der zugrunde liegenden Umstände und Tatsachen. Auch wenn das Unionsgrundrecht auf effektiven Rechtsschutz[913] grundsätzlich eine umfassende gerichtliche Kontrolle exekutiver Entscheidungen verlangt[914], sieht die Entscheidungspraxis des EuGH in vielen Fällen anders aus. Wie gesehen, nimmt sich der Gerichtshof faktisch zurück, wenn es um Freiheitsbeschränkungen geht, die auf kulturelle, religiöse oder sittliche Besonderheiten eines Mitgliedstaates zurückgehen. Dies ist zunächst unbedenklich, wenn ein gerichtlich nicht überprüfbarer Entscheidungsfreiraum der Behörden durch das Unionsrecht selbst vorgesehen ist.[915] Ein solcher existiert für die „öffentlichen Sittlichkeit" im Sinne des Art. 36 AEUV, da dieser Begriff auf spezifische nationale Wertvorstellungen verweist. Den Mitgliedstaaten ist bei dessen Auslegung und bei der Festlegung des innerstaatlich angestrebten Schutzniveaus ein gewisser Beurteilungsspielraum eingeräumt.

2.) Die Verhältnismäßigkeit in der Rechtsprechung des EuGH

Im Rahmen der Rechtsprechungsanalyse des EuGH haben sich bereits erste Ansatzpunkte einer gerichtlichen Kontrolle bei Freiheitsbeschränkungen aus Gründen von Ethik und Moral herauskristallisiert. Der Europäische Gerichtshof beschränkt sich in der Regel auf die Prüfung, ob eine nationale Maßnahme verhältnismäßig ist und verlangt für deren Rechtfertigung, dass der Mitgliedstaat die mit ihr verfolgten, tatsächlich vorherrschenden Moralanschauungen, konsequent schützt. Darüber hinaus kann die Existenz eines europäischen Gesellschaftskonsenses eine Rolle spielen. Im Folgenden ist zu untersuchen, wie die konkrete Rechtfertigungsprüfung durch den EuGH bei Freiheitsbeschränkungen aus Gründen von Ethik und Moral ausgestaltet ist.

912 *Frenz*, Handbuch Europarecht, Band 5, Rdn. 2272; *Mayer*, in: Grabitz/Hilf/Nettesheim, Das Recht der EU, Art. 19 EUV, Rdn. 3; *Classen*, in: Schulze/Zuleeg/Kadelbach (Hrsg.), Europarecht, § 4, Rdn. 12.

913 Ursprünglich gestützt auf Art. 6, 13 EMRK, ist es heute in Art. 47 GRC geregelt.

914 *O. Dörr*, DVBl. 2008, 1401 (1403, 1404); *Nowak*, in: Heselhaus/Nowak, Handbuch der Europäischen Grundrechte, § 51, Rdn. 45.

915 *Nowak*, in: Heselhaus/Nowak, Handbuch der Europäischen Grundrechte, § 51, Rdn. 45; *Pache*, Tatbestandliche Abwägung und Beurteilungsspielraum, S. 408 f.

a.) Pornographie

Bei Einschränkungen des Warenverkehrs für anstößige Artikel hat der EuGH in *Henn und Darby*[916] seine gerichtliche Kontrolle auf das Vorliegen einer willkürlichen bzw. verschleierten Handelsbeschränkung als spezieller[917] Ausformung des Verhältnismäßigkeitsgrundsatzes[918] im Sinne des Art. 36 S. 2 AEUV begrenzt. Eine untergeordnete Rolle spielte für ihn die Tatsache, dass die nationalen Vorschriften und Wertmaßstäbe über pornographische Waren im Inland nicht einheitlich anwendbar waren. Die interne Verfassungsstruktur und Verteilung der Gesetzgebungskompetenzen habe seiner Ansicht nach keinen Einfluss auf die Befugnis eines Mitgliedstaates, einheitliche Einfuhrverbote für sein gesamtes Staatsgebiet zu regeln.[919] Auf die Widerspruchsfreiheit nationaler Gesetze kam es dem EuGH mithin nicht an; er nahm vielmehr nur eine Willkür- und Evidenzkontrolle am Maßstab der genannten Norm dahingehend vor, ob das Vereinigte Königreich den Rechtfertigungsgrund der „öffentlichen Sittlichkeit" missbraucht hat oder die staatlichen Maßnahmen in irgendeiner Weise protektionistisch wirkten[920].[921] Einerseits war der Besitz unzüchtiger Artikel zu nichtwirtschaftlichen Zwecken im Vereinigten Königreich straflos. Außer-

916 EuGH - *Henn u. Darby* (Fn. 681).

917 In EuGH, Rs. 8/74, Slg. 1974, 837, Rdn. 7/9 - *Dassonville* verdeutlichte der Gerichtshof, dass Art. 36 S. 2 AEUV demnach vorrangig zu prüfen ist. Das Verhältnis zwischen der Schranke des Art. 36 S. 2 AEUV und dem Grundsatz der Verhältnismäßigkeit ist jedoch nicht unumstritten, vgl. zum Streitstand *Leible/Streinz*, in: Grabitz/Hilf/Nettesheim, Das Recht der EU, Art. 36 AEUV, Rdn. 50 f.

918 So vertrat die Kommission die Ansicht, dass keine willkürliche Diskriminierung vorliege, wenn die unterschiedliche Behandlung in- und ausländischer Waren *erforderlich* sei, um die „öffentliche Sittlichkeit" wirksam zu schützen. Vgl. EuGH - *Henn u. Darby* (Fn. 681), Slg. 1979, 3795 (3808).

919 EuGH - *Henn u. Darby* (Fn. 681), Slg. 1979, 3795 (3813 f.), Rdn. 16, 17.

920 Ebenda, Slg. 1979, 3795 (3814 f.), Rdn. 19-22; ebenso EuGH, Rs. 40/82, Slg. 1982, 2793, Rdn. 34 - *Kommission/Vereinigtes Königreich.*

921 Vgl. zum Tatbestand des Art. 36 S. 2 AEUV auch *Dauses/Brigola*, in: Dauses, EU-Wirtschaftsrecht, C.I. Rdn. 195; *Schroeder*, in: Streinz, Art. 36 AEUV, Rdn. 10; *Leible/Streinz*, in: Grabitz/Hilf/Nettesheim, Das Recht der EU, Art. 36 AEUV, Rdn. 19; vgl. aus der Rechtsprechung EuGH, Rs. 152/78, Slg. 1980, 2299, Rdn. 18 - *Kommission/Frankreich*; EuGH, Rs. 235/89, Slg. 1992, I-777, Rdn. 25, 26 - *Kommission/Italien*; trotz unterschiedlich wirkender Vorschriften aufgrund mangelnder Übereinstimmung in den Mitgliedstaaten abgelehnt EuGH, Rs. 53/80, Slg. 1981, 409, Rdn. 12 ff. - *Eyssen.*

dem durften entsprechende Waren in den Verkehr gebracht werden, wenn sie von wissenschaftlichem, literarischem, künstlerischem oder erzieherischem Interesse waren. Gleichwohl galt andererseits ein uneingeschränktes Einfuhrverbot für anstößige Artikel aus dem Ausland. Auch wenn der innerstaatliche Regelungsrahmen insofern inkonsistent war, sah der Gerichtshof darin keinen Verstoß gegen Art. 36 S. 2 AEUV, da die innerstaatlichen Vorschriften in ihrer Gesamtheit darauf abzielten, die Herstellung und den Absatz von anstößigen Artikeln zumindest zu beschränken.[922] Darüber hinaus unterzog der EuGH die staatliche Maßnahme keiner weiteren Verhältnismäßigkeitsprüfung. Insbesondere nahm er keine Güterabwägung zwischen dem Schutz der „öffentlichen Sittlichkeit" auf der einen und der Warenverkehrsfreiheit auf der anderen Seite vor. Der nationale Beurteilungsspielraum war demnach sehr weit gefasst und erstreckte sich nicht nur auf die Definition der „öffentlichen Sittlichkeit", sondern auch auf deren konkrete Anwendung.

Eine willkürliche Diskriminierung führt denklogisch zur Unverhältnismäßigkeit einer Freiheitsbeschränkung[923]; eine - wie hier - nicht willkürliche Beschränkung hingegen ist nicht gleichsam verhältnismäßig. Der Gerichtshof hätte sich demnach nicht auf die Prüfung von Art. 36 S. 2 AEUV beschränken dürfen, sondern überdies die Zweck-Mittel-Relation beachten müssen. Seine Zurückhaltung ist letztlich dem Unvermögen geschuldet, den Begriff der „öffentlichen Sittlichkeit" einer objektiven Beurteilung zuzuführen.[924] Außerdem ist die Entscheidung zu kritisieren, da die divergierende Anwendbarkeit der nationalen Vorschriften einem konsistenten Schutz der „öffentlichen Sittlichkeit" widersprach und die Geeignetheit des Einfuhrverbots insgesamt in

922 EuGH, Rs. 34/79, Slg. 1979, 3795 (3815), Rdn. 21 – *Henn u. Darby.*

923 Beziehungsweise können willkürliche Maßnahmen nicht gerechtfertigt sein. In diesem Sinne auch GA *Warner*, Schlussanträge in der Rs. 34/79, Slg. 1979, 3795 (3826) – *Henn und Darby*; *Epiney*, in: Ehlers, Grundrechte und Grundfreiheiten, § 8, Rdn. 90, der den umgekehrten Fall als „kaum vorstellbar" bezeichnet; *Schroeder*, in: Streinz, EUV/AEUV, Art. 36 AEUV, Rdn. 50; zurückhaltender *Becker*, in: Schwarze, EU-Kommentar, Art. 36 AEUV, Rdn. 79 („in der Regel"); ebenso *Frenz*, Handbuch Europarecht, Band 1, Kap. 6, § 6, Rdn. 1227.

924 GA *Warner*, Schlussanträge in der Rs. 34/79, Slg. 1979, 3795 (3821) – *Henn und Darby.*

Frage stellte.[925] Insofern hätte die nationale Maßnahme einer umfassenden Verhältnismäßigkeitsprüfung unterzogen werden müssen.

Eine solche nahm der EuGH - zumindest ansatzweise - in der Rechtssache *Conegate*[926] vor. Die Vorlagefragen zielten darauf ab, ob man angesichts der unterschiedlichen anwendbaren nationalen Vorschriften davon ausgehen konnte, dass insgesamt kein rechtmäßiger Handel mit anstößigen Gegenständen im Vereinigten Königreich stattfand und demnach keine willkürliche Diskriminierung durch die Einfuhrverbote vorlag.[927] Während die Einfuhr ausländischer Waren gänzlich untersagt war, waren im Inland lediglich die öffentliche Zurschaustellung sowie der Versand per Post reglementiert. Darüber hinaus galten in England und Wales unterschiedlich strenge Regelungen.[928]

Die Regierung des Vereinigten Königreichs brachte vor, dass die im Vergleich zum Rest des Landes strengeren Regeln in Schottland und der Isle of Man unberücksichtigt geblieben worden seien. Dort sei der Vertrieb von unzüchtigen oder anstößigen Gegenständen im Hinblick auf deren späteren Verkauf rechtlich verboten. Trotz der Unterschiede zwischen den anwendbaren Vorschriften innerhalb des Landes, müsse sich eine einheitliche Zollregelung an den strengsten herrschenden Regeln messen lassen. Es sei zu erkennen, dass die innerstaatlichen Vorschriften insgesamt eine ablehnende Haltung gegenüber pornographischen Artikeln einnähmen. Außerdem gelte für innerstaatliche wie auch ausländische Produkte gleichermaßen die Beschränkung des Postversands und der öffentlichen Zuschaustellung.[929]

Nach Ansicht der Kommission war - trotz der Beschränkung einzelner Handelsmodalitäten im Vereinigten Königreich - grundsätzlich ein rechtmäßiger Handel anstößiger Waren möglich, da „rechtmäßig"

925 So der EuGH selbst später in *Conegate* (Fn. 689); vgl. auch *Schroeder*, in: Streinz, EUV/AEUV, Art. 36 AEUV, Rdn. 10; *Oliver* hält die Feststellung des EuGH für *„factually incorrect"*, *Oliver*, On Free Movement of Goods in the European Union, S. 249; ähnlich GA *Warner*, Schlussanträge vom 25.10.1979 in der Rs. 34/79, Slg. 1979, 3795 (3828 f.) – *Henn und Darby*: *„Der wohl eklatanteste Widerspruch liegt darin, daß ein in einem anderen Mitgliedstaat veröffentlichtes unzüchtiges Buch nicht nach England eingeführt werden darf, obwohl das gleiche Buch in englischen Buchhandlungen rechtmäßig verkauft werden darf, [...]."* Er hielt diesen Widerspruch aber für gerechtfertigt.

926 EuGH – *Conegate* (Fn. 689).

927 Ebenda, Rdn. 6.

928 Ebenda, Rdn. 5-8.

929 Ebenda, Rdn. 9 f.

nicht bedeute, dass dieser ehrbar oder einwandfrei sei.[930] Der EuGH schloss sich dem an und sah gerade die Abweichungen zwischen den anwendbaren Regeln als Indiz dafür, dass die in Frage stehenden Waren nicht eine derart Ärgernis erregende Wirkung hätten, dass sie eine Gefahr für die „öffentliche Sittlichkeit" darstellten.[931] Dem Vereinigten Königreich ging es zwar darum, die Einfuhr anstößiger Artikel aus dem Ausland zu beschränken, nicht jedoch deren Herstellung und Vermarktung als solche. Die Unterscheidung zwischen in- und ausländischen Waren stellte mithin eine willkürliche Diskriminierung im Sinne des Art. 36 Satz 2 AEUV dar.[932]

Es wird erstmals deutlich, dass Handelsbeschränkungen nicht gerechtfertigt sind, wenn der Mitgliedstaat sich im Hinblick auf die untersagten Tätigkeiten widersprüchlich verhält. Die Beschränkungen dienen dann offensichtlich anderen Zwecken als dem Schutz der „öffentlichen Sittlichkeit"[933] und sind nicht zur Zweckerreichung geeignet. Der EuGH verlangt für eine Handelsbeschränkung aus Gründen der öffentlichen Sittlichkeit eine „hinreichend schwerwiegende" Beeinträchtigung durch die fraglichen Produkte. Von einer solchen kann nur ausgegangen werden, wenn jeglicher Handel mit anstößigen Waren im Inland ebenso untersagt ist, wie der grenzüberschreitende. Um dies zu prüfen, sind die anwendbaren nationalen Vorschriften in umfassender Weise daraufhin zu untersuchen, ob sie an inländische pornographische Waren dieselben Maßstäbe anlegen, wie an ausländische.[934] Diese „autonome Normstrukturprüfung" erinnert an das später vom Gerichtshof entwickelte Kriterium der Kohärenz und Systematik nationa-

930 EuGH - *Conegate* (Fn. 689), Rdn. 11.

931 Ebenda, Rdn, 15; vgl. auch *Müller-Graff*, in: von der Groeben/Schwarze, EU/EGV, Art. 30 EG, Rdn. 164, der darin das Fehlen eines Gemeinwohlinteresses der Gemeinschaft erblickt.

932 EuGH - *Conegate* (Fn. 689), Rdn. 16, 20.

933 *Leible/Streinz*, in: Grabitz/Hilf/Nettesheim, Das Recht der EU, Art. 36 AEUV, Rdn. 51; *Becker*, in: Schwarze, Art. 36 AEUV, Rdn. 79 („willkürlich diskriminierende oder protektionistische Maßnahmen").

934 So GA *Slynn*, Schlussanträge vom 21.01.1986, in der Rs. 121/85, Slg. 1986, 1007 (1012 f.).

ler Bestimmungen[935] und verdichtet die gerichtliche Kontrolle im Vergleich zu *Henn und Darby*.[936]

b.) Prostitution

Im Hinblick auf die Ausübung von Prostitution, lassen sich der Rechtsprechung vergleichsweise wenig Hinweise zur Prüfungsdichte des EuGH entnehmen. Allerdings enthalten die Entscheidungen in den Rechtssachen *Adoui und Cornuaille* sowie *Jany u.a.* zwei dogmatisch interessante Anknüpfungspunkte zur Bestimmung, ob eine nationale Beschränkung verhältnismäßig ist. Zum einen die „Notwendigkeit in einer demokratischen Gesellschaft" und zum anderen das Vorhandensein eines europäischen Gesellschaftskonsenses.

In *Adoui und Cornuaille*[937] stellte der Gerichtshof erneut auf die Konsistenz nationaler Regelungen ab. Er betonte, dass gemäß Art. 45 und 52 AEUV grundsätzlich Maßnahmen zum Schutz der „öffentlichen" Ordnung vor Prostitution ergriffen werden dürften. Diese dürften jedoch nicht willkürlich diskriminierend wirken.[938] Wie in *Conegate* wurde ausländischen Staatsangehörigen die Ausübung der Prostitution verboten, obwohl für eigene Staatsangehörige keine gleichgearteten Beschränkungen galten. Zwar waren bestimmte Nebenerscheinungen der Prostitution, wie beispielsweise deren Ausnutzung durch Dritte oder die Verleitung zur Unzucht, untersagt, der Prostitution als solcher konnte aber ungehindert nachgegangen werden.[939] Diese Inkonsistenz in der Anwendung nationaler Vorschriften begründete die Unschlüssigkeit der vorgebrachten Argumente, so dass der EuGH zu Recht davon ausgehen durfte, dass von der Prostitution keine moralischen Gefahren ausgingen, die „eine tatsächliche und hinreichend schwere Gefährdung für ein Grundinteresse der Gesellschaft" darstellten.[940] Da die

935 Vgl. dazu beispielsweise EuGH – *Markus Stoß u.a.* (Fn. 709); EuGH, Rs. 46/08 – *Carmen Media;* EuGH, Rs. 409/06 – *Winner Wetten; O. Dörr/Urban*, JURA 2011, 681 (686 f.).

936 Ebenso *De Búrca*, The Principle of Proportionality and ist Application in EC Law, YEL 1993, 105 (130); *Koch*, Der Grundsatz der Verhältnismäßigkeit in der Rechtsprechung des Gerichtshofs der Europäischen Gemeinschaften, S. 429.

937 EuGH – *Adoui und Cornuaille* (Fn. 693).

938 Ebenda, Rdn. 7.

939 Ebenda, Rdn. 6.

940 Ebenda, Rdn. 8, mit Verweis auf EuGH, Rs. 30/77, Slg. 1977, 1999, LS. 4 – *Bouchereau*.

Unterscheidung zwischen Aus- und Inländern mithin willkürlich sei[941], könnten die nationalen Maßnahmen nicht aus Gründen der „öffentlichen Ordnung" gerechtfertigt werden. Dies gelte trotz der Tatsache, dass das Unionsrecht den Mitgliedstaaten hinsichtlich der Verhaltensweisen, die gegen die „öffentliche Ordnung" verstoßen könnten, keine einheitliche Werteskala vorgebe.

Nach Ansicht des Generalanwalts solle die Schranke der „Notwendigkeit für eine demokratische Gesellschaft" aus den Absätzen 2 der Artikel 8 bis 11 EMRK als allgemeiner Grundsatz des Unionsrechts den mitgliedstaatlichen Beurteilungsspielraum bei Freiheitsbeschränkungen aus Gründen der „öffentlichen Ordnung" begrenzen.[942] Er halte eine nationale Maßnahme bereits dann für „notwendig", wenn sie sozialschädliches Verhalten bekämpfe und in irgendeiner Weise Ausdruck in der Rechtsordnung finde.[943] Aus der partiellen Untersagung von Begleiterscheinungen der Prostitution schließt der Generalanwalt, dass der Gesetzgeber beabsichtige, die Verbreitung der Prostitution insgesamt einzudämmen.[944] Die Kommission hielt hingegen eine umfassende Verhältnismäßigkeitsprüfung für notwendig. Von dem reglementierten Verhalten müsse eine hinreichend schwerwiegende Gefahr für ein Grundinteresse der Gesellschaft ausgehen[945], deren Vorliegen eine Abwägung der im Einzelfall betroffenen Interessen erfordere.[946] Da die „öffentliche Ordnung" einem zeitlichen Wandel unterliege, müsse sie

941 Ähnlich auch EuGH, Rs. 152/78, Slg. 1980, 2299, Rdn. 18 – *Kommission/Frankreich.*

942 GA *Capotorti*, Schlussanträge in den Rs. 115 und 116/81, Slg. 1982, 1665 (1718) – *Adoui und Cornuaille*. Das Kriterium der „Notwendigkeit" sei ein allgemeiner Rechtsgrundsatz des Unionsrechts, vgl. auch EuGH, Rs. 36/75, Slg. 1975, 1219, Rdn. 32 – *Rutili.*

943 GA *Capotorti*, Schlussanträge in den Rs. 115 und 116/81, Slg. 1982, 1665 (1718 f.) – *Adoui und Cornuaille.*

944 Ebenda, Slg. 1982, 1665 (1720). Insofern ähnelt dies den geringen Anforderungen in *Henn und Darby.*

945 St. Rspr.; vgl. nur grundlegend EuGH, Rs. 41/74, Slg. 1974, S. 1337, Rdn. 18, 19 – *Van Duyn;* EuGH, Rs. 30/77, Slg. 1977, S. 1999, Rdn. 33, 35 – *Bouchereau;* aus der Literatur vgl. *Tiedje/Troberg,* in: von der Groeben/Schwarze, EUV/EGV, Art. 46 EG, Rdn. 21; *Leible/Streinz,* in: Grabitz/Hilf/Nettesheim, Des Recht der EU, Art. 36 AEUV, Rdn. 20.

946 Erklärung der Kommission in der Rs. 115 und 116/81, Slg. 1982, 1665 (1700) – *Adoui und Cornuaille;* vgl. auch GA *Mayras,* Schlussanträge in der Rs. 67/74, Slg. 1975, 297 – *Bonsignore,* S. 316 f. und EuGH – *Rutili* (Fn. 942), Rdn. 26/28.

ferner im Zeitpunkt der staatlichen Beschränkung gefährdet sein. Wenn innerstaatliche Normen unterschiedlich angewendet würden, könne davon nicht ausgegangen werden.[947]

Demnach dürfte sich die gerichtliche Kontrolle nicht auf eine bloße Willkürprüfung beschränken, sondern müsste sich auf eine umfassende Verhältnismäßigkeitsprüfung erstrecken. Im Hinblick auf die Effektivität des Unionsrechts, ist dem zuzustimmen. Es ist jedoch nicht abschließend zu beurteilen, ob der Gerichtshof derselben Auffassung war, da sich seine Prüfung auf die Willkür- und Widerspruchsfreiheit der mitgliedstaatlichen Normen beschränkte. Da er schon keine hinreichend schwere Gefahr für die „öffentliche Ordnung" erblickte, sah er konsequenterweise keinen Anlass für weitere Ausführungen.

In der Rechtssache *Jany u.a.*[948] berücksichtigte der EuGH ausdrücklich das mögliche Vorhandensein eines staatenübergreifenden Gesellschaftskonsenses in der Frage, ob die Ausübung der Prostitution aufgrund ihrer Sittenwidrigkeit als erlaubte selbständige Erwerbstätigkeit angesehen oder untersagt werden könne. In der Entscheidung hieß es:

> „Die Prostitution, die keineswegs in allen Mitgliedstaaten verboten ist, wird in den meisten dieser Staaten und auch in dem im Ausgangsverfahren betroffenen Mitgliedstaat geduldet und sogar reglementiert."[949]

Diese Informationen beruhten auf einer rechtsvergleichenden Untersuchung des französischen Senats über die Rechtslage in den Mitgliedstaaten, auf die sich der Generalanwalt bezieht.[950] Demnach sei die Prostitution in mindestens zehn Mitgliedstaaten der Gemeinschaft keine strafbare Handlung. In Schweden wiederum würden die Kunden der Prostituierten, nicht aber die Prostituierten selbst strafrechtlich verfolgt.[951] Auch wenn sich diese Untersuchung auf lediglich elf Mitgliedstaaten erstreckte, genügte dies für die Annahme, dass die Prostitution als selbständige Erwerbstätigkeit anzusehen war. Es sei nach Ansicht des EuGH aber möglich, die Ausübung der Prostitution unter Berück-

947 Erklärung der Kommission in der Rs. 115 und 116/81, Slg. 1982, 1665 (1702) - *Adoui und Cornuaille*.

948 EuGH - *Jany u.a.* (Fn. 698).

949 Ebenda, Rdn. 57.

950 GA *Léger*, Schlussanträge in der Rs. C-268/99, Rdn. 119 - *Jany u.a.* verweist insofern auf *Le régime juridique de la prostitution féminine*, Les documents de travail du Sénat, série: Législation comparée, NR. LC 79, 11.10.2000, Paris.

951 Ebenda, in Fn. 46.

sichtigung der nationalen kulturellen, religiösen und sittlichen Besonderheiten auf der Grundlage der „öffentlichen Ordnung" zu reglementieren.[952] In formaler Hinsicht müsse das Vorbringen des Mitgliedstaates jedoch schlüssig sein, d.h. das Vorliegen einer tatsächlichen und hinreichend schweren Gefährdung nachgewiesen werden.[953]

Der vom Generalanwalt ermittelte und dem EuGH aufgegriffene Konsens innerhalb der EU, dass die Prostitution überwiegend geduldet und reglementiert wurde, führte zu dem Schluss, dass diese - auch wenn sie moralisch fragwürdig war - nicht aus dem Anwendungsbereich der Grundfreiheiten herausfiel. Insofern wurde der Beurteilungsspielraum der Mitgliedstaaten durch den anderslautenden europäischen Konsens faktisch auf Null reduziert und die moralische Beurteilung der Prostitution durch den EuGH selbst vorgenommen. Es ist konsequent und richtig, für die Eröffnung des Anwendungsbereiches einer Grundfreiheit auf einen europäischen Konsens als Auslegungsmethode zurückzugreifen, da die Grundfreiheiten selbst Audruck eines Staatenkonsenses sind.[954] Würde die Reichweite der Marktfreiheiten von den außerrechtlichen Wertvorstellungen einzelner Mitgliedstaaten abhängen, wären dieser Konsens sowie die Einheitlichkeit und Effektivität des Unionsrechts gefährdet. Anders ist es bei kodifizierten Beschränkungsmöglichkeiten wie der „öffentlichen Ordnung". Da diese denknotwendig auf nationale Besonderheiten abstellen[955], wird der Spielraum der Mitgliedstaaten hier lediglich von einer „Glaubwürdigkeitskontrolle" begleitet. Wird Ausländern ein bestimmtes Verhalten verboten, für eigene Staatsangehörige jedoch nicht beschränkt oder reglementiert, liegt ein Verstoß gegen die Erfordernisse der Kohärenz und der Nichtdiskriminierung vor.[956] Aufgrund der Tatsache, dass beide Kriterien für sich genannt werden, ist anzunehmen, dass sie Unterschiedliches bedeuten. Nichtdiskriminierung heißt, dass nationale Vor-

952 EuGH - *Jany u.a.* (Fn. 698), Rdn. 58; ebenso GA *Léger*, Schlussanträge in der Rs. C-268/99, Rdn. 119 - *Jany u.a.*

953 EuGH - *Jany u.a.* (Fn. 698), Rdn. 59.

954 So entsprechend für die Unionsgrundrechte *Mayer*, in: Grabitz/Hilf/Nettesheim, Das Recht der EU, Grundrechtsschutz und sstaatliche Grundsätze, Rdn. 79.

955 *Forsthoff*, in: Grabitz/Hilf/Nettesheim, Das Recht der EU, Art. 52 AEUV, Rdn. 24; EuGH - *Van Duyn* (Fn. 945), Rdn. 18 f.; EuGH - *Omega* (Fn. 715), Rdn. 31.

956 So ausdrücklich GA *Léger*, Schlussanträge in der Rs. C-268/99, Rdn. 119 - *Jany u.a.*

schriften Ausländer nicht anders behandeln dürfen als Inländer.[957] Kohärenz hingegen verlangt, dass eine Beschränkung im Hinblick auf die jeweilige Zielvorgabe konsequent, also zielführend ist. Insofern wird eine Freiheitsbeschränkung aus moralischen Gründen „an sich selbst" gemessen. Das Kohärenzerfordernis geht mithin über eine Geeignetheitsprüfung hinaus: Nationale Regelungen sind bereits inkohärent, wenn sie in einer Gesamtbetrachtung nicht zielfördernd sind oder sich widersprechen.[958] Dass einzelne Vorschriften - wie hier die Untersagung der Prostitution für Ausländer - grundsätzlich dem Schutz der „Moral" dienen könnten, ist dafür nicht ausreichend.

c.) Glücksspiel

In den jüngeren Urteilen des EuGH zum Glücksspielmonopol in den Rechtssachen *Markus Stoß*, *Carmen Media Group* und *Winner Wetten* verdeutlichte der Gerichtshof sein Verständis vom Grundsatz der Kohärenz. Bei *Markus Stoß* ging es um die an Wettbüros gerichtete Untersagung, Sportwetten für Anbieter in anderen Mitgliedstaaten zu vermitteln, da diese keine Glücksspielerlaubnis nach deutschem Recht besaßen. In *Carmen Media Group* beantragte einer dieser Sportwettenanbieter, dass es ihm erlaubt werden solle, diese über das Internet in Deutschland anzubieten, da er über eine Lizenz in Gibraltar verfüge. In *Winner Wetten* schließlich ging es um die Frage, ob eine unionsrechtswidrige Monopolregelung in Deutschland für eine Übergangszeit aufrecht erhalten bleiben könne. Wie bereits erläutert, gewährte der EuGH den Mitgliedstaaten bei der Regelung des Glücksspiels einen Beurteilungsspielraum.[959] Deshalb könne jeder Staat grundsätzlich eigenständig entscheiden, ob er für die Veranstaltung von Glücksspielen ein staatliches Monopol errichte oder ein Konzessionssystem bevorzuge. Im Rahmen der Verhältnismäßigkeit verlangte der EuGH jedoch seit der Rechtssache *Gambelli*, dass eine Beschränkung des Glücksspiels in kohärenter und systematischer Weise den verfolgten Zweck - nämlich die Bekämpfung der Spielsucht - verfolgen müsse.[960] Nationale Maßnahmen, die entweder für sich genommen tatsächlich einem ande-

[957] Vgl. nur *von Bogdandy*, in: Grabitz/Hilf/Nettesheim, Das Recht der EU, Art. 18 AEUV, Rdn. 6,7.

[958] Dazu näher unter 2.Kap.B.I. 3.) b.).

[959] EuGH - *Markus Stoß u.a.* (Fn. 709), Rdn. 76; EuGH - *Carmen Media* (Fn. 709), Rdn. 46; ebenso schon EuGH - *Schindler* (Fn. 709); EuGH - *Gambelli* (Fn. 709), Rdn. 63; EuGH - *Placanica* (Fn. 709), Rdn. 47.

[960] EuGH - *Gambelli* (Fn. 709), Rdn. 67.

ren Zweck dienten oder die in Zusammenschau mit anderen Regelungen über Glücksspiele widersprüchlich erschienen, konnten die Freiheitsbeschränkung mithin nicht rechtfertigen. Nach Ansicht des EuGH war es beispielsweise nicht kohärent, dass das deutsche Recht aus Gründen der Suchtprävention ein Monopol für die Veranstaltung von Sportwetten vorsehe und gleichzeitig eine expansive Politik im Bereich der Automatenspiele verfolge. Auch dürfe staatliche Glücksspielwerbung die Anreize zum Spiel nicht in gegenläufiger Weise zum verfolgten Zweck erhöhen.[961] Demgegenüber sei jedoch das vollständige Verbot des Internetglücksspiels unionsrechtlich unbedenklich, da das Internet im Vergleich zu herkömmlichen Vertriebswegen gerade für Jugendliche spezifische Gefahren - wie die Anonymität des Spiels und die dadurch erhöhte Gefahr der Spielsucht - aufweise.[962]

Die Verhältnismäßigkeitsprüfung in der Ausgestaltung durch den EuGH ist demnach auf der Stufe der Geeignetheit durch ein Kohärenzgebot geprägt, das sich nicht in einer Willkür- bzw. Evidenzprüfung erschöpft, sondern auf die Glaubwürdigkeit und Konsequenz der staatlichen Regelungen zielt.[963] Der innerstaatliche Regelungsrahmen muss insofern „wahrhaftig" auf die Erreichung des Zwecks ausgerichtet und in sich schlüssig und widerspruchsfrei sein.[964] Dabei sind nicht nur isoliert einzelne sektorale Verhaltensweisen zu untersuchen, sondern alle ein bestimmtes Sachgebiet - hier das Glücksspiel in allen seinen Ausprägungen - betreffenden Rechtsregeln in einer umfassenden Gesamtschau. Der mitgliedstaatliche Ermessensspielraum muss demnach in widerspruchsloser respektive glaubwürdiger Weise ausgübt werden. Inkonsequenzen hinsichtlich der Rechtsnormen sind nur hinzunehmen, wenn zwischen den zu vergleichenden Sachverhalten derart erhebliche Unterschiede bestehen, dass sie eine differenzierte Behandlung rechtfertigen können.[965]

961 EuGH - *Markus Stoß u.a.* (Fn. 709), Rdn. 100-103; EuGH - *Carmen Media* (Fn. 709), Rdn. 67, 68.

962 EuGH - *Carmen Media* (Fn. 709), Rdn. 102-105; EuGH - *Liga Portuguesa* (Fn. 752), Rdn. 70-73.

963 *O. Dörr/Urban*, JURA 2011, 681 (686 f.).

964 *Schorkopf*, DÖV 2011, 260 (261).

965 *Streinz/Kruis*, NJW 2010, 3745 (3747); EuGH - *Carmen Media* (Fn. 709), Rdn. 102-105; EuGH - *Liga Portuguesa* (Fn. 752), Rdn. 70-73.

d.) Grenzbereiche menschlichen Lebens

In der Rechtssache *Omega*[966] hielt der EuGH ein nationales Verbot des Betriebs von sog. *Laserdromes* für vereinbar mit der Dienstleistungsfreiheit aus Art. 56 AEUV, weil die spielerisch veranstaltete simulierte Tötung von Menschen gegen die grundlegenden Wertvorstellungen der Gesellschaft, mithin gegen die „öffentliche Ordnung“ gemäß Art. 62 i.V.m. Art. 52 Abs. 1 AEUV verstoßen könne. Den Mitgliedstaaten sei angesichts der konkreten Umstände, die eine Berufung auf die „öffentliche Ordnung“ rechtfertigen könnten, innerhalb der Grenzen aus den europäischen Verträgen, ein Beurteilungsspielraum einzuräumen.[967] Das nationale Verbot sei auf den Schutz der Menschenwürde gerichtet, die von der Schrankenregelung in Art. 62 i.V.m. Art. 52 Abs. 1 AEUV erfasst sei und insofern ein legitimes Ziel darstelle.[968] Das Verbot müsse jedoch auch verhältnismäßig sein.[969] Diese Beurteilung sei durch ein Menschenbild geprägt, dass auf bestimmten religiösen, philosophischen bzw. weltanschaulichen Wertvorstellungen beruhe, die nicht zwangsläufig von allen Mitgliedstaaten geteilt würden. Insofern orientierte sich der EuGH an dem Schutzniveau, das der Mitgliedstaat für sich selbst festlegte.[970] Der Gerichtshof zielte letztendlich auf eine Angemessenheitsprüfung i.S.e. Zweck-Mittel-Relation ab. Diese als eine umfassende Güterabwägung zu verstehen, liefe jedoch der deutschen Grundrechtsdogmatik zuwider, da eine Abwägung mit der Menschenwürde nicht stattfindet.[971] Vielmehr war ausschlaggebend, dass die Würde bei grenzüberschreitenden Fällen nicht willkürlich anders geschützt werden durfte, als bei rein innerstaatlichen Sachverhalten.[972] Der EuGH stellte fest, dass die Untersagung von *Laserdromes* dem in Deutschland angestrebten Schutz der Menschenwürde entspreche und nur die Untersagung derjenigen Spielarten erfasse, bei denen auf

966 EuGH - *Omega* (Fn. 715).

967 Ebenda, Rdn. 31; sinngemäß auch GA *Stix-Hackl*, Schlussanträge in der Rs. C-36/02, Rdn. 97, 101 f. - *Omega*.

968 EuGH - *Omega* (Fn. 715) Rdn. 32, 34.

969 Ebenda, Rdn. 36.

970 Ebenda, Rdn. 37, 38.

971 Gegen eine Abwägung im eigentlichen Sinne auch GA *Stix-Hackl*, Schlussanträge in der Rs. C-36/02, Rdn. 53 - *Omega*.

972 Inzident auch ebenda, Rdn. 113.

menschliche Ziele geschossen, mithin das simulierte Töten ermöglicht werde. Sie sei mithin verhältnismäßig.[973]

Zur Benennung des mitgliedstaatlichen Spielraumes verwendet der EuGH in der deutschen Übersetzung den Begriff „Beurteilungsspielraum"[974]. Dies ist auf den ersten Blick - folgt man der Teminologie deutscher Rechtsdogmatik - ein Indiz für die Verortung des mitgliedsstaatlichen Spielraumes auf der Tatbestandsebene. In den englischen Fassungen der bisherigen EuGH-Urteile ist jedoch ausschließlich von *„margin of discretion"* oder nur *„discretion"*, mithin von Ermessen die Rede.[975] Trotz dieser uneinheitlichen Terminologie ist festzustellen, dass sich die nationalen Spielräume bei Freiheitsbeschränkungen aus Gründen von Ethik und Moral sowohl auf die Definition der Begrifflichkeiten als auch auf deren konkrete Anwendung erstrecken.[976] Insofern ist zum einen die Interpretation der „öffentlichen Ordnung" den Staaten überlassen, als auch die Beurteilung, ob die nationalen Maßnahmen zu deren Schutz notwendig und verhältnismäßig sind. Der EuGH prüft die Freiheitsbeschränkung nur an dem Schutzniveau, das der Mitgliedstaat für sich selbst festgelegt hat. Er beschränkt sich also darauf festzustellen, ob die innerstaatlichen Regelungen im Hinblick auf die mitgliedstaatliche Rechtspraxis konsequent sind. Daraus ist zugleich zu schließen, dass ein europäischer Gesellschaftskonsens die innerstaatliche Beurteilung des Sachverhalts nicht zwangsläufig beeinflusst.

In der Rechtssache *SPUC*[977] ging es um eine irische Studentenvereinigung, die Informationen und Adressen über Kliniken im Vereinigten Königreich herausgab, in denen die in Irland verbotenen Schwangerschaftsabbrüche legal durchgeführt wurden. Daraufhin verlangte die irische *Society for the Protection of Unborn Children Ireland Ltd.* die ge-

973 EuGH - *Omega* (Fn. 715), Rdn. 39.

974 Ebenda, Rdn. 31, ebenso EuGH, Slg. 1974, 1337, Rdn. 18/19 - *Van Duyn*; EuGH, Rs. 30/77, Slg. 1977, 1999, Rdn. 33/35 - *Bouchereau*.

975 Vgl. etwa die in Fn. 974 zitierten Randnummern in den englischen Fassungen der Rechtssachen *Van Duyn, Bouchereau, Omega, Henn und Darby*; auch *Battis* erkennt, dass der EuGH nicht zwischen Ermessen und unbestimmten Rechtsbegriffen unterscheidet, *Battis*, Allgemeines Verwaltungsrecht, S. 139;

976 Ebenso *Pache*, Tatbestandliche Abwägung und Beurteilungsspielraum, S. 368 f. Auch *Logemann* bemerkt, dass die Terminologie ungenau ist und die Funktion des *margin of appreciation* unzureichend beschreibt, *Logemann*, Grenze der Menschenrechte in demokratischen Gesellschaften, S. 151.

977 EuGH - *SPUC* (Fn. 726).

richtliche Untersagung dieser Informationstätigkeit. Wie bei A.I.3.e. bereits dargelegt, stufte der Gerichtshof Schwangerschaftsabbrüche als Dienstleistungen i.S.d. Art. 56 AEUV ein, da sie in mehreren Mitgliedstaaten legal durchgeführt wurden[978] und beließ der irischen Regierung insofern keinen Beurteilungsspielraum. Ob der Schutz des ungeborenen Lebens ein legitimes Schutzziel war, beurteilte der Gerichtshof nicht. Auch darüber hinaus waren seine Ausführungen sehr zurückhaltend, was möglicherweise darauf zurückzuführen ist, dass er sich keinem Konfikt mit dem irischen *Supreme Court* aussetzen wollte.[979]

Der EuGH stellte stattdessen fest, dass die Studentenvereinigung in keinerlei wirtschaftlichem Kontakt zu den Abtreibungskliniken im Vereinigten Königreich stünden, über die sie Informationen verteilten. Deshalb werde durch die Untersagung der Informationstätigkeit nicht in die Dienstleistungsfreiheit eingegriffen.[980] Eine mögliche Verletzung der Meinungsfreiheit aus Art. 10 EMRK prüfe er nicht, da er nicht zuständig sei, eine nationale Regelung, die nicht in den Anwendungsbereich der Verträge falle, auf ihre Vereinbarkeit mit den Konventionsgrundrechten zu prüfen.[981]

Letztgenannte Beurteilung teilte Generalanwalt *Van Gerven* richtigerweise nicht.[982] Seiner Ansicht nach war der Anwendungsbereich der EU-Verträge eröffnet[983] und die nationale Maßnahme einer Verhältnismäßigkeitsprüfung zu unterziehen.[984] Zunächst betreffe die Untersagung von Schwangerschaftsabbrüchen als Verfassungsrecht einen Bereich, in dem jedem Mitgliedstaat im Einklang mit seiner eigenen Wertordnung und in der von ihm gewählten Form ein Beurteilungsspielraum eingeräumt sei. Dieser werde jedoch durch eine umfassende Verhältnismäßigkeitsprüfung beschränkt.[985] Fraglich sei insbesondere, wie das Lebensrecht des *Nasciturus* mit den Grundrechten der Mutter und der Meinungsfreiheit aus Art. 10 EMRK abzuwägen sei. Nach Ansicht des Generalanwalts gebe es für diese sensible Güterabwägung

978 EuGH - *SPUC* (Fn. 726), Rdn. 18.

979 So vermutet *Mayer*, in: Grabitz/Hilf/Nettesheim, Das Recht der EU, Grundrechtsschutz und rechtsstaatliche Grundsätze, Rdn. 106.

980 EuGH - *SPUC* (Fn. 726), Rdn. 27.

981 Ebenda, Rdn. 31; kritisch dazu *Weiler/Lockhart*, CMLRev. 1995, 597.

982 GA *Van Gerven*, Schlussanträge in der Rs. C-159/90 - *SPUC*.

983 Ebenda, Rdn. 8.

984 Ebenda, Rdn. 24.

985 Ebenda, Rdn. 26 f.

keine einheitliche Rechtspraxis der Europäischen Kommission für Menschenrechte oder des EGMR.[986] Auch entnehme er den abweichenden Stellungnahmen zum Schwangerschaftsabbruch in der Rechtssache *Open Door*, dass es an einem einheitlichen europäischen Konsens in den Mitgliedstaaten fehle.[987] Da das Lebensrecht des Ungeborenen darüber hinaus auf ein ethisches Werturteil zurückzuführen sei, das in Irland als eine der Grundlagen der Rechtsordnung angesehen werde und nach einer durchgeführten Volksbefragung in die Verfassung aufgenommen worden sei, handele es sich um ein im Allgemeininteresse liegendes Ziel, das zwingend notwendig sei.[988]

Ungeachtet des hypothetischen Charakters dieser Ausführungen, geben sie Aufschluss über die Reichweite des nationalen Beurteilungs- bzw. Ermessensspielraums. Beruht eine nationale Freiheitsbeschränkung auf der Abwägung zwischen sensiblen gleichwertigen Grundrechten, über deren Ausgleich kein europäischer Konsens besteht, kann jeder Mitgliedstaat selbst festlegen, wie er die konkrete Gewichtung vornimmt. Diese Konstellation ist insbesondere relevant, wenn die Reichweite der kollidierenden Rechte auf ethischen Werturteilen beruht. Von letzterem ist insbesondere auszugehen, wenn ein bestimmtes Rechtsgut mittels demokratischer Mechanismen als Verfassungswert in die nationale Rechtsordnung aufgenommen wird, da sich hierin die sozialethischen Überzeugungen der Gesellschaft manifestieren.

e.) Zwischenergebnis

Bei Freiheitsbeschränkungen aus Gründen von Ethik und Moral unterzieht der EuGH die nationalen Maßnahmen auf der Rechtfertigungsebene einer Verhältnismäßigkeitskontrolle. Während sich diese in der frühen Rechtssache *Henn und Darby* in einer reinen Missbrauchs- und Willkürkontrolle nach Art. 36 S. 2 AEUV erschöpfte[989], verlangte er in *Conegate* zumindest eine „hinreichend schwerwiegende" Beeinträchtigung für die „öffentliche Sittlichkeit"[990]. Auch wenn sich die Verhältnismäßigkeit einer Freiheitsbeschränkung grundsätzlich an dem innerstaatlichen Schutzniveau orientiert, ist diese nicht gerechtfertigt, wenn

986 GA *Van Gerven*, Schlussanträge in der Rs. C-159/90, Rdn. 33 - *SPUC*.

987 Ebenda, Rdn. 37 mit Verweis auf EGMR - *Open Door* (Fn. 857), Rdn. 30 ff.

988 Ebenda, Rdn. 38.

989 EuGH - *Henn und Darby* (Fn. 681), Slg. 1979, 3795 (3814 f.), Rdn. 19 ff.

990 EuGH - *Conegate* (Fn. 926), Rdn. 15 ff.

sie nicht konsequent und widerspruchsfrei auf den Schutz der „öffentlichen Ordnung oder Sittlichkeit" gerichtet ist. Während in früheren Entscheidungen für die Unionsrechtswidrigkeit genügte, dass ein bestimmtes Verhalten, das Ausländern verboten war, eigenen Staatsangehörigen ohne Beschränkungen erlaubt war[991], dürfen nunmehr auch andere vergleichbar „gefährliche" Tätigkeiten nicht widersprüchlich geregelt sein.[992] Im Rahmen der sich anschließenden Güterabwägung ist zu berücksichtigen, ob die in Frage stehenden Rechte - wie das Recht des ungeborenen Lebens in Irland[993] - Ausdruck eines Sittlichkeitsurteils sind und damit besonders starken Schutz genießen. Besteht darüber hinaus in den Mitgliedstaaten kein Konsens hinsichtlich der Interessenabwägung, ist der Spielraum der Mitgliedstaaten sehr weit. Auch ein gegensätzlicher Konsens scheint die Abwägung nicht zwangsläufig determinieren zu können. Da die Mitgliedstaaten im Rahmen ihrer Rechtsordnungen bestimmen können, was sie für den Schutz der „öffentlichen Sittlichkeit" für notwendig halten, müssen sie kein Schutzniveau wählen, was demjenigen in anderen Mitgliedstaaten entspricht.[994] Der EuGH beschränkt sich mithin auf eine formale Kontrolle nationaler Maßnahmen und überwacht lediglich die Einhaltung fundamentaler rechtsstaatlicher Grundsätze.

3.) Entscheidungstopoi des EuGH im Rahmen der Verhältnismäßigkeit

Der Gerichtshof stützt sich im Rahmen der Rechtfertigungsprüfung mithin auf wiederkehrende Faktoren, die den mitgliedstaatlichen Beurteilungsspielraum beeinflussen. Die maßgeblichen Entscheidungstopoi sind die Existenz eines Konsenses in den Mitgliedstaaten, der Vorbehalt des Gesetzes und der eng damit verknüpfte Grundsatz der Kohärenz nationaler Regelungen. In dogmatischer Hinsicht sind diese Aspekte auf unterschiedlichen Ebenen der Verhältnismäßigkeitsprüfung relevant.

991 So beispielsweise EuGH - *Adoui und Cornuaille* (Fn. 937), Slg. 1982, 1665 (1707 f.); EuGH - *Jany u.a.* (Fn. 698), Rdn. 62.

992 EuGH - *Markus Stoß u.a.* (Fn. 709), Rdn. 100-103; EuGH - *Carmen Media* (Fn. 709), Rdn. 67, 68.

993 Vgl. GA *Van Gerven*, Schlussanträge in der Rs. C-159/90, Rdn. 38 - *SPUC*.

994 EuGH - *Omega* (Fn. 715), Rdn. 37, 38; EuGH - *Markus Stoß u.a.* (Fn. 709), Rdn. 80; EuGH - *Carmen Media* (Fn. 709), Rdn. 104.

a.) Europäischer Konsens

i.) Konsens als Auslegungsmaßstab

Die grundlegende Befugnis des EuGH, einen Konsens in den Mitgliedstaaten überhaupt zu berücksichtigen, beruht auf Art. 6 Abs. 3 EUV und Art. 340 Abs. 2 AEUV, die den Gerichtshof dazu ermächtigen, mittels rechtsvergleichender Methoden allgemeine Rechtsgrundsätze des Unionsrechts zu ermitteln, die auf den gemeinsamen Verfassungsüberlieferungen der Mitgliedstaaten beruhen.[995] Dazu zählen neben den Gewährleistungen der EMRK insbesondere die Unionsgrundrechte, die Ausdruck eines ethisch-moralischen Grundkonsenses in den Gesellschafts- und Rechtsordnungen der Mitgliedstaaten sind. Andere Rechtsquellen für die Ermittlung eines möglichen Konsenses sind Entscheidungen völkerrechtlicher Organe, des Europarates und seiner Organe[996], völkerrechtliche Verträge sowie rechtsvergleichende Studien anderer fachkompetenter Stellen[997]. Auch aktuelle medizinisch-wissenschaftliche Erkenntnisse können zur Grundlage eines Konsenses gemacht werden, wenn in rechtsvergleichender oder politischer Hinsicht keine Übereinstimmung festzustellen ist.[998] Die innerstaatlichen Anschauungen, die in den Mitgliedstaaten übereinstimmen, können als unionsweiter „gesellschaftlicher Konsens" dem Grunde nach als Ausdruck fortschreitender Integration und Harmonisierung sowie als Instrument zur evolutiven Auslegung der Verträge gesehen werden.[999] Tatsächlich rekurriert der EuGH bei Freiheitsbeschränkungen aus Gründen von Ethik und Moral jedoch nur selten ausdrücklich auf einen solchen Konsens. Dies ist dem Umstand geschuldet, dass sich außerrechtliche Wertvorstellungen ausschließlich an nationalen Besonderheiten orientieren und der EuGH mit dem Grundsatz der Kohärenz über ein objektives und effektives Mittel verfügt, ethisch-moralisch

995 EuGH, Rs. 11/70, Slg. 1970, 1125, Rdn. 4 – *Internationale Handelsgesellschaft.*

996 GA *Van Gerven*, Schlussanträge in der Rs. C-159/90, Rdn. 37 – *SPUC* beruft sich auf die Europäische Kommission für Menschenrechte und die uneinheitliche Rechtsprechung des EGMR im Bereich der Schwangerschaftsabbrüche.

997 GA *Léger*, Schlussanträge in der Rs. C-268/99, Rdn. 46 – *Jany u.a.*

998 GA *Bot*, Schlussanträge in der Rs. C-34/10, Rdn. 80 – *Brüstle.*

999 So auch *Rubel*, Entscheidungsfreiräume in der Rechtsprechung des EGMR und des EuGH, S. 106; EuGH – *CILFIT* (Fn. 653), Rdn. 20; *Epiney*, in: Bieber/Epiney/Haag, Die Europäische Union, § 9, Rdn. 18 bezeichnet die EU-Verträge als (dynamische) „Planverfassung".

motivierte Freiheitsbeschränkungen eigenständig zu untersuchen, ohne seine eigenen Wertvorstellungen zugrunde zu legen.

ii.) Wirkung bei Freiheitsbeschränkungen aus Gründen von Ethik und Moral

Dennoch wird die Existenz eines europäischen Konsenses vom EuGH bei der Interpretation der unbestimmten Sittenbegriffe, den Anwendungsbereichen der Grundfreiheiten sowie der Abwägung widerstreitender Rechte angesprochen. Insbesondere bei der Auslegung der „öffentlichen Ordnung und Sittlichkeit" oder der Interpretation der „zwingenden Gründe des Allgemeinwohls" im Sinne der *Cassis*-Rechtsprechung, hat der staatenübergreifende Gesellschaftskonsens jedoch nur eine marginale Bedeutung. Zum einen ist die Staatenpraxis im Rahmen der Vertragsauslegung grundsätzlich nicht zu berücksichtigen, da der Gerichtshof und die Instanzgerichte in ihrer Rechtsfindung frei von dem mitgliedstaatlichen Verhalten sind.[1000] Zum anderen sollen sowohl die „öffentliche Sittlichkeit" als auch die „öffentliche Ordnung" den Mitgliedstaaten ermöglichen, die Grundfreiheiten unter Verweis auf innerstaatliche Besonderheiten zu beschränken.[1001] Die grundlegende Funktion dieser Schrankenbestimmungen darf nicht dadurch unterlaufen werden, dass in anderen Mitgliedstaaten abweichende Vorstellungen herrschen. Darüber hinaus respektieren die EU-Verträge in Art. 4 Abs. 2 EUV die, trotz voranschreitender Integration, weiterhin bestehenden Unterschiede in den Staaten.[1002] Insofern sind grundlegende - auf ethischen Anschauungen beruhende - Verfassungsentscheidungen, wie der Schutz des ungeborenen Lebens in Irland, vom EuGH anzuerkennen.[1003] Beruht eine Freiheitsbeschränkung auf solchen innerstaatlichen Besonderheiten, verfolgt der Mitgliedstaat

1000 Vgl. *Epiney*, in: Bieber/Epiney/Haag, Die Europäische Union, § 9, Fn. 13, 14 m.w.N.; *Ress*, Die Bedeutung der nachfolgenden Praxis für die Vertragsinterpretation nach der Wiener Vertragsrechtskonvention (WVRK), in: Bieber/Ress, Die Dynamik des Europäischen Gemeinschaftsrechts, S. 49 (70 f.); *Schwarze*, in: ders. EU-Kommentar, Art. 19 EUV, Rdn. 36.

1001 Siehe nur *Leible/Streinz*, in: Grabitz/Hilf/Nettesheim, Das Recht der EU, Art. 36 AEUV, Rdn. 19, 20; *Kingreen*, in: Calliess/Ruffert, EUV/AEUV, Art. 36 AEUV, Rdn. 196, 198.

1002 Ebenso *Rubel*, Entscheidungsfreiräume in der Rechtsprechung des EGMR und des EuGH, S. 98.

1003 GA *Van Gerven*, Schlussanträge in der Rs. C-159/90, Rdn. 38 - *SPUC*; ähnlich für die Menschenwürde EuGH - *Omega* (Fn. 715), Rdn. 33.

damit zugleich ein durch die Schrankenregelungen der Art. 36 S. 1, 45 Abs. 3 und 52 Abs. 1 AEUV legitimiertes Ziel. Im Rahmen der Erforderlichkeit kommt es ausschließlich darauf an, welches Niveau der Mitgliedstaat im Rahmen seines Beurteilungsspielraumes für notwendig hält, um den Schutz der spezifischen Wertvorstellungen in seinem Staatsgebiet zu gewährleisten. Es hat somit keinen Einfluss auf die Rechtfertigung einer Freiheitsbeschränkung, wenn andere Länder einen geringeren oder stärkeren Schutz in derselben Sache vorsehen.[1004]

Auch im Rahmen der Angemessenheitsprüfung haben die Mitgliedstaaten einen besonders weiten Spielraum, wenn es, wie beispielsweise bei den Schwangerschaftsabbrüchen, um die Kollision und Abwägung ethisch sensibler und gleichwertiger Grundrechte geht, da in solchen Fällen regelmäßig kein gesellschaftlicher Konsens existiert.[1005] Dementsprechend beanstandete der EuGH nicht, dass Irland den Schutz des ungeborenen Lebens als ethisches Werturteil über den Schutz der Rechte der Frau stellte.[1006] Er forderte lediglich, dass der Schutz außerrechtlicher Vorstellungen durch die konkrete Maßnahme nicht über das im Mitgliedstaat übliche Schutzniveau hinausgehen soll.[1007] Auch wenn ein Konsens feststellbar wäre, ist zu bezweifeln, dass er sich auf den mitgliedstaatlichen Spielraum auswirken kann. Würde der EuGH den Staaten ein bestimmtes Abwägungsergebnis vorgeben, könnten diese das gewünschte Niveau zum Schutz von Ethik und Moral letztlich nicht mehr selbst festlegen. Die nach Art. 4 Abs. 2 EUV zu respektierende nationale Identität wäre mithin illusorisch.

Eine wichtige Rolle spielt der europäische Gesellschaftskonsens hingegen bei der Frage, ob für bestimmte, als unmoralisch eingestufte Tätigkeiten, die Anwendungsbereiche der Grundfreiheiten eröffnet sind. So ist denkbar, dass ein bestimmtes Verhalten aus den Schutzbereichen herausfällt, wenn alle Mitgliedstaaten in dieser Beurteilung übereinstimmen. Dies folgt aus einem Umkehrschluss aus der Rechtssache *S.P.U.C.* Dort führte die Tatsache, dass Schwangerschaftsabbrüche nicht in allen Mitgliedstaaten für unsittlich gehalten wurden, den EuGH zu der Annahme, dass solche nicht als gänzlich sozialschädliche Tätigkeiten aus dem Schutzbereich der Art. 56, 57 AEUV herausge-

1004 EuGH - *Omega* (Fn. 715) Rdn. 37, 38.

1005 GA *Van Gerven*, Schlussanträge in der Rs. C-159/90, Rdn. 37 - *SPUC*.

1006 Ebenda, Rdn. 41.

1007 EuGH - *Omega* (Fn. 715), Rdn. 39.

nommen werden konnten.[1008] Mit derselben Begründung subsumierte der Gerichtshof auch die Ausübung der Prostitution unter die Schutzbereiche der Grundfreiheiten.[1009] Dies ist zum einen konsequent, da es anderenfalls die Mitgliedstaaten in der Hand hätten, die Anwendungsbereiche der Grundfreiheiten durch einfaches Gesetz einseitig zu definieren. Darin läge ein offenkundiger Widerspruch zur Einheit der Unionsrechtsordnung und eine Missachtung der Verträge, die die Aufgabe der letztinstanzlichen Vertragsauslegung in Art. 19 Abs. 1 EUV dem Europäischen Gerichtshof übertragen. Darüber hinaus beruhen die Grundfreiheiten selbst auf einem Staatenkonsens und unterliegen - abgesehen von der Rechtfertigungsebene - keinem grundsätzlichen moralischen Vorbehalt. Es widerspräche dem ausdrücklichen Willen der Mitgliedstaaten und dem Vorbehalt des Gesetzes, bestimmten Tätigkeiten den Schutz durch die Marktfreiheiten aus moralischen Gründen zu untersagen, wenn diese Möglichkeit nicht positivrechtlich normiert ist.

b.) Vorbehalt des Gesetzes und Kohärenz

Auch in den Bereichen, in denen die Mitgliedstaaten gesetzlich ermächtigt sind, innerstaatliche Moralvorstellungen zu schützen, gebieten der *effet utile*, die Einheit der Unionsrechtsordnung sowie der Rechtsprechungsauftrag des EuGH aus Art. 19 EUV, ein Mindestmaß an gerichtlicher Kontrolle sicherzustellen. Als Korrektiv für einseitige Freiheitsbeschränkungen verlangt der Gerichtshof deshalb im Rahmen der Verhältnismäßigkeit, dass sich ein Mitgliedstaat nur glaubhaft auf aktuell vorherrschende Wertentscheidungen berufen kann, wenn diese normativ im innerstaatlichen Recht verankert sind. Irgendwie geartete außerrechtliche Anschauungen genügen nicht, um einen Eingriff in die Grundfreiheiten zu rechtfertigen. Auch genügt es nicht, sich lediglich auf einen Teil der öffentlichen Meinung zu berufen.[1010] Insbesondere in Staaten, die aus mehreren Gebieten mit eigenem Rechtssystem bestehen, müssen sich Moralanschauungen aus einer Gesamtschau aller anwendbaren Vorschriften ergeben[1011], sie müssen mithin einheitlich

[1008] EuGH - *S.P.U.C.* (Fn. 726), Rdn. 18.

[1009] EuGH - *Jany u.a.* (Fn. 698), Rdn. 52, 57; ähnlich EuGH, Rs. C-111/92, Slg. 1993, I-4677, Rdn. 14 - *Lange*.

[1010] *Kingreen*, in: Calliess/Ruffert, EUV/EGV, Art. 28-30, Rn. 196; EuGH, Rs. C-1/96, Slg. 1998, I-1251, Rn. 66, 67 - *The Queen/Compassion in World Farming*.

[1011] EuGH - *Conegate* (Fn. 689), Slg. 1986, 1007 (1023).

kodifiziert sein.[1012] Um einem „moralischen Sittenwächtertum" vorzubeugen, gilt dies auch, wenn den Mitgliedstaaten ein Beurteilungsspielraum eingeräumt ist.[1013] Ein Mitgliedstaat kann eine bestimmte Tätigkeit von Ausländern nicht verbieten, wenn er vergleichbare oder identische Verhaltensweisen von Inländern duldet oder fördert.[1014] Der EuGH formulierte dieses Erfordernis in *Conegate* folgendermaßen:

> „[...] kann doch die ärgerniserregende Wirkung einer Ware dann nicht als hinreichend schwerwiegend betrachtet werden, um Beschränkungen des freien Warenverkehrs zu rechtfertigen, wenn der betreffende Mitgliedstaat gegenüber den gleichen Waren, die in seinem Hoheitsgebiet hergestellt oder vermarktet werden, keine strafrechtlichen oder sonstigen ernsthaften und wirksamen Maßnahmen zur Verhinderung ihres Vertriebs in seinem Hoheitsgebiet ergreift."[1015]

Der EuGH sah in der Abwesenheit entsprechender Regeln eine willkürliche Diskriminierung i.S.d. Art. 36 S. 2 AEUV.[1016]

Davon zu unterscheiden ist das Kohärenzerfordernis, wonach sich nationale Regelungen nicht widersprechen dürfen. Dieser Grundsatz erscheint zunächst als schlichte Anwendung des Diskriminierungsverbots nach Art. 18 AEUV, das den Mitgliedstaaten verbietet, Unionsbürger aufgrund ihrer Staatsangehörigkeit unterschiedlich zu behandeln. Im Unterschied zur Diskriminierung bezieht sich die Kohärenz jedoch auf das Verhältnis einer Maßnahme zu den restlichen innerstaatlichen Vorschriften. Auch wenn hierbei die gegensätzliche Norm-

1012 So wurde in der Rechtssache *SPUC* anerkannt, dass das Lebensrecht des Ungeborenen tatsächlich auf ein ethisches Werturteil gestützt ist, da es im Rahmen eines Referendums in die irische Verfassung aufgenommen wurde, siehe GA *Van Gerven*, Schlussanträge in der Rs. C-159/90, Rdn. 32, 37, 38 – *SPUC*.

1013 *Kingreen*, in: Calliess/Ruffert, EUV/AEUV, Art. 34-36 AEUV, Rn. 196; *Becker*, in: Schwarze, EU-Kommentar, Art. 36 AEUV, Rdn. 9.

1014 EuGH – *Adoui und Cornuaille* (Fn. 937), Slg. 1982, 1665 (1707 f.); EuGH – *Jany u.a.* (Fn. 698), Rdn. 60, 61; EuGH – *Conegate* (Fn. 689), Slg. 1986, 1007 (1022); *Hailbronner*, in: Hailbronner/Wilms, EGV, Art. 30, Rn. 68 m.w.N. zu vergleichbaren Anforderungen an Beschränkungen des Art. 39 EGV a.F.; *Leible*, in: Grabitz/Hilf, Das Recht der Europäischen Union, Art. 36 AEUV, Rn. 19.

1015 EuGH – *Conegate* (Fn. 689), Slg. 1986, 1007 (1022).

1016 GA *Slynn*, Schlussanträge in der Rs. 121/85, Slg. 1986, 1007 (1010, 1014) – *Conegate*; so auch GA *Warner*, Schlussanträge in der Rs. 34/79, Slg. 1979, 3795 (3826) – *Henn und Darby*.

setzung bzw. -anwendung ebenfalls die Einschränkung einer Grundfreiheit verhindert, gehen die Anforderungen an die Kohärenz nationaler Normen darüber hinaus.[1017] Diese beschränkt sich nicht auf die schlichte Feststellung, ob eine willkürliche Diskriminierung zwischen In- und Ausländern stattfindet, sondern setzt zusätzlich voraus, dass unterschiedslos geltende und wirkende Maßnahmen nicht im Vergleich zu anderen innerstaatlichen Regelungen inkonsequent sind oder zu diesen im Widerspruch stehen. Ist beispielsweise die Einfuhr ausländischer pornographischer Waren in einen Mitgliedstaat untersagt, deren Herstellung im Inland aber ohne Restriktionen möglich, handelt es sich - wie in *Conegate* - um eine willkürliche Diskriminierung[1018]; ist hingegen in einem Mitgliedstaat (hypothetisch) die Herstellung pornographischer Filme für In- und Ausländer aus Jugendschutzgründen verboten, die Vermarktung ebenso expliziter Zeitschriften jedoch nicht, sind die anwendbaren Normen widersprüchlich und inkohärent. Die Politik des Mitgliedstaates ist unglaubwürdig, da es ihm offensichtlich nicht ernsthaft um den Jugendschutz, sondern um andere Schutzzwecke geht. Maßstab bei der Kohärenz ist mithin die Glaubwürdigkeit und Widerspruchslosigkeit nationaler Vorschriften und die Frage, ob eine Freiheitsbeschränkung zur Erreichung des angestrebten Ziels „geeignet“ ist.[1019]

Insgesamt verdichtet sich die gerichtliche Kontrolle durch den EuGH auf diese Weise spürbar. Seine ehemals zurückhaltende und auf die Willkürprüfung beschränkte Kontrolle von Freiheitsbeschränkungen aus Gründen von Ethik und Moral, erstreckt sich nunmehr auf die autonome Beurteilung des zugrundeliegenden Sachverhalts und des innerstaatlichen Rechtsrahmens. Zum einen beurteilt er die einzelnen Sachbereiche selbständig, um deren Vergleichbarkeit festzustellen. Zum anderen überprüft er, welche Normen auf diese Tätigkeiten an-

1017 Der EuGH trennt die Begriffe ebenfalls, da er das für Personen ohne Wohnsitz in den Niederlanden geltende Verbot, Coffeshops in der Gemeinde Masstricht zu besuchen, obwohl dies Ansässigen erlaubt ist, zwar für diskriminierend aber nicht inkohärent hält: *„Dabei bedeutet der diskriminierende Charakter der im Ausgangsverfahren fraglichen Regelung für sich genommen nicht, dass diese Regelung das angestrebte Ziel in einer inkohärenten Art und Weise verfolgt.“* siehe EuGH, Rs. C-137/09, EuZW 2011, 219, Rdn. 72, 76 - *Josemans*; kritisch *Frenz*, EuR 2012, 344 (352).

1018 EuGH - *Conegate* (Fn. 689), Rdn. 20.

1019 Ebenso schon *O. Dörr/Urban*, JURA 2011, 681 (686); *Schorkopf*, DÖV 2011, 260 (261); *Lippert*, EuR 2012, 90 (91 f.); *Mathisen*, CML Rev. 47 (2010), 1021 (1024, 1033).

wendbar sind und in welcher Weise sie angewendet werden. Erkennt er diesbezüglich einen Widerspruch oder eine Inkohärenz, kann die konkrete Maßnahme den Eingriff in die Grundfreiheiten nicht rechtfertigen.[1020] Insbesondere wenn es im Einzelfall auf die kulturellen oder sittlichen Wertmaßstäbe innerhalb eines Mitgliedstaates ankommt, konzentriert sich der EuGH auf das Kohärenzgebot, da der weite Spielraum der Staaten ansonsten kaum justiziabel ist. Der Anwendungsbereich des Kohärenzkriteriums ist jedoch nicht auf ethisch und moralisch sensible Fälle beschränkt.[1021]

i.) Dogmatische Verankerung des Kohärenzgebotes

Der EuGH hat das Gebot der Kohärenz und Systematik nationaler Normsetzung und Normanwendung nicht „aus der Luft gegriffen". Es ist vielmehr ausdrücklich in den europäischen Verträgen verankert und grundlegendes Prinzip unionaler Politik.[1022] Gemäß Art. 7 AEUV

> „[...] achtet [die Union] auf die Kohärenz zwischen ihrer Politik und ihren Maßnahmen in den verschiedenen Bereichen und trägt dabei unter Einhaltung des Grundsatzes der begrenzten Einzelermächtigung ihren Zielen in ihrer Gesamtheit Rechnung."

Diese Vorschrift verpflichtet die Unionsorgane, ihre Kompetenzen und Maßnahmen sowie die ihnen eingeräumten Spielräume konsistent im Hinblick auf die Gesamtzielsetzung unionalen Handelns und unter Einbeziehung sämtlicher Politikfelder auszuüben.[1023] Die Einzelmaßnahmen und -handlungen der Union sollen in einem „sinnbildenden Zusammenhang" stehen, aufeinander bezogen und widerspruchsfrei sein.[1024] Eine absolute Widerspruchsfreiheit schreibt diese Norm jedoch

1020 Insbesondere hinsichtlich der Glücksspiel-Monopole, EuGH - *Markus Stoß u.a.* (Fn. 709), Rdn. 88, 100-103; EuGH - *Carmen Media* (Fn. 709), Rdn. 67, 68; siehe auch *O. Dörr/Urban*, JURA 2011, 681 (686 f.).

1021 Ebenso EuGH, Rs. C-169/07, Slg. 2009, I-1721, Rdn. 55 - *Hartlauer* (staatlich finanziertes Gesundheitssystem); EuGH - *Josemans* (Fn. 1017), Rdn. 70 (Zutritt zu Coffeeshops); EuGH, Rs. C-161/09, GRUR int 2011, 314, Rdn. 42, 49 - *Kakavetsos-Fragkopoulos* (Qualitätssicherung); GA *Bot*, Schlussanträge in der Rs. C-34/10, Rdn. 108, 109 - *Brüstle;* angedeutet auch von GA *Stix-Hackl*, Schlussanträge in der Rs. C-36/02 (Fn.715), Rdn. 113 - *Omega.*

1022 *Lippert*, EuR 2012, 90 (91).

1023 *Frenz*, EuR 2012, 344.

1024 *Streinz*, in: ders. EUV/AEUV, Art. 7 AEUV, Rdn. 4; *Schorkopf*, in: Grabitz/Hilf/Nettesheim, Das Recht der EU, Art. 7 AEUV, Rdn. 11; *Kotzur*, in:

nicht vor.[1025] Außerdem wird den Unionsorganen – anders als den mitgliedstaatlichen Stellen – ein derart weiter Spielraum bei der Abstimmung ihrer Politik eingeräumt, dass der EuGH diesbezüglich nur sehr geringe Kontrollmöglichkeiten besitzt.[1026] Hinsichtlich der institutionellen Rahmenbedingungen regelt Art. 13 Abs. 1 EUV:

> „Die Union verfügt über einen institutionellen Rahmen, der zum Zweck hat, ihren Werten Geltung zu verschaffen, ihre Ziele zu verfolgen, ihren Interessen, denen ihrer Bürgerinnen und Bürger und denen der Mitgliedstaaten zu dienen sowie die Kohärenz, Effizienz und Kontinuität ihrer Politik und ihrer Maßnahmen sicherzustellen".

In Übereinstimmung mit Art. 7 AEUV verpflichtet diese Vorschrift die Unionsorgane zur Durchführung einer widerspruchsfreien Politik sowohl in materieller als auch in zeitlicher Hinsicht.[1027] Bei letzterem handelt es sich um Aspekte der Rechtssicherheit und des Vertrauensschutzes. Möglicherweise lassen sich diese Gedanken auf die Anforderungen, die der EuGH an mitgliedstaatliche Beschränkungen stellt, übertragen. In *Gambelli* umschreibt der EuGH das Kohärenzerfordernis folgendermaßen:

> „Soweit nun aber die Behörden eines Mitgliedstaats die Verbraucher dazu anreizen und ermuntern, an Lotterien, Glücksspielen oder Wetten teilzunehmen, damit der Staatskasse daraus Einnahmen zufließen, können sich die Behörden dieses Staates nicht im Hinblick auf die Notwendigkeit, die Gelegenheiten zum Spiel zu vermindern, auf die öffentliche Sozialordnung berufen, um Maßnahmen wie die im Ausgangsverfahren in Rede stehenden zu rechtfertigen."[1028]

Geiger/Khan/Kotzur, EUV/AEUV, Art. 7 AEUV, Rdn. 1; *Ruffert*, in: Calliess/Ruffert, EUV/AEUV, Art. 7 AEUV, Rdn. 3.

1025 So *Schorkopf*, in: Grabitz/Hilf/Nettesheim, Das Recht der EU, Art. 7 AEUV, Rdn. 11.

1026 *Streinz*, in: ders. EUV/AEUV, Art. 7 AEUV, Rdn. 8; *Ruffert*, in: Calliess/Ruffert, EUV/AEUV, Art. 7 AEUV, Rdn. 5.

1027 *Streinz*, in: ders. EUV/AEUV, Art. 13 EUV, Rdn. 9, 10; *Geiger*, in: Geiger/Khan/Kotzur, EUV/AEUV, Art. 13 EUV, Rdn. 2; *Kotzur*, in: Geiger/Khan/Kotzur, EUV/AEUV, Art. 7 AEUV, Rdn. 2, 3.

1028 EuGH – *Gambelli* (Fn. 709), Rdn. 69. Die Maßnahmen im Ausgangsverfahren verboten mehreren Personen im italienischen Hoheitsgebiet Sportwetten für Rechnung eines englischen Buchmachers anzubieten, da diese Tätigkeit dem italienischen Staat und seinen Konzessionären vorbehalten war.

Der italienische Staat konnte sich demnach zur Rechtfertigung seines Staatsmonopols nicht auf die Sozialordnung berufen, da er widersprüchliche Ziele verfolgte. Auch wenn das Erfordernis einer in sich schlüssigen nationalen Gesetzgebung in der Rechtsprechungspraxis nicht neu ist und schon früher implizit vom Gerichtshof zur Rechtfertigung eines Eingriffs vorausgesetzt wurde[1029], prüfte er das Merkmal einer kohärenten und systematischen Regelung in der Rechtssache *Gambelli* erstmals ausdrücklich und machte es auf diese Weise zu einem herausragenden Kriterium der Rechtfertigung. Während der EuGH in der deutschen Sprachfassung von „kohärent und systematisch" spricht, verwendet er in der englischen Fassung die Formulierung „consistent and systematic". Im Französischen wiederum lautet dieselbe Passage „cohérente et systématique".[1030] Als konsistent ist etwas zu bezeichnen, wenn es in sich stabil ist bzw. in der Gedankenführung logisch zusammenhängt.[1031] Auch Kohärenz beschreibt einen inneren Zusammenhang. Demnach ist etwas inkohärent, wenn es zusammenhanglos, durcheinander oder konfus gestaltet ist.[1032] Allem Anschein nach werden also Konsistenz und Kohärenz wenigstens im deutschen Sprachgebrauch synonym verwendet.[1033] Insofern liegt in der uneinheitlichen Übersetzung kein logischer Bruch.

ii.) Kohärenz als Kriterium zur Bestimmung der „Geeignetheit"

In dogmatischer Hinsicht ist die systematische Einordnung des Kohärenzerfordernisses nicht unproblematisch. Zunächst liegt es nahe, die unionalen Vorgaben für die Unionsorgane auf den nationalen Norm-

1029 Angedeutet bereits von EuGH, Rs. 178/84, Slg. 1987, S. 1227 Rdn. 38, 47 – *Kommission/Deutschland*; EuGH – *Läärä* (Fn. 711), Rdn. 37; EuGH – *Zenatti* (Fn. 711), Rdn. 35, 36.

1030 Ausführlich zu diesen sprachlichen Unklarheiten auch *Mathisen*, CML Rev. 47 (2010), 1021 (1024 ff.). *Dederer*, EuZW 2010, 771 (772) fasst beide Begriffe unter dem Stichwort „Konsistenzgebot" zusammen.

1031 Siehe Duden Online, abrufbar unter: http://www.duden.de/rechtschreibung/konsistent (zuletzt abgerufen am 06.11.2014).

1032 Siehe Duden Online, abrufbar unter: http://www.duden.de/rechtschreibung/inkohaerent (zuletzt abgerufen am 06.11.2014).

1033 Auch scheinen „*incoherence*" und „*inconsistence*" dem Grunde nach das Gleiche zu sein, siehe *Mathisen*, CML Rev. 47 (2010), 1021 (1033); ebenso wohl *Frenz*, EuR 2012, 344 (346 f.).

geber zu übertragen. Dementsprechend vertritt *Kotzur* die Ansicht, das mitgliedstaatliche Pendant des unionalen Kohärenzprinzips der Art. 13 Abs. 1 EUV und Art. 7 AEUV sei die Widerspruchsfreiheit der Rechtsordnung.[1034] *Frenz* hält diese für unterschiedliche Aspekte. Es gehe nicht - wie bei der Widerspruchsfreiheit der Rechtsordnung - um Widersprüche zwischen Gesetzgebern auf unterschiedlichen Ebenen[1035], sondern um die Konsistenz innerstaatlicher Vorschriften, unabhängig vom Normgeber.[1036] Beide Ansichten sind nicht so widersprüchlich, wie es zunächst scheint. Zwar ist ein nationaler Rechtsrahmen nach Ansicht des EuGH inkohärent, wenn beispielsweise in einem föderalen Staat Widersprüche zwischen Bundes- und Landesrecht bestehen, die nicht gerechtfertigt sind.[1037] Insofern ist eine Parallele zur Widerspruchsfreiheit der Rechtsordnung erkennbar. Dennoch liegt aus Sicht des Unionsrechts auch dann Inkohärenz vor, wenn ein- und derselbe Gesetzgeber vergleichbare Sachbereiche widersprüchlich regelt.[1038] Insofern ergänzen sich beide Ansichten und legen den Schluss nahe, dass das Kohärenzgebot als eigene Prüfungskategorie anzusehen ist.

In der Literatur werden drei verschiedene Ansätze zu dessen Einordnung angeboten: als Ausformung des Gleichbehandlungsgrundsatzes[1039], als eigenständige Schranken-Schranke[1040] oder als Bestandteil der Verhältnismäßigkeit, wobei im Rahmen letzterer umstritten ist, ob eine Inkohärenz Einfluss auf die Legitimität des verfolgten Zwecks[1041] oder die Geeignetheit[1042] einer staatlichen Beschränkung haben soll.

1034 *Kotzur*, in: Geiger/Khan/Kotzur, EUV/AEUV, Art. 7 AEUV, Rdn. 1.

1035 Vgl. nur BVerfG, Urteil vom 16.12.1997 - 2 BvR 1991, 2004/95 - *Kommunale Verpackungssteuer*, Rdn. 61, BVerfGE 98, 106; BVerfG, 07.05.1998 - 2 BvR 1876/91 u.a. - *Landesabfallgesetze*, NJW 1998, 2346 (2347).

1036 *Frenz*, EuR 2012, 344.

1037 Vgl. *O. Dörr/Urban*, JURA 2011, 681 (687); *O. Dörr*, DVBl 2010, 69 (75); EuGH - *Carmen Media* (Fn. 709), Rdn. 69.

1038 Das betrifft insbesondere die Fälle innerer Inkohärenz (dazu sogleich) sowie EuGH, Rs. C-88/08, Slg. 2009, I-5325, Rdn. 46, 47 - *Hütter*.

1039 Dies andeutend *Streinz/Kruis*, NJW 2010, 3745 (3747).

1040 *Lippert*, EuR 2012, 90 (92 f.).

1041 *Dederer*, EuZW 2010, 771 (772); *Streinz/Kruis*, NJW 2010, 3745 (3748).

1042 Z.B. *O. Dörr/Urban*, JURA 2011, 681 (686); wohl auch *Frenz*, EuR 2012, 344 (345, 349); *Mathisen*, CML Rev. 47 (2010), 1021 (1038); *Gundel*, ZUM 2010, 955 (956); so auch der EuGH, Rs. C-500/06, Slg. I-5785, Rdn. 39 - *Corporación Dermoestética*; EuGH, Rs. C-347/09, Rdn. 56 - *Dickinger und Ömer*, EuZW 2011, 841.

Vorzugswürdig erscheint Letzteres, da es bei der Kohärenz um die Eignung nationaler Gesetzgebung zur Erreichung des gesteckten Zieles geht. Dementsprechend verlangt auch der EuGH selbst, dass

> „[...] die Beschränkungen [...] *geeignet* sind, die Verwirklichung der genannten Ziele [...] zu gewährleisten."[1043]

Das heißt, die freiheitbeschränkende Maßnahme muss den angestrebten Erfolg in wirksamer Weise fördern. Dennoch spricht auch einiges dafür, im Kohärenzerfordernis eine Ausgestaltung des Gleichbehandlungsgrundsatzes zu sehen. *Schorkopf* beispielsweise hält das Kohärenzerfordernis und den Gleichheitsgrundsatz für zwei Seiten derselben Medaille: Während Ersteres als europäisches Grundprinzip anzusehen ist, dient Letzterer dessen grundrechtlicher Absicherung im Verhältnis zum Bürger.[1044]

Wie oben beschrieben, geht es bei der Kohärenz darum zu ermitteln, ob vergleichbare Sachverhalte nach nationalem Recht gleich behandelt werden. Jedoch sind die Anknüpfungspunkte von Kohärenz und Gleichheitssatz verschieden. Während Erstere die konsequente Verfolgung eines die Grundfreiheiten beschränkenden Ziels verlangt, also zielgerichtet ist, schützt Letzterer die Bürger eines Staates unabhängig von jeglicher Zielvorstellungen *per se* vor Ungleichbehandlungen. Bei der Kohärenz geht es insbesondere darum, dass der Mitgliedstaat durch Widersprüche in ungerechtfertigter Weise in die europäischen Grundfreiheiten eingreift. Er muss glaubhaft machen, dass er das legitime Ziel verfolgen will und auch tatsächlich wirksam verfolgt. Werden beispielsweise im Glücksspielsektor ähnlich gefährliche und suchterzeugende Spielarten divergent behandelt, erwächst daraus die Vermutung, dass es dem Mitgliedstaat vorwiegend um andere, möglicherweise finanzielle Interessen und weniger um den Jugendschutz geht. Sein Verhalten ist schlichtweg nicht glaubhaft. Deshalb kann nicht davon ausgegangen werden, dass die selektive Freiheitsbeschränkung dazu beiträgt bzw. geeignet ist, das Ziel des Jugendschutzes zu erreichen. Der Unterschied ist mithin folgender: Eine Ungleich-

1043 St. Rspr., siehe nur EuGH – *Markus Stoß u.a.* (Fn. 709), Rdn. 88. Im Englischen verwendet der EuGH den Begriff *„suitable"*; im Französischen den Begriff *„propres"*, siehe jeweils die Sprachfassungen von EuGH – *Gambelli* (Fn. 709), Rdn. 67. Beide Begriffe bedeuten sinngemäß dasselbe wie „geeignet". Ähnlich formulierte der EuGH auch in der Sache *Hartlauer* (Fn. 1021) Rdn. 55.

1044 *Schorkopf*, in: Grabitz/Hilf/Nettesheim, EUV/AEUV, Art. 7 AEUV, Rdn. 11.

behandlung im eigentlichen Sinne ist *per se* rechtswidrig und verlangt mehr als die Kohärenz, nämlich die absolute Gleichbehandlung. Im Rahmen der Kohärenz hingegen ist eine Ungleichbehandlung nur unionsrechtswidrig, wenn der vom Unionsrecht als legitim angesehene Rechtfertigungsgrund aufgrund widersprüchlicher Rechtssetzung oder -anwendung nicht wirksam verfolgt wird.[1045]

Lippert, der die Kohärenz aus der Verhältnismäßigkeitsprüfung mit dem Argument aussondert, dass widersprüchlich nur mindestens zwei verschiedene Maßnahmen sein können, die Verhältnismäßigkeit aber eine isolierte Betrachtung erfordert, übersieht, dass auch eine einzelne Maßnahme für sich gesehen inkohärent sein kann.[1046] Zudem lässt sich der Rechtsprechung des EuGH nicht entnehmen, dass die Kohärenz weitere Voraussetzung für eine dem Grunde nach bereits gerechtfertigte Freiheitsbeschränkung ist.[1047] Als eigenständige „Schranken-Schranke" fungiert die Kohärenz mithin nicht.

Es ist darüber hinaus aber denkbar, bei inkohärenter Rechtsetzung bereits die Verfolgung eines legitimen Zwecks in Frage zu stellen. Gibt ein Mitgliedstaat einerseits vor, er wolle den Anreiz zum Glücksspiel verringern, betreibt andererseits extensive Werbung für sein eigenes Lottomonopol und schafft dadurch Spielanreize, ist nicht davon auszugehen, dass es ihm tatsächlich um den vorgegebenen Zweck, sondern vielmehr um die Einnahmenerzielung geht.[1048] Evidenter ist diese Überlegung, wenn der Mitgliedstaat ausdrücklich moralische Wertvorstellungen zur Grundlage seiner beschränkenden Maßnahme macht. Sind beispielsweise moralisch aufgeladene Normen im Inland nicht einheitlich anwendbar, sondern von Region zu Region divergent[1049], ist zu bezweifeln, dass ein darauf gestütztes Verbot tatsächlich herrschende Moralvorstellungen umsetzt. Allerdings stünde eine solche Vermutung auf wackligen Beinen, denn auch wenn der Regelungsrahmen inkohärent ist, ist der Schluss auf die Verfolgung eines illegitimen Ziels

1045 In diesem Sinne auch *Lippert*, EuR 2012, 90 (92).

1046 Dazu sogleich.

1047 So aber *Lippert*, EuR 2012, 90 (93). Im Gegenteil erklärt der EuGH ausdrücklich, dass eine Maßnahme nur gerechtfertigt sei, *soweit* sie kohärent und systematisch zur Zweckverfolgung beitrage, siehe nur EuGH – *Markus Stoß u.a.* (Fn. 709), Rdn. 88.

1048 EuGH – *Carmen Media* (Fn. 709 Fn. 709), Rdn. 66.

1049 So z.B. in EuGH – *Henn und Darby* (Fn.681), Slg. 1979, 3795 (3813 f.), Rdn. 16, 17.

nicht zwingend. Darüber hinaus würde der Anwendungsbereich des Kohärenzkriteriums dadurch auf vorsätzliches Fehlverhalten eines Mitgliedstaates beschränkt.[1050] Inofern ist es aus rechtspolitischen Gründen zu begrüßen, die Frage der Kohärenz und Systematik erst im Rahmen der Verhältnismäßigkeit differenziert zu prüfen. Die Reichweite dieser Prüfung kann sich ausschließlich auf die innere oder zusätzlich auf die äußere oder auch Gesamtkohärenz beziehen.[1051]

iii.) Reichweite des Kohärenzgebotes

Unter „innerer Kohärenz" (auch vertikale Kohärenz) versteht man die Widerspruchsfreiheit einer isoliert zu betrachtenden Maßnahme oder Regelung.[1052] Diese muss einer inneren Logik folgend tatsächlich und konsequent einem bestimmten Ziel - beispielsweise dem Schutz der öffentlichen Sittlichkeit - dienen und nicht etwa protektionistische Zwecke verfolgen.[1053] In der Sache *Hütter* beispielsweise rekurrierte der EuGH ausdrücklich allein auf die innere Kohärenz einer Altersregelung für den öffentlichen Dienst, die zwei sich widersprechende Ziele - einerseits den Anreiz, eine allgemeinbildende Schule zu besuchen, und andererseits die bevorzugte Einstellung von jungen Menschen, die eine berufsbildende Schule besucht haben - fördern sollte.[1054] Eine solche Maßnahme, die denklogisch nicht beide Ziele gleichermaßen fördern kann, ist im Sinne der Verhältnismäßigkeit nicht geeignet. Gleiches gilt, wenn Ausländern die Ausübung der Prostitution im Inland verboten ist, Inländern jedoch nicht.[1055] Ebenso kann ein Einfuhrverbot für pornographische Waren nicht gerechtfertigt sein, wenn zwar der Postversand im Inland untersagt ist, ansonsten aber ein rechtmäßiger Han-

1050 So *Gundel*, ZUM 2010, 955 f.; kritisch dazu auch *Mathisen*, CML Rev. 47 (2010), 1021 (1035 ff., 1039).

1051 *Lippert*, EuR 2012, 90 (95) verwendet die Begriffe vertikal und horizontal; ebenso *Klöck/Klein*, NVwZ 2011, 22 (23 f.).

1052 EuGH - *Placanica* (Fn.709), Rdn. 49.

1053 Für den Glücksspielbereich *O. Dörr/Urban*, JURA 2011, 681 (686); *Frenz*, EuR 2012, 344 (348); *Mathisen*, CML Rev. 47 (2010), 1021 (1047 f.); aus der Rspr. bereits EuGH, Rs. C-40/82, Slg. 1982, 2793, Rdn. 37 - *Kommission/Vereinigtes Königreich*, EuGH - *Markus Stoß u.a.* (Fn. 709), Rdn. 99; EuGH - *Carmen Media Group* (Fn. 709) Rdn. 66; EuGH - *Zenatti* (Fn. 711), Rdn. 36; EuGH - *Gambelli* (Fn. 709), Rdn. 69; Ebenso GA *Stix-Hackl*, Schlussanträge in der Rs. C-36/02, Rdn. 113 - *Omega*.

1054 EuGH - *Hütter* (Fn. 1038), Rdn. 46 f.

1055 GA *Léger*, Schlussanträge in der Rs. C-268/99, Rdn. 138 - *Jany u.a.*

del mit den entsprechenden Waren stattfindet.[1056] Die innere Inkohärenz einer Maßnahme ist für sich betrachtet gleichzusetzen mit einer willkürlichen Diskriminierung im Sinne des Art. 36 S. 2 AEUV.

Neben[1057] das Erfordernis der inneren Kohärenz tritt in der europäischen Rechtsprechung die „äußere bzw. Gesamtkohärenz" (auch horizontale Kohärenz), die eine nationale Rechtsordnung als Ganzes in den Blick nimmt. Sie ist eine umfassende Gesamtbetrachtung innerstaatlicher Gesetzgebung; mit anderen Worten: Eine mitgliedstaatliche Norm darf nicht durch andere gegenläufige Normen desselben Mitgliedstaates zu vergleichbaren Sachgebieten konterkariert werden. Im Gegenteil muss die Gesamtheit der einschlägigen Rechtsnormen den Schutz eines Rechtsgutes wie der „öffentlichen Sittlichkeit" konsequent verfolgen.[1058] Es ist nicht ausgeschlossen, dass das nationale Recht zwischen den einzelnen Verhaltensweisen unterscheidet; für jede muss grundsätzlich gesondert geprüft werden, welche Einschränkungen gerechtfertigt sein können. Dennoch müssen die verschiedenen Maßnahmen in einer Gesamtbetrachtung in konsistenter, mithin schlüssiger Weise dem verfolgten Zweck dienen.[1059] Die jeweilige Staatsorganisation spielt für diese Beurteilung keine Rolle, da die Mitgliedstaaten, als einheitliche völkerrechtliche Rechtspersönlichkeiten Adressaten der Grundfreiheiten sind. Demnach müssen in einem föderalen Staat landesrechtliche mit bundesrechtlichen Regelungen sowie deren Anwendung im Einzelfall koodiniert werden.[1060]

1056 EuGH – *Conegate* (Fn. 689), Rdn. 11.

1057 *Lippert*, EuR 2012, 90 (96, 98).

1058 *O. Dörr/Urban*, JURA 2011, 681 (687); *Streinz/Kruis*, NJW 2010, 3745 (3748); *Dederer*, EuZW 2010, 771 (773); *Klöck/Klein*, NVwZ 2011, 22 (23 f.); *Lippert*, EuR 2012, 90 (98); EFTA-Gerichtshof, Urteil vom 30.05.2007, Rs. E-3/06, Rdn. 51 – *Ladbrokes;* EuGH – *Markus Stoß u.a.* (Fn. 709), Rdn. 100-103; Schlussanträge des GA *Bot* in der Rs. C-34/10, Rdn. 108, 109 – *Brüstle;* kritisch GE *Mengozzi*, Schlussanträge in der Rs. C-46/08 – *Carmen Media*, Rdn. 54; ebenso *Gundel*, ZUM 2010, 955 (956), nach dessen Ansicht nur solche Sachbereiche miteinander verglichen werden könnten, die substituierbar seien.

1059 *Frenz*, EuR 2012, 344 (350 f.).

1060 Sog. „Landesblindheit" des Unionsrechts, vgl. *O. Dörr/Urban*, JURA 2011, 681 (687); *O. Dörr*, DVBl 2010, 69 (75); *Streinz/Kruis*, NJW 2010, 3745 (3748); *Dederer*, EuZW 2010, 771 (773); *Gundel*, ZUM 2010, 955 (957); EuGH – *Carmen Media* (Fn. 709) Rdn. 69.

Eine Ausnahme vom Kohärenzerfordernis liegt dann vor, wenn die miteinander verglichenen Sachbereiche derartige Unterschiede aufweisen, dass sie eine differenzierte Behandlung rechtfertigen können. Davon ist auszugehen, wenn die jeweiligen Verhaltensweisen unterschiedliche Risiken bergen.[1061] So entschied der EuGH, dass das vollständige Verbot des Internetglücksspiels trotz liberaler Regelungen in anderen Glücksspielbereichen unionsrechtlich unbedenklich sei, da das Internet im Vergleich zu herkömmlichen Vertriebswegen gerade für Jugendliche spezifische Gefahren - wie die Anonymität des Spiels und die dadurch erhöhte Gefahr der Spielsucht - aufweise.[1062]

Diese Vorgaben erscheinen zunächst wie tiefe Einschnitte in die Entscheidungsspielräume der Mitgliedstaaten, insbesondere wenn es um nicht harmonisierte ethisch-moralische Fragen geht, da sich der EuGH nach eigener Aussage bei deren Beurteilung in Zurückhaltung übt. Es ist jedoch zu berücksichtigen, dass der Gerichtshof den jeweiligen Mitgliedstaat letztendlich nur „an seinen eigenen Worten misst", da die Anforderungen an die Kohärenz des Regelungsrahmens von dem Schutzniveau abhängen, das der Staat für sich selbst festlegt.[1063] Dementsprechend ist die Erforderlichkeit und Verhältnismäßigkeit einer Freiheitsbeschränkung allein am Maßstab des innerstaatlichen Rechts zu prüfen.[1064] Strebt der Staat ein niedriges Schutzniveau an, ist es im Rahmen der Geeignetheit unschädlich, wenn die nationalen Regelungen nicht zur vollständigen Beseitigung der Gefahr beitragen. Insofern verlangt das Kohärenzerfordernis keine absolute Widerspruchslosigkeit der Politik.[1065] Im Gegenteil kann von einem Mitgliedstaat nicht verlangt werden, dass er alle nur erdenklichen Maßnahmen trifft, um ein unerwünschtes Verhalten zu verhindern. Hier fungiert der Grundsatz der Verhälntismäßigkeit als beschränktendes Korrektiv.[1066] Im

1061 *Streinz/Kruis*, NJW 2010, 3745 (3747). So hat es der EuGH insbesondere für das Internet-Glücksspiel entschieden, siehe EuGH, Rs. C-42/07, Slg. 2009, I-7633, Rdn. 72 - *Liga und Bwin*; EuGH - *Carmen Media* (Fn. 709), Rdn. 103.

1062 EuGH - *Liga Portuguesa* (Fn. 752), Rdn. 69-72.

1063 So *Mathisen*, CML Rev. 47 (2010), 1021 (1041) mit Verweis auf EuGH, Rs. C-262/02, Slg. 2004, I-6569, Rdn. 33 - *Kommission/Frankreich* und EuGH, Rs. C-429/02, Slg. 2004, I-6613, Rdn. 40 - *Bacardi France*.

1064 GA *Mengozzi*, Schlussanträge in der Rs. C-244/06, Rdn. 82, 84 - *Dynamic Medien*.

1065 Siehe *Schorkopf* in: Grabitz/Hilf/Nettesheim, Das Recht der EU, Art. 7 AEUV, Rdn. 11; *Gundel*, ZUM 2010, 955 (956).

1066 Vgl. GA *Van Gerven*, Schlussanträge in der Rs. C-159/90, Rdn. 29 - *SPUC*.

Rahmen der Erforderlichkeit einer beschränkenden Maßnahme suggeriert die Inkohärenz jedoch, dass tatsächlich ein niedrigeres Schutzniveau angestrebt ist, als der Mitgliedstaat vorgibt. Bezogen auf Glücksspiele heißt dies beispielsweise: Wenn Deutschland ein Sportwettenmonopol errichtet, um die Spielsucht zu bekämpfen, gleichzeitig aber in anderen Glücksspielbereichen eine expansive, auf die Vergabe von Konzessionen beruhende Politik betreibt, liegt der Schluss nahe, dass das Monopol nicht im Sinne des mildesten verfügbaren Mittels erforderlich ist, um das angestrebte Ziel zu erreichen. Die Absicht Deutschlands scheint es dann nämlich nicht zu sein, die Gefahren der Spielsucht vollständig einzudämmen.[1067] Vielmehr liegt der Schluss nahe, dass die tatsächliche Motivation der beschränkenden Maßnahme eine andere ist als diejenige, die der Staat angibt.[1068] Entweder, der Schutzzweck ist dem Mitgliedstaat nicht so wichtig, wie er behauptet, oder er verfolgt in Wirklichkeit protektionistische Ziele.

4.) Zusammenfassung und Bewertung

Zusammenfassend ist zu konstatieren, dass die Kontrolldichte des EuGH bei Freiheitsbeschränkungen aus Gründen von Ethik und Moral variiert. Die Definition der „öffentlichen Sittlichkeit und Ordnung" orientiert sich allein am jeweiligen Verständnis des Mitgliedstaates. Das heißt, dass die Definitionshoheit über diese Begriffe dem Europäischen Gerichtshof entzogen ist. Diesbezüglich gibt es jedoch Ausnahmen: Geht es um die Eröffnung des Anwendungsbereiches der Grundfreiheiten, kann sich ein Mitgliedstaat nur auf Moralvorstellungen berufen, wenn diese von den anderen Staaten übereinstimmend geteilt werden. Dieses festzustellen behält sich der EuGH vor. Darüber hinaus ist der Spielraum, der den Mitgliedstaaten im Weitern eingeräumt ist, von einer europäischen Kontrolle auf der Rechtfertigungsebene begleitet. Da die „öffentliche Sittlichkeit" ausdrücklich als Rechtfertigungsgrund in den Verträgen anerkannt ist, konzentriert sich die Prüfung des Gerichtshofs auf die Verhältnismäßigkeit einer Freiheitsbeschränkung. In deren Rahmen prüft er, ob die ethisch-moralischen Werte, auf die sich ein Mitgliedstaat beruft, tatsächlich in dessen Gesellschaft vorherrschen und ob der Staat das Niveau, das er für den Schutz der „öffentlichen Sittlichkeit und Ordnung" für erforderlich hält, mithilfe na-

1067 Ebenso EuGH, Rs. C-215/87, Slg. 1989, 617, Rdn. 21 – *Schumacher* (Es ging hier um ein Einfuhrverbot für Arzneimittel per Post, obwohl diese im Reiseverkehr ohne Einschränkungen eingeführt werden durften).

1068 *Petersen*, AöR 138 (2013), 108 (119).

tionaler Normen in kohärenter und systematischer Weise verfolgt. Bei diesem Erfordernis geht es um die Widersprüchlichkeit und Glaubwürdigkeit innerstaatlicher Rechtssetzung und -anwendung. Daran fehlt es, wenn vergleichbare Tätigkeiten derart unterschiedlich behandelt werden, dass nicht davon auszugehen ist, dass sie eine ernsthafte Gefahr für die „öffentliche Sittlichkeit oder Ordnung" darstellen. Zu diesem Zweck untersucht der EuGH vergleichbare Tätigkeiten und die auf sie anwendbaren Rechtsregeln. Er führt mithin eine „autonome Normstrukturprüfung" durch, die eine erhöhte Kontrolldichte mit sich bringt. Dem EuGH ist damit ein flexibles Instrument an die Hand gegeben, das ihm einerseits ermöglicht, gemäß Art. 4 Abs. 2 EUV den nationalen Ermessensspielraum und die nationale Identität in ethisch-moralischen Fragestellungen zu respektieren, andererseits aber protektionistische Maßnahmen oder solche, die keinen im Sinne des Unionsrechts legitimen Zwecken dienen, für jeden Einzelfall zu identifizieren.[1069]

II. Europäische Menschenrechtskonvention

1.) Institutionelle Rahmenbedingungen

Nach Art. 19 EMRK ist es die Aufgabe des Europäischen Gerichtshofs für Menschenrechte, die Einhaltung der Verpflichtungen sicherzustellen, welche die Hohen Vertragsparteien in der Konvention und den Protokollen übernommen haben. Dabei umfasst die Jurisdiktion des Gerichtshofs nach Art. 32 Abs. 1 EMRK

> „[...] all matters concerning the interpretation and application of the Convention and the Protocols ".

Daraus folgt, dass der EGMR ausschließlich am Maßstab der Konventionsrechte entscheidet und die Anwendung und Auslegung nationalen Rechts ansonsten den Vertragsstaaten überlässt.[1070] Insofern ist seine Stellung zu den nationalen Gerichten vergleichbar mit derjenigen des BVerfG zu den Fachgerichten.[1071] Die Aufgabe des Gerichtshofs ist es gerade nicht, die Tatsachen- oder rechtlichen Feststellungen nationa-

1069 Ebenso *Lippert*, EuR 2012, 90 (93).

1070 *Gebauer*, Parallele Grund- und Menschenrechtssysteme in Europa?, S. 217 f.

1071 *Uerpmann-Wittzack*, in: Ehlers, Europäische Grundrechte und -freiheiten, § 3 I 1 Rdn. 23.

ler Gerichte in Frage zu stellen, solange nicht die Konvention berührt wird oder die staatlichen Gerichte willkürlich gehandelt haben.[1072]

Auch bei Verletzungen der Konvention durch einen Vertragsstaat ist der Schutz durch den EGMR gegenüber innerstaatlichen Gerichten nur subsidiär. Das heißt, jeder Staat hat die Gelegenheit, eine Menschenrechtsverletzung zunächst selbst zu beseitigen. Insofern fungiert der Gerichtshof nicht als „vierte Instanz", sondern stellt lediglich sicher, dass die Vertragsstaaten ihre Befugnisse im Hinblick auf die Einhaltung der Konventionsrechte nicht überschritten haben.[1073] Dennoch erschöpft sich die Aufgabe des Gerichtshofs nicht darin, nationale Entscheidungen bloß nachzuvollziehen. Er muss vielmehr auf der Grundlage der Konvention aus einer Vielzahl unterschiedlicher Rechtsordnungen verbindliche rechtliche Regeln für alle Vertragsstaaten ableiten. Dieser Funktion wäre nicht gedient, wenn er nationale Methoden und Dogmatik schlicht rezipieren würde.[1074]

Entscheidend ist, dass die Urteile des Gerichtshofs nur feststellende Wirkung haben und nicht mit innerstaatlichen Mitteln vollstreckt werden können.[1075] Insofern ist der EGMR auf die Akzeptanz und Kooperation durch die Vertragsstaaten angewiesen.[1076] Dies erklärt, warum seine Kontrolldichte, insbesondere bei sensiblen Themen oder komplexen Güterabwägungen, geringer ist als die eines nationalen Gerichts. Die Urteilsanalyse und -auswertung wird diese These umfassend belegen.

2.) Die Verhältnismäßigkeit in der Rechtsprechung des EGMR

Ebenso wie der EuGH, beschränkt sich der Europäische Gerichtshof für Menschenrechte auf eine formale Kontrolle im Rahmen der Verhältnismäßigkeit. Es geht bei Freiheitsbeschränkungen aus Gründen von Ethik und Moral insbesondere um die Frage, ob eine nationale Maßnahme im Sinne der Absätze 2 der Artikel 8-11 EMRK zum Schutz der Moral „in einer demokratischen Gesellschaft notwendig ist". Die Reichweite des nationalen Beurteilungsspielraums hängt dabei von mehreren Faktoren ab.

1072 *Meyer-Ladewig*, EMRK, Art. 19 Rdn. 1 m.w.N.

1073 *Schokkenbroek*, HRLJ 19 (1998), 30 (31).

1074 *Hoffmann-Riem*, EuGRZ 2006, 492 (497).

1075 *De Wall*, JURA 2012, 960 (962).

1076 *Gebauer*, Parallele Grund- und Meschenrechtsschutzsysteme in Europa?, S. 220 f.

a.) Pornographie

Die maßgeblichen Urteile über Pornographie betreffen die Rechtssachen *Handyside/Vereinigtes Königreich*[1077], sowie *Müller u.a./Schweiz*[1078]. In *Handyside* überließ der Gerichtshof die Beurteilung, ob ein zwingendes gesellschaftliches Bedürfnis zum Schutz der „Moral" vorlag, dem Vertragsstaat[1079] und konzentierte sich vielmehr auf die Prüfung, ob eine nationale, das Recht aus Art. 10 Abs. 1 EMRK beschränkende Maßnahme, gemäß Art. 10 Abs. 2 EMRK tatsächlich auf den Schutz der „Moral" gerichtet und „notwendig in einer demokratischen Gesellschaft" war. Der *margin of appreciation* bzw. *marge d´appréciation* unterliege insofern einer europäischen Kontrolle, die aus der originären Funktion des Gerichtshofs gemäß Art. 19 EMRK - die Einhaltung der Verpflichtungen aus der Konvention - hergeleitet sei. Diese umfasse die Prüfung der Zweckgerichtetheit und Notwendigkeit einer Maßnahme und erstrecke sich auf das zugrunde liegende Gesetz sowie dessen Anwendung im Einzelfall. Mit anderen Worten kontrollierte der Gerichtshof, ob die nationalen Maßnahmen dem Grunde nach einen von der EMRK akzeptierten Rechtfertigungsgrund verfolgten und im konkreten Einzelfall verhältnismäßig waren. Den Schwerpunkt legte der EGMR auf das Merkmal der „Notwendigkeit in einer demokratischen Gesellschaft". Er hob die konstitutive Wirkung der Meinungsfreiheit für eine Demokratie hervor und betonte, dass Maßnahmen, welche diese beschränkten, nur gerechtfertigt sein könnten, wenn sie verhältnismäßig seien. Auf der anderen Seite lege Art. 10 EMRK dem Äußernden Verantwortung und Pflichten hinsichtlich des Inhalts der Meinungskundgabe auf, die es im Rahmen der „Notwendigkeit" zu berücksichtigen gelte.[1080] Um diese ausreichend zu würdigen, sei es die Aufgabe des Gerichtshofs, den jeweiligen Fall unter Berücksichtigung aller nationalen und internationalen Gesichtspunkte zu beurteilen, da der von ihm zu wahrende Menschenrechtsschutz ansonsten illusorisch sei.[1081] Der EGMR prüfte insbesondere, ob die vom Vertragsstaat vorgebrachten Argumente für eine Freiheitsbeschränkung aus moralischen Gründen stichhaltig und hinreichend, bzw. glaubwürdig und

1077 EGMR – *Handyside/Vereinigtes Königreich* (Fn. 815).

1078 EGMR – *Müller u.a./Schweiz* (Fn. 822).

1079 EGMR – *Handyside/Vereinigtes Königreich* (Fn. 815), Rdn. 48.

1080 Ebenda, Rdn. 49.

1081 St. Rspr., siehe. dazu erstmals EGMR – *Airey/Irland* (Fn. 795), Rdn. 24; aus der Literatur *Badenhop*, Normtheoretische Grundlagen EMRK, S. 66; *Jacobs & White*, The European Convention on Human Rights, S. 43.

kohärent seien.[1082] Er war der Ansicht, dass das letztinstanzliche englische Gericht berechtigterweise annehmen konnte, dass ein Schulbuch, das obszöne Darstellungen und Texte enthalte, abträgliche Auswirkungen auf die „Moral" haben könne. Auch sei nicht erkennbar, dass das Urteil in Wirklichkeit einem anderen Zweck als dem Schutz der „Moral" diente, da moralisch unbedenkliche Textpassagen in einer revidierten Auflage des Buches verbreitet werden durften. Alle nationalen Maßnahmen verfolgten auf der Grundlage des englischen Gesetzes von 1959/1964 mithin ein von der Konvention in Art. 10 Abs. 2 EMRK anerkanntes und konventionskonformes Ziel. Ob die Rechtsfolgen – also die Beschlagnahme des Buches sowie die Strafe und Einziehung – notwendig waren, bestimmte sich ebenfalls nach ihrer Verhältnismäßigkeit. Im Gegensatz zu späteren Urteilen hielt der Gerichtshof die Tatsache, dass die normierten Sanktionen gegen das fragliche Schulbuch im Gebiet des Vereinigten Königreichs divergierten, für unschädlich. Es liege gerade im Ermessen der Vertragsstaaten, von Beschränkungsmöglichkeiten Gebrauch zu machen oder nicht. Dies schließe lediglich partielle Beschränkungen mit ein, sodass die Notwendigkeit einer staatlichen Maßnahme dadurch nicht in Frage gestellt werde.[1083] Auch spielte es nach Ansicht des EGMR keine Rolle, dass das anstößige Schulbuch in den meisten Vertragsstaaten im freien Umlauf sei, da sich die „Notwendigkeit" einer Maßnahme nur am nationalen Schutzniveau orientiere. Darüber hinaus erachtete er die Strafsanktionen und die Vernichtung der Bücher als nicht unangemessene Beeinträchtigungen der Meinungsfreiheit.[1084] Im Hinblick auf die Beschlagnahme prüfte er einen Verstoß gegen das Recht auf Eigentum aus Art. 1 des 1. ZP EMRK. Im Gegensatz zu Beschränkungen nach Art. 10 Abs. 2 EMRK sei es in diesen Fällen allein Sache der Vertragsstaaten, die Notwendigkeit von Regelungen zu beurteilen. Der EGMR prüfe lediglich die Gesetz- und Zweckmäßigkeit einer Entziehung. Seiner Ansicht nach diene die Beschlagnahme dem Schutz der „Moral", die als Belang des „Allgemeininteresses" im Sinne von Art. 1 Abs. 2 des 1. ZP EMRK anzusehen und folglich als Beschränkungsmöglichkeit anerkannt sei.[1085]

Die europäische Kontrolle war hier auf die konkrete Anwendung einer Norm im Einzelfall begrenzt. Auch wenn die Meinungsfreiheit, als für

1082 EGMR – *Handyside/Vereinigtes Königreich* (Fn. 815), Rdn. 50.

1083 Ebenda, Rdn. 52

1084 Ebenda, Rdn. 57 f.

1085 Ebenda, Rdn. 62 f.

die Demokratie konstitutives Recht, einen hohen Stellenwert genießt und durch die Beschlagnahme der Bücher stark beschnitten wurde, beurteilte der Gerichtshof nur, ob die Maßnahmen der englischen Gerichte tatsächlich dem Schutz der „Moral“ i.S.d. Art. 10 Abs. 2 EMRK dienten. Die Notwendigkeit in einer demokratischen Gesellschaft prüfte er lediglich auf evidente Fehler. Für die Verhältnismäßigkeit der Beschränkungen spielte weder ein europäischer Konsens noch die Kohärenz nationaler Regelungen eine Rolle. Es ist jedoch nicht nachvollziehbar, warum das sanktionierte Verhalten zum Schutz der „Moral in einer demokratischen Gesellschaft notwendig“ gewesen sein soll, wenn es in Teilen des Vereinigten Königreiches erlaubt war. Insofern hätte der EGMR nicht davon ausgehen dürfen, dass die vorgebrachten Argumente stichhaltig und hinreichend waren.

In der Sache *Müller u.a./Schweiz*[1086] hielt der Gerichtshof die Beschlagnahme und Verwahrung pornographischer Gemälde sowie die Verurteilung der Beschwerdeführer wegen öffentlicher Ausstellung unzüchtiger Gegenstände auf der Grundlage von Art. 204 Ziff. 1 Schweizerisches StGB für konventionskonform, da es sich bei der schweizerischen Vorschrift um eine zulässige Schranke im Sinne des Art. 10 Abs. 2 EMRK handelte und die Verurteilung der Beschwerdeführer mithin „gesetzlich vorgesehen“ war. Darüber hinaus stellte er fest, dass die Maßnahmen der schweizerischen Behörden tatsächlich den angegebenen Schutzzwecken - und nicht etwa anderen Absichten - dienten.[1087] Für die „Notwendigkeit“ einer staatlichen Beschränkung verlangte der EGMR ein „zwingendes gesellschaftliches Bedürfnis“[1088], welches festzustellen in den nationalen Beurteilungsspielraum falle. Kontrollmaßstab war hier, ebenso wie in *Handyside*, das nationale Schutzniveau. Der Gerichtshof untersuchte die Verhältnismäßigkeit der Maßnahme, und ob die von den schweizerischen Gerichten angeführten Gründe „erheblich und ausreichend“ waren.[1089] Seiner Ansicht nach konnten die schweizerischen Gerichte berechtigterweise davon ausgehen, dass die Bilder das sexuelle Anstandsgefühl normal empfindender Menschen verletzten. Sie hätten davon ausgehen können, dass ein gesell-

1086 EGMR - *Müller u.a./Schweiz* (Fn. 822).

1087 Ebenda, Rdn. 30.

1088 Ebenda, Rdn. 32; ebenso bereits EGMR - *Handyside/Vereinigtes Königreich* (Fn. 815), Rdn. 48; EGMR, Urteil vom 25.03.1985, Nr. 8734/79, Rdn. 55 - *Barthold/Deutschland*; EGMR, Urteil vom 08.07.1986, Nr. 9815/82, Rdn. 39 - *Lingens/Österreich*.

1089 EGMR - *Müller u.a./Schweiz* (Fn. 822), Rdn. 32.

schaftliches Bedürfnis bestehe, die Beschwerdeführer aus moralischen Gründen zu verurteilen.[1090]

Auffällig war erneut die große Zurückhaltung des Gerichtshofs. Anstatt die nationalen Maßnahmen einer umfassenden Verhältnis- und Zweckmäßigkeitskontrolle zu unterziehen, beschränkte er sich auf eine Evidenzkontrolle der nationalgerichtlichen Urteile. Dabei setzte er sich weder umfassend mit der Rechtmäßigkeit der zugrundeliegenden Strafnorm des Art. 204 Ziff. 1 des Schweizerischen StGB noch damit auseinander, ob die Verurteilung zum Schutz der „Moral" geeignet, erforderlich und angemessen war.

Die Beschlagnahme der Gemälde sah der Gerichtshof als von Art. 204 Ziff. 3 des Schweizerischen StGB „gesetzlich vorgesehene" Rechtsfolge an, die durch die ständige Rechtsprechung der schweizerischen Gerichte hinreichend bestimmt sei.[1091] Für die „Notwendigkeit" der Beschlagnahme spiele es seiner Ansicht nach keine Rolle, dass die nationalen Behörden eine uneinheitliche Praxis hinsichtlich der öffentlichen Darstellung der Bilder verfolgten.[1092] Maßgeblich sei vielmehr, dass der Beschwerdeführer unter der Voraussetzung, dass die Gemälde ohne Verletzung der Moralanschauungen anderer ausgestellt werden, jederzeit einen Antrag auf deren Herausgabe stellen konnte. Auch sei die Beschlagnahme nicht endgültig, sondern lediglich auf unbestimmte Zeit angeordnet worden, sodass das Eigentum dem Beschwerdeführer nicht endgültig entzogen worden sei. Insofern sei die Beschlagnahme im Hinblick auf Art. 10 EMRK verhältnismäßig.[1093]

Der EGMR nahm hier erneut keine Güterabwägung vor, sondern beurteilte im Rahmen der Verhältnismäßigkeit lediglich, ob die konkrete Anwendung der Strafnormen über das zur Zielerreichung Erforderliche hinausging. Solange dem Beschwerdeführer zumutbare Mittel zur Verfügung stünden, um sich gegen die beschränkenden Maßnahmen

1090 EGMR – *Müller u.a./Schweiz* (Fn. 822), Rdn. 36.

1091 Zum Bestimmtheitsgebot im Rahmen des Art. 10 Abs. 2 EMRK, *Uerpmann-Wittzack*, in: Ehlers, Europäische Grundrechte und -freiheiten, § 3 I 1 Rdn. 22.

1092 Das ergibt sich aus EGMR – *Müller u.a./Schweiz* (Fn. 822), Rdn. 43. Der Gerichtshof ignorierte, dass dem Beschwerdeführer durch die Beschlagnahme die Möglichkeit genommen wurde, seine Gemälde an Orten in der Schweiz aufzustellen, die hinsichtlich der geltenden Moralvorstellungen einen weniger strengen Maßstab anlegten.

1093 Ebenda, Rdn. 43 f.

zu wehren, seien sie nicht zu beanstanden. Insofern verlagert der EGMR seine Prüfung auf die verfahrensrechtliche Dimension der Konventionsrechte.[1094] Unklar war jedoch, warum der EGMR die Beschlagnahme der Gemälde nicht zusätzlich am Maßstab des Art. 1 des 1. ZP prüfte, obwohl sich dessen Anwendbarkeit regelrecht aufdrängte.

b.) Homosexualität

Die Vereinbarkeit der Strafbarkeit männlicher Homosexualität mit Art. 8 Abs. 1 EMRK war Streitgegenstand in der Rechtssache *Dudgeon/Vereinigtes Königreich*[1095]. Der Gerichtshof blieb seinem Prüfungsablauf treu und untersuchte die irischen Strafnormen darauf, ob sie im Sinne des Art. 8 Abs. 2 EMRK gesetzlich vorgesehen und in einer demokratischen Gesellschaft zum Schutz der „Moral" notwendig waren.[1096] Er stellte fest, dass die einschlägigen nationalen Strafgesetze dem von Art. 8 Abs. 2 EMRK anerkannten Ziel des Schutzes der „Moral" in Nordirland dienten.[1097] Der nationale Spielraum werde jedoch durch die Intensität des Eingriffs - hier die Beschränkung der Intimsphäre - eingeengt, so dass nur besonders schwerwiegende Gründe zur Rechtfertigung herangezogen werden könnten. Schließlich sei die nationale Maßnahme am Maßstab einer demokratischen Gesellschaft, die durch Toleranz und Aufgeschlossenheit gekennzeichnet sei, zu beurteilen.[1098] Der EGMR prüfte die Glaubwürdigkeit der vom Vertragsstaat vorgebrachten Gründe[1099] und berücksichtige dabei die regionalen Unterschiede innerhalb eines Landes:

> „Where there are disparate cultural communities residing within the same State, it may well be that different requirement, both moral and social, will face the governing authorities."[1100]

Da in den Vertragsstaaten des Europarates seit Erlass der fraglichen Normen ein gesellschaftlicher Wandel in der Form stattgefunden habe, dass nunmehr ein Konsens dahingehend bestehe, Homosexualität nicht mehr in jedem Fall strafrechtlich sanktionieren zu müssen, er-

1094 *Hoffmann-Riem*, EuGRZ 2006, 492 (495) nennt dies den „Grundrechtsschutz durch Organisation und Verfahren".

1095 EGMR - *Dudgeon/Vereinigtes Königreich* (Fn. 807).

1096 Ebenda, Rdn. 43; zu letztgenannter Voraussetzung siehe auch Rdn. 48.

1097 Ebenda, Rdn. 46.

1098 Ebenda, Rdn. 52 f.

1099 Ebenda, Rdn. 54.

1100 Ebenda, Rdn. 56.

schien die Strafbarkeit in einer demokratischen Gesellschaft nicht mehr notwendig. Sie entsprach mithin keinem dringenden sozialen Bedürfnis[1101] und verletzte den Beschwerdeführer in seinem Recht aus Art. 8 EMRK.[1102]

Der Gerichtshof beurteilte die „Notwendigkeit" einer Freiheitsbeschränkung am Maßstab aktueller Gegebenheiten in den Vertragsstaaten und verengte dadurch die einseitige Anwendung der moralischen Schranke.[1103] Das vom jeweiligen Staat gewählte Schutzniveau ist demnach nicht zu rechtfertigen, wenn diesem ein europäischer Gesellschaftskonsens innerhalb des Europarates entgegen steht. Insofern indizierte der europäische Konsens, dass Homosexualität und einvernehmlicher Geschlechtsverkehr zwischen Männern zu den Kernelementen des Rechts auf Achtung des Privatlebens nach Art. 8 EMRK zählte.[1104] Darüber hinaus betrieb Nordirland eine widersprüchliche Politik, da die innerstaatlichen Behörden die einvernehmliche homosexuelle Betätigung im privaten Bereich zwischen Männern über 21 Jahren nicht mehr verfolgten.

1101 EGMR - *Dudgeon/Vereinigtes Königreich* (Fn. 807), Rdn. 60; im Hinblick auf die erniedrigende Wirkung einer richterlich angeordneten Prügelstrafe EGMR - *Tyrer/Vereinigtes Königreich* (Fn. 788), Rdn. 31; hinsichtlich der Diskriminierung unehelicher Kinder EGMR - *Marckx/Belgien* (Fn. 807), Rdn. 41.

1102 EGMR - *Dudgeon/Vereinigtes Königreich* (Fn. 807), Rdn. 63; ebenso EGMR, Urteil vom 22.04.1993, Nr. 15070/89 - *Modinos/Cyprus*; EGMR - *Norris/Irland* (Fn. 874), Rdn. 41 f., 46; anders EGMR, Urteil vom 19.02.1997, Nr. 21627/93 u.a., Rdn. 45 - *Laskey u.a./Vereinigtes Königreich*. Hier ging es zwar um die Sexualität der Beteiligten und damit dem Grunde nach um deren Intimsphäre. Nach Ansicht des Gerichtshofs werde diese aber verlassen bei sadomasochistischen Praktiken, da es sich dabei um die Zufügung von Verletzungen handele, die von staatlicher Seite zu unterbinden sei. Der Eingriff sei demnach aus Gründen der „öffentlichen Gesundheit" gerechtfertigt. Der EGMR vermied es, zusätzlich auf die „öffentliche Moral" zu verweisen, auch wenn er inzident zu verstehen gibt, dass diese ebenfalls in Betracht kam, vgl. Rdn. 51.

1103 In diesem Sinne unter Berücksichtigung aktueller Entwicklungen auch EGMR - *Marckx*/Belgien (Fn. 807), Rdn. 41.

1104 *Ostrovsky*, Hanse Law Review, Vol. 1 No. 1 (2005), 47 (54).

c.) Sterbehilfe

In der Sache *Pretty*[1105] beurteilte der Gerichtshof nationale Rechtsnormen, die die Beihilfe zum Suizid für strafbar erklärten und verdeutlichte, was er unter dem Begriff der „Notwendigkeit“ verstand:

> „According to the Court's established case-law, the notion of necessity implies that the interference corresponds to a pressing social need and, in particular, that it is proportionate to the legitimate aim pursued; in determining whether an interference is "necessary in a democratic society", the Court will take into account that a margin of appreciation is left to the national authorities, whose decision remains subject to review by the Court for conformity with the requirements of the Convention. The margin of appreciation to be accorded to the competent national authorities will vary in accordance with the nature of the issues and the importance of the interests at stake.“[1106]

Die Notwendigkeitsprüfung umfasst demnach das Vorliegen eines dringenden sozialen Bedürfnisses und die Angemessenheit der konkreten Maßnahme. Auch wenn die Vertragsstaaten diesbezüglich einen Spielraum haben, varriiert dieser abhängig von den betroffenen Interessen. Nach Ansicht des EGMR sei der Spielraum insbesondere gering, wenn in einen intimen Bereich des Privatlebens - wie das Sexualleben - eingegriffen werde.[1107] Hier nahm der EGMR nur eine zurückhaltende Abwägung zwischen dem Selbstbestimmungsrecht der Beschwerdeführerin sowie dem Recht auf Leben vor, das Schutzzweck des beschränkenden Gesetzes war. Er betonte jedoch, dass das Selbstbestimmungsrecht der Beschwerdeführerin umso mehr zurückstehen müsse, je größer der befürchtete Schaden für die öffentliche Gesundheit und Sicherheit sei. Zweck der nationalen Strafnorm sei der Schutz von Schwachen und Wehrlosen, die nicht fähig seien, mündige Entscheidungen zu treffen. Die Beschwerdeführerin hingegen sei lediglich schwer krank und nicht mit dieser Zielgruppe zu vergleichen. Zwar seien auch Fälle denkbar, in denen schwer Kranke gleichsam wehrlos seien; diese aus dem Anwendungsbereich herauszunehmen, berge jedoch eine Missbrauchgefahr, deren konkrete Beurteilung dem Mitgliedstaat überlassen bleibe. Dass die nationale Vorschrift diesbezüglich nicht differenzierte, hielt der Gerichtshof demnach nicht für unan-

1105 EGMR – *Pretty/Vereinigtes Königreich* (Fn. 848).

1106 Ebenda, Rdn. 70.

1107 Ebenda, Rdn. 71.

gemessen. Insbesondere wolle er wegen der unabsehbaren Folgen einer Entscheidung vemeiden, einen Präzedenzfall zu schaffen.[1108] Demnach hielt er die Eingriffe der nationalen Stellen in Art. 8 Abs. 1 EMRK für „notwendig in einer demokratischen Gesellschaft".[1109]

In *Koch/Deutschland*[1110] entschied der EGMR, dass die Weigerung, ein tödliches Medikament zum Zwecke des Suizids zu verschreiben, einen Eingriff in Art. 8 EMRK darstelle. Zur materiellen Rechtfertigung dieses Eingriffs äußerte er sich nicht. Er war vielmehr der Ansicht, dass Art. 8 EMRK bereits in seiner verfahrensrechtlichen Dimension verletzt sei, da sich die nationalen Gerichte weigerten, die potentielle Grundrechtsverletzung in materieller Hinsicht zu prüfen.[1111] Er betonte, dass die EMRK nur subsidiären Schutz gewähre und es in erster Linie die Aufgabe der Vertragsstaaten sei, Menschenrechtsverletzungen zu verhindern. Das gelte erst recht im Hinblick auf eine Materie bezüglich der - wie bei der Sterbehilfe - kein Konsens in den Vertragsstaaten bestehe und bei deren Beurteilung den Vertragsstaaten deshalb ein weiter Spielraum zukomme.[1112]

Das Prinzip der Subsidiarität erfordert mithin nicht nur die Erschöpfung des innerstaatlichen Rechtsweges, sondern verpflichtet die Vertragsstaaten vielmehr, sich in materieller Hinsicht mit potentiellen Menschenrechtsverletzungen auseinander zu setzen. Da es vorliegend um die sensible und umstrittene Zulässigkeit der Suizidbeihilfe ging, hielt der EGMR die nationalstaatlichen Gerichte für besser geeignet, über deren Zulässigkeit zu befinden. Diese Entscheidung ist im Hinblick auf das bislang Gesagte konsequent. Da der Gerichtshof weder ein europäisches Moralverständnis noch die sensible Abwägung gleichwertiger Grundrechte vorgibt, kann nur ein innerstaatliches Gericht in der Sache entscheiden. Der EGMR kann nationales Recht darüber hinaus nicht abstrakt auf seine Vereinbarkeit mit der Konvention prüfen, sondern lediglich, ob eine konkrete Maßnahme im Lichte der Konvention „in einer demokratischen Gesellschaft notwendig" ist. Dazu muss jedoch zunächst ein nationales Urteil ergehen. Dies verdeutlicht die Arbeitsteilung zwischen innerstaatlichen Gerichten und dem Europäischen Gerichtshof für Menschenrechte.

1108 EGMR - *Pretty/Vereinigtes Königreich* (Fn. 848), Rdn. 74 f.

1109 Ebenda, Rdn, 78.

1110 EGMR - *Koch/Deutschland* (Fn. 850).

1111 Ebenda,Rdn. 72.

1112 Ebenda, Rdn. 69 f.

d.) Geschwisterinzest

Im Urteil über die Strafbarkeit des Geschwisterinzests in Deutschland[1113] leitete der EGMR die gerichtliche Prüfung mit einer rechtsvergleichenden Darstellung über die Rechtslage in den anderen Vertragsstaaten ein. Demnach sei einvernehmlicher Geschlechtsverkehr zwischen Geschwistern in 28 Mitgliedstaaten des Europarates strafbar. In wiederum 16 anderen Staaten werde dieser nicht strafrechtlich verfolgt. In denjenigen Staaten, in denen der Geschwisterinzest unter Strafe gestellt sei, seien keine Bemühungen einer Liberalisierung erkennbar; im Gegenteil gehe die Tendenz hin zu einer Ausweitung des Straftatbestandes oder einer Erhöhung des Strafmaßes. Andererseits sei die internationale politische Diskussion davon geleitet, den Inzest zu entkriminalisieren.[1114] Im konkreten Fall gehe es insbesondere um die Frage, ob die Rechtsbeeinträchtigung ein i.S.d. Art. 8 Abs. 2 EMRK legitimes Ziel verfolge, gesetzlich vorgesehen und "in einer demokratischen Gesellschaft notwendig" sei.[1115] Das Verbot des Geschwisterinzests in § 173 Abs. 2 StGB diene dem Schutz der „Moral" und den Rechten anderer und verfolge damit ein legitimes Ziel. Es müsse darüber hinaus ein dringendes soziales Bedürfnis für die Strafnorm bestehen und der Eingriff müsse im Hinblick auf das verfolgte Ziel verhältnismäßig sein. Dabei seien die widerstreitenden Interessen unter Berücksichtigung des staatlichen Beurteilungsspielraums miteinander abzuwägen. Dieser sei zum einen grundsätzlich zu beschränken, wenn die Existenz oder Identität eines Menschen betroffen sei. Dementsprechend würden für Eingriffe in die Intimsphäre besonders wichtige Gründe gefordert.[1116] Auf der anderen Seite sei der Spielraum weiter, wenn kein Konsens in den Vertragsstaaten existiere, was insbesondere bei ethisch sensiblen Fragen der Fall sei. Bezogen auf den konkreten Fall, sei zwar kein Konsens für die Bestrafung von sexuellen Handlungen zwischen Geschwistern festzustellen. Dennoch spreche sich die Mehrheit der Staaten (28 von 44) dafür aus. Es bestehe mithin eine breite Übereinstimmung, dass sexuelle Beziehungen zwischen Geschwistern weder von den Rechtsordnungen noch den Gesellschaften akzeptiert würden. Deshalb sei der vertragsstaatliche Spielraum - auch wenn in die Intimsphäre eingegriffen werde - insgesamt weit.[1117] Der Gerichtshof be-

1113 EGMR - *Stübing/Deutschland* (Fn. 842).

1114 Ebenda, Rdn. 28-30.

1115 Ebenda, Rdn. 56.

1116 Ebenda, Rdn. 57-59.

1117 Ebenda, Rdn. 60 f.

schränke sich also auf die Prüfung, ob die Strafbarkeit einem dringenden sozialen Bedürfnis im Sinne des Art. 8 Abs. 2 EMRK entspreche. Dabei berief er sich auf die vom BVerfG genannten Schutzzwecke der Strafnorm: den Schutz der Familie sowie die Selbstbestimmung und öffentliche Gesundheit vor dem Hintergrund einer gemeinsamen gesellschaftlichen Überzeugung, dass Geschwisterinzest strafbar sein solle.[1118] Insgesamt sehe der EGMR keine Verletzung von Art. 8 EMRK durch die Strafbarkeit des Geschwisterinzests. In nicht nachvollziehbarer Weise betont er jedoch am Ende seines Urteils,

> "[...] and in the wide margin of appreciation enjoyed by the State *in the absence of a consensus within the Member States* of the Council of Europe on the issue of criminal liability, the Court concludes that the domestic courts stayed within their margin of appreciation when convicting the applicant of incest."[1119]

Dem EGMR ist eine gewisse Widersprüchlichkeit vorzuwerfen: Er erklärte zunächst, dass es einen europäischen Konsens gäbe, den Geschwisterinzest weder rechtlich noch gesellschaftlich zu akzeptieren, da 28 von 44 Staaten eine entsprechende Tendenz erkennen ließen. Die hier zitierte Feststellung, dass kein Konsens existiere, ist somit nicht nachvollziehbar. Dennoch hätte dieser die Entscheidung im konkreten Fall wohl nicht beeinflussen können, da sich ohnehin keine Liberalisierung in den Vertragsstaaten abzeichnete. Ein gesellschaftlicher Konsens kann die vertragsstaatliche Entscheidung nur beeinflussen, wenn diese von ihm abweicht.[1120]

e.) Schwangerschaftsabbrüche

In *Open Door*[1121] prüfte der EGMR, ob der die Informationen über Schwangerschaftsabbrüche beschränkende Art. 40.3.3° der irischen Verfassung, der das ungeborene Leben schützte[1122], hinreichend bestimmt war. Der Wortlaut der Vorschrift richte sich zwar ausschließlich an den

1118 EGMR – *Stübing/Deutschland* (Fn. 842), Rdn. 62 f.

1119 Ebenda, Rdn. 66.

1120 Wie beispielsweise in EGMR – *Dudgeon/Vereinigtes Königreich* (Fn. 807), Rdn. 60.

1121 EGMR – *Open Door u.a./Irland* (Fn. 857).

1122 Der Wortlaut der Verfassungsvorschrift lautet:
"The State acknowledges the right to life of the unborn and, with due regard to the equal right to life of the mother, guarantees in its laws to respect, and, as far as practicable, by its laws to defend and vindicate that right."

Staat und verlange eine Konkretisierung durch Gesetze. Da jedoch auch gesetzeskonkretisierendes Richterrecht zu den Gesetzen im Sinne dieser Vorschrift gehöre, sei es zumindest mit Hilfe einer in Anspruch genommenen Rechtsberatung vorhersehbar, dass die irischen Gerichte gegen die Informationstätigkeit von *Open Door* und *Dublin Well Woman* einschreiten würden.[1123] Das Ziel, welches mit den staatlichen Maßnahmen verfolgt werde, sei auch legitim. Nach Ansicht der irischen Regierung würden Abtreibungen von der Mehrheit der irischen Bevölkerung für unmoralisch erachtet, da das ungeborene Leben zu schützen sei. Insofern sei die Schranke des Art. 10 Abs. 2 EMRK im Lichte des Art. 2 EMRK auszulegen.[1124] Der EGMR anerkannte den Schutz der Rechte anderer sowie der „Moral" als legitime Schutzzwecke i.S.d. Art. 10 Abs. 2 EMRK, differenzierte jedoch nicht weitergehend. Zweifelsfrei beruhe der hohe Stellenwert des ungeborenen Lebens in Irland auf moralischen Vorstellungen und sei damit ein legitimes Ziel. Ob darüber hinaus die „Rechte anderer" ebenso auf den Schutz des ungeborenen Lebens erstreckt werden konnten, entschied er nicht.[1125] Möglicherweise resultierte diese Zurückhaltung aus dem Unwillen, das Lebensrecht des Ungeborenen mit der Meinungsfreiheit abzuwägen, was angesichts der Bedeutung des Lebensrechts zu dessen Gunsten erfolgen müsste.[1126] Stattdessen prüfte er lediglich, ob ein „dringendes soziales Bedürfnis" für die Freiheitsbeschränkung bestand und die Untersagung der Informationstätigkeit verhältnismäßig" war.[1127] Im Ergebnis hielt der EGMR die staatliche Maßnahme für unverhältnismäßig, weil sie undifferenziert sei und absolute Geltung beanspruche. Zum einen berücksichtige sie in keiner Weise die individuelle persönliche Situation der betroffenen Frauen[1128]; zum anderen könnten die betreffenden Informationen aus anderen Quellen ungehindert bezogen werden. Schließlich werde das Gesundheitsrisiko der Frauen sogar erhöht, da

1123 EGMR – *Open Door u.a./Irland* (Fn. 857), Rdn. 59, 60.

1124 Ebenda, Rdn. 54.

1125 Ebenda, Rdn. 63.

1126 Die irische Regierung hielt die Verhältnismäßigkeitsprüfung sogar für *„inadequate"*, wenn das ungeborenen Leben in Frage steht, da das Recht auf Leben keinen abgestuften Schutz erfahren könne, vgl. ebenda, Rdn. 64, 67. In diesem Sinne ist auch *Gebauer* der Ansicht, dass sich der EGMR die Entscheidung erleichtern wollte, vgl. *Gebauer*, Parallele Grund- und Menschenrechtsschutzsysteme in Europa?, S. 326.

1127 EGMR – *Open Door u.a./Irland* (Fn. 857), Rdn. 70.

1128 Ebenda, Rdn. 73.

das Informationsdefizit dazu führen könne, dass eine schwangere Frau zu einem späteren Zeitpunkt eine Abtreibung vornehme und dadurch Schäden erleide.[1129]

Die Erwägungen des Gerichtshofs erinnern an das Kohärenzgebot im Unionsrecht, da die Freiheitsbeschränkung nicht in konsequenter Weise zur Erreichung des Zwecks beitrug. Ebenso wie in *Costa und Pavan/Italien*[1130] war es widersprüchlich, der Frau einerseits den weniger belastenden Weg zu untersagen, die schwere körperliche oder psychische Schädigung andererseits jedoch hinzunehmen. Zu Recht konnte Irland mithin nicht schlüssig darlegen, dass ein zwingendes Bedürfnis zum Schutz des ungeborenen Lebens bestand.[1131] Auch wenn sich ein solches möglicherweise unmittelbar aus der Verfassung ergab, konnte es jedenfalls nicht genügen, Informationen über Schwangerschaftsabbrüche pauschal zu untersagen, ohne die Rechte der Frauen und die Meinungsfreiheit in die Abwägung mit einzubeziehen, wie es Art. 40.3.3° der irischen Verfassung selbst vorschrieb.[1132] Insofern ist hier eine eigenständige materielle Überprüfung des Sachverhalts durch den EGMR auszumachen. Durch eine umfassende Verhältnismäßigkeitsprüfung wurde der ansonsten weit gewährte Beurteilungs- und Abwägungsspielraum Irlands weitgehend beschränkt.

In der Sache *Vo/Frankreich*[1133] ging es um die Frage, ob durch den in Folge eines ärztlichen Behandlungsfehlers verursachten Schwangerschaftsabbruch und den gerichtlichen Freispruch des Arztes das Recht auf Leben aus Art. 2 EMRK verletzt war. Der französische Kassationshof vertrat die Ansicht, eine fahrlässige Tötung komme nicht in Betracht, da der Fötus kein strafrechtlich geschütztes menschliches Leben sei. Neben den Verfahrensbeteiligten hörte der Gerichtshof auch Stellungnahmen von Nichtregierungsorganisationen wie dem *Center for Reproductive Rights* (CCR) und der *Family Planning Association* (FPA).[1134] Beide Organisationen sprachen sich dafür aus, das Recht auf Leben nicht auf den Fötus zu erstrecken, und verwiesen dazu auf die Recht-

1129 EGMR – *Open Door u.a./Irland* (Fn. 857), Rdn. 76 f.

1130 Siehe EGMR – *Costa und Pavan/Italien* (Fn. 869), Rdn. 64.

1131 Dagegen Partly Dissenting Opinion of Judge *Baka* in *Open Door u.a./Irland* (Fn. 857), S. 44.

1132 Ebenso Concurring Opinion of Judge *Morenilla*, Rdn. 5; dagegen Dissenting Opinion of Judge *Matscher*, Rdn. 3 (a).

1133 EGMR, Urteil vom 08.07.2004, Nr. 53924/00 – *Vo/Frankreich*, NJW 2005, 727.

1134 Ebenda, Rdn. 60 ff.

sprechung des EGMR und insbesondere auf die Rechtsordnungen der Konventions- und Drittstaaten. Auch der Gerichtshof betonte, dass bislang keine eindeutige Entscheidung darüber getroffen worden sei, wann das Leben im Sinne des Art. 2 EMRK beginne. Es folgte eine ausführliche Analyse der Entscheidungen der Europäischen Kommission für Menschenrechte sowie der bisherigen Rechtsprechung des Gerichtshofs. Erkennbar sei die Tendenz, das ungeborene Leben nicht als Mensch im Sinne von Art. 2 EMRK anzusehen, bzw. - wenn doch - durch die Rechte der Frau zu beschränken. Insgesamt resultierten die Entscheidungen stets aus einer Abwägung zwischen den betroffenen Gütern im Einzelfall.[1135] Berücksichtigt würden die philosophischen und ethischen Aspekte der Frage, wann das Leben beginne, sowie die einzelnen Rechtskulturen und deren Schutzniveaus. Der Europäische Gerichtshof zitierte an dieser Stelle eine Untersuchung der *European Group of Ethics*, in der es hieß:

> „[...] the [...] Community authorities have to address these ethical questions taking into account the moral and philosophical differences, reflected by the extreme diversity of legal rules applicable to human embryo research ... It is not only legally difficult to seek harmonisation of national laws at Community level, but because of lack of consensus, it would be inappropriate to impose one exclusive moral code".[1136]

Daraus schlussfolgerte der EGMR, dass es nicht zweckmäßig sei, den Beginn des Lebens einheitlich und autonom zu bestimmen, sondern den Vertragsstaaten vielmehr ein Spielraum einzuräumen sei. Nicht nur in Frankreich selbst, sondern auch auf europäischer Ebene herrsche Uneinigkeit darüber, wann das Leben beginne. Es seien lediglich Tendenzen zu erkennen, Embryonen oder Föten zumindest als der Gattung Mensch zugehörig und diese als grundsätzlich schützenswert anzusehen. Dennoch werde auch in einschlägigen völkerrechtlichen Verträgen vermieden, den Begriff des Menschen zu bestimmen, da aufgrund tief verwurzelter philosophischer, ethischer und traditioneller Anschauungen keine Einigkeit über den rechtlichen Status von Embryonen bestehe.[1137] Insgesamt werde die Beantwortung der Frage offengelassen, da

1135 EGMR - *Vo/Frankreich* (Fn. 1133), Rdn. 80.

1136 Ebenda, Rdn. 82.

1137 Ebenda, Rdn. 39, 40; z.B. im Übereinkommen zum Schutz der Menschenrechte und der Menschenwürde im Hinblick auf die Anwendung von Bio-

„[...] the Court is convinced that it is neither desirable, nor even possible as matters stand, to answer in the abstract the question whether the unborn child is a person for the purposes of Article 2 of the Convention."[1138]

Die Prüfung des Gerichtshofs verlagerte sich deshalb auf die verfahrensrechtliche Ebene. Denn auch wenn der Fötus selbst nicht von Art. 2 EMRK geschützt werde, sei er eng mit dem Leben der Mutter verbunden und könne über diesen Umweg vom Anwendungsbereich des Art. 2 EMRK erfasst sein.[1139] Es komme entscheidend darauf an, ob auf Seiten der Mutter wirksame Rechtsbehelfe existierten, die es ihr ermöglichten, eine Verletzung ihres Lebensrechts geltend zu machen.[1140] Im Ergebnis war der EGMR der Ansicht, dass eine Schadensersatzklage vor den Verwaltungsgerichten zur Feststellung der Fahrlässigkeit des Arztes genüge, um eine Verletzung der Mutter zu kompensieren. Da die Beschwerdeführerin es versäumt habe, diesen Rechtsbehelf einzulegen, sei von einer Verletzung des Art. 2 EMRK - auch wenn er hier für das ungeborene Leben anwendbar gewesen wäre - nicht auszugehen.[1141]

Der Gerichtshof missachtete hier das Fehlen eines europäischen Konsenses über den Schutz des ungeborenen Lebens, da er Art. 2 EMRK für anwendbar hielt, wenn die Mutter ihn gleichsam stellvertretend geltend macht. Dadurch wurde das Recht auf Leben faktisch auf den Fötus erstreckt, da das Leben der Mutter vorliegend nicht gefährdet

logie und Medizin: Übereinkommen über Menschenrechte und Biomedizin, SEV-Nr. : 164, abrufbar unter:

http://conventions.coe.int/Treaty/ger/Treaties/Html/164.htm (zuletzt abgerufen am 06.11.2014);

ebenso im dazu erlassenen Protokoll; Bericht der *Working Party on the Protection of the Human Embryo and Foetus: protection of the human embryo in vitro* (2003); Report of the EGE, Rdn. 1.17, 1.23, 2.4 f.; Die EGE meint, es sei *„inappropriate to impose one exclusive moral code."*; ebenso *Groh/Lange-Bertalot*, NJW 2005, 713 (715).

1138 EGMR - *Vo/Frankreich* (Fn. 1133), Rdn. 84, 85; *Groh/Lange-Bertalot*, NJW 2005, 713 (714) halten dies wegen der komplexen ethischen Problematik für nachvollziehbar. Man könne das Verhalten des EGMR für *judicial self-restraint* halten, ebenda, S. 715.

1139 EGMR - *Vo/Frankreich* (Fn. 1133), Rdn. 85 f.

1140 Ebenda, Rdn. 87.

1141 Ebenda, Rdn, 94 f.

war.[1142] Dies ist als solches nicht unzulässig. Die Frage nach dem Beginn des Lebens betrifft zwar ethisch-moralische Grundanschauungen der Gesellschaft, dennoch muss der Gerichtshof den Begriff des Lebens einheitlich auslegen. Ansonsten hätten es die Staaten in der Hand, den „Menschen" zu definieren und Art. 2 EMRK seiner Wirksamkeit zu berauben.[1143] Möglicherweise erstreckt sich das Lebensrecht in Europa ohnehin bereits auf den *Nasciturus*. Indizien dafür sind die Vorschriften zum Patentverbot für menschliche Embryonen sowie das in Art. 3 Abs. 2 d) GRC geregelte Verbot des reproduktiven Klonens von Menschen.[1144] Anders als beispielsweise Art. 8 Abs. 2 EMRK verweist Art. 2 EMRK zudem nicht auf außerrechtliche Wertvorstellungen, so dass der Gerichtshof nicht gehindert ist, das Lebensrecht losgelöst von den nationalen Rechtsordnungen zu definieren.[1145] Moderne Entwicklungen im Bereich der Reproduktionsmedizin erfordern, dass Art. 2 EMRK evolutiv ausgelegt wird, um aktuelle Gefahren für das menschliche Leben zu erfassen.[1146] Dennoch gilt der Schutz des ungeborenen Lebens damit nicht absolut; vielmehr ist die ethisch sensible Abwägung zwischen dem Lebensrecht des *Nasciturus* und den Rechten der Mutter im Einzelfall den Vertragsstaaten zu überlassen.

Auch diese Abwägung unterliegt konventionsrechtlichen Grenzen, wie in der Sache *A, B und C/Irland*[1147] deutlich wird. Die drei Beschwerdeführerinnen A, B und C wollten jeweils eine Abtreibung aus gesundheitlichen Gründen vornehmen lassen, wobei diese bei C aufgrund einer Krebs-Erkrankung gravierend waren. Das irische Recht erstreckte das Recht auf Leben im *Offences Against the Person Act 1861* jedoch auf den Fötus mit der Folge, dass Schwangerschaftsabbrüche als Straftat geahndet wurden. Umgekehrt regelte Art. 40.3.3° der Verfassung, dass das Lebensrecht des Ungeborenen unter Berücksichtigung des gleichrangigen Lebensrechts der Mutter garantiert werde. Der irische Gesetzgeber hatte bislang keine gesetzliche Konkretisierung des Artikels vorgenommen. Deshalb reisten A, B und C nach England, um dort einen Schwangerschaftsabbruch vornehmen zu lassen. A und B rügten,

1142 Ebenso Seperate Opinion of Judge *Rozakis*, joined by Judges *Caflisch, Fischbach, Lorenzen* and *Thomassen*; *Groh/Lange-Bertalot*, NJW 2005, 713 (715).

1143 Ebenso Dissenting Opinion of Judge *Ress*, Rdn. 3, 8.

1144 Darauf hinweisend *ders.*

1145 Im Ergebnis ebenso Seperate Opinion of Judge *Costa*, Rdn. 7.

1146 Dissenting Opinion of Judge *Mularoni* joined by Judge *Strážnická*, S. 58.

1147 EGMR – *A, B und C/Irland* (Fn. 860).

dass Art. 40.3.3° eine Abtreibung aus Gründen der Gesundheit und des Wohlbefindens der Mutter verbiete; C hingegen rügte außerdem, dass es in Irland mangels gesetzlicher Konkretisierung kein Verfahren gebe, um praktisch feststellen zu lassen, dass eine Gefahr für das Leben der Mutter bestehe.[1148] Der Gerichtshof beurteilte die Beschwerden am Maßstab von Art. 8 Abs. 2 EMRK und prüfte, ob die Eingriffe in das Privatleben der Frauen „gesetzlich vorgesehen" und „in einer demokratischen Gesellschaft notwendig" waren sowie ob sie legitime Ziele verfolgten. Hinsichtlich des ersten Kriteriums verwies er auf *Open Door*, wonach das Verbot der Abtreibung für die Beschwerdeführer aufgrund seiner Verankerung in der irischen Verfassung vorhersehbar gewesen sei.[1149] Darüber hinaus beruhe der Schutz des ungeborenen Lebens in Irland auf moralischen Vorstellungen und sei demnach ein legitimes Ziel.[1150] Ohnehin bestehe in der Frage kein Konsens in den Vertragsstaaten. Eine rechtsvergleichende Untersuchung ergab, dass die Abtreibung in einigen Staaten vollständig verboten war (Andorra, Malta und San Marino), in 30 Staaten auf Antrag ausgeführt wurde und in wiederum 40 Staaten aus medizinischen und in 35 Staaten aus sonstigen wichtigen Gründen durchgeführt werden durfte. Dabei waren die zulässigen Gründe für einen Schwangerschaftsabbruch in den letzten Jahren in Monaco, Montenegro, Portugal und Spanien ausgeweitet worden.[1151] Insgesamt ließ sich damit zwar eine Tendenz der Liberalisierung feststellen, diese genügte für den EGMR jedoch nicht, um von einem Konsens auszugehen, der geeignet war, den Entscheidungsspielraum des Staates einzuschränken.

Der EGMR prüfte weiter, ob das in Art. 40.3.3° verfassungsrechtlich verankerte moralische Bekenntnis für das Verbot der Abtreibung zum Zeitpunkt der Entscheidung noch aktuell war. Dabei berücksichtigte er die Stellungnahmen einer Vielzahl von Nichtregierungsorganisationen und Experten, die ergaben, dass eine Bevölkerungsmehrheit der Liberalisierung des Abtreibungsverbots noch immer ablehnend gegenüberstand[1152] und insgesamt kein Wertewandel stattgefunden hatte.[1153] Es ist

1148 EGMR – *A, B und C/Irland* (Fn. 860), Rdn. 214.

1149 Ebenda, Rdn. 221.

1150 Ebenda, Rdn. 222 f.

1151 Ebenda, Rdn. 112.

1152 Ebenda, Rdn. 63.

1153 Ebenda, Rdn. 226.

jedoch irritierend, dass der Gerichtshof die gegenteiligen Untersuchungsergebnisse der *Crisis Pregnancy Agency* nicht berücksichtigte:

> „Thus, a notable change in attitudes towards abortion was observed over the seventeen-year period (1986-2003), with a substantially higher proportion of the population supporting a choice of abortion in some or all circumstances in the more recent [CPA] survey."[1154]

Selbst wenn die Mehrheit der Bevölkerung der Abtreibung ablehnend gegenüber stand, ist es mithin nicht nachvollziehbar, warum der Gerichtshof auf *die* Moralvorstellungen des irischen Volkes abstellte.[1155]

Für die Frage, ob das Abtreibungsverbot „notwendig in einer demokratischen Gesellschaft" war, untersuchte der EGMR das Vorliegen eines zwingenden Grundes des Allgemeinwohls sowie ob das Lebensrecht des Ungeborenen und die Rechte von A und B aus Art. 8 EMRK in einen gerechten Ausgleich gebracht wurden (*„fair balance"*).[1156] Da es bei Schwangerschaftsabbrüchen um komplexe ethisch-moralische Fragen gehe, räume er Irland diesbezüglich einen weiten Beurteilungsspielraum ein.[1157] Es sei allein dessen Aufgabe, die Rechte des vorgeburtlichen Lebens mit denen der Mutter in einen gerechten Augleich zu bringen. Für diese Beurteilung sei weder ein europäischer Konsens[1158] noch der Grundsatz einer evolutiven Auslegung der Konvention entscheidend. Der Gerichtshof überprüfe jedoch, ob die konkrete Interessenabwägung angemessen war. Er nannte es den *„fair balance test"*, dem auch ein weiter Beurteilungsspielraum zugänglich sei.[1159] Hinsichtlich A und B habe Irland seinen Spielraum nicht überschritten, da für diese Frauen die zumutbare Möglichkeit bestanden habe, ins Ausland zu reisen, um Abtreibungen vornehmen zu lassen, und sie darüber hinaus Zugang zu medizinischen Informationen in Irland gehabt hätten.[1160] Hinsichtlich einer Abtreibung wegen Lebensgefahr durch die Schwangerschaft bei C prüfte der EGMR, ob sich aus Art. 8 EMRK eine

1154 EGMR - *A, B und C/Irland* (Fn. 860), Rdn. 86.

1155 So aber ebenda, Rdn. 227.

1156 Ebenda, Rdn. 229 f.

1157 Ebenda, Rdn, 232-236.

1158 Zustimmend Judge *Finley Geoghegan* vertritt in seiner Concurring Opinon, Rdn. 8, 9 die Meinung, dass gar kein europäischer Konsens in dieser Frage existiere.

1159 EGMR - *A, B und C/Irland* (Fn. 860), Rdn. 237 f.

1160 Ebenda, Rdn. 239-241.

positive Verpflichtung des Staates ergebe, ein effektives Verfahren zu schaffen, in dem das Bestehen eines Anspruches auf rechtmäßige Abtreibung geprüft werden könne. Dabei sei dem Staat erneut ein Spielraum eingeräumt. Dennoch müsse er die betroffenen Rechte angemessen berücksichtigen. Das Verfahren

> „[...] should be shaped in a coherent manner which allows the different legitimate interests involved to be taken into account adequately and in accordance with the obligations deriving from the Convention."[1161]

Der Gerichtshof verlieh dem Recht auf Achtung des Privatlebens aus Art. 8 EMRK damit eine verfahrensrechtliche Komponente und stellte Anforderungen daran, wie das innerstaatliche Recht ausgestaltet sein muss. Wegen des hohen Stellenwertes der Rechte der Frau - die auch durch Art. 40.3.3° der irischen Verfassung geschützt waren - genügten moralische Gründe für dessen Einschränkung offensichtlich nicht. Nach Ansicht des EGMR bestünden aufgrund der mangelnden Konkretisierung des Art. 40.3.3° große Unsicherheiten, wann eine Abtreibung zulässig sei.[1162] Zum einen habe die Existenz der Strafvorschrift im *Offences Against the Person Act 1861* für Patienten und Ärzte eine abschreckende Wirkung[1163], zum anderen seien die von der Regierung vorgebrachten Möglichkeiten - z.B. die Beschwerde vor dem *Constitutional Court* - nicht effektiv.[1164] Insgesamt kam der EGMR zu dem Ergebnis, dass ein Verfahren zur Feststellung einer Lebensgefahr, die eine Abtreibung nach Art. 40.3.3° zulässig mache, in Irland nicht existiere. Die theoretische Möglichkeit einer rechtmäßigen Abtreibung werde damit faktisch illusorisch.[1165] Dass deren Regelung komplizierte ethische Probleme aufwerfe, ließ der Gerichtshof nicht als Einwand gelten.[1166]

Offensichtlich machte der EGMR seine Entscheidung von der Art der betroffenen Rechte abhängig. Während er akzeptierte, dass der Schutz des Ungeborenen schwerer wog als gesundheitliche Gründe oder das Wohlbefindens der Mutter, war ein Abtreibungsverbot bei Lebensge-

1161 EGMR - *A, B und C/Irland* (Fn. 860), Rdn. 249, mit Verweis auf EGMR (GK) - *S.H. u.a./Österreich* (Fn. 865), Rdn. 74.

1162 EGMR - *A, B und C/Irland* (Fn. 860), Rdn. 253.

1163 Ebenda, Rdn. 254.

1164 Ebenda, Rdn. 254-263.

1165 Ebenda, Rdn. 264.

1166 Ebenda, Rdn. 266.

fahren für die Mutter mit der Konvention nicht zu vereinbaren. Auch wenn die Konventionsrechte durch moralische Werturteile der Vertragsstaaten eingeschränkt werden können, dürfen sie im Rahmen der Abwägung jedenfalls nicht vollständig obolet werden.[1167] Insgesamt war die vorgenommene Kategorisierung des Gerichtshofs nicht sachgerecht. Eine Verhältnismäßigkeitsprüfung erschöpft sich nicht in einer abstrakten Gewichtung der widerstreitenden Rechte. Sie muss vielmehr einen gerechten Ausgleich im Einzelfall gewährleisten. Anderenfalls wird der Stellenwert einer evolutiven Auslegung der Konvention missachtet. Außerdem ist denkbar, dass auch eine Gesundheitsgefährdung derart schwerwiegend sein kann, dass der Kernbereich von Art. 8 EMRK betroffen ist. Der Mutter in diesem Fall einen Schwangerschaftsabbruch pauschal zu verbieten, ist mit der Konvention nicht zu vereinbaren. Die in Frage stehenden Rechte gegeneinander abzuwägen, würde nicht gegen Art. 53 EMRK verstoßen, da eine Abwägung mit dem Lebensrecht des Ungeborenen nicht zur Verneinung desselben führt. Im Gegenteil würde damit gerade der Respekt vor der verfassungsrechtlichen Wertung ausgedrückt werden.

Darüber hinaus ist es überraschend, dass der Gerichtshof die vermeintlich „herrschenden" Moralvorstellungen in Irland höher gewichtete, als einen gegensätzlichen Konsens auf europäischer Ebene.[1168] Zum einen durfte der EGMR nicht auf *die* Moral des irischen Volkes abstellen, da es Tendenzen in Irland gab, nach denen die Menschen eine größere Akzeptanz gegenüber der medizinisch indizierten Abtreibung aufbrachten. Zum anderen schränkt ein europäischer Konsens den nationalen Spielraum grundsätzlich zugunsten einer Harmonisierung des europäischen Menschenrechtsschutzes ein. Zu bedenken ist jedoch, dass das Abtreibungsverbot als Instrument zum Schutz des Lebens in Irland verfassungsrechtlich verankert und somit Ausdruck herrschender sozialethischer Anschauungen war. Art. 53 EMRK verbietet es, kodifizierte Grund- und Menschenrechte in den Vertragsstaaten durch einen europäischen Gesellschaftskonsens zu verkürzen. Insofern war es aus Sicht des EGMR richtig, sich auf eine Rüge des Abwägungsdefizits zu beschränken.

1167 Ebenso Concurring Opinion of Judge *López Guerra*, joined by Judge *Casadevall*, Rdn. 3.

1168 Partly Dissenting Opinion of Judges *Rozakis, Tulkens, Fura, Hirvelä, Malinverni* and *Poalelungi*, Rdn. 2, 9.

f.) Fortpflanzungsmedizin

In der Sache *S.H. u.a./Österreich*[1169] entschied der EGMR über die Zulässigkeit künstlicher Befruchtung mittels Samen- bzw. Eizellenspende. Zunächst untersuchte er das Verbot, gespendete Eizellen für die In-Vitro-Fertilisation zu nutzen. Seiner Ansicht nach genügten moralische oder soziologische Gründe allein nicht, um eine bestimmte Technik der künstlichen Befruchtung komplett zu verbieten. Wenn sie grundsätzlich erlaubt sei, müsse der Beurteilungsspielraum so ausgeübt werden, dass die einschlägigen gesetzlichen Regelungen kohärent seien, die widerstreitenden Interessen berücksichtigten und mit der EMRK übereinstimmten.[1170] In erster Linie sei es der nationale Gesetzgeber, der alle Risiken sowie öffentliche und private Interessen abwägen müsse. Im Hinblick auf die Gefahr einer möglichen „Selektion" sei das vollständige Verbot bestimmter Fortpflanzungstechniken aber nur angemessen, wenn es keine andere Möglichkeit gebe, diese Gefahren zu verhindern. Angesichts der Tatsache, dass nur medizinische Spezialisten, die selbst an ihre Berufsethik gebunden seien, künstliche Befruchtungen vornehmen dürften, und das österreichische Gesetz weitere Sicherheitsvorkehrungen vorsehe, sei nicht ersichtlich, dass das Verbot der IVF mittels Eizellenspende das einzige Mittel sei, um eine Selektion zu vermeiden.[1171] Außerdem betreffe die Gefahr einer Ausbeutung der Frau und des Missbrauchs nicht nur einzelne Fortpflanzungstechniken.[1172] Problematisch sei zwar, dass die Identität der biologischen und der genetischen Mutter auseinanderfalle. Der EGMR meinte aber, dass Mutter-Kind-Verhältnisse ohne biologischen Ursprung nicht neu und insbesondere im Rahmen von erlaubten Adoptionen zu finden seien.[1173] Letztendlich sah der EGMR in dem Verbot der Eizellenspende zum Zwecke der IVF eine Verletzung von Art. 8 und 14 EMRK.[1174]

Dieser Vergleich hinkt. Es stimmt zwar, dass das adoptierte Kind nicht von der Adoptivmutter abstammt. Trotzdem existiert lediglich *eine* biologische Mutter, die gleichzeitig die genetische ist. Eine Adoption ist demnach mit der Situation, die bei einer IVF mittels Eizellenspende

1169 EGMR – *S. H. u.a./Österreich* (Fn. 863), Rdn. 69.

1170 Ebenda, Rdn. 74.

1171 Ebenda, Rdn. 76.

1172 Ebenda, Rdn. 77.

1173 Ebenda, Rdn. 79-84.

1174 Ebenda, Rdn. 85.

entsteht, nicht vergleichbar. Dies hat der EGMR in evidenter Weise verkannt.[1175]

Hinsichtlich des Verbots der IVF mittels Samenspende war das Gericht der Auffassung, es sei inkonsequent, die Samenspende bei der Insemination zu erlauben, bei der In-Vitro-Befruchtung aber nicht. Der Gerichtshof bezweifelte, dass dies der geforderten Effektivität des Schutzes durch die Konventionsrechte gerecht werde.[1176] Hier gehe es um den Kinderwunsch eines Paares und damit um Fragen der Existenz und Identität von Individuen, weshalb der Beurteilungsspielraum der Staaten einzuschränken sei.[1177] Die Unterscheidung zwischen Paaren, die legal eine Insemination mit Spendersamen vornehmen könnten, und denjenigen, denen eine künstliche Befruchtung im Reagenzglas mittels Samenspende verboten sei, sei mithin unangemessen und stelle eine Verletzung von Art. 8 i.V.m. 14 EMRK dar.[1178]

Der Schwerpunkt dieses Urteils lag auf der Feststellung, dass die künstliche Befruchtung in besonderem Maße ethische und moralische Fragen berührt. Der den Konventionsstaaten in solchen Fällen belassene Beurteilungsspielraum wurde dabei zum einen modifiziert, weil eine staatliche Maßnahme nicht die Effektivität des Menschenrechtsschutzes beeinträchtigen darf. Zum anderen wurde er beschränkt, weil die Persönlichkeitsrechte des Paares als besonders hochwertige Rechtsgüter eingestuft wurden. Nach der vom Gerichtshof vorgenommenen Güterabwägung mussten die Rechte des ungeborenen Kindes zurück stehen, womit eine ethische Wertentscheidung getroffen wurde. Schließlich sah der Gerichtshof keinen derartigen Unterschied zwischen den Fortpflanzungstechniken, der es gerechtfertigt hätte, die IVF mittels Samen- oder Eizellenspende - anders als die anderen Techniken - zu verbieten. Er überprüfte das Verbot demnach ausdrücklich am Maßstab der Kohärenz. Diese sowie die Effektivität des Menschenrechtsschutzes waren somit Indikatoren für die Reichweite des Beurteilungsspielraumes.

1175 So auch EGMR (GK) - *S.H. u.a./Österreich* (Fn. 865), Rdn. 105 (dazu sogleich).

1176 EGMR - S.*H. u.a./Österreich* (Fn. 863), Rdn. 92.

1177 Ebenda, Rdn. 93; im Hinblick auf die Privatsphäre EGMR - *Dudgeon/Vereinigtes Königreich* (Fn. 807), Rdn. 52; EGMR - *Goodwin* (Fn. 861), Rdn. 90, 93.

1178 EGMR - S.*H. u.a./Österreich* (Fn. 863), Rdn. 93 f.

Der obige Fall wurde im Jahre 2011 von der Großen Kammer anders entschieden.[1179] Ihrer Ansicht nach umfasste der gewährte Spielraum des Staates die Entscheidung, überhaupt ein gesetzliches Verbot zu erlassen und die entsprechenden Details zum Ausgleich der betroffenen Interessen zu regeln. Der Gerichtshof habe lediglich die Aufgabe zu kontrollieren, ob dieser Ausgleich gelungen sei.[1180] Dabei habe er zu prüfen, ob das gesetzliche Verbot der IVF mittels Samen- oder Eizellenspende in kohärenter Weise dem Schutz der „Moral" diene.[1181] Im Unterschied zur Vorinstanz sah die Große Kammer bei der Eizellenspende die Besonderheit darin, dass die biologische und genetische Mutter auseinanderfiele. Dem nationalen Gesetzgeber stehe somit die Befugnis zu, diese anders zu regeln als andere Fortpflanzungstechniken, soweit er sich im Rahmen des eingeräumten Spielraums bewege. Dabei sei es von Bedeutung, dass kein tatsächlicher europäischer Gesellschaftskonsens über die Zulässigkeit der Eispende zum Zwecke der IVF bestehe.[1182] Im Hinblick auf das Verbot der IVF mittels Samenspende widersprach die Große Kammer ebenfalls der Vorinstanz. Die vorgebrachten Argumente seien an sich nicht von der Hand zu weisen, insgesamt lasse sich aber feststellen, dass diesbezüglich kein Konsens in der österreichischen Gesellschaft bestehe und komplexe ethische und sozialwissenschaftliche Fragen aufgeworfen würden. Im Gegensatz zur IVF mit Hilfe gespendeter Samen sei die Insemination mit Spendersamen in der Gesellschaft akzeptiert. Diese Tatsache zeige, dass der nationale Gesetzgeber bemüht sei, die gesellschaftlichen Realitäten widerzuspiegeln.[1183] Im Ergebnis läge in beiden Fällen keine Verletzung von Art. 8 EMRK vor.[1184]

Der Gerichtshof anerkannte, dass nur die verbotenen Fortpflanzungstechniken von der österreichischen Gesellschaft missbilligt wurden. Insofern waren die Gefahren für die „Moral" durch die IVF mittels Samen- und Eizellenspende größer als durch anerkannte Verfahren. Es entsprach mithin dem Gebot der Kohärenz, diese Techniken unterschiedlich zu regeln, da divergierende Regelungen zulässig sind, wenn

1179 EGMR (GK) – *S.H. u.a./Österreich* (Fn. 865).

1180 Ebenda, Rdn. 97; ebenso EGMR – *Evans/Vereinigtes Königreich* (Fn. 863), Rdn. 82.

1181 EGMR (GK) – *S.H. u.a./Österreich* (Fn. 865), Rdn. 100.

1182 Ebenda, Rdn. 105-107.

1183 Ebenda, Rdn. 113 f.

1184 Ebenda, Rdn. 116.

die betroffenen Tätigkeiten unterschiedliche Gefahren aufweisen. Die höhere Gefährdung durch die IVF mittels Samen- und Eizellenspende entnahm der EGMR einem diesbezüglichen nationalen Konsens. Dieser fiel sogar stärker ins Gewicht als eine sich herauskristallisierende Übereinstimmung in den anderen Konventionsstaaten. Scheinbar kann dies jedoch nur für Fälle angenommen werden, in denen ethisch und moralisch besonders sensible Sachverhalte zu beurteilen sind, die einem rasanten Wandel unterliegen. Neben der Fortpflanzungsmedizin wäre hier insbesondere an die Embryonenforschung zu denken. Insofern ist eine gewisse Parallele zu den Schwangerschaftsabbrüchen zu erkennen, bei denen nationale kodifizierte Moralanschauungen einen europäischen Konsens verdrängen können. Auch hier ist zu vermuten, dass diese gerichtliche Entscheidung mit dem hohen Stellenwert des menschlichen Lebens bzw. der menschlichen Identität zusammenhängt.

g.) Zwischenergebnis

Die vorangegangene Analyse der EGMR-Rechtsprechung hat gezeigt, dass der Gerichtshof bei Freiheitsbeschränkungen zum Schutz der „Moral" einzelfallabhängig entscheidet und seine Prüfungsdichte entsprechend divergiert. Diese hängt vom Umfang des nationalen Spielraums ab, der je nach streitiger Materie und abhängig von der Existenz eines europäischen bzw. nationalen gesellschaftlichen Konsenses, variiert.

Im Hinblick auf die Strafbarkeit männlicher Homosexualität anerkannte der EGMR zwar dem Grunde nach das Ziel, den gesellschaftlichen Ethos zu schützen. Ein Vergleich mit den anderen Vertragsstaaten veranlasste ihn jedoch dazu anzunehmen, dass die strafrechtliche Sanktionierung von Homosexualität nicht mehr „in einer demokratischen Gesellschaft notwendig" war.[1185] In den von Toleranz geprägten Gesellschaften des Europarates konnte die Homosexualität im rechtlichen Sinne nicht mehr als unmoralisch bewertet werden.

Auf dem Gebiet der Pornographie war die gerichtliche Kontrolle auf evidente Fehler der nationalen Stellen begrenzt. Der EGMR stellte im Rahmen einer bloßen Willkürprüfung lediglich fest, dass sie berechtigterweise davon ausgehen durften, dass die fraglichen Darstellungen die „Moral" gefährdeten und berücksichtigte weder einen europäischen Konsens noch die Konsistenz nationaler Regelungen. Auch

1185 EGMR – *Dudgeon/Vereinigtes Königreich* (Fn. 807), Rdn. 60.

nahm er keine Güterabwägung vor, sondern beurteilte im Rahmen der Verhältnismäßigkeit lediglich, ob die konkrete Anwendung der Strafnormen über das zur Zielerreichung Erforderliche hinausging. Er hob jedoch die verfahrensrechtliche Dimension der Konventionsrechte hervor und überprüfte, ob das innerstaatliche Verfahren effektive Rechtsbehelfe gegen die Freiheitsbeschränkungen vorsah. Ohne den Spielraum der Vertragstaaten einzuschränken, gewährte er dadurch einen formalisierten Grundrechtsschutz.[1186]

In seinen Urteilen zur Sterbehilfe stellte der EGMR klar, dass die Notwendigkeit einer Freiheitsbeschränkung Ausdruck eines dringenden sozialen Bedürfnisses sein muss und die Angemessenheit der konkreten Maßnahme erfordert. Das dringende Bedürfnis resultierte in diesen Fällen bereits aus deren Schutzrichtung. Bei der Sterbehilfe geht es nicht ausschließlich um den Schutz einer abstrakten Moralvorstellung bzw. des „gesellschaftlichen Ethos", sondern um das menschliche Leben, zu deren Schutz die Vertragsstaaten aus Art. 2 EMRK verpflichtet sind.[1187] Demnach konkurrieren mit dem Recht auf Selbstbestimmung und dem Lebensrecht zwei hochrangige Menschenrechte. Mangels eines europäischen Gesellschaftskonsenses in der Frage ist es jedoch die Aufgabe der Staaten, diese Rechte in einen gerechten Ausgleich zu bringen. Der Gerichtshof formulierte nur abstrakte Auslegungsregeln für die Gewichtung der einzelnen Rechte und Interessen. Seiner Ansicht nach ist der Spielraum insbesondere gering, wenn in einen intimen Bereich des Privatlebens - wie das Sexualleben - eingegriffen wird.[1188] Dennoch muss das Selbstbestimmungsrecht umso mehr zurückstehen, je größer der befürchtete Schaden für die öffentliche Gesundheit und Sicherheit ist. Insofern unterzieht der Gerichtshof die Abwägung lediglich einer Plausibilitätskontrolle. Das heißt, er beurteilt, ob die vom Vertragsstaat vorgebrachten Erwägungen nachvollziehbar sind, respektive, ob der Vertragsstaat in den Kernbereich eines Konventionsrechts eingreift.

Im Bereich der Schwangerschaftsabbrüche ist festzustellen, dass der Gerichtshof es formal ablehnt, zu entscheiden, ob das ungeborene Leben den Schutz des Art. 2 EMRK genießt oder nicht. In dieser Frage belässt er den Vertragsstaaten einen weiten Beurteilungsspielraum. Die-

1186 *Hoffmann-Riem*, EuGRZ 2006, 492 (495) bezeichnet dies den Grundrechtsschutz durch „Organisation und Verfahren".

1187 Vgl. EGMR – *Pretty/Vereinigtes Königreich* (Fn. 848), Rdn. 74.

1188 Ebenda, Rdn. 71.

ser ist allerdings von einer europäischen Kontrolle begleitet. Sie umfasst die in den Absätzen 2 der Art. 8-11 EMRK genannten Kriterien: Eine Beschränkung muss ein von der Konvention anerkanntes legitimes Ziel verfolgen, „gesetzlich vorgesehen" und „zum Schutz der Moral in einer demokratischen Gesellschaft notwendig" sein. Legitim ist ein verfolgtes Ziel bereits dann, wenn es von der Konvention anerkannt ist. Da die „Moral" als Schrankenbestimmung in den Absätzen 2 der Artikel 8-11 EMRK genannt ist und das Lebensrecht des *Nasciturus* auf fundamentalen Moralvorstellungen der Gesellschaft beruht, ist dessen Schutz ein legitimes Ziel. Ob eine Rechtsbeeinträchtigung zur Erreichung dieses Ziels „gesetzlich vorgesehen" ist, hängt davon ab, ob sie auf einer gesetzlichen Vorschrift beruht, die für den Beschwerdeführer ausreichend zugänglich und bestimmt genug ist, damit dieser sein Verhalten danach ausrichten kann.[1189] Bei der Notwendigkeit einer Maßnahme geht es im Kern um eine Verhältnismäßigkeitsprüfung, in deren Rahmen den Vertragsstaaten wegen des mangelnden Konsenses in den Vertragsstaaten und der hohen ethischen Sensibilität und Komplexität der Schwangerschaftsabbrüche ein weiter Spielraum überlassen ist. Auch wenn in den Staaten ein Konsens feststellbar wäre, beeinflusst dieser nicht das konkrete Abwägungsergebnis. Der EGMR lässt es jedoch nicht genügen, wenn die Vertragsstaaten eine pauschale Abwägung vornehmen, ohne die konkreten Umstände zu berücksichtigen.[1190] Vielmehr müssen die betroffenen Interessen in einen gerechten Ausgleich gebracht werden (sog. *„fair balance test"*).[1191] Dazu genügt unter Umständen, wenn ein nationales Verfahren die Geltendmachung eigener Rechte gewährleistet.

In den Entscheidungen zur IVF spielte das Kohärenzgebot eine entscheidende Rolle.[1192] Der EGMR hielt die isolierte Untersagung der IVF mittels Samen- und Eizellenspende für inkohärent, da andere Methoden der künstlichen Befruchtung nicht verboten waren. Die Große Kammer stellte sich dem richtigerweise entgegen, da die in Frage stehende Methode im Vergleich zu anderen Methoden spezifische Gefahren aufwies. Darüber hinaus war die IVF mittels Samen- und Eizellen-

1189 Siehe EGMR – *Sunday Times/Vereinigtes Königreich* (Fn. 888), Rdn. 49.

1190 EGMR – *Open Door u.a./Irland* (Fn. 857), Rdn. 73.

1191 EGMR – *A, B und C/Irland* (Fn. 860), Rdn. 238.

1192 Auch *Grabenwarter*, EuGRZ 2006, 487 (490) beobachtet, dass der EGMR immer häufiger allgemeine Aussagen zur innerstaatlichen Rechtslage treffe; ebenso in Bezug auf die PID EGMR – *Costa und Pavan/Italien* (Fn. 869), Rdn. 64.

spende - anders als andere Methoden - von der Gesellschaft ethisch missbilligt.[1193] Ist darüber hinaus weder in Europa noch innerhalb des Vertragsstaates ein sozialethischer Konsens dahingehend erkennbar, dass die IVF für ethisch unbedenklich gehalten wird, kann sie auf der Grundlage von Art. 8 Abs. 2 EMRK verboten werden. Insbesondere ist es dann nicht inkohärent, die Fortpflanzungstechniken unterschiedlich zu regeln.

In seinem Urteil zum Geschwisterinzest machte der Gerichtshof hingegen deutlich, dass er nationales Recht nicht abstrakt auf seine Vereinbarkeit mit der Konvention überprüft, sondern nur dessen konkrete Anwendung.[1194] Entspricht das Verbot eines bestimmten Verhaltens - wie in diesem Fall - den übereinstimmenden Anschauungen in den Vertragsstaaten, ist dieser europäische Konsens denklogisch irrelevant, da er dem innerstaatlichen Spielraum ohnehin nicht entgegen stünde. Davon abgesehen wird der Spielraum der Vertragsstaaten im Rahmen der Rechtfertigung verengt, wenn ein gegensätzlicher europäischer Konsens in der streitigen Frage existiert. Konsequenterweise ist der Spielraum der Staaten hingegen größer, wenn kein sozialethischer Konsens in den Vertragsstaaten besteht, etwa weil die Bewertung der Streitfrage einem rasanten wissenschaftlichen Wandel unterliegt oder ihre Bewertung ethisch sensible Themen betrifft.[1195]

Da sich die gerichtliche Kontrolle nur auf die Rechtfertigung eines Eingriffs beschränkt und die Bestimmung von „Moral" auf der Tatbestandsebene den Staaten überlassen ist, hat der staatenübergreifende Konsens nur Auswirkungen auf die Schranken-Schranke der „Notwendigkeit in einer demokratischen Gesellschaft". Diese ist von den Vertragsstaaten eingeführt worden, um auf eine veränderte Staatenpraxis reagieren zu können, da auch die demokratische Gesellschaft selbst kein starres und unveränderliches Konstrukt ist. Die grundsätzliche Legitimität einer Freiheitsbeschränkung aus Gründen von Ethik und Moral wird durch einen Konsens nicht in Frage gestellt.

Darüber hinaus wird die Weite des nationalen Spielraumes durch die Bedeutung der beschränkten Rechte beeinflusst. Greift der Staat in die Intimsphäre oder das Persönlichkeitsrecht des Einzelnen ein, ist sein

1193 EGMR - *S.H. u.a./Österreich* (Fn. 863), Rdn. 114.

1194 EGMR - *Stübing/Deutschland* (Fn. 842), Rdn. 62.

1195 EGMR - *S.H. u.a./Österreich* (Fn. 863), Rdn. 106 f.; siehe detaillierter zur Bedeutung des sozialethischen Konsenses in den Vertragsstaaten bei 2.Kap.B.II. 3.) c.).

diesbezüglicher Spielraum erheblich verengt. Es handelt sich hier um fundamentale Wertentscheidungen der Konvention, die aus Gründen der Effektivität des Menschenrechtsschutzes nicht dem Zugriff der Vertragsstaaten überlassen werden können. Zielen nationale Maßnahmen hingegen darauf ab, fundamentale Rechte Dritter - wie insbesondere das Recht auf Leben und die körperliche Unversehrtheit - zu schützen, genießen die Vertragsstaaten im Rahmen der Abwägung einen weiten Freiraum, der auch durch einen europäischen Konsens nicht eingeengt wird. Erforderlich ist jedoch, dass die widerstreitenden Interessen überhaupt für den Einzelfall in die Abwägung einbezogen werden.

3.) Entscheidungstopoi des EGMR im Rahmen der Verhältnismäßigkeit

Maßgebliche Entscheidungstopoi des EGMR im Rahmen der Verhältnismäßigkeit sind demnach der Beurteilungs- und Ermessensspielraum der Vertragsstaaten sowie das Vorhandensein eines europäischen Gesellschaftskonsenses. Die gerichtliche Prüfungsdichte wird dabei von dem verfolgten Zweck einer nationalen Maßnahme, der Bedeutung des beschränkten Rechts für eine demokratische Gesellschaft sowie dem Kohärenzgebot beeinflusst.[1196]

a.) Die demokratische Gesellschaft

Die Verhältnismäßigkeitsprüfung durch den Gerichtshof ist dogmatisch in der „Notwendigkeit in einer demokratischen Gesellschaft" verankert, die als „Schranken-Schranke"[1197] eines dem Grunde nach zulässigen Eingriffs anzusehen ist. Sie sorgt insgesamt dafür, den nationalen Spielraum und die internationale Kontrolle in einen Ausgleich

1196 *Brems*, ZaörV 1996, 240 (256) nennt weitere Faktoren wie den Bezug auf andere Konventionen, die Politikfelder, die nationale Unsicherheit über die Anwendbarkeit einer Norm, das Wesentlichkeitskriterium, das Vorhandensein einer besonderen lokalen Situation und der Ausnahmecharakter einer spezifischen Situation. Die vorliegende Darstellung rekurriert auf diese Elemente nur am Rande.

1197 Ebenso *Grewe*, ZaöRV Vol. 61 (2001), 459 (467); *Ostrovsky*, HanseLR, Vol. 1 No. 1 (2005), 47 (49); *de la Rasilla del Moral*, German Law Journal Vol. 07 (2006), 611 (614); *Gebauer*, Parallele Grund- und Menschenrechtsschutzsysteme in Europa?, S. 244, 248.

zu bringen.[1198] Eine Maßnahme ist demnach nur „notwendig", wenn sie einem dringenden sozialen Bedürfnis entspricht und angemessen ist.[1199] Da eine Maßnahme also einerseits wichtige Interessen der Gesellschaft schützen muss, auf der anderen Seite jedoch nicht über das hinausgehen darf, was zur Erreichung des Ziels erforderlich ist, offenbart sich ein Spannungsverhältnis zwischen der Rechtsstellung des Einzelnen und den moralischen Belangen der Gesellschaft.[1200] Auch wenn die Staaten grundsätzlich selbst bestimmen können, was sie für ein dringendes Bedürfnis halten, genügt die bloße Existenz einer nationalen Rechtsvorschrift - außer bei Verfassungswerten - nicht, um deren Notwendigkeit zu indizieren. Die von ihnen vorgebrachten Argumente müssen vielmehr auch hinreichend und stichhaltig sein.[1201] Das heißt, dass sich Normsetzung und -anwendung nicht widersprechen dürfen und dass eine Maßnahme tatsächlich den herrschenden moralischen Anschauungen in einer Gesellschaft gerecht werden muss.[1202] Darüber hinaus findet eine Gewichtung der betroffenen Konventionsrechte statt, in deren Rahmen ihr Stellenwert für die Funktionsfähigkeit einer durch „Toleranz und Aufgeschlossenheit" geprägten Demokratie[1203] zu berücksichtigen ist.[1204] Ist die beschränkte Tätigkeit essentiell für eine Demokratie oder ist der Eingriff derart schwerwiegend,

1198 *Logemann*, Grenzen der Menschenrechte in demokratischen Gesellschaften, S. 204.

1199 EGMR - *Pretty/Vereinigtes Königreich* (Fn. 848), Rdn. 70; EGMR - *Müller/Schweiz* (Fn.822), Rdn. 32; EGMR - *Handyside/Vereinigtes Königreich* (Fn. 815), Rdn. 48; *Logemann*, Grenzen der Menschenrechte in demokratischen Gesellschaften, S. 203 f. m.w.N.

1200 *Arai-Takahashi*, The Margin of Appreciation Doctrine and the Pronciple of Proportionality in the Jurisprudence of the ECHR, S. 12.

1201 *Logemann*, Grenzen der Menschenrechte in demokratischen Gesellschaften, S. 203 f. m.w.N.

1202 Siehe nur EGMR - *Dudgeon/Vereinigtes Königreich* (Fn. 807), Rdn. 46.

1203 EGMR - *Dudgeon/Vereinigtes Königreich* (Fn. 807), Rdn. 53; EGMR - *Handyside/Vereinigtes Königreich* (Fn. 815), Rdn. 49.

1204 *Rubel*, Entscheidungsfreiräume in der Rechtsprechung des Europäischen Gerichtshofes für Menschenrechte und des Europäischen Gerichtshofes, S. 68; *Engel*, Österr. Z. Öffentl. Recht und Völkerrecht 37, 1986, 260 (265); *Mahoney*, HRLJ 19 (1998), 1 (5 f.); *Prepeluth*, ZaöRV Vol. 61 (200)1, 771 (775, 777); *Gebauer*, Parallele Grund- und Menschenrechtssysteme in Europa?, S. 246 f. ist der Ansicht, der EGMR müsse mangels eigenem parlamentarischen System zunächst einen europäischen Standard parlamentarischer Demokratie herausarbeiten.

dass die Funktionen der Demokratie beeinträchtigt werden, ist der nationale *margin of appreciation* eingeschränkt und die nationale Maßnahme einer strengeren europäischen Kontrolle unterworfen.[1205] Die „Notwendigkeit in einer demokratischen Gesellschaft" ist dann in Frage gestellt. Konsequenterweise unterzieht der Gerichtshof Beschränkungen der Intimsphäre[1206] oder des Rechts auf freie Meinungsäußerung[1207] einer strengen gerichtlichen Kontrolle. Insbesondere letztgenannte bildet einen Grundpfeiler der Demokratie:

> „Freedom of expression constitutes one of the essential foundations of such a society, one of the basic conditions for its progress and for the development of every man."[1208]

In diesem Sinne entschied der EGMR in der Sache *Open Door* für die Abwägung zwischen dem Schutz der „Moral" und der Meinungsfreiheit, dass in einer demokratischen Gesellschaft ein Mindestmaß an Pluralismus, Offenheit und Toleranz notwendig sei.[1209] Dementsprechend besitzt die Freiheit der Meinungsäußerung einen hohen Stellenwert in der Demokratie. Ein absolutes Informationsverbots missachtet jene Bedeutung und ist mithin nicht gerechtfertigt.[1210] Darüber hinaus ist eine Freiheitbeschränkung *naturaliter* nicht in einer demokratischen Gesellschaft notwendig, wenn mit ihr dem demokratischen Leitbild entgegenstehende Ziele verfolgt werden.[1211] Anderes gilt hingegen,

1205 *Pellonpää*, EuGRZ 2006, 483 (484).

1206 EGMR – *Dudgeon/Vereinigtes Königreich* (Fn. 807), Rdn. 52; EGMR – *Pretty/Vereinigtes Königreich* (Fn. 848), Rdn. 71; EGMR – *A.D.T./Vereinigtes Königreich* (Fn. 838), Rdn. 37.

1207 EGMR, Urteil vom 08.07.1986, Nr. 9815/82, Rdn. 41 – *Lingens/Österreich;* EGMR, Urteil vom 23.04.1992, Nr. 11798/85, Rdn. 42 – *Castells/Spanien;* EGMR, Urteil vom 25.06.1992, Nr. 13778/88, Rdn. 63 – *Thorgeir Thorgeirson/Island;* im Zusammenhang mit den öffentlichen Massenmedien EGMR, Urteil vom 23.09.1994, Nr. 15890/89, Rdn. 31 – *Jersild/Dänemark;* EGMR, Urteil vom 26.04.1995, Nr. 15974/90, Rdn. 34 – *Prager und Oberschlick/Österreich.*

1208 EGMR – *Handyside/Vereinigtes Königreich* (Fn. 815), Rdn. 49; so auch für die Pressefreiheit mit weiteren Nachweisen *Prepeluh*, ZaöRV Vol. 61 (2001), 771 (777, 782); im Widerspruch dazu aber EGMR, Urteil vom 24.06.2004, Nr. 59320/00 – *Caroline von Hannover/Deutschland.*

1209 EGMR – *Open Door u.a./Irland* (Fn. 857), Rdn. 71; ebenso EGMR – *Handyside/Vereinigtes Königreich* (Fn. 815), Rdn. 49.

1210 Siehe EGMR – *Open Door u.a./Irland* (Fn. 857), Rdn. 70 ff.

1211 *Prepeluh*, ZaöRV Vol. 61 (2001), 771 (775), dort in Fn. 21.

wenn eine beeinträchtigte Tätigkeit für die Demokratie nicht unentbehrlich ist und wenn sie moralische Wertvorstellungen oder religiöse Gefühle betrifft.[1212] Darüber hinaus führt nicht jeder Eingriff in ein für die Demokratie fundamentales Menschenrecht zwingend zur Verengung des nationalen Spielraums. Das ist insbesondere zu beobachten, wenn gleichwertige Rechte und Interessen in Konflikt miteinander stehen.

b.) Die Margin of appreciation-Doktrin

Der den Vertragsstaaten eingeräumte Beurteilungs- und Ermessensspielraum bei Freiheitsbeschränkungen aus Gründen von Ethik und Moral (*margin of appreciation*) ist dreigliedrig und erstreckt sich im Rahmen der Schrankenregelungen in den Absätzen 2 der Artikel 8 bis 11 EMRK auf die Interpretation des Moralbegriffs, auf die Ausgestaltung der nationalen Gesetzgebung („gesetzlich vorgesehen") und auf die Anwendung gesetzlicher Regelungen durch nationale Stellen („notwendig in einer demokratischen Gesellschaft").[1213]

Staatlichen Organen Entscheidungsfreiräume zu belassen, ist dabei kein Spezifikum internationaler Rechtsordnungen. Im Gegenteil stammt dieses Konzept aus den nationalen Verwaltungsrechtsordnungen und lehnt sich an diese an. So verwendet der französische *Conseil d´Etat* den *margé d´appréciation*, ebenso wie deutsche Verwaltungsgerichte der Exekutive Beurteilungs- und Ermessensspielräume zusprechen, die eine eingeschränkte gerichtliche Kontrolldichte zur Folge haben können.[1214] Diese Spielräume resultieren aus dem Prinzip der Gewaltenteilung und dem Gedanken, dass Fachbehörden besser in der Lage sind, komplexe Sachverhalte zu ermitteln und rechtlich zu bewerten als die Judikative.[1215]

1212 *Prepeluh*, ZaöRV Vol. 61 (2001), S. 771 (785 f.)

1213 *Calliess*, EuGRZ 1996, 293 (294); EGMR – *Handyside/Vereinigtes Königreich* (Fn. 815), Rdn. 48; vgl. für Art. 8 Abs. 2 EGMR, Urteil vom 18.06.1971, Nr. 2832/66 u.a., Rdn. 93 – *De Wilde, Ooms und Versyp/Belgien*.

1214 *Calliess*, EuGRZ 1996, 293 (294); *Arai-Takahashi*, The Margin of Appreciation, S. 2 f.; *Brems*, ZaörV 1996, 240; zur deutschen Dogmatik des Ermessensspielraums, siehe nur *Detterbeck*, Allgemeines Verwaltungsrecht, Rdn. 324 ff.; *Erbguth*, Allgemeines Verwaltungsrecht, § 14, Rdn. 42 ff.; vertiefend zum deutschen Recht siehe bei 1.Kap.B.II.

1215 Siehe nur *Battis*, Allgemeines Verwaltungsrecht, S. 139.

Auf internationaler Ebene fußt das Konzept des *margin of appreciation* auf mehreren dogmatischen Fundamenten. Zum einen folgt die Doktrin aus der Subsidiarität des europäischen Menschenrechtsschutzes.[1216] Demnach ist jeder Staat und jede Gesellschaft befugt, Menschenrechtskonflikte vorrangig selbst und eigenständig zu lösen.[1217] Erst wenn alle innerstaatlichen Möglichkeiten erschöpft sind, um einer Beeinträchtigung der Konventionsrechte abzuhelfen, entscheiden die Kommssion bzw. der Europäische Gerichtshof für Menschenrechte über die Angelegenheit. In diesem Sinne betont der EGMR in ständiger Rechtsprechung, dass die nationalen Stellen aufgrund ihrer Nähe zur Gesellschaft und deren Wertvorstellungen besser in der Lage sind zu beurteilen, ob die Beschränkung eines Konventionsrechts in einer demokratischen Gesellschaft zum Schutz der „Moral" notwendig ist, da die Anforderungen an die „Moral" zeitlich und regional variieren.[1218] Indem der EGMR die Entscheidung „delegiert", kann er aktuelle Entwicklungen berücksichtigen und der Dynamik des multinationalen Rechtsschutzsystems gerecht werden, ohne die nationale Heterogenität übermäßig zu beschneiden oder den „guten Willen" der Staaten zu gefährden. Dieses Vorgehen wird vom Moralbegriff regelrecht impliziert, da er mangels objektiver Bestimmbarkeit denknotwendig auf außerrechtliche Wertvorstellungen in den Vertragsstaaten verweist und mithin eine dynamische Auslegung erfordert. Insofern sichert die *margin of appreciation*-Doktrin die evolutive Auslegung der EMRK[1219] und steht in einem Spannungsverhältnis zum Gebot autonomer Interpretation und der Universalität des Menschenrechtsschutzes.

1216 *Gebauer*, Parallele Grund- und Menschenrechtssysteme in Europa?, S. 249.

1217 *Petzold*, The Convention and the Principle of Subsidiarity, in: MacDonald/Matscher/Petzold, The European System for the Protection of Human Rights, S. 41; *Ostrovsky*, HanseLR Vol. 1 No. 1 (2005), 47 (48 f.); EGMR, Urteil vom 23.07.1968, Nr. 1474/62 u.a. – *Belgischer Sprachenfall*; EGMR – *Koch/Deutschland* (Fn. 850), Rdn. 69.

1218 St. Rspr., vgl. nur EGMR – *Handyside/Vereinigtes Königreich* (Fn. 815); EGMR – *Müller u.a./Schweiz* (Fn. 822); EGMR – *S.H. u.a./Österreich* (Fn. 863); EGMR – *Dudgeon/ Vereinigtes Königreich* (Fn. 807), Rdn. 52.

1219 *Brems*, ZaörV 1996, 240 (241); *Helfer*, Cornell Int'l LJ 133 (141); ähnlich auch *Ostrovsky*, HanseLR Vol. 1 No. 1 (2005), 47 (59 f.). Dies verkennt *Blau*, ZeuS 2005, 429 (433). Sie übersieht, dass eine dynamisch-evolutive Auslegung nicht zwangsläufig mit einer Stärkung der Konventionsrechte einhergehen muss, sondern lediglich eine Interpretation der EMRK im Lichte aktueller Gegebenheiten erfordert.

Letztgenanntes Prinzip bildet gleichsam das dritte Fundament des *margin of appreciation*: Auf internationaler Ebene ist die Europäische Menschenrechtskonvention mit dem Ziel geschlossen worden, einen Mindeststandard von Menschenrechten als sog. *„core rights“*[1220] verbindlich festzulegen. Aufgrund unterschiedlicher Rechtstraditionen in den Vertragsstaaten divergieren jedoch die jeweiligen Grundrechtsauslegungen, so dass die Konventionsrechte nicht in allen Staaten einheitlich und/oder mit identischer Reichweite gewährleistet werden. Da die Organe des Europarates also nicht auf ein konsensfähiges Grundrechtsfundament zurückgreifen können, sind sie gezwungen, zur Interpretation und Bestimmung der Reichweite der Konventionsrechte einen - wenn auch geringen - gemeinsamen europäischen Standard zu entwickeln. Da dieser vom nationalen Verständnis abweichen kann, ist ein völkerrechtliches Rechtsprechungsorgan wie der Europäische Gerichtshof für Menschenrechte auf die Anerkennung durch und die Kooperation mit den Vertragsstaaten angewiesen, um verbindliche Entscheidungen treffen zu können.[1221] Das gilt insbesondere, da die Urteile des EGMR lediglich feststellende Wirkung haben und nicht vollstreckt werden können.[1222] Insofern ist der Gerichtshof auf die „freiwillige Befolgung“ seiner Urteile angewiesen. Um diesen Konflikt zwischen der Souveränität der Vertragsstaaten auf der einen Seite und der universellen Geltung der in der Konvention niedergelegten Menschenrechte auf der anderen Seite aufzulösen, schlägt der *margin of appreciation* insbesondere bei Freiheitsbeschränkungen aus Gründen von Ethik und Moral eine Brücke, indem er den Vertragsstaaten bei der Anwendung nationaler Freiheitsbeschränkungen zwar einen Spielraum belässt, diesen aber einer europäischen Verhältnismäßigkeitskontrolle unterzieht.[1223] Der Gerichtshof kann demnach nur untersuchen, ob sich die nationalen Stellen auf nachvollziehbare Wertungen, Annahmen und Prognosen gestützt haben.[1224] Dies ist insbesondere bei Freiheitsbeschränkun-

1220 So *Ostrovsky*, HanseLR Vol. 1 No. 1 (2005), 47 (48); *Arai-Takahashi*, The Margin of Appreciation Doctrine and the Principle of Proportionality in the Jurisprudence of the ECHR, S. 3.

1221 *Calliess*, EuGRZ 1996, 293 (298).

1222 EGMR, Urteil vom 08.04.2004, Nr. 71503/01, Rdn. 202 - *Assanidze/Georgien; Schweisfurth*, Völkerrecht, 5. Kap, Rdn. 46-48.

1223 *Gebauer*, Parallele Grund- und Menschenrechtssysteme in Europa?, S. 220 f., 248; *Arai-Takahashi*, The Margin of Appreciation, S. 3; *Ostrovsky*, HanseLR Vol. 1 No. 1 (2005), 47 (48); *de la Rasilla del Moral*, German Law Journal Vol. 07, No. 06 (2006), 611 (614 f., 622).

1224 *Grabenwarter*, EuGRZ 2006, 487 (491).

gen, die auf außerrechtliche Wertvorstellungen gestützt werden, dringend erforderlich, um die durch die *margin of appreciation*-Doktrin erzeugte Gefahr eines moralischen Relativismus[1225] aufzuweichen. Die Tatsache, dass der Beurteilungs- und Ermessensspielraum nicht grenzenlos ist, sondern von einer europäischen Kontrolle begleitet wird, unterstreicht die Aufgabe des EGMR, zwischen den Staaten und ihren Bürgern zu „vermitteln". Deshalb wird der *margin of appreciation* zu Recht als Instrument bezeichnet, um die Kompetenzen der Vertragsstaaten mit ihren Pflichten aus der Konvention in einen vernünftigen Ausgleich zu bringen („*balance of sovereignty*")[1226]. Dementsprechend hält *von Arnauld* die *Margin of Appreciation*-Doktrin richtigerweise für ein Element vertikaler Gewaltenteilung zwischen dem Gerichtshof und den Nationalstaaten.[1227]

i.) Entwicklung und Anwendungsbereich

Ursprünglich trug die *margin of appreciation*-Doktrin der Sorge Rechnung, dass die nationale Sicherheit eines Staates durch die strikte Einhaltung internationaler Regeln gefährdet werden könne.[1228] Deshalb wurde den Vertragsstaaten insbesondere dann ein Spielraum gewährt, wenn es um Freiheitsbeschränkungen in Notstandssituationen nach Art. 15 EMRK[1229] oder die Beschränkung gefährlicher Tätigkeiten, wie das Aufrufen zu Gewalttaten oder rassistische Meinungsäußerungen, ging.[1230]

Demgegenüber ist der Anwendungsbereich der Doktrin heute erheblich ausgeweitet. Den Staaten wird vom EGMR insbesondere ein Spielraum zugesprochen, wenn sie ein Konventionsrecht zum Schutz der

1225 So *Benvenisti*, JILP 1999 Vol. 31, 843.

1226 *MacDonald*, The Margin of Appreciation, in: MacDonald/Matscher/Petzold, The European System for the protection of Human Rights, S. 83 (124); *Ruffert*, ZVglRWiss 100 (2001), 304 (316); *Ostrovsky*, HanseLR Vol. 1 No. 1 (2005), 47 (56).

1227 So *von Arnauld*, EuR 2008, Beiheft 1, 41 (47); ähnlich *Logemann*, Grenze der Menschenrechte in demokratischen Gesellschaften, S. 151.

1228 *Benvenisti*, JILP 1999 Vol. 31, 843 (845); *de la Rasilla del Moral*, GLJ Vol. 07, No. 06 (2006), 611 (613).

1229 EGMR, Urteil vom 01.07.1961, Nr. 332/57, Rdn. 28 – *Lawless/Irland.*

1230 EGMR, Urteil vom 23.09.1994, Nr. 15890/89, Rdn. 29 – *Jersild/Dänemark* (Rassistische Meinungsäußerung); EGMR (GK), Urteil vom 25.11.1997, Nr. 18954/91, Rdn. 53, 55, 62 – *Zana/Turkey* (Aufruf zu Gewalttaten); EGMR – *De Wilde, Ooms und Versyp/Belgien* (Fn. 1213) (Landstreicherei), Rdn. 93.

„öffentlichen Moral" im Sinne der Absätze 2 von Artikel 8 bis 11 EMRK einschränken.[1231] Insofern „dämpft" er die aufeinander prallenden Interessen bei der Durchsetzung internationaler Menschenrechtsstandards, indem er anerkennt, dass in jeder Gesellschaft spezifische Werte und Bedürfnisse existieren, die zu berücksichtigen sind.[1232] Dogmatisch geht es hierbei auf der Rechtfertigungsebene um die Frage, ob eine staatliche Maßnahme zum Schutz der Moral „in einer demokratischen Gesellschaft notwendig" ist.

Der *margin of appreciation* ist keiner abstrakten Definition zugänglich, sondern kontextabhängig, sprich einzelfallgebunden. Nach richtiger Ansicht ist er nur auf nachweisliche Belange einer Gesellschaft als Ganzes anwendbar und berücksichtigt nicht die Wertvorstellungen einzelner Bevölkerungsgruppen. Insofern ist die Doktrin restriktiv zu handhaben, wenn es um Streitigkeiten zwischen Minderheiten und Mehrheiten in einem Staat geht. Denn die Aufgabe internationaler Menschenrechtsorgane liegt gerade darin, systemische Defizite der Demokratie - also die Dominanz der Mehrheit über die Minderheit - zu korrigieren. Wird ein bestimmtes Verhalten untersagt, nur weil es von bestimmten Bevölkerungsgruppen für unmoralisch gehalten wird, darf den nationalen Stellen kein unkontrollierter Spielraum zukommen.[1233] Es ist eines der grundlegendsten Ziele von Grund- und Menschenrechten, Minderheiten zu schützen. Werden diese von nationalen Behörden oder Gerichten diskriminiert, bleibt ihnen nur der Weg zu einem überstaatlichen Gericht, wie dem EGMR. Würde dieser wiederum den Vertragsstaaten einen uferlosen Spielraum in der Frage einräumen, würde er seine Daseinsberechtigung einbüßen und die Universalität des Menschenrechtsschutzes gefährden.[1234] Insbesondere wenn eine bestimmte Tätigkeit aus moralischen Gründen untersagt wird, muss der Spielraum der Staaten beschränkt werden, da ansonsten stets herrschende Anschauungen gegenüber Minderheiten durchgesetzt werden könnten. In der bisherigen Rechtsprechung hat der EGMR solche Fälle dennoch unter Anerkennung des staatlichen Beur-

[1231] Ebenso mit einer Aufzählung relevanter Fälle, auch abseits des Schutzes der „Moral" *Brems*, ZaörV 1996, 240 (243-246).

[1232] *Benvenisti*, JILP 1999 Vol. 31, 843 (846).

[1233] Ebenda, 843 (847).

[1234] Ebenda, S. 849 f. Er spricht sich für eine höhere Kontrolldichte aus, wenn nationale Gesetze oder Politik sich gegen bestimmte Minderheiten richten.

teilungsspielraums für mit der Konvention vereinbar erklärt.[1235] Das betraf insbesondere die Verbreitung pornographischer Schriften[1236] sowie die öffentliche Zurschaustellung von obszönen Darstellungen.[1237] Auch die Strafbarkeit des Geschwisterinzests aus moralischen Gründen wurde für unbedenklich gehalten, obwohl dessen moralische Bewertung von einigen Bevölkerungsgruppen nicht geteilt wurde.[1238] Allerdings lag die Ursache für diese staatenfreundliche Praxis nicht in der bloßen Befolgung mehrheitsfähiger Ansichten; stattdessen war das Fehlen eines europäischen Gesellschaftskonsenses ausschlaggebend, sodass der EGMR sich auf keinen gefestigten Wertekanon stützen konnte, um die nationalen Mehrheitsanschauungen zu überwinden (dazu sogleich). Der *margin of appreciation* und der europäische Konsens beeinflussen sich gegenseitig und sind insofern nicht isoliert voneinander zu betrachten.

Geht es hingegen um den Ausgleich gleichwertiger Rechte und Interessen, exemplarisch sei hier die Abwägung zwischen dem Leben des Ungeborenen und der Gesundheit der Mutter bei Schwangerschaftsabbrüchen genannt, ist die Anwendung des *margin of appreciation* nicht zu beanstanden. Jeder Staat hat die Pflicht, sich schützend vor das menschliche Leben zu stellen. Inwiefern er dieser Pflicht nachkommt und dadurch möglicherweise die Rechte der Mutter gegenüber den Rechten des Ungeborenen geringer gewichtet, kann ihm nicht durch ein zwischenstaatliches Gericht vorgegeben werden.[1239] Würde der EGMR als überstaatliches Gericht eine verbindliche Aussage über die Gewichtung gleichwertiger Rechte im Einzelfall treffen, würde er das „unterlegene" Konventionsrecht in seiner Wertigkeit herabstufen. Da die EMRK jedoch einen menschenrechtlichen Mindeststandard festschreibt, würde eine pauschale Gewichtung den Wesensgehalt eines Konventionsrechts antasten. Deshalb verlangt der EGMR von den Staaten nur, dass trotz der Einräumung eines Spielraumes überhaupt eine Abwägung widerstreitender Rechte im Einzelfall stattfindet. Inso-

1235 Auch *Koering-Joulin*, Public Morals, in: Delmas-Marty(Hrsg.), The European Convention of Human Rights. International Protection versus National Restrictions, S. 96 f. ist der Ansicht, der EGMR entscheide zugunsten der Anschauungen gesellschaftlicher Mehrheiten.

1236 Vgl. EGMR – *Handyside/Vereinigtes Königreich* (Fn. 815).

1237 Vgl. EGMR – *Müller u.a./Schweiz* (Fn. 822).

1238 EGMR – *Stübing/Deutschland* (Fn. 842), Rdn. 28-30.

1239 Auf die Rolle des *margin of appreciation* im Rahmen staatlicher Schutzpflichten hinweisend *Brems*, ZaörV Vol. 56 (1996), 240 (246).

fern handelte Irland in *A, B und C/Irland* konventionswidrig, da es Schwangerschaftsabbrüche ohne Rücksicht auf die Gesundheit der schwangeren Frauen pauschal verbot.[1240] Ein ähnlicher Konflikt offenbart sich auch bei den Entscheidungen über die Zulässigkeit der Sterbehilfe. Es geht hierbei um eine Abwägung zwischen der Würde und dem Selbstbestimmungsrecht sowie dem Recht auf Leben und die diesbezügliche staatliche Schutzpflicht. Die Entscheidungskompetenz des EGMR erreicht dabei seine natürliche Grenze, da er eine solche politisch wie ethisch sensible Entscheidung nicht treffen kann und will; deshalb muss der nationale Spielraum in diesen Fällen weit sein.[1241] Im Umkehrschluss ist von einer höheren europäischen Prüfungsdichte auszugehen, wenn keine gleichwertigen und ethisch aufgeladenen Konventionsrechte abgewogen werden müssen.[1242]

ii.) Schutzzweck der Maßnahme

Die Reichweite des innerstaatlichen Spielraums variiert darüber hinaus abhängig davon, welchem Zweck die konkrete Maßnahme dient.[1243] Geht es dem Vertragstaat um den Schutz der „Moral" in seinem Staatsgebiet, ist sein Spielraum im Vergleich zu anderen Schutzzwecken am weitesten. Dies ist in erster Linie auf den subjektiven Charakter der „Moral" zurückzuführen, die im Gegensatz zu objektiv bestimmbaren Kriterien wie der Autorität und Unparteilichkeit der Justiz keiner einheitlichen und abschließenden Definition zugänglich ist, sondern auf wandelbare außerrechtliche Wertvorstellungen in den Vertragsstaaten verweist.[1244] In einigen Urteilen rekurrierte der EGMR

1240 EGMR – *A, B und C/Irland* (Fn. 860), Rdn. 238, 264.

1241 EGMR – *Pretty/Vereinigtes Königreich* (Fn. 848), Rdn. 74.

1242 *Brems*, ZaörV Vol. 56 (1996), 240 (259); *Prepeluth*, ZaöRV Vol. 61 (2001), 771 (794); EGMR (GK), Urteil vom 25.03.1983, Nr. 5947/72 u.a., Rdn. 97 – *Silver u.a./Vereinigtes Königreich*; EGMR, 24.03.1988, Nr. 10465/83, Rdn. 68 – *Olsson/Schweden.*

1243 Siehe z.B. EGMR – *Pretty/Vereinigtes Königreich* (Fn. 848), Rdn. 70; aus der Literatur *Calliess*, EuGRZ 1996, 293 (294).

1244 EGMR – *Sunday Times/ Vereinigtes Königreich* (Fn. 888), Rdn. 59. Der Gerichtshof betonte hier ausdrücklich, dass seine Kontrolldichte bei objektiv zu bestimmbaren Schranken der Konventionsrechte deutlich höher sei als beim Schutz der „Moral"; EGMR – *Handyside/ Vereinigtes Königreich* (Fn. 815), Rdn. 48; EGMR – *Müller u.a./Schweiz* (Fn. 822), Rdn. 35, 36; EGMR – *Dudgeon/Vereinigtes Königreich* (Fn. 807), Rdn. 52; EGMR – *Norris/Irland* (Fn. 874), Rdn. 45; EGMR – *Stübing/Deutschland* (Fn. 842), Rdn. 60; EGMR – *Open Door u.a./Ieland* (Fn.857), Rdn. 68; EGMR – *A, B und C/Irland* (Fn. 860), Rdn.

nur zwischen den Zeilen auf moralische Belange und traf konsequenterweise keine Aussage darüber, ob der *margin of appreciation* in diesen Fällen weit ist oder nicht.[1245] Der Schutz der „Moral" war dort nicht alleiniger Schutzzweck einer Freiheitsbeschränkung, sondern insbesondere die konkreten Rechtsgüter von Dritten. Die „Rechte anderer" können als Schrankenbestimmung in den Absätzen 2 der Artikel 8-11 EMRK jedoch nicht trennscharf vom Schutz der „Moral" unterschieden werden, sondern sind unter Umständen gleichrangiges Ziel einer staatlichen Maßnahme.[1246] Schutzzweck ist dann nicht der „moralische Ethos" der Gesellschaft als Gesamtgefüge, sondern die moralischen Interessen bzw. das moralische Wohlergehen einzelner Bevölkerungsgruppen.[1247] So war in *Handyside* und *Müller u.a./Schweiz* insbesondere die sittliche Gefährdung der Jugend für den EGMR ausschlaggebend, eine Freiheitsbeschränkung aus moralischen Gründen für konventionskonform zu erklären.[1248] Bei den Schwangerschaftsabbrüchen beispielsweise ging es hingegen in erster Linie um den Schutz des ungeborenen Lebens, auch wenn dieser Ausdruck fundamentalethischer Vorstellungen in der Gesellschaft war. Sind neben der „Moral" solche rechtlichen Belange Dritter betroffen, ist der nationale Ermessensspielraum weiter, als wenn die „öffentliche Moral" alleiniger Schutzzweck ist.[1249] Es ist auffällig, dass der EGMR - trotz aller in diesem Kapitel dargestellten Entscheidungen - insgesamt vergleichsweise selten auf den Schutz der „Moral" allein abstellt, sondern weitaus häufiger auf die Rechte anderer. Das heißt jedoch nicht, dass in diesen Urteilen

233; ebenso *Prepeluth*, ZaöRV Vol. 61 (2001), 771 (778); ebenso im Hinblick auf Religion *De Wall*, JURA, 2012, 960 (963).

1245 Insbesondere bei der Sterbehilfe, siehe EGMR - *Pretty/Vereinigtes Königreich* (Fn. 848), Rdn. 70, 71; EGMR - *Haas/Schweiz* (Fn. 849), Rdn. 53.

1246 Siehe insbesondere EGMR - *Dudgeon/Vereinigtes Königreich* (Fn. 807), Rdn. 47; implizit auch EGMR - *Müller u.a./Schweiz* (Fn. 822), Rdn. 30; EGMR - *Stübing/Deutschland* (Fn. 842), Rdn. 57; aus der Literatur *Koering-Joulin*, Public Morals, in: Delmas-Marty (Hrsg.), The European Convention of Human Rights. International Protection versus National Restrictions, S. 89.

1247 EGMR - *Dudgeon/ Vereinigtes Königreich* (Fn. 807), Rdn. 47, 49.

1248 EGMR - *Handyside/Vereinigtes Königreich* (Fn. 815), Rdn. 52; EGMR - *Müller u.a./Schweiz* (Fn. 822), Rdn. 36; aus der Literatur *Koering-Joulin*, Public Morals, in: Delmas-Marty (Hrsg.), The European Convention of Human Rights. International Protection versus National Restrictions, S. 87; *Prepeluth*, ZaöRV Vol. 61 (2001), 771 (794).

1249 EGMR - *Pretty/Vereinigtes Königreich* (Fn. 848), Rdn. 74; *Prepeluth*, ZaöRV Vol. 61 (2001), 771 (811); *de la Rasilla del Moral*, GLJ Vol. 07 (2006), 611 (616).

nicht auch Moralvorstellungen inzident zur Rechtfertigung einer staatlichen Maßnahme herangezogen wurden.[1250] Auch wenn *Prepeluh* die „Rechte anderer" als „Generalklausel" bezeichnet[1251], stellt der EGMR klar, dass gerade die Rechte Dritter nicht selten Ausdruck eines sozialethischen Konsenses sind und als solches gesellschaftliche Wertvorstellungen betreffen.[1252]

iii.) Stellenwert der beschränkten Rechte

Spiegelbildlich zum Schutzzweck der Maßnahme steht die Eingriffsintensität als weiteres Kriterium für die Bestimmung der Reichweite des nationalen Spielraums.[1253] Als Faustformel gilt: Je höher die Wertigkeit des eingeschränkten Konventionsrechts, desto geringer ist der Umfang des *margin of appreciation*.[1254] Besteht über die Wertigkeit eines Konventionsrechts oder darüber, wie jenes am besten zu schützen ist, kein Konsens in den Vertragsstaaten, ist der *margin of appreciation* der Staaten weiter.[1255] Es ist in konsequenter Fortführung des soeben Gesagten Sache der Vertragsstaaten, die Konventionsrechte durch Rechte und Interessen von Dritten zu beschränken. In jedem Fall ist eine Freiheitsbeschränkung aus Gründen von Ethik und Moral jedoch schwer zu rechtfertigen, wenn dadurch in den Kernbereich eines Konventions-

1250 So auch *Koering-Joulin*, Public Morals, in: Delmas-Marty (Hrsg.), The European Convention of Human Rights. International Protection versus National Restrictions, S. 94, 96 mit Verweis auf EGMR, Urteil vom 17.10.1986, Nr. 9532/81 – *Rees/Vereinigtes Königreich*; ebenso EGMR, Urteil vom 20.09.1994, Nr. 13470/87, Rdn. 47, 48 – *Otto-Preminger-Institut/Österreich.*

1251 *Prepeluth*, ZaöRV Vol. 61 (2001), 771 (804).

1252 Insbesondere im Hinblick auf den verfassungsrechtlichen Schutz des ungeborenen Lebens, siehe nur EGMR – *A, B und C/Irland* (Fn. 860), Rdn. 222, 223.

1253 *Pellonpää*, EuGRZ 2006, 483 (485); *Ress*, ZaöRV Vol. 69 (2009), 289 (300).

1254 *Brems*, ZaörV Vol. 56 (1996), 240 (264); *Helfer*, Cornell Int'l LJ, 133 (135, 144); auf die Eingriffsintensität abstellend *Uerpmann-Wittzack*, in: Ehlers, Europäische Grundrechte und -freiheiten, § 3 I 1 Rdn. 25; aus der Rspr. siehe nur EGMR, Urteil vom 24.11.1986, Nr. 9063/80, Rdn. 55 – *Gillow/Vereinigtes Königreich*; EGMR – *Dudgeon/Vereinigtes Königreich* (Fn. 807), Rdn. 52; EGMR – *A, B und C/Irland* (Fn. 860), Rdn. 232; EGMR – *Laskey u.a./Vereinigtes Königreich* (Fn. 1102), Rdn. 42; EGMR, Urteil vom 04.12.2007, Nr. 44362/04, Rdn. 78 – *Dickson/Vereinigtes Königreich.*

1255 EGMR – *Pretty/Vereinigtes Königreich* (Fn. 848), Rdn. 74; EGMR – *Evans/Vereinigtes Königreich* (Fn. 863), Rdn. 77.

rechts eingegriffen wird.[1256] Diesen Aspekt berücksichtigte der Gerichtshof in *Handyside*. Der Schutz der „Moral" wurde dort vom EGMR höher gewichtet als die Rechtsbeeinträchtigung des Betroffenen, da die Intensität eines Eingriffs in die Meinungsfreiheit im Gegensatz zur Gefährdung der „öffentlichen Moral" angemessen erschien. Das fragliche Schulbuch durfte zwar nicht in seiner damaligen, wohl aber in einer überarbeiteten Form veröffentlicht werden, so dass die Meinungsfreiheit nicht in ihrem Kern betroffen war.[1257] Logischerweise ist der staatliche Ermessensspielraum von vornherein eingeschränkt, wenn ein Eingriff in die Intimsphäre eines Menschen, mithin in den Kernbestand des Rechts auf Privatsphäre aus Art. 8 EMRK, vorliegt[1258], da ein solcher stets als erhebliche Konventionsverletzung anzusehen ist. Ebenso wie nach deutscher Grundrechtsdogmatik, ist das Privatleben desto mehr schutzwürdig, je weniger ein Verhalten Kontakt zur Öffentlichkeit oder den Rechten anderer hat.[1259] Eingriffe in die Intimsphäre sind nicht gänzlich ausgeschlossen, bedürfen aber schwerwiegender Gründe, um gerechtfertigt zu sein. Die Urteile zur Strafbarkeit der Homosexualität belegen dies in anschaulicher Weise. Das Vereinigte Königreich und Irland sanktionierten in *A.D.T./United Kingdom*, *Norris/Ireland* sowie *Dudgeon* jeweils homosexuelle Handlungen zum Schutz der „öffentlichen Moral". In jedem einzelnen Fall entschied der EGMR, dass moralische Gründe nicht hinreichend seien, um einen derart schwerwiegenden Eingriff in die Sexualität als intimen Persönlichkeitskern zu rechtfertigen.[1260] Es ist zu bezweifeln, dass überhaupt eine Konstellation existiert, in der ein Eingriff in die Intimsphäre allein aus moralischen Gründen gerechtfertigt ist. Bislang ist ein derartiger Fall, soweit ersichtlich, nicht vom Gerichtshof entschieden worden, so dass es sinvoll erscheint, einen solchen Eingriff nur zum Schutz kollidierender Grund- und Menschenrechte zuzulassen.

1256 *Calliess*, EuGRZ 1996, 293 (294); Nach *Gebauer*, Parallele Grund- und Menschenrechtssysteme in Europa?, S. 247 f. berücksichtigt der EGMR die Kernbereiche der Konventionsrechte nur implizit.

1257 Vgl. EGMR – *Handyside/Vereinigtes Königreich* (Fn. 815), Rdn. 52, 57.

1258 Siehe z.B. EGMR – *Dickson/Vereinigtes Königreich* (Fn. 1254), Rdn. 170; EGMR – *Dudgeon/Vereinigtes Königreich* (Fn. 807), Rdn. 52; *Ostrovsky*, HanseLR, Vol. 1 No. 1 (2005), 47 (53).

1259 EKMR, Entscheidung vom 12.07.1977, DR 10, 100, Rdn. 56, 59 – *Brüggemann und Scheuten/Deutschland*.

1260 EGMR – *A.D.T./Vereinigtes Königreich* (Fn. 838), Rdn. 37; EGMR – *Dudgeon/Vereinigtes Königreich* (Fn. 807), Rdn. 52, 60; EGMR – *Norris/Irland* (Fn. 874), Rdn. 46.

In Einzelfällen umgeht der EGMR diese Hürde, indem er bestimmte Verhaltensweisen schlicht aus dem Kernbereich des Art. 8 EMRK heraussubsumiert. So war es in der Rechtssache *Laskey, Jaggard and Browny/United Kingdom* zweifelhaft, ob einverständliche sadomasochistische Sexualpraktiken, bei denen sich die Beteiligten Verletzungen zufügten, überhaupt zum Privatleben im Sinne des Art. 8 EMRK gehörten.[1261] Indem er bestimmte Tätigkeiten nicht als fundamentale Rechte der Konvention anerkannte, erleichterte er einen Eingriff aus ethisch-moralischen Gründen, auch wenn der Eingriff hier zum Schutz der öffentlichen Gesundheit gerechtfertigt war.[1262] Zweifelsfrei änderte die Beurteilung des EGMR nichts daran, dass das Sexualleben als intimer Vorgang der Beteiligten anzusehen war und die Praktiken in erster Linie Moralvorstellungen verletzten.[1263] Unter diesem Gesichtspunkt ist die Beurteilung das Gerichtshofes zu kritisieren.

Anders ist der *margin of appreciation* bei der rechtlichen Bewertung der Sterbehilfe ausgestaltet. Den Betroffenen wird zwar das Recht genommen, frei über den eigenen Todeszeitpunkt zu entscheiden, und somit in einen intimen Aspekt der Lebensgestaltung eingegriffen. Jedoch haben die Vertragsstaaten die Pflicht, sich schützend vor das Leben ihrer Staatsbürger zu stellen. Der Gerichtshof äußerte sich nicht ausdrücklich zu der Weite des *margin of appreciation*, betonte jedoch, dass diese Fälle nicht mit Eingriffen in den intimen Bereich des Sexuallebens vergleichbar seien. Dem ist zuzustimmen, da es in diesen Konstellationen, anders als bei der Untersagung sexueller Praktiken, um den Ausgleich kollidierender Konventionsrechte geht. In solchen Fällen genießen die Vertragsstaaten einen weiten, gerichtlich nur eingeschränkt kontrollierbaren Spielraum, der auch durch einen europäischen Gesellschaftskonsens nicht verengt werden kann.[1264]

1261 EGMR – *Laskey u.a./Vereinigtes Königreich* (Fn. 1102), Rdn. 36.

1262 Ebenda, Rdn. 50.

1263 Vgl. auch den EGMR selbst: *„This finding, however, should not be understood as calling into question the prerogative of the State on moral grounds to seek to deter acts of the kind in question."* in EGMR – *Laskey u.a./Vereinigtes Königreich* (Fn. 1102), Rdn. 51.

1264 EGMR – *Pretty/Vereinigtes Königreich* (Fn. 848), Rdn. 41, 71; EGMR – *Haas/Schweiz* (Fn. 849), Rdn. 55.

iv.) Hierarchie der Konventionsrechte

Das Abstellen auf die Wertigkeit der jeweils betroffenen Rechtsgüter suggeriert eine Einordnung der Konventionsrechte in „fundamentale" und „nicht fundamentale", obwohl sie grundsätzlich keiner hierarchischen Ordnung unterliegen. Dies könnte einer allzu schematischen Lösung konkreter Einzelfälle Vorschub leisten.[1265] Dennoch ist in der Struktur der Konvention eine gewisse Zweiteilung der Rechte angelegt, und zwar in „uneingeschränkte" und „eingeschränkte". Diejenigen Konventionsgarantien, die, wie Art. 8 bis 11, einem Schrankenvorbehalt unterliegen, zählen zu den letztgenannten.[1266] Alle anderen Rechte werden uneingeschränkt geschützt.[1267] In der Verfahrenspraxis des EGMR hat sich deshalb die Konzeption der sog. *„core rights"* herausgebildet. Das sind uneingeschränkte Rechte, die absolut gelten und das menschenrechtliche Fundament der EMRK bilden. Dazu gehört das Recht auf Leben aus Art. 2[1268], das Folterverbot aus Art. 3[1269], das Verbot der Sklaverei und Zwangsarbeit aus Art. 4[1270] sowie der Grundsatz aus Art. 7[1271], dass keine Strafe ohne Gesetz erfolgen darf.[1272] Greift ein Staat in diese Kernrechte ein, sind ihm im Rahmen der Rechtfertigungsprüfung höhere Darlegungslasten auferlegt, die seinen Spielraum zur Bestimmung, ob die Beschränkung zum Schutz der „Moral" notwendig ist, deutlich beschränken.[1273]

1265 Ebenfalls kritisch *de la Rasilla del Moral*, GLJ Vol. 07, No. 06 (2006), 611 (616).

1266 *Jacobs & White*, The European Convention on Human Rights, S. 7.

1267 Eine ähnliche Unterscheidung treffen auch *Ostrovsky*, HanseLR Vol. 1 No. 1 (2005), 47 (50) und *Ress*, ZaöRV Vol. 69 (2009), 289 (306).

1268 EGMR, Urteil vom 01.06.2010, Nr. 22978/05, Rdn. 175 - *Gäfgen/Deutschland*.

1269 Ebenda, Rdn. 124; EGMR - *Pretty/Vereinigtes Königreich* (Fn. 848), Rdn. 49; EGMR, Urteil vom 21.11.2001, Nr. 35763/97, Rdn. 59 - *Al-Adsani/Vereinigtes Königreich*.

1270 EGMR, Urteil vom 26.07.2005, Nr. 73316/01, Rdn. 82 - *Siliadin/Frankreich*; vgl. auch Art. 15 Abs. 2 EMRK; *Schädler*, in: Hannich (Hrsg.), Karlsruher Kommentar zur StPO, Art. 4 MRK, Rdn. 1.

1271 *Meyer-Ladewig*, in: ders., EMRK, Art. 7, Rdn. 1; diese Vorschrift ist auch notstandsfest, siehe Art. 15 Abs. 2 EMRK.

1272 *Jacobs & White*, The European Convention on Human Rights, S. 7.

1273 Ebenda, S. 7, 8; *Ostrovsky*, HanseLR Vol. 1 No. 1 (2005), 47 (51).

c.) Europäischer Konsens

Wie gesehen, verfolgt der Gerichtshof bei der Anwendung der „öffentlichen Moral“ einen subjektiven, relativistischen Ansatz, indem er dessen konkrete Ausformung grundsätzlich dem nationalen *margin of appreciation* - mit einigen Modifizierungen im Einzelfall - überlässt. Maßgeblich ist demnach das nationale Verständnis von der Reichweite eines Konventionsrechts. Die *margin of appreciation*-Doktrin leidet jedoch insbesondere an Defiziten, wenn herrschende Moralvorstellungen gegen gesellschaftliche Minderheiten durchgesetzt werden sollen. Um diese Schieflage im Hinblick auf das Gebot der Universalität internationalen Menschenrechtsschutzes auszugleichen, wird der Spielraum der Vertragsstaaten beeinflusst, wenn sich in den verschiedenen Gesellschaften der Konventionsstaaten gemeinsame moralische Anschauungen herausbilden.[1274] Insofern stehen der europäische Gesellschaftskonsens und der Spielraum der Vertragsstaaten in einem Spannungsverhältnis. Letztlich ist die Heranziehung eines solchen Konsenses jedoch auf den historischen Willen der Vertragsstaaten selbst zurückzuführen. Als Anknüpfungspunkt dienen die Schrankenbestimmungen von Art. 8-11 EMRK selbst. Der Text der Absätze 2 von Art. 8-11 EMRK spricht von der Notwendigkeit in „einer“ demokratischen Gesellschaft.[1275] Die Schrankenbestimmung bezieht sich aufgrund ihrer Unbestimmtheit entweder auf irgendeine oder auf alle demokratisch organisierten Gesellschaften, welche die in der Konvention niedergelegten Rechte respektieren. Da die Konvention den Demokratiebegriff selbst nicht regelt und die Existenz einer Demokratie nicht von dem Selbstverständnis eines Staates abhängen kann, muss der Gerichtshof die Anschauungen in allen Vertragsstaaten berücksichtigen und darf sich nicht auf eine Prüfung am Maßstab der Rechtsordnung des beschränkenden Staates zurückziehen.[1276] Die „demokratische Gesellschaft“ ist mithin ein Verweis auf den aktuellen menschenrechtlichen Mindeststandard, der - vergleichbar mit den Allgemeinen Rechts-

1274 Siehe EGMR - *Dudgeon/Vereinigtes Königreich* (Fn. 807), Rdn. 49, 60; auch in der Präambel der EMRK heißt es unter anderem: *„[...] in der Erwägung, dass das Ziel des Europarates die Herbeiführung einer größeren Einigkeit unter seinen Mitgliedern ist und da eines der Mittel zur Erreichung dieses Zieles in der Wahrung und in der Entwicklung der Menschenrechte und Grundfreiheiten besteht [...]“*. Darauf rekurriert auch *Helfer*, Cornell Int'l LJ, 133 (135, 143).

1275 In der englischen Fassung heißt es ebenfalls *"in a democratic society"*; in der französischen Sprachfassung lautet der Text: *„dans une société démocratique"*.

1276 *Calliess*, AfP 2000, 248 (250).

grundsätzen im Unionsrecht - seinen Ausdruck in den Rechtsordnungen der Vertragsstaaten findet. Der EGMR ist zwar rechtlich aus Art. 19 EMRK berechtigt, autonom zu bestimmen, ob eine Maßnahme notwendig ist. Um jedoch langfristig die Akzeptanz und Loyalität der Vertragsstaaten zu sichern, ist es vorzugswürdig, den europäischen Gesellschaftskonsens als objektiven und transparenten Auslegungstopos heranzuziehen.

i.) Wirkung

Die große Relevanz des sozialethischen Konsenses in den Vertragsstaaten ergibt sich schon daraus, dass die Jurisdiktion des EGMR eine große Anzahl von Staaten erfasst, die weitaus unterschiedlichere Wertvorstellungen aufweisen als beispielsweise die in einer „Wertegemeinschaft" zusammengefassten Mitgliedstaaten der Europäischen Union. Ist ein Konsens feststellbar, beeinflusst er den Schutzbereich der Konventionsrechte und bildet den aktuell geltenden Menschenrechtsstandard in Europa ab.[1277] Der europäische Konsens ist insofern ein Merkmal der dynamischen Interpretation der Konvention und macht den gesellschaftlichen Wertewandel in Übereinstimmung mit Art. 31 Abs. 3 b) WVK zum Auslegungstopos für die Reichweite der Grund- und Menschenrechte.[1278] Der Konsens in den Gesellschaften spiegelt die aktuellen Wertvorstellungen und die regionale sowie zeitliche Relativität der „öffentlichen Moral" wider.[1279] Sachverhalte, die in der Vergangenheit als Gefährdung für die „öffentliche Moral" angesehen wurden, können heute anders beurteilt werden.[1280] Insofern können außerrechtliche Wertanschauungen, die von den Vertragsstaaten geteilt werden, im Rahmen der Verhältnismäßigkeit berücksichtigt werden. So kann beispielsweise die strafrechtliche Sanktionierung der männlichen Homosexualität seiner Ansicht nach nicht (mehr) notwendig sein, wenn sie in der überwältigenden Mehrzahl der Staaten des Europarates nicht

1277 *Prepeluh*, ZaöRV 2001, 771 (775, 776); *Ostrovsky*, HanseLR Vol. 1 No. 1 (2005), 47 (51); *Nußberger*, Rechtswissenschaft, Heft 2/2012, 197 (200); aus der Rspr. z.B. EGMR - *A, B, und C/Irland* (Fn. 860), Rdn. 234 m.w.N.

1278 *Nußberger*, Rechtswissenschaft, Heft 2/2012, 197 (202) mit Verweis auf EGMR - *A, B und C/Irland* (Fn.860), Rdn. 234.

1279 *Benvenisti*, JILP 1999 Vol. 31, 843 (851); EGMR - *Evans/Vereinigtes Königreich* (Fn. 863), Rdn. 60 f.; EGMR (GK) - *S. H. u.a./Österreich* (Fn. 865), Rdn. 97; EGMR - *X, Y and Z/Vereinigtes Königreich* (Fn. 872), Rdn. 44.

1280 Siehe insbesondere EGMR - *Marckx/Belgien* (Fn. 807), Rdn. 41.

untersagt ist.[1281] Dies impliziert, dass einvernehmlicher Geschlechtsverkehr zwischen erwachsenen Männern nunmehr zum Kernbestand des Art. 8 EMRK gehört, in den die Staaten nicht eingreifen dürfen.[1282] Mithin verengt oder erweitert der Konsens in den Gesellschaften der Vertragsstaaten den nationalen Ermessensspielraum bei Freiheitsbeschränkungen aus Gründen von Ethik und Moral, je nachdem ob das staatliche Handeln diesem widerspricht oder nicht.

Konkret heißt das: Je weniger ein sozialethischer Konsens in den Staaten feststellbar ist – sei es im Hinblick auf die Bedeutung des in Frage stehenden Konventionsrechts, die Moralität eines bestimmten Verhaltens oder wie dieses mit den Interessen der Gesellschaft in einen Ausgleich zu bringen ist – desto größer ist der den Staaten eingeräumte Beurteilungs- und Ermessensspielraum.[1283] Der EGMR kann in diesem Fall auf kein europäisches Fundament zurückgreifen und muss es den Staaten überlassen, „Moral" und die an sie zu stellenden Anforderungen festzulegen.[1284] Das liegt darin begründet, dass gerade über die Abwägung unterschiedlicher Interessen oder Rechtsgüter selten eine Einigkeit erzielt werden kann, da die divergierende Wertung der jeweiligen Rechtsgüter von kulturell bedingten Leitbildern und der Soziologie in den verschiedenen Gesellschaften geprägt ist.[1285] Der EGMR betont in diesem Zusammenhang aber, dass die Einräumung eines Freiraumes stets nur eine „Momentaufnahme" sein kann, denn:

1281 Vgl. EGMR – *Dudgeon/Vereinigtes Königreich* (Fn. 807), Rdn. 60; *Benvenisti* benennt gerade Homosexuelle als "typische" Minderheiten, vgl. *Benvenisti*, JILP 1999 Vol. 31, 843 (848).

1282 So *Ostrovsky*, HanseLR Vol. 1 No. 1 (2005), 47 (54).

1283 Z.B. im Bereich der Fortpflanzungsmedizin, EGMR – *Dickson/Vereinigtes Königreich* (Fn.1254), Rdn. 171; EGMR (GK) – *S.H. u.a./Österreich* (Fn. 865), Rdn. 106 f., 113; EGMR – *Evans/Vereinigtes Königreich* (Fn. 863), Rdn. 59; siehe auch *Blau*, ZeuS 2005, 397 (404); *Rubel*, Entscheidungsfreiräume in derRechtsprechung des EGMR und des EuGH, S. 90 f.; *Gebauer*, Parallele Grund- und Menschenrechtssysteme in Europa?, S. 251; *Ostrovsky*, HanseLR Vol. 1 No. 1 (2005), 47 (54).

1284 *Nußberger*, Rechtswissenschaft, Heft 2/2012, 197 (205). Ein Staat ist dann aus Gründen der Rechtssicherheit berechtigt, absolute Regelungen festzulegen, die unter Umständen nicht in jedem Einzelfall einen fairen Interessenausgleich herbeiführen, siehe EGMR (GK) – *S.H./Österreich* (Fn. 865), Rdn. 110.

1285 *Zippelius*, Gründung der Gerechtigkeit auf Gewissen und Konsens, in: ders. (Hrsg.), Verhaltenssteuerung durch Recht und kulturelle Leitideen, S. 72.

„The need for appropriate legal measures should [...] be kept under review having regard particularly to scientific and societal developments."[1286]

Ein weiter Spielraum ist den Staaten auch dann einzuräumen, wenn sich die nationalen Maßnahmen innerhalb eines europäischen Gesellschaftskonsenses bewegen.[1287] Umgekehrt gilt dementsprechend, dass der nationalstaatliche Spielraum umso geringer ist, je mehr ein gegensätzlicher europäischer Konsens feststellbar ist.[1288] Der europäische Gesellschaftskonsens führt also zu einem erhöhten Rechtfertigungsaufwand für die Vertragsstaaten, wenn sie individuelle Freiheitsrechte einschränken wollen.

ii.) Kritik

In Anbetracht der Funktion der EMRK und des EGMR, einen effektiven und kohärenten Grundrechtsmindeststandard zu entwickeln, ist das Heranziehen eines europäischen Gesellschaftskonsenses nicht unproblematisch. Wenn dieser von dem ursprünglichen Willen der Vertragsstaaten abweicht und nicht anhand nachvollziehbarer Kriterien bestimmt werden kann, birgt dies nach Ansicht von *Helfer* die Gefahr, dass der Gerichtshof an Legitimität und Akzeptanz verliere, da das auf einem vermeintlichen Konsens beruhende Richterrecht den ursprünglichen Interessen der unterzeichnenden Staaten zuwider laufe.[1289] Eine konsequente Anwendung dieses Prinzips setzt also zumindest voraus, dass die Feststellung eines Konsenses methodisch nachvollziehbar ist.

Die bisherigen Urteile zu Freiheitsbeschränkungen aus moralischen Gründen lassen diesbezüglich keine einheitliche Linie erkennen. Die Analyse der Rechtsprechungspraxis hat gezeigt, dass der EGMR teilweise ohne nachvollziehbare Erwägungen vom Vorliegen oder Nichtvorliegen eines Konsenses ausgeht und seine Entscheidung nicht stets

1286 EGMR – *Rees/Vereinigtes Königreich* (Fn. 1250), Rdn. 47; in Bezug auf Schwangerschaftsabbrüche ebenso *Blau*, ZeuS 2005, 397 (423 f.).

1287 So z.B. hinsichtlich der Strafbarkeit des Geschwisterinzests, EGMR – *Stübing/Deutschland* (Fn. 842), Rdn. 60, 61.

1288 EGMR – *Marckx/Belgien* (Fn. 807), Rdn. 41; Vgl. EGMR – *Dudgeon/Vereinigtes Königreich* (Fn. 807), Rdn. 60; *Logemann*, Grenzen der Menschenrechte in demokratischen Gesellschaften, S. 158 f.; *Brems*, ZaörV Vol. 56 (1996), 240 (276); *Calliess*, EuGRZ 1996, 293 (294); *Ostrovsky*, HanseLR Vol. 1 No. 1 (2005), 47 (50); *De Wall*, JURA 2012, 960 (964).

1289 *Helfer*, Cornell Int'l LJ 133 (135, 141).

in transparenter Weise herleitet. In einigen Urteilen jedoch ermittelt der Gerichtshof einen sozialethischen Konsens in nachvollziehbarer Weise, indem er eine wertende Rechtsvergleichung unter Beachtung der rechtlichen Praxis vornimmt.[1290] Dabei berücksichtigt er nationales Recht[1291], Europa[1292]- und Völkerrecht[1293] sowie Stellungnahmen des Ministerkomitees des Europarates oder anderer Nichtregierungsorganisationen, also internationales *soft-law*.[1294] Maßgeblich kann insofern ein rechtlicher, gesellschaftlicher oder Expertenkonsens sein.[1295] Auch unterschied der EGMR in *S.H./Österreich* zwischen einem europäischen[1296] Konsens einerseits und einem innerstaatlichen[1297] andererseits. Der fehlende europäische Regelungskonsens hinsichtlich der Eizellenspende bei der *In-Vitro*-Fertilisation führte dazu, dass Österreich nicht gehalten war, diejenige Regel aufzustellen, die den gerechtesten Ausgleich zwischen den widerstreitenden Interessen herstellt, sondern jede Maßnahme treffen durfte, die sich im Rahmen des nationalen *margin of appreciation* befand.[1298] Dieser wäre wegen der inkohärenten Regulierung der *In-Vivo* und *In-Vitro*-Fertilisation grundsätzlich überschritten worden, wenn es innerhalb Österreichs nicht soziale und ethische Kontroversen über die besondere Gefährlichkeit letzterer gegeben hät-

1290 Ebenso *Rubel*, Entscheidungsfreiräume in der Rechtsprechung des EGMR und des EuGH, S. 93; *Gebauer*, Parallele Grund- und Menschenrechtssysteme in Europa?, S. 251 f.

1291 EGMR - *Vo/Frankreich* (Fn. 1133); EGMR - *A., B. und C./Irland* (Fn. 860), siehe jeweils die Ausführungen bei 2.Kap.A.II. 5.) d.) ii.).

1292 Siehe z.B. EGMR, Urteil vom 26.05.2002, Nr. 36515/97, Rdn. 36 - *Fretté/France*; EGMR - *Stübing/Germany* (Fn. 842), Rdn. 28-30.

1293 Z.B. in EGMR - *Vo/Frankreich* (Fn. 1133), Rdn. 35 ff., 85; EGMR, Urteil vom 07.07.1989, Nr. 14038/88, Rdn. 86 - *Soering/Vereinigtes Königreich*; EGMR , Urteil vom 12.03.2003, Nr. 46221/99, Rdn. 190 - *Öcalan/Türkei*.

1294 *Nußberger*, Rechtswissenschaft, Heft 2/2012, 197 (200 f., 202). Sie bezeichnet den menschenrechtlichen *status quo* als rechtsvergleichende Untersuchung mit Blick auf eine "normative Konsensbildung", S. 204; dazu auch *Prepeluh*, ZaöRV 2001, 771 (775, 776) sowie dort in Fn. 25; *Grabenwarter/Pabel*, EMRK, § 5, Rdn. 11. Der EGMR verweist z.B. in EGMR (GK) - *S.H./Österreich* (Fn. 865), Rdn. 107 auf europäisches *soft-law*; in EGMR - *Vo/Frankreich* (Fn. 1133) beruft sich der Gerichtshof auf eine Untersuchung der *European Group of Ethics*.

1295 *Helfer*, Cornell Int'l LJ, 133 (139, 146).

1296 EGMR (GK) - *S.H./Österreich* (Fn. 865), Rdn. 106 f.

1297 Ebenda, Rdn. 113 f.

1298 Ebenda, Rdn. 106.

te. Diese widerstreitenden Wertvorstellungen berechtigten den Staat dazu, divergente Regelungen zu treffen. Der fehlende europäische Gesellschaftskonsens indiziert demnach die Existenz eines nationalen Ermessensspielraumes, während divergierende innerstaatliche Anschauungen die grundsätzliche Inkohärenz der innerstaatlichen Rechtsregeln überwinden können.

Bedenklich ist, dass der Gerichtshof in Einzelfällen bloße „Trends“ als Nachweis für ein geändertes Rechtsverständnis genügen lässt. In diese Richtung geht die überraschende und zum bislang Dargestellten völlig konträre Entscheidung des Gerichtshofs in der Sache *Christine Goodwin*.[1299] Es ging in diesem Fall um die Anerkennung einer operativen Geschlechtumwandlung und eine dementsprechende Änderung der Geburtsurkunde. Der Gerichtshof betonte, dass den Staaten bei der rechtlichen Anerkennung einer nachträglichen Geschlechtsumwandlung grundsätzlich ein weiter Ermessensspielraum einzuräumen sei.[1300] Weiterhin sei in dieser Frage nicht ohne weiteres ein europäischer Konsens festzustellen. Konsequenterweise hätte der Gerichtshof von der Nichtexistenz eines europäischen Konsenses auf einen weiten *margin of appreciation* schließen müssen. Er relativierte jedoch die Bedeutung der Wertvorstellungen innerhalb des Europarates, indem er hervorhob, dass es nicht überrasche, in 43 Vertragsstaaten mit unterschiedlichen Rechtssystemen und Traditionen keinen Konsens zu finden. Stattdessen verwies er auf die Rechtsentwicklungen in Australien und Neuseeland (!), nach denen ein internationaler Trend zu weitergehender Akteptanz gegenüber Transsexuellen und der rechtlichen Anerkennung von Geschlechtsumwandlungen erkennbar sei:

> „In Australia and New Zealand, it appears that the courts are moving away from the biological birth view of sex [...] and taking the view that sex, in the context of a transsexual wishing to marry, should depend on a multitude of factors to be assessed at the time of the marriage.“ [1301]

Auch in der Sache *Paton/Vereinigtes Königreich* verglich die Europäische Kommission für Menschenrechte die Rechtslage zum Schwanger-

1299 EGMR, Urteil vom 11.07.2001, Nr. 28957/95 – *Christine Goodwin/United Kingdom*.

1300 Ebenda, Rdn. 85.

1301 Ebenda, Rdn. 84, 85.

schaftsabbruch in Deutschland, Österreich und den USA.[1302] Die EMRK nimmt zwar in ihrer Präambel auf außereuropäische Rechtsnormen Bezug und erlaubt demnach den Rückgriff auf internationales bzw. außereuropäisches Recht.[1303] Dadurch jedoch den nationalen Spielraum zu überlagern, schadet der methodischen Kohärenz und Nachvollziehbarkeit der Urteilsfindung.[1304] Maßstab sollte vielmehr der Vergleich zwischen den Rechtsordnungen des Europarates sein, sprich: ausschließlich das nationale Recht, Unionsrecht sowie das für die Vertragsstaaten unmittelbar bindende Völkerrecht.

Dementsprechend wird in der Literatur kritisiert, dass das Abstellen auf einen europäischen Konsens die tatsächliche Rechtsansicht des Gerichtshofs verschleiere. Die Inkohärenz der Rechtsprechung sei logisch und gewünscht, da es der EGMR gerade vermeiden wolle, die zugrunde liegenden Entscheidungsmechanismen offenzulegen.[1305] Insgesamt distanziere sich der EGMR von seiner getroffenen Entscheidung und schwäche dadurch seine in Art. 19 EMRK festgelegte Rolle, als überstaatliche Autorität einheitliche Standards zu setzen und Menschenrechtsverletzungen zu verhindern.[1306] Dies gelte insbesondere im Hinblick auf die sich stetig verändernde Zahl an Vertragsstaaten. Staaten, die die EMRK ratifizierten und einen niedrigeren Grundrechtsstandard als die bestehenden Mitglieder haben, könnten den Konventionsstandard abschwächen.[1307]

Zuzustimmen ist insbesondere dem Einwand, dass diese Rechtsprechungspraxis die Effektivität des Menschenrechtsschutzes dadurch gefährdet, dass zunächst eine Vielzahl an Rechtsverletzungen im Rahmen des nationalen Spielraums zugelassen werden, bevor eine Veränderung des *status quo* überhaupt feststellbar ist.[1308] Darüber hinaus führt das Abstellen auf einen europäischen Konsens zu einem Schluss von dem rechtlichen Sein zum rechtlich Gesollten. *Nußberger* greift die-

1302 EKMR, Entscheidung vom 13.05.1980, DR 19, 244 (253) – *Paton/Vereinigtes Königreich; Blau,* ZeuS, Heft 2005, 397 (419).

1303 Satz 2 der Präambel bezieht sich auf die Allgemeine Erklärung der Menschenrechte, die am 10. Dezember 1948 von der Generalversammlung der Vereinten Nationen verkündet worden ist.

1304 Ebenso *de la Rasilla del Moral,* GLJ Vol. 07, No. 06 (2006), 611 (617).

1305 *Benvenisti,* JILP 1999 Vol. 31, 843, (852) und dort Fn. 38.

1306 *Benvenisti,* JILP 1999 Vol. 31, 843, (352).

1307 *De la Rasilla del Moral,* GLJ Vol. 07, No. 06 (2006), 611 (617).

1308 *Benvenisti,* JILP 1999 Vol. 31, 843 (353).

ses Problem auf und gibt zu bedenken, dass Menschenrechtsverletzungen noch nicht deshalb mit der Konvention vereinbar seien, nur weil sie in einem Großteil der Vertragsstaaten praktiziert werden. Auch seien (Staaten-) Minderheiten gefährdet, wenn konsequent auf einen die Mehrheitsanschauungen abbildenden Konsens zurückgegriffen werde.[1309] Darüber hinaus sieht *Nußberger* die Gefahr, dass der EGMR über die Etablierung eines Mindeststandards hinausgehe.[1310] Deshalb ziehe der Gerichtshof die Grenze der richterlichen Rechtsfortbildung dort, wo moralische Standards überholt werden und zu einem über den Mindeststandard hinausgehenden Menschenrechtsschutz führen.[1311] Diese Vorgehensweise ist dem Bewusstsein geschuldet, dass die Anerkennung und Wirksamkeit der Konvention von der Akzeptanz durch die Mitgliedstaaten abhängt.[1312]

Dem ist nur eingeschränkt zuzustimmen. Es ist nicht von der Hand zu weisen, dass die Feststellung eines gesellschaftlichen Wandels mitunter ein langwieriger Prozess ist. Auch ist die Methodik der Konsensermittlung weitgehend uneinheitlich und intransparent. Dennoch dient die Heranziehung des sozialethischen Konsenses in den Vertragsstaaten gerade der Etablierung eines harmonisierten, universellen Menschenrechtsstandards im Geltungsbereich der Konvention, ohne die Souveränität der Staaten übermäßig einzuschränken. Schließlich waren es die Vertragsstaaten selbst, die Art. 8-11 EMRK unter den Vorbehalt der „Moral" gestellt haben. Es muss ihnen bewusst gewesen sein, dass es sich dabei um eine dynamische Verweisung auf sich ändernde Anschauungen in den Gesellschaften des Europarates handelt. Nicht nur der Moralbegriff selbst, sondern auch das Kriterium der „demokratischen Gesellschaft" suggeriert, dass sich eine Freiheitsbeschränkung an jeweils herrschenden Gesellschaftsordnungen und -anschauungen

1309 Ebenso *Hailbronner*, Die Einschränkung von Grundrechten in einer demokratischen Gesellschaft, in: Völkerrecht als Rechtsordnung, FS Mosler, S. 359 (375).

1310 *Nußberger*, Rechtswissenschaft, Heft 2/2012, 197 (206); vgl. auch die Ausführungen zur deutschen Rechtsprechung, welche den Sittenbegriff im Geweberecht als einen Verweis auf das „ethisch Gesollte" ansieht, vgl. bei 1.Kap.A.III.

1311 *Nußberger*, Rechtswissenschaft, Heft 2/2012, 197 (210 f.).

1312 *Helfer*, Cornell Int'l LJ 133 (137); *Gebauer*, Parallele Grund- und Menschenrechtssysteme in Europa?, S. 220.

messen lassen muss.[1313] Insofern geht die Relativität des Moralbegriffs unmittelbar auf den Willen der Vertragsstaaten zurück. Dadurch, dass die Konvention nicht starr an den überkommenen Anschauungen zum Zeitpunkt ihres Inkrafttretens festhält, gewinnt sie an Akzeptanz und sichert die Justiziabilität einseitiger Freiheitsbeschränkungen aus ethisch-moralischen Gründen. Der EGMR muss auch „bloße" gesellschaftliche Trends berücksichtigen dürfen, um der EMRK größtmögliche praktische Wirksamkeit zu verleihen. Darüber hinaus ist der Einwand, der Konsens beschränke die Rechte von (staatlichen) Minderheiten, nicht immer haltbar. Im Gegenteil hat die Rechtsache *Dudgeon* gezeigt, dass beispielsweise die Rechte von homosexuellen Minderheiten gestärkt wurden, weil die europäischen Gesellschaften ihnen gegenüber toleranter geworden sind. Insofern kann der europäische Konsens die national herrschenden Anschauungen im Einzelfall überwinden und zu einer Liberalisierung führen. Außerdem zeigt die Auslegungsregel in Art. 17 EMRK, dass ein Konsens in den Vertragsstaaten den *margin of appreciation* nicht einengen kann, wenn er sich gegen die Wertungen der Konvention selbst richtet. Den angesprochenen Minderheiten können ihre Rechte aus der EMRK demnach nicht unter Berufung auf einen europäischen Konsens genommen werden.

iii.) Nichtanwendbarkeit der „Konsens-Doktrin"

Dennoch ist der europäische Konsens nicht in jedem Fall geeignet, den nationalen Spielraum einzuschränken. Davon ist naturgemäß auszugehen, wenn keine Übereinstimmung in einer bestimmten Frage nachweisbar ist. *Calliess* schlägt vor, den gemeinsamen europäischen Standard unter Rückgriff auf das Unionsrecht zu ermitteln.[1314] In Fragen der Ethik und Moral hilft dies jedoch nicht weiter, da auch zwischen den Mitgliedstaaten der EU kein einheitliches Moralverständnis vorherrscht. Im Rahmen der Menschenrechtskonvention ist dies insbesondere bei sehr sensiblen Sachverhalten - wie der Zulässigkeit eines Schwangerschaftsabbruchs und der Frage, wann das Leben beginnt, oder der Zulässigkeit der *in-vitro*-Fertilisation - zu beobachten.[1315] Bei

1313 So auch *Logemann*, Grenzen der Menschenrechte in demokratischen Gesellschaften, S. 309, wenn sie betont, dass eine Demokratie kein statisches Gebilde ist.

1314 *Calliess*, EuGRZ 1996, 293 (295).

1315 So bspw. in EGMR - *A, B und C/Irland* (Fn. 860), Rdn. 236, 237; EGMR (GK) - *S.H. u.a./Österreich* (Fn. 865), Rdn. 96. Insbesondere bei der In-Vitro-Fertilisation sei ein derzeit feststellbarer Konsens lediglich eine Momentauf-

Abtreibungen beispielsweise kann der Spielraum nicht eingeschränkt sein, weil sich zwei gleichrangige Rechte gegenüber stehen: zum einen die Rechte der Mutter und zum anderen diejenigen des Kindes. Wie bereits erläutert (s.o.), kann der EGMR den Staaten kein Abwägungsergebnis vorgeben. Unabhängig davon, wie die widerstreitenden Interessen gewichtet werden, ist jedes Ergebnis vertretbar. Im Gegenteil könnte die Einbeziehung eines europäischen Konsenses und die damit einhergehende Verkürzung des vertragsstaatlichen Spielraumes in derartigen Kostellationen dazu führen, dass das unterliegene Konventionsrecht - mitunter ein fundamentales Menschenrecht - in seinem Bestand bedroht wäre.[1316] Bestünde beispielsweise ein Konsens dahingehend, Schwangerschaftsabbrüche ohne Berücksichtigung der konkreten Umstände stets zuzulassen, wäre das Lebensrecht aus Art. 2 EMRK seiner Wirksamkeit beraubt. Insofern ist davon auszugehen, dass ein nationales Gericht, das sich bemüht, einen gerechten Ausgleich der Rechte herzustellen, seine Aufgabe im Lichte des subsidiären Menschenrechtsschutzes ausreichend erfüllt und gleichsam die Geltung beider kollidierender Rechte sicherstellt.[1317] Um dieses Ergebnis nicht zu konterkarieren, ist der *margin of appreciation* in einer solchen Situation denklogisch nicht von einem Konsens in den Vertragsstaaten beeinflusst.[1318]

Besteht darüber hinaus bei einer Materie, die, wie die Fortpflanzungsmedizin[1319], einem ständigen Wandel unterliegt, kein feststellbare Übereinstimmung in den Konventionsstaaten, beweist dies, was offensichtlich ist - das Vorliegen eines unauflöslichen Konfliktes zwischen gleichwertigen Rechtsgütern oder Moralanschauungen.[1320] Da in diesen Fällen rechtliche Argumentationsmuster versagen, ist zwangsläufig auf spezifisch nationale Gegebenheiten und Anschauungen zu rekurrieren.

nahme in einem ansonsten dynamischen Rechtsgebiet und damit nicht geeignet, den nationalen Ermessensspielraum einzuschränken. Aus der Literatur *Grabenwarter*, EuGRZ 2006, 487 (489); *Pellonpää*, EuGRZ 2006, 483 (486) nennt dies einen Beurteilungsspielraum aus der „Natur der Sache"; *Nußberger*, Rechtswissenschaft, Heft 2/2012, 197 (210).

1316 Ähnlich EGMR, Urteil vom 29.06.2004, Nr. 44774/98, Rdn. 102 - *Şahin/Türkei; Ostrovsky*, HanseLR Vol. 1 No. 1 (2005), 47 (56).

1317 *Pellonpää*, EuGRZ 2006, 483 (484 f.).

1318 Auch *Nußberger*, Rechtswissenschaft, Heft 2/2012, 197 (205) sieht hier Akzeptanzprobleme der Rechtsprechung des EGMR.

1319 Vgl. EGMR - *Evans/Vereinigtes Königreich* (Fn. 863), Rdn. 79 f.

1320 *Blau*, ZeuS 2005, 397 (418).

Der EGMR selbst kann nicht auf einen „Wertebestand“ zurückgreifen und belässt die konkrete Entscheidung deshalb den Vertragsstaaten. Er anerkennt in entsprechenden Fällen somit einen „moralischen Vorbehalt“ der Vertragsstaaten und übt sich in *„judicial self-restraint“*.[1321] Die Prüfung der „Notwendigkeit“ einer Freiheitsbeschränkung erschöpft sich dann in dem Zweck, offensichtliche Rechtsfehler abzuschöpfen. Ausnahmsweise ist die Gefahr hinzunehmen, dass sich in diesen Fällen die Anschauungen der Mehrheit über diejenigen der Minderheit erheben. Das gilt erst recht, wenn eine sozialethische Überzeugung in der nationalen Verfassung verankert ist.[1322]

Schließlich kann der europäische Gesellschaftskonsens denklogisch nicht dazu dienen, ein menschenrechtlich geschütztes Verhalten zu untersagen, nur weil dies in anderen Vertragsstaaten der Fall ist. So kann der Konsens beispielsweise nicht dazu führen, dass die in Deutschland straffreie Homosexualität sanktioniert werden muss, weil dies in allen anderen Staaten geschieht. Ein solches Ergebnis widerspräche eindeutig den Vorschriften in Art. 17 und 53 EMRK. Dementsprechend zieht der EGMR einen bestehenden Konsens in den Staaten nur heran, um Eingriffe zu rechtfertigen, nicht um Eingriffe zu erzwingen.

d.) Kohärenz staatlicher Maßnahmen

Ob nationale Freiheitsbeschränkungen in kohärenter Weise erfolgen, hat in der Rechtsprechung des EGMR eine insgesamt geringere Relevanz als im Unionsrecht. Der Gerichtshof begründet dies mit seiner originären Aufgabe, nationales Recht nicht abstrakt auf seine Vereinbarkeit mit der EMRK zu überprüfen[1323], was jedoch erforderlich wäre, um Wertungswidersprüche in der rechtlichen Beurteilung bestimmter Sachverhalte aufzudecken. Dementsprechend spielte es nach Ansicht

1321 In diesem Sinne auch *Helfer*, Cornell Int'l LJ 133 (135, 143); Dissenting Opinion of Judge Pettiti, in EGMR, Urteil vom 25.03.1992, Nr. 13343/87 – *B/Frankreich*; *Hoffmann-Riem*, EuGRZ 2006, 492 (499); ebenso *Gebauer*, Parallele Grund- und Menschenrechtssysteme in Europa?, S. 250.

1322 Kritisch hierzu *Smet*, Comment on A, B and C v. Ireland: Abortion and the Margin of Appreciation, vom 17.12.2010, S. 4, abrufbar unter: http://strasbourgobservers.com/2010/12/17/a-b-and-c-v-ireland-abortion-and-the-margin-of-appreciation/ (zuletzt abgerufen am 06.11.2014), der anmerkt, dass es gerade nicht *die* Moral in *der* irischen Bevölkerung gebe und der Menschenrechtsschutz der Minderheiten deshalb entscheidend geschwächt werde.

1323 EGMR – *Stübing/Deutschland* (Fn. 842), Rdn. 62.

des Gerichtshofs in der Sache *Handyside* für die Zulässigkeit einer Freiheitsbeschränkung keine Rolle, dass die anwendbaren Vorschriften gegen die Bekämpfung obszöner Schriften innerhalb eines Vertragsstaates variierten.[1324]

Dennoch verfolgt der Gerichtshof diese Linie nicht konsequent. So war das Kohärenzerfordernis in *S.H./Österreich* entscheidendes Merkmal für die Annahme, dass Österreich mit dem Verbot der In-vitro-Fertilisation mittels Samen- oder Eizellenspende gegen Art. 8 der Konvention verstieß. Diese Modalitäten der IVF zu untersagen war nach Ansicht des EGMR inkonsequent, wenn gleichzeitig andere Verfahren der künstlichen Befruchtung mittels Spendersamen oder -Eizelle erlaubt seien.[1325] Die Inkohärenz dieser Differenzierung gefährdete nach Ansicht des EGMR die Effektivität des europäischen Menschenrechtsschutzes. Diese Entscheidung wurde zwar durch das gegensätzliche Urteil der Großen Kammer aufgehoben[1326], gleichwohl wurde der Sachverhalt im Sinne des Kohärenzerfordernisses entschieden: Die Kammer erkannte zwar ebenfalls Unterschiede in der rechtlichen Beurteilung der fraglichen Befruchtungsmethoden; sie hielt diese jedoch richtigerweise für gerechtfertigt, da die Methoden aufgrund ihrer spezifischen Gefährlichkeit nicht miteinander vergleichbar waren. Da die IVF mittels Samen- oder Eizellenspende ethisch-moralische Fragen aufwerfe, die sich bei den anderen Methoden nicht in gleicher Weise stellten, sei der nationale Gesetzgeber berechtigt gewesen, diese abweichend zu regeln.[1327] Dies ist nicht zu beanstanden, da Tätigkeiten, die eine spezifische Gefährlichkeit aufweisen, logischerweise besonderer Regelungen bedürfen.[1328]

Auch in *Dudgeon* entschied der EGMR, dass kein dringendes Bedürfnis für die strafrechtliche Sanktionierung männlicher Homosexualität bestehe, da die irischen Behörden selbst die einschlägigen Normen nicht konsequent anwendeten.[1329] Es ging in diesem Fall zwar nicht um wi-

1324 EGMR - *Handyside/Vereinigtes Königreich* (Fn. 815), Rdn. 54.

1325 EGMR - *S.H./Österreich* (Fn. 863), Rdn. 74, 92.

1326 EGMR (GK) - *S.H./Österreich* (Fn. 865), Rdn. 100.

1327 Ebenda, Rdn. 105.

1328 Siehe hierzu etwa die Urteile bzgl. des Online-Glücksspiels in den Rechtssachen EuGH - *Carmen Media* (Fn. 709), Rdn. 102-105; EuGH - *Liga Portuguesa* (Fn. 752), Rdn. 70-73; dazu auch oben bei 2.Kap.B.I. 3.) b.).

1329 EGMR - *Dudgeon/Vereinigtes Königreich* (Fn. 807), Rdn. 60.

dersprüchliche Rechtsnormen, dennoch war die Rechtspraxis in Irland insgesamt inkonsequent.

In dogmatischer Hinsicht ist das Kohärenzerfordernis in der EGMR-Rechtsprechung nicht eindeutig zuzuordnen. Da der Gerichtshof - anders als der EuGH - keine dreistufige Verhältnismäßigkeitsprüfung (Geeigentheit, Erforderlichkeit, Angemessenheit) vornimmt[1330], ist die Widersprüchlichkeit staatlichen Verhaltens in keinem dieser Prüfungsschritte zu verorten. Sie führt schlichtweg zu der Annahme, dass die freiheitsbeschränkende Maßnahme keinem dringenden sozialen Bedürfnis entsprach und mithin nicht zum Schutz der „Moral" in einer demokratischen Gesellschaft notwendig war.

4.) Zusammenfassung und Bewertung

Abschließend ist festzustellen, dass der Europäische Gerichtshof für Menschenrechte seine Kontrolldichte bei Freiheitsbeschränkungen aus Gründen von Ethik und Moral im Vergleich zu anderen Schutzzwecken vergleichsweise niedrig hält.[1331] Er enthält sich eines autonomen moralischen Urteils und verweist stattdessen auf die nationalen Moralvorstellungen, die im Rahmen des innerstaatlichen *margin of appreciation* durchgesetzt werden können. Der Gerichtshof weist in ständiger Rechtsprechung jedoch auf das Erfordernis hin, den nationalen Beurteilungsspielraum mittels einer begleitenden gerichtlichen Kontrolle am Maßstab des nationalen und internationalen Rechts zu begrenzen. Dabei folgt er einem stringenten Prüfungsprogramm: Er untersucht, ob eine Freiheitsverkürzung aus moralischen Gründen im nationalen Recht „gesetzlich vorgesehen", das verfolgte Ziel rechtmäßig sowie die Maßnahme „in einer demokratischen Gesellschaft notwendig" ist.[1332] Ob eine Maßnahme gesetzlich vorgesehen ist, hängt von der Existenz und Bestimmbarkeit einer entsprechenden innerstaatlichen Norm ab. Als rechtmäßiges Ziel lässt der EGMR Ethik und Moral grundsätzlich gelten, da die „öffentliche Moral" als Rechtfertigungsgrund in den Absätzen 2 der Artikel 8 bis 11 EMRK ausdrücklich auf außerrechtliche Wertvorstellungen verweist. Der Schwerpunkt der gerichtlichen Prüfung liegt stets auf letztgenanntem Kriterium, der „Notwendigkeit in einer demokratischen Gesellschaft", als Ausfluss

[1330] *Logemann*, Grenzen der Menschenrechte in demokratischen Gesellschaften, S. 205-207.

[1331] So auch *Gebauer*, Parallele Grund- und Menschenrechte in Europa?, S. 252.

[1332] Vgl. nur EGMR - *Müller u.a./Schweiz* (Fn. 822).

einer dynamischen Interpretation der EMRK.[1333] Es handelt sich dabei um eine Verhältnismäßigkeitsprüfung im Hinblick auf die zum Eingriff ermächtigende Rechtsnorm sowie deren Anwendung durch nationale Stellen. Insofern beurteilt der EGMR auch den zugrunde liegenden Sachverhalt unabhängig von der Einschätzung nationaler Instanzen.[1334] Dementsprechend hängt die Reichweite des nationalen Entscheidungsfreiraumes in Fragen der Ethik und Moral davon ab, welche Interessen miteinander kollidieren, ob Rechte anderer betroffen sind, wie hoch der Eingriff in die Konventionsrechte ist und ob ein europäischer Gesellschaftskonsens existiert. Es ist zu beobachten, dass eine gleichsam mathematische Vorhersage über die jeweilige Kontrolldichte dennoch nicht möglich ist, da diese - wie die Verhältnismäßigkeitsprüfung im deutschen Recht - streng einzelfallabhängig ist.[1335] Insbesondere führt aber das Fehlen eines Konsenses in den Vertragssstaaten über die in Frage stehende Problematik zu einem weiten nationalen Spielraum und der Annahme, dass eine Freiheitsbeschränkung im Zweifel „notwendig" ist. Umgekehrt kann ein Eingriff jedoch konventionswidrig sein, wenn die Staaten übereinstimmend der Meinung sind, dass er nicht zum Schutz der „Moral in einer demokratischen Gesellschaft" notwendig ist.[1336] Fehlt es an einem staatenübergreifenden Konsens oder geht es in der Sache um die sensible Abwägung gleichwertiger Rechte und Interessen, wird der Spielraum entsprechend weit gewährt, da insofern keine europäischen Vorgaben an das jeweilige Moralverständnis existieren.[1337] Ungeachtet teilweise berechtigter Kritik - wie der geringen Nachvollziehbarkeit der Konsensermittlung - dient der sozialethische Konsens in den Staaten insgesamt der Harmonisierung des europäischen Menschenrechtsschutzes[1338] und ist ein von den Ver-

1333 So auch *Logemann*, Grenzen der Menschenrechte in demokratischen Gesellschaften, S. 309.

1334 *Prepeluh*, ZaöRV 2001, 771 (773, 831); EGMR - *Sunday Times/Vereinigtes Königreich* (Fn. 888), Rdn. 59; EGMR - *Handyside/Vereinigtes Königreich* (Fn. 815), Rdn. 49.

1335 Ebenso *Brems*, ZaörV Vol. 56 (1996), 240 (241); *Nußberger*, Rechtswissenschaft, Heft 2/2012, 197 (211); *Gebauer*, Parallele Grund- und Menschenrechtssysteme in Europa?, S. 249.

1336 So im Hinblick auf die Strafbarkeit der Homosexualität EGMR - *Dudgeon/Vereinigtes Königreich* (Fn. 807).

1337 Z.B. EGMR - *Haas/Schweiz* (Fn. 849), Rdn. 55.

1338 Judge *Rozakis, Tulkens, Fura, Hirvelä, Malinverni* und *Poalelungi* in ihrer Joint Partly Dissenting Opinion zu EGMR - *A, B und C/Irland* (Fn.860), Rdn. 5.

tragsparteien selbst in Form der „demokratischen Gesellschaft" installiertes, flexibles Werkzeug zur evolutiven Auslegung der Konvention.

Insofern gelingt es dem Gerichtshof, das Spannungsverhältnis zwischen der Subsidiarität der Konvention auf der einen und der Effektivität des Menschenrechtsschutzes auf der anderen Seite aufzulösen. Er ist in der Lage, flexibel auf gesellschaftliche Veränderungen zu reagieren sowie regionale Besonderheiten angemessen zu berücksichtigen, und sichert sich dadurch die nötige Akzeptanz und Kooperation der Staaten, auf die er als völkerrechtliches Gericht angewiesen ist.

E. Ergebnis

Im Ergebnis ähnelt sich der Umgang mit Ethik und Moral im Unionsrecht und der Europäischen Menschenrechtskonvention. Sowohl die „öffentliche Sittlichkeit und Ordnung" als auch die „öffentliche Moral" verweisen auf spezifische Wertvorstellungen in den Mitglieds- bzw. Vertragsstaaten und sind inhaltlich nicht abschließend zu definieren. Die sozialethischen Anschauungen unterliegen einem ständigen Wandel und divergieren in zeitlicher und regionaler Hinsicht. Die Anwendungsfälle in der Rechtsprechungspraxis beziehen sich auf Aspekte der Sexualmoral, den Jugendschutz, Glücksspiele und die Grenzbereiche des menschlichen Lebens. Jeder der genannten Sachbereiche ist geprägt von widerstreitenden Moralauffassungen und tangiert ethische Grundüberzeugungen. Um jedoch ein nationales „Sittenwächtertum" zu vermeiden und ihren vertraglich festgelegten Aufgaben gerecht zu werden, behalten sich EuGH und EGMR vor, Freiheitsbeschränkungen in den Grenzbereichen zwischen Moral und Recht jedenfalls einer Verhältnismäßigkeitskontrolle zu unterziehen. Auch wenn sich die Prüfungsdichte im Laufe der Zeit erhöht hat, ist sie dennoch niedriger als bei Freiheitsbeschränkungen zum Schutz anderer Rechtsgüter. Der Grund dafür liegt in der zwischenstaatlichen Natur beider Spruchkörper. Der EGMR ist als völkerrechtliches Gericht auf die Akzeptanz und die Kooperation der Vertragsstaaten angewiesen. Der EuGH ist zwar innerhalb des institutionellen Gefüges der Union mit größerer Autorität ausgestattet; dennoch sind seine Urteile, ebenso wie die des EGMR, formal nicht vollstreckbar.[1339] Deshalb und aus Rücksichtnahme auf die kulturellen Besonderheiten der Staaten prüfen

1339 *Cremer*, in: Calliess/Ruffert, EUV/AEUV, Art. 260 AEUV, Rdn. 2; vollstreckbar sind allenfalls finanzielle Sanktionen, vgl. *Karpenstein*, in: Grabitz/Hilf, Das Recht der EU, Art. 260, Rdn. 73.

beide Gerichte nationale Freiheitsbeschränkungen aus Gründen von Ethik und Moral nur anhand spezifischer Schranken-Schranken.

Im Konventionsrecht dienen sowohl die *margin of appreciation*-Doktrin als auch die Existenz eines sozialethischen Konsenses in den Vertragsstaaten im Rahmen der „Notwendigkeitsprüfung" als Korrektive für einseitige Freiheitsbeschränkungen aus ethisch-moralischen Gründen.[1340] Da die EU-Verträge eine dynamische Verweisung auf „die" demokratischen Gesellschaften nicht kennen, dient im Unionsrecht der Grundsatz der Kohärenz als Korrektiv. Mit seiner Hilfe können, ebenso wie mit dem europäischen Konsens, Maßnahmen ausgesondert werden, die keinem dringenden sozialen Bedürfnis entsprechen und insofern nicht „notwendig" sind. Das Kohärenzkriterium verlangt, dass eine nationale Regelung in konsequenter und systematischer Weise auf den Schutz der „öffentlichen Sittlichkeit und Ordnung" gerichtet ist. Die gerichtliche Kontrolle durch den EuGH beschränkt sich mithin nicht auf eine Überprüfung nationaler Maßnahmen am Maßstab des eigentlichen Unionsrechts; vielmehr erfolgt eine „autonome Normstrukturprüfung" des nationalen Rechts, in deren Rahmen eine Gesamtbetrachtung sämtlicher vergleichbarer Regelungsmaterien vorgenommen wird. Stellt der EuGH fest, dass Tätigkeiten, die eine vergleichbare Gefährlichkeit aufweisen, unterschiedlich geregelt werden, ist der innerstaatliche Rechtsrahmen in sich widersprüchlich und inkohärent. In diesem Fall trifft der Mitgliedstaat keine geeigneten Maßnahmen, um die gesellschaftlichen Wertvorstellungen tatsächlich und wirksam zu schützen. Entweder das von ihm verfolgte Schutzniveau ist in Wirklichkeit niedriger, als er vorgibt, oder der Staat verfolgt tatsächlich ein ganz anderes Ziel als den Schutz der „öffentlichen Sittlichkeit". In beiden Fällen ist eine Freiheitsbeschränkung nicht gerechtfertigt.

Der EGMR hingegen räumt den Staaten einen Beurteilungs- und Ermessensspielraum für die Definition von „Moral" und die Beurteilung ein, ob eine nationale Maßnahme zum ihrem Schutz „in einer demokratischen Gesellschaft notwendig" ist. Die Reichweite dieses Spielraums hängt von einer Vielzahl von Faktoren - wie dem Stellenwert der beeinträchtigten Rechte für eine demokratische Gesellschaft oder dem Vorhandensein eines gesellschaftlichen Konsenses in den Vertragsstaaten - ab. Insbesondere letzterer trägt als dynamische Auslegungsmethode zur Etablierung europäischer Mindeststandards bei

1340 *Calliess*, EuGRZ 1996, 293 (294).

und erhöht die Akzeptanz und Durchsetzungskraft des europäischen Menschenrechtsschutzes durch den EGMR. Darüber hinaus stellt der EGMR gewisse verfahrensrechtliche Anforderungen an die ethisch-moralischen Festlegungen der Staaten. So legt er den Staaten insbesondere die Darlegungs- und Beweislast für die Behauptung auf, ein bestimmtes Verhalten verstoße gegen die Moral. Sie müssen mithin glaubhaft machen, dass die nationalen Moralvorstellungen tatsächlich beeinträchtigt sind.[1341] Auch kann ein Verstoß gegen die Gewährleistungen der EMRK bereits darin begründet sein, dass ein Vertragsstaat keine Rechtmittel zur Verfügung stellt, um eine Konventionsverletzung abzustellen. Gefordert wird also die Etablierung eines wirksamen, innerstaatlichen Rechtsschutzes.[1342] Schließlich prüft der EGMR die nationalen Entscheidungen auch auf Abwägungsdefizite hin und bedient sich damit objektiver Kriterien zur Kontrolle vertragsstaatlicher Freiheitsbeschränkungen.[1343]

Zusammenfassend handelt es sich bei der *margin of appreciation*-Doktrin, dem Kohärenzerfordernis und den sonstigen verfahrensrechtlichen Anforderungen um flexible Werkzeuge zur Berücksichtigung der nationalen Eigenheiten auf der einen und der Universalität und Effektivität europäischen Grund- und Menschenrechtsschutzes auf der anderen Seite. Hierbei zeigen sich bei Freiheitsbeschränkungen aus Gründen von Ethik und Moral deutliche Parallelen in der Rechtsprechungspraxis von EuGH und EGMR, die das zwischen ihnen seit der *Bosphorus*-Entscheidung ausdrücklich bestehende Kooperationsverhältnis festigen.[1344]

1341 Siehe nur EGMR – *Handyside/Vereinigtes Königreich* (Fn. 815), Rdn. 50.

1342 *Krieger*, in: Dörr/Grote/Marauhn, EMRK/GG, Kap. 6, Rdn. 118.

1343 Siehe ausführlich zu den Verfahrensdimensionen der EMRK-Garantien *Krieger*, in: Dörr/Grote/Marauhn, EMRK/GG, Kap. 6, Rdn. 108 ff.

1344 *Haratsch*, ZaöRV Vol. 66 (2006), 927 (944); *Marsch/Sanders*, EuR 2008, 345 (363); *Szczekalla*, GPR 2005, 176 (178).

3. Kapitel - Ethik und Moral im Völkerrecht

A. Typologie

I. Überblick

Auf völkerrechtlicher Ebene werden den Staaten weitreichende Möglichkeiten zugestanden, Freiheit aus Gründen von Ethik und Moral einzuschränken. Die vorliegende Untersuchung konzentriert sich im Wesentlichen auf das Welthandelsrecht mit seinen wichtigsten Vertragswerken (GATT, GATS) sowie den Internationalen Pakt über bürgerliche und politische Rechte (*International Covenant on Civil and Political Rights*, im Folgenden: IPbpR, ICCPR oder UN-Zivilpakt[1345]). Dabei ist folgendes zu beachten: Wenn in diesem Abschnitt von „Moral" die Rede ist, dann ist damit nicht die Völkersitte („*comitas gentium*" oder „*comity*") gemeint. Bei letztgenannter handelt es sich um Verhaltensweisen, die nur faktisch eingehalten werden (sollen)[1346], sprich moralisch geboten, jedoch nicht rechtlich bindend sind. Sie gehören mangels Rechtscharakters nicht zum Völkerrecht im eigentlichen Sinne, sondern stellen eine eigenständige außerrechtliche Normenkategorie dar[1347], um die es hier nicht gehen soll. Im Fokus stehen vielmehr verbindliche Rechtsnormen, die ein staatliches Einschreiten aus ethisch-moralischen Gründen vorsehen. In dieser Hinsicht erlauben die internationalen Verträge des Welthandelsrechts als sog. „Allgemeine Ausnahmen" (*General Exceptions*) zur grundsätzlichen Handelsfreiheit in Artikel XX (a) GATT, den freien Handel zwischen den Vertragsstaaten zu beschränken, wenn es zum „Schutz der öffentlichen Moral" (*public morals*) notwendig (*necessary*) ist.[1348] Eine nahezu gleichlautende Formulierung enthält die für Dienstleistungen geltende Ausnahmebestimmung des Art. XIV (a) GATS, wonach eine freiheitsbeschränkende Maßnahme „zum Schutz der Moral oder der Aufrechterhaltung der öffentlichen Ordnung" notwendig sein kann.

1345 In englischsprachiger Literatur wird der Zivilpakt mit ICCPR oder CCPR abgekürzt.

1346 Z.B. das Grüßen von Schiffen auf Hoher See sowie das diplomatische Zeremoniell, *Graf Vitzthum*, in: ders. Völkerrecht, 1. Abschnitt, Rdn. 66.

1347 *Schweisfurth*, Völkerrecht, 2. Kap., Rdn. 188-191.

1348 Ebenso Art. 27 Abs. 2 Trade-Related Aspects of Intellecual Property Rights (TRIPS).

Der UN-Zivilpakt erlaubt in den Artikeln 12 Abs. 3, 14 Abs. 1, 18 Abs. 3, 19 Abs. 3 b), 21 und 22 Abs. 2 IPbpR Freiheitsbeschränkungen, wenn sie gesetzlich vorgesehen sowie zum Schutz der Moral[1349] (in einer demokratischen Gesellschaft[1350]) notwendig (bzw. erforderlich[1351]) und mit den übrigen im Pakt anerkannten Rechten vereinbar sind.[1352] Auf den ersten Blick scheinen sich die Beschränkungsmöglichkeiten im Welthandelsrecht und dem IPbpR kaum voneinander zu unterscheiden.

II. Interpretationsversuche

Sowohl im Welthandelsrecht als auch im IPbpR fehlt es an einer einheitlichen Legaldefinition von „Moral" und „Sittlichkeit", sodass deren Inhalt weitgehend ungeklärt ist.[1353] Deshalb ist neben spezifischen vertragsimmanenten Auslegungsregeln auf die üblichen Interpretationsmethoden zurückzugreifen.

1.) Spezifische Auslegungsregeln

Im WTO-Recht ist die Auslegung der Verträge im *Dispute Settlement Understanding* (DSU[1354]) spezialgesetzlich geregelt. Nach Art. 3.2 DSU dient das Streitbeilegungssystem des Welthandelsrechts dazu, die Normen der WTO-Abkommen in Übereinstimmung mit den *„customary rules of public international law"* auszulegen. Damit sind die allgemeinen Auslegungsregeln der Art. 31-33 des Wiener Übereinkommens

1349 *Berrisch*, in: Prieß/Berrisch, WTO-Handbuch, B.I.1., Rdn. 236 übersetzt „morals" mit „Sittlichkeit".

1350 Dieser Zusatz ist lediglich in Art. 14 Abs. 1, 21 und 22 Abs. 2 IPbpR enthalten.

1351 Von „erforderlich" anstatt „notwendig" sprechen die Art. 14 Abs. 1, 18 Abs. 3, 19 Abs. 3 b) IPbpR.

1352 Auch nach der Allgemeinen Erklärung der Menschenrechte finden die persönlichen Rechte und Freiheiten ihre Schranken in den gerechten Anforderungen der Moral in einer demokratischen Gesellschaft, Art. 29 Abs. 2, General Assemly Resolution 217 A (III) vom 10.12.1948.

1353 Für das Welthandelsrecht *Gonzalez*, VJTL 2006, 939 (943); *Marwell*, NYULR 2006, 802 (810).

1354 Abrufbar unter: http://www.wto.org/english/tratop_e/dispu_e/dsu_e.htm (zuletzt abgerufen am 06.11.2014).

über das Recht der Verträge (WVK) gemeint.[1355] Insofern ergeben sich daraus im Vergleich zur EMRK und anderen völkerrechtlichen Verträgen keine Besonderheiten für die Vertragsinterpretation.

Der IPbpR enthält in den Art. 5, 46 und 47 spezifische Regeln für die Auslegung des Zivilpaktes. Art. 5 Abs. 1 IPbpR verbietet die missbräuchliche Auslegung des Vertrages in der Weise, dass die in ihr geregelten Gewährleistungen ausgehebelt werden. Art. 5 Abs. 2 IPbpR hingegen legt die Rechte aus dem IPbpR als menschenrechtlichen Mindeststandard fest. Daraus folgt, dass der IPbpR nicht dazu missbraucht werden darf, grundlegende Menschenrechte in anderen Vertragswerken beschränken.[1356] Art. 46 IPbpR legt das Verhältnis des Abkommens zu den Organen der Vereinten Nationen und ihrer Sonderorganisationen fest. Schließlich schreibt Art. 47 IPbpR vor, den Pakt nicht so auszulegen, dass er das allen Völkern innewohnende Recht auf den Genuss und die volle und freie Nutzung ihrer natürlichen Reichtümer und Mittel beeinträchtigt. Diese spezifischen Regeln beschränken sich letztlich auf die Reichweite der internationalen Menschenrechte im Vergleich zu anderen Gewährleistungen und erhellen die Bedeutung von Moral und Sittlichkeit als solches nicht. Deshalb sind diese Begriffe ebenfalls in Anlehnung an Art. 31-33 WVK[1357], ausgehend vom Wortlaut, systematisch-teleologisch und historisch zu interpretieren.

2.) Wortlautauslegung

Wie im Überblick beschrieben, verwenden die Vertragswerke des Welthandelsrechts die Formulierung *„public morals"*. Der Wortlaut der Ausnahmebestimmungen in Art. XX (a) GATT und Art. XIV (a) GATS ist dabei nahezu identisch, so dass sie zusammen betrachtet werden

1355 *Schöbener/Herbst/Perkams*, Internationales Wirtschaftsrecht, § 13 V, Rdn. 316; *Weiss*, in: Tietje, Int. Wirtschaftsrecht, § 17, Rdn. 23; *Gonzalez*, VJTL 2006, 939 (943); Appellate Body Report, *US-Standards for Reformulated and Conventional Gasoline*, WT/DS2/AB/R, 29.04.1996, Rdn. 34; Appellate Body Report, *Japan-Taxes on Alcoholic Beverages*, 04.10.1996, WT/DS11/AB/R, p. 10; *Ohlhoff*, in: Prieß/Berrisch, WTO-Handbuch, C.II., Rdn. 25; *Feddersen*, Minn. J. Global Trade 1998, 75 (88-91); siehe zu den Auslegungsregeln der WVK bereits bei 2.Kap.A.II. 3.).

1356 *Nowak*, CCPR Commentary, Art. 5 ICCPR, Rdn. 1 f.

1357 Die Anwendbarkeit der Art. 31-33 WVK für das CCPR klarstellend HRC, *Alberta Union v. Canada*, Comm. 118/1982, U.N. Doc CCPR/C/28/D/118/1982, Rdn. 6.3.

können.[1358] Deshalb ist an dieser Stelle lediglich der Wortlaut des Art. XX (a) GATT wiedergegeben:

> „Subject to the requirement that such measures are not applied in a manner which would constitute a means of arbitrary or unjustifiable discrimination between countries where the same conditions prevail, or a disguised restriction on international trade, nothing in this Agreement shall be construed to prevent the adoption or enforcement by any contracting party of measures:
>
> (a) necessary to protect public morals [...]".

Da Moralvorstellungen von Staat zu Staat und den jeweiligen kulturellen und politischen Gegebenheiten in einer Gesellschaft abhängen[1359], ist eine einheitliche Ausgestaltung des Begriffs in inhaltlicher Hinsicht schwierig. Dennoch erfordert die konsistente Anwendung der WTO-Verträge eine übereinstimmende Auslegung der *„public morals"*.[1360] Es ist demnach unerlässlich festzulegen, auf welche Werte und Anschauungen der Begriff Bezug nehmen darf, um seinen Anwendungsbereich nicht ausufern zu lassen. Legt man – wie schon bei der EMRK – die gewöhnliche Bedeutung von Moral im Sinne des Art. 31 Abs. 1 WVK zugrunde, handelt es sich bei der öffentlichen Moral um diejenigen Verhaltensregeln, die die gesellschaftlichen Anschauungen davon, was richtig und falsch ist, aufgreifen.[1361] Demnach ist der Moralbegriff einheitlich als Verweisungsnorm auf gesellschaftliche Sozialnormen zu definieren. Davon zu unterscheiden ist die Tatsache, dass diese Normen in inhaltlicher Hinsicht von Staat zu Staat und von Zeit zu Zeit divergieren. Beispielsweise könnte Israel die Einfuhr von nicht-koscherem Fleisch zum Schutz der „öffentlichen Moral" im Sinne des Art. XX (a) GATT unterbinden; für Deutschland hingegen wäre diese Möglichkeit zu bezweifeln.[1362] Insofern ist der Inhalt der „öffentlichen Moral" nicht abschließend bestimmbar, sondern für jeden Einzelfall gesondert zu ermitteln. Ein Staat muss jedenfalls glaubhaft machen, dass ein be-

1358 So auch Appellate Body Report, *US-Gambling and Betting Services*, 07.04.2005, WT/DS285/AB/R, Rdn. 291.

1359 Siehe nur *Bartels*, JWT 36 (2) (2002), 353 (356).

1360 *Feddersen*, Minn. J. Global Trade 1998, 75 (77).

1361 *Feddersen*, Minn. J. Global Trade 1998, 75 (106) sowie bereits bei 2.Kap.A.II 3.).

1362 Beispiel entlehnt bei *Bartels*, JWT 36 (2) (2002), 353 (356); Trade Policy Review – *Israel*, Minutes of Meeting on 14. and 16. September, WT/TPR/M/58 vom 19.09.1999, Rdn. 45, 55.

stimmtes Verhalten gegen innerstaatliche Gesellschaftsanschauungen verstößt, um es unter Hinweis auf die Schranke der „öffentlichen Moral" in den Art. XX (a) GATT und Art. XIV (a) GATS untersagen zu können. Dabei genügt es nicht, wenn ein Staat schlicht behauptet, innerstaatliche Moralvorstellungen seien verletzt. Er hat vielmehr eine Darlegungs- und Beweislast hinsichtlich der Existenz entsprechender Anschauungen, die sich darüber hinaus in kodifizierter Form in den nationalen Rechtsordnungen wiederfinden müssen.[1363]

Gleiches gilt hinsichtlich der „öffentlichen Sittlichkeit" im UN-Zivilpakt. Der nach Art. 33 WVK i.V.m. Art. 53 IPbpR authentische englische Wortlaut[1364] von Art. 12 Abs. 3 des Zivilpaktes lautet exemplarisch:

> „The above-mentioned rights shall not be subject to any restrictions except those which are provided by law, are necessary to protect national security, public order (ordre public), public health or morals or the rights and freedoms of others, and are consistent with the other rights recognized in the present Covenant."

Der Wortlaut unterscheidet sich demnach wenig von demjenigen im WTO-Recht, so dass die *ordinary meaning* von „Moral" dieselbe ist wie dort. Auch aus den anderen Sprachfassungen sind keine weitergehenden Erkenntnisse zu ziehen. So sprechen die spanischen und französischen Fassungen[1365] des Art. 12 Abs. 3 IPbpR ebenfalls von *„moral públicas"* bzw. *„moralité publiques"*. Die identisch formulierten Beschränkungsmöglichkeiten in Art. 14 Abs. 1, 18 Abs. 3, 19 Abs. 3 b), 21 und 22 Abs. 2 IPbpR unterscheiden sich in dieser Hinsicht nicht. Ebenso wie im GATT und dem GATS verweisen die Moralbegriffe einheitlich auf die Wertvorstellungen in der Gesellschaft und sind im Einzelfall durch Auslegung inhaltlich zu konkretisieren.

1363 Siehe dazu bei 3.Kap.B.III. 2.) b.).

1364 Ebenso sind die chinesischen, französischen, russischen und spanischen Sprachfassungen authentisch.

1365 Siehe für die unterschiedlichen Sprachfassungen die amtlichen Übersetzungen unter: http://www.ohchr.org/EN/Pages/WelcomePage.aspx (zuletzt abgerufen am 06.11.2014).

3.) Systematisch-teleologische Auslegung

Im Rahmen der systematisch-teleologischen Auslegung sind Sinn und Zweck der jeweiligen Vorschriften im Lichte aktueller Gegebenheiten und anhand des systematischen Zusammenhangs zu ermitteln, in den er eingebunden ist. Dabei ist zu berücksichtigen, dass das Welthandelsrecht sowie der UN-Zivilpakt als völkerrechtliche Verträge - ebenso wie die EMRK - als *„living instruments"* evolutiv und unabhängig von den nationalen Rechtsordnungen auszulegen.[1366]

Das Welthandelsrecht dient der Förderung und Liberalisierung des grenzüberschreitenden Handels auf internationaler Ebene und dem Abbau von Handelshemmnissen. Es soll auf die Steigerung der Produktion und des Handels mit Waren und Dienstleistungen hinwirken und gleichzeitig die optimale Erschließung der Ressourcen der Welt im Einklang mit dem Ziel einer nachhaltigen Entwicklung ermöglichen.[1367] Maßnahmen zur Erreichung dieser Ziele sind die Erleichterung eines diskriminierungsfreien Handels bei gleichzeitigem Abbau von Zöllen und anderen Handelsbeschränkungen.[1368] Von diesen Zielen sehen Art. XX GATT und Art. XIV GATS Ausnahmen zum Schutz wichtiger, dort aufgelisteter Gemeinschaftsgüter vor. Zweck dieser Ausnahmetatbestände ist der Schutz des Kernbereichs nationaler Interessen.[1369] Gemäß der Einleitungssätze der Art. XX GATT und Art. XIV GATS (dem sog. *Chapeau*) sind die Vertragswerke so auszulegen, dass die Staaten nicht gehindert werden, Maßnahmen zum Schutz der in den Ausnahmetatbeständen erwähnten Gemeinschaftsgüter zu ergreifen. Andererseits

1366 Für das Welthandelsrecht siehe nur Appellate Body Report, *US-Shrimp*, 12.10.1998, WT/DS58/AB/R, § 130; für den UN-Zivilpakt siehe *Nowak*, CCPR Commentary, Introduction, Rdn. 20; *Schilling*, Internationaler Menschenrechtsschutz, Rdn. 37 f.; HRC, *Van Duzen v. Canada*, Comm. 50/1979, CCPR/C/15/D/50/1979, Rdn. 10.2; hierzu bereits bei 2.Kap.A.II. 3.) d.).

1367 Siehe insbesondere die Präambeln des WTO-Abkommens von Marrakesch am 15.04.1994 und des GATT 1947; ähnlich die Präambel des GATS, alle abrufbar unter:

http://www.wto.org/english/docs_e/legal_e/legal_e.htm (zuletzt abgerufen am 06.11.2014).

1368 Ausführlich dazu *Schöbener/Herbst/Perkams*, Internationales Wirtschaftsrecht, § 12, Rdn. 90 ff.; *Petersmann*, ZaöRV Vol. 65 (2005), 543 (555).

1369 *Charnovitz*, Va. J. Int'l L. 689 (1998), 1 (6); *Feddersen*, Minn. J. Global Trade 1998, 75 (77, 110); *Petersmann*, ZaöRV Vol. 65 (2005), 543 (560); *Diebold*, JIEL 11 (2008), 43 (54); siehe auch die Präambel des GATS: *„[...] an overall balance of rights and obligations, while giving due respect to national policy objectives."*

dürfen diese Maßnahmen wiederum den Vertragszweck der Übereinkommen nicht übermäßig beschränken. Deshalb kommt nur eine restriktive Auslegung und Anwendung der Ausnahmetatbestände - und somit auch der Moralbegriffe - in Betracht. Das ist konsequent, da es sich bei den aufgelisteten Gemeinschaftsgütern um Kernbereiche nationaler Interessen handelt.

Dafür spricht auch Art. 3.3 DSU, wonach auf ein Gleichgewicht zwischen den WTO-Mitgliedern hinzuwirken ist.[1370] Eine starke Wirtschaftsmacht darf die „öffentliche Moral" nicht dazu missbrauchen, nationale Interessen zu schützen, indem sie wirtschaftlich schwächere Nationen im grenzüberschreitenden Handel benachteiligt. Eine ungerechtfertigte oder willkürliche Diskriminierung zwischen Staaten, in denen vergleichbare Bedingungen herrschen, oder eine verschleierte Beschränkung des internationalen Handels ist mithin nicht zu rechtfertigen. Die „öffentliche Moral" ist im Welthandelsrecht mithin als eng einzugrenzende ethische (Kern-) Norm der Staaten zu verstehen, deren Inhalt im Einzelfall konkretisiert werden muss. Denkbar ist insbesondere, dass die „öffentliche Moral" subsidiär auf Menschenrechte verweist, die über die Interpretationsregel aus Art. 31 Abs. 3 c) WVK in das Welthandelsrecht inkorporiert werden (dazu sogleich).[1371]

Der IPbpR als Menschenrechte gewährleistender Vertrag ist hinsichtlich der gewährten Freiheiten weit auszulegen. Dementsprechend sind alle die nationalen Interessen schützenden[1372] Beschränkungsmöglichkeiten in den Art. 12 Abs. 3, 14 Abs. 1, 18 Abs. 3, 19 Abs. 3 b), 21 und 22 Abs. 2 IPbpR grundsätzlich restriktiv zu interpretieren und dürfen den Kernbereich eines Menschenrechts nicht antasten.[1373] Sie müssen darüber hinaus im innerstaatlichen Recht gesetzlich vorgesehen sein. Zur Einschränkung der Rechte aus dem IPbpR ist demnach ein hinreichend bestimmtes abstrakt-generelles Gesetz erforderlich, das für alle zugänglich ist.[1374] Insofern muss ein nationales Gesetz eindeutig auf den

1370 *Weiss*, in: Tietje, Int. Wirtschaftsrecht, § 17, Rdn. 13.

1371 Dazu siehe 4.1.2.5.: *Gonzalez*, Vanderbilt Journal of Transnational Law, Vol. 39, 939 (945) hingegen ist der Ansicht, dass die *public-morals*-Schranke nicht mit den Methoden der WVK interpretiert werden könne.

1372 *Tyagi*, The UN Human Rights Committee, S. 667.

1373 *Schilling*, Internationaler Menschenrechtsschutz, Rdn. 72; *Nowak*, CCPR Commentary, Introduction, Rdn. 20 und bei Art. 12 ICCPR, Rdn. 37; General Comment Nr. 27, Rdn. 13.

1374 *Schilling*, Internationaler Menschenrechtsschutz, Rdn. 55-66; *Nowak*, CCPR Commentary, Art. 12 ICCPR, Rdn. 29 f.; *Joseph/Schultz/Castan*, The ICCPR,

Schutz von Moralvorstellungen gerichtet sein und darf diese nicht nur gleichsam als Nebenfolge schützen.

4.) Historische Auslegung

Gemäß Art. 32 WVK sind die vorbereitenden Arbeiten sowie der ursprüngliche Wille der Vertragsparteien subsidiär heranzuziehen.[1375] Den *travaux préparatoires* zum GATT und GATS sind kaum Aussagen zur Auslegung der *public morals* zu entnehmen. Jedenfalls sahen die Staaten übereinstimmend die Notwendigkeit, Handelsbeschränkungen zum Schutz der „öffentlichen Moral" grundsätzlich zuzulassen.[1376] In dieser Hinsicht ist bezeichnend, dass sich der Wortlaut des Art. XX (a) GATT vom ersten Entwurf bis zum endgültigen Vertragstext nicht verändert hat.[1377] Welche Sachverhalte davon umfasst sein sollten, wurde jedoch - bis auf eine Ausnahme - nicht geklärt, so dass sich ein Staatenkonsens über die materielle Bedeutung der „öffentlichen Moral" nicht abschließend feststellen lässt.[1378]

Im Hinblick auf die Ausnahmeregelung in Art. XX (a) GATT äußerte ein norwegischer Delegierter, dass jedenfalls Einfuhrbeschränkungen für Alkohol aufgrund ihres naturgemäßen Bezugs zu moralischen Fra-

Introduction, Rdn. 1.67; General Comment Nr. 27, Rdn. 13; HRC, *Pinkney v. Canada*, Comm. 27/77, U.N. Doc. CCPR/C/OP/1, Rdn. 34.

1375 *O. Dörr*, in: Dörr/Schmalenbach, Vienna Convention on the Law of Treaties, Art. 32, Rdn. 3.

1376 United Nations Conference on Trade and Employment vom 16.11.1946, Draft Report of the Technical Sub-Committee, U.N. Doc E/PC/T/C.II/54, S. 35, 36; United Nations Conference on Trade and Employment, 10.04.1947, Report of the Second Session of the Preparatory Committee, U.N. Doc. E/PC/T/186; im Report of the Drafting Committee of the Preparatory Committee of the United Nations Conference on Trade and Employment, U.N. Doc E/PC/T/34, wird die Moral zwar als Beschränkungsmöglichkeit genannt, jedoch nicht näher erläutert, S. 18 (betreffend Art. 23), S. 31, 77 (betreffend Art. 37 bzw. den späteren Art. XX), S. 43 (betreffend Art. 59). Schließlich United Nations Conference on Trade and Employment, Nov. 21, 1947-Mar. 24, 1948, Final Act and Related Documents, U.N. Doc. E/Conf./2/78; anschaulich zur Entstehung der *public morals* als Ausnahmetatbestand *Wu*, YJIL Vol. 33 (2007/08), 215 (217 ff.).

1377 Siehe bei *Feddersen*, Minn. J. Global Trade 1998, 75 (118).

1378 Ebenda, Minn. J. Global Trade 1998, 75 (84).

gen unter die *General Exception* des Art. XX (a) GATT fallen sollten.[1379] Darüber hinaus beanspruchten die USA, dass die „öffentliche Moral" den Schutz nationaler Rechtsvorschriften sicherstellen solle.[1380] Die *travaux préparatoires* enthalten jedoch keine Aussagen darüber, ob die restlichen Delegierten gleicher Ansicht waren. Die Tatsache, dass die Vertragsparteien es nicht für notwendig hielten, den Begriff der „Moral" näher zu erläutern, lässt vermuten, dass sie ihn für nicht klärungsbedürftig hielten, da er bereits in anderen völkerrechtlichen Verträgen als Rechtfertigungsgrund etabliert war und die Vertragsstaaten jene Bedeutung für das Welthandelsrecht zugrunde legten. Auch wenn die damals geltenden Verträge den Parteiwillen scheinbar beeinflusst haben, ist fraglich, ob sie zu den vorbereitenden Arbeiten im eigentlichen Sinne zu zählen sind.[1381] Art. 3.2 DSU i.V.m. Art. 31 Abs. 3 c) WVK regelt, dass alle relevanten zwischen den Vertragsparteien geltenden, internationalen Rechtsnormen bei der Auslegung der WTO-Vorschriften zu berücksichtigen sind.[1382] Insofern sind andere völkerrechtliche Übereinkommen, deren Vertragsparteien die Staaten sind, jedenfalls im Rahmen der systematischen Vertragsauslegung zu berücksichtigen. Vertragswerke, die vor der Entstehung des Welthandelsrechts existierten und Handelsbeschränkungen aus Gründen von Ethik und Moral vorsahen, sind hingegen als „quasi-*travaux préparatoires*" anzusehen. Auf der Grundlage dieser Annahme wird in der Literatur diskutiert, ob von der „öffentlichen Moral" im GATT neben Einfuhrbeschränkungen für alkoholische Getränke auch Sklaven- und Zwangsarbeit, der Handel mit Waffen, Betäubungsmitteln und Pornographie, sonstigen obszönen Darstellungen, Lotteriescheinen und Filmen von Preiskämpfen sowie der Schutz von religiösen Gefühlen oder der Tierschutz erfasst sind.[1383] Weiterhin wird erwogen, die „öffentliche Moral" aus Art.

1379 Report of the Drafting Committee of the Preparatory Committee of the United Nations Conference on Trade and Employment, Art. 37(a), U.N. Doc. E/PC/T/34, S. 31.

1380 *Wu*, YJIL Vol. 33 (2007/08), 215 (218 f.).

1381 Zu den Voraussetzungen siehe *O. Dörr*, in: Dörr/Schmalenbach, Vienna Convention on the Law of Treaties, Art. 32, insbesondere in Rdn. 12-14.

1382 *Bartels*, JWT 36 (2) (2002), 353 (354).

1383 *Office of the High Commissioner for Human Rights*, Human Rights and Worlds Trade Agreements: Using General Exception Clauses to Protect Human Rights, U.N. Doc HR/PUB/05/5, S. 9; *Charnovitz*, Va. J. Int'l L. 689 (1998), 1 (13); ebenso *Wu*, YJIL Vol. 33 (2007/08), 215 (218); *Wenzel*, in: Wolfrum/Stoll (Hrsg.), Max Planck Commentaries on World Trade Law, Vol. 5, Art. XX (a) Rdn. 2.

XX (a) GATT auf den Handel mit Kinderpornographie, unmenschliche und unmoralische Jagdmethoden, den Umweltschutz sowie den Handel mit Ländern, in denen Kinderarbeit erlaubt ist oder überhaupt keine Rechte für Arbeiter existieren, sowie auf Einfuhrverbote für geklonte Tiere zu erstrecken.[1384]

Sofern es sich bei dieser Aufzählung nicht ohnehin um strafrechtlich sanktioniertes Verhalten handelt, das in allen Staaten untersagt ist, ist eine solche Aufzählung zweifelhaft. Es kann letztlich immer nur auf den Einzelfall ankommen. Eine pauschale Inhaltsbestimmung der Moralbegriffe liefe ihrem Zweck, die sich wandelnden Gesellschaftsanschauungen zu schützen, zuwider. Es ist gerade die inhaltliche Unbestimmtheit der „öffentlichen Moral“, die eine Heterogenität der internationalen Gesellschaften und ihrer Werte gewährleistet. Das hindert die Staaten selbstverständlich nicht daran, sich im konkreten Fall auf die oben genannten Aspekte zu berufen.

Im Hinblick auf das GATS entschieden sich die Teilnehmer der Uruguay-Runde dafür, den Schutz der Moral mit dem Schutzgut „öffentliche Ordnung“ zu verbinden. Letztere soll ausschließlich bei einer ernsthaften Gefährdung fundamentaler Interessen der Gesellschaft anwendbar sein.[1385] Dass diese restriktiven Voraussetzungen nicht gleichsam auf die „öffentliche Moral“ übertragen worden sind, legt den Schluss nahe, dass die *public morals exception* im Rahmen des Art. XIV (a) GATS auch unter weniger strengen Voraussetzungen einschlägig ist.[1386] Diese Überlegungen sind nicht ohne Weiteres auf die Ausnahme des Art. XX (a) GATT zu übertragen. Da die „öffentliche Moral“ hier isoliert genannt ist[1387], verbietet sich eine Gegenüberstellung mit dem Rechtfertigungsgrund „öffentliche Ordnung“ und dessen Voraussetzungen. Deshalb ist in Übereinstimmung mit dem Ergebnis der te-

1384 *Feddersen*, Minn. J. Global Trade 1998, 75 (76, 98 ff.) m.w.N.; *Weiß*, in: Hermann/Weiß/Ohler, Welthandelsrecht, § 16, Rdn. 780; *Berrisch*, in: Prieß/Berrisch, WTO-Handbuch, B.I.1., Rdn. 236; Menschenrechtsverletzungen müssen jedoch einen Bezug zu den Moralvorstellungen im Importland aufweisen, dazu siehe näher bei 3.Kap.A.II. 7.).

1385 GATS Art. XIV, Marrakesh Agreement Establishing the World Trade Organization, Annex 1B, Legal Instruments – Results of the Uruguay Round, Fußnote 5, 33 ILM 58 (1994).

1386 Ähnlich *Cottier/Delimatsis & Diebold*, in: Wolfrum/Stoll (Hrsg.), Max Planck Commentaries on World Trade Law, Vol. 6, Art. XIV GATS, Rdn. 25.

1387 Darauf aufmerksam machend auch *Diebold*, JIEL 11 (2008), 43 (44).

leologischen Auslegung davon auszugehen, dass die „Moral" als Auffangtatbestand im GATT eng auszulegen ist.[1388]

Die Vorarbeiten zum UN-Zivilpakt sind im Hinblick auf die „öffentliche Moral" ebenfalls wenig aussagekräftig. Jedoch fällt auf, dass der Wortlaut der Schranke in den Verhandlungen zu Art. 12 Abs. 3 IPbpR von „*morality*" in „*morals*" geändert wurde.[1389] Der erstgenannte Begriff umfasst neben der Sitte und Moral außerdem Ethik und Moralismus als abstrakte und unverfügbare Verhaltensregeln. Die „*morals*" hingegen stellen im Wesentlichen auf tatsächliche Moralvorstellungen ab. Insofern ist der heutige im IPbpR verwendete Moralbegriff subjektiv geprägt und stellt maßgeblich auf herrschende Anschauungen ab und nicht - wie die Moralität - auf das, was unabhängig von aktuellen Umständen moralisch erwünscht oder gesollt ist. Ursprünglich sollte jedenfalls die Prostitution aus Gründen der „öffentlichen Moral" räumlich auf Rotlichtbezirke beschränkt werden können[1390], so dass die Vertragsparteien die herrschende Sexualmoral für Anwendungsfälle der Ausnahmebestimmung hielten.[1391] *Nowak* formuliert weitere mögliche Anwendungsbereiche wie Versammlungsverbote an heiligen Stätten oder Friedhöfen, welche die herrschende Moral um Aspekte der Pietät erweitern würde[1392], Untersagungen von Sex-Clubs oder Pornokinos[1393], Freiheitsbeschränkungen für pornographische oder blasphemische Publikationen[1394] sowie Nacktbadeverbote[1395].

1388 Ebenso *Feddersen*, Minn. J. Global Trade 1998, 75 (94-96) m.w.N.; in diese Richtung auch *Cottier/Delimatsis & Diebold*, in: Wolfrum/Stoll (Hrsg.), Max Planck Commentaries on World Trade Law, Vol. 6, Art. XIV GATS, Rdn. 29; dagegen wohl *Weiß*, in: Hermann/Weiß/Ohler, Welthandelsrecht, § 16, Rdn. 781.

1389 Commission on Human Rights, 5th Session (1949), E/CN.4/SR.106, S. 8 f.; Commission on Human Rights, 6th Session (1950), E/CN.4/365; Commission on Human Rights, 8th Session (1952), E/2556, Art. 10 § 1; vgl. auch *Bossuyt*, Guide to the Travaux Préparatoires of the International Covenant on Civil and Political Rights, S. 255, 259.

1390 *Nowak*, CCPR Commentary, Art. 12 CCPR, Rdn. 44; Commission on Human Rights, 6th Session (1950), E/CN.4/SR.150, § 46.

1391 *Joseph/Schultz/Castan*, The ICCPR, Rdn. 18.28.

1392 *Nowak*, CCPR Commentary, Art. 21 CCPR, Rdn. 28.

1393 Ebenda, Art. 22 CCPR, Rdn. 26.

1394 *Nowak*, CCPR Commentary, Art. 19 CCPR, Rdn. 60; *Joseph/Schultz/Castan*, The ICCPR, Rdn. 17.20, 18.28.

1395 *Nowak*, CCPR Commentary, Art. 12 CCPR, Rdn. 44.

5.) Die öffentliche Moral im Welthandelsrecht als Auffangtatbestand für Menschenrechtsverletzungen?

Da der Moralbegriff im Welthandelsrecht evolutiv auszulegen ist, könnte er neben der Beschränkung des Handels mit Alkohol und den oben genannten Schutzzwecken auch als Auffangtatbestand für nicht spezialgesetzlich kodifizierte Menschenrechte heranzuziehen sein.[1396] Insbesondere nach Ansicht von *Howse* sind diese als Bestandteil der *„public morals“* anzusehen:

> "In the modern world, the very idea of public morality has become inseparable from the concern for human personhood, dignity, and capacity reflected in fundamental rights. A conception of public morals or morality that excluded notions of fundamental rights would simply be contrary to the ordinary contemporary meaning of the concept."[1397]

In dieselbe Richtung geht die Ansicht von *Laing*, Humanismus sei eine legitime Rechtfertigung für Handelsbeschränkungen im Lichte des Art. XX (a) GATT.[1398] Der Schutz von Grund- und Menschenrechten ist zwar nicht ausdrücklich als Schranke für Handelsbeschränkungen im Welthandelsrecht genannt, könnte aber dennoch im Rahmen moralischer Schrankenvorbehalte zu berücksichtigen sein.[1399] Jedoch treten die *public morals* stets subsidiär hinter die Schutzzwecke der spezielleren Buchstaben der Art. XX GATT und Art. XIV GATS zurück, um die Grenzen zu den anderen Ausnahmetatbeständen nicht zu verwischen.[1400] Im Falle inhumaner Jagd- und Fangmethoden würde dies in erster Linie Art. XX (b) GATT und Art. XIV (b) GATS betreffen, die eine Handelsbeschränkung zum Schutz von Leben und Gesundheit von

1396 Eine entsprechende Tendenz ist bei *Petersmann*, ZaöRV 2005, 543 (560) zu finden.

1397 *Howse*, American University International Law Review, Vol. 18, No. 6 (2003), 1333 (1368), abrufbar unter:

http://www.heinonline.org/HOL/Page?handle=hein.journals/amuilr18&id=1347&collection=journals&index=journals/amuilr (zuletzt abgerufen am 06.11.2014);

zustimmend *Office of the U.N. High Commissioner for Human Rights* (Fn. 1383) S. 5.

1398 *Laing*, Wisconsin International Law Journal 1996, 246 (332).

1399 *Petersmann*, ZaöRV 2005, 543 (561).

1400 *Charnovitz*, Va. J. Int'l L. 689 (1998), 1 (20); *Marwell*, NYULR 2006, 802 (823).

Menschen, Pflanzen und Tieren erlauben.[1401] Handelsbeschränkungen wegen Sklaverei und Zwangsarbeit hingegen sind von Art. XX (e) erfasst, so dass es des Rückgriffs auf den Moralbegriff in diesen Fällen nicht mehr bedarf.[1402] Insofern scheint es, dass die „öffentliche Moral" im Welthandelsrecht nicht als Auffangtatbestand für den Schutz von Menschenrechten konzipiert ist.[1403] Andererseits ist es mit den Interpretationsmethoden aus der WVK zumindest theoretisch denkbar, diese über die Generalklausel der „öffentlichen Moral" in das Welthandelsrecht zu inkorporieren. Diese Möglichkeit sieht Art. 31 Abs. 3 c) WVK ausdrücklich vor, wonach für die Auslegung internationaler Verträge jeder in den Beziehungen zwischen den Vertragsparteien anwendbare einschlägige Völkerrechtssatz zu berücksichtigen ist. Denn nach dieser Vorschrift ist der gesamte Völkerrechtsrahmen als ein zusammenhängendes Rechtsregime anzusehen.[1404] Konsequenterweise schränkt Art. 3 Abs. 3 c) WVK die Art der zu berücksichtigenden Rechtssätze nicht weiter ein, so dass zur Interpretation des Welthandelsrechts auch internationale Menschenrechtsverträge herangezogen werden können. Dafür streitet auch eine Publikation des *Office of the U.N. High Commissioner for Human Rights*[1405], die zwar rechtlich nicht bindend ist, im Rahmen von Art. 31 Abs. 3 c) WVK aber dennoch als Indiz für die Auslegung des Welthandelsrechts berücksichtigt werden kann.[1406]

Die Vertragsstaaten der WTO haben neben den Verträgen des Welthandelsrechts auch internationale Menschenrechtsübereinkommen ratifiziert, so dass sie sich nicht darauf berufen können, im Rahmen des GATT und des GATS nicht an Grund- und Menschenrechte gebunden zu sein. So könnte ein Staat etwa den Import von Produkten, die unter Missachtung von Menschenrechten hergestellt werden, zum Schutz

1401 Der Originalwortlaut der Vorschrift lautet: *„(b) necessary to protect human, animal or plant life or health"*.

1402 In diese Richtung auch *Feddersen*, Minn. J. Global Trade 1998, 75 (110); Sklaverei und Zwangsarbeit sind außerdem durch Art. 4 Abs. 1 EMRK und Art. 8 Abs. 1 und 3 (a) IPbpR verboten.

1403 So auch *Eres*, Geo. J. Int.'l L. (35), 597 (633, 635).

1404 *O. Dörr*, in: Dörr/Schmalenbach, Vienna Convention on the Law of Treaties, Art. 31, Rdn. 89, 91; im Ergebnis auch *Charnovitz*, Va. J. Int'l L. 689 (1998), 1 (27); *Wenzel*, in: Wolfrum/Stoll (Hrsg.), Max Planck Commentaries on World Trade Law, Vol. 5, Art. XX (a) Rdn. 1, 6, 23 ff.

1405 *Office of the U.N. High Commissioner for Human Rights* (Fn. 1383), S. 12.

1406 *O. Dörr*, in: Dörr/Schmalenbach, Vienna Convention on the Law of Treaties, Art. 31, Rdn. 97 m.w.N.

der „öffentlichen Moral" in seinem eigenen Staatsgebiet untersagen.[1407] Dennoch darf nicht außer Acht gelassen werden, dass Menschenrechte im Verhältnis zu den anderen Beschränkungsmöglichkeiten nur subsidiär herangezogen werden dürfen und die möglichen Anwendungsbereiche der Schranke in der Regel bereits den anderen Alternativen der Art. XX und Art. XIV GATS unterfallen. Darüber hinaus ist zu bezweifeln, ob die Menschenrechtsgewährleistungen tatsächlich auf das Welthandelsrecht anwendbar sind. Denn Art. 31 Abs. 3 c) WVK verlangt zusätzlich, dass eine Regelung des Völkerrechts für die auszulegende Norm *„relevant"* ist. Dies dürfte der Fall sein, wenn die herangezogenen Vorschriften etwa wegen des gleichen oder vergleichbaren Wortlauts den Inhalt eines Begriffes zu ergründen helfen[1408] oder wenn die jeweiligen Vertragswerke vergleichbare Ziele verfolgen.[1409] Die Menschenrechte als solche sind mit dem Moralbegriff nicht identisch und verfolgen im Übrigen auch einen anderen Zweck als das WTO-Recht, das in erster Linie auf den Abbau von Handelshemmnissen und wirtschaftliche Prosperität gerichtet ist. Insofern dürfte der Rückgriff auf Menschenrechte in der Praxis - wenn überhaupt - auf wenige Einzelfälle beschränkt bleiben und ist demensprechend in den Entscheidungen der WTO-Streitbeilegungsorgane bislang nicht nachweisbar.

6.) „Moral" in der Rechtsanwendungspraxis der Entscheidungsgremien

Einer Vielzahl von *Trade Policy Reviews*[1410] im Geltungsbereich des Welthandelsrechts ist zu entnehmen, dass sich die Vertragsstaaten in zahlreichen Fällen auf moralische Erwägungen berufen, um den grenzüberschreitenden Handel einzuschränken. Die Anwendungsfälle decken sich weitgehend mit den obigen Feststellungen und betreffen

1407 Zu den näheren Voraussetzungen einer Einfuhrbeschränkung zum Schutz der Moral im Inland siehe unten bei 3.Kap.A.II. 7.).

1408 *Ipsen*, Völkerrecht, § 12 Rdn. 14.

1409 *O. Dörr*, in: Dörr/Schmalenbach, Vienna Convention on the Law of Treaties, Art. 31, Rdn. 99; siehe zu den weiteren Voraussetzungen des Art. 31 Abs. 3 c) ebenda Rdn. 100 ff.

1410 *Trade Policy Reviews* sind Berichte des Gremiums für die Überprüfung der Handelspolitik (*Trade Policy Review Body*). Es ist seine Aufgabe, die von den Vertragsstaaten praktizierte Handelspolitik regelmäßig zu überprüfen. Dieses Verfahren ist als *compliance management* einzuordnen, *Gehring*, in: Hilf/Oeter, WTO-Recht, § 9, Rdn. 1 ff.

insbesondere Einfuhrbeschränkungen für Drogen[1411], Pornographie[1412], Alkohol[1413] und Fälschungen[1414].[1415] Darüber hinaus erstrecken sich moralische Werte aus Sicht der Staaten auf Religion[1416], Sexualität, Bigamie, Korruption oder den Verbraucherschutz.[1417] Die WTO-Streitbeilegungsorgane haben sich zu der Zulässigkeit dieser Auslegung von „öffentlicher Moral" bislang nicht geäußert. Auch ist im Zusammenhang mit den genannten Schutzzwecken keine Entscheidung über die als „Schranken-Schranke" fungierende „Notwendigkeit"[1418] derartiger Freiheitsbeschränkungen nachzuweisen. Dennoch veranschaulichen diese Beispiele, dass der Anwendungbereich der „öffentlichen Moral" jedenfalls von den Vertragsstaaten weit ausgelegt wird.

Für den UN-Zivilpakt sind ebenfalls viele Fälle nachweisbar, in denen sich die Staaten auf kulturelle und moralische Eigenheiten ihres Landes berufen, um Menschenrechte zu beschränken. Hervorzuheben sind hier nur die innerstaatliche Sexualmoral[1419], weibliche Genitalver-

1411 Z.B. *Tanzania*, 28.01.2000, WT/TPR/S/66, Rdn. 36; *Honduras*, 29.08.2003, WT/TPR//S/120, Rdn. 50; *Romania*, 31.01.2006, WT/TPR/S/155/Rev. 1, Rdn. 38; *Bahrain*, 23.10.2007, WT/TPR/S/185/Rev. 1, Rdn. 28.

1412 Z.B. *Canada*, 19.11.1998, WT/TPR/S/53, Rdn. 41; *Gambia*, 05.01.2004, WT/TPR/S/127, Rdn. 36; *Korea*, 18.08.2004, WT/TPR/S/137, Rdn. 62; *Colombia*, 03.04.2007, WT/TPR/172/Rev. 1, Rdn. 78.

1413 Z.B. *Brunei*, 27.04.2001, WT/TPR/S/84, Rdn. 29 (hier sind es religiöse Gründe); *Qatar*, 24.01.2005, WT/TPR/S/144, Rdn. 27 (auch hier religiös motiviert); *Indonesia*, 06.11.2007, WT/TPR/S/184/Rev. 1, Rdn. 31.

1414 Z.B. *Canada*, 19.11.1998, WT/TPR/S/53, Rdn. 41; *Haiti*, 07.10.2003, WT/TPR/S/99/Rev. 1, Rdn. 39; *Jamaica*, WT/TPR/S/139/Rev. 1, Rdn. 48; *Israel*, 24.03.2006, WT/TPR/S/157/Rev. 1, Rdn. 27.

1415 Siehe auch die ausführliche Aufzählung bei *Marwell*, NYULR 2006, 802 (804, 818, insb. 840-842) m.w.N. sowie bei *Wu*, YJIL, Vol. 33 (2007/08), 214 (250 f.).

1416 Panel Report, *US – Import of Tuna (II)*, 16.06.1994, DS29/R, Rdn. 3.71; Trade Policy Review – *Israel*, 24.03.2006, WT/TPR/S/157, Trade Policies and Practices by Measure, Rdn. 27, 48 (nicht-koscheres Fleisch).

1417 *Gonzalez*, VJTL 2006, 939 (960 ff.); *Diebold*, JIEL 11 (2008), 43 (49 f.).

1418 *Schilling*, Internationaler Menschenrechtsschutz, Rdn. 49, 71; dazu bei 3.Kap.B.III. 2.) a.).

1419 Z.B. für die Strafbarkeit bestimmter sexueller Ausrichtungen in HRC Concluding Observations on United *Republic of Tanzania*, U.N. Doc. CCPR/C/79/Add. 97 (1998), Ziff. 23; Concluding Comment on *Lesotho*, U.N. Doc. CCPR/C/79/Add. 106 (1999), Ziff. 13; Concluding Observations on *Egypt*, U.N. Doc. CCPR/CO/76/EGY (2002), Ziff. 19.

stümmelungen[1420], Polygamie[1421] sowie das absolute Verbot von Schwangerschaftsabbrüchen[1422]. Der Menschenrechtsausschuss grenzt den weiten - aus sozialen, philosophischen und religiösen Traditionen abzuleitenden - Anwendungsbereich der „Moral" ein und verlangt jedenfalls, dass eine Beschränkung der im IPbpR gewährten Freiheiten nicht allein mit der Berufung auf eine einzige Tradition begründet werden darf, sondern sich auf einen breiten Konsens in der Gesellschaft stützen muss.[1423] Dieser Konsens kann jedoch - anders als im deutschen Recht - auch auf religiösen Überzeugungen beruhen[1424], wenn die Religion in einem Staat das öffentliche Leben wesentlich bestimmt.[1425] Davon abgesehen, ist eine genaue Definition der „Moral" nach Ansicht des MRA nicht entscheidungserheblich, da es vielmehr auf die Rechtfertigung einer Freiheitsbeschränkung im Einzelfall ankommt. Dementsprechend heißt es in den *General Comments* zu Art. 12 Abs. 3 IPbpR lediglich:

> „[...] To be permissible, restrictions must be provided by law, must be necessary in a democratic society for the protection of

[1420] HRC Concluding Observations on *Sudan*, U.N. Doc. CCPR/C/79/Add. 85 (1997), Ziff. 10; Concluding Observations on *Cameroon*, U.N. Doc. CCPR/C/79/Add. 116 (1999), Ziff. 12; Concluding Observations on *Yemen*, U.N. Doc. CCPR/CO/75/YEM (2002), Ziff. 6.

[1421] HRC Concluding Comments on *Libyan Arab Jamahiriya*, U.N. Doc. CCPR/C/79/Add. 101 (1998), Ziff. 17; Concluding Comments on *Cameroon*, U.N. Doc. CCPR/C/79/Add. 116 (1999), Ziff. 10.

[1422] HRC Concluding Observations on *Ecuador*, U.N. Doc. CCPR/C/79/Add. 92 (1998), Ziff. 11; Concluding Observations on *Chile*, U.N. Doc. CCPR/C/79/Add. 104 (1999), Ziff. 15; Concluding Observations on *Argentina*, U.N. Doc. CCPR/CO/70/ARG (2000), Ziff. 14; Concluding Observations on *Guatemala*, U.N. Doc. CCPR/CO/72/GTM (2001), Ziff. 19.

[1423] General Comment Nr. 22 vom 30.07.1993, CCPR/C/21/Rev.1/Add.4 bei Punkt 8, auch zitiert von *Bair*, The ICCPR, Art. 18 (3), S. 88. Die aus der Rechtspraxis zusammengetragenen General Comments des MRA dienen den Vertragsstaaten als Auslegungshilfe für die Gewährleistungen des IPbpR, siehe:

http://www2.ohchr.org/english/bodies/treaty/comments.htm (zuletzt abgerufen am 06.11.2014).

[1424] Ebenso *Callamard*, in: Expert Meeting on the Links Between Articles 19 and 20 of the ICCPR, UN HCHR, 2.-3. Oktober 2008, Genf, unter II-Article 19, UDHR and ICCPR.

[1425] So z.B. in Kolumbien, siehe bei 3.Kap.A.II. 6.) b.) ii.).

these purposes and must be consistent with all other rights recognized in the Covenant."[1426]

Freiheitsverkürzende Gesetze müssen insofern tatsächlich dem Schutz der Moral dienen, wobei der beschränkende Staat beweisen muss, dass und inwiefern von ihm vorgetragene Sittlichkeitsvorstellungen in seinem Hoheitsgebiet von der Bevölkerungsmehrheit geteilt werden. Es wird an dieser Stelle bereits deutlich, dass die inhaltliche Unbestimmtheit der Moral durch materielle Prüfkriterien wie die rechtliche Transparenz und die Erforderlichkeit einer Maßnahme „abgefedert" wird. Diese ersetzen die inhaltliche Kontrolle der Moralbegriffe und bilden gleichsam Ersatz- bzw. Metakriterien zur Bestimmung, ob eine Freiheitsbeschränkung zum Schutz von Ethik und Moral gerechtfertigt ist. Da internationale Stellen nur eingeschränkt Zugang zu nationalen Quellen und empirischen Untersuchungen haben, obliegt darüber hinaus die Darlegungs- und Beweislast dafür, dass durch ein bestimmtes Verhalten tatsächlich moralische Werte gefährdet oder verletzt sind, den Staaten.

a.) „Moral" in der Entscheidungspraxis der WTO-Streitbeilegungsorgane

Die WTO-Streitbeilegungsorgane legen das Welthandelsrecht letztinstanzlich aus. Insofern ist es unerlässlich, deren Rechtspraxis in Bezug auf die *„public morals"* zu berücksichtigen. Im Rahmen des GATT und GATS existieren bislang lediglich drei Sachverhalte, die sich mit Freiheitsbeschränkungen zum Schutz der „Moral" beschäftigen: die Untersagung von internetbasiertem Glücksspiel (aa.), die Importkontrolle für Medienerzeugnisse (bb.) sowie das Verbot der Einfuhr und Vermarktung von Produkten, die bei der Jagd von Seehunden gewonnen werden (cc.)

i.) Glücksspiel

Zum ersten Mal[1427] wurde der Moralbegriff in der Rechtssache *US-Gambling and Betting Services* näher umrissen.[1428] Dort untersagten die

1426 General Comment Nr. 27 vom 02.11.1999, CCPR/C/21/Rev.1/Add.9, Rdn.11.

1427 *Marwell*, NYULR 2006, 802 (804).

1428 Panel Report, *US-Gambling and Betting Services*, 10.11.2004, WT/DS285/R; Appellate Body Report, *US-Gambling and Betting Services*, 07.04.2005, WT/DS285/AB/R.

USA Anbietern aus Antigua, Internet-Glücksspiele an US-Konsumenten zu vermitteln. Die Maßnahmen der USA wurden an Art. XIV (a) GATS gemessen, der eine Freiheitsbeschränkung nicht nur zum Schutz der „*public morals*“, sondern auch zum Schutz der „öffentlichen Ordnung“ („*public order*“) erlaubt.[1429]

Das *Panel* bemerkte zunächst, dass die „öffentliche Moral“ im GATT 1994 bis dato nicht abschließend definiert worden sei. Vielmehr variiere sie in zeitlicher und regionaler Hinsicht und werde von sozialen, kulturellen, ethischen und religiösen Werten beeinflusst.[1430] Insofern sei stets auf die aktuell vorherrschenden Wertanschauungen abzustellen und nicht auf hypothetische oder irgendwann in der Vergangenheit oder Zukunft geltende. Aufgrund der Tatsache, dass der *Appellate Body* den Vertragsstaaten in anderen Verfahren das Recht eingeräumt habe, soziale Konzepte im Rahmen des Art. XX (a) GATT selbst festzulegen[1431], müsse dies auch für den hier einschlägigen Schutz der „öffentlichen Moral und Ordnung“ nach Art. XVI (a) GATS gelten. Die Vertragsstaaten hätten im Rahmen ihrer Rechtsordnung und ihrem eigenen Wertesystem einen gewissen Spielraum zur Interpretation und Anwendung beider Schranken.[1432] Nach Ansicht des *Panels* erfordere eine effektive Vertragsauslegung und objektive Kontrolle nationaler Maßnahmen jedoch die allgemeingültige Konkretisierung der Begriffe „öffentliche Moral“ und „öffentliche Ordnung“.[1433] Ausgehend vom Wortlaut definierte das *Panel* „*public*“ auf der Grundlage des *Shorter Oxford English Dictionary* als:

> „Of or pertaining to the people as a whole; belonging to, affecting, or concerning the community or nation.“

Ein Staat könne sich also nur auf die „öffentliche Moral“ berufen, wenn dadurch die Interessen der gesamten Gesellschaft – und nicht nur von

1429 Panel Report, *US-Gambling* (Fn. 1428), Rdn. 6.487; Appellate Body Report, *US-Gambling* (Fn. 1428), Rdn. 296.

1430 Panel Report, *US-Gambling* (Fn. 1428), Rdn. 6.460 f.

1431 Hier verweist das Panel auf Appellate Body Report, *Korea-Various Measures on Beef*, 11.12.2000, WT/DS161/AB/R, WT/DS169/AB/R, Rdn. 176 und Appellate Body Report, *EC-Asbestos*, 12.03.2001, WT/DS135/AB/R, Rdn. 168.

1432 Panel Report, *US-Gambling* (Fn. 1428), Rdn. 6.461; ebenso *Tietje*, Internationales Wirtschaftsrecht, § 3, Rdn. 89.

1433 Panel Report, *US-Gambling* (Fn. 1428), Rdn. 6.462; ebenso *Feddersen*, Minn. J. Global Trade 1998, 75 (111).

Teilen derselben - geschützt würden.[1434] Unter *„morals"* hingegen verstehe man:

> „[...] habits of life with regard to right and wrong conduct."[1435]

Das *Panel* fasste beide Definitionen zum Begriff der „öffentlichen Moral" wie folgt zusammen:

> „[...] standards of right and wrong conduct maintained by or on behalf of a community or nation."[1436]

Die „öffentliche Moral" beschreibt demnach Verhaltensstandards, die im Interesse einer Gemeinschaft oder Nation von der Mehrheit befolgt werden, um ein gedeihliches Zusammenleben zu ermöglichen. Die „öffentliche Ordnung" hingegen umschreibe

> „[...] the fundamental interests of a society, as reflected in public policy and law. These fundamental interests can relate inter alia, to standards of law, security and morality."[1437]

Die „öffentliche Ordnung" könne als fundamentale Interessen somit z.B. Rechtsstandards, aber auch Sicherheitsbelange sowie die „Moralität" bzw. „Sittlichkeit" schützen. Das *Panel* hielt beide Begriffe in Art. XIV (a) GATS richtigerweise für eigenständige Konzepte, anerkannte jedoch, dass es zwischen ihnen inhaltliche Überschneidungen geben könne.[1438] Im Hinblick auf Glücksspiele könnten das Spiel Minderjähriger und der Schutz vor Spielsucht der „öffentlichen Moral" zuzuordnen sein, während der Kampf gegen die organisierte Kriminalität eher einen Belang der „öffentlichen Ordnung" darstelle. Weitere, beide Rechtfertigungsgründe tangierende Aspekte seien die Geldwäsche, Betrug sowie gesundheitliche Gefahren.[1439] Insgesamt sei es im Glücksspielbereich nicht erforderlich, zwischen dem Schutz der „öffentlichen Moral" und der „öffentlichen Ordnung" zu unterscheiden, da im Er-

1434 Panel Report, *US-Gambling* (Fn. 1428), Rdn. 6.463.

1435 Ebenda, Rdn. 6.464; so auch schon *Feddersen*, Minn. J. Global Trade 1998, 75 (106).

1436 Ebenda, *US-Gambling* (Fn. 1428), Rdn. 6.465.

1437 Ebenda, Rdn. 6.467 mit Verweis auf Fn. 5 des GATS in der es heißt: *„The public order exception may be invoked only where a genuine and sufficiently serious threat is posed to one of the fundamental interests of society."*

1438 Ebenda, Rdn. 6.468.

1439 Ebenda, in entsprechender Reihenfolge des Vorbringens, Rdn. 6.499-6.505; 6.506-6.509; 6.510-6.514.

gebnis beide Ausnahmetatbestände einschlägig seien.[1440] Diese Annahme untermauerte das *Panel* mit der entsprechenden Rechtspaxis in Israel und den Philippinen[1441] und der Entstehungsgeschichte der „öffentlichen Moral" im GATS[1442], da diese Schrankenbestimmung ursprünglich Importverbote für Lotteriescheine erlauben sollte.[1443] Nach Ansicht des *Panels* stützten auch die Glücksspiel-Judikatur des EuGH in den Rechtssachen *Schindler* und *Anomar* sowie die Regelungsregime weiterer Staaten die Annahme, dass vom Glücksspiel Gefahren für die „öffentliche Moral" ausgingen.[1444]

Es ist bezeichnend, dass das *Panel* in der vorliegenden Streitsache zwischen *„morality"* und *„morals"* unterschied. Es handelt sich nämlich nicht nur nach allgemeinem Verständnis, sondern auch in der Rechtspraxis um zwei unterschiedliche Kategorien. Während erstgenannte fundamentale, unverfügbare sowie zeit- und ortsunabhängige Wertvorstellungen der Gemeinschaft - also Sittlichkeitsnormen - umschreibt und konsequenterweise den Anwendungsbereich der „öffentlichen Ordnung" eröffnet[1445], handelt es sich bei der „öffentlichen Moral" um außerrechtliche Verhaltensnormen, die für ein gedeihliches Zusammenleben der Gesellschaft unerlässlich sind. Anders als die Moralität unterliegen diese aktuellen Verhaltensnormen - wie das *Panel* betonte[1446] - einem gesellschaftlichen Wandel und sind offen für eine dynamische Auslegung. Konsequenterweise können die Vertragsstaaten das Konzept der „Moral" im Lichte ihrer Rechtsordnung weitgehend frei bestimmen, während eine Maßnahme zum Schutz der „öf-

1440 Panel Report, *US-Gambling* (Fn. 1428), Rdn. 6.469; im Ergebnis ebenso Appellate Body Report, *US-Gambling* (Fn. 1428), Rdn. 299.

1441 Ebenda, Rdn. 6.471; Importbeschränkungen für Lotterie- und Glücksspiel, Trade Policy Review - *Israel*, 13.08.1999, WT/TPR/S/58/Rev.1, table III.8, Nr. 21; Trade Policy Review - *Philippines*, 27.08.1999, WT/TPR/S/59, table III.11.

1442 Panel Report, *US-Gambling* (Fn. 1428), Rdn. 6.472.

1443 Siehe oben bei 3.Kap.A.II. 4.).

1444 Panel Report, *US-Gambling* (Fn. 1428), Rdn. 6.473 f.; bestätigt durch Appellate Body Report, *US-Gambling* (Fn. 1428), Rdn. 299.

1445 Rechtfertigt ein Staat nationale Handelsbeschränkungen aus Gründen der „öffentlichen Ordnung", sind davon jedoch nicht zwingend Belange der „öffentlichen Moral" umfasst; anders *Diebold*, JIEL 11 (2008), 43 (73); *Cottier/Delimatsis & Diebold*, in: Wolfrum/Stoll (Hrsg.), Max Planck Commentaries on World Trade Law, Vol. 6, Art. XIV GATS, Rdn. 24.

1446 Panel Report, *US-Gambling* (Fn. 1428), Rdn. 6.461.

fentlichen Sittlichkeit“ bzw. „Moralität“ nur zum Schutz überragender Gemeinschaftsbelange zulässig ist. Im letztgenannten Fall ist der nationale Spielraum insofern erheblich beschränkt.[1447] Diese Differenzierung ist deshalb erforderlich, weil die Nennung der „öffentlichen Ordnung“ neben der „öffentlichen Moral“ in Art. XX (a) GATT ansonsten sinnlos wäre. Auch hätte das *Panel* die Begriffe nicht unterschiedlich definieren müssen, wenn sie dieselbe Bedeutung hätten. Schließlich wäre es nicht nicht zu erklären, warum die Vertragsstaaten die „öffentliche Ordnung“ in Art. XIV (a) GATS explizit geregelt haben, im ansonsten gleichlautenden Art. XX (a) GATT jedoch nicht.[1448] Insofern handelt es sich um unterschiedliche Konzepte, die sich nicht zwangsläufig bedingen.

Im Bereich des Glücksspiels ist diese Differenzierung nicht vollständig durchzuhalten, da es sowohl Aspekte der „öffentlichen Moral“ als auch der „öffentlichen Ordnung“ betrifft. Werden durch das Glücksspiel Straftatbestände erfüllt, gefährdet es die „öffentliche Ordnung“, während negative soziologische Auswirkungen die „öffentliche Moral“ tangieren. Dies entspricht dem ursprünglich für die Schranke vorgesehenen Anwendungsbereich.

ii.) Importkontrolle für Medienerzeugnisse

In der Sache China-Measures Affecting Trading Rights and Distribution Services for certain Publications and Audiovisual Entertainment Products[1449], behielt die Volksrepublik China es staatlich ernannten und vollständig oder teilweise im staatlichen Eigentum stehenden Unternehmen vor, bestimmte Publikationen und audiovisuelle Produkte aus den USA zu importieren. Diese Einfuhrstellen waren verpflichtet, die fraglichen Produkte vor dem Import einer Inhaltskontrolle zu unterziehen. Zur Rechtfertigung dieser Maßnahmen berief sich China unter anderem auf die „öffentliche Moral“ nach Art. XX (a) GATT. Nach

1447 *Cottier/Delimatsis & Diebold*, in: Wolfrum/Stoll (Hrsg.), Max Planck Commentaries on World Trade Law, Vol. 6, Art. XIV GATS, Rdn. 28, 29.

1448 Darauf hinweisend auch *Cottier/Delimatsis & Diebold*, in: Wolfrum/Stoll (Hrsg.), Max Planck Commentaries on World Trade Law, Vol. 6, Art. XIV GATS, Rdn. 25.

1449 Panel Report, *China-Measures Affecting Trading Rights and Distribution Services for certain Publications and Audiovisual Entertainment Products*, 12.08.2009, WT/DS363/R; Appellate Body Report, *China-Measures Affecting Trading Rights and Distribution Services for certain Publications and Audiovisual Entertainment Products*, 21.12.2009, WT/DS363/AB/R.

Ansicht der Regierung transportierten ausländische Medien kulturelle Werte, die mit den in China geltenden Moralstandards nicht zu vereinbaren seien. Durch eine Inhaltskontrolle solle insbesondere die Einfuhr gewaltverherrlichender oder pornographischer Medieninhalte verhindert werden, um wichtige kulturelle und traditionelle Werte in China zu schützen.[1450]

Das Panel hielt an der Definition der „öffentlichen Moral" aus US-Gambling fest[1451] und hob insbesondere die Freiheit des beschränkenden Staates hervor, ein diesbezügliches Schutzniveau festzulegen. Da die USA die von China in Art. 26 und 27 Publications Regulation aufgeführte Liste moralisch unwerter Inhalte nicht in Frage gestellt hätten, handele es sich bei jedem einzelnen Aspekt um Belange, die negative Auswirkungen auf die nationale Moral im Sinne des Art. XX (a) GATT haben könnten[1452]: die Missachtung von Verfassungsprinzipien, die Gefährdung der Solidarität, Souveränität und territorialen Integrität Chinas, die Preisgabe von Staatsgeheimnissen, die Gefährdung der nationalen Sicherheit und die Verletzung nationaler Ehre oder Interessen, Volksverhetzung, das Propagieren von Sekten und Aberglauben, die Störung der öffentlichen Ordnung und Zerstörung der sozialen Stabilität, das Propagieren von Kriminalität, Glücksspiel und Obszönität, Beleidigungen oder Verletzungen der Rechte anderer, die Gefährdung nationaler Moral oder kulturell begründeter Traditionen der verschiedenen Nationalitäten, sonstige Rechtsverstöße sowie jugendgefährdende Inhalte.[1453] Auch dienten die präventive Inhaltskontrolle[1454] und die Beschränkung der Einfuhrerlaubnis auf staatseigene chinesische Unternehmen dem Schutz dieser Rechtsgüter und mithin dem Schutz der „Moral".[1455]

Die Streitbeilegungsorgane beließen China zur Auslegung der „öffentlichen Moral" in Art. XX (a) GATT einen erheblichen Spielraum, dessen Umfang weit über denjenigen in US-Gambling and Betting Services hinausging. Sie bestätigten damit, dass die „Moral" als weit auszulegender Auffangtatbestand für wichtige gesellschaftliche Belange

1450 Panel Report, *China-Audivisual Services* (Fn. 1449), Rdn. 7.712-7.714.

1451 Ebenda, Rdn. 7.759.

1452 Ebenda, Rdn. 7.763.

1453 Ebenda, Rdn. 7.760 f.

1454 Ebenda, Rdn. 7.766.

1455 Ebenda, Rdn. 7.769-7.780; diese Feststellungen wurden vom *Appellate Body* nicht in Frage gestellt.

fungiert. Im Rahmen von Art. XIV (a) GATS würden die hier vorgetragenen gesellschaftlichen Belange im Wesentlichen der „öffentlichen Ordnung" unterfallen. Da in Art. XX (a) GATT ein entsprechender Rechtfertigungsgrund fehlt, ist es einerseits nachvollziehbar, den Anwendungsbereich der „öffentlichen Moral" bereits zu eröffnen, soweit erweislich gesellschaftliche Anschauungen von richtig und falsch tangiert sind, die nicht unter die speziellen Ausnahmetatbestände des Art. XX GATT subsumiert werden können. Andererseits wird der Moralbegriff dadurch bis zur Unkenntlichkeit ausgeweitet. China ging es offensichtlich nicht ausschließlich um Wertvorstellungen, sondern in erster Linie um nationale Wirtschaftsinteressen. Derartige protektionistische Betrebungen will das Welthandelsrecht gerade verhindern. Außerdem ist nicht klar, ob nicht vielmehr die Integrität des Regimes gewahrt werden sollte. Jedenfalls ist nicht erkennbar, dass China in ausreichendem Maße dargelegt und bewiesen hat, dass tatsächlich moralische Werte der Gesellschaft tangiert waren.

iii.) Import und Vermarktung von Seehund-Produkten

In der Sache *EC-Measures Prohibiting the Importation and Marketing of Seal Products*[1456] untersagte die EU die Einfuhr und Vermarktung von Produkten, die bei der Jagd von Seehunden gewonnen werden, da diese auf inhumane Weise erfolge und somit gegen die „öffentliche Moral" in der EU verstoße. Das WTO-*Panel* rekurrierte auf die bisherige Rechtsprechung in *US-Gambling and Betting Services* und *China-Measures Affecting Trading Rights and Distribution Services for certain Publications and Audiovisual Entertainment Products* und betonte erneut die Relativität der moralischen Schranke im Welthandelsrecht und den daraus erwachsenden Spielraum der Staaten. Dies gelte nicht nur für die Art. XX (a) GATT und Art. XIV (a) GATS, sondern auch für den vorliegend einschlägigen Art. 2.2 TBT Agreement.[1457]

1456 Panel Report, *EC-Measures Prohibiting the Importation and Marketing of Seal Products*, 25.11.2013, WT/DS400/R, WT/DS401/R; Appellate Body Report, *EC-Measures Prohibiting the Importation and Marketing of Seal Products*, 22.05.2014, WT/DS400/AB/R, WT/DS401/AB/R.

1457 Panel Report, *EC-Seal Products* (Fn. 1456), Rdn. 7.380-7.382; Anm.: TBT Agreement steht für *Agreement on Technical Barriers to Trade*. Art. 2.2. lautet: *"Members shall ensure that technical regulations are not prepared, adopted or applied with a view to or with the effect of creating unnecessary obstacles to international trade. For this purpose, technical regulations shall not be more trade-restrictive than necessary to fulfil a legitimate objective, taking account of the risks*

Erstmals weitete das *Panel* die *public morals* in Art. XX (a) GATT auf den Tierschutz aus. Seiner Ansicht nach schützten die europäischen Einfuhrbestimmungen die moralischen Anschauungen innerhalb der EU im Hinblick auf den Schutz von Seehunden. Da auch andere Vorschriften des Welthandelsrechts den Schutz des Lebens und der Gesundheit von Tieren als legitime Ziele anerkannten, könne es sich dabei um gesellschaftliche Anschauungen von Richtig und Falsch in einem Vertragsstaat handeln, die im Rahmen der „öffentlichen Moral" als wichtige Werte schützenswert seien.[1458]

Allerdings erweckt die Entscheidung den Eindruck, als wolle das *Panel* auch die Legitimität des Schutzzwecks, mithin das Vorhandensein der vorgebrachten Moralanschauungen selbst überprüfen:

> Accordingly, the question of whether a measure aims to address public morals relating to a particular concern in the society of a regulating Member requires, in our view, an assessment of two issues: first, whether the concern in question indeed exists in that society; and, second, whether such concern falls within the scope of "public morals" as "defined and applied" by a regulating Member "in its territory, according to its own systems and scales of values".[1459]

Dazu untersuchte das *Panel* im Rahmen einer zweistufigen Beweiswürdigung zunächst den Wortlaut und die Entstehungsgeschichte des fraglichen Regelungsregimes („*EU Seal Regime*"), um in einem zweiten Schritt zu kontrollieren, ob die ermittelten Schutzzwecke in der Moralität der europäischen Gesellschaften verankert waren. Das *Panel* kam zu dem Schluss, dass die Einfuhrbestimmungen in der Tat auf den Schutz und das Wohlergehen von Seehunden abzielten und insofern ein wichtiges Anliegen in der Gesellschaft verfolgten.[1460] Das folge unter anderem daraus, dass die einschlägigen Vorschriften aus einer moralischen

non-fulfilment would create. Such legitimate objectives are, inter alia: national security requirements; the prevention of deceptive practices; protection of human health or safety, animal or plant life or health, or the environment. In assessing such risks, relevant elements of consideration are, inter alia: available scientific and technical information, related processing technology or intended end-uses of products."

1458 Panel Report, *EC-Seal Products* (Fn. 1456), Rdn. 7.632.

1459 Ebenda, Rdn. 7.383.

1460 Ebenda, Rdn. 7.389.

Debatte hervorgegangen und mit ethischen Erwägungen gerechtfertigt worden seien.[1461]

Darüber hinaus seien die zugrunde liegenden Bedenken hinsichtlich der inhumanen Seehundjagd fest in der europäischen Gesellschaft verankert. Diese Beurteilung stützte das *Panel* auf eine Analyse der von der EU vorgelegten Beweise, die seiner Ansicht nach in der Gesamtschau ergaben, dass die EU selbst und ihre Mitgliedstaaten im Rahmen internationaler Übereinkommen und nationaler Rechtsvorschriften aus moralischen Gründen bemüht seien, Tierschutz zu fördern und durchzusetzen[1462]: Auch wenn nicht alle vorgelegten Beweismittel dieses Ergebnis nahelegten, sei wegen des den Staaten in moralischen Fragen einzuräumenden Spielraums insgesamt davon auszugehen, dass der Tierschutz die Standards von richtig und falsch innerhalb der EU betreffe und eine Angelegenheit ethischer Verantwortung des Menschen sei.[1463] Die maßgeblichen moralischen Aspekte seien zum einen das unmenschliche Töten von Seehunden und zum anderen die Rolle der EU-Bürger als Konsumenten, die einen Markt für die Fortsetzung diese Jagdmethoden schaffen.[1464]

Der *Appellate Body* bestätitgte das Verständnis der „öffentlichen Moral" in Art. XX (a) GATT und hielt es insbesondere für entbehrlich, ein konkretes Risiko für die Moralanschauungen benennen zu müssen.[1465] Denn dies würde würde eine genaue Definition der „öffentlichen Moral" erfordern, obwohl diese Aufgabe und die Ausgestaltung des nationalen Schutzniveaus den Staaten obliege.[1466]

1461 Panel Report, *EC-Seal Products* (Fn. 1456), Rdn. 7.393 (*„public morality debate"*), 7.395 (*„ethical considerations/reasons"*), 7.396; dementsprechend hält auch *Müller-Graff*, in: von der Groeben/Schwarze, EUV/EGV, Art. 30 EG, Rdn. 56 die kommerzielle Nutzung der Felle junger Seehunde für unmoralisch.

1462 Panel Report, *EC-Seal Products* (Fn. 1456), Rdn. 7.406-7.408. Das Panel untersuchte insbesondere Art. 13 AEUV, nationale Regelungsregime, die Empfehlungen des *„Office International des Epizooties"* sowie Maßnahmen anderer WTO-Vertragsstaaten gegen Seehundprodukte, die sie aus moralischen Gründen ergriffen haben.

1463 Ebenda, Rdn. 7.409 f.

1464 Ebenda, Rdn. 7.410.

1465 Appellate Body Report, *EC-Seal Products* (Fn. 1456), Rdn. 5.198.

1466 Ebenda, Rdn. 5.199 f.

Zunächst sind diese Entscheidungen nicht überraschend, da sie den Staaten erneut einen Spielraum für die Auslegung der *public morals exception* einräumten. Voraussetzung war lediglich, dass es sich dabei um gesellschaftliche Anschauungen von richtig und falsch handelt. Allerdings war hier eine Tendenz des *Panels* zu erkennen, die „öffentliche Moral" verstärkt eigenständig zu prüfen, da es nicht genügte, dass der Tierschutz einen wichtigen Gesellschaftsbelang darstellte. Das *Panel* stellte vielmehr explizit darauf ab, dass diese wiederum auf moralischen Überzeugungen beruhten. Es ist jedoch nicht verständlich, warum sowohl das *Panel* als auch der Appellate Body die „öffentliche Moral" als Schranke in Art. XX GATT für einschlägig hielten, obwohl der Tatbestand in Art. XX (b) GATT als spezielle Schrankenbestimmung den Tier-, Natur- und Pflanzenschutz vorsieht. Dadurch wird der subsidiäre Charakter der moralischen Schranke missachtet. Die einzige Erklärung für dieses Vorgehen kann nur darin gesehen werden, dass die Streitbeilegungsorgane den Schwerpunkt ihrer Entscheidungen auf Art. 2.2 TBT Agreement stützten, der die „öffentliche Moral" nicht explizit als Schrankenvorbehalt regelt. Aber auch diese Vorschrift erlaubt Einschränkungen zum Schutz von Tieren und Pflanzen. Warum die Streitbeilegungsorgane nicht auf diese spezielleren Einschränkungsmöglichkeiten abstellten, ist somit nicht nachzuvollziehen.

Positiv hervorzuheben ist hingegen, dass das *Panel* die Aussage der EU, die Seehundjagd betreffe moralische Belange der EU-Bürger, nicht pauschal anerkannte. Vielmehr nahm es eine zweistufige Beweiswürdigung vor, in der es erstens untersuchte, ob die Seehundjagd überhaupt gesellschaftliche Belange betraf und wenn ja, ob diese Belange zweitens unter die Schranke der *public morals* subsumiert werden konnten. Dabei bewertete das *Panel* zwar nicht selbst, ob die Seehundjagd unmoralisch war oder nicht; es verlangte aber, dass aus den nationalen bzw. europäischen Rechtsnormen hervorgeht, dass diese unter moralischen Aspekten beurteilt wird und einem sozialethischen Gesellschaftskonsens in der EU widerspricht. Auf diese Weise können protektionistische Maßnahmen ausgeschieden werden, sodass hierin ein zu begrüßender Fortschritt im Gegensatz zur nahezu uferlosen Ausweitung des Moralbegriffs in der Rechtssache *China-Audiovisual Services* zu sehen ist.

b.) „Moral" in der Entscheidungspraxis des UN-Menschenrechtsausschusses

Der Menschenrechtsausschuss (*Human Rights Committee*, abgekürzt: MRA oder HRC[1467]) beschäftigte sich in vier maßgeblichen Verfahren mit Beschränkungen des Zivilpaktes aus Gründen von Ethik und Moral. Sie betrafen die Beschränkung der Meinungsfreiheit (i) und (ii), die Strafbarkeit der Homosexualität (iii) sowie den Zwergenweitwurf (iv).

i.) Homosexualität in den Medien

In *Hertzberg et al. v. Finland*[1468] beschäftigte sich der MRA in mehreren Fällen mit der Zensur der öffentlichen Berichterstattung über Homosexualität in den privaten Medien.

Die verantwortlichen Medienvertreter stützten ihre beschränkenden Maßnahmen auf die Befürchtung, sich nach § 9 Abs. 2 des 20. Kapitels des finnischen Strafgesetzbuches, nach der die öffentliche Verletzung der Sexualmoral sanktioniert war, strafbar zu machen.[1469] Die Beschwerdeführer führten an, die Norm sei derart weit gefasst, dass sie nicht einmal eine objektive Berichterstattung über Homosexuelle erlaube, ohne diese als krank, gestört oder kriminell darzustellen.[1470] Sie sahen sich dadurch in ihrem Recht auf freie Meinungsäußerung aus Art. 19 Abs. 2 IPbpR verletzt. Die Regierung betonte, dass die Meinungsfreiheit auch diejenigen, die über Kommunikationsmittel verfügten, in ihrer Entscheidung schütze, bestimmte Aussagen zu veröffentlichen oder nicht.[1471] Darüber hinaus sei die finnische Strafnorm mit dem IPbpR vereinbar, da sie die herrschenden Moralanschauungen des finnischen Parlaments und großer Teile der Bevölkerung widerspiegelten.

1467 In den hier zitierten Entscheidungen des MRA wird dieser mit HRC abgekürzt.

1468 HRC, *Hertzberg et al. v. Finland*, Comm. 61/1979, U.N. Doc. CCPR/C/OP/1 at 124 (1985).

1469 Die englische Übersetzung der Norm lautet:

„If someone publicly engages in an act violating sexual morality, thereby giving offence, he shall be sentenced for publicly violating sexual morality to imprisonment for at most six months or to a fine.

Anyone who publicly encourages indecent behaviour between persons of the same sex shall be sentenced for encouragement to indecent behaviour between members of the same sex as decreed in subsection 1.", HRC, *Hertzberg v. Finland* (Fn. 1468), Rdn. 2.1.

1470 HRC, *Hertzberg v. Finland* (Fn. 1468), Rdn. 2.6.

1471 Ebenda, Rdn. 4.

Sie solle nicht die objektive Berichterstattung über Homosexualität verhindern.[1472] Die finnische Regierung berief sich ausdrücklich auf Art. 19 Abs. 3 b) IPbpR, wonach die Meinungsfreiheit beschränkt werden könne, wenn dies zum Schutz der" öffentlichen Ordnung" bzw. der „öffentlichen Gesundheit" und „Moral" notwendig sei.[1473]

Der MRA führte aus, dass öffentliche Moralanschauungen stark divergierten und es diesbezüglich keinen gemeinsamen Standard gebe. Deshalb müsse den nationalen Behörden ein gewisser Beurteilungsspielraum zuerkannt werden.[1474] Insofern könne der MRA die Entscheidung der nationalen Stellen nicht in Zweifel ziehen. Diejenigen, die eine Plattform für die Meinungskundgabe böten, trügen nach Art. 19 Abs. 3 IPbpR auch die Verantwortung, die „öffentliche Moral" zu berücksichtigen. Da der Adressatenkreis bei TV- oder Radiosendungen nicht eindeutig bestimmt und mithin eine Gefahr für Minderjährige nicht ausgeschlossen werden könne[1475], sei Art. 19 Abs. 2 IPbpR im Ergebnis nicht verletzt.[1476]

Zwar blieb die materielle Ausformung des Moralbegriffs auch hier dem Staat überlassen. Der MRA verlangte jedoch, dass die Freiheitsbeschränkungen dem Schutz repräsentativer und durch ein förmliches Gesetz kodifizierter Anschauungen dienen mussten. Demnach kann die „öffentliche Moral" durch eine Berichterstattung über Homosexualität gefährdet sein, wenn die Bevölkerungsmehrheit jener kritisch gegenüber steht. Das gilt umso mehr, wenn dadurch eine sittliche Gefährdung Jugendlicher nicht auszuschließen ist.

1472 HRC, *Hertzberg v. Finland* (Fn. 1468), Rdn. 6.1.

1473 Ebenda, Rdn. 6.3.

1474 Ebenda, Rdn. 10.3. Dort heißt es wörtlich:

„It has to be noted, first, that public morals differ widely. There is no universally applicable common standard. Consequently, in this respect, a certain margin of discretion must be accorded to the responsible national authorities."

1475 Ebenda, Rdn. 10.4.

1476 Ebenda, Rdn. 11.

ii.) Meinungsfreiheit und Religion

In der Sache *Delgado Páez v. Colombia*[1477] verdeutlichte der MRA, dass auch religiöse Belange der Moral zugeordnet werden können. Der Beschwerdeführer war Religions- und Ethiklehrer und Anhänger einer liberalen Theologie, die den Anschauungen des Apostolischen Präfekts in Leticia, Kolumbien, widersprach.[1478] Deshalb wurde ihm die Lehre in seinem Fach untersagt und er als Lehrer für Handarbeit und Werkunterricht eingeteilt, ohne dafür ausgebildet zu sein.[1479] Die Beurlaubung zum Besuch eines entsprechenden Fortbildungskurses wurde ihm vom Bildungsministerium nicht gestattet.[1480] Anschließend wurde er für 60 Tage vom Dienst suspendiert und sein Gehalt für sechs Monate eingefroren, weil er sich unerlaubt von seinem Posten entfernt habe. Der Beschwerdeführer meinte, er habe mit Erlaubnis des Bildungsministeriums am Fortbildungskurs teilgenommen und sei demnach nicht unerlaubt fortgeblieben. Auch machte er vor nationalen Stellen geltend, dass er Opfer einer Diskriminierung geworden sei. Unter Androhung von strafrechtlichen Mitteln sei ihm nahegelegt worden, seinen Posten zu verlassen. Das Bildungsministerium habe dabei im Namen des örtlichen Präfekts gehandelt.[1481] Der Beschwerdeführer sah sich deshalb in seinen Rechten aus Art. 14 (Rechtliches Gehör), Art. 18 (Gedanken,-Gewissens- und Religionsfreiheit), Art. 19 (Rede- und Meinungsfreiheit), Art. 25 (Zugang zu öffentlichen Ämtern) und Art. 26 i.V.m. Art. 2 IPbpR (Gleichbehandlung) verletzt.[1482] Er habe schließlich das Land verlassen, da die kolumbianische Regierung trotz verfassungsrechtlicher und moralischer Verpflichtung nicht habe garantieren können, seine fundamentalen Menschenrechte zu gewährleisten.[1483]

Diese vertrat die Auffassung, dass Religionslehrer nach kolumbianischem Recht ein Zertifikat über ihre Eignung zu religiöser und morali-

[1477] HRC, *Delgado Páez v. Colombia,* Comm. 195/1985, U.N. Doc CCPR/C/39/D/195/1985.

[1478] Ebenda, Rdn. 2.1.

[1479] Ebenda, Rdn. 2.4.

[1480] Ebenda, Rdn. 2.5.

[1481] Ebenda, Rdn. 2.7., insbesondere 2.7 (d).

[1482] Anmerkung: Die Bezeichnungen der Gewährleistungen der jeweiligen Artikel sind nicht amtlich.

[1483] HRC, *Delgado Páez v. Colombia* (Fn. 1477), Rdn. 3.6.

scher Lehre vorlegen müssten. Wie eine solche Lehre auszusehen habe, sei von den kirchlichen Autoritäten festzulegen.[1484]

Der MRA beanstandete die nationalen Maßnahmen im Ergebnis nicht. Seiner Ansicht nach sei die Kirche berechtigt, die Lehrinhalte der Religionslehrer einseitig festzulegen, was aus dem besonderen Verhältnis zwischen Kirche und Staat in Kolumbien resultiere.[1485]

Es ist mithin für die Rechtfertigung eines Eingriffs aus religiösen Gründen relevant, welchen Stellenwert die Religion bzw. die Kirchen als moralische Autoritäten in einem Vertragsstaat einnehmen. Verstößt das Verhalten eines Einzelnen gegen religiöse Gefühle oder die kirchliche Lehre, ist eine Freiheitsbeschränkung allein zum Schutz der Moral nach Art. 18 Abs. 3, 19 Abs. 3 b) IPbpR denkbar und - anders als im deutschen Recht - wohl auch möglich.[1486]

iii.) Strafbarkeit männlicher Homosexualität

Um die Strafbarkeit von Homosexualität ging es in *Toonen v. Australia*.[1487] Der Beschwerdeführer engagierte sich für die Stärkung der Rechte Homosexueller in Tasmanien. Im Kern wendete er sich gegen zwei Vorschriften des tasmanischen Strafgesetzbuches, nach denen verschiedene Arten des sexuellen Kontaktes zwischen Männern - einschließlich aller Formen des einvernehmlichen sexuellen Kontakts im privaten Bereich - strafbewehrt waren.[1488] Diese Vorschriften ermöglichten Eingriffe in das Intimleben des Beschwerdeführers und schränkten ihn in seiner Freiheit ein.[1489] Letztendlich fühlte er sich in seinem Recht auf Gleichbehandlung aus Art. 2 Abs. 1 und 26 IPbpR sowie dem Recht auf Schutz vor willkürlichen oder rechtswidrigen Eingriffen in das Privatleben aus Art. 17 IPbpR verletzt.

Obwohl keines der genannten Menschenrechte ausdrücklich Beschränkungsmöglichkeiten aus ethisch-moralischen Gründen vorsieht, berief sich die tasmanische Regierung zur Rechtfertigung der Strafnormen auf Gründe der öffentlichen Gesundheit und Sittlichkeit, da

[1484] HRC, *Delgado Páez v. Colombia* (Fn. 1477), Rdn. 4.6.

[1485] Ebenda, Rdn. 5.7 f.

[1486] *Joseph/Schultz/Castan*, The ICCPR, Freedom of Expression, Rdn. 18.27 f.

[1487] HRC, *Toonen v. Australia*, Comm. 488/1992, U.N. Doc CPR/C/50/D488/1992.

[1488] Ebenda, Rdn. 2.1.

[1489] Ebenda, Rdn. 2.2-2.4.

Art. 17 IPbpR aufgrund der Abwesenheit spezifischer Schranken moralische Gründe als nationale Angelegenheiten anerkennen müsse.[1490] Die australische Regierung widersprach, da moralische Gründe beim Entwurf des Art. 17 IPbpR nicht zur Debatte gestanden hätten.[1491] Zulässig seien lediglich Ungleichbehandlungen aus vernünftigen und nachvollziehbaren Gründen. In der Vergangenheit sei Homosexualität zwar in den australischen Staaten strafbar gewesen. Mit Ausnahme von Tasmanien seien die entsprechenden Vorschriften jedoch mittlerweile aufgehoben worden. Eine Diskriminierung wegen der sexuellen Ausrichtung sei in drei von sechs Staaten und den zwei sich selbst verwaltenden Territorien rechtswidrig. Es herrsche nunmehr die grundsätzliche Übereinstimmung, dass niemand aufgrund seiner sexuellen Ausrichtung benachteiligt werden dürfe, so dass die Strafbarkeit der Homosexualität im Ergebnis einen Verstoß gegen Art. 17 IPbpR darstelle.[1492]

Der MRA beschränkte sich im Wesentlichen auf eine Rechtfertigungsprüfung und traf weder abschließende Aussagen darüber, ob Homosexualität moralische Belange berührt oder ob Art. 17 IPbpR aus Gründen der „öffentlichen Moral" eingeschränkt werden kann. Letzteres wird jedoch dadurch suggeriert, dass sich der MRA vorbehält, moralische Belange im Rahmen des Art. 17 IPbpR einer Kontrolle zu unterziehen, da es sich bei ihnen um keine ausschließlich innerstaatlichen Angelegenheiten handele.[1493] In dieselbe Richtung argumentierte auch *Wennergren* in seiner abweichenden Meinung. Die Tatsache, dass Art. 17 IPbpR keinen abschließenden Katalog von Rechtfertigungsgründen enthalte, lasse darauf schließen, dass ein Staat das Recht auf Privatleben aus jeglichen erdenklichen Gründen - und somit auch zum Schutz der Moral - einschränken könne.[1494]

Dem ist nicht zuzustimmen. Zum einen wurde in der Entstehungsgeschichte des Art. 17 IPbpR zu keinem Zeitpunkt über die „öffentliche Moral" als Schranke diskutiert.[1495] Darüber hinaus verbietet Art. 17

1490 HRC, *Toonen v. Australia* (Fn. 1487), Rdn. 8.4.

1491 Ebenda, Rdn. 6.5.

1492 Ebenda, Rdn. 6.6. f.

1493 Ebenda, Rdn. 8.6.

1494 Individual opinion by *Mr. Bertil Wennergren* concerning the Committee's Views on communication Nr. 488/1992, U.N. Doc CCPR/C/50/D/488/1992 (1994).

1495 Siehe *Bossuyt*, Guide to the Travaux Préparatoires of the International Covenant on Civil and Political Rights, S. 341-345.

Abs. 1 IPbpR lediglich *„arbitrary or unlawful interferences"* bzw. *„unlawful attacks"*. Er trifft damit zwar keine Aussage darüber, welche Differenzierungsgründe zulässig sind; dennoch ist nicht anzunehmen, dass der Schutz der „Moral" als ungeschriebener Rechtfertigungsgrund in Art. 17 IPbpR hineingelesen werden kann. Wenn die Vertragsstaaten nicht die Absicht hatten, dem Privatleben moralische Schranken zu setzen, können solche nicht im Nachhinein in die Norm hineingelesen werden. Es fehlt schon an einer Stütze im Wortlaut der Norm, so dass die Annahme, es existiere eine Schranke zum Schutz der „Moral" auch nicht als dynamische Auslegung verstanden werden kann. Deshalb ist Homosexualität im Ergebnis vom Recht auf Privatleben geschützt.

iv.) Zwergenweitwurf

Insbesondere im Vergleich zur deutschen Rechtsprechung zum sog. „Zwergenweitwurf" ist das Verfahren *Wackenheim v. France*[1496] von Interesse. Der Beschwerdeführer war kleinwüchsig und verdiente sein Geld, indem er sich auf Veranstaltungen in Diskotheken von den Besuchern über eine kurze Distanz auf eine Luftmatratze werfen ließ. Im November 1991 verfasste das französische Innenministerium ein Rundschreiben, wonach „Zwergenweitwurf" - unter anderem wegen einer Verletzung des Art. 3 EMRK - zu untersagen sei.[1497] Der Beschwerdeführer reichte gegen eine auf dieser Grundlage erlassene Untersagungsverfügung Klage ein. Während der „Zwergenweitwurf" im deutschen Recht wegen Verstoßes gegen die „guten Sitten" i.S.d. § 33a Abs. 1 S. 2 GewO untersagt wurde, begründete der französische Staatsrat seine Entscheidung damit, dass er die Menschenwürde als Bestandteil der „öffentlichen Ordnung" verletze.[1498]

Der Beschwerdeführer fühlte sich dadurch diskriminiert und in seiner Würde, seinem Recht auf Freiheit, auf Arbeit sowie dem Recht auf Achtung des Privatlebens verletzt. Er rügte demnach eine Verletzung der Art. 2 Abs. 1, Art. 5 Abs. 2, Art. 9 Abs. 1, Art. 16, Art. 17 Abs. 1 und 26 IPbpR.[1499]

1496 HRC, *Wackenheim v. France,* Comm. 854/1999, U.N. Doc. CCPR/C/75/D/854/1999 (2002).

1497 Ebenda, Rdn. 2.2

1498 Ebenda, Rdn. 2.5.

1499 Ebenda, Rdn. 3.

Die Regierung bezweifelte bereits, ob der Zwergenweitwurf überhaupt dem Privatleben i.S.d. Art. 17 Abs. 1 IPbpR zuzurechnen sei. Selbst wenn er in den Schutzbereich von Art. 17 IPbpR fiele, könne er wegen seiner Unwertigkeit untersagt werden.[1500] Mithin diene der Eingriff der Aufrechterhaltung der „öffentlichen Ordnung", die unter anderem moralische Belange schütze.[1501] Letzterer Behauptung widersprach der Anwalt des Beschwerdeführers, da der Begriff der „öffentlichen Ordnung", der bislang dreigliedrig gewesen sei (*order, safety, public health*) unzulässigerweise um den Schutz der Moral erweitert werde.[1502]

Im Ergebnis wurde eine Verletzung des IPbpR vom MRA abgelehnt, da die französische Regierung seiner Ansicht nach glaubhaft gemacht habe, dass die Untersagung zum Schutz der „öffentlichen Ordnung" und der Menschenwürde in einer demokratischen Gesellschaft notwendig gewesen sei. Insbesondere werde der Kleinwüchsige nicht gegenüber „normalen" Menschen diskriminiert.[1503] Der Menschenrechtsausschuss äußerte sich im Weiteren nicht dazu, ob und inwiefern die „öffentliche Ordnung" im Rahmen des Art. 17 IPbpR zugleich moralische Belange betrifft.

Letztendlich ging es hier um dieselbe Fragestellung wie im zuvor besprochenen Rechtsstreit, nämlich ob moralische Belange als ungeschriebene Rechtfertigungsgründe das Recht auf Privatleben beschränken können. Wie bereits dargelegt, können moralische Anschauungen nicht ohne positivrechtliche Kodifikation in die Gewährleistungen des IPbpR hineingelesen werden. Deshalb war die Entscheidung des MRA insofern richtig, als er die Beschränkung des „Zwergenweitwurfs" ausschließlich auf die „öffentliche Ordnung" und den Schutz fundamentaler Gemeinschaftsinteressen wie der Menschenwürde stützte. Ob zugleich Aspekte der „öffentlichen Moral" betroffen waren, blieb offen.

v.) Ausschluss der Öffentlichkeit bei Gerichtsverfahren

Schließlich ist es nach Art. 14 Abs. 1 IPbpR möglich, die Presse und Öffentlichkeit aus Gründen der Sittlichkeit während der ganzen oder eines Teils einer Gerichtsverhandlung auszuschliessen. In *Z.P. v. Canada* verdeutlichte der MRA, dass Art. 14 Abs. 1 IPbpR insbesondere bei se-

1500 HRC, *Wackenheim v. France* (Fn. 1496), Rdn. 4.2.

1501 Ebenda, Rdn. 4.5.

1502 Ebenda, Rdn. 5.1.

1503 Ebenda, Rdn. 7.4; dazu vertiefend bei 3.Kap.B.II. 2.) d.).

xuellen Missbrauchsfällen zur Anwendung kommt.[1504] Auch wenn der Beschwerdeführer seine Rechtsverletzung letztlich nicht substantiiert dargelegt hatte, ist dies im Ergebnis nicht bestritten worden, so dass sich die „öffentliche Moral" insbesondere im Respekt vor der sexuellen Integrität des Einzelnen manifestiert.[1505]

7.) Extraterritoriale Wirkung der öffentlichen Moral?

Unabhängig von der materiellen Reichweite der „öffentlichen Moral" stellt sich die Frage, ob Beschränkungen außer zum Schutz außerrechtlicher Wertevorstellungen im Inland (*„inwardly-directed"*), ebenfalls zur Durchsetzung moralischer Anschauungen im Ausland (*„outwardly-directed"*)[1506] zulässig sind. Beispielsweise ist eine Beschränkung des grenzüberschreitenden Handels denkbar, weil bei der Produktion von Waren im Exportland Kinderarbeit toleriert wird oder inhumane Jagdmethoden[1507] angewendet werden.

Zunächst ist klarzustellen, dass das Problem der Extraterritorialität in dogmatischer Hinsicht nicht gleichzusetzen ist mit der unmittelbaren Anwendung inländischer Vorschriften im Ausland. Vielmehr werden die handelsbeschränkenden nationalen Normen ausschließlich im Inland angewendet und haben nur faktisch-mittelbare Auswirkungen auf ausländische Waren und Anbieter.[1508] Es geht also ausschließlich um die extraterritoriale „Wirkung" von Moral und nicht deren extraterritoriale „Geltung".

Angesichts der Ausnahmetatbestände des Welthandelsrechts fällt auf, dass sie unterschiedliche Schutzrichtungen aufweisen und entsprechend zu differenzieren sind: Die Ausnahmetatbestände in Bezug auf

[1504] HRC, *Z.P. v. Canada*, Comm. 342/1998, CCPR/C/41/D/341/1988, Rdn. 4.6.

[1505] Ebenda, Rdn. 5.6.

[1506] *Charnovitz*, Moral Exception, Va. J. Int'l L. 689 (1998), 1 (4); ablehnend *Office of the High Commissioner for Human Rights* (Fn.1383), S. 10.

[1507] Dazu vgl. die Verordnung (EWG) 3254/91 des Rates vom 04.11.1991 zum Verbot von Tellereisen in der Gemeinschaft und der Einfuhr von Pelzen und Waren von bestimmten Wildtierarten aus Ländern, die Tellereisen oder den internationalen humanen Fangnormen nicht entsprechende Fangmethoden verwenden, ABl. (EG) Nr. L 308/1 vom 09.11.1991.

[1508] Zur Unterscheidung zwischen extraterritorialer Anwendung, Geltung und Wirkung *Kaffanke*, Grenzen der intraterritorialen Rechtsawendung mit extraterritorialen Auswirkungen, S. 63-67; *Bartels*, JWT 36 (2) (2002), 353 (377 ff., 382); zutreffend *Bender*, ZaöRV 2003, 1007 (1021).

Gefängnisarbeit [Art. XX (e) GATT] oder den Tier- und Umweltschutz [Art. XX (b)[1509] und (g)[1510] GATT] stellen denklogisch auf die Produktions- bzw. Herstellungsmethoden im Exportland ab[1511], sodass deren Anwendungsbereich nicht auf inländische Sachverhalte beschränkt ist. *Outwardly-directed measures* sind hier also zulässig. Die „öffentliche Moral" hingegen ist zunächst neutral formuliert.[1512] Dennoch bezieht sich der Begriff nicht auf ein weltweites Moralverständnis, sondern ausschließlich auf zeit- und ortsabhängige innerstaatliche Wertvorstellungen.[1513] Um diese effektiv schützen zu können, sind extraterritoriale Auswirkungen ausnahmsweise hinzunehmen. Die Bedenken hiergegen greifen nicht durch: So wird geltend gemacht, eine marktmächtige Nation könne ihre moralischen Überzeugungen anderen Vertragsstaaten aufbürden[1514] und ihre Stellung insofern missbrauchen.[1515] Das gelte erst recht, wenn das beanstandete Verhalten im Exportstaat moralisch unbedenklich ist.[1516] Darüber hinaus stehe das welthandelsrechtliche Prinzip, ein Gleichgewicht zwischen den WTO-Mitgliedern herzustellen, einer solchen Interpretation entgegen.[1517] Auch sei es absurd, die Schranke der „öffentlichen Moral" als Ausdruck staatlicher Souveränität und Schutzinstrument für die nationale Identität so auszulegen, dass sie die Autonomie eines anderen Vertragsstaates in derart hohem Maße einengen könne.[1518]

Dem ist entgegen zu halten, dass eine dem Sinn und Zweck der „öffentlichen Moral" entsprechende Anwendung nur denkbar ist, wenn die Wertvorstellungen der eigenen Staatsangehörigen effektiv ge-

1509 Panel Report, *US-Import of Tuna (II)*, DS29/R, Rdn. 5.31.

1510 Appellate Body Report, *US-Shrimp*, WT/DS58/AB/R, Rdn. 133.

1511 *Feddersen*, Minn. J. Global Trade 1998, 75 (109); *Diebold*, JIEL 11 (2008), 43 (68 f.); insbesondere im Hinblick auf Art. XX (e) GATT *Bartels*, JWT 36 (2) (2002), 353 (358).

1512 *Diebold*, JIEL 11 (2008), 43 (68 f.).

1513 *Bartels*, JWT 36 (2) (2002), 353 (361).

1514 *Wenzel*, in: Wolfrum/Stoll (Hrsg.), Max Planck Commentaries on WTO-Law, Vol. 5, Art. XX (a) Rdn. 13.

1515 Darauf hinweisend *Charnovitz*, Moral Exception, Va. J. Int'l L. 689 (1998), 1 (26).

1516 *Diebold*, JIEL 11 (2008), 43 (69).

1517 So wohl *Eres*, Geo. J. Int.'l L. (35), 597 (633 f.).

1518 *Feddersen*, Minn. J. Global Trade 1998, 75 (117); *Bender*, ZaöRV 2003, 1007 (1020); kritisch auch *Wenzel*, in: Wolfrum/Stoll (Hrsg.), Max Planck Commentaries on WTO-Law, Vol. 5, Art. XX (a), Rdn. 16.

schützt werden können, auch wenn dies ausnahmsweise negative Auswirkungen in anderen Ländern nach sich zieht. Zur Veranschaulichung dient folgendes Beispiel: Ein Staat möchte die Ausbeutung von Minderjährigen durch Kinderarbeit generell ächten und verbieten. Wenn nun dennoch ein importiertes Produkt von Kindern hergestellt wurde und mit diesem moralischen Makel auf den innerstaatlichen Markt gelangt, können dadurch die Moralvorstellungen einheimischer Konsumenten tangiert sein.[1519] Die nationale Maßnahme dient dann zwar in erster Linie dem Schutz der Moral im Inland, knüpft mittelbar trotzdem an die Umstände im Ausland an. Ebenso würde es sich verhalten, wenn Israel Importverbote für nicht-koscheres Fleisch verhängt und damit die Produktionsmethoden im Exportstaat beeinflusst. Letztendlich hat jede Einfuhrbeschränkung zum Schutz der „Moral" im Importstaat denklogisch zur Folge, dass der Exportstaat die in seinem Land rechtmäßig und im Einklang mit seinen Moralvorstellungen hergestellten Produkte nicht mehr ausführen kann. Um protektionistische Maßnahmen zu verhindern[1520], ist deshalb ein gewisser Zusammenhang („*Nexus*") zwischen den Herstellungs- und Produktionsmethoden im Ausland und den moralischen Belangen im Inland zu fordern.[1521] Ebenso wie in den Streitsachen *US-Import of Tuna II*[1522] und *US-Shrimp*[1523] ist es notwendig, dass die fraglichen Waren oder Dienstleistungen überhaupt die innerstaatliche Grenze überschreiten. *Diebold* verankert diese Voraussetzung in der Präambel des GATS, die ausschließlich das Recht vorsieht

> „[...] to regulate, and to introduce new regulations, on the supply of services *within their territories* [of the states] in order to meet national policy objectives."[1524]

Im Umkehrschluss besteht kein ausreichender Zusammenhang, wenn ein sozial unwertiges Produkt nicht die Staatsgrenze überschreitet. Insofern ist eine Handelsbeschränkung zum Schutz der Moral unzuläs-

1519 *Diebold*, in: JIEL 11 (2008), 43 (68-70); insgesamt ablehnend *Eres*, Geo. J. Int.'l L. (35), 597 (618, 619).

1520 Appellate Body Report, *US-Shrimp* (Fn.1510), Rdn. 164-165.

1521 So *Eres*, Geo. J. Int.'l L. (35), 597 (617); *Wenzel*, in: Wolfrum/Stoll (Hrsg.), Max Planck Commentaries on WTO-Law, Vol. 5, Art. XX (a), Rdn. 10 f.; aus der Rechtsprechung Panel Report, *EC-Asbestos*, 18.09.2000, WT/DS/135/R, Rdn. 8.170.

1522 Panel Report, *US-Import of Tuna (II)* (Fn. 1509), Rdn. 5.20, 5.31.

1523 Appellate Body Report, *US-Shrimp* (Fn. 1510), Rdn. 133.

1524 *Diebold*, JIEL 11 (2008), 43 (70).

sig, wenn sie ausschließlich auf die Missbilligung gesellschaftlicher Umstände im Exportstaat abzielt.[1525] In allen anderen Fällen, in denen die oben genannten Voraussetzungen erfüllt sind, ist eine Maßnahme mit extraterritorialer Wirkung demnach zulässig, da die „öffentliche Moral" ansonsten ihrer Wirksamkeit beraubt werden würde.

III. Zusammenfassug: Keine abschließende Definition von Moral

Zusammenfassend ist die „öffentliche Moral" sowohl im Welthandelsrecht als auch im UN-Zivilpakt als Verweis auf gesellschaftliche Anschauungen von richtig und falsch zu verstehen, die für das gesellschaftliche Zusammenleben unerlässlich sind. Da die Beurteilung, welche Standards dies sind, nur von den Nationalstaaten getroffen werden kann, ist die inhaltliche Ausgestaltung der Moralbegriffe in Art. XX (a) GATT und Art. XIV (a) GATS sowie Art. 12 Abs. 3, 14 Abs. 1, 18 Abs. 3, 19 Abs. 3 b), 21 und 22 Abs. 2 IPbpR in der Rechtsanwendungspraxis dem weiten Spielraum der Vertragsstaaten überlassen. Nur sie können im Einzelfall beurteilen, welche Verhaltensweisen gegen innerstaatliche Wertvorstellungen verstoßen. Es genügt jedoch nicht, dass sich ein Staat für eine freiheitsbeschränkende Maßnahme auf den Schutz der Moral beruft; die Handelsbeschränkung muss vielmehr auch erforderlich sein und tatsächlich dem Schutz von im Inland herrschenden Wertvorstellungen dienen. Der Vertragsstaat trägt dafür die Darlegungs- und Beweislast und muss glaubhaft machen, dass ein bestimmtes Verhalten moralische Anschauungen, die aktuell von der Bevölkerungsmehrheit geteilt werden, gefährdet. Da diese Anschauungen nicht statisch sind, muss bei deren Ermittlung ein sozialethischer Wandel in der Gesellschaft berücksichtigt werden. Die Streitbeilegungsorgane können das gefundene Ergebnis anhand der Staatenpraxis, der nationalen Standards sowie der historischen Entwicklung des nationalen Rechts überprüfen. In materieller Hinsicht muss eine freiheitsverkürzende Maßnahme demnach den Geboten der rechtlichen Transparenz und der Erforderlichkeit gerecht werden. Darüber hinausgehend können die Streitbeilegungsorgane selbst keine moralischen Werte vorgeben.

In der Rechtsanwendungspraxis des Welthandelsrechts wurde die „Moral" als Rechtfertigungsgrund bislang maßgeblich bei pornogra-

1525 *Wenzel*, in: Wolfrum/Stoll (Hrsg.), Max Planck Commentaries on WTO-Law, Vol. 5, Art. XX (a) Rdn. 11 nennt die allgemeine Menschenrechtslage in einem Staat.

phischen Waren, Drogen, Alkohol, Glücksspielen, kulturell unerwünschten Medienerzeugnissen, der Seehundjagd sowie Fälschungen herangezogen.

Im Geltungsbereich des IPbpR wurden hingegen die Sexualmoral und religiöse Gefühle als außerrechtliche Wertvorstellungen geschützt und Schwangerschaftsabbrüche sowie Polygamie zum Schutz der „Moral" untersagt. Abgesehen von diesen Anwendungsbereichen scheint die „öffentliche Moral" insbesondere im Welthandelsrecht eine gewisse Auffangfunktion für solche gesellschaftliche Belange zu besitzen, die von den Ausnahmetatbeständen des GATT und des GATS sowie den anderen Vorschriften des Welthandelsrechts nicht spezialgesetzlich geregelt sind. So werden in der Rechtsanwendungspraxis auch die „nationale Ehre" oder „das Propagieren von Sekten und Aberglauben" unter die Schranke der „Moral" subsumiert[1526], obwohl es sich dem Grunde nach um Belange der „öffentlichen Ordnung" handelt. Der Anwendungsbereich der „Moral" wird demnach für alle Tätigkeiten und Verhaltensweisen eröffnet, die in irgendeiner Weise die Anschauungen von richtig und falsch in einem Vertragsstaat tangieren. Diese weite Auslegung widerspricht dem Ausnahmecharakter der „öffentlichen Moral" und weitet den Begriff bis nahe der Unkenntlichkeit aus.[1527] Es ist daher dringend geboten, die überstaatliche Kontrolle freiheitsbeschränkender Maßnahmen zum Schutz von Ethik und Moral zu verdichten.

B. Internationale Kontrolle

Auch wenn die Auslegung und Anwendung ethisch-moralischer Rechtsbegriffe grundsätzlich den Vertragsstaaten überlassen ist, sind freiheitsbeschränkende Maßnahmen nicht der Kontrolle durch internationale Streitbeilegungsorgane entzogen. Im Folgenden werden der Rechtsschutzauftrag der WTO-Streitbeilegungsorgane und des UN-Menschenrechtsausschusses und deren Umgang mit der Schranke der „öffentlichen Moral" näher beleuchtet.

1526 Panel Report, *China-Audiovisual Services* (Fn. 1449), Rdn 7.760, 7.761.

1527 Für eine enge Auslegung der „öffentlichen Moral" auch *Weiß*, in: Herrmann/Weiß/Ohler, Welthandelsrecht, § 16, Rdn. 780, 781.

I. Institutionelle Rahmenbedingungen

Die Streitbeilegung obliegt im Rahmen des Welthandelsrechts einerseits den *ad hoc* eingesetzten *Panels* (Untersuchungsausschuss), dem *Appellate Body* genannten Berufungsorgan als ständigem Gremium sowie dem übergeordneten, ständigen *Dispute Settlement Body* (DSB), der aus Mitgliedern aller WTO-Vertragsstaaten besteht.[1528] Nach Art. 3.2 DSU hat das Streitschlichtungverfahren der WTO die Aufgabe, Sicherheit und Vorhersehbarkeit im multilateralen Handelssystem sicherzustellen. Dazu sollen die *Panels* und der *Appellate Body* die im Welthandelsrecht normierten Rechte und Pflichten der Vertragsstaaten im Einklang mit den gewöhnlichen Auslegungsregeln des Völkerrechts klären und bewahren. Nach Art. 11 DSU ist die Aufgabe der *Panel*:

> „[...] to assist the DSB in discharging its responsibilities under this Understanding and the covered agreements. Accordingly, a panel should make an objective assessment of the matter before it, including an objective assessment of the facts of the case and the applicability of and conformity with the relevant covered agreements, and make such other findings as will assist the DSB in making the recommendations or in giving the rulings provided for in the covered agreements. Panels should consult regularly with the parties to the dispute and give them adequate opportunity to develop a mutually satisfactory solution."

Entscheidend ist, dass das *Panel* eine objektive Tatsachenfeststellung trifft und das Streitbeilegungsverfahren insofern einen gewissen Offizialcharakter hat. Das *Panel* ist einerseits nicht verpflichtet, alle Tatsachen neu und eigenständig zu ermitteln; andererseits darf es die Feststellung der Tatsachen nicht vollständig in die Hände der Streitparteien geben.[1529] Dennoch kann das *Panel* den Staaten bei der Tatsachenermittlung sowie der Auslegung und Anwendung des GATT und GATS einen gewissen Beurteilungsspielraum einräumen.[1530] Demnach unterliegen unbestimmte Rechtsbegriffe wie die „öffentliche Moral" keiner umfassenden Kontrolle auf Tatbestandsebene.[1531] Um jedoch zu über-

1528 *Weiss*, in: Tietje (Hrsg.), Internationales Wirtschaftsrecht, § 17, Rdn. 10.

1529 *Weiß*, in: Herrmann/Weiß/Ohler, Welthandelsrecht, § 10, Rdn. 289; Appellate Body Report, *EC-Measures Concerning Meat and Meat Products (Hormones)*, 16.01.1998, WT/DS26/AB/R, WT/DS48/AB/R, Rdn. 117; *Eggers*, EuZW 1998, 147 (148).

1530 *Hilf/Salomon*, in: Hilf/Oeter (Hrsg.), WTO-Recht, § 7, Rdn. 34; *Weiss*, in: Tietje (Hrsg.), Internationales Wirtschaftsrecht, § 17, Rdn. 44.

1531 *Weiß*, in: Herrmann/Weiß/Ohler, Welthandelsrecht, § 10, Rdn. 289.

prüfen, ob Moralanschauungen nachweislich in einer Gesellschaft vorherrschen und sich in nationalen Normen manifestieren, können sich die *Panels* bei Zweifeln über den Bedeutungsgehalt nationaler Wertvorstellungen gemäß Art. 13 DSU von Amts wegen aus externen Quellen über die moralischen Fundamente - wie beispielsweise religiöse Anschauungen - in einem Vertragsstaat unterrichten und die Glaubwürdigkeit des vertragsstaatlichen Vorbringens überprüfen.

Der *Appellate Body* als übergeordnete Instanz überprüft die Beurteilung der *Panels* nach Maßgabe des Art. 17 Abs. 13 DSU:

> „The Appellate Body may uphold, modify or reverse the legal findings and conclusions of the panel."

Art. 17 Abs. 6 DSU schreibt darüber hinaus vor:

> „An appeal shall be limited to issues of law covered in the panel report and legal interpretations developed by the panel."

Aus diesen Vorschriften ergibt sich, dass der *Appellate Body* keine Tatsacheninstanz ist und die ihm vorgelegten Sachen lediglich auf materiell-rechtliche Fehler überprüft[1532]. Mit anderen Worten beschränkt er sich auf eine Verhältnismäßigkeitskontrolle und stellt die Auslegung der „öffentlichen Moral" durch die *Panels* grundsätzlich nicht in Frage.

Die Streitbeilegungsorgane sprechen Empfehlungen aus, die keine Urteile im eigentlichen Sinne sind, und vom politisch agierenden DSB durch negativen Konsens angenommen werden müssen.[1533] Dabei dürfen von ihm angenommene Entscheidungen die Rechte und Pflichten der WTO-Mitglieder weder ergänzen noch einschränken[1534] und sind insofern keine Präzendenzfälle mit allgemeiner Verbindlichkeit.[1535] Dies wird insbesondere dem spezifischen Charakter von Moralvorstellungen gerecht, da jede beschränkende Maßnahme eine Untersuchung des Einzelfalles unter Berücksichtigung nationaler Besonderheiten erfordert.

Der UN-Menschenrechtsausschuss ist ebenfalls kein Gericht im eigentlichen Sinne. Er ist als selbständiges Vertragsgremium organisatorisch an das Büro des Hochkommissars für Menschenrechte der Vereinten Nationen angegliedert und überwacht, ob die Vertragsstaaten ihren

1532 *Lichtenbaum*, Mich.J.Int'l L. Vol. 19, 1195 (1270 f.).

1533 *Hilf/Salomon*, in: Hilf/Oeter (Hrsg.), WTO-Recht, § 7, Rdn. 14.

1534 *Weiß*, in: Herrmann/Weiß/Ohler, Welthandelsrecht, § 10, Rdn. 264.

1535 Ebenda, § 10, Rdn. 264, 334 f.

Verpflichtungen aus dem IPbpR nachkommen.[1536] Darüber hinaus legt er die Vorschriften des Zivilpaktes in seinen *General Comments* nach Art. 40 Abs. 4 IPbpR letztinstanzlich aus. Es handelt sich dabei um die maßgebliche Interpretation[1537] die er im Rahmen von Staatenberichten und Individualbeschwerden vornimmt.[1538] Dementsprechend betont der MRA, dass es sich bei der Auslegung der „öffentlichen Moral" nicht um eine rein innerstaatliche Angelegenheit handelt. Die letztverbindliche Entscheidung über die Bedeutung dieser Schranke obliegt vielmehr dem Ausschuss.[1539] Dennoch ist der Schutz durch den MRA subisidiär gegenüber den nationalen Rechtsbehelfen und übernimmt lediglich eine Überwachungsfunktion für innerstaatliche Menschenrechtsverletzungen.[1540] Insbesondere sichert der Menschenrechtsausschuss die Rechte und Interessen von Minderheiten gegenüber denen der Mehrheit. Diesen besonderen Minderheitenschutz belegt die Existenz des Art. 27 IPbpR, der verbietet, ethnischen, religiösen oder linguistischen Minderheiten ihr Recht abzusprechen, ihre eigene Kultur, Religion oder Sprache auszuüben.

II. Die Rechtfertigungsprüfung durch internationale Streitbeilegungsorgane

Die Kontrolle der WTO-Streitbeilegungsorgane bei Freiheitsbeschränkungen zum Schutz der „öffentlichen Moral" konzentriert sich maßgeblich auf die Rechtfertigungsprüfung und die Frage, ob die nationale Maßnahme zum Schutz der „öffentlichen Moral" „in einer demokratischen Gesellschaft" gemäß Art. XX (a) GATT und Art. XIV (a) GATS notwendig (*„necessary"*) war und den Anforderungen der *Chapeaux* entsprach.[1541]

Gleiches gilt im Wesentlichen für die Kontrolle durch den Menschenrechtsausschuss, der sich ebenfalls auf eine Verhältnismäßigkeitsprüfung der nationalen Maßnahmen beschränkt, in deren Rahmen insbe-

1536 *Maier*, NJW 2000, 1166.

1537 *Schäfer*, Die Individualbeschwerde nach dem Fakultativprotokoll zum Zivilpakt, S. 32; *Nowak*, CCPR Commentary, Introduction, Rdn. 6, 21.

1538 *Maier*, NJW 2000, 1166 f.; *Nowak*, CCPR Commentary, Introduction, Rdn. 4.

1539 Siehe HRC, *Toonen v. Australia* (Fn. 1487), Rdn. 8.6.

1540 *Nowak*, CCPR Commentary, Introduction, Rdn. 14 f.

1541 Entsprechend zusammengefasst von *Marwell*, NYULR 2006, 802 (814).

sondere die „demokratische Gesellschaft“ als „Schranken-Schranke“ fungiert.[1542]

1.) Übergeordnete Kontrolle durch die WTO-Streitbeilegungsorgane

Die Entscheidungsparameter im Welthandelsrecht wurden von den WTO-Streitbeilegungsorganen maßgeblich in der Rechtssache *US-Gambling and Betting* entwickelt und in *China-Import of Publications and Audiovisiual Products* sowie *EC-Seal Products* weiter präzisiert.

a.) Die Rechtssache US-Gambling and Betting

i.) Panel Report

Nach Ansicht des *Panels* ist der Begriff „notwendig“ weder mit „unverzichtbar“, noch „absolut notwendig“ oder „unvermeidbar“ gleichzusetzen, weise aber eine große Nähe zum erstgenannten Begriff auf.[1543] Um zu beurteilen, ob eine Maßnahme diese Voraussetzung erfüllt, sei eine Abwägung verschiedener Faktoren erforderlich, zu denen die Bedeutung der geschützten Interessen und Rechte, der tatsächliche Beitrag der Maßnahme zur Zweckerreichung sowie die Schwere der Beeinträchtigung für den freien Handel gehörten.[1544] Durch die Untersagung des Online-Glücksspiels bekämpften die USA nach Ansicht des *Panels* dessen allgemeine Gefahren sowie die organisierte Kriminalität und schützten somit äußerst wichtige soziale Interessen.[1545] Es sei aber zu bedenken, dass diese Gefahren in gleicher Intensität auch von konventionellem Glücksspiel ausgingen, das von den USA sehr liberal gehandhabt werde.[1546] Hinsichtlich der Schwere des Eingriffs in den freien Handel konstatierte das *Panel*, dass die amerikanischen Gesetze für Antigua und Barbuda faktisch einem vollständigen Marktzutrittshindernis gleichkämen. Dies wäre nur zu rechtfertigen, wenn nicht alternative, den USA zumutbare Mittel zur Verfügung stünden, die den

[1542] *Schilling*, Internationaler Menschenrechtsschutz, Rdn. 49, 71.

[1543] Panel Report, *US-Gambling* (Fn. 1428), Rdn. 6.475 mit Verweis auf Appellate Body Report, *Korea-Various Measures on Beef*, WT/DS161/AB/R, WT/DS169/AB/R, Rdn. 161, 162.

[1544] Panel Report, *US-Gambling* (Fn. 1428), Rdn. 6.476 mit Verweis auf Appellate Body Report, *Korea-Various Measures on Beef* (Fn. 1543), Rdn. 164-166.

[1545] Panel Report, *US-Gambling* (Fn. 1428), Rdn. 6.492, 6.494.

[1546] Ebenda, Rdn. 6.493.

Handel weniger stark einschränkten. Als solche kämen insbesondere die nationalen Vorschriften für die Regulierung des nicht-internetbasierten Glücksspiels in Betracht.[1547] Es sei aber zu berücksichtigen, dass die Anonymität der Nutzer, die Geschwindigkeit der Transaktionen sowie die Internationalität des Online-Glücksspiels strengere Regeln für jene rechtfertigten.[1548] Darüber hinaus seien die Hürden, ein Glücksspielunternehmen über das Internet zu betreiben, geringer als bei konventionellen Spielen, so dass die Gefahr bestünde, dass Betrüger sich dies zunutze machten.[1549] Auch drohe durch das Spiel im Internet eine höhere soziale Isolation sowie die Gefahr, lange Zeit ohne Unterbrechungen zu spielen.[1550] Da schließlich auch Minderjährige Zugang zu einschlägigen Webseiten bekommen könnten, hielt das *Panel* Online-Glücksspiele im Hinblick auf drohnende Spielsucht und Missbrauchsgefahren für insgesamt gefährlicher für die „öffentliche Moral und Ordnung" als konventionelle Spiele, so dass der insofern divergierende Regelungsrahmen zunächst nicht zu beanstanden sei.[1551]

Unabhängig davon hätten die USA jedoch versäumt, vor dem Erlass einseitiger Handelsbeschränkungen, im Wege der bilateralen Zusammenarbeit mit Antigua, alternative und weniger einschneidende Maßnahmen zu verhandeln.[1552] Deshalb verfolgten die nationalen Maßnahmen zwar wichtige Gesellschaftsinteressen, seien jedoch wegen der schweren Beeinträchtigung des grenzüberschreitenden Handels insgesamt nicht zum Schutz der Moral „notwendig".[1553]

Die Entscheidung des *Panels* verdeutlicht, dass die „Notwendigkeit" i.S.d. Art. XIV GATS ein Übermaßverbot kodifiziert und suggeriert, dass eine freiheitsbeschränkende Maßnahme für den Schutz der „Moral" so wichtig sein muss, dass der Verzicht darauf unmöglich ist. Das ist nur der Fall, wenn keine milderen und gleich effektiven Mittel in

1547 Panel Report, *US-Gambling* (Fn. 1428), Rdn. 6.496, 6.497 mit Verweis auf Panel Report, *US-Section 337*, 07.11.1989, L/6439, BISD 36S/345, Rdn. 3.59, 5.26; Panel Report, *Thailand-Cigarettes*, 07.11.1990, DS10/R, BISD 37S/200, Rdn. 74.

1548 Panel Report, *US-Gambling* (Fn. 1428), Rdn. 6.505.

1549 Ebenda, Rdn. 6.509.

1550 Ebenda, Rdn. 6.514.

1551 Ebenda, Rdn. 6.518; 6.521.

1552 Ebenda, Rdn. 6.526, 6.529 unter Bezugnahme auf Appellate Body Report, *US-Shrimp* (Fn. 1510), Rdn. 124.

1553 Panel Report, *US-Gambling* (Fn. 1428), Rdn. 6.533-6.535.

Betracht kommen.[1554] Im Rahmen der Notwendigkeits-Prüfung stellte das *Panel* insofern eine Art Kohärenzerfordernis auf: Wenn ein Staat vergleichbar gefährliche Tätigkeiten in widersprüchlicher Weise unterschiedlich regelt, und damit eine willkürliche Differenzierung zwischen grenzüberschreitenden Tätigkeiten trifft, kann diese nicht als „notwendig" im Sinne der Art. XX (a) GATT und Art. XIV (A) GATS angesehen werden. Die vorliegenden Regeln über Online-Glücksspiele waren hier dem Grunde nach nur gerechtfertigt, da diese ein höheres Gefahrenpotential aufwiesen, als konventionelles Glücksspiel.

In einem *obiter dictum* äußerte sich das *Panel* außerdem zu den Anforderungen des Einleitungssatzes von Art. XIV GATS.[1555] Danach dürften nationale Maßnahmen weder eine willkürliche oder ungerechtfertigte Diskriminierung zwischen Ländern, in denen gleiche Bedingungen herrschen, noch eine verschleierte Beschränkung des Handels darstellen. Der Einleitungssatz kodifiziere mithin ein Missbrauchsverbot[1556] und sei Ausdruck des Prinzips von Treu und Glauben:

> "The chapeau of Article XX is, in fact, but one expression of the principle of good faith [...]. One application of this general principle, the application widely known as the doctrine of abus de droit, prohibits the abusive exercise of a state's rights and enjoins that whenever the assertion of a right 'impinges on the field covered by [a] treaty obligation, it must be exercised bona fide, that is to say, reasonably'. [...]"[1557]

Es sei entscheidend, ob USA die nationalen Vorschriften zur Regulierung des Internet-Glücksspiels konsistent angewendet hätten.[1558] Das *Panel* stellte fest, dass die nationalen Behörden nicht gegen Glücks-

1554 Beziehungsweise sind mildere Maßnahmen leichter zu rechtfertigen, vgl. Appellate Body Report, *Korea-Various Measures on Beef*, WT/DS161/AB/R, WT/DS169/AB/R, 11.12.2000, Rdn. 163; ebenso *Eres*, Geo. J. Int.'l L. (35), 597 (622-624); siehe auch *Marwell*, NYULR 2006, 802 (828).

1555 Panel Report, *US-Gambling* (Fn. 1428), 6.566.

1556 Ebenda, Rdn. 6.574, unter Bezugnahme auf Panel Report, *US-Imports of Certain Automotive Spring Assemblies*, 06.05.1983, L/5333, Rdn. 56 und Appellate Body Report, *US-Gasoline* (Fn. 1355), S. 22. Die *Chapeaux* von Art. XIV GATS und Art. XX GATT sind nahezu identisch, so dass das *Panel* sie entsprechend auslegt, Panel Report, *US-Gambling* (Fn. 1428), Rdn. 6.571.

1557 Panel Report, *US-Gambling* (Fn. 1428), Rdn. 6.575; Appellate Body Report, *US-Shrimp* (Fn. 1510), Rdn. 158.

1558 Panel Report, *US-Gambling* (Fn. 1428), Rdn. 6.584.

spielanbieter mit Sitz im Inland vorgingen[1559] und ihnen die Abgabe von Pferdewetten per Telefon oder das Internet erlaube.[1560] Deshalb sei die Politik insgesamt inkonsistent und verstoße gegen das Missbrauchsverbot aus Art. XIV GATS.[1561]

Zusammenfassend geht es in der Rechtfertigungsprüfung durch das *Panel* um Zweierlei: Zum einen müssen die freiheitsbeschränkenden Normen die mildesten und effektivsten Mittel zum Schutz der „Moral" und insofern verhältnismäßig sein.[1562] Zum anderen dürfen die nationalen Vorschriften nicht offen diskriminierend wirken und keine verschleierte Handelsbeschränkung darstellen, sondern müssen insgesamt willkürfrei und konsistent angewendet werden. Als Faustregel gilt darüber hinaus, dass einseitige Handelsbeschränkungen aus moralischen Gründen subsidiär zu bi- oder multilateralen Verhandlungen und Übereinkommen sind, da das Welthandelsrecht mit seinem Fokus auf das Konsensprinzip möglichst einvernehmliche Lösungen zwischen den Streitparteien anstrebt.

ii.) Appellate Body Report

Der *Appellate Body*[1563] betonte, dass sich die gerichtliche Kontrolle nationaler Freiheitsbeschränkungen nach Art. XIV (a) GATS auf den sog. *„two-tier-test"* beschränke. Erstens sei festzustellen, ob die Freiheitsbeschränkung tatsächlich dem Schutz der „Moral" diene, zwischen der Maßnahme und dem verfolgten Zweck eine ausreichende Verknüpfung (*„nexus"*) bestehe und die Maßnahme „notwendig" sei. Zweitens müssten die Voraussetzungen des *Chapeau* vorliegen.[1564] Die „Notwendigkeit" einer Beschränkung unterliege der unabhängigen und objektiven Kontrolle durch die Streitbeilegungsorgane, die prüfen müssten

> "[...] whether a WTO-consistent alternative measure which the Member concerned could 'reasonably be expected to employ' is

1559 Panel Report, *US-Gambling* (Fn. 1428), Rdn. 6.585-6.589.

1560 Ebenda, Rdn. 6.595-6.600.

1561 Siehe die *Conclusion* in Rdn. 6.608.

1562 Dazu *Marwell*, NYULR 2006, 802 (828).

1563 Appellate Body Report, *US-Gambling* (Fn. 1428).

1564 Ebenda, Rdn. 292; ebenso *Eres*, Geo. J. Int.'l L. (35), 597 (615 f.).

available, or whether a less WTO-inconsistent measure is 'reasonably available'".[1565]

Ebenso wie das *Panel* hielt der *Appellate Body* eine Freiheitsbeschränkung nur für „notwendig", wenn für den beschränkenden Staat keine zumutbaren und WTO-konformen Alternativen existierten.[1566] Dies müsse der beschränkende Staat lediglich anhand eines *prima facie*-Beweises darlegen.[1567] Er könne insbesondere nicht auf bi- oder multilaterale Verhandlungen verwiesen werden, da diese letztlich ergebnisoffen seien und nicht garantiert sei, dass einvernehmliche Lösungen gefunden werden.[1568] Da es Antigua nicht gelungen sei, zu beweisen, dass mildere und zumutbare Maßnahmen in Betracht kämen, seien die Freiheitsbeschränkungen trotz der negativen Auswirkungen auf den grenzüberschreitenden Handel insgesamt zum Schutz der „öffentlichen Moral und/oder Ordnung" notwendig .[1569] Darüber hinaus stellte der *Appellate Body* fest, dass die amerikanischen Vorschriften vom Wortlaut her zwar nicht zwischen in- und ausländischen Glücksspielanbietern unterschieden, eine versteckte Diskriminierung aber trotzdem denkbar sei. Dazu müsse jedoch in einer repräsentativen Anzahl von Fällen erkennbar sein, dass ausländische Glücksspielanbieter benachteiligt würden.[1570] Ebenso wie das *Panel* beanstande der *Appellate Body* die innerstaatlichen Regeln über Pferdewetten, da die USA eine inkonsistente Politik betrieben, wenn sie es ausschließlich inländischen Wettanbietern erlaubten, Wetten telefonisch oder auf elektronischem Wege anzunehmen. Hierin liege ein Verstoß gegen die Voraussetzungen des Einleitungssatzes von Art. XIV GATS.[1571]

Die vom *Appellate Body* verwendete Terminologie suggeriert, dass sich das Missbrauchsverbot der Einleitungssätze am Grundsatz der Kohärenz orientiert, da es Maßnahmen herausfiltert, die inkonsistent sind.[1572] Vorliegend war die Regulierung der Pferdewetten in sich wi-

1565 Appellate Body Report, *US-Gambling* (Fn. 1428), Rdn. 304 f. mit Verweis auf Appellate Body Report, *Korea-Various Measures on Beef,* U.N. Doc. WT/DS161/AB/R, WT/DS169/AB/R, Rdn. 166.

1566 Appellate Body Report, *US-Gambling* (Fn. 1428), Rdn. 307 f.

1567 Ebenda, Rdn. 309.

1568 Ebenda, Rdn. 317, 321.

1569 Ebenda, Rdn. 326 f.

1570 Ebenda, Rdn. 354-356.

1571 Ebenda, Rdn. 364, 368.

1572 Ebenda, Rdn. 370-372.

dersprüchlich, da sie ohne vernünftigen Grund zwischen In- und Ausländern differenzierte und damit nicht konsequent dem Schutz der „Moral“ diente. Allerdings handelte es sich bei genauer Betrachtung um eine „gewöhnliche“ Diskriminierung, da ausländische Anbieter gegenüber Inländern nachteilig behandelt wurden. Das Kohärenzerfordernis hingegen geht über eine bloße Diskriminierung hinaus und erfasst insbesondere unterschiedslose Regelungen, die in sich widersprüchlich sind.[1573] Insofern waren die Grundsätze der Kohärenz hier nicht anwendbar.

Unabhängig davon fand eine eigenständige Prüfung der „öffentlichen Moral“ selbst nicht statt. Insbesondere kontrollierte der *Appellate Body* nicht, ob Glücksspiele tatsächlich gegen die gesellschaftlichen Anschauungen in den USA verstießen. Das ist jedoch konsequent, da der *Appellate Body*, wie bereits erwähnt, keine Tatsacheninstanz ist und die tatsächlichen Feststellungen des *Panels* nicht in Frage stellt.

b.) Die Rechtssache China-Import of Publications and Audiovisiual Products

i.) Panel Report

In Bezug auf Einfuhrbeschränkungen für audiovisuelle Erzeugnisse im Sinne des Art. XX (a) GATT, hielt das *Panel* insbesondere die Auswirkung auf den internationalen Handel und den Beitrag, den die nationalen Vorschriften zu deren Schutz leisteten, für entscheidende Kriterien zur Beurteilung der „Notwendigkeit“. Insofern ging es im Schwerpunkt um eine Abwägung der widerstreitenden Interessen, wobei das *Panel* nicht nur die tatsächlichen Beschränkungen des internationalen Handels berücksichtigte, sondern auch, welchen Effekt die nationalen Maßnahmen auf potentielle Importeure haben würden.[1574]

Ohne den Rechtfertigungsgrund als solchen selbst in tatsächlicher Hinsicht zu prüfen, anerkannte das *Panel*, dass die Inhaltskontrolle von einzuführenden Medienprodukten grundsätzlich dem Schutz der „öffentlichen Moral“ in China dienen könne.[1575] Fraglich sei nur, ob China mittels eines *prima-facie* Beweises darlegen könne, dass die zahlenmäßige Beschränkung und Auswahl von Importstellen für die Zwecker-

1573 Siehe *O. Dörr/Urban*, JURA 2011, 681 (686 f.) sowie bei 2.Kap.B.I. 3.) b.).

1574 Panel Report, *China-Audiovisual Services* (Fn. 1449), Rdn. 7.787 f.

1575 Ebenda, Rdn. 7.791 f.

reichung erforderlich sei.[1576] China hielt dies für zwingend erforderlich, um die „Moral" als fundamentalen Wert des sozialen Zusammenhalts und gesellschaftlichen Zusammenlebens effektiv zu schützen.[1577]

Das *Panel* stimmte China hinsichtlich des hohen Stellenwerts der „öffentlichen Moral" zu[1578] und hielt die Beschränkung der Importstellen ebenfalls für erforderlich, da sie einerseits dem von China angestrebten Schutzniveau entspreche[1579] und es zum anderen an wirksamen Alternativen zum Schutz der „Moral" mangele.[1580] Demhingegen hielt das *Panel* es für nicht erforderlich, dass die Importstellen vom Kulturministerium bestimmt werden müssten, da für die Einfuhr anderer Medienerzeugnisse eine staatliche Genehmigung genüge. Es sei nicht erkennbar, dass die „Moral" im letztgenannten Fall schlechter geschützt werde. Auch seien die dadurch verursachten negativen Auswirkungen auf den grenzüberschreitenden Handel geringer.[1581] Dementsprechend sei außerdem das Importverbot für staatsferne und von Ausländern fnanzierte Einfuhrstellen nicht notwendig, da sein Beitrag zum Schutz der „Moral" unklar sei und eine Vielzahl von Unternehmen faktisch vom Import ausschließe.[1582]

Nach Ansicht des *Panels* habe China nicht die mildesten, WTO-konformen Maßnahmen gewählt, um das nationale Schutzniveau zu erreichen. Vielmehr sei der Vorschlag der USA, die Inhaltskontrolle für Medienerzeugnisse in jedem Fall ausschließlich der chinesischen Regierung zu überlassen, da ihr ohnehin die „letztinstanzliche" Kontrolle obliege[1583], eine effektive und weniger einschneidende Alternative.[1584] Insofern seien die nationalen Importbeschränkungen insgesamt nicht zum Schutz der „Moral" notwendig und nicht gerechtfertigt.[1585]

Die Kontrolle beschränkte sich hier erneut auf die Verhältnismäßigkeit der ergriffenen Maßnahmen. In deren Rahmen berücksichtigte das *Pa-*

1576 Panel Report, *China-Audiovisual Services* (Fn. 1449), Rdn. 7.793.

1577 Ebenda, Rdn. 7.794-7.796.

1578 Ebenda, Rdn. 7.817.

1579 Ebenda, Rdn. 7.819.

1580 Ebenda, Rdn. 7.822-7.836.

1581 Ebenda, Rdn. 7.849.

1582 Ebenda, Rdn. 7.863, 7.864-7.868.

1583 Ebenda, Rdn. 7.873-7.875.

1584 Ebenda, Rdn. 7.886-7.907.

1585 Ebenda, Rdn. 7.913.

nel den Stellenwert der „öffentlichen Moral" in der Gesellschaft, den Beitrag, den die staatlichen Maßnahmen zu deren Schutz leisteten und in welcher Intensität der grenzüberschreitende Handel beeinträchtigt wurde. Da China insgesamt nicht die mildesten und effektivsten, zur Verfügung stehenden Maßnahmen, ergriffen hatte, waren die Freiheitsbeschränkungen im Ergebnis nicht „notwendig". In diesem Kriterium manifestiert sich nicht nur die Erforderlichkeit beschränkender Maßnahmen, sondern auch deren Geeignetheit, da Freiheitsbeschränkungen ausgesondert werden, die keinen nachweisbaren Beitrag zur Zweckerreichung leisten.

ii.) Appellate Body Report

Der *Appellate Body* stellte erneut klar, dass die „Notwendigkeit" einer Freiheitsbeschränkung in drei Schritten geprüft werde: (1) die Ermittlung der Bedeutung des zu schützenden Interesses und der Auswirkungen auf den internationalen Handel, (2) die Abwägung der relevanten Faktoren und (3) die Prüfung, ob andere zumutbare und WTO-konforme Alternativen existierten.[1586] Als Faustregel gelte, dass eine beschränkende Maßnahme eher gerechtfertigt sei, je größer ihr Beitrag zum Schutz der „Moral" sei.[1587] Die Streitbeilegungsorgane müssten ermitteln, ob die Maßnahme diesen Beitrag aktuell leiste und nicht nur hypothetisch bzw. irgendwann in der Vergangenheit oder Zukunft.[1588] Dementsprechend bestätigte[1589] der *Appellate Body* die Entscheidungen des *Panels* mit einer Ausnahme: Es genüge nicht, abstrakt festzustellen, dass die Festlegung von Anzahl, Struktur und Verteilung der Importstellen in China geeignet sei, einen materiellen Beitrag zum Schutz der „öffentlichen Moral" zu leisten. Ohne handfeste Tatsachenbasis[1590] beweise dies nicht hinreichend, dass die Regelung aktuell einen konkreten Beitrag zum Schutz der Moral leiste. Im Zweifel sei vielmehr davon

1586 Appellate Body Report, *China-Audiovisual Services* (Fn. 1449), Rdn. 242 mit Verweis auf Appellate Body Report, *US-Gambling* (Fn. 1428) Rdn. 306-308; Appellate Body Report, *Brasil-Retreated Tyres*, 03.12.2007, WT/DS332/AB/R, Rdn. 178.

1587 Appellate Body Report, *China-Audiovisual Services* (Fn. 1449), Rdn. 251; Appellate Body Report, *Korea-Various Measures on Beef* (Fn. 1431) Rdn. 163.

1588 Appellate Body Report, *China-Audiovisual Services* (Fn. 1449), Rdn. 252.

1589 Ebenda, Rdn. 269, 278, 311 sowie zusammenfassend in Rdn. 336.

1590 Ebenda, Rdn. 290, 194.

auszugehen, dass der Staatsplan nicht zum Schutz der „Moral" notwendig sei.[1591]

Die Entscheidung des *Appellate Body* verdeutlichte, dass Moralvorstellungen durch eine nationale Beschränkung tatsächlich und effektiv geschützt werden müssen. Dies zu beweisen obliegt der beschränkenden Partei. Das *Panel* kann nur auf der Grundlage einer hinreichenden und stichhaltigen Beweislage entscheiden und ist nicht an den Parteivortrag gebunden. Insofern prüfen die WTO-Streitbeilegungsorgane nicht nur, wie die kollidierenden Interessen gegeneinander abzuwägen sind, sondern auch die Glaubwürdigkeit nationaler Politik. Es sollen Maßnahmen ausgeschieden werden, die nicht dem Schutz der „Moral", sondern in Wirklichkeit anderen - etwa protektionistischen - Zielen dienen. Dies sind erneut Elemente eines Kohärenzerfordernisses, da eine Maßnahme, die den freien Handel beschränkt und tatsächlich keinen Beitrag zum Schutz der „Moral" leistet, nicht konsequent auf die Erreichung des Schutzzwecks gerichtet und mithin ungeeignet ist. Eine isolierte Prüfung der „öffentlichen Moral" an sich wurde vom *Appellate Body* zwar nicht vorgenommen, allerdings suggeriert seine Entscheidung, dass wenigstens die *Panels* verpflichtet sind, festzustellen, ob die gesellschaftlichen Moralanschauungen tatsächlich tangiert sind. Diese Feststellung erfordert denklogisch, den Inhalt der „öffentlichen Moral" im Einzelfall zu ermitteln. Eine Erklärung dazu, wie dies geschehen soll, bleibt der *Appellate Body* jedoch schuldig. Er selbst beschränkt sich auf die Prüfung der genannten „Ersatzkriterien".

c.) Die Rechtssache EC-Seal Products

i.) Panel Report

Einen Schritt in die entgegen gesetzte Richtung ging das *Panel* in der Rechtssache *EC-Seal Products*, indem es das tatsächliche Vorhandensein moralischer Vorstellungen innerhalb der EU eigenständig überprüfte.[1592] Es anerkannte den Tierschutz als legitimen Schutzzweck im Rahmen der *public morals exception* nach Art. XX (a) GATT und verlangte gemäß des bekannten Prüfungsprogramms, dass die von der EU getroffenen Maßnahmen gerechtfertigt sein müssten und keine willkürliche oder unangemessene Diskriminierung gegenüber den anderen

[1591] Appellate Body Report, *China-Audiovisual Services* (Fn. 1449), Rdn. 299.

[1592] Panel Report, *EC-Seal Products* (Fn. 1456), siehe dazu bei 3.Kap.A.II. 6.) a.) iii.).

WTO-Vertragsstaaten darstellen dürften.[1593] Kanada und Norwegen kritisierten in diesem Zusammenhang insbesondere, dass die europäischen Regelungen in unzulässiger Weise zwischen kommerzieller und nicht-kommerzieller Seehundjagd unterschieden, da sie Ausnahmen für Seehundprodukte vorsahen, die von Inuit oder anderen indigenen Völkern zur Sicherung des Lebensunterhalts gejagd werden oder die Nebenprodukte des maritimen Ressourcen-Managements sind. Dadurch sei insbesondere die Einfuhr von Produkten aus Grönland und EU-Mitgliedstaaten wie Schweden und Finnland faktisch ohne Einschränkungen erlaubt, der Marktzugang für kanadische und norwegische Erzeugnisse jedoch vollständig versperrt.[1594]

Das WTO-*Panel* untersuchte zunächst die Notwendigkeit der europäischen Einfuhrregeln und wiederholte in diesem Zusammenhang, dass deren Prüfung von einem

> process of weighing and balancing of "all the relevant factors, particularly the extent of the contribution to the achievement of a measure's objective and its trade restrictiveness, in the light of the importance of the interests or values at stake"

geprägt sei. Wenn diese Untersuchung ergebe, dass eine Maßnahme als notwendig erscheine, müsse sie in einem nächsten Schritt als das mildeste unter mehreren geeigneten und zumutbaren Mitteln identifiziert werden.[1595] Konsequenterweise müsse die fragliche Vorschrift auch einen nachweisbaren Beitrag zur Erreichung des Schutzzwecks leisten, der in angemessenem Verhältnis zur Beschränkung des internationalen Handels stehe.[1596] Da die Einfuhrbeschränkungen die Nachfrage nach Seehundprodukten für den europäischen Markt begrenze, leiste sie einen nachweisbaren Beitrag zur Verringerung der Seehundjagd und verfolge demnach tatsächlich das angestrebte Ziel. Auch wenn die genannten Ausnahmen die Wirksamkeit der Regelungen verringere, sei das Einfuhrregime mangels alternativer Maßnahmen insgesamt als notwendig zum Schutz der „Moral" in der EU anzusehen.[1597] Zur Frage, ob die Regelungen auch mit dem *Chapeau* des Art. XX GATT zu vereinbaren seien, überprüfte das *Panel*, ob die Unter-

[1593] Siehe insbesondere zu den Anforderungen des *Chapeau* von Art. XX (a) GATT in Panel Report, *EC-Seal Products* (Fn. 1456), Rdn. 7.644.

[1594] Ebenda, Rdn. 7.323, 7.602.

[1595] Ebenda, Rdn. 7.630.

[1596] Ebenda, Rdn. 7.634 f.

[1597] Ebenda, Rdn. 7.637 f.

scheidung zwischen kommerzieller und nicht-kommerzieller Seehundjagd eine willkürliche und unangemessene Diskriminierung darstellte. Das *Panel* entschied, dass die Ausnahmen für Produkte von Inuits und für Nebenprodukte im Hinblick auf den verfolgten Schutzzweck der Einfuhrbestimmungen nicht rational begründbar seien und nicht unterschiedslos angewendet würden. Demnach seien sie insgesamt nicht mit dem *Chapeau* in Einklang zu bringen.[1598]

Die Verhältnismäßigkeitsprüfung greift die bereits zuvor identifizierten Prüfungsschritte auf. Um gerechtfertigt zu sein, muss eine Handelsbeschränkung demnach einen nachweisbaren Beitrag zum Schutz der „öffentlichen Moral" innerhalb des die Maßnahme ergreifenden Staates leisten. Weiterhin muss sie auch das mildeste zumutbare Mittel sein. Es handelt sich hierbei also um die Prüfung der Geeignetheit und Erforderlichkeit. Dieser Prozess ist von einem Abwägungsprozess begleitet zwischen dem geleisteten Beitrag und der negativen Auswirkungen auf den internationalen Handel. Der Einleitungssatz von Art. XX GATT ist als Willkürprüfung ausgestaltet, da die Ausnahmen vom Einfuhrverbot nach Ansicht des *Panels* aus keinem sachlichen Grund gerechtfertigt waren. Sie wirkten faktisch diskriminierend, da insbesondere Seehundprodukte aus Staaten innerhalb der EU vermarktet werden durften. Auch wenn es sich hierbei um einen inkonsequenten Regelungsrahmen handelte, lag darin kein Verstoß gegen das Kohärenzverbot nach europäischem Vorbild, denn die Kohärenzprüfung ist als weitergehender „Wahrhaftigkeitstest" für unterschiedslos anwendbare Normen konzipiert; der Verstoß gegen den Einleitungssatz von Art. XX (a) GATT bestand hier aber schon darin, dass die freiheitsbeschränkenden Maßnahmen nicht unterschiedslos angewendet wurden. Insofern scheidet der *Chapeau* lediglich diskiminierende Maßnahmen aus und bietet keinen dogmatischen Anknüpfungspunkt für eine tiefergehende Prüfung.

ii.) Appellate Body Report

Der *Appellate Body* hielt die Entscheidung des *Panel* dem Grunde nach aufrecht und modifizierte nur an wenigen Stellen die Anforderungen an die Notwendigkeitsprüfung. So hänge die Notwendigkeit einer Maßnahme nicht maßgeblich davon ab, dass ein Staat nachweise, dass die handelsbeschränkende Maßnahme tatsächlich einen materiellen Beitrag zum Schutz der „Moral" leiste. Dieser Aspekt sei nur als einer

1598 Panel Report, *EC-Seal Products* (Fn. 1456), Rdn. 7.650.

von vielen im Rahmen einer umfassenden Abwägung, z.B. im Hinblick auf alternative Maßnahmen oder die Qualität der vorgebrachten und untersuchten Beweise, zu berücksichtigen.[1599] Besonderes Augenmerk legte der *Appellate Body* auf das Merkmal der verfügbaren alternativen Maßnahme i.S.e. Erforderlichkeitskontrolle. So sei eine Handelsbeschränkung nur notwendig, wenn eine WTO-konforme Alternative zur Verfügung stehe oder hilfsweise jedenfalls eine solche, die den grenzüberschreitenden Handel weniger einschränke, wobei stets das moralische Interesse des Staates zu berücksichtigen sei.[1600] Er kam hier zum Ergebnis, dass, auch wenn der Schutz der Robben vor inhumanen Fangmethoden durch einige Ausnahmen im EU-Regelungsregime vermindert werde, keine gleich wirksamen Maßnahmen in Betracht kämen, die die Moralanschauungen der EU-Bürger in einem vergleichbaren Maße schützten.[1601] Deshalb hielt der *Appellate Body* die Handelsbeschränkungen mithin notwendig zum Schutz der „öffentlichen Moral" im Sinne von Art. XX (a) GATT.[1602]

Hinsichtlich der Anforderungen des *Chapeau* wiederholte der *Appellate Body*, dass die Funktion des Einleitungssatzes darin bestehe, den Missbrauch der in Art. XX (a) GATT zuerkannten Beschränkungsmöglichkeiten zu verhindern. Es gehe mithin darum zu überprüfen, auf welche Art und Weise eine Handelsbeschränkung umgesetzt werde.[1603] Hier könne sich eine diskriminierende Wirkung insbesondere daraus ergeben, dass das EU-Regime zwischen kommerzieller Robbenjagd und der Jagd durch indigene Völker unterscheide, so dass Kanada und Norwegen faktisch vom Handel mit der EU ausgeschlossen seien, Grönland hingegen nie.[1604] Genauso wie das *Panel* befand der *Appellate Body* schließlich, dass es der EU nicht gelungen sei, diese Unterscheidung nachvollziehbar zu begründen. Demnach erfüllten die beschränkenden Rechtsregeln nicht die Anforderungen des *Chapeau* und waren mit dem Welthandelsrecht nicht vereinbar.[1605]

Im Hinblick auf die bislang untersuchten Entscheidungen der WTO-Streitbeilegungsorgane, sind der vorliegenden Entscheidung des

1599 Appellate Body Report, *EC-Seal Products* (Fn. 1456), Rdn. 5.215 f.

1600 Ebenda, Rdn. 5.261.

1601 Ebenda, Rdn. 5.280.

1602 Ebenda, Rdn. 5.289 f.

1603 Ebenda, Rdn. 5.297, 5.302.

1604 Ebenda, Rdn. 5.316.

1605 Ebenda, Rdn. 5.338 f.

Appellate Body keine wesentlichen, weitergehenden Anhaltspunkte für die Ausgestaltung der Rechtfertigungsprüfung zu entnehmen. Er nahm erneut eine zweistufige Kontrolle vor (bestehend aus der Notwendigkeit einer Freiheitsbeschränkung und deren nichtdiskriminierender Anwendung) und bestätigte damit das Modell des sog. „*two-tier-tests*".

2.) Übergeordnete Kontrolle durch den UN-Menschenrechtsausschuss

Der UN-Menschenrechtsausschuss entwickelte seine Entscheidungsparameter in den bereits dargestellten Verfahren *Hertzberg et al. v. Finland, Delgado Páez v. Colombia, Toonen v. Australia* und *Wackenheim v. France.*

a.) Homosexualität in den Medien

In der Sache *Hertzberg v. Finland*[1606] war die Kontrolle durch den Menschenrechtsausschuss sehr oberflächlich und beschränkte sich auf die Feststellung, dass die jeweiligen Medienvertreter der *Finnish Broadcasting Corporation* (FBC) gemäß Art. 19 Abs. 3 IPbpR verpflichtet seien, schädliche Auswirkungen für die Rechte und die Ehre von anderen (Art. 19 Abs. 3 a) IPbpR) sowie für die öffentliche Sicherheit, Ordnung, Gesundheit und Moral (Art. 19 Abs. 3 b) IPbpR) zu vermeiden. Die FBC konnte nach Ansicht des MRA zu Recht davon ausgehen, dass Fernsehen und Radio unangemessene Medienkanäle für eine Berichterstattung über Homosexualität seien, da Adressaten zu homosexuellem Verhalten ermutigt werden könnten. Auch könnten schädigende Effekte für Minderjährige nicht ausgeschlossen werden. Insofern sei die Untersagung Ausdruck der medienrechtlichen Verantwortung und als solche nach Art. 19 Abs. 3 IPbpR zulässig.[1607]

Zum grundsätzlichen Prüfungsumfang oder der Frage, ob die beschränkenden Maßnahmen „notwendig" waren, äußerte sich der Menschenrechtsausschuss nicht. So berücksichtigte er nicht, dass es in dem Verfahren nicht um das Gutheißen bestimmter Sexualpraktiken ging, sondern um eine objektive Berichterstattung. Auch wurden keine milderen Alternativen wie z.B. die Ausstrahlung der Sendung nach 22.00 Uhr oder dergleichen diskutiert. Der Verzicht auf die Notwendigkeitsprüfung war mit dem eindeutigen Wortlaut des Art. 19 Abs. 3 b) IPbpR

1606 HRC, *Hertzberg et al. v. Finland* (Fn. 1468).

1607 Ebenda, Rdn. 10.4.

nicht zu vereinbaren, da ansonsten jegliche Mindermeinungen mit einem Verweis auf moralische Anschauungen gerechtfertigt werden könnten, was der grundsätzlichen Konzeption der Meinungsfreiheit widerspricht.[1608] Insbesondere verbietet die Wandelbarkeit von Moralvorstellungen, Art. 19 Abs. 3 IPbpR so auszulegen, dass Vorurteile oder Intoleranz begünstigt werden. Im Gegenteil ist es der Sinn und Zweck der Meinungsäußerungsfreiheit, Mindermeinungen zu schützen, selbst wenn diese die Mehrheit schockieren, stören oder beleidigen. Auch wenn die in Frage stehende Strafnorm des finnischen Strafgesetzbuches herrschende Moralvorstellungen reflektierte, genügte dies nicht, um einen Eingriff in gegenteilige Meinungen pauschal zu rechtfertigen, ohne eine Notwendigkeitsprüfung im Einzelfall vorzunehmen.[1609]

b.) Meinungsfreiheit und Religion

In der Sache *Delgado Páez v. Colombia*[1610] entschied der MRA im Hinblick auf die Gewissens- und Religionsfreiheit des Art. 18 IPbpR, dass ein Staat es den kirchlichen Autoritäten überlassen könne, durch wen und in welcher Weise Religion in der Schule unterrichtet werden solle.[1611] Aufgrund der besonderen Umstände des Falles und der engen Beziehung zwischen Kirche und Staat in Kolumbien stehe auch die Meinungsäußerungsfreiheit des Art. 19 Abs. 2 IPbpR einer diesbezüglichen Berufsbeschränkung nicht entgegen.[1612]

Der Entscheidung sind keine weiteren Anhaltspunkte für die Bestimmung der Kontrolldichte oder den Stellenwert ethisch-moralischer Belange zu entnehmen. Fest steht lediglich, dass die Kirche je nach ihrer Stellung innerhalb der Gesellschaft eine weitgehende Autorität zur Durchsetzung ihrer religiös-moralischen Anschauungen haben kann. Diese geht über die Meinungs- und Religionsfreiheit des Einzelnen hinaus und kann von staatlichen Stellen durchgesetzt werden.

1608 Ebenso *Nowak*, CCPR Commentary, Art. 19 CCPR, Rdn. 12-15.

1609 So richtigerweise HRC, *Hertzberg et al. v. Finland* (Fn. 1468), Appendix, Individual opinion of *Opsahl*, *Lallah* and *Tarnopolsky*.

1610 HRC, *Delgado Páez v Colombia* (Fn. 1477).

1611 Ebenda, Rdn. 5.7.

1612 Ebenda, Rdn. 5.8.

c.) Strafbarkeit männlicher Homosexualität

In *Toonen v. Australia*[1613] war die australische Regierung – im Gegensatz zu den tasmanischen Behörden – der Ansicht, dass die Strafbarkeit von einvernehmlichen homosexuellen Handlungen zwischen erwachsenen Männern in Tasmanien nicht „zum Schutz der Moral in einer demokratischen Gesellschft notwendig" sei. Zum einen sei sie in allen anderen Teilen Australiens abgeschafft worden; zum anderen herrsche in der Gesellschaft der Konsens, dass niemand aufgrund seiner sexuellen Ausrichtung diskriminiert werden dürfe. Die nationalen Strafnormen beruhten nicht auf vernünftigen und objektiven Kriterien, die eine Ungleichbehandlung rechtfertigen könnten, obwohl nicht ausgeschlossen werden könne, dass sie tatsächlich Ausdruck gesellschaftlicher Anschauungen seien.[1614] Dennoch seien sie jedenfalls nicht verhältnismäßig.[1615]

Der MRA stellte zunächst klar, dass die Strafbarkeit männlicher Homosexualität das Recht auf Privatleben des Beschwerdeführers aus Art. 17 IPbpR bereits wegen ihrer potentiellen Wirkung berühre[1616] und aufgrund ihrer Kodifikation in §§ 122 und 123 des *Tasmanian Criminal Code* „gesetzlich vorgesehen" sei. Ob darin jedoch eine verhältnismäßige Beschränkung liege, die in jedem Einzelfall zum Schutz der Moral „notwendig" sei, obliege der Beurteilung durch den Ausschuss. Seiner Ansicht nach lasse sich in Australien kein Konsens für die Unwertigkeit männlicher Homosexualität feststellen. Vielmehr seien entsprechende Strafnormen – außer in Tasmanien – sukzessive abgeschafft worden. Selbst dort gebe es viele Stimmen, die eine Aufhebung der §§ 122, 123 *Tasmanian Criminal Code* forderten. Deshalb sei insgesamt davon auszugehen, dass die nationalen Strafnormen nicht „essentiell" für den Schutz der Moral seien und den Anforderungen des *„reasonableness-tests"* nicht genügten.[1617]

Daraus ist zu schließen, dass eine Freiheitsbeschränkung nicht „notwendig" ist, wenn sie nicht die absolut vorherrschenden sozialethischen Wertvorstellungen in der Gesellschaft widerspiegelt. Zur Ermittlung der relevanten Anschauungen sind sowohl die Wertvorstellungen

1613 HRC, *Toonen v. Australia* (Fn. 1487).

1614 Ebenda, Rdn. 6.12.

1615 Ebenda, Rdn. 6.7 f.; in entsprechender Weise argumentiert die australische Regierung im Hinblick auf Art. 26 IPbpR, ebenda, Rdn. 6.13.

1616 Ebenda, Rdn. 8.2.

1617 Ebenda, Rdn. 8.6.

innerhalb einer Region, als auch diejenigen des gesamten Staatsgebietes zu berücksichtigen. Indem der MRA diesen „Plausibilitätstest" durchführt, prüft er eigenständig den Inhalt gesellschaftlicher Moralanschauungen - und damit denjenigen der „öffentlichen Moral" - im Vertragsstaat. Lässt sich kein Konsens hinsichtlich der sozialen Unwertigkeit eines Verhaltens feststellen, ist dieses nicht derart unmoralisch, dass es rechtlich verboten werden muss. Ein weiteres Indiz dafür ist die inkonsistente Anwendung der einschlägigen nationalen Normen. Es handelt sich dabei um ein Kohärenzerfordernis, da sich widersprechende innerstaatliche Regelungen einer freiheitsbeschränkenden Maßnahme im Wege stehen. Ein Regelungsrahmen, der bestimmte Verhaltensweisen einerseits toleriert, andererseits aber sanktioniert, kann demnach nicht auf den kohärenten Schutz der Moral gerichtet sein.

d.) Zwergenweitwurf

Aufgrund der großen Zurückhaltung des Menschenrechtsausschusses in der Sache *Wackenheim v. France*[1618] sind der Entscheidung keine Anhaltspunkte für die Konkretisierung des Notwendigkeits-Kriteriums oder die Güterabwägung im Einzelfall zu entnehmen. Der MRA verdeutlichte lediglich, dass eine Verletzung des Rechts auf Privatleben nach Art. 17 IPbpR nicht festgestellt werden könne, da sich der Beschwerdeführer bislang nicht vor nationalen Gerichten auf den IPbpR berufen und mithin nicht alle verfügbaren Rechtsmittel ausgeschöpft habe.[1619] Auch liege kein Verstoß gegen das selbständige Diskriminierungsverbot aus Art. 26 IPbpR vor. Da die Untersagung nur für Kleinwüchsige gelte und „normal" gewachsene Menschen nicht in der fragliche Art und Weise geworfen werden könnten, beruhe die Unterscheidung insgesamt auf objektiven und vernünftigen Gründen.[1620] Sie diene dem Schutz der „öffentlichen Ordnung" sowie der Menschenwürde und verletze den Beschwerdeführer mithin nicht in seinem Recht aus Art. 26 IPbpR.[1621] Auffällig ist im Vergleich zum deutschen Recht lediglich, dass die Untersagung des Zwergenweitwurfs nicht auf die „guten Sitten" oder die „öffentliche Moral" gestützt wurde, sondern auf den Schutz der „öffentlichen Ordnung". Die Menschenwürde

1618 HRC, *Wackenheim v. France* (Fn. 1439).

1619 Ebenda, Rdn. 6.4.

1620 Ebenda, Rdn. 7.3 f.

1621 Ebenda, Rdn. 7.5.

wurde hier offensichtlich als fundamentaler Verfassungswert angesehen, der geschützt werden muss, ohne dass subjektive Anschauungen dabei eine Rolle spielen.[1622]

III. Elemente einer übergeordneten Kontrolle durch die WTO-Streibeilegungsorgane und den UN-Menschenrechtsausschuss

Die „(öffentliche) Moral" als Schranke in Art. XX (a) GATT und Art. XIV (a) GATS und den Menschenrechtsgewährleistungen des IPbpR basiert auf dem Gedanken, die nationale Identität der Vertragsstaaten zu respektieren. Da es überdies weder im Welthandelsrecht, noch zwischen den Vertragsstaaten des UN-Zivilpaktes ein einheitliches Moralverständnis gibt, ist den Staaten bei der Ausgestaltung und Anwendung der Ausnahmetatbestände grundsätzlich ein gewisser Beurteilungs- und Ermessensspielraum eingeräumt, der *Margin of Appreciation*. Um die Gewährleistungen internationaler Handels- und Menschenrechtsverträge nicht zu unterlaufen, kann dieser Freiraum nicht schrankenlos gewährt werden, sondern muss dem Erfordernis der Notwendigkeit als Ausdruck der Verhältnismäßigkeit[1623] sowie den *Chapeaux* entsprechen. Darüber hinaus trifft den beschränkenden Staat eine Darlegungs- und Beweislast für die Existenz der geltend gemachten Moralvorstellungen. In nur wenigen Verfahren wurde der nationale Spielraum zusätzlich durch das Bestehen eines Gesellschaftskonsenses begrenzt[1624]. Eine größere Rolle spielt hingegen, ob der beschränkende Staat die jeweilige Maßnahme in kohärenter Weise widerspruchsfrei und plausibel angewendet hat.

1.) Die Margin of Appreciation-Doktrin in der Rechtspraxis

a.) WTO-Recht

Ebenso wie im Unionsrecht und der EMRK existiert im Welthandelsrecht keine einheitliche Definition der „öffentlichen Moral" im GATT und GATS. Deshalb ist den Vertragsstaaten bei der Auslegung und Anwendung des Begriffs ein nur beschränkt überprüfbarer Beurtei-

1622 Siehe hierzu auch die Darstellung bei *Teifke*, Das Prinzip Menschenwürde, S. 84 f.

1623 *Schilling*, Internationaler Menschenrechtsschutz, Rdn. 49, 71.

1624 Siehe nur HRC, *Toonen v. Australia* (Fn. 1487), Rdn. 8.6; Panel Report, *US-Gambling* (Fn. 1428), Rdn. 6.471, 6.473.

lungsspielraum eingeräumt.[1625] Insbesondere in *US-Gambling* machte das *Panel* deutlich:

> „[...] the Appellate Body has stated on several occasions that Members, in applying similar societal concepts have the right to determine the level of protection that they consider appropriate. [...] Members should be given some scope to define and apply for themselves the concepts of ‚public morals' and ‚public order' in their respective territories, according to their own systems and scales of values."[1626]

Insofern haben die Staaten die Befugnis, den Moralbegriff im Lichte ihrer eigenen Rechtsordnungen zu definieren und das Niveau festzulegen, das sie zu dessen Schutz für notwendig erachten.[1627] Das *Panel* nahm Bezug auf die Entscheidungen *EC-Asbestos* und *Korea-Various Measures of Beef*, in denen der *Appellate Body* den Vertragsstaaten ausschließlich einen Spielraum für die Festlegung des Schutzniveaus einräumte, sich die abschließende Definition der Ausnahmetatbestände jedoch selbst vorbehielt.[1628] In den zitierten Rechtssachen ging es jedoch nicht um die Schranke der „öffentlichen Moral", sondern um Maßnahmen des Tier-, Natur- und Pflanzenschutzes nach Art. XX (b) GATT sowie um Maßnahmen zum Schutz nationaler Wettbewerbsrechte nach Art. XX (d) GATT. Diese Tatbestände sind einer objektiven Auslegung zugänglich und deshalb naturgemäß nicht der Interpretationshoheit der Staaten überlassen. Für die „öffentliche Moral" in Art. XX (a) GATT kann dies nicht gelten, da sie aufgrund der politischen, kulturellen und religiösen Diversität der Länder im Geltungsbereich des Welthandelsrechts auf diejenigen außerrechtlichen Anschauungen und Sozialnormen verweist, die ein Staat für sich und seine Gesellschaft als verbindlich ansieht. Aus einem Umkehrschluss zu den Entscheidungen des *Appellate Body* ist zu vermuten, dass die Auslegung der „öffentlichen Moral" vollständig den Vertragsstaaten überlassen ist.[1629] Daraus folgt, dass der Moralbegriff von den Streitbeilegungsor-

1625 Ebenso *Feddersen*, Minn. J. Global Trade 1998, 75 (113).

1626 Panel Report, *US-Gambling* (Fn. 1428), Rdn. 6.461.

1627 Ebenso Panel Report, *China-Audiovisual Services* (Fn. 1449), Rdn. 7.819.

1628 Appellate Body Report, *EC-Asbestos* (Fn. 1431), Rdn. 168; Appellate Body Report, *Korea-Various Measures of Beef* (Fn. 1431), Rdn. 176; kritisch *Diebold*, JIEL 11 (2008), 43 (50) m.w.N.

1629 *Diebold*, JIEL 11 (2008), 43 (52 f.); im Ergebnis ebenso *Bonadio*, Stem Cells, Patents and Morality in the EU after Brüstle, European Consortium for Political Research (ECPR) Standing Group on Regulation & Governance, 4th

ganen als weitreichende Handelsbeschränkung verstanden wird. Das zeigt sich insbesondere an der Entscheidung *China-Audiovisual Services*, da nach dortiger Ansicht der Streitbeilegungorgane alle denkbaren Aspekte, die gesellschaftliche Anschauungen über richtig und falsch betreffen, zur „öffentlichen Moral“ im Sinne des Art. XX (a) GATT gehören können, soweit die Gegenpartei dem nicht widerspricht. Demnach kann sogar die Einfuhr von Medienerzeugnissen, die politisch oder kulturell unerwünschte Botschaften erhalten, reglementiert werden.[1630]

Für Art. XIV (a) GATS gilt einschränkend, dass dort neben der „öffentlichen Moral“ als Schutzzweck zusätzlich die „öffentliche Ordnung“ genannt ist. Die Fußnote 5 zu dieser Norm schreibt vor, dass die „öffentliche Ordnung“ nur zum Schutz fundamentaler Gemeinschaftsinteressen herangezogen werden kann, zu denen Aspekte der Moralität zählen. „Moralität“ beschreibt im Gegensatz zur „öffentlichen Moral“ fundamentalethische und unveränderliche Werte.[1631] Die „öffentliche Moral“ ist davon zu unterscheiden, da es sich bei ihr nicht um unverfügbare Interessen der Gesellschaft, sondern „lediglich“ um zeit- und ortsabhängige Regeln über richtiges und falsches Verhalten handelt.[1632] Diese Feststellungen vermögen den Befund, dass die „öffentliche Moral“ sowohl im GATS als auch im GATT eng auszulegen ist, nicht zu beeinflussen. Als Besonderheit im Rahmen des Art. XIV (a) GATS ist jedoch zu beachten, dass die Schranke dort die Funktion eines Auffangtatbestands für Verhaltensweisen übernimmt, die nicht bereits der „öffentlichen Ordnung“ unterfallen. Anderenfalls wäre die Nennung der „öffentlichen Moral“ neben der „öffentlichen Ordnung“ überflüssig und nicht zu erklären.

Standing Group Biennial Conference. New Perspectives on Regulation, Governance and Learning, S. 19 in Fn. 59, abrufbar unter:

http://regulation.upf.edu/exeter-12-papers/Paper%20080%20-%20Bonadio%202012%20-%20Stem%20Cells,%20Patents%20and%20Morality%20in%20the%20EU%20after%20Bruestle.pdf (zuletzt abgerufen am 06.11.2014).

1630 Panel Report, *China-Audiovisual Services* (Fn. 1449), Rdn. 7.760 f.

1631 Siehe zu dieser Unterscheidung die Ausführungen zum deutschen Recht bei 1.Kap.A.V. 2.).

1632 Panel Report, *US-Gambling* (Fn. 1428), Rdn. 6.465; siehe bereits oben bei 3.Kap.A.II. 6.) a.). i.).

b.) UN-Zivilpakt

Anders als zu vermuten, ist die *Margin of Appreciation*-Doktrin in den Entscheidungen des Menschenrechtsausschusses nicht in gleichem Maße präsent wie im Welthandelsrecht. Zwar können moralische Standards auch hier wegen kultureller und rechtlicher Unterschiede in den Staaten nicht einheitlich definiert werden[1633], dennoch vermeidet der MRA in der Regel, den Staaten bei Beschränkungen des IPbpR einen Spielraum zu gewähren.[1634] Nur ausnahmsweise räumte der Ausschuss Finnland in der Sache *Hertzberg et al. v. Finland* ausdrücklich einen Beurteilungsspielraum bei der Auslegung der „öffentlichen Moral" ein, da hinsichtlich moralischer Fragen kein einheitlicher Standard bestehe.[1635] Das ist einerseits konsequent, da auch die Definition anderer unbestimmter Rechtbegriffe wie der der „Familie" im Rahmen des Art. 23 IPbpR[1636] sowie Aspekte der „nationalen Sicherheit" in Art. 13 IPbpR[1637] nach Ansicht des MRA grundsätzlich der Ausformung durch die Vertragsstaaten überlassen ist. Andererseits betonte der UN-Menschenrechtsausschuss in *Tonnen v. Australia*, dass die Auslegung und Anwendung des Moralbegriffs nicht ausschließlich in die innerstaatliche Zuständigkeit falle.[1638] Insofern ist seine Entscheidungspraxis in Bezug auf die Bestimmung außerrechtlicher Wertvorstellungen nicht einheitlich. Möglicherweise weigert sich der MRA, den Staaten bei der Auslegung und Anwendung der „Moral" ausdrücklich einen weiten Spielraum zu gewähren, da er fürchtet, dadurch die Universalität des internationalen Menschenrechtsschutzes einzubüßen.[1639] Diese Gefahr sehen auch *Joseph/Schultz/Castan*. Ihrer Ansicht nach sei die vom EGMR entwickelte *Margin of Appreciation*-Doktrin für das System der U.N. Menschenrechte untauglich. Der EGMR verweise nur dann auf

[1633] *Von der Wense*, Der UN-Menschenrechtsausschuß und sein Beitrag zum universellen Schutz der Menschenrechte, S. 104 f.; *Tyagi*, The UN Human Rights Committee, S. 656.

[1634] *Schilling*, Internationaler Menschenrechtsschutz, Rdn. 72; HRC, *Länsman et al. v. Finland*, Comm. 671/1995, U.N. Doc. CCPR/C/58/D/671/1995 (1996), Rdn. 9.4.

[1635] HRC, *Hertzberg et al. v. Finland* (Fn. 1468) Rdn. 10.3.

[1636] General Comment 19, Article 23, U.N. Doc. HRI/GEN/1/Rev.6 at 149 (2003), Rdn. 2.

[1637] HRC, *V. M. R. B. v. Canada*, Comm. 236/1987, U.N. Doc. CCPR/C/33/D/236/1987, Rdn. 6.3.

[1638] HRC, *Toonen v. Australia* (Fn. 1487), Rdn. 8.6.

[1639] *Benvenisti*, JILP 1999 Vol. 31, 843 (844).

den Beurteilungsspielraum der europäischen Staaten, wenn hinsichtlich der streitigen Frage kein Konsens in den Staaten bestehe, sprich der Moralbegriff nicht einheitlich bestimmt werden könne. Dementsprechend tendiere der nationale Spielraum bei einem existierenden Konsens gegen Null. In einem multilateralen und divergenten System wie dem IPbpR hingegen könne in moralischen Fragen nie ein Konsens gefunden werden.[1640] Das hätte zur Folge, dass die *Margin of Appreciation*-Doktrin, die dem EGMR als flexibles Instrument zum Ausgleich staatlicher Souveränität einerseits und der universellen Geltung der Menschenrechte andererseits dient, im Geltungsbereich des UN-Zivilpaktes ein „Übergewicht" zugunsten der Staaten erhielte und die menschenrechtlichen Gewährleistungen stets von dem Willen der Vertragsstaaten abhängen würden. Der Auftrag internationaler Menschenrechtsorganisationen, als objektive Kontrollorgane die Rechte und Interessen von Minderheiten zu schützen, wäre mithin illusorisch.[1641] In der Tat ist eine Vielzahl von Fällen nachweisbar, in denen sich die Staaten auf kulturelle Eigenheiten ihres Landes berufen, um Menschenrechte zu beschränken.[1642] Faktisch ist dennoch zu beobachten, dass der Menschenrechtsausschuss sich zwar nicht auf die Einräumung eines Freiraumes festlegt, in einigen Verfahren jedoch implizit auf ihn verweist.[1643] Dieses Vorgehen erscheint angesichts der zeitlichen und regionalen Relativität von Moralanschauungen gleichsam zwingend. Es ist schlichtweg nicht möglich, den Sittlichkeitsbegriff autonom für 167 Mitgliedstaaten zu interpretieren. Auch sehen die von der *Independent Commission on Respect for International Law*[1644] erarbeiteten *Siracusa Principles*[1645] vor, dass

1640 Sie sehen darin die Gefahr, dass sich die Staaten in den meisten Fällen auf das Fehlen eines Gesellschaftskonsenses und somit auf ihren Spielraum berufen könnten, *Joseph/Schultz/Castan*, The ICCPR, Rdn. 18.24.

1641 *Benvenisti*, JILP 1999 Vol. 31, 843 (848 ff., insbesondere 850).

1642 Siehe die zahlreichen Beispiele bei 3.Kap.A.II.6.

1643 *Benvenisti*, JILP 1999 Vol. 31, 843 (844); in HRC, *Toonen v. Australia* (Fn. 1487), Rdn. 8.6 behält sich der Ausschuss zwar die Überprüfung der „Moral" vor, beschränkt sich faktisch jedoch auf die Prüfung, ob die Freiheitsbeschränkung willkürlich war; in HRC, *Aumeeruddy-Cziffra and 19 Other Mauritian Women v. Mauritius*, Comm. 35/1978, CCPR/C/12/D/35/1978, Rdn. 9.2 (b) 2 (ii) 1 betonte der Ausschuss, dass der rechtliche Schutz der Familie von Land zu Land und abhängig von sozialen, wirtschaftlichen, politischen und kulturellen Besonderheiten divergiere.

1644 Dabei handelt es sich um eine Expertengruppe aus 31 Staaten und Organisationen, siehe *Tyagi*, The UN Human Rights Committee, S. 656.

„public morality varies over time and from one culture to another."

und die Staaten mithin einen gewissen Ermessensspielraum bei der Anwendung der „öffentlichen Moral" haben.[1646] Auch in anderen Verfahren beschränkte sich der Menschenrechtsausschuss auf eine formale Evidenzkontrolle der nationalen Freiheitsbeschränkung und hielt seine Prüfungsdichte denkbar gering. Die Staaten müssen für die Anwendbarkeit der „öffentlichen Moral" lediglich darlegen, dass die konkrete Maßnahme tatsächlich dem Schutz sozialethischer Wertanschauungen in der Gesellschaft dient.[1647] Demnach überlässt der Menschenrechtsausschuss die Anwendung und Interpretation der „Moral" - entgegen eigener Aussage - faktisch weitestgehend den Vertragsstaaten.

Es ist - ebenso wie im europäischen Recht - konsequent, die Auslegung und Anwendung der „öffentlichen Moral" den Vertragsstaaten zu überlassen, da sie den Schutz der nationalen Identität bezweckt. Würden internationale Organe beurteilen, ob ein Verhalten tatsächlich die innerstaatliche „Moral" tangiert, würden sie zugleich festlegen, was als nationaler Belang schützenswert ist. Dadurch würde die „Moral" als Ausnahmetatbestand im IPbpR ihrem Zweck und ihrer Wirksamkeit beraubt. Für vorbehaltlos gewährleistete Rechte und Pflichten mag dies zulässig sein; haben sich die Vertragsstaaten jedoch ausdrücklich darauf verständigt, dass ein Recht nur im Rahmen nationaler Moralvorstellungen gewährt wird, ist dieser Wille zu berücksichtigen. Dementsprechend äußerte der niederländische Gesandte im Rahmen der Debatte des dritten Ausschusses der UN-Generalversammlung von 1985:

> „The concept of ‚morals' [...] was very sensitive, since it was linked to the values and ideologies of each individual society

1644 *Schilling*, Internationaler Menschenrechtsschutz, Rdn. 72

1645 Bei den *Siracusa Principles* handelt es sich um Leitlinien für die Auslegung von Schrankenbestimmungen des IPbpR. Es handelt sich hierbei um *„soft-law"*, das insofern keine rechtliche Verbindlichkeit besitzt, International Council on Human Rights Policy (Hrsg.), Human Rights Standards: Learning from Experience, S. 15, abrufbar unter:
http://www.ichrp.org/files/reports/31/120b_report_en.pdf (zuletzt abgerufen am 06.11.2014).

1646 Siracusa Principles on the Limitation and Derogation of Provisions in the International Covenant on Civil and Political Rights, Annex, UN Doc E/CN.4/1984/4 (1984), Rdn. 27.

1647 Siracusa Principles (Fn. 1646), Rdn. 27.

> [...] The [Human Rights] Committee could not be expected to formulate a simple criterion which would always provide an indisputable ‚yes' or ‚no' with regard to public morality [...].“[1648]

Der Menschenrechtsausschuss stärkt letztlich seine internationale Akzeptanz, wenn er den Staaten keine moralischen Vorgaben macht. Dennoch wird der Menschenrechtsschutz dadurch nicht relativiert. Vielmehr sichert der MRA die universelle Geltung des IPbpR, indem er nationale Freiheitsbeschränkungen einer Rechtfertigungskontrolle unterzieht, für die er allein zuständig ist.[1649] Dies beugt einer ausufernden Anwendung der „öffentlichen Moral“ vor.

2.) Grenzen der Margin of Appreciation-Doktrin

Sowohl das Welthandelsrecht als auch der UN-Zivilpakt bedürfen einer effektiven Anwendung und Umsetzung, die durch extensiv eingeräumte Beurteilungs- und Ermessensspielräume gefährdet sein kann. Deshalb werden diese von einer formalisierten Verfahrens- und Verhältnismäßigkeitskontrolle der WTO-Streitbeilegungsorgane und des UN-Menschenrechtsausschusses begrenzt. Der dogmatische Anknüpfungspunkt für diese übergeordnete Kontrolle ist das Merkmal der „Notwendigkeit“ (a). In diesem Rahmen ist dem beschränkenden Staat auferlegt, die Zulässigkeit der nationalen Maßnahmen zu beweisen (b), um die grundsätzlich geringe Kontrolldichte auszugleichen.[1650] Weitere Entscheidungskriterien sind das Vorhandensein eines Konsenses in den Vertragsstaaten (c) sowie die Einhaltung des Kohärenzgebotes (d).

a.) Die Notwendigkeit einer Beschränkung

i.) WTO-Recht

Die Notwendigkeitsprüfung vereint alle Aspekte einer „klassischen“ Verhältnismäßigkeitsprüfung[1651] in sich und ist als dreigliedrige Kontrolle ausgestaltet. Insofern wird dadurch nicht der *Margin of Appreciation* eingeschränkt, da die Legitimität und Schutzrichtung der natio-

1648 UN Doc. A/C.3/40/SR.52 (04.12.1985), Rdn. 44, zitiert nach *Tyagi*, The UN Human Rights Committee, S. 656 f.

1649 *Von d. Wense*, Der UN-Menschenrechtsausschuß und sein Beitrag zum universellen Schutz der Menschenrechte, S. 108 f.

1650 So *Weiß*, in: Herrmann/Weiß/Ohler, Welthandelsrecht, § 10, Rdn. 289.

1651 *Hüsken*, GewArch 2010, 49 (52).

nalen Maßnahmen nicht in Frage gestellt wird.[1652] Vielmehr fungiert die „Notwendigkeit" der Beschränkung, ebenso wie in der Rechtsprechung des EGMR, als „Schranken-Schranke" und Korrektiv für den weit gewährten Beurteilungs- und Ermessensspielraum der Staaten.

Sie können zwar selbst festlegen, was sie für moralisch unwertig halten und welches Schutzniveau sie für ihre eigene Gesellschaft wählen, dennoch müssen sich beschränkende Maßnahmen an diesem selbst aufgestellten Schutzniveau messen lassen.[1653] Wie streng der nationale Regelungsrahmen sein darf, hängt davon ab, welchen Stellenwert die geschützen Rechtsgüter haben.[1654] In der Entscheidungspraxis der WTO-Streitbeilegungsorgane werden Moralvorstellungen als fundamentale Interessen der Gesellschaft angesehen und entsprechend gewichtet:

> „In our view, it is undoubtedly the case that the protection of public morals ranks among the most important values or interests pursued by Members as a matter of public policy. We do not consider it simply accident that the exception relating to "public morals" is the first exception identified in the ten subparagraphs of Article XX. We therefore concur that the protection of public morals is a highly important value or interest."[1655]

Demnach ist eine freiheitsbeschränkende Maßnahme zum Schutz der „Moral" leichter zu rechtfertigen, als zum Schutz anderer Rechtsgüter. Der Bedeutung des zu schützenden Allgemeinwohlbelangs sind die negativen Auswirkungen auf den internationalen Handel gegenüberzustellen und zu gewichten.[1656] Dabei sind nicht nur die tatsächlichen Auswirkungen zu berücksichtigen, sondern auch die potentiellen Be-

1652 *Diebold*, JIEL 11 (2008), 43 (66); ebenso *Wolfrum*, in: Wolfrum/Stoll (Hrsg.), Max Planck Commentaries on WTO-Law, Vol. 5, Art. XX (Introduction), Rdn. 15 f.

1653 *Feddersen*, Minn. J. Global Trade 1998, 75 (113); *Voland*, EuZW 2008, 70 (72); Panel Report, *China-Audiovisual Services* (Fn. 1449), Rdn. 7.819.

1654 *Eres*, Geo. J. Int.´l L. (35), 597 (625) mit Verweis auf Appellate Body Report, *EC-Asbestos* (Fn. 1521) Rdn. 172.

1655 Panel Report, *China-Audiovisual Services* (Fn. 1449), Rdn. 7.817.

1656 Ebenda, Rdn. 7.783; Appellate Body Report, *US-Gambling* (Fn. 1428) Rdn. 306; Appellate Body Report, *Brasil-Retreated Tyres* (Fn. 1586), Rdn. 178; Appellate Body Report, *Korea-Various Measures on Beef* (Fn. 1431), Rdn. 164.

schränkungen künftiger Handelsbeziehungen.[1657] Je größer diese Auswirkungen sind, desto weniger ist von der „Notwendigkeit" nationaler Maßnahmen auszugehen. Das gilt erst recht, wenn der jeweilige Staat nicht das mildeste und ihm zumutbare Mittel zur Durchsetzung seiner Ziele gewählt hat. Der beschränkende Staat muss jedoch grundsätzlich beweisen, dass neben der in Frage stehenden Maßnahme keine weiteren milderen in Betracht kommen, um den Schutz der „öffentlichen Moral" sicherzustellen.[1658] Als solche sind auch bi- oder multilateralen Verhandlungen denkbar, da Art. 11 S. 3 DSU einvernehmlichen Streitbeilegungen den Vorrang einräumt.[1659] Auch sehen Art. 4 und 5 DSU die Möglichkeit vor, bereits vor dem eigentlichen *Panel*-Verfahren Verhandlungslösungen zu finden. Darüber hinaus ist eine staatliche Maßnahme bereits ungeeignet, wenn sie keinen nachweisbaren Beitrag zum Schutz der Moral leistet.[1660] Das ist konsequent, da ein Staat, der ein hohes Niveau zum Schutz außerrechtlicher Vorstellungen gewählt hat, keine Maßnahmen ergreifen darf, die unter den hohen moralischen Anforderungen zurückbleiben bzw. den Zweck schon nicht fördern. Insofern scheint es sich dabei um eine Art Kohärenzerfordernis zu handeln (dazu später mehr).

Im Welthandelsrecht kann eine Maßnahme dem Grunde nach zwar gerechtfertigt sein, aber dennoch gegen die auf dem Prinzip des guten Glaubens beruhenden Einleitungssätze verstoßen.[1661] Davon ist auszugehen, wenn der Staat die nationalen Vorschriften in missbräuchlicher Art und Weise anwendet und sie dadurch zu einer ungerechtfertigten Diskriminierung bzw. einer verschleierten Beschränkung des internationalen Handels führen.[1662] Eine willkürliche Beschränkung liegt vor, wenn der beschränkende Staat eine inkonsistente Politik verfolgt, indem er ausländische Waren oder Dienstleistungen ohne vernünftigen Grund anders behandelt, als inländische.[1663] Ein Vertragsstaat macht sich schlicht unglaubwürdig, wenn er beispielsweise die Einfuhr por-

1657 Panel Report, *China-Audiovisual Services* (Fn. 1449) Rdn. 7.788; Appellate Body Report, *China-Audiovisual Services* (Fn. 1449) Rdn. 303, 304.

1658 Siehe nur *Eres*, Geo. J. Int.'l L. (35), 597 (626).

1659 *Weiß*, in: Herrmann/Weiß/Ohler, § 10, Rdn. 290.

1660 Appellate Body Report, *China-Audiovisual Services* (Fn. 1449), Rdn. 251; Appellate Body Report, *Korea-Various Measures on Beef* (Fn. 1431) Rdn. 163.

1661 *Kling/Rüffer*, JURA 2012, 953 (958).

1662 *Diebold*, JIEL 11 (2008), 43 (67) mit Verweis auf Appellate Body Report, *US-Gambling* (Fn. 1428), Rdn. 339; *Hüsken*, GewArch 2010, 49 (51).

1663 Siehe Panel Report, *US-Gambling* (Fn. 1428), Rdn. 6.584.

nographischer Magazine verbietet, deren Herstellung im Inland jedoch ohne Einschränkungen duldet. Insofern dienen die Einleitungssätze von Art. XX GATT und Art. XIV GATS als Filter für eine offensichtlich widersprüchliche Regelungspraxis.

ii.) UN-Zivilpakt

Im UN-Zivilpakt sind Beschränkungen zum Schutz der öffentlichen Sittlichkeit nach Art. 12 Abs. 3, Art. 18 Abs. 1, Art. 19 Abs. 3 IPbpR nur zu rechtfertigen, wenn sie gesetzlich vorgesehen und mit den anderen Rechten des IPbpR vereinbar sind.[1664] Darüber hinaus verlangen die Schrankenbestimmungen in Art. 14 Abs. 1, Art. 21 und Art. 22 Abs. 2 IPbpR, dass die Freiheitsbeschränkung „in einer demokratischen Gesellschaft" notwendig ist. Eine nationale Maßnahme muss zunächst auf einem hinreichend bestimmten abstrakt-generellen Gesetz beruhen, das für alle zugänglich[1665] und eindeutig auf den Schutz von Moralvorstellungen gerichtet ist. Anders als im deutschen Recht müssen Moralvorstellungen demnach ausdrücklich positivrechtlich kodifiziert sein. Es genügt nicht, wenn sich ein Staat schlicht auf die „öffentliche Moral" als Rechtfertigungsgrund im IPbpR beruft, um Menschenrechte einzuschränken. Diese Voraussetzung dient der effektiven Durchsetzung des Zivilpaktes, da ein internationales Streitbeilegungsorgan ansonsten keine zuverlässigen Mittel hätte zu beurteilen, ob eine nationale Maßnahme tatsächlich dem Schutz wichtiger Moralvorstellungen dient. Der MRA kann keine Notwendigkeitsprüfung im „luftleeren Raum" vornehmen. Eine innerstaatliche Norm muss jedoch - ebenfalls anders als im deutschen Recht - nicht ausdrücklich auf außerrechtliche Anschauungen verweisen; vielmehr genügt es nach Maßgabe der *Siracusa Principles*, wenn der Vertragsstaat glaubhaft machen kann, dass die in Frage stehenden Normen aktuell dem Schutz der „öfffentlichen Moral" in seinem Hoheitsgebiet dienen:

> „The principle of strict necessity shall be applied in an objective manner. Each measure shall be directed to an actual, clear, pre-

1664 General Comment Nr. 27, Rdn. 11, CCPR/C/21/Rev.1/Add.9; *Richter*, Aspekte der universellen Geltung der Menschenrechte und der Herausbildung von Völkergewohnheitsrecht, S. 153.

1665 *Schilling*, Internationaler Menschenrechtsschutz, Rdn. 55-66; *Nowak*, CCPR Commentary, Art. 12 ICCPR, Rdn. 29 f.; *Joseph/Schultz/Castan*, The ICCPR, Introduction, Rdn. 1.67; General Comment Nr. 27, Rdn. 13.

> sent or imminent danger and may not be imposed merely because of an apprehension of potential danger."[1666]

Weiterhin heißt es dort:

> „Whenever a limitation is required in the terms of the Covenant to be "necessary," this term implies that the limitation:
>
> (a) is based on one of the grounds justifying limitations recognized by the relevant article of the Covenant,
>
> (b) responds to a pressing public or social need,
>
> (c) pursues a legitimate aim, and
>
> (d) is proportionate to that aim.
>
> Any assessment as to the necessity of a limitation shall be made on objective considerations."[1667]

Der Menschenrechtsausschuss hat demnach losgelöst von nationalen Besonderheiten objektiv zu beurteilen, ob die beschränkende Maßnahme gerechtfertigt ist. Dazu muss sie vier Kriterien erfüllen: Sie muss (1.) dem Schutz eines der in den entsprechenden Artikeln genannten Rechtfertigungsgrundes dienen, (2.) einem dringenden öffentlichen oder sozialen Bedürfnis entsprechen (3.) ein legitimes Ziel verfolgen und (4.) im Hinblick auf dieses Ziel verhältnismäßig sein.[1668] Insbesondere muss die nationale Maßnahme der Abwehr tatsächlicher, und nicht nur hypothetischer, Gefahren „in einer demokratischen Gesellschaft" dienen.[1669] Das „Notwendigkeitskriterium" fungiert demnach ebenso wie im Welthandelsrecht und der EMRK als Korrektiv für den nationalen Beurteilungsspielraum bei der Auslegung und Anwendung der „öffentlichen Moral" und erlaubt dem UN-Menschenrechtsausschuss eine objektive Beurteilung der nationalen Maßnahme am Maßstab rechtsstaatlicher Grundsätze. Darüber hinaus darf ein Staat,

1666 Siracusa Principles (Fn. 1646), Rdn. 54; im Hinblick auf die nationale Sicherheit HRC, *Belyatsky v. Belarus*, Comm. 1296/2004, U.N. Doc. CCPR/C/90/D/1296/2004, Rdn. 7.3.

1667 Siracusa Principles (Fn. 1646), Rdn. 10.

1668 Commission on Human Rights, 51st Session, E/CN.4/1996/52/Add.2, Rdn. 31; General Comment Nr. 27, Rdn. 14-16; *Schilling*, Internationaler Menschenrechtsschutz, Rdn. 72; *Richter*, Aspekte der universellen Geltung der Menschenrechte und der Herausbildung von Völkergewohnheitsrecht, S. 153; *Nowak*, CCPR-Commentary, Art. 19, Rdn. 58.

1669 Die demokratische Gesellschaft wird nur in Art. 14 Abs. 1, 21, 22 Abs. 2 IPbpR genannt.

auch wenn ein Eingriff in die Menschenrechte dem Grunde nach gerechtfertigt ist, in den Fällen der Art. 14 Abs. 1, Art. 21 und Art. 22 Abs. 2 IPbpR nicht in der Weise in die Gewährleistungen des IPbpR eingreifen, dass er demokratische Grundsätze verletzt.[1670] Diesbezüglich gelten dieselben Grundsätze wie bei Beschränkungen der EMRK; durch die einseitige Freiheitsbeschränkung dürfen keine demokratischen Leitideen wie Pluralismus, Toleranz, geistige Offenheit sowie die Gleichheit und Souveränität des Einzelnen und seiner Menschenrechte verletzt werden.[1671] Insofern sehen die *Siracusa Principles* vor:

> „The expression ‚in a democratic society' shall be interpreted as imposing a further restriction on the limitation clauses it qualifies. The burden is upon a state imposing limitations so qualified to demonstrate that the limitations do not impair the democratic functioning of the society. While there is no single model of a democratic society, a society which recognizes and respects the human rights set forth in the United Nations Charter and the Universal Declaration of Human Rights may be viewed as meeting this definition.[1672]

Da neben den Moralanschauungen auch das Verständnis von Demokratie in den Staaten divergiert[1673], können sich die Schrankenregelungen des IPbpR nur auf demokratische Minimalstandards beziehen. Diese dürfen nicht in ihrem Kernbestand tangiert werden und bilden insofern die äußerste Grenze für autonom zu bestimmende Freiheitsbeschränkungen aus Gründen von Ethik und Moral.

b.) Beweislastverteilung

i.) WTO-Recht

Gemäß der allgemeinen Beweislastregeln muss grundsätzlich jede Streitpartei den vorgetragenen Rechtsverstoß durch einen anderen Vertragstaat beweisen.[1674] Umgekehrt kann ein Vertragsstaat sich nur auf die „öffentliche Moral und Ordnung" in Art. XX (a) GATT und Art.

1670 Siracusa Principles (Fn. 1646), Rdn. 19, 20.

1671 Siehe bei 2.Kap.B.II. 3.) a.); *Nowak*, CCPR-Commentary, Art. 21 ICCPR, Rdn. 22.

1672 Siracusa Principles (Fn. 1646), Rdn. 19-21.

1673 Dazu *Garibaldi*, Contemporary Issues in International Law, 23 (65-68), der die "westlichen Konzepte" der Demokatie für maßgeblich hält.

1674 *Weiß*, in: Herrmann/Weiß/Ohler, Welthandelsrecht, § 10, Rdn. 290.

XIV (a) GATS berufen, wenn er glaubhaft nachweisen kann, dass die in Frage stehenden nationalen Vorschriften innerstaatliche moralische Belange betreffen und sie tatsächlich zu deren Schutz dienen.[1675] Es genügt nicht, dass bestimmte Anschauungen nur partiell vertreten sind. Vielmehr muss ein Vertragsstaat glaubhaft darlegen, dass es sich um vorherrschende Moralanschauungen - also die Ansichten der Mehrheit - handelt.[1676] Dafür stehen mehrere Quellen zur Verfügung. Zum einen kann sich der Staat dafür auf seine nationalen Rechtsregime - wie beispielsweise verfassungsrechtliche Wertentscheidungen oder politische Ziele - berufen.[1677] Ebenso wie im deutschen Recht manifestieren sich ethisch-moralische Werte in Gestalt von fundamentalen Grund- und Menschenrechten, wie dem Recht auf Leben oder der Menschenwürde. Gelingt es dem Staat zu zeigen, dass bestimmte Verhaltensweisen stets aus wertanschaulichen Gründen untersagt werden, ist dies ein Indiz dafür, dass Beschränkungen des grenzüberschreitenden Handels keine protektionistischen Ziele verfolgen. Nach Ansicht des *Panel* konnten die USA in *US-Gambling* beispielsweise mittels innerstaatlicher Stellungnahmen des Repräsentantenhauses, Anhörungen des Generalanwaltes vor dem Justizausschuss betreffend die Eindämmung organisierter Kriminalität sowie entsprechender Anhörungen vor dem Unterausschuss für Kriminalität, Terrorismus und Heimatschutz und den Stellungnahmen zum illegalen Glücksspiel im Kongress nachweisen, dass die in Frage stehenden Rechtsvorschriften den Schutz der „öffentlichen Moral" bezweckten.[1678] In *EC-Seal Products* gelang es der EU, anhand nationaler Rechtspraxis und der historischen Begründung für Tierschutzvorschriften zu beweisen, dass die Seehundjagd tatsächlich sozialethische Belange innerhalb der EU berührte.[1679] Auch die Mitgliedschaft in internationalen Organisationen außerhalb der WTO, die ebenfalls Freiheitsbeschränkungen aus moralischen Gründen erlauben, kann die Legitimität der nationalen Maßnahmen indizieren. Kann der Staat sein Anliegen nicht schlüssig beweisen, haben die WTO-Streit-

[1675] Appellate Body Report, *US-Gasoline* (Fn. 1355), S. 22; Appellate Body Report, *Korea-Various Measures on Beef* (Fn. 1431), Rdn. 157; *Marwell*, NYULR 2006, 802 (826); *Diebold*, JIEL 11 (2008), 43 (59); *Hüsken*, GewArch 2010, 49 (52);

[1676] Panel Report, *US-Gambling* (Fn. 1428), Rdn. 6.461, 6.463.

[1677] *Diebold*, JIEL 11 (2008), 43 (65).

[1678] *Diebold*, JIEL 11 (2008), 43 (65 f.); Panel Report, *US-Gambling* (Fn. 1428), Rdn. 6.481-6.487.

[1679] Panel Report, *EC-Seal Products* (Fn. 1456), Rdn. 7.389, 7.393.

schlichtungsorgane schließlich gemäß Art. 13 DSU die Möglichkeit, sich aus externen Quellen über die Bedeutung von Ethik und Moral im jeweiligen Staat zu unterrichten. Daneben kann auch ein staatenübergreifenden Gesellschaftskonsens eine Rolle spielen (dazu sogleich). Darüber hinaus obliegt es dem beschränkenden Staat darzulegen, dass seine Maßnahmen notwendig waren und den Anforderungen der *Chapeaux* entsprachen.[1680] Um nachzuweisen, dass die Handelsbeschränkung das mildeste ihm zumutbare Mittel darstellt, genügt ein *prima facie* Beweis. Das heißt, er muss nicht jede erdenkliche Alternative identifizieren und auf seine Eignung überprüfen.[1681] Auch verlangt der *„Necessity-Test"* nicht, dass der beschränkende Staat empirische Untersuchungen zur Effektivität seiner gewählten Maßnahme anstellt.[1682] Wenn die Gegenpartei jedoch andere Maßnahmen vorschlägt, ist der beschränkende Staat verpflichtet nachzuweisen, dass jene nicht ebenso zur Erreichung des Zwecks geeignet sind.[1683]

ii.) UN-Zivilpakt

Auch im Rahmen der Individualbeschwerde vor dem Menschenrechtsausschuss hat der verletzende Staat zu beweisen, dass sein Eingriff in die Menschenrechte gerechtfertigt ist. Er muss also das Vorliegen der Schrankenvoraussetzungen hinreichend substantiiert belegen.[1684] Anders als die WTO-Streitbeilegungsorgane ist der Menschenrechtsausschuss bei der Beurteilung des Sachverhalts gemäß Art. 5

1680 Panel Report, *China-Audiovisiual Services* (Fn. 1449), Rdn. 7.746-7.749; Appellate Body Report, *China-Audiovisual Services* (Fn. 1449) Rdn. 288 f.; *Hüsken*, GewArch 2010, 49 (52).

1681 Panel Report, *China-Audiovisual Services* (Fn. 1449), Rdn. 7.785; Appellate Body Report, *US-Gambling* (Fn. 1427) Rdn. 309, 310; *Schöbener/Herbst/Perkams*, Internationales Wirtschaftsrecht, § 13 V, Rdn. 312; *Weiß*, in: Herrmann/Weiß/Ohler, Welthandelsrecht, § 10, Rdn. 290.

1682 *Eres*, Geo. J. Int.'l L. (35), 597 (631).

1683 Appellate Body Report, *US-Gambling* (Fn. 1428) Rdn. 309; *Wenzel*, in: Wolfrum/Stoll (Hrsg.), Max Planck Commentaries on WTO-Law, Vol. 5, Art. XX (a) Rdn. 19.

1684 *Schäfer*, Die Individualbeschwerde nach dem Fakultativprotokoll zum Zivilpakt, S. 57; HRC, *X. v. Colombia*, Comm. 1361/2005, U.N. Doc. CCPR/C/89/D/1361/2005, Rdn. 7.2; HRC, *García Lanza de Netto v. Uruguay*, Comm. 8/1977, U.N. Doc. CCPR/C/OP/1, Rdn. 15; Siracusa Principles (Fn. 1646), Rdn. 12.

Abs. 1 OP[1685] an das Vorbringen der Streitparteien gebunden und berücksichtigt dementsprechend keine Angaben Dritter oder allgemeine Informationen.[1686] Für den von der Menschenrechtsverletzung Betroffenen ist die Beweispflicht erleichtert, da der Vertragsstaat nach Art. 4 Abs. 2 OP verpflichtet ist, die behauptete Verletzung zu untersuchen und dem MRA alle relevanten Informationen vorzulegen. Er hat insofern eine Mitwirkungspflicht, da er hinsichtlich bestimmter Umstände besser in der Lage ist, Informationen oder Beweis zu erheben, als der von einer Menschenrechtsverletzung betroffene Bürger.[1687] Der Menschenrechtsausschuss beurteilt ausschließlich anhand der ihm vorgelegten Unterlagen, ob eine Freiheitsbeschränkung tatsächlich dem Schutz dem Schutz der „öffentlichen Moral" dient. Dazu verlangte er in *Hertzberg v. Finland*, dass die Streitparteien ihm die von der Medienanstalt untersagten Berichte vorlegen sollten.[1688] Es genügt demnach nicht, dass ein Vertragsstaat schlicht behauptet, dass ein Verhalten gesellschaftliche Moralvorstellungen tangiert. Diese Aussage muss vielmehr aus Sicht des MRA plausibel erscheinen. Kommt der Vertragsstaat seiner Informationspflicht aus Art. 4 Abs 2 OP nicht nach, stützt der MRA seine Entscheidung allein auf die Behauptungen des Beschwerdeführers.[1689]

c.) Der Einfluss eines gesellschaftlichen Konsenses

i.) WTO-Recht

Im Völkerrecht spielt der gesellschaftliche Konsens der Vertragsparteien grundsätzlich eine große Rolle.[1690] Dabei ist dieser jedoch nicht mit der nach Art. 31 Abs. 3 b) WVK zu berücksichtigen, auslegungssteuernden Staatenpraxis zu verwechseln, die bei der Auslegung völkerrechtlicher Verträge heranzuziehen ist. Denn der Konsens als solcher führt zum einen nicht in jedem Fall zu einer Beschränkung des staatlichen Spielraums (dazu sogleich) und hat zum anderen im Wesentlich

1685 Anm.: *First Optional Protocol to the International Covenant on Civil and Political Rights.*

1686 *Nowak*, CCPR Commentary, Art. 5 First OP, Rdn. 2, 3; *Schäfer*, Die Individualbeschwerde nach dem Fakultativprotokoll zum Zivilpakt, S. 56.

1687 *Schäfer*, Die Individualbeschwerde nach dem Fakultativprotokoll zum Zivilpakt, S. 57.

1688 HRC, *Hertzberg et al. v. Finland* (Fn. 1468), Rdn. 10.2.

1689 *Nowak*, CCPR Commentary, Art. 5 First OP, Rdn. 4.

1690 Siehe dafür nur Panel Report, *US-Gambling* (Fn.1428), Rdn. 6.471.

abwägungssteuernde Funktion im Rahmen der Rechtfertigungsprüfung.

Wenn es - wie bei der Interpretation von „Moral" - an einem einheitlichen Gesellschaftskonsens bzw. Sozialkonsens fehlt, können die Staaten im Lichte ihrer eigenen Wertordnung entscheiden, wie sie den Begriff auslegen. Besteht jedoch ein internationaler Gesellschaftskonsens, sind freiheitsbeschränkende Maßnahmen konsequenterweise an diesem zu messen oder durch ihn zu begrenzen. In *US-Gambling* verwies das *Panel* beispielsweise hinsichtlich der Frage, ob die Handelsbeschränkung für Internet-Glücksspiele tatsächlich unter die „öffentliche Moral" im Sinne des Art. XIV (a) GATS subsumiert werden konnte, auf die entsprechende Staatenpraxis von Israel und der Philippinen sowie die Glücksspiel-Judikatur des EuGH und akzeptierte, dass Glücksspiel zum Schutz der „Moral" grundsätzlich eingeschränkt werden kann.[1691] Der Abwesenheit eines staatenübergreifenden Konsenses darf jedoch kein über die Maßen hoher Stellenwert eingeräumt werden. Auch wenn ein solcher nicht feststellbar ist, darf sich ein Staat auf die innerstaatliche „Moral" als Gemeinschaftsinteresse der Gesellschaft berufen.[1692] Ansonsten liefe die Befugnis der Staaten, die „öffentliche Moral" und das angestrebte Schutzniveau am Maßstab ihrer eigenen Wertvorstellungen autonom zu definieren, leer.[1693] Die Schranke der „öffentlichen Moral" wäre vielmehr überflüssig, wenn hinsichtlich moralischer Fragen immer ein Konsens in den Vertragsstaaten bestehen würde.[1694] Sie schützt gerade die nationale Identität der Staaten. Im Rahmen einer weitgehend einheitlichen Werteordnung wie der Europäischen Union oder des Europarates mögen isoliert vorgetragene moralische Bedenken den Verdacht des Protektionismus hervorrufen. Vor dem Hintergrund der WTO mit ihren insgesamt 159 Mitgliedern[1695] sind ethische, moralische, kulturelle und religiöse Wertunterschiede jedoch evident. Plakativ gesprochen sind beispielsweise die Ansichten

1691 Panel Report, *US-Gambling* (Fn. 1428), Rdn. 6.471, 6.473 mit Verweis auf Trade Policy Review - *Israel*, WT/TPR/S/58, table III.8 (1999); Trade Policy Review - *The Philippines*, WT/TPR/S/59, table III.11 (1999); zur Glücksspiel-Judikatur des EuGH siehe bei 2.Kap.A.I. 3.) c.).

1692 *Diebold*, JIEL 11 (2008), 43 (64).

1693 *Marwell*, NYULR 2006, 802 (806, 817).

1694 *Wenzel*, in: Wolfrum/Stoll (Hrsg.), Max Planck Commentaries on WTO-Law, Vol. 5, Art. XX (a) Rdn. 7.

1695 Siehe: http://www.wto.org/english/thewto_e/whatis_e/tif_e/org6_e.htm (zuletzt abgerufen am 06.11.2014).

über Beschneidungen von Mädchen in Afrika andere als in Mitteleuropa. Es kann deshalb kein Kriterium sein, dass vorgetragene Moralvorstellungen in der Staatengemeinschaft konsensfähig sein müssen, um als Rechtfertigungsgrund im Sinne der Art. XX (a) GATT und Art. XIV (a) GATS anerkannt zu sein. Im Gegenteil ist - gemäß der Struktur der Ausnahmetatbestände - auch eine nur vereinzelt vertretbare Moralvorstellung schützenswert.[1696]

Andererseits kann die Existenz eines Konsenses allein noch keine moralischen Vorbehalte rechtfertigen. Vielmehr müssen sich die übereinstimmenden Anschauungen in den Vertragsstaaten zusätzlich in der innerstaatlichen Rechtsordnung niederschlagen. Sind beispielsweise gewaltverherrlichende Filme in der Mehrheit der Staaten verboten, im Einfuhrstaat jedoch nicht, könnte dieser solche Filme nicht unter Berufung auf einen internationalen Gesellschaftskonsens aus Gründen der „öffentlichen Moral" verbieten, da sie im Inland nicht für sozial unwertig gehalten werden.[1697] Der beschränkende Staat muss vielmehr glaubhaft nachweisen, dass die nationalen Vorschriften konsequent auf die Bekämpfung gewaltverherrlichender Filme abzielen, Ausdruck eines gesellschaftlichen Unwerturteils und tatsächlich zum Schutz der „Moral" „notwendig" sind. Auf der anderen Seite ist die Existenz eines Konsenses jedoch ein starkes Indiz für die Legitimität des verfolgten Ziels und erleichtert die Rechtfertigung der einseitigen Beschränkung.

ii.) UN-Zivilpakt

Im Geltungsbereich des UN-Zivilpakts ist ein staatenübergreifender Gesellschaftskonsens aufgrund der Vielzahl an Mitgliedstaaten ebenso schwer nachzuweisen wie im Welthandelsrecht. Auch ist nicht klar, wann von einem Konsens auszugehen ist; genügen bereits fünf Staaten, in denen gleiche Anschauungen herrschen, oder ist wenigstens eine Übereinstimmung in der Hälfte der Staaten erforderlich? Den vorliegend untersuchten Entscheidungen des Menschenrechtsausschusses lässt sich lediglich entnehmen, dass jedenfalls der Konsens innerhalb eines Staatsgebietes die Zulässigkeit von Freiheitsbeschränkungen beeinflussen kann. In *Toonen v. Australia* hielt der MRA die Strafbarkeit der Homosexualität in Tasmanien für unzulässig, da in der Mehrzahl der australischen Regionen keine vergleichbaren Straftatbestände exis-

1696 *Marwell*, NYULR 2006, 802 (822).

1697 Beispiel angelehnt an *Diebold*, JIEL 11 (2008), 43 (64); einen gewissen Konsens fordernd auch *Feddersen*, Minn. J. Global Trade 1998, 75 (111).

tierten.[1698] Auch in Tasmanien selbst gingen die Anschauungen über die soziale Unwertigkeit der männlichen Homosexualität auseinander. Insofern war die Behauptung der Regierung, die entsprechenden Strafnormen würden vorherrschende Moralvorstellungen schützen, nicht haltbar. Im Gegenteil stand die Nichtexistenz eines diesbezüglichen Konsenses der Notwendigkeit der nationalen Maßnahmen entgegen. Dogmatisch betrachtet, verfolgten die nationalen Normen mithin keinen legitimen Zweck. Darüber hinaus binden die *General Comments* zum Zivilpakt des Menschenrechtsausschusses alle Vertragsstaaten[1699] und bilden insofern den vom MRA festgestellten Staatenkonsens ab. Die *General Comments* zu Art. 18 Abs. 2 IPbpR legen in Nr. 22 fest, dass die Moral bzw. Sittlichkeit aus sozialen, philosophischen und religiösen Traditionen abzuleiten sei, die *naturaliter* von Staat zu Staat unterschiedlich sind. Konsequenterweise scheint insofern jedenfalls Einigkeit darüber zu bestehen, dass in ethisch-moralischen Fragen gerade kein gesellschaftlicher Konsens besteht. Da der UN-Menschenrechtsausschuss in den übrigen Entscheidungen zu Freiheitsbeschränkungen aus Gründen von Ethik und Moral nicht auf einen Konsens verweist, scheint dieser insgesamt eine geringe Relevanz zu haben.

d.) Das Kohärenzgebot als Filter für missbräuchliche Rechtsanwendung

Das vom EuGH entwickelte Kohärenzgebot tritt im Welthandelsrecht und im Rahmen internationaler Menschenrechte zwar oftmals in Erscheinung, hat insgesamt aber einen geringeren Stellenwert als in der Rechtspraxis des EuGH. Auch ist dessen dogmatische Einordnung - anders als im Europarecht - weniger eindeutig, da die Streitschlichtungsorgane der WTO und der UN-Menschenrechtsausschuss diesbezüglich uneinheitlich entscheiden.

i.) WTO-Recht

Das Kohärenzgebot ist im Welthandelsrecht Bestandteil des „*Necessity*-Tests“ von Art. XX (a) GATT und Art. XIV (a) GATS. Im Vergleich zum europäischen Recht spielt es jedoch nur eine untergeordnete Rolle. Im Hinblick auf Freiheitsbeschränkungen aus moralischen Gründen sind den Verfahren *US-Gambling, China-Audiovisual Services* und *EC-Seal Products* nur spärliche Hinweise zur Handhabung des Kohärenzgebo-

1698 HRC, *Toonen v. Australia* (Fn. 1487), Rdn. 6.6 f.

1699 *Schilling*, Internationaler Menschenrechtsschutz, Rdn. 754.

tes zu entnehmen. So untersuchte das *Panel* im erstgenannten Verfahren, ob die im Inland angewendeten Regulierungsmaßnahmen für nicht-internetbasierte Glücksspiele auch auf Online-Glücksspiele anzuwenden waren, anstatt diese vollständig zu untersagen.[1700] Der *Appellate Body* stellte insoweit klar, dass es für die Zumutbarkeit einer solchen Übertragung nicht auf einen Vergleich ganzer Handels- bzw. Dienstleistungssektoren ankomme; vielmehr seien nur Regulierungen für Tätigkeiten zu untersuchen, die in vergleichbarer Weise Gefahren für die „öffentliche Moral" darstellten.[1701] Die Streitschlichtungsorgane hielten Internet-Glücksspiele aufgrund ihres besonderen Gefahrenpotentials für gefährlicher als herkömmliche Glücksspiele, so dass die USA nicht verpflichtet waren, die weniger strengen Regeln für herkömmliche Spiele auf das Online-Glücksspiel anzuwenden.[1702]

In *China-Audiovisual Services* waren die nationalen Maßnahmen nach Ansicht der WTO-Streitbeilegungsorgane hingegen nicht gerechtfertigt, weil sie keinen Beitrag zum Schutz der „Moral" leisteten.[1703] Da China nicht glaubhaft nachweisen konnte, dass die Vorschriften zur Importkontrolle durch staatliche Stellen den Schutz der „Moral" förderten, war anzunehmen, dass diese in Wirklichkeit anderen - möglicherweise protektionistischen - Zwecken dienten und insofern nicht „notwendig" waren.[1704]

In beiden Entscheidungen verwiesen die Streitbeilegungsorgane - anders als der EuGH - nicht ausdrücklich auf die Kohärenz. Die Argumentationsmuster lassen sich jedoch in die Konzeption eines entsprechenden Grundsatzes eingliedern. In beiden Fällen ging es im Wesentlichen um die Frage, ob die nationalen Freiheitsbeschränkungen widerspruchsfrei und konsequent auf den Schutz der „Moral" gerichtet waren. Lediglich in dogmatischer Hinsicht zeigen sich Unterschiede. In *US-Gambling* verorteten die Streitschlichtungsorgane das Kohärenzerfordernis bei der Erforderlichkeit, da sie von einer unzulässigen Beschränkung grenzüberschreitender Dienstleistungen ausgingen, wenn mildere und dennoch zumutbare Maßnahmen den Schutz der Moral

1700 Panel Report, *US-Gambling* (Fn. 1428), Rdn. 6.496, 6.497.

1701 Appellate Body Report, *US-Gambling* (Fn. 1428), Rdn. 346, 347.

1702 Panel Report, *US-Gambling* (Fn. 1428), Rdn. 6.518; ebenso EuGH - *Carmen Media* (Fn. 709), Rdn. 102 f., 105.

1703 Appellate Body Report, *China-Audiovisual Services* (Fn. 1449), Rdn. 251; Appellate Body Report, *Korea-Various Measures on Beef* (Fn. 1431) Rdn. 163

1704 Appellate Body Report, *China-Audiovisual Services* (Fn. 1449), Rdn. 290, 299.

gleich effektiv hätten erreichen können. Wie die Rechtsprechung des EuGH verdeutlicht, kann es insbesondere als widersprüchlich angesehen werden, wenn ein Staat verschiedene Arten des Glücksspiels unterschiedlich regelt und die Gefahren des Spiels insofern nicht konsequent beseitigt oder einschränkt. Dies setzt jedoch voraus, dass die gegenüber zu stellenden Verhaltensweisen hinsichtlich ihres Gefährdungspotentials überhaupt vergleichbar sind.[1705] In *China-Audiovisual Services* hingegen war der mangelnde Beitrag der in Frage stehenden Maßnahme eine Frage der Geeignetheit. Auch wenn die „öffentliche Moral" grundsätzlich durch handelsbeschränkende Maßnahmen geschützt werden kann, sind Maßnahmen, die keinerlei Beitrag dazu leisten, nicht konsequent und effektiv auf den Schutz der Moral gerichtet. Es ging also um eine Art Glaubwürdigkeitskontrolle der nationalen Maßnahme.

Unabhängig davon, ob sie in der Rechtsprechung der WTO-Streitschlichtungsorgane der Geeignetheit oder Erforderlichkeit zuzuordnen ist, tritt sie als Kriterium der Verhältnismäßigkeit im Rahmen der „Notwendigkeit" in Erscheinung und unterbindet den Missbrauch nationaler Freiheitsbeschränkungen. Nationale Maßnahmen werden am Maßstab des vom Vertragsstaat selbst gewählte Schutzniveaus auf ihre Glaubwürdigkeit und Konsistenz überprüft. Bleiben sie dahinter zurück oder gehen darüber hinaus, sind sie im Hinblick auf den angestrebten Schutz inkohärent und nicht zu rechtfertigen.

ii.) UN-Zivilpakt

In der „Entscheidungspraxis" des UN-Menschenrechtsausschusses scheint die Kohärenz keine Bedeutung zu haben. Lediglich in *Toonen v. Australia* rekurrierte der Ausschuss auf die inkonsequente Durchsetzung nationaler Strafnormen gegen die männliche Homosexualität. Da die nationalen Stellen nicht effektiv und konsequent gegen männliche Homosexualität in Tasmanien vorgingen, war der MRA der Ansicht, dass die Strafvorschriften keinem dringenden sozialen Bedürfnis entsprachen und insofern nicht zum Schutz der „Moral" notwendig waren.[1706] Diese Aussage bezog sich nicht auf die Widersprüchlichkeit des nationalen Regelungsrahmens, sondern die Anwendung der fraglichen Normen. Auch wird die inkonsequente Behördenpraxis neben der

1705 Siehe EuGH – *Carmen Media* (Fn. 709), Rdn. 102-105; EuGH – *Liga Portuguesa* (Fn. 752), Rdn. 70-73.

1706 HRC, *Toonen v. Australia* (Fn. 1487), Rdn. 8.6.

Nichtexistenz eines Gesellschaftskonsenses lediglich als Hilfsargument für die Schlussfolgerung herangezogen, dass die männliche Homosexualität in Tasmanien nicht schlechthin als sozial unwertig betrachtet wurde. Der Menschenrechtsausschuss stützt damit lediglich die Annahme, dass die nationalen Maßnahmen keinen legitimen Zweck verfolgten. Ein eigenständiges Entscheidungskriterium im Rahmen der Verhältnismäßigkeit ist die Kohärenz damit nicht. Dafür scheint es, als wenn der MRA die Moralbegriffe als solche tendenziell stärker überprüft als die WTO-Streitbeilegungsorgane. Diese Annahme lässt sich aus der Rechtssache *Toonen v. Australia* herleiten. Im Gegensatz zu den anderen untersuchten internationalen Streitbeilegungsorganen nahm der HRC dort eine eigene Untersuchung innerstaatlicher Moralvorstellungen vor und hob diese aus dem autonomen Verantwortungsbereich der Staaten heraus. Eine ähnliche Tendenz war nur in der Rechtssache *EC-Seal Products* des WTO-*Panels* zu beobachten. Ob sich diese Entwicklung in Zukunft zu einer festen Entscheidungspraxis verfestigen wird, bleibt abzuwarten.

C. Ergebnis

I. WTO-Recht

Den Vertragsstaaten ist im Welthandelsrecht ein Beurteilungs- und Ermessensspielraum bei der Auslegung und Anwendung der „öffentlichen Moral" in Art. XX (a) GATT und Art. XIV (a) GATS eingeräumt. Da dieser Begriff von seiner Formulierung und seinem Sinn und Zweck ausschließlich darauf gerichtet ist, innerstaatliche Wertvorstellungen zu schützen, können die Staaten den Begriff der „Moral" autonom für ihr Staatsgebiet interpretieren. Einschränkend müssen sie jedoch nachweisen, dass eine Freiheitsbeschränkung tatsächlich aktuelle Wertvorstellungen der Bevölkerungsmehrheit schützt und nicht etwa anderen Zielen dient. Indiz für die Legitimität des verfolgten Zwecks ist das Vorhandensein eines Konsenses in den Vertragsstaaten, der sich als Ausdruck eines gesellschaftlichen Unwerturteils in den jeweiligen nationalen Rechtsordnungen niederschlägt. Die Nichtexistenz eines Konsenses führt jedoch noch nicht zur Unzulässigkeit der beschränkenden Maßnahme, da die „Moral" gerade auch spezifische Anschauungen eines Staates schützt, die international nicht anerkannt sind. Maßgeblich ist mithin das von den Staaten selbst festgelegte Schutzniveau, an dem sich beschränkende Maßnahmen messen lassen müssen.[1707] Zusammenfassend ist die gerichtliche Kontrolle im Welthandelsrecht als sog. *„two-tier test"*[1708] zu bezeichnen. Die Staaten müssen demnach (1.) glaubhaft nachweisen, dass die Beschränkungen tatsächlich im Inland vorherrschenden Moralvorstellungen entsprechen und zu deren Schutz notwendig sind sowie (2.), dass sie den Anforderungen der *Chapeaux* von Art. XX (a) GATT und Art. XIV (a) GATS entsprechen.[1709] Ob eine staatliche Maßnahme zum Schutz der „öffentlichen Moral" notwendig ist, bestimmt sich im Rahmen einer Güterabwägung nach mehreren Kriterien: dem Stellenwert der Moral, der Effektivität der nationalen Maßnahme, der Schwere des Eingriffs für den internationalen Handel und der Erforderlichkeit der konkreten Maßnahme.[1710] Insbesondere können einseitige Freiheitsbeschränkungen nicht gerechtfertigt sein, wenn sie widersprüchlich sind, weil entweder vergleichbar gefährliche Verhaltensweisen nach innerstaatlichem Recht liberaler gehandhabt werden oder sie in Wirklichkeit keinen Beitrag zum Schutz der „Moral" leisten. Schließlich darf eine auf die Ausnahmebestimmungen gestützte nationale Maßnahme weder eine willkürliche oder ungerechtfertige Diskriminierung, noch eine verschleierte Beschränkung des internationalen Handels darstellen.[1711]

II. UN-Zivilpakt

Die Kontrolle von Freiheitsbeschränkungen zum Schutz der „öffentlichen Moral" nach Art. 12 Abs. 3, Art. 14 Abs. 1, Art. 18 Abs. 1, Art. 19 Abs. 3, Art. 21 und Art. 22 Abs. 2 IPbpR durch den UN-Menschenrechtsausschuss unterscheidet sich kaum von derjenigen der WTO-

1707 *Wenzel*, in: Wolfrum/Stoll (Hrsg.), Max Planck Commentaries on WTO-Law, Vol. 5, Art. XX (a) Rdn. 8.

1708 *Kling/Rüffer*, JURA 2012, 953 (958); Appelate Body Report, *US-Gasoline* (Fn. 1355), WT/DS2/AB/R, S. 22; auch: *„two-tier approach"*.

1709 *Tietje*, Internationales Wirtschaftsrecht, § 3, Rn. 89, 90; *Schöbener/Herbst/Perkams*, Internationales Wirtschaftsrecht, § 12, Rdn. 153; *Mitchell*, Legal Principles in WTO Disputes, S. 192; *Feddersen*, Minn. J. Global Trade 1998, 75 (91 f.); *Diebold*, JIEL 11 (2008), 43 (46-48); *Wolfrum*, in: Wolfrum/Stoll (Hrsg.), Max Planck Commentaries on World Trade Law, Vol. 5, Art. XX (Introduction), Rdn. 8; Appellate Body Report, *US-Gasoline* (Fn. 1355), Rdn. 42; Panel Report, *China-Audiovisiual Services* (Fn. 1449), Rdn. 7.746.

1710 Siehe entsprechend *Diebold*, JIEL 11 (2008), 43 (66).

1711 Z.B. Panel Report, *US-Gambling* (Fn. 1428) Rdn. 6.585-6.589; 6.595-6.600; *Wenzel*, in: Wolfrum/Stoll (Hrsg.), Max Planck Commentaries on WTO-Law, Vol. 5, Art. XX (Introduction) Rdn. 8.

Streitbeilegungsorgane. Auch wenn der MRA es bis auf den Einzelfall in *Hertzberg v. Finland* vermieden hat, den Staaten einen Beurteilungsspielraum zur Interpretation der „öffentlichen Moral" einzuräumen, handelt es sich dabei dennoch um einen subjektiv geprägten Begriff, der in inhaltlicher Hinsicht keiner autonomen Definition zugänglich ist. Da der MRA keine eigenen Ermittlungen anstellen darf, und der staatenübergreifende Gesellschaftskonsens nur marginale Bedeutung hat, richtet sich die Bedeutung des Begriffs denknotwendig nach nationalen Gegebenheiten. Dennoch behält sich der Menschenrechtsausschuss ausdrücklich eine Rechtfertigungskontrolle vor[1712] und prüft in deren Rahmen, ob der den Staaten eingeräumte Spielraum überschritten worden ist. Dabei sind Freiheitsbeschränkungen einem sogenannten *„reasonableness test"* zu unterziehen. Das heißt, eine beschränkende Maßnahme muss gesetzlich vorgesehen, zum Schutz der „öffentlichen Sittlichkeit" notwendig sowie mit den anderen Rechten aus dem IPbpR vereinbar sein. Dieser Test ist gleichbedeutend mit einer Verhältnismäßigkeitsprüfung und objektiviert die Anwendung der moralischen Schranke[1713], die im Vergleich zu anderen Beschränkungsgründen kaum justiziabel ist. Insofern sind die moralischen Belange mit den negativen Auswirkungen auf die menschenrechtlichen Gewährleistungen abzuwägen. Voraussetzung für die Zulässigkeit einer Freiheitsbeschränkung ist demnach, dass sie Ausdruck herrschender Moralanschauungen und essentiell für deren Schutz ist. Daran mangelt es insbesondere, wenn die freiheitsbeschränkenden Normen von den nationalen Behörden nicht effektiv und widerspruchsfrei durchgesetzt werden oder in der Gesellschaft kein Konsens über die soziale Unwertigkeit einer verbotenen Tätigkeit existiert.

1712 HRC, *Toonen v. Australia* (Fn. 1487), Rdn. 8.6.

1713 *Nowak*, CCPR-Commentary, Art. 12 ICCPR, Rdn. 35 f. und dort Fn. 87; Siracusa Principles (Fn. 1646), Rdn. 10, 54.

4. Kapitel - Freiheitsbeschränkungen aus Gründen von Ethik und Moral im rechtsordnungsübergreifenden Vergleich

A. Anwendungsfälle von Ethik und Moral als Schranken für Freiheitsrechte

Es hat sich gezeigt, dass die Hauptanwendungsfälle von Ethik und Moral in allen Rechtsordnungen im Wesentlichen die Sexualmoral, die Grenzbereiche des menschlichen Lebens sowie das Glücksspiel betreffen. Anhand der Rechtsprechungs- bzw. Entscheidungslinien lassen sich Gemeinsamkeiten für eine Prognose künftiger Verfahren ablesen. Es ist jedoch anzumerken, dass Ethik und Moral als kodifizierte Rechtsbegriffe hauptsächlich im Hinblick auf die Sexualmoral und der zwischenstaatlichen Regulierung des Glücksspiels in Erscheinung traten. Die Grenzbereiche des menschlichen Lebens beschäftigen sich zwar mit grundsätzlichen Fragen der Ethik, wie beispielsweise dem Beginn des Lebens, spiegeln jedoch nur wider, in welchen Konstellationen außerrechtliche Wertvorstellungen bei der Beurteilung von Freiheitsbeschränkungen einfließen, ohne dass Ethik und Moral als positivrechtlich normierte Rechtfertigungsgründe vorgesehen sind.

I. Sexualmoral

Im deutschen Recht waren in der Vergangenheit insbesondere die Ausübung der Prostitution, die Veranstaltung von *Peep-Shows* und die männliche Homosexualität untersagt, da diese Tätigkeiten nach Ansicht der Rechtsprechung gegen das „Sittengesetz" oder die „guten Sitten" verstießen bzw. der „Unsittlichkeit Vorschub leisteten".[1714] In jüngeren Urteilen rückte jedoch das Selbstbestimmungsrecht des Einzelnen in den Fokus der Betrachtung. Das heißt, dass gesellschaftliche Wertvorstellungen in der Regel keine Eingriffe in die sexuelle Identität als Kernbereich des Persönlichkeitsrechts mehr rechtfertigen können, unabhängig davon, wie anstößig ein sexuelles Verhalten für andere

1714 BVerwG, Urteil vom 15.07.1980 - 1 C 45/77 - *Prostitution*, BVerwGE 60, 284 (289); BVerwG, Urteil vom 15.12.1981 - 1 C 232.79 - *Peep-Show*, BVerwGE 64, 274 (279 f.); BVerfG, Urteil vom 10.05.1957 - 1 BvR 550/52 - *Homosexualität*, BVerfGE 6, 389 (434).

sein mag.[1715] Zwar halten die Gerichte im Gegensatz zu einer Vielzahl von Kritikern in der Literatur *Peep-Shows* noch immer für sittenwidrig[1716]; dennoch ist die Ausübung der Prostitution seit dem richtungsweisenden Urteil des VG Berlin[1717] und ihrer rechtlichen Anerkennung in Form des ProstG nicht mehr als Verstoß gegen die Sittlichkeit anzusehen. Auch die Strafbarkeit der männlichen Homosexualität war seit der Abschaffung des § 175 StGB im Jahr 1994[1718] nicht mehr Gegenstand eines gerichtlichen Verfahrens und würde nunmehr zweifelsfrei gegen den allgemeinen Gleichheitssatz aus Art. 3 Abs. 1 GG und das allgemeine Persönlichkeitsrecht aus Art. 1 Abs. 1 i.V.m. Art. 2 Abs. 1 GG verstoßen.

Parallel dazu hat der EGMR im Jahr 1981 die in Irland geltende Strafbarkeit der Homosexualität für konventionswidrig erklärt, da sie dem herrschenden Konsens in den Vertragsstaaten widersprach.[1719] Der nationale Spielraum stand dem nicht entgegen, da die Einheit und Effektivität der Konvention verlangte, die sexuelle Identität des Einzelnen „in einer demokratischen Gesellschaft" als Bestandteil eines europäischen Menschenrechtsstandards zu etablieren.

Ähnliche Entwicklungen zeichneten sich in der Entscheidungspraxis des UN-Menschenrechtsausschusses ab. Während er die vertragsstaatliche Beurteilung über die Strafwürdigkeit der männlichen Homosexualität in der Vergangenheit unangetastet ließ[1720], führte ein fehlender innerstaatlicher Konsens hinsichtlich der Notwendigkeit einer Strafbarkeit im Jahr 1992 zu der Entscheidung, dass diese in Tasmanien gegen den IPbpR verstieß.[1721]

Daneben ging es in den grundlegenden Urteilen des EuGH und des EGMR insbesondere um Verbote von pornographischen Artikeln auf der Grundlage außerrechtlicher Moralvorstellungen. In der Vergangenheit hielten die Gerichte Beschränkungen des grenzüberschreitenden Handels zum Schutz der „öffentlichen Sittlichkeit" bzw. der „Mo-

1715 Ähnlich *Kunig*, in: v. Münch/Kunig, GG Bd. I, Art. 2, Rdn. 27.

1716 BVerwG, Beschluss vom 23.08.1995 – 1 B 46/95, Rdn. 13, GewArch 1996, 19.

1717 VG Berlin – *Café Pssst!*, NJW 2001, 983.

1718 Siehe BT-Drucks. 12/4584 vom 18.03.1993.

1719 EGMR – *Dudgeon/Vereinigtes Königreich* (Fn. 807), Rdn. 60, 63.

1720 HRC, *Hertzberg et al. v. Finland* (Fn. 1468), Rdn. 10.4.

1721 HRC, *Toonen v. Australia* (Fn. 1487), Rdn. 8.6.

ral" in diesen Fällen für gerechtfertigt.[1722] In neuerer Zeit hingegen ist eine Liberalisierung in der Form zu erkennen, dass entweder überhaupt keine Verfahren mehr vorgelegt werden, in denen es um Beschränkungen von pornographischen Medien geht, oder die europäischen Gerichte sie nicht mehr als Gefahr für die „öffentliche Sittlichkeit" ansehen.[1723] Ebenso entschied der EuGH für die grenzüberschreitende Ausübung der Prostitution, die seiner Ansicht nach als Dienstleistung im Sinne der Art. 56, 57 AEUV anzusehen ist und nicht untersagt werden darf, wenn der Aufnahmestaat in seinem Hoheitsgebiet nicht selbst dagegen vorgeht.[1724]

Für den Bereich der Sexualmoral ist mithin zu konstatieren, dass sich in allen Rechtsordnungen ein gesellschaftlicher Wandel dergestalt vollzogen hat, dass die sexuelle Identität und Selbstbestimmung des Einzelnen nunmehr als Kernelement menschenrechtlicher Gewährleistungen angesehen wird. Deshalb gehen die Staaten in der Regel nicht mehr aus Gründen von Ethik und Moral gegen vermeintlich unmoralische sexuelle Handlungen vor, solange sie einvernehmlich vorgenommen werden und im privaten Bereich stattfinden.[1725] Der diesbezügliche überwältigende Konsens in den „demokratischen Gesellschaften" verhindert, dass sich die Staaten auf ihren Beurteilungsspielraum berufen können, um beispielsweise Homosexualität zu bestrafen. Anders gelagert sind weiterhin die Fälle, in denen die Sexualität in der Öffentlichkeit ausgelebt wird. Solches Verhalten findet nicht mehr in der Intimsphäre, sondern in der Öffentlichkeitssphäre statt, so dass das Selbstbestimmungsrecht hinter den Interessen der Allgemeinheit zurücktreten muss. Konsequenterweise kann demnach der öffentlich praktizierte Geschlechtsverkehr wegen Verstoßes gegen sittliche Vorstellungen untersagt werden. Das beweisen etwa die Vorschriften der § 183 StGB und § 183a StGB, wonach exhibitionistische Handlungen bzw. die Vornahme öffentlicher sexueller Handlungen unter Strafe gestellt sind.

1722 EuGH - *Henn u. Darby* (Fn. 681), Rdn. 21 f.; EGMR - *Handyside/Vereinigtes Königreich* (Fn.815), Rdn. 58; EGMR - *Müller u.a./Schweiz* (Fn. 1078), Rdn 36.

1723 EuGH - *Conegate* (Fn. 689), Rdn. 15.

1724 EuGH - *Adoui und Cornuaille* (Fn. 693), Slg. 1982, 1665 (1707 f.); EuGH - *Jany u.a.* (Fn. 698), Rdn. 62.

1725 Zwischen Sexualmoral im privaten und öffentlichen Bereich unterscheidet auch *von der Pfordten*, Rechtsethik, S. 96.

Auch ohne Öffentlichkeitsbezug bleibt der Geschwisterinzest nach § 173 Abs. 2 S. 2 StGB strafrechtlich sanktioniert. Der Tatbestand stützt sich zwar nicht ausdrücklich auf das „Sittengesetz", beruht aber offensichtlich auf moralischen Vorstellungen. Nach kritikwürdiger Ansicht des BVerfG sei der Geschwisterinzest aufgrund eines weiter vorherrschenden kulturhistorisch und religiös motivierten gesellschaftlichen Tabus nicht von seinem Unwerturteil befreit, so dass er auch im privaten Bereich strafbar bleibe.[1726] Nur in diesem Einzelfall wird die Sexualmoral höher gewichtet als das allgemeine Persönlichkeitsrecht bzw. die Intimsphäre der Betroffenen. Zur Begründung wird angeführt, dass neben der Sexualmoral andere gewichtige Rechtsgüter geschützt werden sollen, die es in einer Gesamtschau rechtfertigten, die Strafnorm des § 173 Abs. 2 S. 2 StGB in ihrer derzeitigen Form aufrecht zu erhalten. Wie oben aufgezeigt, ist die Ausgestaltung der Vorschrift jedoch in sich widersprüchlich und inkonsequent und stellt im Verhältnis zum sonstigen Umgang des Strafechts mit der Sexualmoral einen rechtsdogmatisch kaum nachzuvollziehenden Bruch dar.

Der EGMR stellte diese moralische Bewertung aber nicht in Frage, sondern prüfte lediglich, ob § 173 Abs. 2 S. 2 StGB „in einer demokratischen Gesellschaft notwendig" war und befand, dass sich der deutsche Gesetzgeber in konventionskonformer Weise im Rahmen seines eingeräumten Spielraumes bewegt habe.[1727] Der EGMR hielt sich hier zurück, um die demokratische Legitimation des deutschen Gesetzgebers nicht in Frage zu stellen. Dieser besitzt „in einer demokratischen Gesellschaft" nach Maßgabe der Art. 8 bis 11 EMRK und nach dem Prinzip der vertikalen Gewaltenteilung gewisse Entscheidungsfreiräume, die vom EGMR zu respektieren sind.[1728] Etwas anderes würde nur gelten, wenn in den Staaten ein Gesellschaftskonsens existierte, nach dem der Geschwisterinzest nicht für unsittlich bzw. unmoralisch gehalten wird. Ein solcher ist jedoch nicht nachzuweisen.

II. Grenzbereiche des menschlichen Lebens

Die Grenzbereiche des menschlichen Lebens spielen in der Rechtspraxis eine weitaus größere Rolle als die Sexualmoral, auch wenn individuelle Freiheiten hierbei nicht ausdrücklich durch Ethik und Moral beschränkt werden. Die wesentlichen Anwendungsbereiche behandeln

[1726] BVerfGE 120, 224 f. (248 f.) – *Geschwisterinzest*.

[1727] EGMR – *Stübing/Deutschland* (Fn. 842), Rdn. 66.

[1728] Siehe *Grabenwarter*, EuGRZ 2011, 229 (230); siehe auch bei 4.Kap.D.II. 3.) b.).

die Sterbehilfe, die Zulässigkeit von Schwangerschaftsabbrüchen sowie bestimmte Methoden der Fortpflanzungsmedizin. In allen diesen Fällen geht es um die ethisch sensible Abwägung zwischen gleichwertigen Menschenrechten. Bei der Sterbehilfe stehen das Selbstbestimmungsrecht und das Recht auf Leben in Konflikt; gleiches gilt für Schwangerschaftsabbrüche, bei denen das Lebensrecht des *Nasciturus* sowie die Persönlichkeitsrechte sowie die Gesundheit und das Leben der Mutter kollidieren. Letztendlich erfolgt hier eine Abwägung des werdenden Lebens mit dem existierenden Leben. Auch bei der Fortpflanzungsmedizin geht es um die Persönlichkeitsrechte der Eltern einerseits und das Recht auf Leben des ungeborenen Kindes sowie die Menschenwürde andererseits. Im Fokus stehen demnach grundlegende Fragen der menschlichen Existenz, die bis heute sowohl nationale, als auch europäische und internationale Gerichte und Streitbeilegungsorgane beschäftigen.

Grundsätzlich geht mit der Entscheidung, das eigene oder ein anderes Leben zu beenden oder dessen Entstehung zu verhindern, die Wertung einher, dass dieses für unwert oder zumindest weniger wertvoll gehalten wird als die damit kollidierenden Rechte. Deshalb berühren die genannten Sachverhalte die fundamentalen Wertvorstellungen von dem Wert des Menschen als Gattungswesen.[1729]

Das BVerfG etwa hält einen Schwangerschaftsabbruch unabhängig von moralischen oder religiösen Auffassungen für zulässig, wenn das Leben oder die Gesundheit der Mutter gefährdet ist oder das Austragen des Kindes aus anderen schwerwiegenden Gründen für die Frau unzumutbar ist.[1730] Insofern wird er nicht *per se* als Verstoß gegen das Sittengesetz angesehen.

Auch der EuGH sieht Schwangerschaftsabbrüche als Dienstleistung i.S.d. Art. 56 AEUV an und unterstellt sie damit dem Schutz der Grundfreiheiten.[1731] Der Gerichtshof bezieht jedoch zu Recht keine Stellung zu der Frage, ob Abtreibungen zum Schutz des ungeborenen Lebens grundsätzlich untersagt werden können. Zumindest dann, wenn das Lebensrecht des *Nasciturus* – wie in Irland – verfassungsrechtlich verankert ist, kann er ohnehin keine Abwägung vorgeben, ohne die grundlegenden verfassungsrechtlichen Wertungen des Mitgliedstaates

1729 *Höfling*, in: Sachs (Hrsg.), GG, Art. 1, Rdn. 50 m.w.N.; BVerfGE 87, 209 (228) – *Tanz der Teufel*.

1730 BVerfGE 88, 203 (256 f.) – *Schwangerschaftsabbruch II*.

1731 EuGH – *SPUC*, Rdn. 21.

als identitätsstiftende Merkmale i.S.d. Art. 4 Abs. 2 EUV zu missachten.[1732]

In eine andere Richtung ging der EGMR. Er überließ die Frage nach der Zulässigkeit des in Irland geltenden verfassungsrechtlichen Verbots des Schwangerschaftsabbruchs zwar ebenfalls grundsätzlich dem Staat[1733], differenzierte jedoch im Rahmen der Güterabwägung abhängig von der Schwere der Gefährdung auf Seiten der Mutter. Demnach ist eine Abtreibung konventionskonform, wenn die Frau um ihr Leben fürchten muss, auch wenn der Schutz des *Nasciturus* Verfassungsrang hat.[1734] Insofern stellte sich der EGMR einer pauschalen Gewichtung zugunsten des ungeborenen Lebens entgegen[1735] und offenbarte damit Entscheidungsparallelen zur Rechtspraxis des BVerfG.

Im Hinblick auf die Sterbehilfe ist für das deutsche Recht zu konstatieren, dass die ehemals für unsittlich gehaltene Sterbehilfe[1736] nunmehr durch den selbstbestimmten Willen des Sterbewilligen verdrängt wird, der als Bestandteil der Menschenwürdegarantie anzusehen ist. So sind etwa die Beihilfe zum Suizid und der „Behandlungsabbruch" in der neueren Rechtsprechung straflos, wenn sie dem Willen des Patienten entsprechen.[1737] Insofern wird dem Recht, in Würde zu sterben, ein höherer Stellenwert eingeräumt, als der sozialen Unwertigkeit des bewusst herbeigeführten Todes.

Der EGMR hingegen hielt die englischen Normen zur Strafbarkeit der Suizidbeihilfe für konventionskonform[1738] und enthielt sich in einem Verfahren gegen Deutschland eines materiellrechtlichen Urteils über die Weigerung, ein tödliches Medikament zu verschreiben, da Deutschland nach Ansicht des Gerichtshofs bereits in verfahrensrecht-

1732 *Hatje*, in: Schwarze, EU-Kommentar, Art. 4 EUV, Rdn. 13; *von Bogdandy/Schill*, in: Grabitz/Hilf/Nettesheim, Das Recht der EU, Art. 4 EUV, Rdn. 14.

1733 EGMR – *Open Door/Irland* (Fn. 857), Rdn. 68; EGMR – *A, B und C/Irland* (Fn. 860), Rdn. 233.

1734 EGMR – *A, B und C/Irland* (Fn. 860), Rdn. 267.

1735 Auf die Absolutheit eines Informationsverbots über Schwangerschaftsabbrüche hinweisend EGMR – *Open Door* (Fn. 857), Rdn. 73.

1736 Beispielsweise VG Hamburg, Beschluss vom 06.02.2009 – 8 E 3301/08, Rdn. 46, 51.

1737 BGH, Urteil vom 25.06.2010 – 2 StR 454/09, NStZ 2010, 630.

1738 EGMR – *Pretty/Vereinigtes Königreich* (Fn. 848), Rdn. 78.

licher Hinsicht gegen die Konvention verstoßen hatte.[1739] Ebenso wie bei den Schwangerschaftsabbrüchen ist nicht zu beanstanden, wenn der EGMR den Vertragsstaaten kein konkretes Abwägungsergebnis vorgibt, solange kein staatenübergreifender Gesellschaftskonsens in der Frage existiert. Insofern ist das Recht, in Würde zu sterben, nicht als Bestandteil des menschenrechtlichen Mindeststandards in Europa anzusehen.

Der Bereich der Fortpflanzungsmedizin ist sehr vielschichtig und berührt im Rahmen der Präimplantationsdiagnostik (PID), der Embryonenforschung sowie der In-Vitro-Fertilisation (IVF) die Menschenwürde und Fragestellungen der fundamentalen Ethik, wie derjenigen nach dem Beginn und der Wertigkeit des Lebens. In Deutschland wurde die PID nach jahrelanger Diskussion in engen Grenzen und unter der Voraussetzung, dass eine Ethik-Kommission zustimmt, erlaubt.[1740] Auch der EGMR entschied in einem jüngeren Urteil, dass es inkonsistent sei, nach innerstaatlichem Recht einerseits die Abtreibung eines erkrankten Fötus zu erlauben, andererseits aber den für alle Beteiligten weniger beschwerlichen und risikobehafteten Weg der vorherigen PID an einem weniger weit entwickelten Embryo mit dem Ziel, eine spätere Erkrankung des Fötus auszuschließen, zu untersagen.[1741]

Andererseits hob der Gerichtshof im Hinblick auf die IVF den großen Spielraum der Vertragsstaaten hervor, da die In-Vitro-Fertilisation, anders als andere Fortpflanzungsmethoden, in der Gesellschaft teilweise missbilligt werde. Da kein Konsens hinsichtlich der moralischen Bewertung der IVF mittels Samen- oder Einzellenspende in Österreich feststellbar war[1742], verstieß deren Untersagung zum Schutz der Moral nicht gegen die Konvention.[1743]

In einem einzigen Verfahren beschränkte sich der EuGH nicht darauf, Freiheitsbeschränkungen ausschließlich auf ihre Verhältnismäßigkeit zu überprüfen. Vielmehr entschied er in Bezug auf das Patentierungsverbot für Embryonen, dass jede menschliche Zelle als Embryo anzusehen sei, wenn sie sich zu einem vollständigen Menschen entwickeln

1739 EGMR - *Koch/Deutschland* (Fn. 850), Rdn. 72.

1740 Gesetz zur Regelung der Präimplantationsdiagnostik (PräimpG), BR-Drucks. 480/11 vom 02.09.2011; siehe dazu bei 1.Kap.A.II. 2.) b.) iii.).

1741 EGMR - *Costa und Pavan/Italien* (Fn. 869), Rdn. 57.

1742 EGMR (GK) - *S.H. u.a./Österreich* (Fn. 865), Rdn. 106 f.

1743 Ebenda, Rdn. 116.

könne.[1744] Damit legte der EuGH unabhängig von den mitgliedstaatlichen Anschauungen inzident den Zeitpunkt fest, an dem das Lebens beginnt. Allerdings interpretierte der EuGH lediglich europäisches Sekundärrecht in Form der europäischen Biopatentrichtlinie, ohne den Rahmen seiner originären Aufgaben aus Art. 19 Abs. 1 EUV zu überschreiten. Es ist demnach nicht zu erwarten, dass dieser Definition Bedeutung außerhalb des europäischen Biopatentrechts beizumessen ist. Die Staaten können die Grenzbereiche des menschlichen Lebens zum Schutz von Ethik und Moral weiterhin selbständig im Sinne ihrer Wertvorstellungen rechtlich ausgestalten, wenn der nationale Regelungsrahmen im Übrigen konsistent und eine Güterabwägung im Einzelfall gewährleistet ist.

III. Glücksspiel und Audiovisuelle Produkte

Nach Ansicht des EuGH berührt die Vermittlung von Glücksspiel sittliche, religiöse und kulturelle Besonderheiten in den Mitgliedstaaten, die als ungeschriebene Rechtfertigungsgründe und „zwingende Gründe des Allgemeinwohls" Freiheitsbeschränkungen rechtfertigen können.[1745] Der EuGH räumt den Staaten grundsätzlich einen weiten Spielraum zur Regulierung der Spiele ein, soweit der innerstaatliche Regelungsrahmen widerspruchsfrei auf den Schutz der Sozialordnung gerichtet ist.[1746] Ebenso verfahren die WTO-Streitschlichtungsorgane. Im Geltungsbereich des GATS können sich die Vertragsstaaten auf die „öffentliche Moral" nach Art. XIV (a) GATS berufen, um das Anbieten von grenzüberschreitendem Online-Glücksspiel zu untersagen, wenn keine milderen und zumutbaren Mittel in Betracht kommen[1747] und die nationalen Rechtsregeln für Glücksspiele insgesamt kohärent sind.[1748] Die Voraussetzungen für die Rechtfertigung einer Freiheitsbeschränkung aus Gründen von Ethik und Moral waren im Bereich des Glücksspielrechts also in beiden Rechtsordnungen nahezu identisch. Sowohl im Unionsrecht als auch im Welthandelsrecht ist die Kohärenz der be-

1744 EuGH – *Brüstle* (Fn. 659), Rdn. 35 f.

1745 EuGH – *Schindler* (Fn. 683), Rdn. 54.

1746 EuGH – *Markus Stoß u.a.* (Fn. 709), Rdn. 76, 83; EuGH – *Carmen Media* (Fn. 709) Rdn. 46, 55; EuGH – *Gambelli* (Fn. 709), Rdn. 63, 67; EuGH – *Placanica* (Fn. 709), Rdn. 47, 53.

1747 Appellate Body Report, *US-Gambling* (Fn. 1428), Rdn. 307 f.

1748 Ebenda, Rdn. 368.

schränkenden Maßnahmen in diesem Rahmen ein maßgebliches Kriterium.

Dementsprechend sind auch Einfuhrbeschränkungen für audiovisuelle Produkte und Dienstleistungen zum Schutz der „öffentlichen Moral" i.S.d. Art. XX (A) GATT nicht zulässig, wenn die beschränkenden Maßnahmen keinen nachweisbaren Beitrag zum Erreichen des Ziels leisten.[1749] Genau genommen handelt es sich hierbei - ebenso wie bei der Kohärenz - um die fehlende Geeignetheit nationaler Maßnahmen, da sie den Zweck nicht erkennbar fördern.

IV. Zwischenergebnis

Die Sachbereiche, in denen Ethik und Moral eine Rolle spielen, und die Entscheidungstendenzen sind in allen Rechtsordnungen weitgehend vergleichbar. Während die gesellschaftliche Sexualmoral in der Vergangenheit geeignet war, weitreichende Freiheitsbeschränkungen zu rechtfertigen, sehen die Gerichte nunmehr kein zwingendes Bedürfnis mehr, die Gesellschaft vor vermeintlich unsittlichem Sexualverhalten zu schützen, vorausgesetzt, es geschieht einvernehmlich und ausschließlich im privaten Bereich. In den Grenzbereichen des menschlichen Lebens hingegen existiert kein Konsens in den Staaten und konsequenterweise auch keine einheitliche Spruchpraxis bis auf die Vorgabe, dass der beschränkende Staat eine einzelfallorientierte Güterabwägung gewährleisten muss, wenn zwei gleichwertige Rechtsgüter in ethisch sensiblen Konstellationen aufeinander treffen. Ob und inwiefern das Selbstbestimmungsrecht und die sonstigen kollidierenden Interessen bei der Sterbehilfe, den Schwangerschaftsabbrüchen und der Fortpflanzungsmedizin die Menschenwürde sowie das Recht auf Leben verdrängt, muss jeder Staat im Rahmen einer eigenen Abwägung für sich entscheiden.

Im Bereich der Glücksspielregeluierung ist anerkannt, dass ein Staat Glücksspiele aus moralischen Gründen beschränken kann, wenn der innerstaatliche Rechtsrahmen kohärent und systematisch auf den Schutz der Moral gerichtet ist und der Staat nachweisen kann, dass die Verbote einen Beitrag zur Erreichung dieses Zwecks leisten.

1749 Appellate Body Report, *China-Audiovisual Services* (Fn. 1449), Rdn. 299.

B. Die materielle Bedeutung ethisch-moralischer Rechtsbegriffe

Die vorangegangenen Kapitel haben gezeigt, in welcher Form Ethik und Moral in den verschiedenen Rechtsordnungen Ausdruck finden und wie sie in der Rechtspraxis angewendet werden. Während das deutsche Recht mit dem „Sittengesetz", den „guten Sitten", der „Unsittlichkeit" und der „öffentlichen Ordnung" gleich mehrere voneinander abweichende Begriffe verwendet, um außerrechtlichen Wertanschauungen unmittelbare Geltung zu verschaffen, finden sich in multilateralen Verträgen wie dem AEUV, der EMRK, den Verträgen des Welthandelsrechts sowie dem IPbpR im Wesentlichen die Begriffspaare „öffentliche Sittlichkeit" und „öffentliche Moral". Sowohl die Interpretationsansätze als auch der praktische Umgang mit diesen Rechtsbegriffen divergieren in den verschiedenen Rechtsordnungen abhängig von der Schutzrichtung der jeweiligen Bestimmungen. Dennoch sind anhand der aufgezeigten Anwendungsfälle zahlreiche Parallelen bei der Anwendung moralischer Schranken erkennbar. Insbesondere offenbaren sich gemeinsame, objektiv bestimmbare Kriterien im Rahmen der Rechtfertigungsprüfung.

Zunächst werden Ethik und Moral auf nationaler, europäischer und völkerrechtlicher Ebene unterschiedlich interpretiert. Die maßgeblichen Anschauungen sind fest in den nationalen Gesellschaften verankert, sodass sie in diesem isolierten Rechtsrahmen vergleichsweise präzise ermittelt werden können. In den multilateralen Rechtsordnungen hingegen verweisen die Sitten- und Moralbegriffe auf jene spezifischen Besonderheiten in den Mitglieds- und Vertragsstaaten und können demnach in inhaltlicher Hinsicht nicht abschließend bestimmt werden.

I. Ethik und Moral in Deutschland als Ausdruck eines sozialethischen Gesellschaftskonsenses

In der deutschen Rechtsordnung sind die Sitten- und Moralbegriffe als Verweis auf eine grundlegende Ethik über die Regeln richtigen Verhaltens anzusehen. Übergeordnete Öffnungsklausel für diese außerrechtlichen Werte ist das „Sittengesetz" als Bestandteil der Schrankentrias in Art. 2 Abs. 1 GG. Es verweist auf die Werteordnung, die durch die kodifizierten Grundrechtsgewährleistungen „hindurch scheint" und sie gleichsam in einem ethischen Fundament verankert.[1750] Bei diesem ethischen Fundament handelt es sich um einen nationalen Gesellschaftskonsens von der Freiheit und dem Respekt vor dem Menschen und seiner Existenz, der sich in der Menschenwürdegarantie nach Art. 1 Abs. 1 GG niederschlägt und die übrigen Grundrechte wie ein roter Faden durchzieht. Der Begriff „Sitten*gesetz*" suggeriert, dass es sich nicht um „bloße" Sozialmoral oder Sittengebote handelt, die von aktuell vorherrschenden Anschauungen abhängen, sondern um absolute zeit- und ortsunabhängige Werte des gesellschaftlichen Zusammenlebens.[1751] Zu diesen Werten zählen neben der grundgesetzlichen Fundamentalethik das Demokratieprinzip, das Rechtsstaats- und Sozialstaatsprinzip und der Schutz des Individuums vor staatlicher Willkür[1752] als grundlegende Staats- und Verfassungsprinzipien[1753].

Das „Sittengesetz" ist neben der „verfassungsmäßigen Ordnung" in Art. 2 Abs. 1 GG für den Gesetzgeber eine formal selbständige Grundrechtsschranke. Es bindet ihn einerseits bei dem Erlass von Rechtsnormen; andererseits kann das „Sittengesetz" einen in seiner Zulässigkeit zweifelhaften Eingriff des Gesetzgebers in die menschliche Freiheit legitimieren, wenn ein Verhalten eindeutig gegen die herrschenden sozialethischen Anschauungen verstößt.[1754]

Ein Verhalten kann auch als Verstoß gegen das „Sittengesetz" gewertet werden, wenn die Beteiligten hierin einwilligen. Würdigt sich jemand freiwillig selbst herab, ist dies zwar zunächst Ausdruck des von Art. 1 Abs. 1 S. 2 Var. 1 GG zu achtenden Selbstbestimmungsrechts des Einzelnen und damit Ausdruck der Menschenwürde. Genauer gesagt, verzichtet der Einzelne in diesem Fall auf den staatlichen Schutz nach Art. 1 Abs. 1 S. 2 Var. 2 GG[1755] mit der Folge, dass keine Verletzung der individuellen Menschenwürde vorliegt. Dennoch können bestimmte Verhaltensweisen – unabhängig von einem etwaigen Verstoß gegen den subjektiv-rechtlichen Würdegehalt – den objektiven Gehalt der

1750 *Di Fabio*, JZ 2004, 1.

1751 *Suchomel*, Partielle Disponibilität der Würde des Menschen, S. 227; siehe auch *Hörnle*, Grob anstößiges Verhalten, S. 60.

1752 *Horn*, Einführung in die Rechtswissenschaft und Rechtsphilosophie, Rdn. 16; *Di Fabio*, JZ 2004, 1 (5).

1753 *Detjen*, Die Werteordnung des Grundgesetzes, S. 69.

1754 BVerfG, Urteil vom 10.05.1957 - 1 BvR 550/52 - *Homosexuelle*, BVerfGE 6, 389 (434).

1755 *Suchomel*, Partielle Disponibilität der Würde des Menschen, S. 244 f.

Menschenwürde als Ausdruck des sozialethischen Konsenses der Allgemeinheit missachten.[1756] Der grundsätzliche Wert- und Achtungsanspruch des Menschen als Gattungswesen[1757] und die Gebote der Pietät als Ausdruck des postmortalen Würdeschutzes stehen gerade nicht zur Disposition des Einzelnen, damit die Grundrechte nicht ihrer ethischen Rechtfertigung beraubt werden.[1758] Der Staat hat vielmehr aufgrund gesetzgeberischen Auftrags die Pflicht, diese elementaren Werte zu schützen. Dementsprechend wird deren Verletzung von der Rechtsprechung als „Tabubruch" bezeichnet.[1759]

Dennoch unterliegt auch diese Wertentscheidung gesellschaftlichen Veränderungen. So wurde etwa die Prostitution lange Zeit als sittenwidrig angesehen, bis sie nunmehr weitgehend gesellschaftlich akzeptiert und rechtlich durch das ProstG unterfüttert wird. Andererseits wird der Geschwisterinzest trotz weitgehender Toleranz auf dem Gebiet der Sexualmoral noch immer als „Tabubruch" angesehen. Durch solche Entwicklungen werden die fundamentalethischen Werte jedoch nicht aufgeweicht; sie bleiben unveränderlich und indisponibel. Es ändert sich nur die einzelfallorientierte Subsumtion des Sachverhalts unter die objektive Wertordnung. Auf diese Weise reagieren die Rechtsanwender dynamisch auf gesellschaftliche Veränderungen.

Die einfachgesetzlichen Sitten- und Moralbegriffe des deutschen Rechts - also die „guten Sitten", die „Unsittlichkeit" sowie die „öffentliche Ordnung" - finden ihre verfassungsrechtliche Grundlage im „Sittengesetz" und sind verfassungskonform auszulegen. Das heißt, dass sie ebenso auf die außerrechtlichen Wertanschauungen über die unerlässlichen Regeln für ein gedeihliches Zusammenleben verweisen.[1760] Insbesondere für die „öffentliche Ordnung" in den Polizeigesetzen drängt sich diese Schlussfolgerung auf, da ihre Nennung neben dem Schutzgut der „öffentlichen Sicherheit" ansonsten überflüssig wäre.

1756 Siehe zum Begriff des rechtlichen Tabus bei 1.Kap.A.V. 3.).

1757 *Seelmann*, Was schützt der liberale Rechtsstaat?, in: Siep/Gutmann/Jakl/Städtler, Von der religiösen zur säkularen Begründung staatlicher Normen, S. 174; BVerfGE 87, 209 (228) - *Tanz der Teufel*; BVerwG, Urteil vom 13.12.2006 - 6 C 17.06, Rdn. 25 - *Omega*; *Höfling*, in: Sachs (Hrsg.), GG, Art. 1, Rdn. 50.

1758 Ähnlich wohl auch schon *Suchomel*, Partielle Disponibilität der Würde des Menschen, S. 227.

1759 Zur Begründung rechtlicher Tabus siehe bei 1.Kap.A.V. 3.).

1760 *Suchomel*, Partielle Disponibilität der Würde des Menschen, S. 233; *Erbel*, DVBl. 2001, 1714 (1718).

Auch der Gesetzgeber hält es ausdrücklich für erforderlich, die „öffentliche Ordnung“ als eigenständige Auffangnorm für gesetzlich nicht geregelte Störungen des Gemeinschaftslebens beizubehalten.[1761]

Zur Konkretisierung dieser einfachgesetzlichen Sittenbegriffe ist zunächst auf den objektiv-rechtlichen Gehalt der Menschenwürde und das Recht auf Leben als äußerste Grenzen individueller Freiheit und Ausdruck fundamentalethischer Überzeugungen zurückzugreifen.[1762] Dennoch erschöpft sich die Bedeutung der „Sitten“ nicht im kodifizierten Gehalt der Grundrechte, sondern umfasst zusätzlich die herrschende Sozialmoral, mithin die elementaren Wertvorstellungen, die sich in der Bevölkerungsmehrheit gegenwärtig durchgesetzt haben.[1763] Die „guten Sitten“, die „öffentliche Ordnung“ und die „Unsittlichkeit“ verweisen begrifflich nicht auf das „Sitten*gesetz*“ und berücksichtigen mithin unmittelbar die faktisch geltenden Moralanschauungen, die einem gesellschaftlichen Wandel unterliegen. Verhaltensweisen, die gegen diese Anschauungen verstoßen, müssen jedoch einen gewissen Öffentlichkeitsbezug aufweisen, denn das gedeihliche Zusammenleben kann durch ein Verhalten, das mangels Sozialrelevanz niemanden tangiert, denklogisch nicht gestört sein.[1764]

Behörden und Gerichte sind mithin infolge des gesetzgeberischen Auftrags verpflichtet, den herrschenden Gesellschaftskonsens eigenständig zu ermitteln. Dabei müssen die Gerichte im Urteil die Gründe und die tragenden Schlussfolgerungen für die richterliche Überzeugung angeben, soweit sie für die Entscheidung erforderlich sind. Dies folgt aus der Begründungspflicht nach § 108 Abs. 1 S. 2 VwGO als Ausfluss des Rechtsstaatsprinzips gemäß Art. 20 Abs. 3 GG. Dadurch soll den Prozessbeteiligten offengelegt und einsichtig gemacht werden, von welchen konkreten Erwägungen sich das Gericht hat leiten lassen.[1765]

1761 Niedersachsen, Nds. GVBl. 2003, Nr. 30 vom 18.12.2003, S. 414; siehe auch die Amtliche Begründung in Nds. LT-Drucks. 15/240, S. 9; Nordrhein-Westfalen, GV. NRW. 2010, Nr. 7 vom 23.02.2010, S. 131.

1762 BVerwGE 115, 189 – *Omega*, Rdn. 62.

1763 Nds. LT-Drucks. 15/240, S. 9.

1764 So für den Begriff der Unsittlichkeit in § 4 Abs. 1 Nr. 1 GastG BVerwG, NVwZ 2003, 603 (604) – *Swinger-Club*; BVerwG, Beschluss vom 23.03.2009 – 8 B 2.09, Rdn. 4 – *Gaststättenrechtliche Erlaubnis in einem Bordell*, NVwZ 2009, 909 f.; ebenso *Kahl*, in: Landmann/Rohmer, GewO, § 1 Rdn. 5.

1765 *Schmidt*, in: Eyermann, VwGO Kommentar, § 108, Rdn. 7; *Dawin*, in: Schoch/Schneider/Bier, VwGO Kommentar, § 108, Rdn. 118.

Zur Begründung einer ethisch-moralischen Entscheidung können sich die Gerichte soziologischer Methoden wie der Empirie[1766] bedienen, die Sitten- und Moralbegriffe autonom interpretieren[1767] oder rechtsvergleichende Untersuchungen anstellen[1768]. Abgesehen von eindeutigen Tabubrüchen wie der Nekrophilie oder dem Kannibalismus ist Erstgenanntes vorzugswürdig, da ein Begriff, der *per definitionem* auf herrschende Anschauungen verweist, nicht ohne Rücksicht auf diese ausgelegt werden kann.[1769] Ungeachtet prozessökonomischer Bedenken, sind die Gerichte jedenfalls in der Lage, ihre Überzeugung mithilfe des Freibeweisverfahrens (§§ 86 Abs. 1, 108 Abs. 1 VwGO)[1770] auf Stellungnahmen von Interessenvertretern oder Verbänden zu stützen oder im Rahmen des Strengbeweisverfahrens (§§ 96, 98 VwGO i.V.m. §§ 371 ff. ZPO) gutachterliche Stellungnahmen zu ethisch sensiblen Fragen einzuholen.[1771]

Einschränkend ist zu berücksichtigen, dass außerrechtliche Moralvorstellungen gemäß dem Vorbehalt des Gesetzes aus Art. 20 Abs. 3 GG keine absolute Geltung entfalten. Nur wenn geschriebenes Recht ausdrücklich und eindeutig auf Ethik und Moral verweist, dürfen sie von den Rechtsanwendern herangezogen werden. Deshalb unterliegen die vorbehaltlos gewährten (Grund-) Rechte keinen moralischen Beschränkungen außerhalb verfassungsimmanenter Werte. Das gilt etwa für die Gewerbefreiheit gemäß § 1 GewO, die keinen kodifizierten Sittlichkeitsvorbehalt kennt.[1772]

1766 Insbesondere VG Berlin, NJW 2001, 983 – *Café Pssst!*; kritisch *Hörnle*, Grob anstößiges Verhalten, S. 57 f.

1767 BVerwG, Beschluss vom 23.08.1995 – 1 B 46/95, Rdn. 12 f., GewArch 1996, 19 – *Peep-Show*.

1768 BVerfGE 120, 224 (230 f.) – *Geschwisterinzest*.

1769 Dafür wohl auch schon *Suchomel*, Partielle Disponibilität der Würde des Menschen, S. 242 f.

1770 Zum Freibeweis im Rahmen der freien Überzeugungsbildung nach § 108 Abs. 1 VwGO siehe BVerwG, Beschluss vom 24.07.2008 – 9 B 41.07, Rdn. 4, abrufbar unter www.bverwg.de (zuletzt abgerufen am 06.11.2014) m.w.N.

1771 Siehe exemplarisch VG Berlin, NJW 2001, 983 – *Café Pssst!*

1772 Anders aber VG Hamburg, Beschluss vom 06.02.2009 – 8 E 3301/08, Rdn. 46, 51; ebenso *Pielow*, in: BeckOK GewO, § 1, Rdn. 168 a.

II. Ethik und Moral in Europa als Verweise auf nationale Moralvorstellungen

Im europäischen Recht finden außerrechtliche ethisch-moralische Vorstellungen über die Begriffe der „öffentlichen Sittlichkeit und Ordnung" als Schranke in Art. 36 S. 1 AEUV, die zwingenden Gründen des Allgemeinwohls im Sinne der *Cassis*-Rechtsprechung des EuGH sowie der „Moral" als Schranke in den Absätzen 2 der Artikel 8 bis 11 EMRK Einzug in die Rechtsordnung.

In den europäischen Verträgen existiert keine einheitliche Definition der „öffentlichen Sittlichkeit".[1773] Möglicherweise verweist diese - ähnlich wie das „Sittengesetz" in der deutschen Verfassung - auf die grundlegenden Werte der EU. Als solche nennen die Präambel des EUV[1774] sowie Art. 2 EUV das gemeinsame „kulturelle, religiöse und humanistische Erbe Europas", das sich der Achtung der Menschenwürde, Freiheit, Demokratie, Gleichheit, Rechtsstaatlichkeit und der Wahrung der Menschenrechte verschrieben hat. Diese Werte zu fördern ist nach Art. 3 Abs. 1 EUV verbindliches Ziel der EU. In diesem Sinne werden die europäischen Grund- und Menschenrechte und insbesondere die Menschenwürde ausdrücklich durch die EU-Grundrechtecharta (bzw. Art. 1 GRC) gewährleistet. Insofern existiert dem Grunde nach ein ethisches Fundament, das dem deutschen Grundrechtskatalog ähnlich ist und das auf gemeinsamen Überzeugungen beruht. Die europäischen Grund- und Menschenrechte stellen jedoch lediglich einen zwischenstaatlichen Minimalkonsens dar; die darüber hinausgehenden Wertvorstellungen in den Staaten sind nicht einheitlich zu bestimmen, da sie von einem starken moralethischen Empfinden der Rechtsgemeinschaft abhängen.[1775] Deshalb kommt dem Schutz der nationalen Identität weiterhin ein hoher Stellenwert zu.

Gleiches gilt für den Moralbegriff in der EMRK. Die Menschenrechtskonvention bildet zwar als solche einen zwischenstaatlichen Wertekonsens in Bezug auf den Schutz der Menschenrechte, stellt diese jedoch in Art. 8 bis 11 EMRK unter den Vorbehalt moralischer Anschau-

1773 *Leible/T. Streinz*, in: Grabitz/Hilf/Nettesheim, Das Recht der EU, Art. 36 AEUV, Rdn. 19; *Kingreen*, in: Calliess/Ruffert, EUV/AEUV, Art. 34-36 AEUV, Rdn. 196; EuGH - *Henn und Darby* (Fn. 681), Rdn. 15 f.; EuGH - *Conegate* (Fn. 689), Rdn. 14.

1774 Zweiter Erwägungsgrund der Präambel zum EUV.

1775 Ähnlich *Berlth*, Artikel 1 GRCh - Die Menschenwürde im Unionsrecht, S. 123.

ungen, die vom EGMR inhaltlich nicht abschließend definiert werden.[1776]

Da Sitte und Moral von Ort zu Ort und von Zeit zu Zeit divergieren, ist es auf europäischer Ebene nicht möglich, die Begriffe für alle Staaten verbindlich inhaltlich auszufüllen.[1777] Sowohl die „öffentliche Sittlichkeit" im Unionsrecht, als auch die „Moral" in der EMRK nehmen stattdessen Bezug auf die Wertvorstellungen, nach denen sich das gesellschaftliche Zusammenleben in den jeweiligen Vertrags- bzw. Mitgliedstaaten gestalten soll. Die nationalen Stellen sind wegen ihrer Nähe zu den nationalen Gesellschaften und der Befähigung, die herrschenden Anschauungen in den Staaten zuverlässig und umfassend zu ermitteln, berechtigt und verpflichtet, die Rechtsbegriffe eigenständig auszulegen.[1778] Maßgeblich ist mithin der dynamische Wertekonsens in den nationalen Gesellschaften, der zum Auslegungstopos für die Moral- und Sittenbegriffe des europäischen Rechts erwächst.

Aufgrund ihrer Unbestimmtheit und inhaltlichen Offenheit, werden die Begriffe in der Praxis anhand von Sachverhalten konkretisiert, die aus Sicht der Vertrags- bzw. Mitgliedstaaten wertanschaulich sensible Bereiche betreffen. Dabei verstößt die grundsätzliche Einräumung von Spielräumen bei der Interpretation der „öffentlichen Sittlichkeit" nicht gegen das Gebot autonomer Auslegung internationaler Verträge. Vielmehr *haben* der EuGH und der EGMR die „öffentliche Sittlichkeit" und die „öffentliche Moral" als Verweise auf nationale Wertvorstellungen autonom definiert. Einschränkend gilt jedoch, dass sich ein Staat nur auf außerrechtliche Anschauungen berufen darf, wenn diese positivrechtlich im innerstaatlichen Recht verankert sind. Im Unionsrecht folgt dies aus dem als allgemeiner Rechtsgrundsatz anerkannten Vorbehalt des Gesetzes, der verhindert, dass ein Mitgliedstaat gezielt fremde Staaten durch einseitige Maßnahmen benachteiligt.[1779] Für die

1776 EGMR – *Handyside/Vereinigtes Königreich* (Fn.815), Rdn. 48; EMGR – *Müller u.a./Schweiz* (Fn. 1078), Rdn. 35; EGMR – *Open Door/Irland* (Fn. 857), Rdn. 68; EGMR – *Dudgeon/Vereinigtes Königreich* (Fn. 807), Rdn. 50-53; EGMR – *Norris/Irland* (Fn. 874), Rdn. 45.

1777 GA *Warner*, Schlussanträge zu EuGH, Rs. 34/79, Slg. 1979, 3818 (3821 f.) – *Henn und Darby*; EGMR – *Handyside/Vereinigtes Königreich* (Fn.815), Rdn. 48; *Prepeluth*, ZaöRV Vol 61 (2001), 771 (778); *Leible*, in: Grabitz/Hilf, Das Recht der Europäischen Union, Art. 36 AEUV, Rdn. 18, 19.

1778 *Calliess*, EuGRZ 1996, 293 (294).

1779 EuGH, Rs. 46/87 und 227/88, Slg. 1989, 2859, Rdn. 19 – *Hoechst*; *Ehlers*, in: ders., Europäische Grundrechte und Grundfreiheiten, § 7 VII 3, Rdn. 92;

Gewährleistungen der EMRK ergibt sich diese Anforderung ausdrücklich aus den Absätzen 2 der Art. 8 bis 11, die vorsehen, dass eine Beschränkung nur zulässig ist, wenn sie „gesetzlich vorgesehen" (*„prescribed by law"*)[1780] ist.

III. Ethik und Moral im Völkerrecht als Verweise auf nationale Moralvorstellungen

Die Interpretation von Ethik und Moral im Völkerrecht ähnelt derjenigen im europäischen Recht. Die maßgeblichen Rechtsbegriffe sind im Welthandelsrecht die „öffentliche Moral" in Art. XX (a) GATT und die „öffentliche Moral und Ordnung" in Art. XIV (a) GATS. Der UN-Zivilpakt erlaubt als menschenrechtlicher Vertrag - ebenso wie die EMRK - in den Art. 12 Abs. 3, 14 Abs. 1, 18 Abs. 3, 19 Abs. 3 b), 21 und 22 Abs. 2 IPbpR Freiheitsbeschränkungen zum Schutz der „Moral".

Die „öffentliche Moral" im Welthandelsrecht verweist nach der Entscheidungspraxis der WTO-Streitschlichtungsorgane auf Lebensgewohnheiten im Hinblick auf rechtes und unrechtes Verhalten, die von der Gesamtheit einer Bevölkerung geteilt werden.[1781] Die „öffentliche Ordnung" hingegen beschreibt die fundamentalen Interessen der Gesellschaft, zu denen auch Aspekte der Moralität zählen.[1782] Inhaltlich werden beide Begriffe von den Streitschlichtungsorganen nicht weiter konkretisiert.

Der Moralbegriff im UN-Zivilpakt bleibt weitgehend unscharf. Anders als die WTO-Streitschlichtungsorgane definiert der MRA ihn nicht einmal *in abstracto* und erst Recht nicht in inhaltlicher Hinsicht. Aus der Entstehungsgeschichte ist lediglich zu schließen, dass der usprünglich geplante Wortlaut von *„morality"* als objektive Kategorie

Kingreen, in: Calliess/Ruffert, EUV/AEUV, Art. 34-36 AEUV, Rdn. 196; *Becker*, in: Schwarze, EU-Kommentar, Art. 36 AEUV, Rdn. 9; *Frenz*, Handbuch Europarecht, Band 1, Rdn. 941; *Forsthoff*, in: Grabitz/Hilf/Nettesheim, Das Recht der EU, Art. 45 AEUV, Rdn. 96; *Ehlers*, in: ders. Europäische Grundrechte und Grundfreiheiten, § 7, Rn. 92; *Jarass*, EuR 1995, 202 (223, 225). Der Vorbehalt des Gesetzes ist nunmehr ausdrücklich in Art. 52 Abs. 1 GRCh genannt.

1780 In Art. 8 Abs. 2 EMRK heißt es abweichend: *„[...] in accordance with the law."*

1781 Panel Report, US-*Gambling and Betting* (Fn. 1428), Rdn. 6.465; Panel Report, *EC-Seal Products* (Fn. 1456), Rdn. 7.632.

1782 Ebenda, Rdn. 6.467.

in *„morals“* geändert wurde, der als subjektiv geprägter Begriff grundsätzlich einen gesellschaftlichen Wandel erfasst.[1783]

Sowohl im Welthandelsrecht als auch im UN-Zivilpakt spricht alles dafür, die Moralbegriffe - ebenso wie im europäischen Recht - als Verweise auf die innerstaatlichen Wertanschauungen zu verstehen. Zum einen divergieren die Vorstellungen darüber, was richtig und falsch ist, von Land zu Land; zum anderen verlangt die inhaltliche Offenheit der Begriffe eine Konkretisierung anhand praktischer Sachverhalte, die denknotwendig nur nationale Moralvorstellungen betreffen können. Während in einer traditionell-religiösen Gesellschaft beispielsweise das Zusammenleben von Mann und Frau, ohne dass diese verheiratet sind, bereits als unsittlich angesehen werden kann, toleriert eine moderne Gesellschaft sogar Pornographie und Prostitution. Neben der völkervertraglich festgelegten ethischen Überzeugung, den freien Handel bzw. die Menschenrechte zu gewährleisten und zu schützen (*„overlapping consensus“*)[1784], existiert in den 159 bzw. 167 Vertragsstaaten der WTO bzw. des UN-Zivilpakts kein einheitliches ethisches Fundament, an dem sich Ethik und Moral orientieren könnten, da die grundlegenden Werte einer Gesellschaft durch unterschiedliche Rechts- und Kulturtraditionen geprägt sind. Deshalb überrascht es nicht, dass die WTO-Streitbeilegungsorgane den Moralbegriff in Art. XX (a) GATT weit auslegen und jegliche kulturellen, religiösen und sogar politischen Interessen, die denen im Inland widersprechen, - das betrifft sogar den Robbenfang - unter die „öffentliche Moral“ subsumieren.[1785] Die Welthandelsgemeinschaft muss jedoch aufpassen, dass außerrechtliche Wertvorstellungen nicht dazu missbraucht werden, protektionistische Ziele zu verfolgen oder den grenzüberschreitenden Wettbewerb zu stören. Damit der Anwendungsbereich der „öffentlichen Moral“ nicht in diese Richtung überdehnt wird, müssen außerrechtliche Wertvorstellungen, auf die sich ein Staat bezieht, jedenfalls im innerstaatlichen Recht kodifiziert sein und die herrschenden Anschauungen im jeweiligen Hoheitsgebiet widerspiegeln.[1786] Ebenso wie in der EMRK schrei-

1783 *Bossuyt*, Guide to the Travaux Préparatoires of the International Covenant on Civil and Political Rights, S. 255, 259; Commission on Human Rights, 5th Session (1949), E/CN.4/SR.106, S. 8 f.; Commission on Human Rights, 6th Session (1950), E/CN.4/365; Commission on Human Rights, 8th Session (1952), E/2556, Art. 10 § 1.

1784 Siehe *Kadelbach*, ZaöRV 2004, 1 (11, 14 f.).

1785 Panel Report, *China-Audiovisual Services* (Fn. 1449), Rdn. 7.760 f.

1786 Insofern zu begrüßen Panel Report, *EC-Seal Products* (Fn. 1456), Rdn. 7.383.

ben dies Art. 12 Abs. 3, 18 Abs 3, 19 Abs. 3, 21, 22 Abs. 2 IPbpR ausdrücklich vor, wenn sie verlangen, dass eine beschränkende Maßnahme „gesetzlich vorgesehen“ sein muss („*prescribed by law*“).[1787] Es genügt nicht, dass ein Staat schlicht behauptet, ein untersagtes Verhalten widerspreche nationalen Wertvorstellungen. Ihm wird vielmehr auferlegt, die Existenz kodifizierter Moralvorstellungen und den widerspruchsfreien und konsequenten Beitrag der freiheitsbeschränkenden Maßnahmen zum Schutz der „Moral“ zu beweisen.[1788] Darin sind Elemente eines Kohärenzgebotes nach europäischem Vorbild zu sehen, wonach sich nationale Regelungen nicht widersprechend dürfen, indem sie divergierende Ziele verfolgen.

IV. Gesellschaftlicher Wertekonsens versus autonome Rechtsauslegung

1.) Gesetzgeberische Ermächtigung zur Inkorporation außerrechtlicher Wertvorstellungen

Die Auslegung und Anwendung von Rechtsnormen, die auf außerrechtliche Wertmaßstäbe verweisen, stellt sich im demokratischen Rechtsstaat auf den ersten Blick als Problem dar. Einerseits ist es die originäre Aufgabe der Gerichte, Normen autonom und letztverbindlich auszulegen. Andererseits umfasst diese Auslegung denknotwendig auch die Identifizierung aktuell vorherrschender Wertanschauungen. Die Gerichte sind jedoch keine moralische Instanz, sondern *recht*sprechende Gewalt.

Hierbei handelt es sich nicht um einen Widerspruch, wenn man die Moral als Kerngehalt von Rechtsnormen in dem Sinne ansieht, dass dem Recht moralische Werte immanent sind und es von ihnen durchdrungen wird.[1789] Dann wäre vom Auftrag der Rechtsprechung ohnehin die Auslegung und Heranziehung außerrechtlicher Moralvorstel-

1787 Für den Zivilpakt siehe General Comment Nr. 27, Rdn. 11, CCPR/C/21/Rev.1/Add.9; *Richter*, Aspekte der universellen Geltung der Menschenrechte und der Herausbildung von Völkergewohnheitsrecht, S. 153.

1788 Anschaulich diesbezüglich Panel Report, *EC-Seal Products* (Fn. 1456), Rdn. 7.383.

1789 *Fateh-Moghadam/Atzeni*, Ethisch vertretbar im Sinne des Gesetzes, in: *Vöneky/Hagedorn/Clados/von Achenbach* (Hrsg.), Legitimation ethischer Entscheidungen im Recht, S. 124; *Auer*, in: Heldrich/Prölls/Koller (Hrsg.), FS Canaris, S. 948.

lungen umfasst. Betrachtet man Ethik, Moral und Recht hingegen als getrennte und voneinander unabhängige Konzepte[1790], wird man die Entscheidungskompetenz der Gerichte in moralischen Bereichen hinterfragen müssen.

Im Anwendungsbereich der „guten Sitten“ oder der „öffentlichen Ordnung“ im deutschen sowie der „öffentlichen Sittlichkeit“ und der „öffentlichen Moral“ im europäischen und internationalen Recht greift die Rechtsprechung jedoch nicht *neben* der rechtlichen Bewertung des Sachverhalts auf außerrechtliche Wertmaßstäbe zurück. Wenn eine Rechtsnorm ausdrücklich auf die aktuell herrschenden Anschauungen verweist, sind die Gerichte vielmehr kraft gesetzgeberischen Auftrags verpflichtet, individuelle Freiheiten am Maßstab des sozialethischen Konsenses zu beurteilen. Insofern stellen kodifizierte Verweise auf Ethik und Moral bloße Rechtsauslegungs- und Anwendungsregeln dar. Demnach existiert in diesen Fällen gar kein Konflikt zwischen der Autonomie der Gerichte und der Heranziehung des gesellschaftlichen Konsenses. Die Sitten- und Moralbegriffe sind nicht als Kategorie *sui generis* anzusehen, sondern als Rechtsbegriffe, die den Ausgleich widerstreitender Interessen durch die Angabe normativer Gründe bezwecken. Insofern haben sie keine über das sonstige kodifizierte Recht hinausgehende Funktion.[1791] Demensprechend müssen sich hoheitliche Eingriffe zum Schutz außerrechtlicher Wertvorstellungen nicht an ethisch-moralischen Maßstäben, sondern an denen des Rechtsstaats messen lassen.[1792]

2.) Die Funktionen des gesellschaftlichen Konsenses im deutschen Recht

Der gesellschaftliche Konsens hat mithin drei Funktionen: er wirkt normbegründend, normausfüllend und normlegitimierend.

Eine Gesellschaft benötigt für die Gründung einer funktionierenden Gemeinschaft gemeinsame Ordnungsmaßstäbe, die über bloße Sitten-

1790 Sog. Trennungstheorie, siehe dazu nur *Llompart*, Dichotomisierung in der Theorie und Philosophie des Rechts, S. 96 f. m.w.N.

1791 Siehe *Auer*, in: Heldrich/Prölls/Koller (Hrsg.), FS Canaris, S. 938 und 953.

1792 *Fateh-Moghadam/Atzeni*, Ethisch vertretbar im Sinne des Gesetzes, in: *Vöneky/Hagedorn/Clados/von Achenbach* (Hrsg.), Legitimation ethischer Entscheidungen im Recht, S. 125 f.

gebote hinausgehen.[1793] Dieser Ordnungsrahmen besteht aus verbindlichen Rechtsnormen, die ihrerseits die Verkörperung von Wertemaßstäben sind. So bezeichnet *Radbruch* das Recht als

> „Inbegriff der generellen Anordnungen für das menschliche Zusammenleben."[1794]

Diese Wertmaßstäbe sind aus den gemeinsamen Überzeugungen aller Mitglieder der Gemeinschaft zu extrahieren. In einer repräsentativen Demokratie delegiert das Volk seine Macht aus Art. 20 Abs. 2 GG und damit seine Überzeugung an das durch demokratische Wahlen legitimierte Parlament.[1795] Dieses wiederum beschließt mehrheitlich den Erlass eines legislativen Akts. Daraus folgt, dass der Gesetzgebung stets ein Wertekonsens der Rechtsgemeinschaft zugrunde liegt. *Auer* spitzt diese These zu, indem sie richtigerweise davon ausgeht:

> „Recht ist positivierte Moral."[1796]

Bei der Kodifizierung der Sittenbegriffe wie etwa der „öffentlichen Ordnung" im deutschen Recht greift der Gesetzgeber zwar das übereinstimmende Bedürfnis der Bevölkerung auf, sozial unwertige Tätigkeiten verbieten zu können, lässt aber bewusst offen, welche das sind. Die Identifizierung des Konsenses, der jeder weiteren gesetzgeberischen Entscheidung zugrunde liegen müsste, wird hier also in Form einer Generalermächtigung auf die Rechtsanwender delegiert. Insofern könnte man von einer „Delegationskette" sprechen. Auf diese Weise kann die Exekutive im Einzelfall flexibel auf Verhaltensweisen reagieren, die in der konkreten Situation und in einer bestimmten Zeit an einem bestimmten Ort dem sozialethischen Konsens widersprechen.[1797]

Dies führt zur zweiten, nämlich der normausfüllenden Funktion des gesellschaftlichen Konsenses. Die herrschenden Anschauungen sind Auslegungstopos für die Beurteilung, ob ein Verhalten gegen die „guten Sitten" oder die „öffentliche Ordnung" verstößt und aus diesem

1793 *Katsas*, Effektivität und Geltung von Rechtsnormen, S. 16; *Zippelius*, Gründung der Gerechtigkeit auf Gewissen und Konsens, in: ders. (Hrsg.), Verhaltenssteuerung durch Recht und kulturelle Leitideen, S. 69.

1794 *Radbruch*, 1932e, Rechtsphilosophie, S. 261, zitiert nach *Wapler*, Wertrelativismus und Positivismus, in: Pauly (Hrsg.), Rechts- und Staatsphilosophie des Relativismus, S. 33.

1795 *Canaris*, JuS 1996, 573.

1796 *Auer*, in: Heldrich/Prölls/Koller (Hrsg.), FS Canaris, 953.

1797 Für diese moralische Flexibilität des Rechts auch *Auer*, in: Heldrich/Prölls/Koller (Hrsg.), FS Canaris, 953.

Grund untersagt werden kann. Ohne die Bestimmung bzw. die Konkretisierung des gesellschaftlichen Konsenses lägen schon die gesetzgeberischen Eingriffsvoraussetzungen für Freiheitsbeschränkungen aus Gründen von Ethik und Moral nicht vor. Der Gesellschaftskonsens ist damit ein normausfüllendes Element im Rahmen der Normauslegung und -anwendung und kann einen Eingriff legitimieren.

Aus rechtssoziologischer Perspektive offenbart sich die dritte Funktion des gesellschaftlichen Konsenses: nämlich die Akzeptanz für eine Freiheitsbeschränkung aus ethisch-moralischen Gründen durch die Rechtsgemeinschaft zu stärken. Eine Norm kann nur uneingeschränkte Wirkung entfalten, wenn sie mehrheitlich konsensfähig ist und autonome Normadressaten ihrer Wirkung zustimmen.[1798] Deshalb sind die Rechtsanwender gehalten, nicht ihre eigene Überzeugung isoliert zur Grundlage einer Entscheidung zu machen, sondern diese am Maßstab der herrschenden Sozialmoral zu überprüfen. Dennoch liegt es gerade in der Natur von Rechtsnormen, dass sie auch für diejenigen Geltung entfalten, die sie ablehnen.[1799] Ansonsten stünden Rechtsnormen zur Disposition des Einzelnen und wären beliebig. Deshalb kann es für die Beurteilung von Sitte und Moral keinesfalls auf individuelle Anschauungen ankommen, sondern stets nur auf die Wertvorstellungen einer weit überwiegenden Bevölkerungsmehrheit.

3.) Konsens als Abwägungsinstrument im europäischen und internationalen Recht

Ebenso wie der nationale Gesellschaftskonsens, hat der staatenübergreifende Konsens im europäischen Recht legitimierende Wirkung für Freiheitsbeschränkungen aus Gründen von Ethik und Moral und ist ein objektives Kontrollinstrument innerhalb der Rechtfertigungsprüfung. Er beeinflusst jedoch zusätzlich die Wertungsfrage, ob eine freiheitsbeschränkende Maßnahme zum Schutz der Moral *notwendig* ist.[1800] Kommen die Rechtsprechungsorgane zu dem Ergebnis, dass in den Rechtsgemeinschaften der Staaten kein Bedürfnis (mehr) festzustellen

1798 Angedeutet von *Sieckmann*, Recht als normatives System, S. 37, 111; *Zippelius*, Gründung der Gerechtigkeit auf Gewissen und Konsens, in: ders. (Hrsg.), Verhaltenssteuerung durch Recht und kulturelle Leitideen, S. 70 f.

1799 *Sieckmann*, Recht als normatives System, S. 122.

1800 Siehe exemplarisch nur EGMR – *Dudgeon/Vereinigtes Königreich* (Fn. 807), Rdn. 60; GA *Van Gerven*, Schlussanträge vom 11.06.1991 in der Rs. C-159/90, Rdn. 37 – *S.P.U.C.*

ist, ein bestimmtes Verhalten aus moralischen Gründen zu sanktionieren, überlagert dieser staatenübergreifende Konsens die nationalen Wertvorstellungen. Dadurch wird der weite Entscheidungsspielraum der Staaten eingeschränkt. Insofern dient der Gesellschaftskonsens den Rechtsanwendern dazu, ihrer Abwägungsentscheidung eine gemeinsame Wertebasis zugrunde legen zu können. Diese Konzeption spiegelt zugleich die Zweistufigkeit des europäischen Rechtsschutzes wider: Eine Maßnahme, die im nationalen Rahmen legitim erscheint, kann auf europäischer Ebene mangels Notwendigkeit der Beschränkung dennoch unverhältnismäßig sein. Dort, wo kein staatenübergreifender Gesellschaftskonsens feststellbar ist, ist es hingegen konsequent, den Staaten auch Entscheidungsfreiräume auf der Rechtfertigungsebene zuzuerkennen. Das betrifft insbesondere die sensible Abwägung widerstreitender und gleichrangiger Grund- oder Menschenrechte.[1801]

Wie bereits angedeutet, wird die Notwendigkeit, einen europäischen Gesellschaftskonsens heranzuziehen, durch die grenzüberschreitende Wirkung von Freiheitsbeschränkungen indiziert und ist rechtspolitisch wünschenswert. Da eine solche Maßnahme mehrere Gesellschaftsordnungen im Geltungsbereich der europäischen Verträge bzw. der EMRK tangiert, können die Anschauungen eines Staates nicht isoliert betrachtet werden, sondern müssen in den Kontext einer gesamteuropäischen Gesellschaftsordnung mit einem gemeinsamen Wertefundament gestellt werden. Darüber hinaus greift hier erneut der Legitimitäts- und Akzeptanzgedanke. Da die europäischen Gerichte nicht die Möglichkeit haben, ihre Entscheidungen formell zu vollstrecken[1802], sind sie auf die freiwillige Befolgung ihrer Judikate angewiesen. Diese gewinnen an Autorität, wenn sich EuGH und EGMR zur Begründung auf einen breiten Konsens in den Gesellschaften stützen können. Ist dies - wie bei der Abwägung gleichwertiger Rechte und Interessen - ausnahmsweise nicht möglich, gewähren sie den Staaten größere Freiräume.[1803] Würden die Gerichte den Staaten in diesen Fällen ein bestimmtes Abwägungsergebnis vorschreiben, würden sie übermäßig in die zu schützende nationale Heterogenität eingreifen und die Akzep-

1801 Zum Versagen der „Konsens-Doktrin" in diesen Konstellationen siehe schon bei 2.Kap.B.II. 3.) c.) iii.).

1802 *Cremer*, in: Calliess/Ruffert, EUV/AEUV, Art. 260 AEUV, Rdn. 2.

1803 EGMR - *Stübing/Deutschland* (Fn. 842), Rdn. 60 f.; EGMR - *Haas/Schweiz* (Fn. 849), Rdn. 55.

tanz ihrer Entscheidungen gefährden.[1804] Dies würde dem Sinn und Zweck der moralischen Schrankenbestimmungen zuwider laufen.

In dogmatischer Hinsicht ist das Heranziehen eines europäischen Konsenses bereits in den Verträgen angelegt. Sowohl der EUV als auch die EMRK verweisen in ihren Präambeln auf ein historisch gewachsenes und gemeinsames ethisches Wertefundament, auf das sich die EU bzw. der Europarat stützen.[1805] Das bedeutet theoretisch, dass sich nationale Freiheitsbeschränkungen aus Gründen von Ethik und Moral an dem europäischen Wertefundament messen lassen müssen. Allerdings zieht der EGMR den europäischen Konsens weitaus häufiger heran als der EuGH, da die Mitgliedstaaten der Union unter dem Dach der europäischen Verfassung bereits weitgehend integriert sind. Wegen der kodifizierten Wertentscheidungen in der EU-Grundrechtecharta und der engen politischen und sozialen Verknüpfung zwischen den Mitgliedstaaten hat sich innerhalb der EU ein weitgehend übereinstimmender Wertekonsens herausgebildet. Der Rückgriff auf einen europäischen Konsens ist hier in der Regel nicht erforderlich. Der EGMR hingegen ist in weit größerem Maße darauf angewiesen, durch die Ermittlung eines staatenübergreifenden Gesellschaftskonsenses übereinstimmende Werte zu definieren und einen gemeinsamen Grundrechtsstandard herauszuarbeiten. Zum einen sind gerade Grund- und Menschenrechte Ausdruck sozialethischer Anschauungen; zum anderen enthält die EMRK mit der Schranke der „demokratischen Gesellschaft“ einen weiteren Anknüpfungspunkt für die Berücksichtigung eines zwischenstaatlichen Gesellschaftskonsenses. Für die „Notwendigkeit“ einer Freiheitsbeschränkung kommt es nämlich nicht auf *die* bestimmte Gesellschafts- bzw. Rechtsordnung an, sondern lediglich auf „*eine* demokratische Gesellschaft“. Die Unbestimmtheit dieser Formulierung lässt darauf schließen, dass rechtliche Standards in anderen Vertragsstaaten bei der Entscheidungsfindung zu berücksichtigen sind. Die Schranke verfolgt demnach zwei Ziele: zum einen die Sicherstellung verfassungsrechtlicher Spielräume und zum anderen die Überprüfung einseitiger Menschenrechtsverletzungen anhand eines staatenübergreifenden Konsenses.

1804 Siehe ausführlich dazu bei 4.Kap.D.I. 1.).

1805 Die Präambel des EUV verweist auf das „*kulturelle, religiöse und humanistische Erbe Europas*“, während die Präambel der EMRK erklärt, dass die Staaten „*vom gleichen Geiste beseelt sind und ein gemeinsames Erbe an geistigen Gütern, politischen Überlieferungen, Achtung der Freiheit und Vorherrschaft des Gesetzes besitzen*“.

4.) Ermittlung eines gesellschaftlichen Konsenses im europäischen und internationalen Recht

Zur Feststellung eines europäischen Sozialkonsenses, und damit zur Auslegung der Sitten- und Moralbegriffe, sind empirische Untersuchungen unpraktikabel und nicht geeignet. Deshalb ist es sinnvoll, im EU-Recht die Entscheidungen völkerrechtlicher Organe, des Europarates und seiner Organe, völkerrechtliche Verträge sowie rechtsvergleichende Studien anderer fachkompetenter Stellen heranzuziehen.[1806] Auch aktuelle medizinisch-wissenschaftliche Erkenntnisse können zur Grundlage eines Konsenses gemacht werden, wenn in rechtsvergleichender oder politischer Hinsicht keine Übereinstimmung festzustellen ist.[1807] Diese Vorgehensweise ist weitgehend rechtsdogmatisch geprägt, da es weniger um die faktischen Gegebenheiten in den Staaten geht, als vielmehr um die Entscheidungspraxis überstaatlicher Stellen und nationaler Regelungsregime.

Im Geltungsbereich der EMRK legt der EGMR den Schwerpunkt zur Bestimmung eines gesellschaftlichen Konsenses in den Vertragsstaaten auf wertende Rechtsvergleichungen unter Beachtung der rechtlichen Praxis.[1808] In diesem Rahmen untersucht er nationales Recht, Europa- und Völkerrecht sowie Stellungnahmen des Ministerkomitees des Europrates oder anderer Nichtregierungsorganisationen, also internationales *soft-law*.[1809] Auch wenn die Mitglieder des Europarates kulturell und politisch unterschiedlich geprägt sind, besitzen sie im Kern eine gemeinsame europäische Geschichte und Tradition, sodass aus den nationalen Regelungsregimen jedenfalls ein Grundbestand übereinstimmender Werte destilliert werden kann. Das beweist schon die Existenz der EMRK selbst.

Auf internationaler Ebene spielt der staatenübergreifende Gesellschaftskonsens eine nur marginale Rolle. Gemäß Art. 31 Abs. 3 b) WVK ist im Welthandelsrecht für die Auslegung der Verträge die Staatenpraxis zu berücksichtigen, aus der sich jedenfalls ein zwischenstaatli-

1806 GA *Van Gerven*, Schlussanträge vom 11.06.1991 in der Rs. C-159/90, Rdn. 37 – *S.P.U.C*; GA *Léger*, Schlussanträge vom 08.05.2001 in der Rs. C-268/99, Rdn. 46 – *Jany u.a.*

1807 GA *Bot*, Schlussanträge vom 10.03.2011 in der Rs. C-34/10, Rdn. 80 – *Brüstle.*

1808 Ebenso *Rubel*, Entscheidungsfreiräume in der Rechtsprechung des EGMR und des EuGH, S. 93; *Gebauer*, Parallele Grund- und Menschenrechtssysteme in Europa?, S. 251 f.

1809 Siehe zum Ganzen m.w.N. bei 2.Kap.B.II. 3.) c.) ii.).

cher Konsens ablesen lässt[1810]; bei einseitigen Freiheitsbeschränkungen aus Gründen von Ethik und Moral rekurrieren die WTO-Streitbeilegungsorgane aber in der Regel nicht auf einen solchen. Es ist nur ein einziges Verfahren nachweisbar, in dem das *Panel* in moralischen Fragen auf die Wertentscheidungen in der Staatengemeinschaft abgestellt und die Entscheidungen europäischer Gerichte berücksichtigt hat.[1811] Der Grund hierfür ist darin zu sehen, dass es im Geltungsbereich der WTO-Verträge nahezu unmöglich sein dürfte, überhaupt jemals einen Konsens festzustellen. Das Welthandelsrecht vereint 159 Mitgliedsstaaten aus unterschiedlichen Kulturkreisen. Da die persönlichen Wertungsdispositionen des Einzelnen durch seine kulturelle und soziale Prägung determiniert werden[1812], wird im Regelfall keine staatenübergreifende Übereinstimmung zwischen den Gesellschaften zu erzielen sein. Theoretisch müssten die Streitbeilegungsorgane die Rechtsordnungen aller 159 Staaten oder zumindest diejenigen einer repräsentativen Zahl an Staaten untersuchen. Das wäre jedoch aus prozessökonomischen Gründen offensichtlich unpraktikabel. Denkbar ist lediglich, die Wertanschauungen einer gewissen Zahl an Staaten aus jedem Kulturkreis zu ermitteln. Eine solche Vorgehensweise ist jedoch bislang nicht nachweisbar. Möglicherweise ist dies dem Zweck des Welthandelsrechts geschuldet, das, anders als die europäischen Verträge, maßgeblich auf wirtschaftliche Prosperität in den Staaten ausgerichtet ist und nicht darauf abzielt, einen gemeinsamen Raum der Werte zu schaffen.

Ähnliches gilt im Geltungsbereich des UN-Zivilpakts, in dem der MRA sich ebenfalls in nur einem einzigen Fall[1813] nachweisbar auf gesellschaftliche Wertmaßstäbe berufen hat. Hier ist jedoch zu beachten, dass es sich um keinen internationalen Gesellschaftskonsens gehandelt hat, sondern um abweichende Moralanschauungen innerhalb desselben Staatsgebietes. Davon abgesehen wird es, ebenso wie im Welthandeslrecht, kaum möglich sein, unter den 167 Vertragsstaaten

1810 *O. Dörr*, in: Dörr/Schmalenbach, Vienna Convention on the Law of Treaties, Art. 31, Rdn. 4.

1811 Panel Report, *US-Gambling* (Fn. 1428), Rdn. 6.471, 6.473.

1812 *Zippelius*, Gründung der Gerechtigkeit auf Gewissen und Konsens, in: ders. (Hrsg.), Verhaltenssteuerung durch Recht und kulturelle Leitideen, S. 72; ebenso für das Verständnis von der Menschenwürde am Beispiel des Unionsrechts *Berlth*, Artikel 1 GRCh - Die Menschenwürde im Unionsrecht, S. 123.

1813 HRC, *Toonen v. Australia* (Fn. 1487), Rdn. 6.6 f., 8.6.

des IPbpR einen gesellschaftlichen Konsens festzustellen. Vielmehr käme dies der Suche nach der sprichwörtlichen „Nadel im Heuhaufen“ gleich. Dementsprechend ist der gesellschaftliche Konsens in der Entscheidungspraxis der internationalen Streitbeilegungsorgane insgesamt gegenüber anderen Entscheidungsparametern nachrangig.

V. Zusammenfassung

Die divergierenden Interpretationen von Ethik und Moral in den verschiedenen Rechtsordnungen sind nachvollziehbar. Im deutschen Recht ist ein grundlegender sozialethischer Gesellschaftskonsens festzumachen, der den verfassungsrechtlichen Wertentscheidungen zugrunde liegt. Im europäischen Recht hingegen existieren trotz allgemeiner Rechtsgrundsätze, die sich gemäß Art. 6 Abs. 3 EUV aus den Verfassungen der Mitgliedstaaten ergeben, dem in Art. 2 EUV niedergelegten Wertefundament und der EU-Grundrechtecharta, weiterhin religiöse und kulturelle Unterschiede zwischen den Ländern. Das gilt umso mehr, je größer die Zahl der Parteien eines multilateralen Vertrages ist. Wenn bereits im Unionsrecht keine autonome Definition der „öffentlichen Sittlichkeit“ möglich ist, außer der, dass es auf die Anschauungen des gedeihlichen Zusammenlebens in den Nationalstaaten ankommt, gilt dies erst recht im Rahmen der EMRK, dem UN-Zivilpakt und dem Welthandelsrecht. Deshalb greifen die zwischenstaatlichen Gerichte - dort, wo es möglich ist - auf einen staatenübergreifenden Gesellschaftskonsens zurück, um nationale Freiheitsbeschränkungen jedenfalls auf der Rechtfertigungsebene zu überprüfen. Neben den praktischen Schwierigkeiten bei der Auslegung von Ethik und Moral resultieren die inhaltlichen Unterschiede aus dem Sinn und Zweck der jeweiligen Schrankenbestimmungen.

C. Die Schutzrichtung ethisch-moralischer Schranken

In dogmatischer Hinsicht hängen die divergierenden Bedeutungen von Ethik und Moral in erster Linie von den jeweiligen Schutzrichtungen der Schrankenbestimmungen ab, die im internationalen Recht wiederum vom Grad der Integration beeinflusst werden. In allen Rechtsordnungen dienen außerrechtliche Wertvorstellungen als äußerste Grenze persönlicher Freiheit und wirken somit für den Bürger unmittelbar freiheitsverkürzend. Geschütztes Rechtsgut ist das Wohl der Gesellschaft, deren Interessen gegen die grund- und menschenrechtlich verbürgten Freiheiten des Einzelnen abzuwägen sind. Das europäische Recht nimmt eine „Zwitterstellung“ ein und ist nicht nur an Individuen, sondern auch an die Mitgliedstaaten gerichtet. Die „öffentliche Sittlichkeit" schützt dabei die Wertvorstellungen der nationalen Gesellschaften und zugleich die nationale Heterogenität innerhalb der EU. Die EMRK, das Welthandelsrecht und der UN-Zivilpakt hingegen sind zwar ausschließlich an die Vertragsstaaten als Völkerrechtssubjekte adressiert, doch auch hier schützen die ethisch-moralischen Schranken die spezifischen nationalen Besonderheiten und die Diversität der Gesellschaften. Den Staaten soll das Recht belassen bleiben, persönliche Freiheiten zur Bewahrung ihrer eigenen Wertordnung einzuschränken.

I. Deutsche Sittenbegriffe als Ausdruck ethischer Gebundenheit des Individuums

Das „Sittengesetz" und dessen einfachgesetzliche Konkretisierungen sind Ausdruck der ethischen Gebundenheit des Einzelnen in der Gesellschaft. Auch wenn die Grundrechte nach dem Grundsatz *in dubio pro libertate* in der Regel weit auszulegen sind und das Grundgesetz von einer allumfassenden Handlungsfreiheit des Individuums ausgeht, findet diese ihre Grenze entweder dort, wo die Rechte Dritter oder fundamentalethische Grundwerte der Gesellschaft verletzt werden.[1814] Die Schranke des „Sittengesetzes" in Art. 2 Abs. 1 GG stellt insofern sicher, dass der Einzelne seine Handlungsfreiheit nicht grenzenlos, sondern zum Wohle der Gesellschaft und im Bewusstsein an die Verankerung in gemeinsamen Werten verantwortungsvoll ausübt.[1815] Auf dieser Grundlage können sozialschädliche Verhaltensweisen, welche die fundamentalethischen Werte des Grundgesetzes verletzen, untersagt werden. Das „Sittengesetz" in Art. 2 Abs. 1 GG hat folglich zwei Schutzrichtungen: Es kann zum einen Eingriffe in grundrechtlich geschützte Freiheiten rechtfertigen und verpflichtet den Staat zum anderen, die gesellschaftlichen Moralvorstellungen zu schützen.[1816] Die einfachgesetzlichen Ausformungen des „Sittengesetzes", also die „guten Sitten", die „Unsittlichkeit" und die „öffentliche Ordnung", erfüllen dieselbe Funktion und dienen der Sicherstellung eines gedeihlichen

1814 *Murswiek*, in: Sachs, GG, Art. 2, Rdn. 96.

1815 *Stern*, in: ders. Staatsrecht Band IV/1, S. 969; BVerwGE 1, 303 (307); ähnlich, aber deutlich zurückhaltender *Cornils*, in: Isensee/Kirchhof, HbdStR VII, § 168, Rn. 87.

1816 BVerfGE 6, 389 (434) – *Homosexuelle*.

Zusammenlebens unter Beachtung des für alle verbindlichen Wertefundaments der Gesellschaft.[1817]

II. Ethik und Moral im Unions- und Völkerrecht als Ausdruck staatlicher Heterogenität

1.) Unionsrecht

Wegen ihrer mangelnden inhaltlichen Ausgestaltung ist der Anwendungsbereich der „öffentlichen Sittlichkeit" im Unionsrecht denkbar weit, obwohl die Rechtfertigungsgründe in Art. 36 S. 1 AEUV grundsätzlich eng auszulegen sind.[1818] Dies liegt nicht etwa darin begründet, dass die Schranken des Art. 36 S. 1 AEUV die Souveränität der Mitgliedstaaten schützen, indem sie bestimmte Regelungsmaterien ausschließlich ihrer Zuständigkeit überlassen.[1819] Sie sind im Gegenteil gerade Ausdruck ihrer Souveränität; die Mitgliedstaaten sind nämlich trotz europäischer Integration Träger autonomer Werte und Anschauungen, die dem Zugriff der Union entzogen sind. Aus diesem Grund dürfen die Staaten zum Schutz der „öffentlichen Sittlichkeit" von den Warenverkehrsfreiheiten abweichen. Dieser Ausdruck des Respekts vor der nationalen Identität und der Heterogenität der Mitgliedstaaten manifestiert sich in den Beschränkungsmöglichkeiten des Art. 36 S. 1 AEUV. Es ist denkbar, dass dieser Identitätsschutz seine rechtliche Grundlage in Art. 4 Abs. 2 EUV hat, der ursprünglich den

> „Mindestbestand an Werten aus verschiedenen Bereichen menschlichen Zusammenlebens, die Wesen und Selbstverständnis des jeweiligen Staates prägen und die etwa historischer, wirtschaftlicher, religiöser, sprachlicher oder kultureller Art sein können"

1817 OVG Lüneburg, Urteil vom 17.11.1994 - 7 L 1951/92, Rn. 32, GewArch 1995, 109; BVerwG, Urteil vom 29.01.1985 - 1 C 10/83, NVwZ 1985, 826.

1818 *Frenz*, Handbuch Europarecht, Band 1, Rdn. 935; *Epiney*, in: Ehlers, Europäische Grundrechte und Grundfreiheiten, § 8, Rdn. 80; *Leible/T.Streinz*, in: Grabitz/Hilf/Nettesheim, Das Recht der EU, Art. 36 AEUV, Rdn. 2 m.w.N.; *Dauses/Brigola*, in: Dauses, EU-Wirtschaftsrecht, Art. 36 S. 1 AEUV, Rdn. 212.

1819 *Leible/T.Streinz*, in: Grabitz/Hilf/Nettesheim, Das Recht der EU, Art. 36 AEUV, Rdn. 4; EuGH, Rs. 153/78, Slg. 1979, 2555 (2564) - *Kommission/Deutschland*; EuGH, Rs. 182/84, Slg. 1985, 3731 - *Miro*; EuGH, Rs. 35/76, Slg. 1976, 1871 (1886) - *Simmenthal*.

umfasste.[1820] Der Schutz von außerrechtlichen ethisch-moralischen Wertvorstellungen war der Bestimmung immanent. Im Zuge fortschreitender Integration schränkt Art. 4 Abs. 2 S. 1 HS. 2 EUV den Identitätsbegriff nunmehr jedoch ein auf die Identität, die „in den grundlegenden politischen und verfassungsmäßigen Strukturen einschließlich der regionalen und lokalen Selbstverwaltung" eines Mitgliedstaates zum Ausdruck kommt. Die grundlegenden Strukturen ergeben sich aus den nationalen Verfassungen. In Deutschland ergibt sie sich beispielsweise aus Art. 79 Abs. 3 GG und dem Bekenntnis zu Demokratie, Freiheit und dem Schutz „der für die Menschenwürde unentbehrlichen Substanz elementarer Grundrechte in ihrer prinzipiellen Qualität"[1821].[1822] Außerrechtliche Wertvorstellungen zählen offensichtlich nicht zu den grundlegenden verfassungsrechtlichen Strukturen in diesem Sinne. Unabhängig davon ist den Staaten jedoch im Rahmen des Art. 4 Abs. 2 EUV ein Freiraum für Entscheidungen zu belassen, zu denen „auch kulturelle Fragen wie die Verfügung über die Sprache, die Gestaltung der Familien- und Bildungsverhältnisse, die Ordnung der Meinungs-, Presse- und Versammlungsfreiheit oder der Umgang mit dem religiösen oder weltanschaulichen Bekenntnis" gehören.[1823] Das heißt, dass die Identifizierung und Regelung grundlegender Wertentscheidungen dem nationalen Gesetzgeber überlassen ist. So umfasst Art. 4 Abs. 2 EUV beispielsweise den Schutz des verfassungsrechtlichen Abtreibungsverbots in Irland[1824] und andere spezifisch nationale Wertentscheidungen[1825]. Insofern könnte das „Sittengesetz" als Ausdruck der Fundamentalethik des Grundgesetzes von Art. 4 Abs. 2 EUV erfasst sein.

1820 Zitiert nach *Hatje*, in: Schwarze, EU-Kommentar, Art. 4 EUV, Rdn. 9; *Puttler*, in: Calliess/Ruffert, EUV/AEUV Art. 4 EUV, Rdn. 14.

1821 BVerfG, Urteil vom 30.06.2009 - 2 BvE 2, 5/08, 2 BvR 1010, 1022, 1259/08, 182/09 - *Lissabon*, BVerfGE 123, 267 (343).

1822 *Hatje*, in: Schwarze, EU-Kommentar, Art. 4 EUV, Rdn. 11 f.; *Puttler*, in: Calliess/Ruffert, EUV/AEUV Art. 4, EUV, Rdn. 16, f.; *von Bogdandy/Schill*, in: Grabitz/Hilf/Nettesheim, Das Recht der EU, Art. 4 EUV, Rdn. 20, 27.

1823 BVerfGE 123, 267 (358) - *Lissabon*.

1824 *Hatje*, in: Schwarze, EU-Kommentar, Art. 4 EUV, Rdn. 13; *von Bogdandy/Schill*, in: Grabitz/Hilf/Nettesheim, Das Recht der EU, Art. 4 EUV, Rdn. 14; siehe dazu EuGH, Rs. C-159/90, Slg. 1991, I-4685 - *SPUC*.

1825 EuGH, Rs. C-473/93, Slg. 1996, I-3207, Rdn. 35 - *Kommission/Luxemburg* (Staatsangehörigenvorbehalt für das Unterrichtswesen); EuGH, Rs. C-36/02, Slg. 2004, I-9609 - *Omega* (Menschenwürde).

Die „öffentliche Sittlichkeit" nach Art. 36 S. 1 AEUV schützt jedoch alle herrschenden Moralvorstellungen, nach denen sich das Zusammenleben in dem betreffenden Mitgliedstaat gestalten soll, und besitzt einen Anwendungsbereich, der weit über das „Sittengesetz" hinausgeht. Insofern ist die „öffentliche Sittlichkeit" in Art. 36 S. 1 AEUV als autonome und von Art. 4 Abs. 2 EUV unabhängige Schranke zum Schutz innerstaatlicher Interessen und zur Wahrung der staatlichen Heterogenität anzusehen.

2.) EMRK und Völkerrecht

Ähnlich wie im Unionsrecht dienen die Moral- und Sittenvorbehalte in der EMRK, dem Welthandelsrecht sowie dem UN-Zivilpakt in erster Linie dem Schutz nationaler Interessen und bringen das souveräne Recht der Staaten, die in den Schrankenbestimmungen geregelten Sachbereiche autonom zu regeln, zum Ausdruck.[1826] Dadurch sollte es den Staaten erleichtert werden, internationalen Verträgen beizutreten, ohne staatliche Freiheitsräume - insbesondere gesellschaftspolitischer Art - aufzugeben.[1827] Da durch die jeweiligen Vertragswerke keine supranationalen Gebilde mit eigenen Hoheitsrechten errichtet werden, sind der Europarat, die UN und die WTO auf die weitgehend freiwillige Befolgung der vertraglich geregelten Rechte und Pflichten durch die Staaten angewiesen. Um übermäßige Eingriffe in ihre originären Hoheitsbefugnisse zu verhindern, behalten sich die Staaten Reservemaßnahmen vor, wenn die Gewährung von Freiheiten den Grundwerten in ihren Gesellschaften widerspricht. Besonders deutlich wird dies in Art. XIV (a) GATS, in dessen Rahmen die „Moralität" als fundamentales Interesse der nationalen Gesellschaften definiert wird.[1828] Würden internationale Gerichte oder Streitbeilegungsorgane den Moralbegriff ei-

1826 Für das WTO-Recht siehe *Bender*, ZaöRV 2003, 1007 (1027); *Petersmann*, ZaöRV 2005, 543 (573); *Wenzel*, in: Wolfrum/Stoll (Hrsg.), Max Planck Commentaries on World Trade Law, Vol. 5, Art. XX (Introduction) Rdn. 1; *Göttsche*, in: Hilf/Oeter (Hrsg.), WTO-Recht, § 5, Rdn. 45; für die EMRK siehe *Gebauer*, Parallele Grund- und Menschenrechtssysteme in Europa?, S. 220 f., 248; *Arai-Takahashi*, The Margin of Appreciation, S. 3; *Ostrovsky*, HanseLR Vol. 1 No. 1 (2005), 47 (56); *De la Rasilla del Moral*, German Law Journal Vol. 07, No. 06 (2006), 611 /614 f., 622); für den UN-Zivilpakt siehe nur *Tyagi*, The UN Human Rights Committee, S. 667.

1827 *Tietje*, Internationales Wirtschaftsrecht, § 1, Rdn. 100 f., 103 und in Fußnote 307.

1828 Siehe nur Panel Report, *US-Gambling* (Fn. 1428), Rdn. 6.467.

genständig evolutiv auslegen, bestünde die Gefahr, dass er einen Inhalt bekommt, den die Vertragsstaaten ursprünglich nicht angestrebt haben. Dies hätte eine Verletzung ihrer Autonomie und gegebenenfalls einen Vertragsaustritt zur Folge. Um solche Konstellationen zu vermeiden und insbesondere um die Durchsetzungskraft internationaler Verträge und Menschenrechte nicht zu gefährden, sind den Staaten umfassende Entscheidungsfreiräume eingeräumt.

D. Gerichtliche Kontrolle

Die Schutzrichtung moralischer Schranken beeinflusst nicht nur deren Auslegung sondern auch den Umfang der gerichtlichen Kontrolle. Während die Judikative im deutschen Recht - bis auf wenige Ausnahmen - eine umfassende Rechtmäßigkeitsprüfung bei Freiheitsbeschränkungen aus Gründen von Ethik und Moral vornimmt, üben sich der EuGH und die völkerrechtlichen Gerichte und Streitbeilegungsorgane in *judicial self-restraint*, um die Identität bzw. die Interessen der Staaten zu schützen. Während der EuGH und der EGMR jedoch eine strenge Kontrolle nationaler Maßnahmen am Maßstab des europäischen und nationalen Rechts vornehmen, beschränken sich die WTO-Streitbeilegungsorgane und der MRA im Wesentlichen auf eine Evidenz- und Willkürkontrolle.

In allen Rechtsordnungen bildet der Grundsatz der Verhältnismäßigkeit die äußerste Grenze behördlicher bzw. innerstaatlicher Spielräume. In Deutschland wird dieser Grundsatz aus dem Rechtsstaatsprinzip gemäß Art. 20 Abs. 3 GG und den Grundrechten abgeleitet.[1829] In der EMRK, dem Welthandelsrecht und dem UN-Zivilpakt ist er in den Schrankenbestimmungen ausdrücklich angelegt, da sie erfordern, dass eine Beschränkung zum Schutz der Moral „notwendig" sein muss.[1830] Im Unionsrecht wiederum ist das Verhältnismäßigkeitsprinzip als allgemeiner Rechtsgrundsatz nach Art. 6 Abs. 3 EUV anerkannt und in

1829 *Huster/Rux*, BeckOK GG, Art. 20, Rdn. 177; *Grzeszick*, in: Maunz/Dürig, GG-Kommentar, Art. 20, Rdn. 108; BVerfG, Urteil vom 09.03.1994 - 2 BvL 43, 51, 63, 64, 70, 80/92, 2 BvR 2031/92 - *Cannabis*, BVerfGE 90, 145 (173).

1830 Für die EMRK siehe nur *Grewe*, ZaöRV Vol. 61 (2001), 459 (467); *Ostrovsky*, Hanse Law Review, Vol. 1 No. 1 (2005), 47 (49); für das WTO-Recht siehe nur *Hüsken*, GewArch 2010, 49 (52); für den IPbpR siehe nur Commission on Human Rights, 51st Session, E/CN.4/1996/52/Add.2, Rdn. 31; General Comment Nr. 27, Rdn. 14-16; *Schilling*, Internationaler Menschenrechtsschutz, Rdn. 72; *Richter*, Aspekte der universellen Geltung der Menschenrechte und der Herausbildung von Völkergewohnheitsrecht, S. 153.

Art. 52 Abs. 1 der EU-Grundrechtecharta ausdrücklich kodifiziert; es ist somit Bestandteil des Primärrechts.[1831]

Der Umfang der gerichtlichen Kontrolle hängt von mehreren Faktoren ab und ist in den Rechtsordnungen unterschiedlich ausgeprägt. So sind beispielsweise die Beurteilungs- und Ermessensspielräume der Staaten hinsichtlich des angestrebten Schutzniveaus im europäischen und internationalen Recht besonders zu respektieren. Um dennoch eine effektive Kontrolle sicher zu stellen, wird die Verhältnismäßigkeitsprüfung um zusätzliche objektive Kriterien erweitert. So werden bei der Frage, ob sich die Staaten im Rahmen ihrer Freiräume bewegt haben, die „Schranken-Schranke" der „demokratischen Gesellschaft" das Vorhandensein eines zwischenstaatlichen Konsenses sowie das Kohärenzgebot als Korrektive herangezogen.

I. Die „Notwendigkeit (in einer demokratischen Gesellschaft)" als dogmatischer Anknüpfungspunkt für den Grundsatz der Verhältnismäßigkeit im Völkerrecht

In den in Art. 8-11 EMRK, Art. XX(a) GATT und Art. XIV (a) GATS geregelten Ausnahmetatbeständen des Welthandelsrechts und den Schranken der Art. 12, 14, 18, 19, 21 und 22 IPbpR ist der Grundsatz der Verhältnismäßigkeit in Gestalt der „Notwendigkeit" unmittelbar positivrechtlich verankert.

1.) Ausgestaltung der Verhältnismäßigkeit in den Völkerrechtsordnungen

In den Absätzen 2 der Artikel 8 bis 11 der EMRK setzt die „Notwendigkeit" nach der Entscheidungspraxis des EGMR voraus, dass die einschränkende Maßnahme gesetzlich vorgesehen ist, für die jeweilige Freiheitsbeschränkung ein dringendes soziales Bedürfnis besteht und sie im Übrigen im Hinblick auf das verfolgte Ziel angemessen ist.[1832]

1831 *Dauses/Brigola*, in: Dauses, EU-Wirtschaftsrecht, Grundregeln, Rdn. 285; *Pernice/Mayer*, in: Grabitz/Hilf, EUV/AEUV, Grundrechtsschutz und rechtsstaatliche Grundsätze, Rdn. 304; st. Rspr. EuGH, Rs. 41/79, 121/79 und 796/79, Slg. 1980, 1979, Rdn. 21 - *Testa;* EuGH, verb. Rs. C-296/93 und C-307/93, Slg. 1996, I-795, Rdn. 30 - *Frankreich und Irland/Kommission.*

1832 EGMR - *Handyside/Vereinigtes Königreich* (Fn.815), Rdn. 48; EGMR - *Pretty/Vereinigtes Königreich* (Fn. 848), Rdn. 70; EGMR - *Müller u.a./Schweiz* (Fn. 1078), Rdn. 32; *Logemann*, Grenzen der Menschenrechte in demokratischen Gesellschaften, S. 203 f. m.w.N.; *Grabenwarter/Pabel*, EMRK, § 18, Rdn. 14 f.

Bei Beschränkungen der Europäischen Menschenrechtskonvention aus Gründen von Ethik und Moral liegt der Schwerpunkt gerichtlicher Kontrolle in der Regel auf letzterem, dem Übermaßverbot.[1833] Dementsprechend konzentiert sich der EGMR im Kern auf die Beurteilung, ob die Vertragsstaaten die widerstreitenden Interessen in konventionskonformer Weise miteinander abgewogen haben. Diese Kontrolle fällt in der Regel zurückhaltend aus, da es nicht selten um die sensible ethische Gewichtung gleichwertiger Rechtsgüter geht, über deren Stellenwert keine einheitlichen Anschauungen existieren. Insofern ist diesbezüglich ein weiter Beurteilungs- und Ermessensspielraum der Staaten zu berücksichtigen.[1834] Es wäre inkonsequent, wenn der EGMR die Definition des Moralbegriffs einerseits den Staaten überließe, andererseits aber beurteilen würde, in welchen Fällen nationale Normen, die dem Schutz innerstaatlicher Moralvorstellungen dienen, hinter den beeinträchtigten Rechten zurückstehen müssten, da dies zu einer Relativierung des nationalen Freiraumes und der Legitimität spezifischer Wertvorstellungen führen würde. Der Gerichtshof gibt in solchen Fällen nur abstrakte Abwägungsregeln vor und verlangt jedenfalls, dass überhaupt eine Gewichtung der widerstreitenden Interessen stattgefunden hat.[1835] Das ist gleichsam zwingend, da es einer Negierung eines unterlegenen Konventionsrechts gleichkäme, wenn es ohne konkreten Abwägungsaufwand pauschal hinter nationalen Moralvorstellungen zurückbliebe. Neben dem grundsätzlichen Abwägungsgebot stellte der EGMR entgegen seiner üblichen Zurückhaltung ausdrücklich klar, dass das Selbstbestimmungsrecht des Einzelnen umso mehr zurückstehen müsse, je mehr ein bestimmtes Verhalten die öffentliche Gesundheit und Sicherheit gefährde.[1836] Gleiches dürfte für Verstöße gegen die „Moral" gelten, da sie die ethischen Mindeststandards der Gesellschaft, mithin die fundamentalen Interessen des Staates schützt. Deren besonderes Gewicht ist in der Güterabwägung zu berücksichtigen.

Abgesehen von diesen generellen Vorgaben, ist es dem EGMR versagt, eine erneute vollständige Gewichtung der betroffenen Rechte und Inte-

[1833] *Frowein/Peukert*, EMRK-Kommentar, Vor. Art. 8-11, Rdn. 16.

[1834] EGMR – *Stübing/Deutschland* (Fn. 842), Rdn. 60 f.; EGMR – *Haas/Schweiz* (Fn. 849), Rdn. 55.

[1835] EGMR – *Open Door/Irland* (Fn. 857), Rdn. 73; ebenso Concurring Opinion of Judge *Morenilla*, Rdn. 5 in EGMR – *Open Door/Irland*; EGMR – *Barthold/Deutschland* (Fn. 1088), Rdn. 58.

[1836] Siehe z.B. EGMR – *Pretty/Vereinigtes Königreich* (Fn. 848), Rdn. 74.

ressen vorzunehmen, wenn ein oberstes nationales Gericht diese unter Einhaltung rechtsstaatlicher Standards gründlich miteinander abgewogen hat und in den Vertragsstaaten keine einheitlichen Standards für die Gewichtung bestehen.[1837] Teilweise zieht sich der Gerichtshof auf verfahrensrechtliche Aspekte zurück und beurteilt die Notwendigkeit einer Beschränkung danach, ob im innerstaatlichen Recht wirksame Rechtsbehelfe gegen die Rechtsverletzung existieren, die eine Abwägung der kollidierenden Interessen im Einzelfall erlauben.[1838] Der EGMR sichert die Universalität der Menschenrechte durch Organisation und Verfahren[1839] und hebt dadurch den Grundsatz der Subsidiarität hervor[1840]. Wenn die Staaten ihrer Verpflichtung, Konventionsverstöße mit Hilfe effektiver Rechtsmittel abzustellen, nicht nachkommen, verletzten sie bereits dadurch die Gewährleistungen aus der EMRK.

Auch im WTO-Recht umfasst die Notwendigkeitsprüfung die grundlegenden Aspekte einer Verhältnismäßigkeitskontrolle.[1841] Formal gesehen erfordert sie, dass die Freiheitsbeschränkung tatsächlich dem Schutz der „Moral" als legitimem Zweck dient und die kollidierenden Interessen in einen angemessenen Ausgleich gebracht werden. Bei dieser Abwägung sind der Stellenwert der „Moral", der Beitrag, den die Maßnahme zur Zweckerreichung leistet sowie die negativen Effekte auf den grenzüberschreitenden Handel zu berücksichtigen.[1842] Dem Schutz der „Moral" ist im Rahmen der Abwägung ein hoher Stellenwert eingeräumt, so dass es einen erheblichen Begründungsaufwand erfordert, wenn man den im Welthandelsrecht garantierten Marktfreiheiten Vorrang einräumen will. Abgesehen von diesen abstrakten Vorgaben konzentrieren sich die Streitschlichtungsorgane im Schwerpunkt darauf, ob der Staat alternative und zumutbare (WTO-konforme) Maßnahmen hätte ergreifen können, die den grenzüberschreitenden Handel bzw. grenzüberschreitende Dienstleistungen weniger beein-

1837 *Pellonpää*, EuGRZ 2006, 483 (484 f.) m.w.N.

1838 EGMR – *Müller u.a./Schweiz* (Fn. 1078), Rdn. 43 f.; EGMR – *Vo/Frankreich* (Fn. 1133), Rdn. 87; EGMR – *A, B und C/Irland* (Fn. 860), Rdn. 246.

1839 *Hoffmann-Riem*, EuGRZ 2006, 492 (495).

1840 EGMR – *Koch/Deutschland* (Fn. 850), Rdn. 69.

1841 *Petersen*, AöR 138 (2013), 108 (120).

1842 Panel Report, *US-Gambling* (Fn. 1428), Rdn. 6.477; Panel Report, *China-Audiovisual Services* (Fn. 1449), Rdn. 7.783; Panel Report, *EC-Seal Products* (Fn. 1456), Rdn. 7.630.

trächtigen[1843], wobei auch zukünftige und potentielle Auswirkungen zu berücksichtigen sind.[1844]

Es geht also im Wesentlichen darum, ob die Freiheitsbeschränkungen das Übermaßverbot verletzt haben. Dadurch, dass die Streitbeilegungsorgane den Schwerpunkt ihrer Prüfung in der Verhältnismäßigkeit auf die Suche nach einer alternativen und gleichzeitig milderen Maßnahme legen, vermeiden sie es, eine eigenständige Güterabwägung vorzunehmen. Sie umgehen auf diese Weise, die moralischen Bedenken eines Vertragsstaates in Frage zu stellen, und können dennoch Maßnahmen aussondern, die über das erforderliche Maß zum Schutz der „Moral" hinausgehen. Wenn mildere Maßnahmen existieren, kann der Schutz der „Moral" in Wirklichkeit nicht den hohen Stellenwert haben, den der Vertragsstaat vorgibt.[1845] Es liegt die Vermutung nahe, dass vielmehr ein anderer Schutzzweck verfolgt wird. Darauf ist bei der Darstellung des Kohärenzerfordernisses zurückzukommen (dazu sogleich).

Als zusätzliches Kriterium neben der „Notwendigkeit" einer Beschränkung müssen sich nationale Maßnahmen an den Anforderungen der Einleitungssätze (*Chapeaux*) von Art. XX GATT und Art. XIV GATS messen lassen. Auch grundsätzlich gerechtfertigte Maßnahmen können danach unzulässig sein, wenn sie in missbräuchlicher Art und Weise angewendet werden, indem sie zu einer ungerechtfertigten Diskriminierung bzw. einer verschleierten Beschränkung des internationalen Handels führen und dadurch die Rechte der anderen Vertragsstaaten beeinträchtigen.[1846] Wenn also die abstrakte Abwägung der kollidierenden Rechte dazu führt, dass dem Schutz der „Moral" Vorrang einzuräumen ist und kein milderes Mittel zur Verfügung stand, sind Maßnahmen, die missbräuchlich angewendet werden, dennoch nicht WTO-konform.[1847]

Die Ausgestaltung der Verhältnismäßigkeit im IPbpR ähnelt derjenigen im Welthandelsrecht. Eine Freiheitsbeschränkung muss dem

1843 *Marwell*, NYULR 2006, 802 (828); Panel Report, *EC-Seal Products* (Fn. 1456), Rdn. 7.630.

1844 Panel Report, *China-Audiovisual Services* (Fn. 1449), Rdn. 7.788.

1845 *Petersen*, AöR 138 (2013), 108 (122).

1846 *Diebold*, JIEL 11 (2008), 43 (67) mit Verweis auf Appellate Body Report, *US-Gambling* (Fn. 1428), Rdn. 339; *Hüsken*, GewArch 2010, 49 (51); *Herrmann*, in: Herrmann/Weiß/Ohler, Welthandelsrecht, § 12, Rdn. 534.

1847 *Berrisch*, in: Prieß/Berrisch, WTO-Handbuch, B.I.1., Rdn. 277.

Schutz eines im Vertrag genannten Rechtfertigungsgrundes dienen, einem dringenden öffentlichen und sozialen Bedürfnis entsprechen, und im Hinblick auf die Erreichung des Ziels angemessen sein.[1848] Die Gewährleistungen des UN-Zivilpakts in Art. 12 Abs. 3, 18 Abs 3, 19 Abs. 3, 21 und 22 Abs. 2 IPbpR verlangen zusätzlich, dass eine Freiheitsbeschränkung „gesetzlich vorgesehen" ist, also auf einem für alle zugänglichen und hinreichend bestimmten Gesetz beruht.[1849] Auch wenn diese Vorgabe eine tiefergehende Verhältnismäßigkeitsprüfung suggeriert, ist die Entscheidungspraxis des MRA diesbezüglich unbefriedigend. Zwar veranlasst ihn das Gebot der Universalität des Menschenrechtsschutzes nach eigener Aussage dazu, den Staaten nur einen engen Entscheidungsspielraum zu gewähren.[1850] Faktisch nimmt der Menschenrechtsausschuss jedoch keine Güterabwägung vor und bleibt seinem eigenen Prüfungsprogramm insofern nicht treu.

Insgesamt ist festzustellen, dass die Notwendigkeitsprüfung nationaler Maßnahmen im internationalen Recht im Wesentlichen auf die Abwägung kollidierender Rechte und die Einhaltung des Übermaßverbots beschränkt ist. Während der EGMR und die WTO-Streitschlichtungsorgane eine strengere Bewertung der nationalen Maßnahme vornehmen, beschränkt sich der MRA auf eine sehr zurückhaltende Evidenz- und Willkürkontrolle. Als Korrektiv für dem Grunde nach zulässige Freiheitsbeschränkungen und weitere „Schranken-Schranke" im Rahmen der Verhältnismäßigkeit verlangen einige Grund- und Menschenrechte der EMRK und des IPbpR jedoch über die „reine" Notwendigkeit hinaus, dass die beschränkende Maßnahme „in einer demokratischen Gesellschaft" notwendig ist.[1851]

1848 Siracusa Principles (Fn. 1646), Rdn. 10; Commission on Human Rights, 51st Session, E/CN.4/1996/52/Add.2, Rdn. 31; General Comment Nr. 27, Rdn. 14-16; *Schilling*, Internationaler Menschenrechtsschutz, Rdn. 72; *Richter*, Aspekte der universellen Geltung der Menschenrechte und der Herausbildung von Völkergewohnheitsrecht, S. 153; *Nowak*, CCPR-Commentary, Art. 19, Rdn. 58; HRC, *Toonen v. Australia* (Fn. 1487), Rdn. 8.3.

1849 *Schilling*, Internationaler Menschenrechtsschutz, Rdn. 55-66; *Nowak*, CCPR Commentary, Art. 12 ICCPR, Rdn. 29 f.; *Joseph/Schultz/Castan*, The ICCPR, Introduction, Rdn. 1.67; General Comment Nr. 27, Rdn. 13; HRC, *Pinkney v. Canada*, Comm. 27/77, Rdn. 34.

1850 HRC, *Toonen v. Australia* (Fn. 1487), Rdn. 8.6.

1851 *Grabenwarter/Pabel*, EMRK, § 18, Rdn. 18 f.; *Schilling*, Internationaler Menschenrechtsschutz, Rdn. 49, 71.

2.) Die „demokratische Gesellschaft“ als Sicherungsmechanismus für demokratische Mindeststandards

Die „demokratische Gesellschaft“ ist in Art. 8 bis 11 EMRK und Art. 14 Abs. 1, Art. 21, Art. 22 Abs. 2 IPbpR als Schrankenbestimmung genannt. Der Begriff ist jedoch nicht eindeutig. Da auf internationaler Ebene kein einheitliches Demokratieverständnis existiert, ist die „demokratische Gesellschaft“ sowohl im Rahmen der Europäischen Menschenrechtskonvention als auch im UN-Zivilpakt als ein Verweis auf den Mindeststandard demokratischer Gesellschaften, nämlich auf Pluralismus, Toleranz, geistige Offenheit sowie die Gleichheit und Souveränität des Einzelnen und den Schutz seiner Menschenrechte, zu sehen.[1852] Im Rahmen der EMRK knüpft der Begriff an die europäischen Rechtsordnungen und die Präambel der Konvention an, in der Demokratie und Rechtstaatlichkeit als prägende Merkmale genannt sind.[1853] Im Geltungsbereich des UN-Zivilpakts ist der Begriff wegen der Fülle an Vertragsstaaten, die unterschiedlich verfasst sind, auf die Gesellschaften beschränkt, welche die Menschenrechte anerkennen und respektieren.[1854] Da die „demokratische Gesellschaft“ auf die Kernelemente eines demokratisch verfassten Staates verweist, verbietet sie jedenfalls Eingriffe, die den Wesensgehalt von Menschenrechten berühren[1855] oder die für eine Demokratie konstitutiven Rechte - wie insbesondere die Meinungs- und Pressefreiheit[1856] oder den Minderheitenschutz - in unverhältnismäßiger Weise beschränken. Auch verstößt der Missbrauch von Menschenrechten, der ausschließlich darauf abzielt, diese selbst abzuschaffen, gegen die „demokratische Grundordnung“.

Als weiteren Aspekt schützt die „demokratische Gesellschaft“ den systematischen Rahmen des nationalen Staatsorganisationsrechts mit seiner verfassungsrechtlichen Ordnung und ist Ausdruck des Repekts vor daraus resultierenden innerstaatlichen Beurteilungs- und Ermessens-

1852 *Nowak*, CCPR-Commentary, Art. 21 ICCPR, Rdn. 22; *Grabenwarter*, EuGRZ 2011, 229 (230).

1853 *Grabenwarter/Pabel*, EMRK, § 18, Rdn. 18 m.w.N.

1854 Siracusa Principles (Fn. 1646), Rdn. 19-21.

1855 EGMR - *A.D.T./Vereinigtes Königreich* (Fn. 838), Rdn. 37; EGMR - *Dudgeon/ Vereinigtes Königreich* (Fn. 807), Rdn. 52, 60; EGMR - *Norris/Irland* (Fn. 874), Rdn. 46 (Intimsphäre).

1856 EGMR - *Handyside/Vereinigtes Königreich* (Fn.815), Rdn. 49; EGMR - *Barthold/Deutschland* (Fn. 1088), Rdn. 58; *Prepeluh*, ZaöRV Vol. 61 (2001), 771 (777, 782).

spielräumen der Staatsorgane. So darf ein zwischenstaatliches Gericht oder Streitschlichtungsorgan etwa die Entscheidungsspielräume demokratisch legitimierter Gesetzgeber nicht beschränken, wenn die nationalen Verfassungsgerichte selbst diese anerkennen und unangetastet lassen. Deshalb respektiert insbesondere der EGMR die legislativen Spielräume der Vertragsstaaten, da es gerade nicht das Ziel der EMRK ist, in moralischen Fragen eine Harmonisierung zu erreichen, sondern die Pluralität in Europa zu wahren.[1857] Als flexibles Instrument hilft dem EGMR dabei die *Margin of Appreciation*-Doktrin (dazu sogleich).[1858]

II. Entscheidungsfreiräume bei Freiheitsbeschränkungen aus Gründen von Ethik und Moral

Wie bereits mehrfach angeklungen, belassen die Gerichte und Streitbeilegungsorgane der Exekutive hoheitliche Spielräume bei der Auslegung und Anwendung von Ethik und Moral. Wie weit diese Freiräume gehen, hängt sowohl im nationalen als auch im internationalen Recht von verschiedenen Faktoren ab.

1.) Die Dogmatik der Beurteilungsspielräume im deutschen Recht und die Überprüfung unbestimmter Sitten- und Moralbegriffe

Auch wenn die deutschen Sitten- und Moralbegriffe im Vergleich zum internationalen Recht inhaltlich bestimmt werden können, haben die Rechtsanwender in Ausnahmefällen administrative Beurteilungsspielräume, die gerichtlich nur eingeschränkt überprüfbar sind. Im deutschen Recht hat sich diesbezüglich eine komplexe Dogmatik herausgebildet, die im Wesentlichen auf dem Prinzip der Gewaltenteilung aus Art. 20 Abs. 2 S. 2 GG beruht. In der Rechtspraxis haben sich einige Konstellationen entwickelt, in denen der Exekutive stets ein Beurteilungsspielraum zukommt: Prognoseentscheidungen, beamtenrechtliche Beurteilungen, Prüfungs- oder prüfungsähnliche Entscheidungen, Entscheidungen weisungsfreier Ausschüsse und Gremien sowie planerische oder verwaltungspolitische Entscheidungen.[1859] Die Freiheitsbeschränkungen aus Gründen von Ethik und Moral sind lediglich einer Fallgruppe zuzuordnen: den Entscheidungen weisungsfreier Gremien, und auch nur dann, wenn der Gesetzgeber die konkrete Beurteilung

1857 *Grabenwarter*, EuGRZ 2011, 229 (232); *von Ungern-Sternberg*, EuGRZ 2011, 199 (200 f.).

1858 *Ress*, Der ZaöRV Vol. 69 (2009), 289 (299 f.).

1859 Siehe ausführlich dazu bereits bei 1.Kap.B.II. 1.) d.).

eines Sachverhalts verfahrensrechtlich auf ein pluralistisch besetzes Entscheidungsorgan „auslagert". Wenn also mit Experten besetzte und gesetzlich begründete Ethik-Kommissionen oder etwa die Bundesprüfstelle für jugendgefährdende Medien (BPjM) über die Zulässigkeit eines bestimmten Verhaltens bzw. Mediums entscheiden, wird deren Beurteilung durch die Gerichte nicht in Frage gestellt. In allen anderen Fällen unterliegen die Sitten- und Moralbegriffe des deutschen Rechts trotz ihrer Unbestimmtheit wegen Art. 19 Abs. 4 GG einer vollständigen gerichtlichen Überprüfung.[1860]

Im Einzelfall ermittelt das Gericht, welche Werte seiner Ansicht nach aktuell vorherrschen. Eine gesicherte Aussage über die diesbezügliche Vorgehensweise kann nicht getroffen werden. Allerdings ist das vom VG Berlin in der Sache *Café Pssst!*[1861] gewählte Verfahren ein vorzugswürdiges Beispiel für die objektive Bewertung eines vermeintlich unsittlichen Verhaltens. Demnach ist für die Ermittlung eines gesellschaftlichen Konsenses bzw. eines Wertewandels auf die konkret feststellbaren Indizien für die in der Rechtsgemeinschaft vorherrschende Überzeugung abzustellen, nämlich auf die Behördenpraxis, die Rechtsprechung und die von ihnen ausgelösten Reaktionen in der Öffentlichkeit.[1862] Dementsprechend zog das Gericht die Ergebnisse empirischer Untersuchungen heran, untersuchte geplante Gesetzesvorhaben der Bundesregierung und befragte Rechtswissenschaftler, Industrie- und Handwerksverbände, Interessengruppen, wie beispielsweise Pro Familia, Gewerkschaften und Kirchenvertreter zur moralischen Bewertung der Prostitution. Da formelle Beweise gemäß §§ 96 Abs. 1, 98 VwGO i.V.m. §§ 373 ff. ZPO nur über streitige *Tatsachen* erhoben werden können[1863], kann es sich bei Stellungnahmen zur Beantwortung einer *Wertungs*frage nur um Indizien oder Freibeweismittel handeln, die dem Gericht in der Summe einen Überblick über die vertretenen Anschauungen geben. Auf der Grundlage der unterschiedlichen Meinungen und Ergebnisse ermitteln die Richter selbständig den „kleinsten

1860 Für die „öffentliche Ordnung" und die „guten Sitten" *Kopp/Schenke*, VwGO Kommentar, § 114, Rdn. 27; *Wolff*, in: Sodan/Ziekow, VwGO, § 114, Rdn. 303.

1861 Siehe bei Fn. 245.

1862 VG Berlin, NJW 2001, 983, Rdn. 29 – *Café Pssst!*; siehe bereits bei 1.Kap.A.III. 1.) b.).

1863 Siehe nur *Lüke*, Zivilprozessrecht, § 22, Rdn. 260; *Anders/Gehle*, Das Assessorexamen im Zivilrecht, A-131; *Oberheim*, Zivilprozessrecht für Referendare, § 7, Rdn. 2.

gemeinsamen Nenner" und legen diesen Erfahrungssatz als verbindlichen gesellschaftlichen Konsens fest, ohne in jedem Fall auf ihre höchstpersönlichen Anschauungen abzustellen. Unterstützend greift die Rechtsprechung teilweise auf Gutachten etwa zu der Frage zurück, ob eine bestimmte Tätigkeit den Wertemaßstäben des Grundgesetzes widerspricht.[1864] Dies kann in Form eines Strengbeweises erfolgen, da Sachverständige nach §§ 96 Abs. 1, 98 i.V.m. § 402 ZPO aufgrund ihrer besonderen Sachkunde auch Schlussfolgerungen zu sozialethischen Fragen - z.B. ob die Teilnahme an *Paintball*-Spielen die Gewaltbereitschaft fördert - treffen können und dürfen.[1865] Möglich ist es auch, auf einen wissenschaftlichen Konsens als „Ersatzkriterium" abzustellen. So hielt das BVerfG die Eheschließung von Transsexuellen nicht für unsittlich, da ein Unsittlichkeitsurteil wissenschaftlich nicht begründbar sei.[1866] Auch die Bildung von Vergleichsgruppen zum fraglichen Verhalten ist ein zulässiges Indiz für die Beurteilung, ob dieses unsittlich ist. Werden beispielsweise der verbotenen Tätigkeit ähnliche Tätigkeiten in der Gesellschaft nicht als anstößig erachtet - etwa weil sie anerkannte Sportarten sind - kann davon ausgegangen werden, dass auch das fragliche Verhalten nicht gegen herrschende Wertvorstellungen verstößt.[1867] In komplexen ethischen Fragen behilft sich das BVerfG mit rechtsvergleichenden Untersuchungen, um den Unwertgehalt eines Verhaltens festzustellen.[1868] Das ist nicht unproblematisch, da es letztlich nur darum gehen soll, die Wert- und Moralanschauungen im Inland festzustellen. Die gesetzgeberischen Wertentscheidungen anderer Staaten können den Wertekanon des Grundgesetzes nicht ergänzen oder ausfüllen. Jedoch kann ein Rechtsvergleich aus rechtspolitischen Gründen sinnvoll sein. Wenn die innerstaatlichen Anschauungen von einem breiten gesellschaftlichen Konsens in anderen Staaten getragen werden, ist dies jedenfalls ein Indiz für deren Legitimität. Dies gilt insbesondere innerhalb der EU, in der jeder Mitgliedstaat in ein europäisches Wertefundament eingebettet ist. So half der europäische Konsens auch dem BVerfG bei der Beurteilung, dass der Geschwisterinzest unsittlich ist, da diese Überzeugung von der Mehrzahl der mitglied-

1864 VG Dresden, Urteil vom 26.01.2007 - 14 K 2097/03, Rdn. 54 - *Paintball*.

1865 *Huber*, in: Musielak (Hrsg.), ZPO Kommentar, § 402, Rdn. 1; *Baumbach/Lauterbach/Albers/Hartmann*, Zivilprozessordnung, Übers. § 402, Rdn. 4.

1866 BVerfG, NJW 1979, 595 - *Transsexuelle I*, Rdn. 54.

1867 Für den Vergleich zwischen anerkannten Kampfsportarten und *Paintball*-Spielen, VG Dresden - *Paintball*, Rdn. 55.

1868 BVerfGE 120, 224 (230 f.) - *Geschwisterinzest*.

staatlichen Gesellschaften geteilt wurde. Auf der Grundlage dieser Untersuchungsmethoden entscheiden die nationalen Gerichte schließlich autonom, und ohne der Exekutive einen gerichtsfreien Spielraum zu belassen, ob ein Verhalten unsittlich ist oder nicht.

2.) Die Margin of Appreciation-Doktrin

Das europäische und internationale Pendant zu den Beurteilungsspielräumen bei der Auslegung und Anwendung von Ethik und Moral im deutschen Recht ist die *Margin of Appreciation*-Doktrin, die vorrangig vom EGMR und den WTO-Streitbeilegungsorganen verwendet wird. Sie gewährt hoheitliche Spielräume, die sich - anders als im deutschen Recht - nicht auf die Auslegung von Ethik und Moral beschränkt, sondern sich auch auf deren Anwendung im Einzelfall erstreckt.[1869] Die Staaten können also grundsätzlich selbst bestimmen, welche Moralvorstellungen geschützt werden sollen, und das ihrer Ansicht nach erforderliche Schutzniveau selbst festlegen.[1870] Die nationalen Maßnahmen sind dann im Rahmen der Verhältnismäßigkeit an diesem vom Staat selbst gewählten Schutzniveau zu messen[1871], wobei sich die internationale Kontrolle im UN-Zivilpakt auf eine bloße „Überwachung" beschränkt.[1872]

a.) Reichweite der Doktrin im europäischen Recht

Bei der Bestimmung der Schranke der „Moral" in der Menschenrechtskonvention verweist der EGMR regelmäßig auf den *Margin of Appre-*

1869 Panel Report, *US-Gambling* (Fn. 1428), Rdn. 6.461; Panel Report, *China-Audiovisual Services* (Fn. 1449), Rdn. 7.819;

1870 GA *Warner*, Schlussanträge in EuGH Slg. 1979, 3818 (3828) - *Henn und Darby*; EuGH - *Omega* (Fn. 715), Rdn. 37, 38; EuGH - *Markus Stoß u.a.* (Fn. 709), Rdn. 80; EuGH - *Carmen Media* (Fn. 709), Rdn. 104; *Hailbronner*, in: Hailbronner/Wilms, EGV, Art. 30, Rdn. 66; *Kingreen*, in: Calliess/Ruffert, EUV/AEUV, Art. 34-36 AEUV, Rdn. 196; für die Dienstleistungsfreiheit siehe EuGH - *Schindler* (Fn. 709), Rdn. 61.

1871 *Feddersen*, Minn. J. Global Trade 1998, 75 (113); *Voland*, EuZW 2008, 70 (72); *Wenzel*, in: Wolfrum/Stoll (Hrsg.), Max Planck Commentaries on WTO-Law, Vol. 5, Art. XX (a) Rdn. 8; *Mathisen*, CML Rev. 47 (2010), 1021 (1041) mit Verweis auf EuGH, Rs. C-262/02, Slg. 2004, I-6569, Rdn. 33 - *Kommission/Frankreich* und EuGH, Rs. C-429/02, Slg. 2004, I-6613, Rdn. 40 - *Bacardi France*; EuGH - *Omega* (Fn. 715), Rdn. 39; EGMR - *Handyside/Vereinigtes Königreich* (Fn.815), Rdn. 57; EGMR - *Müller u.a./Schweiz* (Fn. 1078), Rdn. 32.

1872 *Nowak*, CCPR-Commentary, Introduction, Rdn. 15.

ciation, um die spezifischen Werte und Bedürfnisse der Vertragstaaten einerseits zu respektieren[1873] und andererseits die Universalität des Menschenrechtsschutzes sicherzustellen. Zu diesem Zweck wird die Doktrin nicht statisch verwendet; vielmehr ändert sich die Reichweite des vertragsstaatlichen Freiraumes abhängig von den Umständen des Einzelfalles.[1874] In der Rechtspraxis haben sich der Schutzzweck einer nationalen Maßnahme, die Eingriffsintensität und der Stellenwert der beschränkten Menschenrechte als maßgebliche Faktoren zur Bestimmung der Reichweite herausgebildet.[1875]

Zunächst ist der den Vertragsstaaten eingeräumte Beurteilungs- und Ermessensspielraum umso größer, je komplexer eine Materie ist, und je mehr sie von sich wandelnden gesellschaftlichen und wissenschaftlichen Anschauungen abhängt.[1876] Das ist gerade bei Freiheitsbeschränkungen zum Schutz der „Moral" der Fall, so dass der staatliche Spielraum hier in der Regel größer ist als bei anderen Rechtfertigungsgründen.[1877] Das gilt erst recht, wenn nicht die Moralanschauungen einer Gesellschaft als solches, sondern zusätzlich die moralischen Belange einzelner Bevölkerungsgruppen, wie z.B. die von Jugendlichen, geschützt werden sollen, die teilweise untrennbar mit den Wertvorstellungen der gesamten Rechtsgemeinschaft verknüpft sind.[1878] Auch haben die Staaten einen weiten Beurteilungsspielraum, wenn es um die ethisch sensible Abwägung zwischen einem Konventionsrecht und moralisch geprägten Verfassungswerten oder der Gewichtung gleichwertiger Menschenrechte geht.[1879] Dafür spricht insbesondere die Auslegungsregel des Art. 53 EMRK, wonach die Konvention nicht so auszulegen ist, als beschränke oder beeinträchtige sie Menschenrechte und Grundfreiheiten, die in den Gesetzen einer Hohen Vertragspartei oder

1873 *Benvenisti*, JILP 1999 Vol. 31, 843 (846).

1874 *Calliess*, EuGRZ 1996, 293 (294);

1875 Zu den unterschiedlichen Entscheidungsparametern siehe *Marauhn/Merhof*, in: Dörr/Grote/Marauhn, EMRK/GG, Kap. 7, Rdn. 59.

1876 EGMR - *S. H. u.a./Österreich* (Fn. 873), Rdn. 97; EKMR, Entscheidung vom 22.04.1997, Nr. 75/1995/581/667, Rdn. 44 - *X, Y and Z/United Kingdom*, ÖJZ 1998, 271.

1877 Ebenso schon *Calliess*, AfP 2000, 248 (251).

1878 EGMR - *Pretty/Vereinigtes Königreich* (Fn. 848), Rdn. 74; *Prepeluth*, ZaöRV Vol. 61 (2001), 771 (811); *De la Rasilla del Moral*, German Law Journal Vol. 07 (2006), 611 (616).

1879 EGMR - *Pretty/Vereinigtes Königreich* (Fn. 848), Rdn. 41, 71; EGMR - *Haas/Schweiz* (Fn. 849), Rdn. 55.

in einer anderen Übereinkunft, deren Vertragspartei sie ist, anerkannt werden. Eine höhere gerichtliche Kontrolldichte im Rahmen der Abwägung hätte stets die Beeinträchtigung des unterlegenen Rechts durch den Gerichtshof zur Folge.[1880]

Auf der anderen Seite ist der Entscheidungsspielraum umso geringer, je genauer eine Schrankenregelung auf europäischer Ebene definierbar ist. Das gilt etwa für die nationale Sicherheit oder die Unparteilichkeit der Rechtsprechung im Sinne des Art. 10 Abs. 2 EMRK, die objektiv zu bestimmen sind.[1881] Auch schrumpft der Umfang des Spielraums mit der Intensität des Grundrechtseingriffs bzw. der Wertigkeit des durch die nationale Maßnahme beschränkten Menschenrechts[1882] und wenn der Staat in den Kernbereich der Konventionsrechte eingreift.[1883] In der Rechtspraxis des EGMR haben sich diesbezüglich sog. *core-rights* herausgebildet, die den absoluten Mindeststandard menschenrechtlicher Gewährleistungen abbilden. Greift ein Staat in diese Rechte aus Art. 2, 3, 4, 7 EMRK ein, wird ihm eine strenge Darlegungslast für die Notwendigkeit des Eingriffs auferlegt, die seinen nationalen Spielraum erheblich einengt.[1884] Andererseits ist der Freiraum der Vertragsstaaten denklogisch größer, wenn über die Wertigkeit eines Menschenrechts in den Vertragsstaaten kein Konsens besteht und dessen Stellenwert unklar ist.[1885]

In jedem Fall darf der Spielraum der Staaten trotz kultureller, politischer und sozialer Unterschiede keinesfalls so groß sein, dass der

1880 *Grabenwarter/Pabel*, EMRK, § 18, Rdn. 22.

1881 Ebenda, § 18, Rdn. 21.

1882 *Brems*, ZaörV Vol. 56 (1996), S. 264; *Helfer*, 26 Cornell Int'l LJ 133 (135, 144); *Uerpmann-Wittzack*, in: Ehlers, Europäische Grundrechte und -freiheiten, § 3, Rdn. 25; aus der Rspr. siehe nur EGMR, Urteil vom 24.11.1986, Nr. 9063/80, Rdn. 55 - *Gillow/Vereinigtes Königreich*; EGMR - *Dudgeon/Vereinigtes Königreich* (Fn. 807), Rdn. 52; EGMR - *A, B und C/Irland* (Fn. 860), Rdn. 232; EGMR - *Laskey/Vereinigtes Königreich* (Fn. 1102), Rdn. 42; EGMR - *Dickson/Vereinigtes Königreich* (Fn. 1254), Rdn. 78.

1883 *Calliess*, EuGRZ 1996, 293 (294); *Ostrovsky*, HanseLR, Vol. 1 No. 1 (2005), 47 (53); *Pellonpää*, EuGRZ 2006, 483 (484 und 485); EGMR - *Dickson/Vereinigtes Königreich* (Fn. 1254), Rdn. 170; EGMR - *Dudgeon/Vereinigtes Königreich* (Fn. 807), Rdn. 52.

1884 *Jacobs & White*, The European Convention on Human Rights, S. 7, 8; *Ostrovsky*, HanseLR, Vol. 1 No. 1 (2005), 47 (51).

1885 EGMR - *Pretty/Vereinigtes Königreich* (Fn. 848), Rdn. 74; EGMR - *Evans/Vereinigtes Königreich* (Fn. 863), Rdn. 77.

EGMR seine Harmonisierungsfunktion aus Art. 19 EMRK einbüßt. Deshalb ist ihm stets die objektive Verhältnismäßigkeitskontrolle am Maßstab der Konvention vorzubehalten. Neben der *Margin of Appreciation*-Doktrin berücksichtigt er als objektive Entscheidungsparameter die Existenz eines europäischen Gesellschaftskonsenses sowie die Kohärenz nationaler Maßnahmen (dazu sogleich).[1886]

Im Unionsrecht ist die Auslegung und Anwendung der „öffentlichen Sittlichkeit" und der „öffentlichen Ordnung i.S.d. Art. 36 S. 1 AEUV ebenfalls grundsätzlich den Mitgliedstaaten überlassen.[1887] Da die Schranke jedoch als Ausnahme zur Warenverkehrsfreiheit restriktiv auszulegen ist, grenzt der EuGH den innerstaatlichen Spielraum - unabhängig von den in Frage stehenden Rechten und der Intensität des Eingriffs - durch eine strenge Verhältnismäßigkeitskontrolle erheblich ein. Anders als durch frühere Urteile suggeriert, ist nunmehr davon auszugehen, dass der mitgliedstaatliche Entscheidungsfreiraum in der Regel eng ist.

b.) Reichweite der Doktrin im WTO-Recht

Weder Art. XX (a) GATT noch Art. XIV (a) GATS sind Hinweise über die Kontrolldichte bei Freiheitsbeschränkungen aus Gründen von Ethik und Moral zu entnehmen. Da die „öffentliche Moral" von den WTO-Streitbeilegungsorganen jedoch als die maßgeblichen Anschauungen von Richtig und Falsch in einer Gesellschaft definiert wird, ist der Spielraum der Vertragsstaaten bei deren Anwendung in der Rechtspraxis sehr weit.[1888] Was gut oder richtig ist, orientiert sich naturgemäß an den spezifischen Wertanschauungen in den Nationalstaaten und ist weniger bestimmbar als etwa Belange der öffentlichen Sicherheit oder Gesundheit. Die Streitbeilegungsorgane ersetzen die konkrete Bewertung des Sachverhalts durch einen Staat somit nicht durch ihre eigene. Sie haben zwar nach Art. 11 DSU die Aufgabe, eine objektive Beurteilung des Sachverhalts vornehmen, beschränken sich bei Freiheitsbeschränkungen aus Gründen von Ethik und Moral jedoch

1886 Siehe dazu unten bei 4.Kap.D.III. und IV.

1887 Zur „öffentlichen Sittlichkeit" siehe GA *Warner*, Schlussanträge zu EuGH Slg. 1979, 3818 (3828) - *Henn und Darby*; EuGH - *Conegate* (Fn. 689), Rdn. 14; zur "öffentlichen Ordnung" siehe EuGH - *Van Duyn* (Fn. 945), Rdn. 18/19; EuGH - *Bochereau* (Fn. 724), Rdn. 33/35; EuGH - *Omega* (Fn. 715), Rdn. 31.

1888 Siehe insbesondere Panel Report, *China-Audiovisual Services* (Fn. 1449), Rdn. 7.760 f.; einschränkende Tendenz in Panel Report, *EC-Seal Products* (Fn. 1456), Rdn. 7.383.

im Wesentlichen auf eine Vertretbarkeitskontrolle.[1889] Bereits die Unbestimmtheit des Moralbegriffs indiziert hier die Zurückhaltung von *Panel* und *Appellate Body*.

Ein weiterer Aspekt der großzügigen Auslegung „öffentlicher Moral" in Art. XX (a) GATT und Art. XIV (a) GATS liegt in der Funktion des WTO-Streitschlichtungsverfahrens begründet. Es ist vorrangiges Ziel, eine einvernehmliche Lösung zwischen den Parteien herbeizuführen. Solange also von der Gegenpartei nicht substatiiert bestritten wird, dass nationale Maßnahmen die gesellschaftlichen Ansichten von „Richtig" und „Falsch" in einem Vertragsstaat gefährden, ist zu unterstellen, dass das Vorbringen des beschränkenden Staates redlich ist. Würden die Streitschlichtungsorgane diese Bewertung durch eine eigene ersetzen, wäre die gefundene Lösung nicht mehr einvernehmlich. Dementsprechend schränken sie den hoheitlichen Entscheidungsfreiraum der Staaten nicht ein. Einzig in verfahrensrechtlicher Hinsicht verlangen sie, dass der beschränkende Staat glaubhaft darlegen muss, dass die in Frage stehenden Vorschriften nationale moralische Belange betreffen und sie tatsächlich deren Schutz dienen.[1890]

c.) Reichweite der Doktrin im UN-Zivilpakt

Der UN-Zivilpakt ähnelt in seiner Struktur und Zielsetzung - sein Zweck ist die Achtung und Durchsetzung von Menschenrechten - der EMRK. Insofern wäre es nur konsequent, wenn auch der MRA den Vertragsstaaten einen weiten Spielraum bei Freiheitsbeschränkungen zum Schutz der „öffentlichen Moral" einräumen würde. Allerdings hat der Menschenrechtsausschuss den Staaten nur in einem einzigen Verfahren einen solchen Beurteilungsspielraum gewährt[1891] und sich die Entscheidung über die Auslegung und Anwendung des Moralbegriffs ansonsten ausdrücklich selbst vorbehalten.[1892]

Dies suggeriert zwar, dass der Entscheidungsspielraum der Vertragsstaaten gering ist; die Entscheidungspraxis widerlegt jedoch diese Vermutung. In den in dieser Arbeit untersuchten Verfahren beschränkte sich der MRA faktisch darauf, zu ermitteln, ob eine Maßnahme tat-

1889 *Weiß*, in: Herrmann/Weiß/Oehler, Welthandelsrecht, § 10, Rdn. 289.

1890 Ebenda; *Diebold*, JIEL 11 (2008), 43 (59); Appellate Body Report, *US-Gambling* (Fn. 1428), Rdn. 309; Appellate Body Report, *China-Audiovisual Services* (Fn. 1449), Rdn. 288 f.;

1891 HRC, *Hertzberg et al. v. Finland* (Fn. 1468), Rdn. 10.3.

1892 HRC, *Toonen v. Australia* (Fn. 1487), Rdn. 8.6.

sächlich dem Schutz der „Moral", und nicht etwa anderen Zielen dient, und nicht willkürlich angewendet wurde.[1893] Darüber hinaus verwies der MRA in einigen Verfahren zwar nicht ausdrücklich, aber dennoch implizit auf einen Spielraum der Vertragsstaaten.[1894] Im Hinblick auf die kulturellen, politischen und sozialen Unterschiede in den Vertragsstaaten ist diese Vorgehensweise gleichsam zwingend.[1895] Wenn sich schon der EGMR mangels einheitlichem Moralverständnis in *judicial self-restraint* übt, muss dies erst recht für den Menschenrechtsausschuss gelten, in dessen Jurisdiktionsbereich größere kulturelle und soziale Unterschiede bestehen, als im Geltungsgereich der Konvention. Insofern scheinen für die Bestimmung der Reichweite des Entscheidungsfreiraums weder die Eingriffsintensität noch der Stellenwert der betroffenen Rechte eine Rolle zu spielen.

3.) Dogmatische Anknüpfungspunkte für hoheitliche Entscheidungsfreiräume

Sowohl im nationalen als auch im europäischen und internationalen Recht sind hoheitliche Handlungsspielräume im Wesentlichen Ausdruck des Schutzes regionaler bzw. nationaler Interessen sowie des Gewaltenteilungsgrundsatzes. Während es im deutschen Recht um die Aufgabenverteilung auf horizontaler Ebene geht, sichert die *Margin of Appreciation*-Doktrin im internationalen Recht die vertikale Kompetenzverteilung zwischen den Staaten und internationalen Organisationen.

a.) Horizontale Gewaltenteilung im deutschen Recht

Die Einräumung „gerichtsfreier" Beurteilungsspielräume der Exekutive und der Legislative[1896] beruht im deutschen Recht in dogmatischer Hinsicht auf dem Prinzip der horizontalen Gewaltenteilung, wonach die jeweiligen Aufgaben des Staates von denjenigen Stellen wahrzu-

1893 HRC, *Hertzberg v. Finland* (Fn. 1468), Rdn. 10.3; HRC, *Delgado Páez v Colombia* (Fn. 1477), Rdn. 5.7 f.; faktisch auch in HRC, *Toonen v. Australia* (Fn. 1487), Rdn. 8.6.

1894 Siehe bei 3.Kap.B.III. 1.) b.); HRC, *Toonen v. Australia* (Fn. 1487), Rdn. 8.6; HRC, *Aumeeruddy-Cziffra and 19 Other Mauritian Women v. Mauritius* (Fn. 1643), Rdn. 9.2 (b) 2 (ii) 1

1895 Siracusa Principles (Fn. 1646), Rdn. 27.

1896 *Herdegen*, in: Maunz/Dürig, GG-Kommentar, Art. 79, Rdn. 142.

nehmen sind, die über die besten Voraussetzungen dazu verfügen.[1897] Im Sinne der normativen Ermächtigungslehre ist jedoch nur von einem gerichtlich eingeschränkt kontrollierbarem Beurteilungsspielraum auszugehen, wenn der Exekutive in der einschlägigen Rechtsnorm ausdrücklich eine Letztentscheidungskompetenz übertragen wurde oder wenn dies durch Auslegung eindeutig zu ermitteln ist.[1898] Insofern sind Entscheidungsspielräume aus den einschlägigen materiellrechtlichen Rechtsgrundlagen abzuleiten.[1899] Sind die Gesetzesbegriffe, wie bei den unbestimmten Moral- und Sittenbegriffen, nicht eindeutig, ist zur Aufrechterhaltung eines effektiven Rechtsschutzes nach Art. 19 Abs. 4 GG im Zweifel davon auszugehen, dass sie vollständig gerichtlich überprüfbar sind. Eine Ausnahme besteht nur dann, wenn die Rechtsprechung schlicht nicht in der Lage ist, eine Behördenentscheidung vollumfänglich nachzuvollziehen, und an ihre Funktionsgrenzen stößt[1900] oder die konkrete Entscheidung durch einen Gesetzgebungsakt an ein pluralistisch besetztes und unabhängiges Gremium delegiert wurde (s.o.).[1901]

1897 *Herdegen*, in: Maunz/Dürig, GG-Kommentar, Art. 79, Rdn. 140; BVerfG, Urteil vom 27.04.1959 - 2 BvF 2/58 - *Bremer Personalvertretung*, NJW 1959, 1171; BVerfG, Urteil vom 18.12.1984 - 2 BvE 13/83 - *Atomwaffenstationierung*, NJW 1985, 603 (605); BVerfG, Urteil vom 14.07.1998 - 1 BvR 1640/97 - *Rechtschreibreform*, BVerfGE 98, 218 (251 f.).

1898 *Hoffmann-Riem*, in: Hoffmann-Riem/Schmidt-Aßmann/Voßkuhle, Grundlagen des Verwaltungsrechts Band I, § 10, Rdn. 90; *Schmidt-Aßmann*, in: Maunz/Dürig, GG-Kommentar, Art. 19 Abs. 4, Rdn. 185; *Schmidt-Aßmann/Groß*, NVwZ 1993, 617 (621); *Maurer*, Allgemeines Verwaltungsrecht, § 7, Rdn. 33; *Schoch*, Jura 2004, 612 (616); *Rossen-Stadtfeld*, ZUM 2008, 457 (463); *Krumm*, DStR 2011, 2429 (2434); *Kopp/Schenke*, VwGO Kommentar, § 114, Rdn. 23, 24; aus der Rechtsprechung insb. BVerfG, Beschluss vom 08.07.1982 - 2 BvR 1187/80 - *Sasbach*, BVerfGE 61, 82 (111); BVerfG, Beschluss vom 16.12.1992 - 1 BvR 167/87 - *Private Grundschule*, BVerfGE 88, 40 (56); BVerwG, Urteil vom 25.11.1993 - 3 C 38/91 - *Weinbeurteilung*, NVwZ 1995 707 (708); BVerfG, Beschluss vom 31.05.2011 - 1 BvR 857/07, Rdn. 71 - *Investitionszulagengesetz 1999*, NVwZ 2011, 1062 (1065).

1899 *Pache*, Tatbestandliche Abwägung und Beurteilungsspielraum, S. 503 f.; *Wolff*, in: Sodan/Ziekow, VwGO Kommentar, § 114, Rdn. 353; BVerfGE 88, 40 (45) - *Private Grundschule*; BVerwG, Urteil vom 07.10.1988 - 7 C 65/87, NJW 1989, 1749 (1750).

1900 *Maurer*, Allgemeines Verwaltungsrecht, § 7 Rdn. 34; BVerfGE 84, 34 (50) - *Gerichtliche Prüfungskontrolle*.

1901 BVerwG, Urteil vom 26.11.1992 - 7 C 20/92 - *Indizierung durch die BPjS*, NJW 1993, 1491 (1492) .

b.) Vertikale Gewalten- und Kompetenzverteilung im europäischen und internationalen Recht

Im Geltungsbereich der EMRK sichert die *Margin of Appreciation*-Doktrin als Instrument evolutiver Auslegung[1902] die völkervertragliche Kompetenzverteilung und bildet einen flexiblen Ausgleich zwischen staatlicher Souveränität und europäischem Menschenrechtsschutz.[1903] Sie ist insofern Ausdruck der vertikalen Gewaltenteilung zwischen den Vertragsstaaten und den Organen des Europarats.[1904] Während den Staaten in kompetenzrechtlicher Hinsicht die politische und gesellschaftliche Gestaltung übertragen ist, hat der EGMR ein juristisches Mandat inne, welches er durch eine übergeordnete - rein rechtliche - Kontrolle ausübt.[1905] Da Freiheitsbeschränkungen aus Gründen von Ethik und Moral ausschließlich gesellschaftspolitische Belange betreffen, zu deren Ausformung die Staaten demokratisch legitimiert sind, ist die Gewährung von hoheitlichen Handlungsspielräumen gleichsam zwingend.

Das gebietet auch der Grundatz der Subsidiarität, der den Schutz der Konventionsrechte in erster Linie den Vertragsstaaten überantwortet[1906] und den EGMR auf seine Rolle als „Letztentscheidungsgremium" im Sinne von Art. 19 EMRK zurückdrängt. Da die EMRK jedoch - anders als beispielsweise das Welthandelsrecht - primär dem Schutz von Individuen in den vertragsstaatlichen Rechtsordnungen dient, ist das Spannungsverhältnis zwischen nationalen Handlungsspielräumen und

1902 *Brems*, ZaöRV 1996, 241; *Helfer*, 26 Cornell Int'l LJ 133 (141).

1903 Siehe nur *Calliess*, EuGRZ 1996, 293 (294).

1904 *Peters/König*, in: Dörr/Grote/Marauhn, EMRK/GG, Kap. 21, Rdn. 231; ebenso *Marauhn/Merhof*, in: Dörr/Grote/Marauhn, EMRK/GG, Kap. 7, Rdn. 58; *Rox*, Schutz religiöser Gefühle im freiheitlichen Verfassungsstaat?, S. 289; *MacDonald*, The Margin of Appreciation, in: MacDonald/Matscher/Petzold, The European System for the protection of Human Rights, S. 83 (123); *Calliess*, EuGRZ 1996, 293 (294); *Ostrovsky*, HanseLR Vol. 1 No. 1 (2005), 47 (56); *von Arnauld*, EuR 2008, Beiheft 1, 41 (47); *Logemann*, Grenze der Menschenrechte in demokratischen Gesellschaften, S. 151.

1905 *Marauhn/Merhof*, in: Dörr/Grote/Marauhn, EMRK/GG, Kap. 7, Rdn. 58; *Calliess*, AfP 2000, 248 (249).

1906 *Ostrovsky*, HanseLR Vol. 1 No. 1 (2005), S. 47 (48 f.); *Pellonpää*, EuGRZ 2006, 483 (484); *De la Rasilla del Moral*, German Law Journal Vol. 07 (2006), 611 (614); *Gebauer*, Parallele Grund- und Menschenrechtssysteme in Europa?, S. 249; EGMR - *Handyside/Vereinigtes Königreich* (Fn. 815), Rdn. 48; siehe insbesondere EGMR - *Koch/Deutschland* (Fn. 850), Rdn. 69 f.

universellem Menschenrechtsschutz besonders groß.[1907] Deshalb ist der nationale Spielraum in den oben bereits genannten Konstellationen durch objektive Entscheidungsparameter einzuschränken.

Gleiches gilt im Wesentlichen im Unionsrecht. Auch wenn es in Art. 36 S. 1 AEUV nicht darum geht, die Beschränkung von Grundfreiheiten zum Schutz der „öffentlichen Sittlichkeit" der ausschließlichen Kompetenz der Mitgliedstaaten zu überlassen, sind die Spielräume bei dessen Auslegung dennoch als praktische Umsetzung des in Art. 5 Abs. 1 S. 2, Abs. 3 EUV ausdrücklich normierten Subsidiaritätsgedankens anzusehen. Die Europäische Union achtet regionale Besonderheiten in den Mitgliedstaaten und strebt eine Vereinheitlichung „nicht durch Uniformität, sondern durch Integration"[1908] an. Dies macht es erforderlich, die Ausgestaltung soziologisch-gesellschaftlicher Belange, die in Gestalt der „öffentlichen Sittlichkeit und Ordnung" ihren Niederschlag finden, den Mitgliedstaaten zu überlassen.

Im Welthandelsrecht sind die Streitbeilegungsorgane gemäß Art. 11 DSU verpflichtet, den jeweiligen Sachverhalt objektiv zu beurteilen. Demnach müssen sie alle einschlägigen Normen ermitteln und den konkreten Sachverhalt darunter subsumieren. Art. 13 DSU ermöglicht ihnen darüber hinaus, die entscheidungsrelevanten Tatsachen aus externen Quellen eigenständig zu ermitteln, und gibt den Streitbeilegungsorganen grundsätzlich weitreichende Befugnisse, die über eine bloße Evidenzkontrolle hinausgehen.[1909] Dennoch müssen die Streitschlichtungsorgane eine Balance zwischen den Entscheidungskompetenzen der Vertragsstaaten und denjenigen, die ihnen von den Staaten übertragen worden sind, wahren. Dazu verweisen sie bei Freiheitsbeschränkungen zum Schutz der „öffentlichen Moral" auf die Umstände und Besonderheiten in den jeweiligen Vertragsstaaten.[1910] Die vertikale Gewaltenteilung gebietet es auch hier, eine Entscheidung denjenigen Stellen zu überlassen, die sie am besten treffen können. Naturgemäß sind die nationalen Stellen aufgrund ihrer Sachnähe und -kenntnis bes-

[1907] *Calliess*, EuGRZ 1996, 293 (294).

[1908] *Blanke*, in: Grabitz/Hilf, Das Recht der EU, Art. 300 AEUV, Rdn. 62; *Calliess*, Subsidiaritäts- und Solidaritätsprinzip in der Europäischen Union, 1996, S. 140 f.

[1909] *Ruffert*, ZVglRWiss 100 (2001), 304 (314 f.); *Lichtenbaum*, 19 Mich.J.Int'l L., 1195 (1252).

[1910] Im Hinblick auf Art. XX GATT siehe nur Appellate Body Report, *US-Gasoline* (Fn. 1355), S. 30.

ser in Lage, die „öffentliche Moral" zu interpretieren und auszugestalten, als ein zwischenstaatliches Streitbeilegungsorgan.[1911] Ebenso wie im deutschen Recht hängt die Gewährung von Entscheidungsfreiräumen demnach von den einschlägigen materiellen Rechtsnormen ab.[1912]

III. Einschränkungen durch den staatenüberfreifenden Gesellschaftskonsens

Die weiten Spielräume der Nationalstaaten bei Freiheitsbeschränkungen aus Gründen von Ethik und Moral sind zugunsten einer einheitlichen Auslegung und Anwendung der einschlägigen Rechtsnormen durch einen staatenübergreifenden Gesellschaftskonsens in den Mitglieds- bzw. Vertragsstaaten begrenzt. Auf diese Weise können gesellschaftliche Veränderungen berücksichtigt werden, ohne übermäßig in die Spielräume der Staaten einzugreifen und deren Akteptanz einer übergeordneten Jurisdiktion zu verringern. Dennoch variiert der Stellenwert dieses Konsenses abhängig von dem anwendbaren Regelungsrahmen. Während der Konsens insbesondere in der Rechtsprechungspraxis des EGMR einen hohen Stellenwert besitzt und den nationalen Beurteilungs- und Ermessensspielraum erheblich einschränken kann, spielt er in der Entscheidungspraxis des EuGH, der WTO-Streitbeilegungsorgane und des MRA eine eher untergeordnete Rolle (dazu siehe oben).

Im Geltungsbereich der EMRK gilt insgesamt folgendes: Je weniger die gesellschaftlichen Ansichten hinsichtlich der Auslegung und Anwendung bestimmter Rechtsbegriffe übereinstimmen, desto größer ist der den Staaten eingeräumte Beurteilungs- und Ermessensspielraum.[1913] Gleiches gilt, wenn in den Vertragsstaaten ein gewisser Standard ermittelt werden kann und die nationalen Maßnahmen diesem entspre-

1911 *Ruffert*, ZVglRWiss 100 (2001), 304 (315) mit Verweis auf Appellate Body Report, *EC-Hormones* (Fn. 1529), Rdn. 117.

1912 *Weiß*, in: Herrmann/Weiß/Oehler, Welthandelsrecht, § 10, Rdn. 289; *Spamann*, JWT, 2004, 509 (527); *Ruffert*, ZVglRWiss 100 (2001), 304 (311, 318); Appellate Body Report, *EC-Hormones* (Fn. 1529), Rdn. 115.

1913 Z.B. im Bereich der Fortpflanzungsmedizin, EGMR - *Dickson/United Kingdom* (Fn. 1254), Rdn. 171; EGMR - *S.H. u.a./Österreich* (Fn. 863), Rdn. 106 f., 113; EGMR - *Evans/Vereinigtes Königreich* (Fn. 863), Rdn. 59. Siehe auch *Blau*, ZeuS 2005, 397 (404); *Rubel*, Entscheidungsfreiräume in derRechtsprechung des EGMR und des EuGH, S. 90 f.; *Gebauer*, Parallele Grund- und Menschenrechtssysteme in Europa?, S. 251; *Ostrovsky*, HanseLR Vol. 1 No. 1 (2005), 47 (54).

chen.[1914] Umgekehrt gilt hingegen, dass der hoheitliche Spielraum umso geringer ist, je mehr ein gegensätzlicher Konsens in den Konventionsstaaten existiert.[1915]

Im Unionsrecht hat der gesellschaftliche Konsens in den Mitgliedstaaten weniger Einfluss auf die Zulässigkeit einer Freiheitsbeschränkung, da der EuGH mit dem Grundsatz der Kohärenz und einer dichten Verhältnismäßigkeitsprüfung bereits über geeignete Instrumente verfügt, den Spielraum der Staaten mittels objektiver Entscheidungsparameter einzuschränken. Deshalb kann der europäische Konsens - wenn überhaupt - lediglich beeinflussen, ob für eine bestimmte Tätigkeit der Anwendungsbereich der Grundfreiheiten eröffnet ist. Solange keine Übereinstimmung hinsichtlich der sozialen Unwertigkeit eines Verhaltens in den Mitgliedstaaten existiert, ist davon auszugehen, dass sie den Schutzbereichen der Marktfreiheiten unterfällt.[1916] Es ist dann allein Sache der Mitgliedstaaten zu regeln, ob ein vermeintlich unsittliches Verhalten im eigenen Hoheitsgebiet rechtmäßig ausgeübt werden darf.[1917] Umgekehrt fällt ein Verhalten jedoch auch dann noch nicht aus dem Anwendungsbereich heraus, wenn es in allen Mitgliedstaaten als unmoralisch empfunden wird. Die Grundfreiheiten unterliegen keinen kodifizierten Moral-Vorbehalten, so dass im Zweifel davon auszugehen ist, dass ihr Anwendungsbereich eröffnet ist.

Im internationalen Recht hat der staatenübergreifende Gesellschaftskonsens ebenfalls nur geringfügige Bedeutung. Aus den lediglich zwei maßgeblichen Entscheidungen sind jedoch folgende Schlüsse zu ziehen: Entspricht der internationale Gesellschaftskonsens dem Verhalten des beschränkenden Staates, stärkt dies die Legitimität nationaler Maßnahmen zum Schutz der „Moral".[1918] Andererseits steht ihre Notwendigkeit in Frage, wenn sich schon die Anschauungen im Inland widersprechen und insofern keinen Anlass dazu geben, ein bestimmtes Verhalten als unsittlich zu sanktionieren.[1919] Umgekehrt müsste sich ein

1914 So z.B. hinsichtlich der Strafbarkeit des Geschwisterinzests, EGMR – *Stübing/Deutschland* (Fn. 842), Rdn. 60, 61.

1915 Vgl. EGMR – *Dudgeon/Vereinigtes Königreich* (Fn. 807), Rdn. 60.

1916 Da Schwangerschaftsabbrüche in mehreren Staaten legal durchgeführt wurden, stufte der EuGH sie in *S.P.U.C.* (Fn. 726), Rdn. 18 als Dienstleistungen ein; ebenso EuGH – *Jany u.a.* (Fn. 698), Rdn. 57, wenn er erklärte, dass die Prostitution nicht in jedem Mitgliedstaat verboten sei.

1917 EuGH – *Jany u.a.* (Fn. 698), Rdn. 56.

1918 Panel Report, *US-Gambling* (Fn. 1428), Rdn. 6.471, 6.473.

1919 HRC, *Toonen v. Australia* (Fn. 1487), Rdn. 6.6 f., 8.6.

Staat aber erst recht auf Gründe der Ethik und Moral stützen können, wenn er nachweisen kann, dass ein bestimmtes Verhalten gegen die herrschenden Anschauungen im Inland verstößt und im Übrigen kein zwischenstaatlicher Gesellschaftskonsens existiert.

Als Faustregel sind schließlich folgende Aspekte festzuhalten: Erstens ist die Relevanz eines staatenübergreifenden Gesellschaftskonsenses umso geringer, je verdichteter eine Rechtsordnung ist, da die Gerichte innerhalb des institutionellen Rahmens zuverlässigere Möglichkeiten haben, ein Verhalten moralisch zu bewerten, und erheblich voneinander abweichende Moralanschauungen eher die Ausnahme sein dürften. Zweitens nimmt die Bedeutung des gesellschaftlichen Konsenses denknotwendig ab, je weniger ein solcher mit den zur Verfügung stehenden Erkenntnismitteln eruiert werden kann. Das gilt für europäische und internationale Gerichte insbesondere, wenn es - wie bei Schwangerschaftsabbrüchen - um die Abwägung gleichwertiger Rechte und Interessen geht oder die Anschauungen einer großen Anzahl von Staaten berücksichtigt werden müssten.

IV. Das Kohärenzgebot als objektives Entscheidungskriterium

Teilweise werden die nationalen Spielräume mit Hilfe des Kohärenzerfordernisses eingeschränkt, wenn das Verhalten eines Staates dem Grunde nach gerechtfertigt, jedoch in sich widersprüchlich ist.

In der Rechtsprechung des EuGH ist dieser Grundsatz im Rahmen der Verhältnismäßigkeit in die Geeignetheitsprüfung eingebettet und bildet einen objektiven Entscheidungsparameter, demzufolge Freiheitsbeschränkungen konsequent und zielführend auf den Schutz der „öffentlichen Sittlichkeit" gerichtet sein müssen. Entscheidend ist die innere und äußere Kohärenz einer Maßnahme. Zunächst darf eine Freiheitsbeschränkung, isoliert betrachtet, nicht sich widersprechende Ziele verfolgen[1920], da sie ansonsten inkohärent und willkürlich ist (innere Kohärenz). Darüber hinaus muss sie sich in einen insgesamt widerspruchsfreien nationalen Regelungsrahmen einbetten (äußere oder Gesamtkohärenz).[1921] Ein Mitgliedstaat darf vergleichbar unwertige Tätigkeiten mithin nicht unterschiedlich regeln. Diese Kriterien dienen dem EuGH zur Abschöpfung von Maßnahmen, die - im Gegensatz

1920 EuGH - *Placanica* (Fn. 709), Rdn. 49.

1921 Dafür steht exemplarisch die Glücksspiel-Judikatur des EuGH, siehe bei 2.Kap.B.I. 2.) d.); aus der Literatur siehe nur *Streinz/Kruis*, NJW 2010, 3745 (3748); *O. Dörr/Urban*, JURA 2011, 681 (687).

zum Vorbringen des Mitgliedstaates - in Wirklichkeit andere Ziele als den Schutz der „öffentlichen Sittlichkeit" verfolgen. Es handelt sich gleichsam um eine „Glaubwürdigkeitskontrolle"[1922], die sich nicht nur auf die Vereinbarkeit von nationalem Recht mit dem Unionsrecht, sondern zusätzlich auf die abstrakte Überprüfung von innerstaatlichem Recht erstreckt, ohne die Spielräume der Mitgliedstaaten übermäßig einzuschränken.

Wenn auch nicht so eindeutig wie in der Rechtsprechungspraxis des EuGH, sind in der Judikatur des EGMR ebenfalls Indizien dafür zu erkennen, dass die Kohärenz nationaler Maßnahmen als Entscheidungskriterium herangezogen wird. So verlangt der Gerichtshof, dass die vom Vertragsstaat vorgebrachten Argumente für eine Freiheitsbeschränkungen zum Schutz der „Moral" hinreichend und stichhaltig sind und sich nicht widersprechen.[1923] Ist das nicht der Fall oder wenden die innerstaatlichen Behörden die fraglichen Rechtsnormen zum Schutz der „Moral" uneinheitlich und inkonsequent an, geht der EGMR davon aus, dass diese in Wirklichkeit keinem dringenden sozialen Bedürfnis entsprechen und mithin nicht im Sinne der Absätze 2 von Art. 8 bis 11 EMRK „notwendig" sind.[1924] Auch führt die grundlos unterschiedliche Regelung vergleichbarer Tätigkeiten - ebenso wie in der Rechtsprechung des EuGH - zu einer Inkohärenz von Freiheitsbeschränkungen.[1925] Inkohärenz kann demnach auch darin begründet sein, dass ein Vertragsstaat gefährlichere Tätigkeiten erlaubt, weniger riskante jedoch verbietet. So war etwa das in Italien geltende Verbot der PID inkohärent, da eine - für die Frau weitaus gefährlichere und belastendere - spätere Abtreibung bei festgestellter Behinderung des Ungeborenen zulässig war.[1926] Gleiches galt für das Informationsverbot über Abtreibungen im Ausland. Nach Ansicht des EGMR werde das Gesundheitsrisiko der Frauen erhöht, da das Informationsdefizit dazu führen könne, dass eine schwangere Frau zu einem späteren Zeitpunkt eine Abtreibung vornehme und dadurch Schäden erleide.[1927] Es ist

1922 *Schorkopf*, DÖV 2011, 260 (261) nennt es den „Wahrhaftigkeitstest".

1923 EGMR - *Handyside/Vereinigtes Königreich* (Fn. 815), Rdn. 50; EGMR - *Dudgeon/Vereinigtes Königreich* (Fn. 807), Rdn. 46; *Logemann*, Grenzen der Menschenrechte in demokratischen Gesellschaften, S. 203 f. m.w.N.

1924 EGMR - *Dudgeon/Vereinigtes Königreich* (Fn. 807), Rdn. 60.

1925 EGMR - *S.H. u.a./Österreich* (Fn. 863), Rdn. 85; EGMR (GK) - *S.H. u.a./Österreich* (Fn. 861), Rdn. 100.

1926 EGMR - *Costa und Pavan/Italien* (Fn. 869), Rdn. 57.

1927 EGMR - *Open Door/Irland* (Fn. 857), Rdn. 77.

demnach inkohärent, einerseits das Leben des Ungeborenen schützen zu wollen, anderseits jedoch das Leben der Mütter unangemessen zu gefährden.

Auch die Streitbeilegungsorgane des Welthandelsrechts ziehen das Kohärenzgebot heran, um die Verhältnismäßigkeit freiheitsbeschränkender Maßnahmen zu überprüfen. Ist es einem Staat zumutbar, anstatt der Untersagung einer bestimmten Tätigkeit Regeln heranzuziehen, die den grenzüberschreitenden Handel weniger belasten und die auf vergleichbar „unmoralische" Tätigkeiten angewendet werden, ist eine Beschränkung nicht gerechtfertigt.[1928] Das Handeln des Staates entspricht dann nicht dem von ihm gewählten Schutzniveau, da vergleichbare Konstellationen nachweislich milder geregelt werden. Auch können solche Maßnahmen, die keinen spürbaren Beitrag zum Schutz der „Moral" leisten, keine Freiheitsbeschränkungen rechtfertigen, da nicht auszuschließen ist, dass sie in Wirklichkeit anderen Zwecken dienen.[1929] Eine solche Freiheitsbeschränkung fördert nicht den Schutz der „Moral" und ist mithin nicht geeignet. Es geht also im Wesentlichen um die Frage, ob die nationalen Maßnahmen konsequent und widerspruchsfrei auf die Erreichung eines bestimmten Zwecks gerichtet sind, wobei sie stets an dem vom Staat selbst festgelegten Schutzniveau zu messen sind. Die Streitbeilegungsorgane prüfen die tatsächliche Intention des nationalen Gesetzgebers und können dadurch einen Rückschluss auf den Wert, den der Staat dem Schutz der „Moral" zuschreibt, ziehen.[1930] Insofern ist zunächst kein wesentlicher Unterschied zum Kohärenzerfordernis des EuGH zu erkennen.

Als normative Anknüpfungspunkte kommen der Grundsatz der Verhältnismäßigkeit und die Einleitungssätze von Art. XX GATT und Art. XIV GATS in Betracht. Die *Panels* berufen sich anscheinend auf letztere, da ihrer Ansicht nach eine willkürliche Beschränkung vorliegt, wenn ausländische Waren oder Dienstleistungen ohne vernünftigen Grund anders behandelt werden als inländische, der beschränkende Staat also im Hinblick auf den Schutz der „öffentlichen Moral" inkonsequent handelt.[1931] Demnach verhält sich ein Vertragsstaat schlicht unglaub-

1928 Panel Report, *US-Gambling* (Fn. 1428), Rdn. 6.496, 6.497.

1929 Appellate Body Report, *China-Audiovisual Services* (Fn. 1449), Rdn. 251, 290, 299.

1930 Siehe *Petersen*, AöR 138 (2013), 108 (122), der jedoch durchgängig von „Konsistenz" anstatt von „Kohärenz" spricht.

1931 Panel Report, *US-Gambling* (Fn. 1428), Rdn. 6.584; Appellate Body Report, *US-Shrimp* (Fn. 1510), Rdn. 165.

würdig, wenn er beispielsweise die Einfuhr pornographischer Magazine verbietet, deren Herstellung im Inland jedoch duldet. Es liegt der Schluss nahe, dass eine „verschleierte" Handelsbeschränkung vorliegt, da das eigentliche Handlungsmotiv des Vertragsstaates verborgen bleibt. Hier werden Parallelen zur Erforderlichkeitsprüfung deutlich, denn wenn ein Staat ein bestimmtes Verhalten strenger reguliert, als es erforderlich ist, ist dies gleichzeitig ein Indiz dafür, dass er in Wirklichkeit andere - meistens protektionistische - Ziele verfolgt, als er vorgibt.[1932]

Die Formulierung des *Panels* ist irreführend. Dem Grunde nach ist die unterschiedliche Behandlung von in- und ausländischen Waren nämlich nichts anderes als eine „gewöhnliche" Diskriminierung. Natürlich ist darin auch ein inkonsequentes Verhalten des beschränkenden Staates zu sehen, dies festzustellen ist jedoch keine eigenständige Kohärenzprüfung nach dem Vorbild des EuGH. Aufgrund der bereits vorliegenden Diskriminierung ist dafür kein Raum mehr, da das Kohärenzerfordernis gerade als zusätzliches Kontrollinstrument für nichtdiskriminierende Verbote konzipiert ist. Insofern kann der Grundsatz der Kohärenz in dogmatischer Hinsicht nur im allgemeinen Verhältnismäßigkeitsgrundsatz verankert sein.

In der Entscheidungspraxis des UN-Menschenrechtsausschusses ist das Kohärenzgebot nicht eindeutig als Voraussetzung für das rechtmäßige staatliche Handeln zu identifizieren. Lediglich in einem Verfahren wies der MRA auf die uneinheitliche Anwendungspraxis innerstaatlicher Normen hin und schloss daraus, dass sie keinem dringenden sozialen Bedürfnis entsprachen.[1933] Dieser Aspekt wurde jedoch nur hilfsweise herangezogen, so dass die Bedeutung der Kohärenz nationaler Regelungen für deren Verhältnismäßigkeit eine untergeordnete Rolle zu spielen scheint.

Insgesamt ist das Kohärenzkriterium ein sinnvolles Instrument, um die subjektiv geprägte Angemessenheitsprüfung zu „entschärfen" und zu rationalisieren, indem die Gerichte und Streitbeilegungsorgane sich auf offensichtliche Widersprüche in der Rechtsanwendungspraxis beschränken. Dadurch geraten sie nicht in Verlegenheit, eine vollständige Güterabwägung vorzunehmen und die Wertentscheidung des Mit-

1932 *Herrmann*, in: Herrmann/Weiß/Ohler, Welthandelsrecht, § 12, Rdn. 535; *Petersen*, AöR 138 (2013), 108 (124 f., 130); *Berrisch*, in: Prieß/Berrisch, WTO-Handbuch, B.I.1., Rdn. 274, 276, 278.

1933 HRC, *Toonen v. Australia* (Fn. 1487), Rdn. 8.6.

glieds- oder Vertragstaats durch ihre eigene zu ersetzen. Die Kohärenz dient demnach als Surrogat für eine inhaltliche „Moralkontrolle“ und ist als objektives Kriterium geeignet, das Spannungsverhältnis zwischen nationalstaatlicher Autonomie und internationalem Kontrollanspruch sinnvoll aufzulösen.[1934]

E. Ergebnis

Insgesamt ist festzustellen, dass die Bedeutung von Ethik und Moral in den verschiedenen Rechtsordnungen weitgehend identisch ist. Die einschlägigen Rechtsbegriffe wie etwa die „guten Sitten“ in der deutschen Gewerbeordnung oder die „öffentliche Moral“ im Welthandelsrecht verweisen übereinstimmend auf außerrechtliche Wertvorstellungen, die sich teilweise in kodifizierten Rechtsnormen niederschlagen. In allen Rechtsordnungen sind die herrschenden Anschauungen in den Gesellschaften die maßgebliche Erkenntnisquelle für die Auslegung von ethisch-moralischer Rechtsbegriffe. Während sich diese Anschauungen in Deutschland aus der Fundamentalethik des Grundgesetzes ableiten, ist im europäischen und internationalen Recht zur Wahrung der nationalen Interessen und der gesellschaftlichen Heterogenität Rücksicht auf die spezifischen Besonderheiten der Nationalstaaten zu nehmen. Das hat zur Folge, dass die gerichtliche Kontrolle im Europa- und Völkerrecht nicht so dicht ist wie im nationalen Recht.

Da die Sittenbegriffe in Deutschland vollständig überprüfbar sind, nehmen die Gerichte - bis auf wenige Ausnahmen - eine umfassende Rechtmäßigkeitsprüfung vor. Im Unterschied dazu beschränken sich die europäischen und völkerrechtlichen Gerichte und Streitschlichtungsorgane auf eine Verhältnismäßigkeitsprüfung, die in ihrer Intensität abgestuft ist. Wenn die Definition von Ethik und Moral im Ermessen der Staaten liegt, muss die Verhältnismäßigkeitskontrolle naturgemäß gelockert sein.[1935] Ob eine Maßnahme „notwendig“ ist, kann nur abschließend beurteilt werden, wenn das Regelungsziel eindeutig bestimmt und gewichtet werden kann. Das ist insbesondere bei Sachverhalten, die sensible ethische Fragestellungen und damit spezifische kulturelle, soziale und politische Anschauungen betreffen, nicht ohne Weiteres möglich. Dennoch haben die Spruchkörper verschiedene Kriterien entwickelt, mit denen sie den grundsätzlich weiten Spielraum der Staaten begrenzen.

1934 *Petersen*, AöR 138 (2013), 108 (133).

1935 *Ruffert*, ZVglRWiss 100 (2001), 304 (310 f.).

Bei der gerichtlichen Kontrolle lassen sich Parallellen zwischen Menschenrechtsverträgen wie der EMRK und dem IPbpR einerseits und den ursprünglich auf den Abbau von Handelshemmnissen abzielenden Verträgen des Unionsrechts und des Welthandelsrechts andererseits erkennen. Während erstgenannte im Rahmen der Verhältnismäßigkeit verstärkt auf das Vorhandensein eines gesellschaftlichen Konsenses abstellen, um die Evolution des menschenrechtlichen Minimalstandards auf ein nachweisbares Fundament zu stützen, setzen letztgenannte schwerpunktmäßig auf den Grundsatz der Kohärenz, um ihre überstaatliche Kontrolle effektiv auzuüben. Darüber hinaus bedienen sich der EGMR und die WTO-Streitbeilegungsorgane der *Margin of Appreciation*-Doktrin, um die hoheitlichen Spielräume der Vertragsstaaten von Fall zu Fall - etwa abhängig von dem Stellenwert des betroffenen Rechts, der Eingriffsintensität oder dem Vorhandensein eines gesellschaftlichen Konsenses - zu modifizieren.

Nur der UN-Menschenrechtsausschuss verzichtet wegen der hohen kulturellen Diversität der Mitglieder des IPbpR auf ein Äquivalent zu den genannten Kriterien und beschränkt sich im Rahmen der Verhältnismäßigkeit auf eine reine Evidenz- und Willkürkontrolle.

Insgesamt ist hinsichtlich der Kontrolldichte bei Freiheitsbeschränkungen aus Gründen von Ethik und Moral wie folgt zu differenzieren: Die Sitten- und Moralbegriffe werden übereinstimmend als Verweise auf gesellschaftliche Wertvorstellungen definiert, sodass deren inhaltliche Konkretisierung in der europäischen und internationalen Rechtsanwendungspraxis naturgemäß den Staaten überlassen ist. Das heißt, sie legen fest, welche Sachverhalte aus ihrer Sicht ethisch sensible Bereiche betreffen und wie der konkrete Regelungsrahmen ausgestaltet sein soll. Um diese staatliche Autonomie nicht zu gefährden, verzichten die überstaatlichen Gerichte und Streitbeilegungsorgane auf eine umfassende „Moralkontrolle" und ersetzen diese durch objektive Ersatz- bzw. Metakriterien wie die Notwendigkeitskontrolle, den Grundsatz der Kohärenz, die *Margin of Appreciation*-Doktrin sowie das Vorhandensein eines gesellschaftlichen Konsenses. Mit Hilfe dieser Entscheidungsparameter ist es möglich, künftige Entscheidungen hinreichend bestimmt und objektiv vorherzusagen.

5. Kapitel - Zusammenfassung in Thesen

Die Arbeit hat aufgezeigt, welche Bedeutung Ethik und Moral in der deutschen und europäischen Rechtsordnung sowie ausgewählten völkerrechtlichen Verträgen haben und wie die Gerichte, Streitbeilegungsorgane und Rechtsanwender mit ihnen umgehen. Im Folgenden sind die gefundenen Ergebnisse in Thesen dargestellt.

1. Die Ethik- und Moralbegriffe in ihren unterschiedlichen Ausgestaltungen sind positivrechtliche Einfallstore für gesellschaftliche Wertvorstellungen und verweisen auf einen außerrechtlichen Normbestand, der damit selbst Bestandteil der kodifizierten Rechtsordnung wird.

2. Im deutschen Recht nimmt das „Sittengesetz" in Art. 2 Abs. 1 GG Bezug auf die unverfügbare Fundamentalethik des Grundgesetztes, also die ungeschriebenen sozialethischen Werte, die den Grundrechten zugrunde liegen und die sich in ihnen widerspiegeln. Ethik und Moral erinnern an die ethische Gebundenheit des Einzelnen in der Gesellschaft, da Freiheit ohne moralische Verantwortung nicht denkbar ist. Der Unterschied zwischen „Sittengesetz" und einfachgesetzlich geregelter „Sitte" ist, dass Erstgenanntes auf zeit- und ortsunabhängige fundamentalethische Werte verweist, während Letztgenannte auch einen gesellschaftlichen Wandel berücksichtigt, der den Wertebestand als solchen beeinflusst. Das „Sittengesetz" fungiert dabei als äußerste Grenze individueller Freiheit und begründet - wie die einfachgesetzlichen Sittenbegriffe - eine Schutzpflicht des Staates.

3. Die maßgeblichen sozialethischen Überzeugungen beruhen auf einem gesellschaftlichen Konsens, der für ausdrücklich kodifizierte Unwerturteile normbegründend wirkt. Bei der Auslegung und Anwendung von ethisch-moralischen Rechtsbegriffen kommt ihm normausfüllende Wirkung zu. In rechtssoziologischer Hinsicht schließlich ist er Grundlage für die gesellschaftliche Akzeptanz einer Freiheitsbeschränkung aus Gründen von Ethik und Moral.

4. Im europäischen Recht und der Entscheidungspraxis des Menschenrechtsausschusses ist keine stringente Unterscheidung zwischen

„Ethik“ und „Sittlichkeit“ sowie „Sitte“ und „Moral“ festzustellen. Im Welthandelsrecht jedoch wird explizit zwischen der „öffentlichen Moral“ als geschriebenem Rechtfertigungsgrund in Art. XX (a) GATT und Art. XIV (a) GATS und der ungeschriebenen „Moralität“ unterschieden, die als Teilaspekt der „öffentlichen Ordnung“ nur fundamentale und zeit- sowie ortsunabhängige Wertanschauungen erfasst.

5. Im europäischen und internationalen Recht existieren keine Moralvorstellungen, die von allen nationalstaatlichen Gesellschaften geteilt werden. Aufgrund der kulturellen, geschichtlichen, politischen und soziologischen Unterschiede in den Ländern, ist es als Ausdruck ihrer Souveränität und zur Wahrung der nationalen Identität geboten, den Staaten die Auslegung von Ethik und Moral zu überlassen. Sie können im Lichte ihrer Rechtsordnungen selbst festlegen, was sie zum Schutz der „Sittlichkeit“ oder „Moral“ für erforderlich halten. Sie haben demnach einen Beurteilungsspielraum bei der Ermittlung der tatbestandlichen Voraussetzungen der Eingriffstatbestände und Ermessen im Hinblick auf die zu ergreifenden Maßnahmen. Moralische Werte müssen jedoch von der überwiegenden Mehrheit der Gesellschaft geteilt werden und positivrechtlich in den nationalen Rechtsordnungen normiert sein.

6. Im europäischen und internationalen Recht werden die faktischen Gegebenheiten nur zurückhaltend von den Gerichten bzw. Streitbeilegungsorganen ermittelt. Ist jedoch in einer ethisch sensiblen Frage ein staatenübergreifender Gesellschaftskonsens in den Staaten feststellbar, kann er den nationalen Spielraum beeinflussen. Existiert ein Konsens dahingehend, dass ein bestimmtes Verhalten nicht (mehr) sozial unwertig ist, wird diese Überzeugung bei der Auslegung menschenrechtlicher Gewährleistungen berücksichtigt. Es ist dann nicht mehr gerechtfertigt bzw. notwendig, das fragliche Verhalten zum Schutz der „Moral“ zu untersagen. Umgekehrt suggeriert das Fehlen eines solchen Konsenses, dass die Sozialverträglichkeit einer Tätigkeit zumindest zweifelhaft ist und sie den Gemeinwohlbelangen der Gesellschaft zuwider laufen kann.

7. Der gesellschaftliche Konsens ist demnach ein zweistufiges Prinzip. Auf nationaler Ebene legitimiert er Freiheitsbeschränkungen zum Schutz von Ethik und Moral; auf europäischer und internationaler Ebene dient er im Rahmen der Verhältnismäßigkeitsprüfung als objek-

tives Ersatz- bzw. Metakriterium für die Überprüfung nationaler Moralvorstellungen.

8. Nicht in allen Rechtsordnungen ist der staatenübergreifende Gesellschaftskonsens gleich bedeutend. In erster Linie dient er dem EGMR dazu, den Spielraum der Nationalstaaten zu beschränken. Im Unionsrecht, dem Welthandelsrecht und dem IPbpR spielt er eine untergeordnete Rolle. Sein divergierender Stellenwert hängt mit der Regelungsdichte der jeweiligen Vertragswerke zusammen. Die EMRK dient als europäischer *„ordre public"* und bildet den aktuell geltenden Menschenrechtsstandard in Europa ab. Dieser ist dynamisch auszulegen und muss deshalb zwingend einen gesellschaftlichen Wandel in den Vertragsstaaten berücksichtigen. Der UN-Zivilpakt garantiert zwar - ebenso wie die EMRK - internationale Menschenrechte, verfügt jedoch über keinen vergleichbaren Regelungsrahmen. Im Unterschied zum EGMR ist der MRA etwa kein Gericht im technischen Sinne und trifft keine völkerrechtlich unmittelbar verbindlichen Entscheidungen. Er ist demnach verstärkt auf die Anerkennung durch und die Kooperation mit den Vertragsstaaten angewiesen. Zum anderen ist ein Konsens - anders als im Geltungsbereich der EMRK - zwischen der großen Zahl an Vertragsstaaten praktisch nicht zu ermitteln.

Gleiches gilt für das WTO-Recht, das keinen Mindestandard an individuellen Rechten etablieren, sondern im Kern die Erbringung grenzüberschreitender Wirtschaftsleistungen erleichtern will. Die europäischen Verträge hingegen bilden selbst ein Wertefundament, so dass der EuGH nicht zwingend auf einen staatenübergreifenden Gesellschaftskonsens zurückgreifen muss. Er legt den EUV und AEUV vielmehr autonom aus und beschränkt den verbliebenen Spielraum der Staaten - ebenso wie die WTO-Streitbeilegungsorgane - durch den Grundsatz der Kohärenz.

9. Gemäß diesem Grundsatz ist eine freiheitsbeschränkende Maßnahme nur gerechtfertigt, wenn sie für sich genommen keine sich widersprechenden Ziele verfolgt und sich darüber hinaus in einen insgesamt systematischen und kohärenten nationalen Regelungsrahmen einbettet. Das heißt, nationale Rechtsnormen dürfen sich nicht widersprechen, sondern müssen glaubwürdig und konsequent auf den Schutz von Ethik und Moral gerichtet sein. Der Grundsatz der Kohärenz ist im Rahmen der Verhältnismäßigkeit zu verorten, da eine Maßnahme, die aufgrund ihrer Widersprüchlichkeit keinen Beitrag zum Schutz der

„Moral“ leistet, nicht geeignet ist, den Zweck zu fördern. Dadurch erweitert der EuGH die Verhältnismäßigkeit um eine „autonome Normstrukturprüfung“ des nationalen Rechts. Auch wenn der EGMR und die WTO-Streitbeilegungsorgane in Ansätzen in dieselbe Richtung tendieren, ist eine gefestigte Entscheidungspraxis im Hinblick auf die Kohärenz nationaler Maßnahmen dort nicht nachzuweisen.

10. Der EGMR und die WTO-Streitbeilegungsorgane beziehen sich nur zurückhaltend auf den Grundsatz der Kohärenz und stützen sich vielmehr auf die *margin of appreciation*-Doktrin, die sie einzelfallabhängig modifizieren. Entwickelt wurde diese Doktrin vom EGMR, der für die Bestimmung der Weite des vertragsstaatlichen Spielraums mehrere Entscheidungsparameter berücksichtigt: den Schutzzweck der beschränkenden Maßnahme, die Eingriffsintensität und den Stellenwert der beschränkten Rechte des Individuums. Die WTO-Streitbeilegungsorgane orientieren sich ebenfalls an diesem Prüfungsprogramm. Auf diese Weise können sie die Rechte und Pflichten, die sich aus den jeweiligen Vertragswerken für die Staaten ergeben, mit dem Schutz ihrer Autonomie in einen angemessenen Ausgleich bringen.

11. Der zwischenstaatliche Konsens, der Grundsatz der Kohärenz und die *margin of appreciation*-Doktrin sind Entscheidungstopoi im Rahmen der Verhältnismäßigkeitsprüfung. Diese ist im EU-Recht als allgemeiner Rechtsgrundsatz im Sinne von Art. 6 Abs. 3 EUV und in Art. 52 Abs. 1 der EU-Grundrechtecharta ausdrücklich anerkannt. In der EMRK, dem IPbpR, dem GATT und GATS hingegen ist sie als Schrankenregelung in den Freiheitsrechten selbst vorgesehen, da diese verlangen, dass ein Eingriff zum Schutz der Sittlichkeit oder Moral „(in einer demokratischen Gesellschaft) notwendig“ sein muss.

12. Deutsche Gerichte kontrollieren die behördliche Entscheidung in der Regel vollumfänglich, außer sie wurde von einem pluralistisch besetzten und unabhängigen Gremium oder von einer Behörde getroffen, der die Letztentscheidungskompetenz im Gesetz übertragen worden ist. In diesen Fällen verbietet das Prinzip der horizontalen Gewaltenteilung eine vollständige gerichtliche Kontrolle. Die Wahrung der vertikalen Gewaltenteilung zwischen den Staaten und den europäischen bzw. internationalen Organen sowie der Respekt vor der nationalen Autonomie und Identität, veranlassen die europäischen und internati-

onalen Gerichte bzw. Streitbeilegungsorgane dazu, sich im Wesentlichen auf eine Verhältnismäßigkeitsprüfung zu beschränken.

13. Es findet jedoch nicht immer eine umfassende Güterabwägung statt. Wenn zwei gleichwertige Rechtsgüter in ethisch sensiblen Sachverhalten miteinander kollidieren, geben die zwischenstaatlichen Gerichte und Streitbeilegungsorgane in der Regel kein konkretes Auslegungsergebnis vor, sondern verlangen lediglich, dass überhaupt eine Einzelfallabwägung stattfindet. Es ist im Übrigen nicht zulässig, ein Grund- oder Menschenrecht gegenüber einem anderen pauschal höher zu gewichten.

14. Neben der Verhältnismäßigkeit im engeren Sinne erinnert die „demokratische Gesellschaft" als „Schranken-Schranke" in der EMRK, dem IPbpR und dem WTO-Recht an grundlegende demokratische Mindeststandards wie Pluralismus, Toleranz, geistige Offenheit sowie die Gleichheit und Souveränität des Einzelnen und seiner Menschenrechte. Es ist demnach nicht zulässig, in den Kernbereich individueller Rechte einzugreifen. Außerdem sind Eingriffe in für eine Demokratie konstitutive Rechte, wie die Meinungs- und Pressefreiheit, schwerer zu rechtfertigen als sonstige Eingriffe. Im Welthandelsrecht ist für die Rechtfertigung einer Freiheitsbeschränkung neben ihrer Verhältnismäßigkeit zusätzlich erforderlich, dass sie keine willkürliche oder ungerechtfertigte Diskriminierung zwischen Ländern, in denen gleiche Verhältnisse herrschen, und keine verschleierte Beschränkung des internationalen Handels, darstellt.

15. Die WTO-Streitbeilegungsorgane verlangen demnach (1.) dass ein Staat glaubhaft nachweist, dass die Beschränkungen tatsächlich den im Inland vorherrschenden Moralvorstellungen entsprechen und zu deren Schutz notwendig sind sowie (2.), dass sie den Anforderungen der *Chapeaux* gerecht werden. Durch diesen sog. *„two-tier-test"* kompensieren die Streitschlichtungsorgane etwaige Defizite bei der inhaltlichen Kontrolle von „Moral" und „Sittlichkeit" im Rahmen der Rechtfertigungsprüfung.

16. Insgesamt sind, trotz aller Unsicherheiten bei der Auslegung und Anwendung von Ethik und Moral, weitgehende Parallelen in der Rechtspraxis der verschiedenen Rechtsordnungen festzustellen. An-

hand der aufgezeigten Kriterien ist somit eine hinreichend bestimmte und objektivierte Vorhersage künftiger Entscheidungen möglich.

Literaturverzeichnis

Achterberg, Norbert, „Öffentliche Ordnung" im pluralistischen Staat, in: ders. (Hrsg.), Öffentliches Recht und Politik, Festschrift für Hans Ulrich Scupin zum 70. Geburtstag, Berlin 1973, S. 9-41

Anders, Monika/Gehle, Burkhard, Das Assessorexamen in Zivilrecht, 11. Auflage, München 2013

Anweiler, Jochen, Die Auslegungsmethoden des Gerichtshofs der Europäischen Gemeinschaften, Univ. Diss. Göttingen 1996

Arai-Takahashi, Yutaka, The Margin of Appreciation Doctrine and the Principle of Proportionality in the Jurisprudence of the ECHR, Zürich 2002

Auer, Marietta, Normativer Positivismus - Positivistisches Naturrecht - Zur Bedeutung von Rechtspositivismus und Naturrecht jenseits von Rechtsbegriff und Rechtsethik, in: Heldrich/Prölls/Koller (Hrsg.), Festschrift für Claus-Wilhelm Canaris zum 70. Geburtstag, Band II, S. 931-962, München 2007

Bachof Otto, Beurteilungsspielraum, Ermessen und unbestimmter Rechtsbegriff im Verwaltungsrecht, JZ 1955, S. 97-102

Badenhop, Johannes, Normtheoretische Grundlagen Europäischen Menschenrechtskonvention, Kiel, Univ., Diss., 2010

Bader, Johann/Ronellenfitsch, Michael, Beck´scher Online-Kommentar VwVfG, München 13. Edition, Stand: 01.07.2012

Bair, Johann, The International Covenant on Civil and Political Rightsand ist (First) Optional Protocol - A Short Commentary Based on Views, General Comments and Concluding Observations by the Human Rights Committee, Frankfurt am Main 2005

Bartels, Lorand, Article XX of GATT and the Problem of Extraterritorial Jurisdiction. The Case of Trade Measures for the Protection of Human Rights, JWT 36 (2) (2002), S. 353-403

Battis, Ulrich, Allgemeines Verwaltungsrecht, 3. Auflage, Heidelberg 2002

Battis, Ulrich/Grigoleit, Klaus Joachim, Neue Herausforderungen für das Versammlungsrecht?, NVwZ 2001, S. 121-129

Baumbach, Adolf/Lauterbach, Wolfgang/Albers, Jan/Hartmann, Peter, Zivilprozessordnung mit FamFG, GVG und anderen Nebengesetzen, 71. Auflage, München 2013

Benda, Ernst, Von der Unvergänglichkeit zum Plastinat, NJW 2000, S. 1769-1771

Bender, Tobias, Unilaterale Exportverbote von Domestically Prohibited Goods zum Umwelt- oder Gesundheitsschutz im Ausland und ihre Rechtmäßigkeit nach dem GATT – Ein Beitrag zur Dogmatik der Art. XI und XX GATT, ZaöRV 2003, S. 1007-1034

Benvenisti, Eyal, Margin of Appreciation, Consensus, and Universal Standards, JILP 1999 Vol. 31:843, S. 843-854

Berlth, Astrid, Artikel 1 GRCh – Die Menschenwürde im Unionsrecht, Univ. Diss. Münster 2012

Bertram, Günter, Entrüstungsstürme im Medienzeitalter – der BGH und die "Auschwitzlüge", NJW 1994, S. 2002-2004

Bertram, Günter, Der Rechtsstaat und seine Volksverhetzungs-Novelle, NJW 2005, S. 1476-1478

Bettermann, Karl August/Nipperdey, Hans Carl, Die Grundrechte. Handbuch der Theorie und Praxis der Grundrechte, 4. Band, 2. Halbband, Berlin 1962

Bieber, Roland/Ress, Georg, Die Dynamik des Europäischen Gemeinschaftsrechts/The dynamics of EC-law, Die Auslegung des Europäischen Gemeinschaftsrechts im Lichte nachfolgender Praxis der Mitgliedstaaten und der EG-Organe, 1. Auflage, Baden-Baden 1987

Bieber, Roland/Epiney, Astrid/Haag, Marcel, Die Europäische Union, 9. Auflage, Baden-Baden 2011

Blau, Kerstin, Neuere Entwicklungen in der Schutzpflichtdogmatik des EGMR am Beispiel des Falles „Vo/Frankreich", ZeuS, Heft 3/2005, S. 397-440

Bonadio, Enrico, Stem Cells, Patents and Morality in the EU after Brüstle, European Consortium for Political Research (ECPR) Standing Group on Regulation & Governance, 4th Standing Group Biennial Conference. New Perspectives on Regulation, Governance and Learning, abrufbar unter http://regulation.upf.edu/exeter-12-papers/Paper%20080%20-%20Bonadio%202012%20-%20Stem%20Cells,%20Patents%20and%20Morality%20in%20the%20EU%20after%20Bruestle.pdf (zuletzt abgerufen am 06.11.2014).

Borchardt, Klaus-Dieter, Die rechtlichen Grundlagen der Europäischen Union, 5. Auflage, Heidelberg 2012

Bossuyt, Marc J., Guide to the Travaux Préparatoires of the International Covenant on Civil and Political Rights, Dordrecht 1987

Brems, Eva, The Margin of Appreciation Doctrine in the Case-Law of the European Court of Human Rights, ZaörV 1996, S. 240-314

Brugger, Winfried, Konkretisierung des Rechts und Auslegung der Gesetze, AöR 119 (1994), S. 1-34

Callamard, Agnes, Expert Meeting on the Links Between Articles 19 and 20 of the ICCPR, UN HCHR, 2.-3. Oktober 2008, Genf

Calliess, Christian, Werbung, Moral und Europäische Menschenrechtskonvention, AfP 2000, 248-253

Calliess, Christian, Subsidiaritäts- und Solidaritätsprinzip in der Europäischen Union. Vorgaben für die Anwendung von Art. 3b EGV am Beispiel der gemeinschaftlichen Wettbewerbs- und Umweltpolitik, 1. Auflage, Baden-Baden 1996

Calliess, Christian, Zwischen staatlicher Souveränität und europäischer Effektivität: Zum Beurteilungsspielraum der Vertragsstaaten im Rahmen des Art. 10 EMRK, EuGRZ 1996, S. 293-298

Calliess, Christian/Ruffert, Matthias, EUV/EGV Kommentar, 4. Auflage, München 2011

Canaris, Claus-Wilhelm, Konsens und Verfahren als Grundelemente der Rechtsordnung – Gedanken vor dem Hintergrund der „Eumeniden" des Aischylos, in: JuS 1996, S. 573-580

Caspar, Johannes, Prostitution im Gaststättengewerbe? Zur Auslegung des Begriffs der Unsittlichkeit im Gaststättengesetz, NVwZ 2002, S. 1322-1328

Charnovitz, Steve, The Moral Exception in Trade Policy, in: Virginia Journal of International Law, Summer, 1998, S. 1-49, abrufbar unter:

http://www.worldtradelaw.net/articles/charnovitzmoral.pdf (zuletzt abgerufen am 06.11.2014)

Dauses, Manfred, Handbuch des EU-Wirtschaftsrechts, Band 1, Stand: Juli 2012 (31. Ergänzungslieferung)

De Búrca, Gráinne, The Principle of Proportionality and its Application in EC Law, YEL 1993, S. 105-150

De Wall, Heinrich, Die Lautsi-Entscheidung des Europäischen Gerichtshofs für Menschenrechte, JURA, 2012, S. 960-965

Dederer, Hans-Georg, Konsistente Glücksspielregulierung - Eckpunkte aus den Sportwetten-Urteilen des EuGH vom 8.9.2010, EuZW 2010, S. 771-774

Degenhart, Christoph, Die allgemeine Handlungsfreiheit des Art. 2 I GG, JuS 1990, S. 161-169

De la Rasilla del Moral, Ignacio, The Increasingly Marginal Appreciation of the Margin-of-Appreciation Doctrine, German Law Journal Vol. 07, No. 06 (2006), S. 611-623

Detjen, Joachim, Die Werteordnung des Grundgesetzes, 1. Auflage, Wiesbaden 2009

Detterbeck, Steffen, Allgemeines Verwaltungsrecht mit Verwaltungsprozessrecht, 8. Auflage,

München 2010

Di Fabio, Udo, Grundrechte als Werteordnung, JZ 2004, S. 1-8

Dickersbach, Alfred, Sittenwidrigkeit im Gewerberecht, WiVerw 1986, Heft 1 , S. 1-21

Diebold. Nicolas F., The Morals and Order Exceptions in WTO-Law: Balancing the Toothless Tiger and the Undermining Mole, JIEL 11 (2008), S. 43-74

Dieterich, Thomas/Hanau, Peter/Schaub, Günter, Erfurter Kommentar zum Arbeitsrecht, 13. Auflage, München 2013

Doehring, Karl, Völkerrecht: ein Lehrbuch, 2. Auflage, Heidelberg 2004

Dolzer, Rudolf/Kahl, Wolfgang/Waldhoff, Christian/Graßhof, Karin, Bonner Kommentar zum Grundgesetz, 149. Lieferung, Heidelberg Januar 2011,

Dörr, Oliver, Das Verbot gewerblicher Internetvermittlung von Lotto auf dem Prüfstand der EG-Grundfreiheiten, DVBl 2010, S. 69-77

Dörr, Oliver, Grundstrukturen eines europäischen Verwaltungsprozessrechts, DVBl. 2008, Heft 22, S. 1401-1407

Dörr, Oliver, Keine Versammlungsfreiheit für Neonazis? Extremistische Demonstrationen als Herausforderung für das geltende Versammlungsrecht, VerwArch 2002, S. 485-505

Dörr, Oliver/ Grote, Rainer/Marauhn, Thilo (Hrsg.), EMRK/GG, Konkordanzkommentar zum europäischen und deutschen Grundrechtsschutz, 2. Auflage, Tübingen 2013 (2 Bände)

Dörr, Oliver/Lenz, Christofer, Europäischer Verwaltungsrechtsschutz, 1. Auflage, Baden-Baden 2006

Dörr, Oliver/Schmalenbach, Kirsten (Hrsg.), Vienna Convention on the Law of Treaties, A Commentary, Heidelberg 2012

Dörr, Oliver/Urban Jan C., Leben Totgesagte Länger? - Die aktuelle EuGH-Rechtsprechung zum Glücksspielrecht und die Folgen für das deutsche Sportwettenmonopol, JURA 2011, S. 681-690

Dreier, Horst (Hrsg.), Grundgesetz Kommentar Band 1, 2. Auflage, Tübingen 2004

Drews, Bill/Wacke, Gerhard/Vogel, Klaus/Martens, Wolfgang, Gefahrenabwehr: allgemeines Polizeirecht (Ordnungsrecht) des Bundes und der Länder, 9. Auflage, Köln 1986

Eggers, Barbara, die Entscheidung des WTO Appellate Body im Hormonfall - Doch ein Recht auf Vorsorge?, EuZW 1998, S. 147-151

Ehlers, Dirk, Die Europäische Menschenrechtskonvention, Jura 2000, S. 372-383

Ehlers, Dirk, Europäische Grundrechte und Grundfreiheiten, 3. Auflage, Berlin 2009

Epping, Volker/Hillgruber, Christian (Hrsg.), Beck´scher Online-Kommentar Grundgesetz, München 15. Edition, Stand: 01.07.2012

Engel, Christoph, Die Schranken der Schranken in der Europäischen Menschenrechtskonvention - Das Merkmal „notwendig in einer demokratischen Gesellschaft" in den Schrankenvorbehalten, das Diskriminierungsverbot, und die „margin of appreciation", Österr. Z. Öffentl. Recht und Völkerrecht 37, 1986, S.260-287

Erbel, Günter, Das Sittengesetz als Schranke der Grundrechte, Berlin, 1971

Erbel, Günter, Öffentliche Sicherheit und Ordnung, DVBl. 2001, S. 1714-1742

Erbguth, Wilfried, Allgemeines Verwaltungsrecht mit Verwaltungsprozess- und Staatshaftungsrecht, 3. Auflage, Baden-Baden 2009

Eres, Tatjana, The Limits of GATT Article XX: A Back Door for Human Rights?, Geo. J. Int.´l L (35), S. 597-653

Erichsen, Hans-Uwe/Ehlers, Dirk (Hrsg.), Allgemeines Verwaltungsrecht, 14. Auflage, berlin 2010

Everling, Ulrich, Rechtsfortbildung in der Europäischen Gemeinschaft, JZ 2000, S. 217-227

Eyermann, Erich, Verwaltungsgerichtsordnung Kommentar, 13. Auflage, München 2010

Fateh-Moghadam, Bijan/Atzeni, Gina, Ethisch vertretbar im Sinne des Gesetzes - Zum Verhältnis von Ethik und Recht am Beispiel der Praxis von Forschungs-Ethikkommissionen, in: *Vöneky/Hagedorn/Clados/von Achenbach* (Hrsg.), Legitimation ethischer Entscheidungen im Recht, S. 115-143

Fechner, Frank, „Öffentliche Ordnung" - Renaissance Eines Begriffs ?, JuS 2003, S. 734-739

Feddersen, Christoph T., Focusing on Substantive Law in International Economic Relations: The *Public Morals* of GATT´s Article XX (a) and „Conventional" Rules of Interpretation, Minn. J. Global Trade 1998, S.75-122

Fischer, Thomas, Strafgesetzbuch und Nebengesetze, 59. Auflage, München 2012

Frenz, Walter, Grundfreiheiten und Grundrechte, EuR 2002, S. 603-618

Frenz, Walter, Handbuch Europarecht, Band 1, Europäische Grundfreiheiten, 2. Auflage, Heidelberg 2012

Frenz, Walter, Handbuch Europarecht, Band 5, Wirkungen und Rechtsschutz, Heidelberg 2010

Frenz, Walter, Kohärente und systematische nationale Normgebung - nicht nur im Glücksspielrecht, EuR 2012, S. 344-355

Frowein, Jochen/Peukert, Wolfgang, Europäische Menschenrechtskonvention, EMRK-Kommentar, 3. Auflage, Kehl am Rhein 2009

Gardiner, Richard, Treaty Interpretation, Oxford 2008

Garibaldi, Osacar M., On the Ideological Content of Human Rights Instruments: The Clause „In a Demokratic Society", in: Contemporary Issues in International Law, Essays in Honor of Louis B. Sohn, S. 23-68

Geiger, Harald, Die Zulässigkeit unbestimmter Rechtsbegriffe - Darstellung an ausgewählten Beispielen aus dem Verkehrsverwaltungsrecht, SVR 2009 Heft 2, S. 41-46

Geiger, Rudolf/Khan, Daniel-Erasmus/Kotzur, Markus, EUV/AEUV Kommentar, 5. Auflage, München 2010

Gern, Alfons, Menschenwürde und gute Sitten (Fortsetzung), NJW 1983, 1585-1590

Gebauer, Katharina, Parallele Grund- und Menschenrechtsschutzsysteme in Europa?, Univ. Diss. Hamburg 2007

Gonzalez, Miguel A., Trade and Morality: Preserving „Public Morals" Without Sacrificing the Global Economy, Vanderbilt Journal of Transnational Law, vol. 39 (2006), p. 939-972

Gostomzyk, Tobias, Grundrechte als objektiv-rechtliche Ordnungsidee, JuS 2004, S. 949-954

Götz, Volkmar, Allgemeines Polizei- und Ordnungsrecht, 14. Auflage, München 2008

Grabenwarter, Christoph, Grundrechtsvielfalt und Grundrechtskonflikte im europäischen Mehrebenensystem - Wirkungen von EGMR-Urteilen und der Beurteilungsspielraum der Mitgliedstaaten, EuGRZ 2011, S. 229-232

Grabenwarter, Christoph, Kontrolldichte des Grund- und Menschenrechtsschutzes in mehrpoligen Rechtsverhältnissen - Aus der Sicht des Österreichischen Verfassungsgerichtshofes, EuGRZ 2006, S. 487-491

Grabenwarter, Christoph/Pabel, Katharina, Europäische Menschenrechtskonvention, 5. Auflage, München 2012

Grabitz, Eberhard/Hilf, Meinhard/Nettesheim, Martin (Hrsg.), Das Recht der Europäischen Union: EUV/AEUV, 51. Auflage, München 2013 (Stand: September 2013)

Graf Vitzthum, Wolfgang, Völkerrecht, 5. Auflage, Berlin/New York 2010

Grewe, Constance, Vergleich zwischen den Interpretationsmethoden europäischer Verfassungsgerichte und des Europäischen Gerichtshofes für Menschenrechte, ZaöRV 2001, 459-473

Groh, Thomas, Anmerkung zum EuGH-Urteil vom 18.10.2011 (C-34/10; EuZW 2011, 908) - Zur Frage der Patentierbarkeit von Erfindungen unter Verwendung von embryonalen Stammzellen, EuZW 2011, S. 908-912

Groh, Thomas/Lange-Bertalot, Nils, Des Schutz des Lebens Ungeborener nach der EMRK, NJW 2005, S. 713-716

Gundel, Jörg, Anmerkung zu EuGH, Urteil vom 8.9.2010 - C-46/08, ZUM 2010, S. 955-957

Gurlit, Elke, Das Gewerberecht als Regelungsregime der Prostitution - Anwendbarkeit, Regelungsinstrumente, Regelungskompetenzen -, GewArch 2008, S. 426-431

Gusy, Christoph, Polizei- und Ordnungsrecht, 7. Auflage, Tübingen, 2009

Gusy, Christoph, Sittenwidrigkeit im Gewerberecht, DVBl. 1982, S. 984-989

Hailbronner, Kay, Die Einschränkung von Grundrechten in einer demokratischen Gesellschaft-zu den Schrankenvorbehalten der Europäischen Menschenrechtskonvention, in: Völkerrecht als Rechtsordnung, Internationale Gerichtsbarkeit, Menschenrechte, Festschrift für Hermann Mosler, 1983, S. 335-354

Hailbronner, Kay/Wilms, Heinrich, Recht der Europäischen Union, Kommentar, Band II, Stuttgart 2002

Haltern, Ulrich, Europarecht - Dogmatik im Kontext, 2. Auflage, Tübingen 2007

Handschell, Tobias, Grundrechtsschranken aus der Wertordnung des Grundgesetzes? Zum Wunsiedel-Beschluss des BVerfG, BayVBl. 2011, S. 745-751

Hannich, Rolf (Hrsg.), Karlsruher Kommentar zur Strafprozessordnung, mit GVG, EGGVG und EMRK, 6. Auflage, München 2008

Haratsch, Andreas/Koenig, Christian/Pechstein, Matthias, Europarecht, 7. Auflage, Tübingen 2010

Helfer, Laurence R., Consensus, Coherence and the European Convention on Human Rights, Cornell Int'l L.J. 1993, S. 133-166

Hermann-Knoblauch-Akademie-Mensch, Natur, Zukunftswissenschaften (Hrsg.), Home ethicus: was können, was dürfen wir?, Edition Ursachenforschung Band 2, Hannover 2002

Herrmann, Christoph/Weiß, Wolfgang/Ohler, Christoph, Welthandelsrecht, 2. Auflage, München 2007

Herzog, Roman, Verfassung und Verwaltungsgerichte zurück zu mehr Kontrolldichte?, NJW 1992, S. 2601-2605

Herzog, Roman, Gesetzgebung und Einzelfallgerechtigkeit, NJW 1999, S. 25-28

Hilf, Meinhard/Oeter, Stefan, WTO-Recht, Rechtsordnung des Welthandels, 2. Auflage, Baden-Baden 2010

Hill, Hermann, Abschied von der öffentlichen Ordnung im Polizei- und Ordnungsrecht?, DVBl. 1985, S. 88-96

Hillgruber, Christian, Der Schutz des Menschen vor sich selbst, München 1992

Hoffmann-Riem, Wolfgang, Kontrolldichte und Kontrollfragen beim nationalen und europäischen Schutz von Freiheitsrechten in mehrpoligen Rechtsverhältnissen, EuGRZ 2006, S. 492-499

Höfling, Wolfram, Menschenwürde und gute Sitten, NJW 1983, S. 1582-1585

Horn, Norbert, Einführung in die Rechtswissenschaft und Rechtsphilosophie, 5. Auflage, Heidelberg u.a. 2011

Hörnle, Tatjana, Grob anstößiges Verhalten. Strafrechtlicher Schutz von Moral, Gefühlen und Tabus, Habil., München 2005

Hörnle, Tatjana, Das Verbot des Geschwisterinzests - Verfassungsgerichtliche Bestätigung und verfassungsrechtliche Kritik, NJW 2008, S. 2085-2088

Hörster, Norbert, Zur Bedeutung des Prinzips der Menschenwürde, JuS 1983, S. 93-96

Howse, Robert, Back to court after Shrimp/Turtle? Almost but not quite yet: India's short lived challenge to labor and environmental exceptions in the European Union's generalized system of preferences, American University International Law Review, vol. 18, No. 6 (2003), S. 1333–1381

Hufen, Friedhelm, In dubio pro dignitate - Selbstbestimmung und Grundrechtsschutz am Ende des Lebens, NJW 2001, S. 849-857

Hüsken, Felix B., Die Auswirkungen des Welthandelsrechts (WTO-Recht) auf die deutsche Glücksspielregulierung - GATS versus Online-Glücksspielverbot gemäß 3 4 Abs. 4 GlüStV?, GewArch 2010, S. 49-54

Huster, Stefan, Individuelle Menschenwürde oder öffentliche Ordnung - Ein Diskussionsbeitrag anlässlich „Big Brother", NJW 2000, S. 3477-3479

Ipsen, Jörn, Die Genehmigung technischer Großanlagen. Rechtliche Regelung und neuere Judikatur, AöR 1982, S. 259-296

Ipsen, Jörn, Niedersächsisches Polizei- und Ordnungsrecht, 4. Auflage, Stuttgart 2010

Ipsen, Jörn, Staatsrecht II - Grundrechte, 13. Auflage, München 2010

Ipsen, Knut (Hrsg.), Völkerrecht, 6. Auflage, München 2014

Isensee, Josef, Tabu im freiheitlichen Rechtsstaat, Paderborn 2003

Isensee, Josef/Kirchhof, Paul, Handbuch des Staatsrechts Band II: Verfassungsstaat, 3. Auflage, Heidelberg 2004

Isensee, Josef/Kirchhof, Paul, Handbuch des Staatsrechts Band VII: Freiheitsrechte, 3. Auflage, Heidelberg 2009

Isensee, Josef/Kirchhof, Paul (Hrsg.), Handbuch des Staatsrechts Band IX: Allgemeine Grundrechtslehren, 3. Auflage, Heidelberg 2009

Jarass, Hans D., Elemente einer Dogmatik der Grundfreiheiten, EuR 1995, S. 202-226

Joseph, Sarah/Schultz, Jenny/ Castan, Melissa, The International Covenant on Civil and Political Rights - Cases, Materials and Commentary, 2nd Edition 2005

Kadelbach, Stefan, Ethik des Völkerrechts unter Bedingungen der Globalisierung, ZaöRV 2004, S. 1-20

Kaffanke, Joachim, Grenzen der intraterritorialen Rechtsawendung mit extraterritorialen Auswirkungen, Univ. Diss. Baden-Baden 1990

Katsas, Theodor, Effektivität und Geltung von Rechtsnormen. Eine rechtssoziologische Studie des geigerschen Modells zur Effektivität und Geltung von Rechtsnormen, Berlin 2000

Kaufmann, Arthur/Hassemer, Winfried/Neumann, Ulfrid (Hrsg.), Einführung in die Rechtsphilosophie und Rechtstheorie der Gegenwart, 8. Auflage, Heidelberg u.a. 2011

Kindhäuser, Urs/Neumann, Ulfrid/Paeffgen, Hans-Ullrich, Strafgesetzbuch Großkommentar, Band 2, 3. Auflage, Baden-Baden 2010

Kirchberg, Christian, Zur Sittenwidrigkeit von Verwaltungsakten, NVwZ 1983, S. 141-143

Klem, Sarah, Die Rolle der Ethik in Bezug auf die Legitimation neuer Gründungspopulationen am Beispiel der Biotechnologie, Diplomarbeit, Norderstedt 2013

Klimpel, Paul K., Bevormundung oder Freiheitsschutz?, Berlin, Univ. Diss. 2003

Kling, Michael/Rüffer, Cai, „Die schwarzen Schweine", Jura 2012, S. 953-959

Klöck, Oliver/Klein, Matthias, Die Glücksspiel-Entscheidungen des EuGH und die Auswirkungen auf den Glücksspielstaatsvertrag, NVwZ 2011, S. 22-25

Koch, Oliver, Der Grundsatz der Verhältnismäßigkeit in der Rechtsprechung des Gerichtshofs der Europäischen Gemeinschaften, Göttingen, Univ., Diss. 2003

Koering-Joulin, Renée, Public Morals, in: Delmas-Marty (Hrsg.), the European Convention for the Protection of Human Rights, International Protection versus National Restrictions, S. 83-98, Dordrecht/Boston/London 1992

Köhne, Michael, Abstrake Menschenwürde?, GewArch 2004, S. 285-288

Kopp, Ferdinand O./Schenke, Wolf-Rüdiger, Verwaltungsgerichtsordnung Kommentar, 17. Auflage, München 2011

Krumm, Marcel, Verbindliche Auskunft und gerichtliche Kontrolle - Zu den Voraussetzungen und Grenzen einer administrativen Letztentscheidungskompetenz bei verbindlichen Auskünften, DStR 2011, S. 2429-2436

Kube, Hanno, Die Elfes-Konstruktion, JuS 2003, S. 111-118

Kunz, Karl-Ludwig/Mona, Martino, Rechtsphilosophie, Rechtstheorie, Rechtssoziologie. Eine Einführung in die theoretischen Grundlagen der Rechtswissenschaft, Bern u.a. 2006

Lackner, Karl/Kühl, Kristian, Strafgesetzbuch Kommentar, 27. Auflage, München 2011

Laimböck, Lena/Dederer, Hans-Georg, Der Begriff des „Embryos" im Biopatentrecht - Anmerkungen zu den Schlussanträgen von GA Yves Bot v. 10. März 2011, Rs. C-34/10 - Brüstle - Zugleich eine Kritik des Kriteriumd der „Totipotenz", GRURInt 2011, S. 661-667

Laing, Edward A., Equal Access/Non-Discrimination and Legitimate Discrimination in International Economic Law, Wisconsin International Law Journal 1996, S. 246-348

Landmann, Robert von /Rohmer, Gustav, Gewerbeordnung und ergänzende Vorschriften: GewO, 63. Auflage, München 2013 (Stand: September 2013)

Lehmann, Jens-Torsten, Zur gaststättenrechtlichen Bewertung sogenannter „Flatrate-Bordelle", GewA 2010, S. 291-294

Leibholz, Gerhard/Rinck, Hans-Justus/Hesselberger, Dieter, Grundgesetz für die Bundesrepublik Deutschland, Kommentar Rechtsprechung des Bundesverfassungsgerichts, 60. Lieferung, Köln, Oktober 2012

Lichtenbaum, Peter, Procedural Issues in WTO Dispute Resolution, 19 Mich.J.Int'l L., S. 1195-1274

Lippert, André, Das Kohärenzerfordernis des EuGH - Eine Darstellung am Beispiel der Rechtsprechung zum deutschen Glücksspielmonopol, EuR 2012, S. 90-100

Lisken, Hans /Denninger, Erhard, Handbuch des Polizeirechts, 5. Auflage, München 2012

Llompart, José, Dichotomisierung in der Theorie und Philosophie des Rechts, Berlin 1993

Logemann, Anika, Grenzen der Menschenrechte in demokratischen Gesellschaften. Die „demokratische Gesellschaft" als Determinante der Grundrechtsschranken in der Europäischen Menschenrechtskonvention, Groningen, Univ., Diss. 2004

Lorenzmeier, Stefan, Völkerrecht - Schnell erfasst, 2. Auflage, Heildelberg u.a. 2012

Lüke, Wolfgang, Zivilprozessrecht, 10. Auflage, München 2011

Lungstras, Anne Barbara, Die Präimplantationsdiagnostik verbieten oder erlauben? - Ein Blick auf die Debatte um den Embryo in vitro, NJ 2010, S. 485-492

Luttermann, Claus, Rechtssprachenvergleich in der Europäischen Union - Ein Lehrbuchfall: EuGH, EuZW 1999, 154 - Codan, EuZW 1999, S. 401-404

MacDonald, Ronald St. J./Matscher, Franz/Petzold, Herbert, The European System for the protection of Human Rights, Dordrecht u.a. 1993

Mahlmann, Matthias, Rechtsphilosophie und Rechtstheorie, 2. Auflage, Baden-Baden 2012

Mahoney, Paul, Marvellous Richness of Diversity or Invidious Cultural Relativism?, The Doctrine of the Margin of Appreciation under the European Convention on Human Rights: It´s Legitimacy in Theory and Practice, HRLJ 19 (1998), S. 1-6

Maier, Ralf, Internationaler und Europäischer Schutz der Menschenrechte, NJW 2000, S. 1166-1169

Marsch, Nikolaus/Sanders, Anna-Catharina, Recht auf Stellungnahme zu den Schlussanträgen des Generalanwalts, EuR 2008, S. 345-364

Martens, Wolfgang, Wandlungen im Recht der Gefahrenabwehr, DÖV 1982, S. 89-98

Marwell, Jeremy C., Trade and Morality: The WTO Public Morals Exception after Gambling, NYULR 2006, S. 802-842

Mastronardi, Philippe, Menschenwürde und kulturelle Bedingtheit des Rechts, in: Marauhn (Hrsg.), Die Rechtsstellung des Menschen im Völkerrecht: Entwicklung und Perspektiven, S. 55-82

Mathisen, Gjermund, Consistency and Coherence as Conditions for Justification of Member State Measures Restricting Free Movement, CML Rev. 47 (2010), S. 1021-1048

Maunz, Theodor/Dürig, Günter (Hrsg.), Grundgesetz, Loseblatt-Kommentar, München, 67. Ergänzungslieferung (Stand: November 2012)

Meßerschmidt, Klaus, Gesetzgebungsermessen, Univ. Habil. Berlin 2000

Metzner, Richard, Gaststättengesetz Kommentar, 6. Auflage, München 2002

Meyer-Ladewig, Jens, Europäische Menschenrechtskonvention, Handkommentar, 3. Auflage, Baden-Baden 2011

Meyer, Jürgen, Charta der Grundrechte der Europäischen Union, 3. Auflage, Baden-Baden 2011

Mitchell, Andrew D., Legal Principles in WTO Disputes, Cambridge 2008

Müller, Eckhart, Berufsbild und Berufsethos des Strafverteidiger, NJW 2000, S. 3745-3749

Müller-Glöge, Rudi/Preis, Ulrich/Schmidt, Ingrid, Erfurter Kommentar zum Arbeitsrecht, 12, Auflage, München 2012

Musielak, Hans-Joachim, Kommentar zur Zivilprozessordnung mit Gerichtsverfassungsgesetz, 10. Auflage, München 2013

Naumann, Kolja, Art. 52 Abs. 3 GrCh zwischen Kohärenz des europäischen Grundrechtsschutzes und Autonomie des Unionsrechts, EuR 2008, Heft 3, S. 424-434

Kindhäuser, Urs /Neumann, Ulfrid/Paeffgen, Hans-Ullrich, Strafgesetzbuch Band 2, §§ 146-358, 3. Auflage, Baden-Baden 2010

Nowak, Manfred, U.N. Covenant on Civil and Political Rights, CCPR Commentary, 2nd Edition 2005

Nußberger, Angelika, Auf der Suche nach einem europäischen Konsens – zur Rechtsprechung des Europäischen Gerichtshofs für Menschenrechte, Rechtswissenschaft, Heft 2 /2012, S. 197-211

Oberheim, Rainer, Zivilprozessrecht für Referendare, 8. Auflage, Köln 2009

Office of the High Commissioner for Human Rights, Human Rights and Worlds Trade Agreements: Using General Exception Clauses to Protect Human Rights, S. 8, U.N. Doc HR/PUB/05/5, abrufbar unter http://www.ohchr.org/Documents/Publications/WTOen.pdf (zuletzt abgerufen am 06.11.2014)

Oliver, Peter J., On Free Movement of Goods in the European Union, 5. Auflage, Oxford and Portland, Oregon 2010

Oppermann, Thomas/Classen, Claus Dieter/Nettesheim, Martin, Europarecht – Ein Studienbuch, 4. Auflage, München 2009

Ostrovsky, Aaron A., How the Margin of Appreciation Doctrine Preserves Core Human Rights within Cultural Diversity and Legitimises International Human Rights Tribunals, HanseLR Vol. 1 No. 1 (2005), S. 47-64

Ovey, Clare/White, Robin C.A., Jacobs & White, The European Convention On Human Rights, Fourth Edition, Oxford 2006

Pache, Eckhard, Tatbestandliche Abwägung und Beurteilungsspielraum, Zur Einheitlichkeit administrativer Entscheidungsfreiräume und zu deren Konsequenzen im verwaltungsgerichtlichen Verfahren – Versuch einer Modernisierung (Habil.), Tübingen 2001

Papier, Hans-Jürgen/Möller, Johannes, Das Bestimmtheitsgebot und seine Durchsetzung, AöR 122, S. 177-211

Pechstein, Matthias, EU-Prozessrecht, 4. Auflage, Tübingen 2011

Pellonpää, Matti, Kontrolldichte des Grund- und Menschenrechtsschutzes in mehrpoligen Rechtsverhältnissen – Aus der Sicht des Europäischen Gerichtshofs für Menschenrechte, EuGRZ 2006, S. 483-486

Peters, Anne/Altwicker, Tilmann, Europäische Menschenrechtskonvention. Mit rechtsvergleichenden Bezügen zum deutschen Grundgesetz, 2. Auflage, München 2012

Peters, Hans, Die freie Entfaltung der Persönlichkeit als Verfassungsziel, in: Constantopoulos/Wehberg (Hrsg.), Gegenwartsprobleme des Internationalen Rechtes und der Rechtsphilosophie, Festschrift für Rudolf Laun zu seinem 70. Geburtstag, Hamburg 1953, S. 669-678

Petersen, Niels, Gesetzgeberische Inkonsistenz als Beweiszeichen. Eine rechtsvergleichende Analyse von Konsistenzargumenten in der Rechtsprechung, AöR 138 (2013), S. 108-134

Petersmann, Ernst-U., Welthandelsrecht als Freiheits- und Verfassungsordnung, ZaöRV 2005, S. 543-585

Pettiti, Louis-Edmond/Decaux, Emmanuel/Imbert, Pierre-Henri, La Convention Européenne des Droits de L´Homme, Paris 1995

Pielow, Johann-Christian, Beck´scher Online-Kommentar Gewerberecht, München, 19. Edition, Stand: 01.07.2011

Posser, Herbert/Wolff, Heinrich Amadeus, Beck´scher Online Kommentar VwGO, München 22. Edition, Stand: 01.07.2012

Pieroth, Bodo/Schlink, Bernhard/Kniesel, Michael, Polizei- und Ordnungsrecht, 7. Auflage, München 2012

Prepeluh, Urska, Die Entwicklung der Margin of Appreciation-Doktrin im Hinblick auf die Pressefreiheit, ZaöRV 2001, S. 771-832

Prieß, Hans-Joachim/Berrisch, Georg M. (Hrsg.), WTO-Handbuch, World Trade Organisation, München 2003

Radbruch, Gustav, Gesetzliches Unrecht und übergesetzliches Recht, Süddeutsche Juristenzeitung 1946, S. 105-108

Redeker, Konrad, Verfassungsrechtliche Vorgaben zur Kontrolldichte verwaltungsgerichtlicher Rechtsprechung, NVwZ 1992, S. 305-309

Ress, Georg, Der Europäische Gerichtshof für Menschenrechte als pouvoir neutre, ZaöRV 2009, S. 289-309

Richter, Claus, Aspekte der universellen Geltung der Menschenrechte und der Herausbildung von Völkergewohnheitsrecht, Univ., Diss., Bayreuth 2005

Risse, Jörg, Der verfassungsrechtliche Schutz der Homosexualität, Univ., Diss., Heidelberg 1997

Rosenne, Shabtai, The Meaning of „Authentic Text" in Modern Treaty Law, in: Bernhardt/Geck/Jaenicke/Steinberger (Hrsg.), Völkerrecht als Rechtsordnung, Internationale Gerichtsbarkeit, Menschenrechte, Festschrift für Hermann Mosler, Berlin u.a. 1983, S. 760-784

Rossen-Stadtfeld, Helge, Beurteilungsspielräume der Medienaufsicht, ZUM 2008, S. 457-475

Rox, Barbara, Schutz religiöser Gefühle im freiheitlichen Verfassungsstaat?, Univ Diss. Münster 2011

Roxin, Claus, Zur Strafbarkeit des Geschwisterinzests – Zur verfassungsrechtlichen Überprüfung materieller Strafvorschriften -, StV 2009, S. 544-550

Rubel, Jörgen, Entscheidungsfreiräume in der Rechtsprechung des Europäischen Gerichtshofes für Menschenrechte und des Europäischen Gerichtshofes – Ein Beitrag zur Beantwortung der Kontrolldichtefrage, Univ., Diss., Münster 2005

Ruffert, Matthias, Der Entscheidungsmaßstab im WTO-Streitbeilegungsverfahren – Prozessuale Relativierung materieller Verpflichtungen?, ZVglRWiss 100 (2001), S. 304-321

Rühl, Ulli F.H., „Öffentliche Ordnung" als Sonderrechtlicher Verbotstatbestand gegen Neonazis im Versammlungsrecht?, NVwZ 2003, S.531-537

Sachs, Michael, Das Grundgesetz in seinem sechsten Jahrzehnt, NJW 2009, S. 1441-1449

Sachs, Michael (Hrsg.), Grundgesetz Kommentar, 5. Auflage, München 2009

Sachs, Michael/Jasper, Christian, Regulierungsermessen und Beurteilungsspielräume – Verfassungsrechtliche Grundlagen, NVwZ 2012, S. 649-653

Sack, Rolf, Das Anstandsgefühl aller billig und gerecht Denkenden und die Moral als Bestimmungsfaktoren der guten Sitten, NJW 1985, S. 761-769

Sattler de Sousa e Brito, Clara, Europäische Union – Schlussanträge des Generalanwalts in der Rs. Brüstle ./. Greenpeace (C-34/10), GRURInt 2011, S. 466-467

Schäfer, Bernhard, Die Individualbeschwerde nach dem Fakultativprotokoll zum Zivilpakt. Ein Handbuch für die Praxis, 2. Auflage 2007

Schenke, Wolf-Rüdiger, Polizei- und Ordnungsrecht, 6. Auflage, Heidelberg 2009

Schilling, Theodor, Internationaler Menschenrechtsschutz, 2. Auflage, Tübingen 2010

Schlaich, Klaus/Korioth, Stefan, Das Bundesverfassungsgericht, 8. Auflage, München 2010

Schmidt, Walter, „Gute Sitten" als Maßstab des Wahlprüfungsverfahrens, NJW 2000, S. 2874-2876

Schmidt-Aßmann, Eberhard/Groß, Thomas, Zur verwaltungsgerichtlichen Kontrolldichte nach der Privatgrundschul-Entscheidung des BVerfG, NVwZ 1993, S. 617-625

Schmitz, Thomas, Die Grundrechtecharta als Teil der Verfassung der Europäischen Union, EuR 2004, S. 691-713

Schoch, Friedrich, Der unbestimmte Rechtsbegriff im Verwaltungsrecht, Jura 2004, S. 612-618

Schoch, Friedrich, Grundlagen und System des allgemeinen Polizei- und Ordnungsrechts, Jura 2006, S. 664-671

Schoch, Friedrich/Schmidt-Aßmann, Eberhard/Pietzner, Rainer, Verwaltungsgerichtsordnung Kommentar, Band I, München, 22. Ergänzungslieferung, Stand: September 2011

Schoch, Friedrich/Schneider, Jens-Peter/Bier, Wolfgang, Verwaltungsgerichtsordnung Kommentar, Band I, München, 23. Ergänzungslieferung, Stand: Januar 2012

Schoch, Friedrich/Schneider, Jens-Peter/Bier, Wolfgang, Verwaltungsgerichtsordnung Kommentar, Band II, München, 25. Ergänzungslieferun, Stand: April 2013

Schokkenbroek, Jeroen, The Basis, Nature and Application of the Margin of Appreciation Doctrine in the Case-Law of the European Court of Human Rights, The Doctrine of the Margin of Appreciation under the European Convention on Human Rights: It´s Legitimacy in Theory and Practice, HRLJ 19 (1998), S. 30-36

Scholz, Rupert, Das Grundrecht der freien Entfaltung der Persönlichkeit in der Rechtsprechung des Bundesverfassungsgerichts (Schluß), AöR 100 (1975), S. 265-290

Schorkopf, Frank, Wahrhaftigkeit im Recht der Grundfreiheiten – Zu Maßstab und Rechtsfolgen der Glücksspielurteile des Europäischen Gerichtshofs, DÖV 2011, S. 260-267

Schöbener, Burkhard/Herbst, Jochen/Perkams, Markus, Internationales Wirtschaftsrecht, Heidelberg 2010

Schulze-Fielitz, Helmuth, Neue Kriterien für die verwaltungsgerichtliche Kontrolldichte bei der Anwendung unbestimmter Rechtsbegriffe, JZ 1993, S. 772-781

Schulze, Reiner/Zuleeg, Manfred/Kadelbach, Stefan, Europarecht, Handbuch für die deutsche Rechtspraxis, 2. Auflage, Baden-Baden 2010

Schwabe, Jürgen, Anmerkungen zum Verfassungshandwerk, ZRP 1991, S. 361-363

Schwarze, Jürgen/Becker, Ulrich/Hatje, Armin/Schoo, Johann (Hrsg.), EU-Kommentar, 3. Auflage, Baden-Baden 2012

Schweisfurth, Theodor, Völkerrecht, Tübingen 2006

Seelmann, Kurt, Rechtsphilosophie, 3. Auflage, München 2004

Seelmann, Kurt, Was schützt der liberale Rechtsstaat?, in: Siep/Gutmann/Jakl/Städtler, Von der religiösen zur säkularen Begründung staatlicher Normen, Tübingen 2012

Senti, Richard, GATT, Allgemeines Zoll- und Handelsabkommen als System der Welthandelsordnung, Zürich 1986

Sieckmann, Jan, Recht als normatives System, 1. Auflage, Baden-Baden 2009

Smet, Stijn, A., B. and C. v. Ireland: Abortion and the Margin of Appreciation, Comment from 17.12.2010, abrufbar unter: http://strasbourgobservers.com/2010/12/17/a-b-and-c-v-ireland-abortion-and-the-margin-of-appreciation/ (zuletzt abgerufen am 06.11.2014)

Sodan, Helge/Ziekow, Jan, Verwaltungsgerichtsordnung Großkommentar, 3. Auflage, Baden-Baden 2010

Spamann, Holger, Standard of Review for World Trade Organization Panels in Trade Remedy Cases: a Critical Analysis, JWT 2004, S. 509-555

Spannowsky, Willy/Uechtritz, Michael, Beck´scher Online Kommentar Öffentliches Baurecht, München, 19. Edition, Stand 01.08.2012

Spiecker gen. Döhmann, Indra, Staatliche Entscheidungen unter Unsicherheit - juristische und ökonomische Vorgaben, in: Lege (Hrsg.), Gentechnik im nicht-menschlichen Bereich - was kann und was sollte das Recht regeln?, S. 51-86

Starck, Christian, Das „Sittengesetz“ als Schranke der freien Entfaltung der Persönlichkeit, in: Leibholz/Faller/Mikat/Reis (Hrsg.), Menschenwürde und freiheitliche Rechtsordnung, Festschrift für Willi Geiger zum 65. Geburtstag, Tübingen 1974, S. 259-276

Starosta, Thomas, Zur Sittenwidrigkeit von Veranstaltungen iS des § 33a GewO mit geschlechtlichem Charakter, GewArch 1985, S. 290-294

Steiner, Udo, Der Schutz des Lebens durch das Grundgesetz, Schriftenreihe der Juristischen Gesellschaft zu Berlin, Heft 125, Berlin 1992

Stelkens, Paul/Bonk, Heinz Joachim/Sachs, Michael, Verwaltungsverfahrensgesetz Kommentar, 7. Auflage 2008

Stern, Klaus, Das Staatsrecht der Bundesrepublik Deutschland, Band I - Grundbegriffe und Grundlagen des Staatsrechts, Strukturprinzipien der Verfassung, 2. Auflage, München 1984

Stern, Klaus, Das Staatsrecht der Bundesrepublik Deutschland, Band IV/1 - Die einzelnen Grundrechte, München 2006

Stettner, Rupert, Verfassungsbindungen des experimentierenden Gesetzgebers, NVwZ 1989, S. 806-812

Stober, Rolf, Die Entwicklung des Gewerberechts in den Jahren 1982/1983, NJW 1984, S. 2499-2510

Störmer, Rainer, Renaissance der öffentlichen Ordnung?, Die Verwaltung 1997, S.233-257

Streinz, Rudolf, Europarecht, 8. Auflage, Heidelberg 2008

Streinz, Rudolf, Vertrag über die Europäische Union und Vertrag zur Gründung der Europäischen Gemeinschaft, 2. Auflage, München 2012

Streinz, Rudolf/Kruis Tobias, Unionsrechtliche Vorgaben und mitgliedstaatliche Gestaltungsspielräume im Bereich des Glücksspielrechts, NJW 2010, S. 3745-3750

Suchomel, Jan-Ulf, Partielle Disponibilität der Würde des Menschen, Univ. Diss., Düsseldorf 2010

Szczekalla, Peter, Vertrauensvorschuss aus Straßburg: Der Europäische Gerichtshof für Menschenrechte klärt sein Verhältnis zum Europäischen Gerichtshof. Anmerkungen zu EuGHMR (Große Kammer), Urteil vom 30. Juni 2005, 45036/98 – Bosphorus Hava Yollari Turizm ve Ticaret AS v. Ireland Case (Embargo gegen Ex-Jugoslawien), GPR 2005, Heft 4, S. 176-179.

Teifke, Nils, Das Prinzip Menschenwürde. Zur Abwägungsfähigkeit des Höchstrangigen, Uni. Diss., Kiel 2010

Tettinger, Peter/Wank, Rolf/Ennuschat, Jörg, Gewerbeordnung Kommentar, 8. Auflage, München 2011

Thiele, Alexander, Europäisches Prozessrecht, München 2007

Tietje, Christian, Internationales Wirtschaftsrecht, Berlin 2009

Tolmein, Oliver, Tabu verträgt keine Begründung, FAZ vom 16.4.2012, S. 29

Tyagi, Yogesh, The UN Human Rights Committee, Practice and Procedure, Cambridge 2011

Umbach, Dieter C./Clemens, Thomas, Grundgesetz Mitarbeiterkommentar, Band I, Heidelberg 2002

Villiger, Mark E., Commentary on the 1969 Vienna Convention on the Law of Treaties, Leiden 2009

Villiger, Mark E., Handbuch der Europäischen Menschenrechtskonvention (EMRK) unter besonderer Berücksichtigung der schweizerischen Rechtslage, Zürich 1993

Vedder, Christoph/Heintschel von Heinegg, Wolff (Hrsg.), Europäischer Verfassungsvertrag, Handkommentar, 1. Auflage, Baden-Baden 2007

Verfassungsausschuss der Ministerpräsidenten-Konferenz der Westlichen Besatzungszonen, Bericht über den Verfassungskonvent auf Herrenchiemsee vom 10. bis 23. August 1948, München 1948

Voland, Thomas, Schütze deinen Nächsten wie dich selbst!? - Die Vereinbarkeit von Exportverboten mit dem Welthandeslrecht, EuZW 2008, S. 70-74

Von Arnauld, Andreas, Theorie und Methode des Grundrechtsschutzes in Europa - am Beispiel des Grundsatzes der Verhältnismäßigkeit, EuR 2008, Beiheft 1, S. 41-65

Von Bogdandy, Armin/Bast, Jürgen, Europäisches Verfassungsrecht, Theoretische und dogmatische Grundzüge, 2. Auflage, Heidelberg 2009

Von der Groeben, Hans/Schwarze, Jürgen, Kommentar zum Vertrag über die Europäische Union und zur Gründung der Europäischen Gemeinschaft, Band 1, 6. Auflage, Baden-Baden 2003

Von der Pfordten, Dietmar, Rechtsethik, 2. Auflage, München 2011

Von der Wense, Wolf, Der UN-Menschenrechtsausschuß und sein Beitrag zum universellen Schutz der Menschenrechte, Heidelberg u.a. 1999

Von Heintschel-Heinegg (Hrsg.), Beck´scher Online-Kommentar zum StGB, München, 22. Edition, Stand: 08.03.2013

Von Landmann, Robert /Rohmer, Gustav, Gewerbeordnung und ergänzende Vorschriften. Kommentar, 60. Lieferung, München 2011

Von Mangoldt, Hermann/Klein, Friedrich/Starck, Christian (Hrsg.), Kommentar zum Grundgesetz Band 1, 6. Auflage, München 2010,

Von Münch, Ingo/Kunig, Philip, Grundgesetz-Kommentar, Band 1, 6. Auflage, München 2012

Von Olshausen, Henning, Menschenwürde im Grundgesetz: Wertabsolutismus oder Selbstbestimmung?, NJW 1982, S. 2221-2224

Von Ungern-Sternberg, Antje, Autonome und funktionale Grundrechtskonzeptionen, in: EuGRZ 2011, S.199-203

Vöneky, Silja, Recht, Moral und Ethik. Grundlagen und Grenzen demokratischer Legitimation für Ethikgremien, Tübingen 2010

Vöneky, Silja/Hagedorn, Cornelia/Clados, Miriam/von Achenbach, Jelena, Legitimation ethischer Entscheidungen im Recht. Interdisziplinäre Untersuchungen, Berlin u.a. 2009

Wapler, Friederike, Wertrelativismus und Positivismus. Theoretische Grundlagen der Rechts- und Staatsphilosophie Gustav Radbruchs, in: Pauly (Hrsg.), Rechts- und Staatsphilosophie des Relativismus. Pluralismus, Demokratie und Rechtsgeltung bei Gustav Radbruch, 1. Auflage, Baden-Baden 2011

Wächter, Kay, Die Schutzgüter des Polizeirechts, NVwZ 1997, S. 729-737

Weiler,J. H. H. /Lockhart, Nicolas J. S., „Taking rights seriously" seriously: The European Court and ist Fundamental Rights Jurisprudence - Part II, CMLRev 32 (1995), S. 579-627

Wernsmann, Rainer, Wer bestimmt den Zweck einer grundrechtseinschränkenden Norm - BVerfG oder Gesetzgeber?, NVwZ 2000, S. 1360-1364

Weschka, Marion, Präimplantationsdiagnostik, Stammzellenforschung und therapeutisches Klonen - Status und Schutz des menschlichen Embryos vor den Herausforderungen der modernen Biomedizin, Diss. Speyer 2010

Wintrich, Josef M., Arbeitsgemeinschaft für forschung des Landes Nordrhein-Westfalen. Geisteswissenschaften. Heft 71. Zur Problematik der Grundrechte, Köln 1957

Wolf, Heinz/Stephan, Ulrich/Deger, Johannes, Polizeigesetz für baden-Württemberg, Kommentar, 6. Auflage, Stuttgart u.a. 2009

Wolfrum, Rüdiger/Stoll, Peter-Tobias, Max Planck Commentaries on World Trade Law, Volume 6, WTO - Trade in Services, Leiden und Boston 2008

Wolfrum, Rüdiger/Stoll, Peter-Tobias, Max Planck Commentaries on World Trade Law, Volume 5, WTO - Trade in Goods, Leiden und Boston 2011

Wu, Mark, Free Trade and the Protection of Public Morals: An Analysis of the Newly Emerging Public Morals Doctrine, YJIL, Vol. 33, S. 214-251

Würkner, Joachim, Kunst und Moral - Gedanken zur "Fri-Art 81"-Entscheidung des Europäischen Gerichtshofs für Menschenrechte, NJW 1989, S. 369-372

Zippelius, Reinhold/Würtenberger, Thomas, Deutsches Staatsrecht, 32. Auflage, München 2008

Zippelius, Reinhold, Gründung der Gerechtigkeit auf Gewissen und Konsens, in: ders. (Hrsg.), Verhaltenssteuerung durch Recht und kulturelle Leitideen. Ausgewählte Aufsätze, Berlin 2004

FSC
www.fsc.org
MIX
Papier | Fördert gute Waldnutzung
FSC® C083411

Kolibri 360 GmbH
Ferdinand-Jühlke-Straße 7
99095 Erfurt, Deutschland
produktsicherheit@kolibri360.de

Lecture Notes in Networks and Systems 1936

The series "Lecture Notes in Networks and Systems" publishes the latest developments in Networks and Systems—quickly, informally and with high quality. Original research reported in proceedings and post-proceedings represents the core of LNNS.

Volumes published in LNNS embrace all aspects and subfields of, as well as new challenges in, Networks and Systems.

The series contains proceedings and edited volumes in systems and networks, spanning the areas of Cyber-Physical Systems, Autonomous Systems, Sensor Networks, Control Systems, Energy Systems, Automotive Systems, Biological Systems, Vehicular Networking and Connected Vehicles, Aerospace Systems, Automation, Manufacturing, Smart Grids, Nonlinear Systems, Power Systems, Robotics, Social Systems, Economic Systems and other. Of particular value to both the contributors and the readership are the short publication timeframe and the world-wide distribution and exposure which enable both a wide and rapid dissemination of research output.

The series covers the theory, applications, and perspectives on the state of the art and future developments relevant to systems and networks, decision making, control, complex processes and related areas, as embedded in the fields of interdisciplinary and applied sciences, engineering, computer science, physics, economics, social, and life sciences, as well as the paradigms and methodologies behind them.

Indexed by SCOPUS, EI Compendex, INSPEC, WTI Frankfurt eG, zbMATH, SCImago.

All books published in the series are submitted for consideration in Web of Science.

For proposals from Asia please contact Aninda Bose (aninda.bose@springer.com).